JN439874

서양법사와 법정책

金 相 容

머 리 말

한국법제연구원에서 출판을 하였던 로마법과 게르만법을 중심으로 한 두 권의 법사와 법정책의 저작권 양도기간이 종료하여, 이 두 권의 법사와 법정책의 내용을 수정하고 편집을 새롭게 하고 한 권으로 합본하여 서양법사와 법정책의 이름으로 피앤씨미디어(PNC Media)에서 출판하게 되어 기쁘기 그지없다.

그 동안 민법을 연구함에 있어서 민법은 어떠한 가치와 사상을 담아야 하며, 앞으로는 어떠한 방향으로 민법이 발전되어야 할 것인가에 관하여 항상 관심을 가져왔다. 그리고 긴 역사를 통하여 민법은 누가 발전시켜 왔으며, 어떠한 조건이 갖추어졌을 때에 민법이 발전하였는 지를 알고자 하였다. 또한 민법사에 나타난 여러 법학파는 어떠한 緣由에서 생성되었으며 그 법학파의 주장내용은 무엇이었으며, 그 법학파들이 민법발전에 어떠한 기여를 하였는지를 자세히 이해하고자 하였다. 그리고 현행민법의 이해를 넘어 민법의 역사를 통하여 이상적인 장래의 민법의 모습을 정립해 보고자 하였다.

이러한 민법에 대한 문제의식을 가지고서 먼저 민법의 긴 역사를 거슬러 살펴봄으로써 민법의 변화의 모습과 민법발전의 조건들을 파악하고자 하였다. 그러한 민법의 변화의 모습과 민법발전의 조건에 관한 연구결과로서 이 서양법사와 법정책을 집필하였다.

우리 민법의 역사적 뿌리는 로마법, 게르만법, 교회법, 그리고 우리의 고유의 전통법이다. 그리하여 우리 민법의 뿌리인 로마법, 게르만법, 교회법의 역사적 발전에 관하여 서양법사와 법정책으로 엮고, 우리 고유의 전통법의 역사적 발전에 관하여는 한국법사와 법정책으로 엮었다. 그리고 민법의 바탕이 된 법사상과 앞으로 민법에서 이루어야할 법의 가치에 관하여는 자연법론과 법정책으로 엮어 출판할 계획이다. 그 동안 민법을 연구함에 있어서 현행 민법의 내용을 정확히 이해하는 것은 물론 민법발전의 과정과 민법에서 실천하고자 하였던 사상과 가치 그리고 장래에도 민법에서 이루어야 가야할 사상과 가치를 탐구하여 지금까지의 민법의 발전과정을 깊이 이해하고 장래의 민법의 발전방향을 정립하고자 하였다.

민법의 역사적 뿌리인 로마법, 게르만법 그리고 교회법이 발전하여 현재의 모습을 갖게 된 과정을 살펴봄으로써, 민법발전의 조건들을 이해할 수 있으며 장래의 민법발전의 방향을 가늠해 볼 수 있다고 판단된다. 서양법사의 연구를 통하여 도출한 민법발전의 조건은 대체로 다음과 같다고 이해하였다. 민법에서 실천하고자 하는 사상과 가치가 인류보편적인 사상과 가치이어야 하며, 법학자들의 법창조 활동이 왕성하여야 하며, 재판제도가 완비되고 재판절차에 법학자들의 참여가 폭넓게 인정되어야 하며, 법의 집행에 있어서 법의 강제력을 충실히 발휘할 수 있는 국가권력이 확립되어야 한다는 점을 도출하였다. 그 중에서 법발전의 가장 중요한 조건은 법에서 추구하는 가치가 인류보편의 가치이어야 한다는 점과 법학자들의 법창조 활동이 왕성하여야 한다는 점이다. 법이 추구하는 가치는 인류보편의 가치, 즉 자연법적 가치이어야 한다. 법에서 추구하는 가치가 인류보편의 가치에 반하는 특수한 이데올로기였을 때에는 법을 통하여 不法이 행하여지고 법에 의한 불행과 고통의 시대를 지나게 되었음은 역사가 이를 증명해 주고 있다. 그리고 법이 발전하기 위해서는 법학자들이 시대사정을 적절히 반영하고 해결할 수 있는 인류보편의 가치를 실현할 수 있는 법학을 정립해 나가야 함을 알 수 있다. 오늘날의 법학 내지 민법학은 법학자들이 인류보편의 가치와 사상을 담은 법학 내지 민법학을 전개하고 발전시켜 온 결과이다. 재판제도의 완비와 국가권력의 확립은 이러한 법학자들이 발전시킨 인류보편의 가치와 사상을 담은 법 내지 민법을 현실의 생활속에서 실천할 수 있도록 하는 제도적 뒷받침이다. 앞으로의 법과 민법의 발전도 역시 이러한 법 내지 민법발전의 조건을 유지하면서 승화시켜 나가는 것이라 생각한다.

本書에는 서양법사에서 이러한 법 내지 민법발전의 조건들을 도출하고 앞으로 민법에서 이를 더욱 승화시킬 수 있는 법정책을 전개해 나가야 함을 제시하고자 하였다. 저자는 법을 단순히 주어진 사실이 아니라 가치의 규범으로 이해한다. 이러한 자연법적 법사고와 법정책의 전개가 저자의 민법학연구의 기본적인 가치이고 사상이고 바탕이다. 이러한 가치와 사상과 법에 대한 이해의 기초위에서 우리 민법의 바탕이 되어 있는 서양의 로마법, 게르만법 그리고 교회법의 발전사를 살피어 정리하고 민법발전을 위한 법정책을 제시하고자 하였다.

오늘날은 법에서 가치와 사상을 고려하지 아니하는 법실증주의적인 법에 대한 이해가 일반적인 법이해의 모습으로 보이며, 법이란 가치와 사상을 담아 이를 실현하려는 가치법학적 법학보다는 강제력에 의한 문제해결만을 도모하는 실용주의적인 법학으로 흘러가고 있음을 보이고 있다. 이러한 오늘날의 시대에 창조적인 법학자들에 의하여 인류보편의 가치를 담아 이를 실천하고자 한 민법의 과거를 되돌아보고 앞으로의 발전방향을 모색해 보는 것은 법이해를 위한 바른 법탐구의 모습이라 생각된다.

서양법사와 법정책의 저서를 정성으로 편집하여 아담하고 아름답게 출판하여 주신 피앤씨미디어의 박노일 사장님의 정성과 후의에 감사하고 감사한다. 법학전문서적의 출판이 쉽지 않은 사정임에도 불구하고 이러한 법학전문서적을 출판하여 주신 박노일 사장님께 더 한번 감사를 드리며, 피앤씨미디어의 발전과 번창을 기도하고 기원한다.

2014. 3. 15.

著者 識

차　　례

제 1 편　로마민법학사

제 2 편 게르만민법발전사

제 3 편 교회법발전사

제 4 편 독일민법학발전사

제 1 편

로마민법학사

제 1 장
서　　론

제 1 절　연구목적: 민법학사 연구의 필요성

Ⅰ. 법의 역사성과 역사적 법으로서의 민법에 대한 이해

사람은 사회생활을 시작하면서 그 사회생활의 평화유지를 위하여 규범을 만들었다. 그러므로 법의 시작은 사회평화의 유지로부터 출발하였다. 인간은 혼자서는 살아갈 수 없기 때문에, 인류의 삶의 시작은 공동체로서 사회를 구성하여 역사를 시작하였다. 평화유지규범으로서의 법규범은 그 시초에는 관행, 관습의 형태로 시작되어 역사의 발전과 함께 점차 성문의 법형태로 발전되어 왔다. 그리고 그 법규범은 종교규범, 윤리규범, 도덕규범과 분리되지 못한 상태에서 인간의 지적 능력의 향상과 사회의 발전에 따라서 강제력을 동반한 규범만으로 발전되어 왔다.

"사람이 있는 곳에 법이 있다"(Ubi societas ibi ius)는 법언(法諺)이 밝혀 보여주듯이, 법은 인간역사의 시작과 함께 시작되었다. 이렇게 인간의 역사의 시작과 함께 생성된 법은 바로 법 중에서도 민법이었다. 인간과 인간이 모여 공동체를 이루면서 그 공동체의 평화를 유지하기 위하여 생성된 법이 바로 민법인 것이다. 민법 이외의 다른 법들은 사람들의 공동체가 단순히 사람들이 모인 비조직적인 집단의 정도를 넘어 조직을 갖춤과 함께 점진적으로 생성되어 발전되어 왔다. 그러므로 민법은 인류의 시작과 함께 생성된 법이며, 그렇기 때문에 민법은 역사적인 법이다. 공동체의 시작은 가족에서부터 출발하여 점진적으로 그 구성원이 가족의 범주를 넘어 확대되고, 지역적으로도 공동체의 정주(定住) 범위가 확장되어 왔다. 그러므로 역사적인 법인 민법은 가족관계에 관한 법부터 형성되기 시작하여, 점진적으로 재산관계에 관한 법도 민법의 내용으로 포함되어 민법의 내용이 확대되어 왔다.

우리 인류가 알고 있는 최고의 성문법전은 바로 바빌로니아(Babylonia) 왕국의 함무라비(Hammurabi) 법전이었다. 함무라비 법전은 서력기원 전 1750년에 바빌로니아 왕국의 함무라비 왕이 제정하여, 설형(楔形)문자로 돌에 새겨 그것이 오늘날까지 전해지고 있다. 함무라비 왕은 칼 대신에 법전을 만들어 태평성대를 이루었다.[1)2)] 이는 바로 법이란 평화를 위한 수단이었음을 인류역사의 최초의 성문법이 이를 입증해 주고 있다. 그리고 로마의 정치가이자 철학자였던 Cicero(BC 106-43)는 법의 궁극적인 목적은 로마시민의 안녕에 있다(Salus populi surema lex esto)고 하였다.[3)] 이러한 Cicereo의 말도 역시 법의 목표는 사회의 평화에 있음을 밝히고 있는 것이다.

그리고 로마법에 있어서 최초의 성문법이 바로 12표법(lex duodecim tabularum: Zwölftafelgesetz)이다. 이 12표법은 서력기원 전 451년에서 450년 사이에 당시의 로마시민들로 구성된 민회의 의결로 제정된 성문법으로서 12개의 나무판에 새겨, 이를 사람들이 많이 모이는 시장에 게시한 것이었다. 이 12표법도 역시 그 중심내용은 민법으로 구성되어 있다.[4)] 그러나 이러한 성문의 민법이 제정되기 이전에 이미 민법은 인간공동체에 생성되어 공동체의 평화를 유지하여 왔다. 이러한 인류가 알고 있는 시초의 민법전은 그 이전에 인류의 삶 속에서 자연히 형성되어 온 민법을 성문화한 것이다. 근본적으로 민법은, 역사적인 법으로서 만들어진 법(gemachtes Recht)이 아니라 역사 속에서 생성되어온 법(gewordenes Recht)이다.

우리나라에서도 현재의 민법전이 제정되기 이전에 우리의 선조들이 공동체로서의 삶을 시작함과 함께 우리의 민법을 만들어 공동체의 평화를 유지하여 왔다. 그러나 현재 우리의 민법은 우리의 조상들이 만들어 공동체의 평화를 유

---

1) 이계정 역, 수잔 와이즈 바우어 저, 세계역사 이야기 1: 고대편(꼬마이실, 2004), 73-78면.

2) 함무라비 법전은 전문 282개조의 사법(私法)을 중심내용으로 한 카주이스틱한 방법으로 규정된 법전이다. 이 법전은 법의 권위는 신에게서 유래한다는 법관념에 기초하고 있으며, 이는 법제정을 신비화함으로써 법의 실효성을 담보하려는 것이었다. 그리고 이 법전에서는, 함무라비 법전을 정의의 규범으로 공포한다는 취지를 규정하고 있다(함무라비 법전의 보다 상세한 내용에 관해서는, 최종고, 법사상사(박영사, 1983), 14-16면 참조).

3) 현승종 저, 조규창 증보, 로마법(법문사, 1996), 36면.

4) 12표법은 형법규정이 들어 있기는 하지만, 중심내용은 사법으로 구성되어 있다. 사법 중에서도 당시의 공동체 유지를 위한 가족법과 상속법으로 구성되어 있다. 물론 부동산관계 및 불법행위에 관한 규정도 포함되어 있다. 12표법의 상세한 내용에 관하여는, 최병조, 로마법연구(Ⅰ): 법학의 원류를 찾아서(서울대학교 출판부, 1995), 3-33면 참조.

지하여 왔던 규범이 아니라, 서양에서 생성되고 발전되어 온 서양인들의 민법을 계수하여 이를 입법한 것이다. 그러므로 우리의 현재의 민법은 우리의 역사와 전통에 기초한 우리 조상들로부터 전수한 우리 선조들의 공동체의 평화유지를 위한 우리의 전통법을 오늘날의 사정에 맞게 현대화한 것이 아니라, 우리의 법의식과 법감정과는 다른 서양인들이 그들의 공동체의 평화유지를 위하여 만든 법을 계수하여 이를 우리의 것으로 사용하고 있는 것이다.

그러므로 우리의 민법의 이해를 위해서는 서양에서 생성, 발전되어 온 서양민법, 그 중에서도 유럽대륙에서의 민법의 생성과 그 발전을 이해할 것이 요청되고 있다. 또한 우리 민법의 발전을 위해서도 우리의 조상들이 공동체의 평화유지를 위하여 만들고 발전시켜왔던 고유민법을 파악하여야 할 뿐만 아니라, 현재의 우리의 민법의 바탕이 되어 있는 서양민법의 역사적인 뿌리에까지 거슬러 올라가서 현재까지의 발전과 변천의 과정을 이해하는 것이 필수적으로 요청된다.

이러한 우리 민법의 역사적 기초와 변천을 살펴보는 것은 현재의 우리 민법의 내용을 정확히 이해하는 데 필수적일 뿐만 아니라, 앞으로 보다 좋은 우리 사회를 위한 보다 좋은 우리 민법을 창조하고 형성해 나감에 있어서 반드시 거쳐야 할 민법학의 과제이다. 본서에서는 이와 같이 우리 민법의 역사적 뿌리를 찾아 그 발전과 변천을 이해함으로써 현행의 우리 민법의 내용을 보다 정확히 이해하고, 보다 좋은 우리의 역사에 바탕을 둔 우리의 민법을 만들어 나감이 그 첫째의 목적이자 과제이다.

Ⅱ. 법발전의 원동력으로서의 민법학의 역사적 역할의 이해와 민법학의 과제 모색

민법은 인류의 시작과 함께 시작되었지만, 현재 오늘날의 민법의 뿌리는 인류가 역사를 시작한 그 시점부터의 민법의 내용까지는 알 수가 없기 때문에, 인간이 문명사회를 이루어 살기 시작한 때로부터의 민법까지만을 거슬러 올라가 살펴볼 수밖에 없다. 그리고 민법의 역사적 뿌리의 이해는 현재 우리 민법의 역사적 뿌리까지만을 거슬러 살펴봄이 타당하다. 다른 문명국가의 민법의 뿌리를 모두 살펴보는 것이 불필요한 것은 아니지만, 민법의 역사적 이해는 우리 민법의 뿌리를 이해하고 우리 민법의 앞으로의 발전을 모색하기 위함에 있다.

그리고 근대 서양문명의 근원은 그리스와 로마의 문명이다. 그리스문명은 근대 인문주의 발달로 철학과 예술을 전수(傳授)해 주었으며, 로마문명은 법을 전수해 주었다. 우리의 현재의 문명도 역시 근대화 이후 서양문명을 받아들여 서양의 근대문명의 연속선상에 있으며, 따라서 우리의 법, 그 중에서도 민법은 로마법에 그 기원을 두고 있다.

이와 같이 우리 민법의 역사적 뿌리는 불행하게도 우리의 역사에 기초를 두고 있는 것이 아니라, 서양의 역사에 그 뿌리를 두고 있다. 그것은 우리 민법의 뿌리가 로마법과 게르만법에 그 역사적 기초를 두고 있다는 것이다. 로마법과 게르만법에서부터 발전된 서양의 민법, 그 중에서도 대륙의 민법이 우리 민법의 모범으로 되어, 우리 민법은 이들의 서양 대륙의 민법을 계수하였다. 그러므로 우리 민법의 역사적 이해를 위해서는 서양의 법의 뿌리인 로마법과 게르만법 발전의 역사적 이해를 필요로 한다. 로마법과 게르만법 중에서도 로마법은 일찍부터 성문화의 과정을 거쳐 계속적으로 성문화의 방법으로 발전되어 왔기 때문에, 관습법으로 존재하고 구전으로 전해져 온 게르만법보다 오늘날의 대륙 민법에 더 깊은 영향을 주었다. 그리고 로마법은 역사의 진행과 함께 계속적으로 이를 학문적으로 연구, 발전시켜 이제는 로마법이 시대를 초월한 가치(überzeitlicher Wert)로 발전하여, 오늘날의 법문화, 특히 오늘날의 민법의 중심가치 내지 중심내용이 되어 있다.[5)]

이와 같이 로마법의 성문화에 기여하고 그 후 중단 없이 로마법을 발전시켜 그것을 현재의 민법의 중심가치 내지 중심내용으로 발전시키고, 또한 관습법으로 존재하여 법을 말하는 사람(Rechtssprecher)들의 구전(口傳)을 통하여 내려온 게르만법을 정리하여 체계화하고 이를 현행 민법의 내용으로 편입시킨 것은 모두가 법학자들의 학문적 노력에 의하여 이루어졌다. 이렇게 민법을 학문적으로 체계화한 법학자들의 학문활동의 결과가 바로 민법학이다. 그러므로 민법은 민법이 학문적으로 연구되기 이전부터 존재하였지만, 현재의 민법은 민법을 학문적으로 연구한 민법학의 학문적 결실이다. 따라서 현행 민법의 역사적 연구는 민법학이 생성되어 발전되어 오면서, 그 각각의 민법학에서 민법을 어떻게 이해하고, 발전시켜 왔는지에 대한 연구가 중심내용이 된다.

민법학의 역사적 연구에 의하면, 고대 동양의 바빌로니아 왕국에서 성문의

---

5) Wolfgang Kunkel, Römische Rechtsgeschichte, 9. Aufl.(Köln, Wien, Böhlau Verlag, 1980), S.169.

함무라비법전을 만들었지만, 그러한 동양의 고대법전이 오늘날 서양민법의 역사적 뿌리는 아니라는 것이 확인되고 있다.[6] 그러므로 현행의 서양민법, 특히 대륙민법의 역사적 뿌리는 로마법에서부터 시작되었다. 우리 민법의 역사적 뿌리도 역시 로마법에서부터 시작되었다. 민법학도 역시 로마민법학에서부터 시작이 되었다. 그리하여 본서에서는 민법학의 시초인 로마민법학에서의 로마민법 연구로부터 시작하여 오늘에 이르기까지의 민법을 발전시켜 온 민법학을 거슬러 그 각 민법학에서 민법을 어떻게 이해하였고 어떻게 발전시켜 왔는지를 살펴보기로 한다. 그러한 민법학의 역사적 발전과 변천의 연구는 앞으로 우리의 보다 나은 법, 보다 좋은 민법의 발견과 발전을 위한 기초가 되기 때문이다.

민법학은 고대 로마의 공화정 전기시대[7]의 로마민법학에서부터 시작하여, 원수정 시대의 고전기 로마법에서 최고도로 발전하였다. 그리고 전주정 시대에는 로마민법학의 침체기였으나, 동로마 제국의 유스티니아누스(Flavius Petrus Sabiatius Justinianus 대제: AD 482년 생; AD 527-565 재위)의 입법사업을 거치면서 다시 융성을 하고, 그 후 주석학파, 주해학파, 복고학파, 그리고 독일의 역사법학파를 통하여 발전되어 왔다. 이러한 로마민법을 연구한 민법학의 발전으로 로마법은 그 생명력을 더하여 현행의 대륙민법의 중심내용을 차지하고 있다. 그리고 관습법이었던 게르만법도 중세의 작센슈피겔(Sachsenspiegel), 프랑켄 스피겔(Frankenspiegel) 등의 법서(Rechtsbücher)를 통하여 정리되고, 근대의 게르만법학자들(Germanisten)에 의하여 학문적으로 체계화되었다. 이러한 로마법에 대한 지속적인 연구와 게르만법의 학문적 체계화에 의하여 근대의 대륙민법이 편찬되었다. 이와 같이 로마법과 게르만법이 근대민법전에 침전되어, 현행의 대륙의 성문민법의 기초를 이루고 있다.

민법학사의 연구는 바로 이러한 민법학에 의한 민법의 발전과정을 살펴, 장래의 민법의 발전방향을 가늠하고, 보다 좋은 민법(gutes bürgerliches Recht)을 만들어 사람들의 사적인 법률생활에 있어서 법적 평화[8](Rechtsfriede)를 이룩할

---

6) 고대의 동양법이 로마법에 영향을 주었다는 증거는 발견되지 않는 것이 지금까지의 로마법 연구의 결과이다.

7) 로마의 시대구분을 살펴보면, 왕정이 BC 753년에서 BC 510년까지이며, 공화정은 그 전기가 BC 510년에서 BC 201년까지의 기간을 말하며, 공화정 후기는 BC 200년에서 BC 27년까지의 기간이다.

8) 사견으로는 법적 평화가, 일반적으로 법의 이념으로 인정되고 있는 정의(Gerechtigkeit), 법적 안정성(Rechtssicherheit), 합목적성(Zweckmäßigkeit)과 함께 또 하나의 법의 이념으로 받아들여져야 한다고 생각된다. 법의 궁극적인 목적은 법을 통하여 인간사회의 질서를 유지하여 사람들로 하여금 평화로운 삶을 살게 하는 데 있다. 법적 평화는 어느 시대이든지 법이 추구한 궁극적인

수 있는 방안을 모색하기 위함에 있다.

Ⅲ. 민법 및 민법학의 역사로부터 민법발전의 원리와 조건들의 모색과 도출

민법학의 연구는 단순히 역사적으로 발전되어 온 각 시대의 민법 그 자체를 복고적으로 연구하는 학문이 아니다. 역사 속에서 발전되어 온 민법을 연구하여 민법의 변화의 모습을 발견하여 정리하고, 민법의 역사적 발전을 통하여 그 역사 속에 민법발전의 원리와 조건들을 도출하여, 우리의 앞으로의 보다 좋은 민법의 정립과 발전을 모색함에 그 목적이 있다.

각 시대의 민법학은 그 시대의 사회, 경제, 정치, 종교적인 사정에 의하여 민법의 모습도 민법연구의 방법도 달랐다. 그러므로 역사 속에서의 민법의 모습과 그 민법을 발전시킨 민법학의 내용을 정확히 이해하고 판단하기 위해서는 민법 내부만의 연구에 그쳐서는 아니 되고, 그 시대사정에 대한 이해가 있어야 보다 정확한 각 시대의 민법의 이해가 가능하다.

그러므로 본서에서는 각 시대의 민법과 민법학을 연구함에 있어서, 그 시대의 민법의 내용과 민법학의 모습만의 이해에 머물지 않고, 민법과 민법학을 통사적(通史的)으로 연구하여 긴 역사를 통해 발전해 온 민법의 역사 속에서 민법발전의 원리와 민법발전의 제조건 등을 파악하여, 앞으로의 보다 나은 민법의 모습과 이상적인 민법발전과 형성을 위한 제조건을 제시하고자 함에 있다. 따라서 단순히 강제규범으로서의 민법에 대한 연구에 머물지 아니하고, 시대에 따라 민법이 어떠한 모습을 갖추었으며, 앞으로 민법이 갖추어야 할 모습을 제시하고자 함에 본 연구의 주된 목적이 있다.

법이란 무엇이며, 법에서도 민법이란 어떠한 법이며, 법학, 그 중에서도 민법학이란 어떠한 학문인가에 관하여, 긴 역사를 통하여 수많은 법학자들이 찾고 구하고 답을 하고자 하였지만, 전시대를 통괄하여 변함이 없는 법, 민법, 법

목적이었다. 근대 자연법학자들은, 존 록크(John Locke: 1632-1704)와 같이 자연상태가 아주 평화로운 상태이었기 때문에 그러한 상태의 계속 유지를 위하여 법이 필요하다고도 하고, 홉스(Thomas Hobbes: 1588-1679)와 같이 자연상태는 만인의 만인에 대한 투쟁상태이었기 때문에 그러한 약육강식(弱肉强食)의 자연상태를 극복하기 위하여 법이 필요하다는 주장을 하기도 하였다. 그 어느 주장이든 법이란 사회의 평화를 위한 수단임을 강조한 것이며, 법적 평화가 법의 궁극적인 이념이자 이상이라 생각된다.

학, 민법학에 대한 정의는 아직도 정확히 내려지지 못하고 있다. 앞으로 영원히 정확한 답이 내려지지 못할지도 모른다. 그러나 법과 법학의 중심된 특징적인 내용의 정의는 내릴 수 있을 것이다. 로마법에서는 오늘날에도 유효할 수 있는 법과 법학에 관한 정의를 이미 내리고 그것을 입법적으로 확인하고 있다.

로마법대전(Corpus Iuris Civilis)의 학설휘찬(Digesta: Pandektae)[9]에서는 법(ius)이란 용어는 정의(iustitia)라는 용어에서 나왔으며,[10] 정의는 각자에게 그의 권리를 주고자 하는 항구불변의 의지(Gerechtigkeit ist der unwandelbare und dauernhafte Wille, jedem sein Recht zu gewähren)라고 하였다.[11] 그리고 법이 무엇이냐에 관하여, 켈수스(부(父) Celsus: AD 96-98년의 시기에 활동; 자(子) Iuventius Celsus: 100-130년의 시기에 활동)는 법이란 선과 형평의 기술(Ius est ars boni et aequi: Das Recht ist die Kunst des Guten und Gerechten)이라고 하였다.[12] 이에 따라 법의 요청은 명예가 살아있게 하고, 어느 누구도 침해하지 아니하며, 각자에게 그의 것을 주는 것(Die Gebot des Rechts sind folgende: Ehrenhaft leben, niemanden verletzen, jedem das Seine gewähren)이라고 하였다.[13] 그리고 법학(iuris prudentia: Jurisprudenz; Rechtswissenschaft)은 신의 일과 인간의 일을 분별하는 인식이며, 옳은 것과 옳지 않은 것을 아는 지식(Rechtswissenschaft ist die Kenntnis von den göttlichen und menschlichen Dingen, das Wissen vom Rechten und Unrechten)이라고 하였다.[14] 그리하여 법학은 그 출발이 단순한 규범의 논리적 전개가 아니라 덕의 학문이었음을 알 수 있다.

이와 같이 법이란 선과 형평의 기술로서, 법은 덕목이었으며, 단순한 규범의 논리체계만이 아니었다. 그러나 이러한 법에 대한 이해는 점차로 규범의 논리체계로 변질되어 오늘에 이르고 있다. 바로 이러한 법의 역사 속에서 법의 본

9) 학설휘찬(學說彙纂)을 라틴어로는 Digesta라 하고, 그리스어로는 Pandektae라 한다. 이는 학설휘찬은 라틴어로 편찬되었으나, 학설휘찬을 반포한 유스티니아누스 대제의 칙령(Constitutio Tanta: AD 533)에서 이를 라틴어와 그리스어인 Digesta 또는 Pandektae라고 표기한 때문이다. Digesta는 질서정연한 설명(geordnete Darlegung)이라는 뜻이며, Pandektae는 모든 것을 포괄한다(alles umfassen)는 의미이다.

10) Ulpianus, D. 1. 1. 1. pr.(이는 울피아누스가 한 말로서, 학설휘찬 제1권 제1장 제1절 제1항에 기록되어 있음을 표시한 것이다. 로마에서는 숫자를 셈함에 있어서, 그 첫째를 principium(선두)이라 하고, 그 다음에 1을 세었다. 그러므로 pr.은 제1을, 1은 제2를 의미한다).

11) Ulpianus, D. 1. 1. 10. pr.; Just. Inst, 1. 1. pr.(이는 유스티니아누스 대제의 법전 중 법학제요(Institutiones) 제1권 제1장 제1절을 의미한다).

12) Ulpianus, D. 1. 1. 1. pr.

13) Ulpianus, D. 1. 1. 10. 1.

14) Ulpianus, D. 1. 1. 10. 2.

래의 모습을 재발견하여 앞으로의 보다 나은 우리 법, 우리 민법의 형성을 도모하고자 하는 것이 민법학의 역사적 연구의 목적이자 목표이다.

제 2 절 연구범위

본서에서의 민법학사의 연구는 로마법에서 법이 학문적으로 다루어지게 된 시기부터 시작하여 오늘에 이르기까지의 민법을 학문적으로 다룬 여러 법학을 모두 다루고자 한다. 그리하여 로마에서는 12표법이 제정되고 그것의 해석과 적용은 신관단(神官團, pontifex)에 의하여 법의 운영이 독점되었다. 그러한 시기의 신관단에 의한 12표법의 운영을 법학이라고 하기가 어려운 점이 있긴 하지만, 신관단의 12표법의 해석에 의하여 당시의 엄격한 법의 운용시대에도 법의 변화가 일어났다.[15] 그러므로 로마법학은 신관단에 의한 12표법 해석시대부터 법학이 시작된 것으로 다룬다.[16]

그러나 진정한 법학의 시작은 로마가 그리스의 스토아철학을 받아들여 로마법을 법학자들이 연구하기 시작한 때로부터라고 함이 타당하다. 그 시기는 로마가 카르타고와의 제2차 포에니전쟁[17](BC 218-201)에서 승리한 후로서 공화정 후기가 시작된 서력기원 전 200년대로 파악된다.[18] 본서에서는 일반적으로 법학이 시작되었다고 보는 신관단에 의한 12표법의 해석시대부터 지금까지의 법학, 특히 민법학의 역사적 발전을 연구의 대상으로 하고자 한다. 따라서 로마제국시대의 로마법의 발전과 그 후의 로마법을 연구발전시킨 주석학파(Glossatoren), 주해학파(Kommentatoren), 복고학파(Humanisten), 역사법학파(historische Rechtsschule), 판덱텐법학파(Pandektenwissenschaft: Pandektistik)에 이르기까지의 로마법의 연구과정과 그 결과를 살피고, 다음으로 게르만법의 시작과 관습법으로 발전된 게르만법의 법서에 의한 정리와 역사법학파에 의한 게르만법의 학문적 체계화의 과정 및 그 결과를 살펴본다.

그리고 이러한 로마법 및 게르만법의 학문적 연구의 결과로 이루어진 근대민

15) 대표적인 예로서는, 3번에 걸친 형식적 매매의 방식을 통한 자의 부권(父權)으로부터의 해방(emancipatio)을 들 수 있다.

16) Kunkel, a.a.O., S. 90.

17) 제1차 포에니 전쟁은 BC 264-241년간에 일어났다.

18) 최병조, 로마법강의(박영사, 2004), 7면.

법전의 편찬과 그 시행 이후에 민법해석학을 중심으로 하는 여러 법학에 관하여도 상세히 살펴보기로 한다. 개념법학(Begriffsjurisprudenz), 목적법학(Zweckrechtslehre), 이익법학(Interessenjurisprudenz), 자유법론(freie Rechtslehre)은 물론 법사회학(Rechtssoziologie)도 함께 살펴보며, 오늘날 법의 세계화(Globalisierung des Rechts)의 경향과 관련하여 발전된 비교법학(Rechtsvergleichung)에 관해서도 상세히 연구검토하기로 한다.

이러한 법학의 발전과정에서 기독교와 교회법이 세속법에 어떠한 영향을 미쳤는지, 그리고 그 반대로 세속법, 특히 로마사법이 교회법에 어떠한 영향을 주었는지에 관해서도 살펴보고자 한다.

그리고 영미법계에서의 민법학의 연구방법론인 분석법학(analytical jurisprudence), 법현실주의(legal realism), 실용주의법학(legal pragmatism), 법도구주의(legal instrumentalism), 법경제학(legal economics) 등에서의 민법이해의 방법에 관해서도 살펴보기로 한다. 그리고 그러한 영미제국에서의 법학방법론에 대해 대륙에서는 어떻게 대응하는지에 관해서도 함께 다루어 보고자 한다. 물론 각 법학의 상세한 내용의 탐구를 하겠지만, 통사적으로 민법의 연구 및 해석방법이 어떻게 변천해 오고 있는지에 중점을 두고 각 법학을 살펴보기로 한다.

또한 사회주의국가에서의 사회주의민법학에서 대해서도 연구를 하여, 사회주의민법 및 사회주의민법학이 인간본성에 반하는 법학임을 입증하고자 한다. 그리고 북한에서의 사회주의민법과 사회주의민법학의 비인간성에 대하여도 살펴보기로 한다.

이러한 민법학의 역사적 연구는 우리 법, 그 중에서도 우리 민법의 발전을 위한 방향을 설정하고 방법을 정립함에 최종적인 목적이 있으므로, 우리나라와 동양 제국에서의 민법의 발전과 민법을 학문적으로 연구한 과거를 살펴보고, 우리 고유의 민법과 민법학으로부터 오늘날에도 변용할 수 있는 소재를 발견하고 재구성할 수 있는지를 검토하기로 한다. 특히 동양에서는 법규범 이외의 윤리, 도덕, 예(禮)에 의하여 사회질서가 유지되어 왔다. 이러한 규범은 바로 자연법규범이다. 그러므로 자연법인 예, 윤리, 도덕규범이 오늘날에도 새롭게 우리 사회의 법규범으로 그 기능을 재생시킬 수 있는지에 관해서도 살펴보기로 한다.

이러한 민법의 역사적 발전과 그것을 가능케 한 민법학의 역사적 변천을 검토한 연구결과를 바탕으로 하여, 장래의 보다 나은 좋은 민법의 발전방향을 정립하고 발전방법을 제시하기로 한다.

그리고 본서에서는 로마민법학사 이외에도 게르만법학사 및 교회법학사도 함께 다루었다.

제 3 절 연구방법

이렇게 방대한 양의 민법학사를 연구함에 있어서는, 우선 법제사, 법사상사, 법학방법론에 관한 자료를 통하여 민법학의 발전과 변천을 살펴보는 문헌연구를 1차적으로 하고자 한다. 그리고 자료는 가능한한 원전을 사용하여 민법학의 발전을 검토하기로 한다. 중요한 원전으로는 로마법대전 중의 학설휘찬, 법학제요를 원전과 그 영문 및 독일어 번역본을 기초로 연구하며, 타기투스의 게르마니아[19](Germania) 독일어 번역본, 작센슈피겔도 그 원전과 독일번역본을 참고하였다. 또한 근대독일의 역사법학파 및 판덱텐법학의 법학자들이 연구한 로마법과 게르만법의 자료들도 원전을 가지고서 연구하였다.[20] 이렇게 가능한한 원전을 참고하여 민법학의 발전과정을 이해하고자 하였지만, 보다 많은 자료는 영어와 독일어로 된 자료를 활용하였으며, 일본어 자료도 함께 이용하였다.

그리고 민법의 역사적 발전과 민법학의 변천을 연구하면서, 왜 동양에서는 윤리, 철학이 일찍부터 발달하고 법과 법학은 발달하지 못하였을 뿐만 아니라, 법학인 율학도 양반이 하는 학문이 아니라 중인(中人)들이 하는 기술학에 불과하였으며, 과거시험 중에서도 율과는 양반이 응시하는 시험이 아니라 중인들이 응시하는 기술학인 데 반하여, 왜 서양에서는 일찍부터 법학이 발달하였고, 그

19) Publius Cornelius, Tacitus Germania(Übersetzung, Erläuterungen und Nachwort von Manfred Fuhrmann, Stuttgart, Philipp Reclaim Jun., 1975).

20) 주요한 자료들만 소개하면, Friedrich Carl von Savigny, System des heutigen Römischen Rechts(1841); Rudolf von Jhering, Geist des römischen Rechts auf dem verschidenen Stufen seiner Entwicklung(10. unveränderte Aufl., 1968); Rudolf von Jhering, Der Zweck im Recht (hrsg. von Christian Helfer, 1970); Rudolf von Jhering, Der Kampf ums Recht(neu gedrückt, 1974); Bernhard von Windscheid, Lehrbuch des Pandektenrechts, Erster Band, 6. Aufl. (Frankfurt am Main, Literarische Anstalt Bütten & Koening, 1887); Heinrich Dernburg, Lehrbuch des Preußischen Privatrechts und der Privatnormen des Reichs, Erster Band, 2. Aufl.(Halle, Verlag der Buchhandlung des Weisenhauses,1879); Otto von Gierke Deutsches Privatrecht, Erster Band: Allgemeiner Teil und Personenrecht(unveränderter Neudruck der ersten Auflage(Leipzig 1895), München und Leipzig, Verlag von Duncker & Humboldt, 1936); Otto von Gierke, Deutsches Privatrecht, Dritter Band: Schuldrecht(München und Leipzig, Verlag von Duncker & Humboldt, 1917); Otto von Gierke, Die Genossenschaftstheorie und die Deutsche Rechtsrprechung(Berlin, Weidmannsche Buchhandlung, 1887) 등이다.

시대의 최고의 지위에 있었던 귀족들이 법학을 연구하였는가에 대한 물음을 계속하여 왔다. 그리고 동양에서는 형법과 공법은 그래도 발달을 하였는데 반하여 사법은 발달하지 못한 채, 민사문제는 윤리와 도덕에 의하여 해결되어 왔다. 그러나 서양에는 그 반대로 형법과 공법은 그렇게 일찍부터 발달하지 못하였으나, 사법은 일찍부터 발달하였다. 그 이유가 어디에 있을까 하는 문제의식을 가지고서 민법학사를 연구하였다.

그리고 동양에서는 왕이나 황제를 천자라 하여 하늘로부터 땅으로 내려온 존재로 이해되고 받아들여져 왔다.[21] 그러나 서양의 로마에서는 왕이나 지배자은 하늘로부터의 탄생설화에 기초하고 있지 아니하고, 시민들의 투표에 의하여 왕이나 통치자를 선출하였으며, 그 임기도 제한되어 있었다.[22] 그러므로 로마에서는 아래로부터 시민들의 동의에 기초한 지배자의 통치의 정당성이 도출되었다. 그리고 시민의 저항권도 자연권으로 일찍부터 인정되고 받아들여졌으며, 실제로 활용이 되었다. 그러나 동양에서는 저항권 이론이 발달하지 못하였다. 이러한 차이는 어디에서 오는 것인지에 관해서도 지속적으로 고찰하였다.

또한 동양에서는 왕이 영토를 확장하거나 국력의 신장을 이룩한 때에는 자기의 치적을 역사 속에 남겨두기 위하여 역사서를 쓰게 하였다. 그러나 로마를 위시하여 서양에는 황제가 국세(國勢)를 신장한 경우에는 법전을 편찬하여 이를 후세에 전하였다. 이러한 동서양의 문화적 차이는 어디에 기인하는 것인지를 계속적으로 의문을 갖고서 민법학사를 연구하였다. 왜냐하면 오늘날 거의 모든 동양제국은 근대화과정에서 서양의 법을 계수하였다. 이는 단순히 서양의 제국주의의 팽창의 결과라고만 할 수는 없으며, 서양의 법과 법학 및 법문화가 동양의 그것들에 비해서는 역사도 길고 그 질적 수준이 높았기 때문이었다. 그런데 서양에서 그와 같은 높은 수준의 법, 법학을 유지, 발전시킬 수 있었던 조건들이 어떠한 것인지를 해명하고자 하는 문제의식을 갖고서 이 민법학사를 연구하고 정리하였다.

이와 같이 서양에서의 민법과 민법학은 동양에서와는 다른 역사적, 문화적, 정치적 상황하에서 발달하여 왔다. 그 역사적, 정치적, 사회적, 문화적 배경을

21) 우리나라의 단군신화, 신라의 시조 왕들의 탄생설화 등은 모두가 왕은 하늘로부터 내려온 것으로 구성되어 있다. 따라서 왕의 통치, 즉 백성에 대한 왕의 지배의 정당성을 하늘에서 구하고 있다.

22) 로마 및 서양에서의 왕권신수 사상과 그 관철은 기독교가 로마에 전해지고 국교로 됨으로써 비로소 생성되었다.

가능한한 상세히 파악함으로써 법발전의 전제조건을 찾아내고자 하였다. 그리고 그러한 전제조건들이 동양, 특히 우리나라에서는 과연 부재(不在)하였는지, 앞으로 우리도 갖추어 나가야 하는지와 갖출 수 있는지를 항상 궁구(窮究)하면서 민법학사를 연구하였다.

그리고 로마법이 세계를 지배할 수 있었고, 우리나라에까지 로마법의 계수가 이루어질 수 있었던 것은 기독교의 지원과 영향이 컷을 것으로 생각된다. 왜냐하면 중세에 발달한 교회법(Kirchenrecht)에서는 로마법을 교회가 받아들여 당시의 교회사정에 맞게 변용하였으며, 중세의 성직자들은 로마법, 특히 로마사법을 아무런 저항감 없이 받아들이고 이해하고 교회생활에 이를 활용하였다. 한편으로 성서연구의 방법이 로마법 연구에 활용되었으며, 기독교사상이 로마법의 발전의 기초사상이 되었으며, 인류의 보편가치인 시대를 초월한 가치로서 로마법의 발전에 적잖은 영향을 주었다. 따라서 교회법이 세속민법의 발전에 미친 영향을 상세히 이해하고자 하였다.

이와 함께 동양에서의 자연법인 윤리, 도덕, 예(禮)를 오늘날의 세속민법에서 현대화하는 방안에 관해서도 관심을 갖고 민법학사를 탐구하고자 하였다. 그리고 오늘날은 우리나라에서도 기독교가 사회의 중심적인 종교로서의 위치를 점하고 있고, 기독교의 가르침을 담고 있는 성서의 말씀은 인류가 지향해야 할 보편적인 가치를 제시하고 있으므로, 성서상의 말씀도 역시 자연법으로서 세속민법의 이상법으로 기능하고 있다.

그러므로 성서의 가르침, 즉 말씀을 어떻게 법으로 변용할 것인지에 대해서 그 정당성과 그 방법을 모색하였다. 궁극적으로는 서양의 종교인 기독교와 동양의 유교와 불교의 비교연구와 교류를 통하여 제3의 문명 내지 제3의 문화를 이룩할 수 있는지에 대한 사색도 병행하고, 서양에서 발달한 민법이 동양의 유교, 불교의 가르침과의 접목에 의하여 제3의 사회규범의 탄생이 필요하고 또 가능한지를 모색하였다.

또한 우리나라에서는 민법의 규범이 국민들의 일상생활의 행위규범으로는 제대로 기능하지 못하고, 법원에서의 재판규범으로서 주로 기능하고 있다. 그러므로 민사생활에 있어서도 공법적인 제재의 수단을 쉽게 동원하는 경향이 있다. 그로 인하여 민사생활에 있어서 생활 속의 법치주의가 실현되지 못하고 있다.

그러나 서양에서는 민법이 시민들의 생활 속에서 실천되고 있다. 그 역사적 뿌리는 지극히 깊다. 예컨대 중세에는, 성서의 말씀과 역사적 사건을 법적으로 재구성하여 이를 신앙생활의 하나로 보급하고 가르친 것이었다. 그리하여 본(本) 서양민법학사의 연구에서는, 생활 속의 법치주의의 실현을 위한 지혜를 서양에서의 민법학사의 탐구를 통하여 찾아내어 정립하고자 한다.

최종적, 궁극적으로는 민법과 민법학의 역사적 발전의 연구를 통하여, 계수된 서양의 민법의 모습을 벗어나, 우리의 역사와 문화와 사회 사정에 맞는 보다 좋은 우리의 민법의 형성과 창조를 도모하고자 하는 법정책학(Rechtspolitik)의 수립을 모색하였다.

제 2 장
로마시대의 민법과 민법학

제 1 절 개　　설

Ⅰ. 민법학사에서 로마법 및 로마법학의 중요성

예링(Jhering)은 그의 저서 "로마법의 정신"에서, 로마는 세 번 세계를 지배하였다고 하였다. 한 번은 정치로, 다른 한 번은 기독교로, 또 다른 한 번은 법으로 세계를 지배하였다고 하였다.[1] 법으로 세계를 지배한 것은, 법 중에서도 사법(私法)으로 세계를 지배하였다. 오늘날 대륙제국의 민법은 그 뿌리를 로마법에 두고 있으며, 로마민법은 초시간적인 법문화의 가치로 남게 되었다.

로마법은 사법을 중심으로 발전하여 역사를 거듭하면서 로마법이 연구되고 체계화되어 오늘날 대륙민법의 기본적인 중심내용으로 되었다. 그러므로 로마법의 이해는 현행의 우리 민법과 대륙제국의 민법의 이해의 기본이 된다. 따라서 로마법의 연구는 예링이 말한 바와 같이 로마법을 통하여 로마법을 넘어(durch das römische Recht über das römische Recht) 인류보편적인 법을 찾아 가는데 있다.

자세히는 후술할 것이지만, 로마법은 로마법대전 중의 학설휘찬이 중심이 되어 그것에 대한 연구를 위주로 하여 로마법의 연구가 이루어지고 발전되고 체계화되었다. 그리고 학설휘찬은 그 양에 있어서는 성서의 1.5배 정도이지만,[2] 그것이 대륙의 민법의 중심내용을 이루고 있는데, 그 이유가 어디에 있는가에 대한 연구가 구명되어야 할 최대의 과제이다. 그 내용이 인류보편의 가치를 담

---

1) Rudolf von Jhering, Geist des römischen Rechts auf dem verschiedenen Stufen seiner Entwicklung, Teil 1 (10. unveränderte Aufl., 1968), S. 1.

2) Peter G. Stein, Römisches Recht und Europa: Die Geschichte einer Rechtskultur (Aus dem Englischen von Klaus Ling, Frankfurt am Main, Fischer Taschenbuch Verlag, 1996), S. 63.

고 있어서인지, 아니면 성서가 신의 의사로 쓰여진 것처럼, 학설휘찬도 신의 의사로 쓰여진 법에서의 신의 나라의 건설을 위한 신의 역사로 이해될 수도 있어 보인다. 그리고 로마법의 전통을 지킨 자는 바로 교회였으며,[3] 로마법 중 학설휘찬에 대한 연구가 끊임없이 다방면으로 이루어져 왔다. 본서에서는 세속법의 측면에서 로마법을 연구하지만, 또 다른 측면과 시각으로 성서의 말씀과 신학의 측면에서 로마법도 함께 살펴보고자 한다.

Ⅱ. 로마법, 로마사법, 로마민법의 용어

로마법(römisches Recht)이라 하면, 로마시대에 형성되어 발전되어 근대에 대륙제국, 특히 독일에 계수된 로마제국의 법을 말한다. 로마법은 공법도 있지만, 주로 사법을 중심으로 구성되어 있고, 사법을 중심으로 발전되어 왔다. 그리하여 로마법이라 하면 로마사법(römisches Privatrecht)을 의미한다. 로마시대에는 울피아누스(Ulpianus: AD 190-223 활동)가 학문적으로 그리고 역사상 처음으로 법을 공법과 사법으로 구분하였다.[4] 그러나 그보다 훨씬 전인 공화정기에 이미 소송실무에 있어서는 공법사건과 민사사건이 나누어져 있었으며, 공화정기의 법률가들은 공법사건에는 관여하지 아니하고 민사사건만에 관여하였다. 그로 인하여 민법은 사법과 동의어로 이해되었다.[5] 그리고 로마법에서는 오늘날과 같이 사법이 민법과 상법으로 구분되지도 않았으며 사법이 모두 통합되어 있었다. 그러므로 이해의 편의를 위하여 로마사법을 로마민법으로 표현하여도 무리가 없을 것이다.

민법이라는 용어는 로마의 시민법(ius civile)에서부터 유래하였다. 근대에 와서는 프랑스민법이 처음으로 민법(Code civil)이라는 용어로 민법전을 편찬하였다. 독일법계에서는 1811년 오스트리아민법전(제정 당시에는 Das Allgemeine Bürgerliche Gesetzbuch für das Kaisertum Österreich라고 하였으나, 지금은 Allgemeines Bürgerliches Gesetzbuch(ABGB)로 바뀌었다)에서 민법(bürgerliches Recht)이라는 용어를 처음으로 사용하였으며, 1863년에 제정된 작센민법전(Bürgerliches Gesetzbuch für das Königreich Sachsen)에서 사용하고, 1896년의 현행의 독일민법전(Bürgerliches

3) A. a. O., S. 71.
4) A. a. O., S. 41.
5) A. a. O., S. 30.

Gesetzbuch(BGB))에서 민법이란 용어를 사용하였다.

우리나라에서는 1895년에 발표된 홍범십사조 제13조에서 처음으로 민법이라는 용어가 사용되었다.[6)]

로마법이라 하면 일반적으로 로마사법을 의미하고, 오늘날의 법분류 체계에 따르면 로마민법이라 표현할 수 있지만, 로마법도 시대의 변화에 따라서 그 모습을 달리하였다. 로마법이 가장 발달하였을 당시의 로마법은 법학자들의 학설들로 구성된 카주이스틱한[7)](kasuistisch) 불문법으로서의 학설법이었으며, 유스티니아누스 대제는 이들 학설을 모아 성문의 법전인 학설휘찬으로 편찬하였으며, 유스티니아누스 대제 이후에는 성문법인 학설휘찬에 주석을 다는 방법으로 로마법이 연구되어 보다 내용이 풍부한 로마법으로 발전되었다. 그러므로 이 당시의 로마법은 주석로마법으로서, 이 주석로마법이 대륙에 계수되었다. 이와 같이 로마법은 불문법으로서의 로마법, 성문법으로서의 로마법, 주석된 로마법으로 발전되어 왔다. 그러므로 로마법이라고 할 때에 그 로마법의 모습은 시대에 따라서 각각 달랐다.

Ⅲ. 로마의 시대구분과 각 시대의 특징

1. 왕정 시대(BC 753-BC 510)

로마의 역사는 서력기원 전 753년에 조그만 도시국가로 출발을 하여, 1453년에 동로마 제국이 오스만 터키에 패망함으로서 국가가 완전히 소멸할 때까지 2206년을 존속하였다. 이 지구상에서 가장 오래 존속한 나라이면서, 후대에 가장 영향을 많이 끼친 나라이었다.

로마의 역사를 개관하면, 서력기원 전 753년에서 서력기원 전 510년까지는

---

6) 민법주해〔1〕: 총칙(1) (편집대표 곽윤직, 박영사, 1992), 34면.

7) 카주이스틱한 연구방법은 일반화, 추상화를 하지 아니하고, 개별적인 법적 문제에 대하여 개별적, 구체적으로 답을 하는 방법의 법학연구방법이다. 로마법이 법학자들의 학설법으로서 생성되었을 때에는 이러한 카주이스틱한 연구방법에 기초하고 있었다. 이러한 로마법에서의 법학연구방법은 영미법에서의 법학연구방법으로 발전되었다. 그러나 로마법이 카주이스틱한 연구방법에 기초하고 있다는 일반적인 이해에 대하여, 로마법도 일반화, 개념화의 방법에 기초하고 있다는 반대의 견해가 있다(최병조, 로마법강의(박영사, 2004), 228면).

그러나 로마법학자들의 법의 연구는 개별적 사항에 대하여 개별적으로 해답하는 방식으로 이루어졌던 것으로 이해함이 보다 옳을 것으로 판단된다. 물론 고전시대에 이미 학파가 형성되었던 것은 사실이지만, 오늘날과 같은 추상화, 일반화, 개념화가 이루어지고 그러한 방향으로 로마법이 연구되고 발전된 것은 아니었다.

왕(rex)이 지배하는 왕정시대를 이루었다. 왕정시대라 하지만, 서로 독립한 씨족(Sippe)의 연합으로 결성된 도시국가(civitas)로서,[8] 왕의 세습이 인정되지 아니하고, 전임자의 지명에 의하여 후임의 왕이 정하여졌다.[9][10]

2. 공화정 시대(전기: BC 510-200; 후기: BC 200-BC 27)

왕을 추방함으로써 왕제를 폐지한 서력기원 전 510년에서, 두 번에 걸친 삼두정치(三頭政治)를 끝내고 1인의 원수가 국가권력을 독점적으로 행사하기 시작한 서력기원 전 27년까지를 공화정이라 한다. 그리고 이 시기는 다시 로마가 카르타고와의 제2차 포에니 전쟁에서 승리하여 지중해를 내해(内海)로 하는 광대한 영토를 갖게 된 서력기원 전 200년을 기점으로 하여 그 전시대를 공화정 전기라 하고, 그 후시대를 공화정 후기라 한다. 왕정시대와 공화정 전기의 시대의 로마는 농업사회였으나, 공화정 후기에 들어서면서 로마는 농업국가에서 상업국가로 발전하게 되었다.

공화정 전기에는 왕이 국가를 통치하지 아니하고, 정치지도자로서 집정관(consul)을 중심으로 한 정무관(magistratus)이 민회의 선거에 의하여 선출되어 정치가 이루어진 시대였다. 이들 집정관 등의 정무관은 그 임기가 1년이었으며, 2명의 집정관이 상호거부권(ius intercedendi)을 행사하는 방법으로 서로 견제하면서 통치를 하는 동료제가 시행되었다. 그리고 이 기간 중에는 로마시민들로 구성된 민회(comitia)가 국가권력의 원천이었으며, 씨족장들로 구성된 원로원(senatus)은 국가자문기관으로서 민회에서 의결한 사항을 인준하는 권한을 행사하였다. 그러나 공화정 후기에는 민회가 점차 약화되고 원로원의 세력이 강화되어 원로원이 국가권력의 원천으로 변화하였다.

이러한 로마의 건국에서부터 왕정과 공화정 시대를 살펴보면, 동양에서와 같이 지배자의 정치권력이 하늘에서부터 도출된 것이 아니라, 시민들로부터 동의에 의해 도출되었음을 알 수 있다. 즉, 위로부터의 지배가 아니라, 아래로부터의 동의에 의한 통치가 이루어진 것이었다. 그리고 이 시기에는 로마시민 이외의 피정복민을 다스리기 위한 정무관(즉, 외인담당법무관)이 임명되었다. 이 시기에 로마법의 출발이라 할 수 있는 12표법이 민회의 의결로 제정되었다. 12

8) 현승종 저, 조규창 증보, 로마법(법문사, 1996), 64면.

9) 황적인, 로마법. 서양법제사(박영사, 1981), 20면.

10) 왕은 종신제였다. 전임자의 지명이 없는 경우에는 원로원이 임명한 섭정왕(interrex)이 왕을 지명하였다.

표법은 로마시민이었던 평민들이 관습법의 성문화를 요구하여 제정된 법률이었다.[11]

이러한 정치상태와 평민들의 요구에 의하여 12표법이 제정된 사정에 비추어 보면, 로마에서는 지배자의 지배를 정당화하는 공법보다는 시민들간의 평화와 결속를 위하여 사법이 발전할 수 있었던 시대적 배경을 알 수가 있다.

3. 원수정(元首政) 시대(BC 27–AD 283)

삼두정치가 끝나고 1인의 독제적인 지배자가 로마를 통치하기 시작한 서력기원 전 27년부터 Diocletianus제가 로마를 동서로 분할하여 통치하여야 하겠다는 구상을 한 전년인 서력기원 후 283년까지의 기간을 원수정 시대라 한다. 이 시기는 형식상은 공화정 체제를 유지하였으나, 1인의 지배자인 원수(Augustus)가 국가권력을 사실상 독점하여 지배한 정치사회였다. 이 시기에 로마는 영토가 가장 방대하였으며, 문화가 가장 찬란하게 발달하였고, 법이 가장 발달하였다. 그리하여 이 시기를 로마법사에 있어서 고전시대(klassische Zeit)라 한다. 그리고 이 시기의 로마는 경제적으로는 자본주의 상업국이었다.[12] 특히 서력기원 2세기 전후가 로마제국에 있어서 전례가 없는 평화와 안정과 번영의 시기였다.[13] 이 시기에는 가족중심의 단체적인 로마사회는 분해되고 개인중심의 개인주의적인 사회로 발전하였다.

그리고 이 시기의 로마법은 주로 법학자(juris consulti)들이 발전시켰다. 법학자들은 구체적인 법적 문제에 관하여 구체적, 개별적으로 답하는 방식으로 법을 발전시켰다. 로마의 법학자들은 일반화, 추상화, 개념화를 추구하지 아니하고, 개별적 사항에 대해 개별적, 구체적으로 답을 하는 방법으로 법을 발전시켰다. 이러한 방법을 카주이스틱한 연구방법이라 한다. 그리고 법실무와 관련하여 로마법을 발전시켰다. 그러므로 로마법학은 실무적인 실용법학이었으며, 추상적인 논리만의 학문이 아니었다. 그리고 이 시기의 로마법은 학설중심의 불문법이었으며, 카주이스틱한 학설법이었다.[14]

---

11) Stein, a. a. O., S. 15.

12) 현승종 저, 조규창 증보, 전게서, 62면.

13) 18세기의 역사학자 기봉(Edward Gibbon: 1737-1794)은 그의 로마제국멸망사(The History of the Dedine and Fall of the Roman Empire)에서 이 시기를 인간이 가장 행복하였고, 가장 부유하였다고 기술하고 있다(Vgl., Stein a. a. O., S. 42).

14) 로마법의 이러한 카주이스틱한 연구방법과 불문법인 학설중심의 학설법으로의 발전은 영국에 영향을 주어, 영미법이 불문법으로 발전하게 되고, 그 연구방법은 실무와 관련된 실용주의적이

무엇보다도 이 시기에는 전시대와 마찬가지로 법학자들이 공법을 연구한 것이 아니라 사법을 연구하고 학설[15]을 발표하였다. 이 시대에 Ulpianus는 법을 공법과 사법으로 분류하였다. Ulpianus가 법을 공법과 사법으로 나눈 것은, 황제(원수)의 권력이 강화되어 전통적으로 내려오던 시민의 권리를 황제의 간섭(Eingriff des Kaisers)으로부터 보호하기 위함에 그 목적이 있었다. 즉, 공법의 영역은 황제의 권한에 속하지만, 사법은 공법과는 다른 법영역임을 암시하여 시민의 권리를 규정한 시민법을 유지하고 시민들을 안정시킬 목적으로 이렇게 법을 공법과 사법으로 구별하였다.[16][17] 울피아누스의 이러한 공법과 사법으로의 법의 분류체계는 로마법대전 중 학설휘찬에 그대로 받아들여졌다.[18]

이 시대에 로마법, 그 중에서도 로마사법이 법학자들에 의하여 가장 발전할 수 있었던 것은, 원수의 강력한 지배체제가 완성되고, 로마가 대상업제국으로 발전하였으며, 개인주의적 사회를 이룬데 있었다. 그리고 법학자들이 이러한 시대사정에 부합하는 로마사법을 발전시킨 시대였다. 개인에게 경제활동의 자유가 보장되고, 강력한 국가권력이 개인의 자유로운 활동을 보장하고 보호한 관계로, 이 시기에 로마사법이 가장 발달하게 되었고, 로마는 가장 번영된 시대를 이룩하였다.

4. 전주정(專主政) 시대(AD 284-526)

이 시기는 Diocletianus제에 의하여 로마를 동서로 나누어 분리통치를 하여야 하겠다는 구상을 하기 시작한 때로부터 동로마의 유스티니아누스 대제가 황제로 등극하기 전년 까지를 말한다. 이 기간 중에 서력기원 후 로마는 330년에 그 수도를 콘스탄티노플로 천도하였으며,[19] 395년에 Theodosius I세에 의하여

며, 판례 중심의 불문법주의이며, 개별적, 구체적으로 법적 문제를 풀어나가는 귀납적인 방법으로 발전하게 되었다. 대륙에서는 성문법으로서의 로마법인 유스티니아누스 대제의 입법, 그 중에서도 주로 학설휘찬을 중심으로 연구발전된 로마법을 계수한 관계로 성문법주의를 취하며, 추상화, 일반화, 개념화의 방법으로 오늘날 대륙 각국의 민법이 발전하게 되었다.

15) 로마법학자들의 학설이란 오늘날과 같은 추상적인 논리체계의 주장이 아니라, 구체적인 법적 문제 내지 법적분쟁에 대하여 개별적, 구체적으로 답을 한 것이었다.

16) Stein, a. a. O., S. 42.

17) Ulpianus는 법을 공법과 사법으로 나누어, 당시의 강대한 황제의 권력으로부터 로마시민의 권리를 지키려고 한 이유와 당시의 정치의 불안정으로 인하여 AD 223년에 암살되고 말았다(Vgl., Stein, a. a. O., 42). Ulpianus의 암살로 로마법의 고전기가 끝나게 되었다. 그리고 Ulpianus 암살 10년 전에 법학자 Papinianus가 Caracalla제의 명령으로 처형되었다.

18) Ulpian, D. 1. 1. 1. 2.

19) Konstantinus제가 수도를 지금의 이스탄불인 비잔티움(Byzanz)으로 옮기고, 동서로마로의

로마가 동서로 분리되었다. 그리고 서력기원 후 375년부터 게르만족이 이동하기 시작하였으며, 서로마제국은 서력기원 후 476년에 게르만 족에 의하여 멸망하게 되고, 로마는 동로마제국으로 남게 되었다.

원로원은 그 세력이 상실되어 황제의 자문기관에 불과하게 되었으며, 공화정 후기 및 원수정 시대의 자본주의 경제 및 화폐경제가 동요하게 되어, 원시적인 물물교환의 시대로 되돌아간 경제생활을 하게 되었다.[20]

그리고 이 시기는 전제왕권은 강화되었지만, 문화적으로는 쇠퇴하였으며, 물론 로마법학도 그 창조력을 상실하게 되어, 로마법도 쇠퇴하게 되었다. 그러나 서력기원 후 312년에 Constantinus 대제가 기독교를 믿게 되고, 313년에는 밀라노 칙령에 의하여 기독교가 공인되었으며, 391년 Theodosius Ⅰ세(AD 379-395 재위)에 의하여 기독교가 로마제국의 국교로 되었다. 그리고 Theodosius Ⅰ세는 기독교의 수호자로서 이교도를 탄압하였다. 그 시대의 학자들의 관심은 법학연구보다는 기독교 신학의 연구로 바뀌게 되었다. 이 기간 중에 기독교의 중요한 교리들이 종교회의를 통하여 확립이 되어 갔다. 물론 AD 1세기 중엽에 이미 기독교가 로마에서 전해지고, AD 244년에는 기독교도가 황제(Phillipus제: AD 244-249 재위)로 등극을 하였다. 이러한 역사적 사실에 비추어 보면, AD 1세기에 이미 성서의 가르침이 로마의 지식인 층에 알려져 있었다고 추론해 볼 수 있다.

그리고 학설휘찬을 편찬하기 위하여 발포된 Justinianus 대제의 칙법(Constitutio Deo Auctore)의 첫머리에서는, 로마제국의 기초는 삼위일체의 하나님께 있으며, 하나님으로부터 세상의 질서가 도출된다고 밝히고 있다.[21]

이러한 시대의 변화로 인하여 신학이 새로운 학문으로 등장하면서, 그 전부터의 로마의 지식층의 관심분야이었던 법학은 쇠퇴하게 되었다. 그러나 개인의 법생활은 세속법이었던 로마법의 적용을 받았을 뿐만 아니라, 교인들의 법생활에 대하여 교회재판이 행하여지게 되어, 신학을 연구함에 있어서도 전래의 로마법을 완전히 벗어나지를 못하였다. 그리하여 교회와 신학을 통하여 로마법이 전승될 수가 있었던 것이다. 이와 같이 이 시기에 로마법이 더 이상의 그 발전

분리 후에 서로마제국의 수도는 지금의 밀라노(Maitland)로 정하였다. 동서로마의 양 황제는 스스로를 통일로마의 황제로 생각을 하였다. 왜냐하면 서로마제국의 황제는 자신을 동로마제국의 황제의 대리인으로 생각하였기 때문이었다.

20) 현승종 저, 조규창 증보, 전게서, 40면.

21) Constitutio Deo Auctore 1. 1. tit.(titulus).

은 멈추었지만, 그것이 신학과 교회를 통하여 계승될 수가 있었다. 그러므로 로마민법의 발전은 교회법과 분리할 수 없으며, 로마법학 속에서 신의 역사는 이루어지고 있었던 것이었다. 그리고 민법학은 신학과 분리된 것이 아니라, 서로 영향을 주고 받으면서 발전하여 왔다. 특히 기독교의 성서연구의 방법론이 법학연구의 방법론에 큰 영향을 주었으며, 민법의 정신으로 이상주의, 박애주의[22]가 인정되게 된 것은 성서의 가르침과 신학의 영향에 의하여 그러하다.

이 시대의 정치는 전제왕권에 의한 위로부터의 지배의 시대였다. 그러므로 밑으로부터의 창의와 동의가 동결된 시대였다. 그러므로 정치적으로는 전제왕권의 지배력이 강화되었다 하더라도, 사회, 경제는 과거시대로 퇴보를 하였다. 로마법은 더 이상의 발전을 하지 못하고, 법학은 그 창조력을 잃게 되고, 그 시대의 중심학문이 되지 못하였다. 그러므로 이 시기의 지식인 계층은 그들의 이성과 창조력을 발휘할 수 있는 새로운 학문분야인 신학에로 관심을 쏟게 되어 기독교의 중요한 교리가 이 시기에 정립된 것이었다.

5. 유스티니아누스 대제의 통치시대와 유스티니아누스 대제의 입법사업

동로마제국의 유스티니아누스 대제는 서력기원 후 527년에 황제로 등극하여 565년에 사망하였다. 이 기간 중에는 로마가 잃었던 영토를 크게 회복하여 국권을 회복하였으며, 고전기의 로마제국(Imperium Romanum)의 옛 영광을 부활하고자 하였으며, 토목사업을 벌려 대대적인 건축을 하였으며, 교회에 관해서도 교의의 분열을 막고 교회를 지도통제하고자 하였다.[23] 그러나 유스티니아누스 대제의 가장 위대한 사업은 법전편찬사업이었다.

유스티니아누스가 동로마제국을 다시 부흥함에 있어서 그의 소망은 원수정 시대의 고전기 로마제국의 부흥이었다. 그러므로 그의 동로마제국의 부흥은 다분히 복고적이었다. 그때, 즉 원수정 시대의 고전기에 로마법이 법학자들의 학설에 의하여 가장 발달하였다. 그러나 그때의 로마법은 불문법이었다. 유스티니아누스 대제는 입법의 내용이 모두 그러한 것은 아니지만, 기본적으로는 불문법으로 존재하였던 고전기의 로마법을 성문화하는 입법작업을 하였다.

유스티니아누스 대제는 왕위에 오르자마자, 서력기원 후 528년에 입법을 시작

22) 프랑스민법의 기본사상으로 개인주의, 자유주의 그리고 박애주의가 받아들여진 것은 바로 성서의 가르침에 기초하고 있으며, 법에서의 선서(宣誓)제도는 기독교의 의식으로부터 영향을 받은 것이다.

23) Kunkel, a. a. O., S. 146.

하여 529년에 구칙법휘찬(Codex vetus)을 반포하였다. 당시의 법제장관(quaster sacri palatii)이었던 Tribonianus가 위원장이 되어, 유스티니아누스 대제이전의 칙법들을 모아 이 구칙법휘찬을 편찬하였다.[24] 그리고 나서 530년에는 법학자들의 학설에 관한 다툼을 해결하여 학설법의 통일을 위하여 50개의 칙법을 담은 50의 결정(Quinquaginta Decisiones)을 공포하였다.

그 다음으로 Justinianus대제는 그의 입법사업 중 가장 중요한 입법을 하였다. 그것은 533년에 법학제요(Institutiones)와 학설휘찬[25][26](Digesta: Pandektae)을 편찬하여 반포하고, 534년에는 칙법휘찬(Codex Repetitae Praelectionis)을 반포하였다.

법학제요는 초학자와 관리들로 하여금 법에 관한 기본적인 내용을 알게 하기 위하여 편찬된 4권으로 구성된 교과서[27]로서 비록 그것이 법서이지만 당시의 현행법으로서의 효력이 인정되었다.[28]

학설휘찬은 50권으로 구성된 주로 고전기의 로마법 학자들의 학설을 편집하여 만든 학설모음집으로서, 역시 당시의 현행법으로 그 효력이 인정되었다. 실제로 Justinianus대제의 입법사업 중 가장 중요한 법전이 학설휘찬이며, 이 학설휘찬을 중심으로 하여 그 후의 법학자들의 로마법 연구가 이루어져, 로마법이 시대를 초월한 법문화의 가치로 발전하게 되었다. 이 학설휘찬을 편찬함에 있어서 그 학설휘찬에서 발췌된 주로 고전기 법학자들의 저작을 표시함으로써, 이 학설휘찬을 통하여 고전기 법학자들에 의한 학설법의 내용을 간접적으로 알 수 있게 되었다.

이 학설휘찬은 당시의 법제장관이었던 Tribonianus가 편찬위원장이 되고, 당시의 베리토스(Berytos: 지금의 Beirut) 법학교와 콘스탄티노플 법학교의 교수 각각 2명[29]과 변호사 11명, 그리고 관방장관(magister officiorum) Constantinus

---

24) 이 구칙법휘찬은 Justinianus대제의 계속적인 입법에 의하여 반포 후 몇 년이 되지 않아 그 효력이 상실되었다. 그리고 구칙법휘찬의 내용은 알 수 없으며, 파피루스로 된 그 목차의 단편만이 전해지고 있을 뿐이다(Vgl., Kunkel, a. a. O., S. 148).

25) 530년 칙법(Constitutio Deo Auctore)에 의하여 이 입법작업이 시작되고, 534년 칙법(Contitutio Tanta)에 의하여 공포되었다.

26) Digesta란 명칭은 유스티니아누스 대제의 학설휘찬의 편찬, 발표전에 고전기의 법률문헌에 이미 사용되고 있었다(Siehe, Kunkel, a. a. O., S. 149).

27) 법학제요는 제1권: 사람에 관한 법, 제2권: 물건의 분류, 소유권, 물권 및 유언상속에 관한 법, 제3권: 무유언상속, 계약 및 채권총론에 관한 법, 제4권: 불법행위, 민사소송, 간단한 형사소송에 관한 법으로 구성되어 있다.

28) 법학제요도 역시 칙법(Constitutio Imperatorium)에 의하여 공포되었다.

29) Konstantinopel 법학교의 Theophilus와 Berytos 법학교의 Dorotheus와 Anatolius가 참여하

등 총 17명으로 구성된 편찬위원회에 의하여 입법작업이 진행되었다.[30]

칙법휘찬은, 구칙법휘찬이 그 후의 여러 입법에 의하여 개정되어 이를 다시 일체로서 수정할 필요가 있어서, Hadrianus제(AD 117-138년 재위) 때부터 534년까지의 칙법들을 모아 534년에 편찬, 반포하였다.

그리고 535년부터 565년까지의 Justinianus 대제가 발포한 158개의 칙법을 모아 Justinianus 대제 사후에 사인에 의한 사찬으로 신칙법(Novellae)이 편찬되었다. 이 신칙법은 주로 가족법과 상속에 관한 규정으로 구성되어 있다.[31]

이러한 Justinianus 대제의 여러 입법들은 그 각각의 이름으로 반포되었다. 그러나 법학제요, 학설휘찬, 칙법휘찬은 Justinianus 대제의 통일적인 입법사업으로 이루어진 법률이었으나, 이들 법전의 공동의 이름이 없었다. 1583년 프랑스의 복고주의법학자였던 Dionysius Gothofredus(1549-1622)가 Justinianus대제의 입법 중, 법학제요, 학설휘찬, 칙법휘찬, 신칙법, 이 4개의 법전을 모아 그 1582년에 편찬 공포된 교회법대전(Corpus Iuris Canonici)에 대항하기 위하여 로마법대전(Corpus Iuris Civilis)이란 이름으로 발간하였다.[32] 그리하여 후대에는 Justinianus 대제의 입법을 로마법대전이란 이름으로 통용되었으며, 이 로마법대전, 그 중에서도 학설휘찬을 중심으로 하여 로마법이 연구발전되었다.

Justinianus 대제의 입법은 당시보다 300여년 전인 고전기의 로마법을 기초자료로 하여 편찬되었다. 특히 학설휘찬의 내용은 주로 고전기의 법학자들의 학설을 모아 편찬되었다. 법학제요는 Gaius(AD 150-180 활동)의 법학제요(AD 161년 발간)를 모범으로 하여 편찬되었으며, 칙법휘찬도 역시 과거의 칙법들을 모아 편찬되었다. 물론 신칙법도 역시 Justinianus 대제의 칙법을 모아 편찬하였지만 과거의 자료를 모아 편찬한 것이다.

이러한 로마법대전은 지극히 복고주의적인 입법이라 아니할 수 없다. 이를 달리 표현하면 로마법대전은 로마의 전통을 중시하는 입법태도를 보인 것이라고 평가할 수 있다. 이러한 복고주의적인 로마법 연구의 경향은 로마법대전 이후의 로마법 발전의 일반적인 경향이기도 하였다. 바로 이러한 전통을 중시하는 로마법의 경향은 오늘날에도 역시 법이란 전통의 바탕위에서 점진적인 발전

였다.

30) Kunkel, a. a. O., S. 148.

31) A. a. O., S. 150.

32) Bernhard von Windscheid, Lehrbuch des Pandektenrechts, Erster Band, 6. Aufl. (Frankfurt am Main, Literarische Anstalt Bütten & Koening, 1887), S. 12.

을 추구하여야 한다는 법발전에 있어서의 귀중한 역사적 교훈을 제시해 주고 있다.

6. 유스티니아누스 대제 이후의 로마제국

(1) 서로마제국

전주정 시대의 시작과 함께 동서로마로의 분리통치 구상이 입안되고, AD 375년부터는 게르만족의 민족이동이 시작되어, 게르만족이 로마제국의 변방을 침입해 들어 왔다. AD 395년에는 동서로마제국으로 로마제국이 완전히 분리되고, AD 410년에는 게르만족의 일파인 서고트족에 의해 제국의 수도인 로마가 약탈을 당하였다. 그 후 AD 476년에는 서로마제국이 게르만인들의 칩입으로 멸망하게 되었다.

이렇게 서로마제국의 국력이 쇠약해짐에 따라서 서로마지역의 법도 역시 쇠퇴하게 되었다. 서로마제국에 침투해 들어온 게르만족들은 법적용에 있어서 속인법주의(Personalitätsprinzip)를 취하고 있었으므로, 자연히 로마인에게는 로마법을 적용하고, 게르만인에 대해서는 게르만 관습법이 적용되었다. 그러나 AD 451년에 이미 서로마제국의 황제 Valentinianus Ⅲ세(AD 425-455 재위)는 이탈리아에는 변호사도 심판인도 부족하다. 법을 아는 사람은 거의 없거나 발견할 수 없다고 개탄하였다.[33]

이러한 정치적인 변화에 따라서 게르만인들이 지배하는 서로마지역에서 로마인에게 적용될 로마법도 점차 게르만 관습법의 영향으로 변질을 하게 되었다. 그리고 지배계급이 된 게르만인들은 피지배민들인 로마인들을 위하여 그들에게 적용할 법률을 제정하였다.[34] 그러나 서로마지역에서의 로마인들에게 적용된 법은 그 전시대에 발전된 순수한 로마법은 아니었으며 게르만화된 로마법으로 변질된 법이었다. 이렇게 게르만화된 로마법을 비속(卑俗)로마법(vulgarisches römisches Recht) 또는 단순히 야만법(Vulgarrecht)이라 한다.

이와 같은 비속로마법의 가장 큰 특징은, 고전법상의 소송법적 기본관념이 완전히 없어져 고전기의 소송방식이 사라졌으며, 로마법상의 계약체계에 있어

---

33) Stein, a. a. O., S. 56.

34) 대표적인 로마인을 위한 법전으로는, Edictum Theoderici(테오데릭 고시), Codex Euricianus(에우릭 법전), Lex Romana Visigotorum(서고트의 로마인 법전), Lex Romana Burgundionum(부르군드의 로마인 법전) 등이 있으며, 이들 법전은 모두가 순수 로마법을 수정한 게르만화된 비속로마법인 야만법이었다.

서 존재하였던 요식계약과 무방식의 성의계약간의 개념상의 차이가 사라지게 되었다. 그리고 점유와 소유권 및 제한물권간의 구별이 없어졌으며, 매매계약이 의무부담행위(Verpflichtungsgeschäft)로서의 성격이 사라지고, 단순히 소유권 취득의 원인(Eigentumserwerbsgrund)으로 변질되었다.[35] 로마에서는 고전기까지 소유권이전의 의무를 부담하는 계약과 소유권 이전이 분리되어 있었다. 그러나 이러한 구별은 야만법에서는 계약에 의하여 바로 소유권을 취득하게 되는 것으로 바뀌었다.[36] 그리고 법실무에 있어서도 순수로마법에서의 개념이나 원칙이 완전히 사라졌다.

이와 같이 서로마제국의 쇠퇴와 종국적인 멸망으로 나타난 또 하나의 중요한 역사적 변화는, 황제통치의 공백상태가 발생하자 그 공백을 교회가 보충하기 시작한 점이었다. AD 494년 교황 Gelasius Ⅰ세(AD 492-496)는 동로마제국의 황제 Anastasius(AD 491-518)제에게 일반적인 효력이 있는 교황의 칙령(Dekretalen)을 발포하였다. 그 교황의 칙령에서 세속적인 사건은 황제의 권한하에 있으며 정신적인 사건은 교황에게 있음을 선언하였다. 그러나 양 사건은 모두 예수 그리스도의 지배하에 있으며, 교회가 관련되어 있는 사건에 대해서는 교황이 최종적인 재판권을 갖는다고 선언하였다.[37] 이를 계기로 하여 교회에 의하여 교회행정이 이루어지고, 따라서 독자적인 교회법이 발전하게 되었다. 그리고 교회법학자들(주로 성직자들)은 교회법 형성에 필요한 법률지식을 세속로마법으로부터 기본적인 법개념 등을 차용해 왔다.[38]

이와 같이 서로마제국의 멸망으로 고대가 끝나고 중세로 들어가게 되었다. 이와 함께 서구에서는 기독교화가 강하게 진행되었다.

(2) 동로마제국

동로마제국은 로마의 고대의 전통을 유지하고는 있었지만, 그리스 문화에의 영향, 이슬람의 침투 등으로 인한 사회, 문화의 변화로 비로마적인 비잔틴적 특성이 많이 나타나게 되었다. 라틴어는 고위계층과 제국의 중앙도시의 고위법정에서나 사용되고, 일상생활언어는 그리스어가 사용되었다. Justinianus 대제와

35) Kunkel, a. a. O., S. 135. 이와 같은 비속로마법의 특징은 Ernst Levy의 연구에 의하여 밝혀지게 되었다. 프랑스민법에서 소유권은 채권의 효력으로 이전된다는 법원칙(Art 1583 C.c.)는 바로 비속로마법의 역사적 전통에 기초하고 있다고 추론된다.

36) Stein, a. a. O., S. 50.

37) A. a. O., S. 57.

38) A. a. O., S. 58.

같은 고전기 로마시대의 재흥을 위한 노력도 다시는 일어나지 않았다.

기독교도 변질을 하여 로마중심의 기독교와 분리된 그리스 정교로 발전하여 발칸반도와 러시아 방향으로 전파되어 갔다.

법에 있어서도 로마법의 전통을 간직은 하고 있었지만, 많은 변화가 일어났다. 동로마제국에서의 로마법의 변화는 로마법대전 중의 신칙법(Novellae)에서부터 이미 로마법의 전통과는 명백한 단절의 모습들이 나타났다.[39] 그리고 라틴어로 제정된 로마법을 그리스어로 번역된 법전이 나오게 되었다. 또한 로마법은 비잔틴 제국의 특유한 하나의 지방법으로 퇴화를 하였다.

Justinianus 대제의 로마법대전도 라틴어로 쓰여졌기 때문에, 그러한 방대한 법전이 편찬되었음에도 불구하고 그 로마법대전이 동로마에서 주목을 받지 못하였다. 특히 그리스어를 말하고 라틴어를 모르는 법률가들이 로마법대전을 이해하지 못하였다. 그리고 Justinianus 대제는 입법을 한 후에 그의 법전을 그리스어로의 번역과 그리스어와 라틴어로의 대비표를 만드는 것은 허용하였으나, 해설도 주석도 이를 금지하였다.[40] 특히 학설휘찬을 공포한 Justinianus 대제의 칙법에서는 학설휘찬의 주석을 금지하고, 주석의 경우에는 문서위조죄로 처벌하겠다고 하였다.[41] 그러나 이러한 유스티니아누스 대제의 금지명령은 유스티니아누스 대제의 생존시에 이미 지켜지지 않았다. 동로마제국에서는 유스티니아누스 대제 입법의 번역서, 요약서, 주석서, 특정 법영역에 대한 단행본들이 출판이 되었다.

그러므로 동로마제국에서의 로마법은 Justinianus 대제의 입법을 그리스어로 번역하거나, 요약하여 활용하는 모습으로 변화를 하였다. 또한 유스티니아누스 대제 이후 동로마에서는 고전기의 로마법을 연구하고 새로운 로마법을 만들어 나가지는 못하고, 유스티니아누스 대제의 입법을 출발로 하여 그것의 번역, 요약의 형태로 당시에 필요한 만큼 활용을 하였을 뿐이었다.

이러한 시대적 변화에 맞추어, 법학제요의 편집인이었던 콘스탄티노플 법학교의 교수였던 Theophilus는 법학제요의 그리스어 번역본을 출간하였으며, 그 후 왕권을 다소 회복한 동로마의 황제들이 유스티니아누스 대제의 입법을 요약하여 몇몇 법전을 발포하였다.

---

39) Kunkel, a. a. O., S. 158.
40) A. a. O., S. 159.
41) Constitutio Tanta 21.

동로마의 레오 3세(717-741)는 국력을 다소 회복하였다. 그는 740년에 그의 다음에 황제가 될 Constantinus와의 연명으로 그리스어로 된 법전을 편찬, 공포하였다. 그것이 바로 Ecloga법전이었다. 이 Ecloga법전은 기독교 사상을 채용하여 로마의 전통적인 법원칙을 과감히 파괴하였다. 그러나 이 법전은 근대유럽의 기독교에 입각한 친족법의 선구가 되었다. 중요한 내용으로는 이혼을 금하고, 사실혼을 폐지하였으며, 혼인장애의 범위를 확대하였다.[42]

Ecloga법전이 너무 기독교 사상에 기울어져 이에 대한 반동으로 Basilius제(867-886) 때에 실제 적용할 수 있는 법전제정을 시도하여 Procheiron 소법전을 편찬하였다. 그러나 그 법전은 유스티니아누스 대제의 법전을 발췌한 것으로서, 너무 복고적이었으며, 실제로 적용하기가 불편하여 다시 Ecloga법전으로 되돌아가고 말았다.[43]

그리고 892년에는 바실리카(Basilica)법전이 편찬되었다. 이 법전은 다시 국력을 다소 회복한 Basilius제(帝)때부터 편찬을 시작하여, Leo 6세(996-911)가 공포한 법전으로서 60권으로 구성된 대법전이었다. 이 법전은 유스티니아누스 대제의 법전을 요약한 법전이었으며, 12세기 이후에는 유스티니아누스 대제의 법을 대체하였다. 그러나 법실무에 어느 정도 영향을 주었는지는 의문이라고 평가되고 있다.[44]

1345년에는 당시 Thessalonike의 법관이었던 Harmoenopulos에 의한 사잔의 6권(Hexabiblos)이라는 법서가 만들어졌다. 이 법서는 그 배열이 편리하고, 내용이 풍부하고, 학설휘잔의 편잔방법과 동일하게 각 규성의 출선을 명백히 하여 사실상 법전과 동일한 가치를 가졌다. 그리스에서는 이 6권이 1853년 칙령에 의하여 판례와 관습에 반하지 않는한 그리스에서 민법전이 만들어질 때까지 현행법으로서의 효력이 인정되었다.

이와 같이 발전된 동로마의 비잔틴제국의 로마법은 그리스어의 옷을 입고, 로마기독교와 분리된 동방그리스 정교와 함께 발칸반도와 러시아로 전파되어 살아남게 되었다. 특히 러시아의 황제(Zar)는 자신을 비잔틴 제국의 황제의 후계자로 생각하였으며, 수도 모스크바를 제3의 로마라고 하였다.[45] 이와 같이 동로마의 그리스화된 로마법은 그리스 정교와 함께 슬라브 민족에게로 전파되었다.

---

42) 황직인, 로마법·서양법제사(박영사, 1981), 52면.
43) 상게서, 53면.
44) Kunkel, a. a. O., S. 161.
45) Stein, a. a. O., S. 67.

제 2 절 로마제국에서의 민법학의 형성과 발전

Ⅰ. 로마민법학의 태동

1. 로마법학의 시작

로마에서 법학이 언제부터 시작되었느냐에 관하여는 견해가 대립되고 있다. 12표법의 제정 이전부터 신관단(pontifices)에 의하여 관습법의 해석이 이루어져 왔고,[46] 12표법의 제정 후에는 신관단에 의하여 관습법의 해석을 물론 12표법도 해석되어 왔으므로, 이러한 신관단에 의한 당시의 시민법(ius civile)이었던 관습법과 12표법의 해석을 로마법학의 시작으로 보는 견해[47]도 있고, 그렇게 보지 아니하고 공화정 전기가 끝나고 공화정 후기가 시작될 때인 서력기원 전 200년대부터 로마가 그리스의 스토아철학을 받아들여 로마법이 발전하기 시작한 때에 비로소 로마법학이 시작되었다고 보는 견해[48]도 있다.

12표법이 제정되기 이전의 왕정시대와 공화정 전기에 로마에는 로마시민에게만 적용되는 시민법(ius civile)이 있었으며, 그 시민법은 관습법으로 이루어져 있었다. 공화정기에 들어와서 서력기원 전 451년에 평민들의 관습법의 성문화 요구로 민회의 의결에 의하여 12표법(lex duodecim tabularum: Zwölftafelgesetz)이 제정되었다. 왜냐하면 관습법의 해석권이 신관단에 독점되어 있었고, 신관단은 귀족으로 구성되었기 때문에, 신관단의 관습법의 해석이 평민들의 이익에 부합되지 않을 때가 있었기 때문이었다. 그리하여 평민들은 소송사건이 발생하기 전에 관습법을 알 수 있다면, 그들에게 유익하겠다는 주장을 하였다. 관습법을 성문화하면, 평민들은 신관단의 자문이 없어도 법을 알 수 있을 것이고, 그러면 신관단은 제정법의 법문해석에만 그들의 권한이 제한될 것이라고 주장하였다.[49]

이러한 시대 사정하에서 12표법이 제정된 것이었다. 그러므로 12표법은 귀

---

46) A. a. O., S. 14.
47) Kunkel, a. a. O., S. 37, S. 90.
48) 최병조, 로마법강의(박영사, 2004), 7면.
49) Stein, a. a. O., SS. 14-15.

족과 평민간의 계급간의 투쟁의 산물이었다.[50] 12표법이 제정되므로 인하여 시민법은 관습법과 성문법인 12표법으로 구성되게 되었으며, 그 해석권은 BC 3세기 초까지 여전히 신관단이 독점하고 있었다.[51] 이때 법률명칭을 관습법인 시민법은 ius라 하고, 성문화된 제정법은 lex라 하였다.

그리고 신관단은 12표법을 확대해석하였다. 이러한 창조적인 확대해석에 의하여 과거의 법에서 알지 못하였던 법제도를 창안하였다. 해석에 의한 새로운 법제도로서는 가장권에 복종하는 자의 해방(emancipatio)제도의 창안이었다. 12표법의 제4표는 부권(父權)과 부권(夫權)에 관한 규정으로서 그 중에, 부에게 자에 대한 생살여탈권(生殺與奪權)을 주었으며, 부가 자를 3차에 걸쳐서 매각한 경우에는 자는 부권으로부터 자유롭게 될 수 있도록 규정하고 있었다.[52] 12표법의 3차례의 매각은, 부는 자를 3번만 매각할 수 있도록 한 것이었다.[53] 이 3차의 매각으로 부권에 복종하는 자를 해방시키는 방법에 관한 해석을 통하여 신관단은 부가 자를 형식적으로 3번 매각하고 자유인으로 해방될 수 있도록 하는 법제도를 창조하였다. 신관단은 더욱 확대해석을 하여 딸과 조카는 1회의 매각으로 해방된다고 해석하였다.[54]

당시의 시민법의 해석은 문자적 해석방법의 엄격한 해석을 하였다. 그러한 엄격해석의 원칙하에서도 신관단이 12표법의 확대해석에 의하여 12표법이 예상하지 못했던 법적 결과를 도출하였다. 이러한 신관단의 시민법의 해석활동을 로마법학의 시작으로 봄이 타당할 것으로 생각된다. 스토아철학의 영향을 받은 단계의 로마법학은 그 시작이라기보다는 로마법학의 발전으로 파악함이 타당할 것으로 평가된다.

12표법의 제정시행 후 공화정이 끝날 때까지 500년 동안 이 12표법이 로마의 모든 공사법의 원천이 되었다.

2. 12표법의 제정과 그 내용

(1) 제정과정과 그 후의 변천

12표법은 그리스의 도시법의 영향을 받아 제정된 로마에서는 가장 오래된

---

50) Kunkel, a. a. O., 32.
51) A. a. O., S. 37.
52) 최병조, 로마법연구(Ⅰ): 법학의 원류를 찾아서(서울대학교출판부, 1995), 12면.
53) Stein, a. a. O., S. 20.
54) A. a. O., S. 20.

성문법이다. 특히 상린관계법, 단체에 관한 법, 장례비용의 제한에 관한 규정, 배상금(poena)에 관한 규정은 그리스의 법과 일치한다.[55] 이 12표법은 법전제정 10인 위원회가 포괄적인 입법의 위임을 받아 제정되었다. 그리하여 12표법은 관습법으로 존재하던 당시의 법의 포괄적인 입법이었다. 소송법, 집행법, 사법, 형법을 규정하고 있으나, 주된 내용은 사법이다. 그러나 법원조직과 같은 공동체의 정치질서에 관해서는 아무런 규정이 없다.[56] 그리고 상법과 채권적 계약법도 거의 없다. 채무노예제가 인정되고 있고, 엄격한 방식의 소비대차에 관한 규정이 있을 뿐이다.[57] 사법으로서는 가족법, 상속법, 상린관계법, 불법행위법에 관한 법이 주된 내용을 이루고 있다. 12표법은 당시의 관습법을 성문화한 보수적인 법이며, 당시의 농업사회의 성격을 반영하고 있으며, 시민법(ius civile)을 가능한한 완전히 종합하여 입법하고자 하여, 로마고유법의 성격을 유지하고 있다. 그리고 12표법은 엄격한 형식주의에 입각하고 있다. 또한 형법에서는 사적인 동해보복(Talio의 법칙)을 인정하고 있다.

그리고 12표법의 규정형식은 일반규정 형식이 아니라, 개별적 사항을 개별적으로 규정하는 카주이스틱한 형식을 취하고 있다.[58]

이 12표법을 통하여 로마고대의 법과 사회의 모습을 알 수 있다. 그리고 12표법이 당시의 시민법을 포괄적으로 입법을 하였기 때문에, 12표법 이후에는 로마법이 상당한 기간 동안 발달하지 못하였다. 그러나 지금까지 알려지고 있는 12표법의 내용은 그 전체의 3분의 1정도에 불과하다.[59][60]

12표법은 BC 451년에 제정되어, 12개의 나무로 된 표를 시장에 게시하여 이를 시민들로 하여금 알 수 있게 하였다. 그러나 12표법의 원판은 갈리아인의 침입시(BC 390)에 소실되었다.

12표법은 공화정이 끝날 때까지 로마의 공사법의 원천이 되었으며, 그 해석은 신관단이 독점하고 있었다. 그리고 BC 312년에 당시의 호구총감[61](censor)

---

55) Kunkel, a. a. O., S. 32.

56) A. a. O., S. 33.

57) A. a. O., S. 34.

58) 이러한 12표법의 카주이스틱한 방식의 개별규정 형식을 포괄적인 규정형식으로 전환한 법률이 BC 286년의 불법행위법 분야의 Lex Aquilia이다(Vgl., Kunkel, a. a. O., S. 32).

59) 최병조, 전게 로마법연구(Ⅰ), 3면.

60) 1866년에 12표법의 원문의 복원이 시도되었다(Vgl., Kunkel, a. a. O., S. 32).

61) 호구총감은 민회에서 선출되며, 임기는 18개월이었다. 호구총감은 로마시민의 인격상실제도를 관장하고, 국세를 조사하였으며, 로마시민명부를 관리하였다. 그리하여 호구총감은 로마인의 미풍양속과 도덕적 행위규범의 준수를 강제하기 위하여 로마시민의 사회적 명예나 지위를 박탈할 수

이었던 Claudius의 비서였던 Flavius[62]가 법률소송의 방식서를 공개함으로써 신관단의 법률해석독점 상태가 깨어지게 되어 당시의 엄격한 소송방식인 법률소송의 방식을 로마시민도 알게 되었다.[63] 그리하여 신관단의 주술적인 비밀상태에서 개방된 법률지식과 법률해석이 일반화되게 되었다. 따라서 법률의 해석은 법학자들이 하게 되고, 법학자의 법률해석은 시민법과 동일시되었으며, 이를 계기로 하여 새로운 법발전의 단계로 발전하게 되었다.[64]

이 12표법의 채무노예제는 BC 326년의 Lex Poetelia에 의하여 폐지되었으며, 카주이스틱한 방식의 개별규정 형식으로 입법된 12표법의 불법행위법은 BC 286년의 Lex Aquilia에 의하여 포괄적인 규정형식의 불법행위법으로 전환되었다.[65]

로마의 정치가이면서 철학자였던 Cicero(Marcus Tullius, BC 106-43)시대에는 이 12표법을 학생들로 하여금 암기하게 하였으며, Labeo(BC 25-AD 10)와 Gaius(AD 150-180)는 12표법의 주석서를 썼다. 그리고 복고학파(Humanisten)에서는 12표법을 재구성하고자 하였다.[66]

(2) 12표법의 내용

12표법의 각표의 내용은, 제1표: 민사소송의 원칙에 관한 규정, 제2표: 법률소송절차에 관한 규정, 제3표: 집행절차에 관한 규정, 제4표: 부권(父權)과 부권(夫權)에 관한 규정, 제5표: 후견 및 상속에 관한 규정, 제6표: 채권과 물권에 관한 규정, 제7표: 상린관계에 관한 규정 및 노예해방에 관한 규정, 제8표: 형법규정, 불법행위법 규정, 제9표: 극형금지에 관한 규정, 제10표: 장례에 관한 규정, 제11표: 혼인에 관한 규정, 제12표: 추가규정으로 구성되어 있다.

12표법의 중요한 특징적인 내용만을 발췌해 보면, 자는 부권에 복종해야 했으며(제4표), 부가 자를 세 번에 걸쳐서 매각한 경우에는 자는 부권으로부터 해

있는 막강한 권한을 행사하였다. 로마에서는 매 5년마다 로마의 인구와 모든 가장의 재산을 조사하였다.

62) Flavius는 그 후 BC 304년에 고등안찰관(aediles curules)으로 선출되었으며, Flavius에 의하여 알려진 법률소송의 방식서를 중심한 당시의 로마법을 플라비우스시민법(ius civile Flavius)라 한다(현승종 저, 조규창 증보, 전게 로마법, 90면). 고등안찰관은 BC 367년이 창설되었으며, 시장과 공공장소의 치안유지를 위한 경찰권과 노예와 가축매매사건에 관한 재판권, 대중흥행 및 운동경기행사의 감독권을 행사하였다.

63) 황적인, 전게 로마법·서양법제사, 33면.

64) 현승종 저, 조규창 증보, 전게 로마법, 91면.

65) Kunkel, a. a. O., S. 38.

66) 최병조, 전게 로마법 연구(Ⅰ), 5면.

방되었다(제4표). 그리고 부의 사망 후 11개월째에 자를 출산하면 그 자는 부의 사후에 임신한 것으로 보며(제4표), 상속재산은 당연히 분할되며(제5표), 매각되어 인도된 물건은 매수인이 매도인에게 대금을 지급하거나 달리 만족을 준 경우가 아니면 매수인에게 취득되지 않았다(제7표). 악취행위(mancipatio)와 법정양여(in iure cessio)를 확인하고 있으며(제7표), 탈리오법칙에 의한 동해보복형(同害報復刑)이 인정되었으며(제8표), 절도를 이유로 소구(訴求)하는 경우에 현행범이 아닌 때에는 2배액의 손해를 배상하도록 하였으며(제8표), 누구라도 이자는 연간 8과 1/3% 이상을 취하지 못하도록 규제하였다(제8표). 단체설립을 인정하고(제8표), 시민에 대한 극형은 민회가 최종적으로 결정하도록 하였다(제9표). 그리고 금은 부장(副葬)하지 못하도록 하고(제10표), 평민의 귀족과의 혼인을 금지하였다(제11표). 그리고 12표법은 8종류의 벌을 규정하였다. 즉, 손해배상(속죄금: Geldbuße), 구금, 태형, 동해보복, 불명예, 추방, 사형 및 노예화가 인정되었다.[67]

이와 같은 12표법상의 법은, BC 326년에 이르서는 Papiria법에 의하여 판결채무자의 감금과 채무노예를 금지하였으며, BC 44년에는 Iulia법에 의하여 판결채무자의 살해와 매각을 금지하였다.[68]

Ⅱ. 로마법학의 발전

1. 법무관에 의한 로마법의 발전

로마법은 소송을 통하여 발전하였다. 오늘날과 유사한 소송제도로 발전한 것은 전주정 시대에 와서야 비로소 실행되었다. 국가조직이 완비되지 못하고, 더구나 오늘 날과 같은 삼권분립이 이루어지지 못한 상태에서는, 통치를 담당한 국가기관이 소송을 담당할 수밖에 없었다. 로마는 12표법에서 살펴본 바와 같이 일찍부터 사법이 발달하고, 민사소송제도가 발달하였다. 공화정기의 민사소송은 오늘날의 소송제도와 비교해 보면 일종의 중재재판제도를 시행하였다고 할 수 있다. 그것은 당사자가 소송을 제기하면, 소송준비기관인 법무관(praetor)이 쟁점을 결정하고(litis contestatio), 소권(actio)을 부여한 후, 소송당사

67) 상게서, 33면.
68) 현승종 저, 조규창 증보, 전게 로마법, 251면.

자가 사인(私人)인 심판인(judex)의 재판을 받아들일 것을 합의하여야 비로소 본안소송이 진행되고, 사인인 심판인에 의한 소송제도를 유지하였다. 만약에 당사자가 사인인 심판인의 재판을 받아드릴 것을 합의하지 아니하면, 소권이 소멸되어 소송에 의한 법적 구제를 받을 수 없게 되었다.[69] 그리고 심판인의 선정은 대부분 당사자의 의하여 제안되지만 단순한 중재판사가 아니라, 심판인의 재판의 범위는 법무관에 의하여 정하여졌다.[70] 그리고 법무관이 사인인 심판인의 판결(sententia)에 국가적인 권위를 부여하였다. 따라서 이러한 사인에 의한 로마의 소송제도는 순수한 중재재판제도는 아니라 하더라도, 사인인 심판인에 의한 재판제도이므로 일종의 중재재판제도라 할 수 있다.

이와 같이 소송을 준비하고 지휘하며, 심판인에게 재판의 범위를 정하여 주고, 심판인의 판결에 국가적인 권위를 주는 로마에서의 관직이 법무관(praetor)이었다. 로마에는 일찍부터 법적용에 있어서 속인법주의를 취하였고, 로마는 시민권이 있는 로마시민과 시민권이 없는 자로 분류되었기 때문에, 법무관도 로마시민담당의 시민담당법무관(praetor urbanus: Stadtpraetor)과 피정복민담당의 외인담당법무관(praetor peregrinus: Fremdenpraetor)의 2종류가 있었다. 시민담당법무관은 BC 367년에 설치되었으며, 외인담당법무관은 BC 242년에 설치되었다.

법무관은 공화정기와 원수정기에 독자적인 재판권을 가진 정무관(magistratus)으로서 로마시민의 민사소송업무를 관장하였다. 특히 시민담당법무관은 로마법 발전에 수도적인 기능을 수행하였다.[71] 법무관은 임기가 1년이었으며, 법무관은 임기의 시작시에 자기 임기동안 적용할 소송에 관한 지침을 담은 고시(edictum)를 공표하였다. 이 고시는 1년의 한시법(lex annua)으로서 후임법무관은 전임법무관의 고시에 구속되지 않았다. 그러나 후임법무관이 전임법무관의 고시를 채용하는 경우가 많았다.[72] 그리고 법무관은 법률가가 아닌 경우가 적지 않았다. 그러므로 법무관이 고시를 함에 있어서는 법학자의 조언과 조력(consilium)을 받았다. 또한 특히 후임법무관이 법률가인 경우에는 전임법무관이 채용한 바 없는 새로운 권리구제방법을 창설하였다.

---

69) 소권이 소멸하면 소송에 의한 권리구제를 받을 수 없으며, 자연채무로서의 법적 효력이 인정될 뿐이있다.

70) Kunkel, a. a. O., S. 83.

71) 현승종 저, 조규창 증보, 전게 로마법, 72면.

72) 상게서, 101면.

이와 같은 시민법무관은 시장사건에 관한 고등안찰관의 특별권한사항을 제외하고는 원칙적으로 로마와 이태리에서의 형사사건과 민사사건을 관장하였다.[73] 그리고 시민담당법무관의 업무가 외인담당법무관의 업무보다 훨씬 더 많았다.[74]

공화정기의 로마에서 고시권(告示權, ius edicendi)을 가진 정무관은 시민담당법무관이외에도 외인담당법무관, 고등안찰관, 재무관(Quästor), 지방총독(Provinzialstatthalter)도 가졌다.[75] 이들은 자기의 직무와 관련된 사항에 대하여 취임시에 고시를 하였다. 그리하여 시민담당법무관을 위시한 이러한 정무관의 고시를 통하여 로마법이 형성되게 되었다. 이들 정무관은 그들의 고시를 나무판(album: Holztafel)에 새겨 이를 사람들이 많이 모이는 곳에 게시하였다. 이들 고시 중에서도 법무관의 고시가 로마법 발전에 가장 큰 영향을 미쳤다.[76]

그리고 법무관은 고시를 통하여 새로운 소송방식을 인정하고, 민사소송을 준비하는 소송준비기관으로서, 소송절차과정에서 시민법상의 권리의 실현뿐만 아니라 새로운 사실관계에 법적보호를 부여하여 실체법을 고치지 아니하고서 소송법적 방법으로 실체법을 창설하는 기능을 수행하였다. 특히 법적보호의 필요가 있으나 시민법상으로는 소권이 인정되지 아니하는 경우에 법무관이 새로운 소권을 인정하였다. 이와 같이 법무관의 고시에 의한 새로운 소송방식을 제시하고 그것에 맞는 소송방식서를 부가해 나가고, 새로운 소권의 부여를 통하여 새로운 로마법이 형성, 발전하게 되었다. 이렇게 형성된 로마법을 관습법과 제정법으로 구성된 시민법(ius civile)에 대하여 명예법(ius honorarium)이라 한다. 이와 같이 법무관은 명예법을 통하여 로마법을 발전시켰다. 명예법을 법무

73) Kunkel, a. a. O., S. 81.

74) A. a. O., S. 81.

75) 공화정기의 정무관으로는 최고통치기관인 집정관(consul), 국가비상시의 대권을 가진 집정관인 독재관(dictator), 국고관리와 형사소송업무를 담당한 재무관(quaestor), 호구총감, 법무관, 고등안찰관 등이 있었다. 집정관은 임기 1년의 동료제였으며, 독재관은 1인으로서 임기는 6개월이었다. 그리고 시민들로 구성된 민회가 있었고, 씨족장들로 구성된 원로원이 있었다. 공화정 전기에, 민회는 입법권, 전쟁과 강화에 관한 찬반결정권, 정무관의 선출권과 임명권, 형사재판권을 행사하였다. 원로원은 민회의 의결사항에 대한 인준권을 행사하였다. 그러나 공화정 후기에 와서는, 민회는 점차 약화되고, 원로원은 귀족으로 구성되게 되었다. 그리하여 점차 원로원의 권한이 강화되어 원로원이 입법권을 갖게 되었다.

76) 이러한 고시는 점차 축적되고 답습되다가, 원수정 시대에 와서는 침체가 되었다. 그러다가 AD 130년경에 와서는 고시가 완전히 고정되었다. 그리하여 Hadrianus 제(AD 117-138 재위)의 명령에 의하여 당시의 법학자였던 Salvius Julianus(AD 125-170 활동)가 영구고시록(Edictum Perpetuum)을 편찬하고, 향후 고시의 변경은 원수에 의해서만 가능할 수 있도록 하였다(Kunkel, a. a. O., S. 88).

관법(ius praetorium)이라고도 한다.[77]

명예법은 시민법에 대하여 특별한 성격을 가졌다. 시민법은 로마전역에 로마인에게 적용되었으나, 명예법은 법무관 관할지역에만 적용되었다. 그러나 재판권 행사와 관련된 수많은 고시규정은 그것의 합리성과 보편성으로 인하여 지역적인 제한이 없이 전 제국의 모든 주민에게 적용되었다.[78] 따라서 명예법은 사실상 시민법과 마찬가지로 전 제국에 적용되었다.

그리고 시민법은 그 효력기간에 제한이 없었음에 반하여 명예법은 한시법이었다. 또한 법무관은 자기가 발포한 고시에 구속되지 아니하였다. 그러므로 법무관은 자기의 고시와 다른 조치를 취할 수도 있었다. 그러나 BC 67년의 Cornelia 법(Lex Cornelia)에서는 이를 금지하여 법무관은 취임시에 자기가 공고한 고시를 준수하도록 하여 자기의 고시에 구속되었다.[79][80] 그리고 명예법은 시민법에 대하여 우선적으로 적용되었다.[81]

이와 같은 명예법을 고전기의 법학자 Papinianus(AD 170-212 활동)는, 시민법과 명예법과의 관계에 관하여 명예법은 법무관이 시민법을 지원하고, 보충하고, 수정하는 법이라고 하였다. 그리고 법무관이 명예직(honores)이기 때문에 법무관법을 명예법이라고 표현한다고 하였다.[82]

이러한 명예법을 통하여 엄격주의적인 법이었던 시민법을 그 시민법의 개정이나 제정 없이도 시대사정의 변화에 대응할 수 있는 로마법으로 발전시켜왔다. 시민법과 명예법과의 관계는 영미법에서의 보통법(Common Law)과 형평법(Equity)과의 관계에 비교될 수 있다.

2. 그리스 철학의 전래와 로마법의 발전

공화정기에 로마법이 발전하게 된 것은 로마에 그리스의 Aristoteles철학과 스토아철학(Stoicism)이 전래되어, 로마법 연구의 사상적 기초는 물론 방법론에 큰 영향을 준 역사적 배경에 있다. 그리고 그리스에서 발달된 수사학도 로마에 전하여져 로마법 발전에 기여하였다. 그리하여 그리스의 스토아철학과 수사학

---

77) 학설휘찬에서는 법무관에 의한 고시를 법무관법이라고 표현하고 있다(D. 1. 1. 7. 1).

78) 현승종 저, 조규창 증보, 전게 로마법, 103면.

79) 상게서, 103면.

80) 법무관이 자기의 고시에 반하는 규정이나 법적조치를 취한 경우에는 호민관(tribunus plebis)이 이에 개입하였다.

81) 현승종 저, 조규창 증보, 전게 로마법, 102면.

82) D. 1. 1. 7. 1.

은 특히 공화정 후기의 로마법 형성의 요소가 되었다.[83]

아리스토텔레스[84](Aristoteles: BC 384-322년경)의 자연법이론이 로마에 전해져서, 그리스의 자연법이론이 로마법의 전통으로 발전하게 되었다.[85] 그리고 그리스의 법률용어도 로마법에 들어오게 되었다. 또한 로마법의 부합이론은 그리스법으로부터 유래하였다.[86]

그리고 스토아철학은 그리스의 철학자 Zenon(BC 335-263년경)이 창시한 철학으로서, 세계인류, 세계국가, 세계시민의 사상과 보편적인 자연법을 추구하였다.[87] 그러므로 스토아철학의 중심내용은 사해동포적(cosmopolitan) 입장에서 개인의 욕망, 번뇌를 누르고 자연에 따라서 산다는 것이었다.[88] 여기서의 자연이란 넓게는 세계의 일체를 관통하는 세계이성, 즉 로고스(logos)이고, 좁게는 세계의 일부인 인간의 이성이다.[89] 이처럼 스토아철학은 합리적 자연주의를 그 특색으로 하였다.

이러한 스토아철학은 그리스의 스토아철학자 Panitios가 카르타고를 멸한 로마의 장군 Scipio(BC 185년경-BC 129)의 집에 머물음으로써 로마에 전해지기 시작하였다. 이로써 로마법학자가 희랍철학자와 만나게 되고, 이를 계기로 하여, 스토아철학의 인도주의 사상과 보편주의 세계관은 로마 지식층의 사상세계에 영향을 주게 되었다. 그로 인하여 형식적 엄격주의에 의하여 경화된 시민법제도를 윤리적으로 순화하였으며, 무엇보다도 형평과 신의가 로마인들의 법률생활과 로마법의 지도원리로 발전하고 정착하는 데 스토아철학이 영향을 주었다.[90]

스토아철학은 특히 법률행위의 해석과 관련하여도 로마법에 영향을 주었다.[91] 로마법에서는 법률과 법률행위의 해석에 있어서 통일적인 교의(Doktrin)를 따르지 아니하고, 카주이스틱하게 개별적으로 서로 다른 방법을 적용하였다. 그리고 엄격한 방식이 요구되는 방식행위는 문자를 따라서 엄격하게 해석하였

83) Kunkel, a. a. O., S. 94

84) Aritoteles(BC 384-322)는 Alexander대왕(BC 356-323)의 스승이었으며, Platon(BC 427-347)의 제자였다. Platon은 Socrates(BC 469-399)의 제자였다.

85) Kunkel, a. a. O., S. 95.

86) A. a. O., S. 95.

87) 최종고, 법사상사(박영사, 1983), 30면.

88) 김려수, 법률사상사(개고, 박영사, 1978), 26면.

89) 상게서, 26면.

90) 현승종 저, 조규창 증보, 전게 로마법, 62면.

91) Kunkel, a. a. O., S. 97.

다. 그러나 무방식의 법률행위의 해석에는 신의(bona fides)에 좇아 문자보다는 당사자의 의사를 따라서 해석을 하였다. 이와 같이 신의칙을 존중하여 당사자의 의사를 따라서 법률행위를 해석하게 된 것은 바로 스토아 철학으로부터의 영향에 의한 것이었다.

이와 같이 스토아철학의 인도주의적인 사해동포주의와, 보편질서로서의 자연법의 추구는 로마법에서 자연법의 전개, 로마법의 기본사상으로서의 인도주의, 그리고 신의의 존중으로 발전되어 로마법의 특징을 이루게 되었다.

이러한 Aristoteles철학과 스토아철학을 받아들여 로마법을 발전시킨 사람들은 바로 로마법학자들이었다. Scaevola(BC 120-82 활동)는 Aristoteles의 논리법칙에 고무되어, 법의 정의, 일반적 법규정 및 구체적 사건에 대한 연구에 전념하였으며, Cicero[92]는 Aristoteles의 자연법이론과 스토아학파의 자연법사상의 영향을 받아 만민법(ius gentium)을 자연법과 동일시하였다.[93] Cicero는 만민법을 발달시킨 원리는 바로 자연의 이치(naturalis ratio)라고 하였다.[94][95] 그리고 Rufus(Publius: BC 105 집정관)와 Tubero(Quintus Aelius: BC 118 집정관)가 처음으로 스토아 철학의 영향을 받기 시작하였다.

특히 Socrates 이래 그리스철학의 연구방법은 정의를 내리고, 분류를 하고, 유와 종개념으로 나누는 것이었다. 이러한 방법론에 기초한 그리스철학의 로마에의 전래와 도입에 의해, 로마법학은 개념의 구성, 법리의 정립, 법의 정의(definitio), 유(species)와 종(genus)의 개념에 따른 법에 있어서의 분류(divisio) 등 법을 논리체계적으로 고찰하는 조직법학으로 발전하게 되었다.[96] 또한 그리스철학의 추상화, 일반화, 체계화의 연구방법의 영향으로, 로마법학에서도 구체적인 문제의 집적으로부터 추상적인 법규를 추출하는 법학방법이 Cato(Marcus Porcius: BC 184 호구총감, BC 153 사망)에 의하여 부분적으로 시도되기도 하였다.[97] 그러나 로마법학자들은 개별적 사안에 대하여 개별적으로 답하는 방법의 카주이스틱한 방법을 전개하였으며, 일반화, 추상화, 개념화의 법학방법을 전개

92) Cicero는 공화정 후기의 법학자로서 시민법에 대한 주석서를 쓴 Quintus Mucius Scaevola (BC 120-82 활동)의 제자이었다.

93) Kunkel, a. a. O., S. 95.

94) 김려수, 전게 법률사상사, 32면.

95) Gaius도 역시 만민법을 자연법과 동일시하였다. 그러나 Ulpianus는 만민법과 자연법을 구별하였다(상게서, 33면).

96) 현승종 저, 조규창 증보, 전게 로마법, 103-104면.

97) 황적인, 전게서, 34면.

하지 아니하였다.

그리고 스토아철학의 영향에 의하여 로마법이 인도주의적인 법, 자연법, 이상주의적인 법, 신의를 존중하는 법으로 발전하게 되었다.

그리스의 수사학은 공화정 말기에 로마법에 영향을 주어 서력기원 전에 라틴어로 법정에서 변론가[98]에 의하여 실용적으로 이용되었다.[99]

3. 법학자에 의한 로마법의 발전

(1) 법학자(법률가) 계층의 출현

로마법학의 궁극적인 발전자는 법학자들이었다. 공화정 후기에 들어오면서, 로마의 민사소송의 방식과 권리구제의 수단이 매우 기교적으로 그리고 기술적으로(technisch) 발전을 하였다. 그로 인하여 소송을 함에 있어서는 법률에 관한 특별한 지식을 가진 전문가의 도움이 필요하게 되었다. 그리고 그 시대의 법무관도 법관인 심판인도 변호인도 법학교육을 받지 않았다. 따라서 점차 소송과정에 전문가의 도움이 필요하게 되었다.[100]

이러한 시대사정하에서 BC 250년경부터 법률가(Juristen)라는 법률전문가 그룹이 나타났다.[101] 그들은 소송실무(Rechtspflege)에 있어서 공적인 기능(offizielle Funktion)을 담당하지 아니하고, 소송당사자에게 법을 설명해 주었다. 그들은 무보수의 명예직이었다. 이러한 법학자층의 출현으로 신관단의 법보호자로서의 활동은 끝이나고 법학자의 법보호자로서의 활동이 시작이 되었다. 법률가의 법보호자로서의 과제는 신관단의 그것과는 현저히 달랐다. 그리고 법률해석도 신관단이 독점해 오다가 법률가들이 맡게 되었다.

이들 법률가들은 귀족으로서 집정관 등의 고위 정무관의 지위에 오른 사람들이 많았으며, 법이론가로서 보다는 법실무가들이었다. 또한 법학자가 귀족으로서 원로원의원이 될 수 있는 길이기도 하였다. 그러나 공화정의 마지막 세기에 와서는 원로원급의 귀족에서 법률가가 나오지 아니하고, 기사계급에서 주로 나왔으며, 로마인이 아닌 피정복민도 법률가가 되었다.[102] 이는 이때에 선동과 정치적 투쟁이 심한 당시에 법률가의 법실무활동이 그들의 정치생활에 장점을

98) 오늘날의 변호사에 비교될 수 있다.
99) Kunkel, a. a. O., S. 94.
100) Stein, a. a. O., S. 30.
101) A. a. O., S. 30.
102) Kunkel, a. a. O., S. 98.

제공해 주지 못하였기 때문이었다. 이러한 법률가가 바로 로마의 법학자들이었다.

이와 같이 공화정기의 로마의 법률가들인 법학자들은 사인(私人)이었으며, 법률가의 자격이 공적으로 인정된 것은 아니었으며, 무상으로 활동을 하였다. 그리고 법학자는 종신제의 원로원 의원이 되는 길이었으며,[103] 법학지식으로 공개, 무상으로 로마시민들을 위하여 일하였다.[104] 또한 공화정기의 법학자들은 법학지식으로써 무상으로 로마시민들을 위하여 일함으로 인하여 고급정무관직에 오를 수 있었다.[105]

법률가들은 처음에는 소송사건에 관여하는 일로 시작하였다. 적절한 소송방식서(Klageformel)를 제안하고, 특별한 사건에는 방어방법을 제안하기도 하고, 유언서, 계약서 등의 증서의 초안을 만들어주기도 하고, 감정서를 작성해 주기도 하였다.[106] 감정서는 그 후에 일어날 수 있는 유사한 사건에 활용하기 위하여 감정서모음집(Gutachtensammlung)이 만들어졌다.

법률가들은 초기에는 사법사건에만 관여하고, 공법사건, 형사사건, 종교사건에는 관여하지 아니하였다.[107] 공법사건, 형사사건, 종교사건에 관한 법규정은 민법의 영역과는 구별되어 있었다. 그로 인하여 민법은 사법과 동의어로 파악되었다.[108]

이와 같이 법률가들이 소송실무에 참여하였지만, 공화정기에는 후대의 원수정기에서와는 달리 법률가들의 법실무에의 조력에 직업적, 전문성이 인정된 것이 아니었으며, 법률가의 해답, 즉 법감정에 법적가치나 권위가 공적으로 인정된 것도 아니었다.[109]

---

103) 최종고, 법학사(경세원, 1986), 65면.

104) 로마의 상류층 사람들은 각종의 일을 모두 무상으로 하는 것이 로마의 관습이었다(최종고, 상게서, 65면). 그리하여 로마에는 노무를 고급노무와 저급노무로 나누고, 고급노무는 위임계약에 의하여, 저급노무는 노예의 임대차에 의하여 확보할 수 있었다. 그리고 로마에서는 의사, 법률가, 전문기술자, 교사 등과 같은 자유인의 고급노무의 제공은 무상의 위임계약으로만 이루어졌다. 이러한 로마법의 영향으로 독일민법에서는 위임계약은 무상으로만 체결할 수 있도록 하고 있다(§ 662 BGB). 우리 민법에서는 위임계약이 무상이 원칙이지만, 유상으로도 체결할 수 있도록 하고 있다(한국민법 제686조 제1항).

105) 최종고, 전게서, 66면.

106) Stein, a. a. O., S. 30.

107) A. a. O., S. 30.

108) A. a. O., S. 30.

109) 현승종 저, 조규창 증보, 전게 로마법, 131면.

(2) 법학자들의 법실무에의 참여모습

공화정기의 법학자들은 법무관이 고시를 함에 조언과 조력을 주는 자문을 하여, 법무관의 고시라는 형식으로 로마법을 실질적으로 발전시켰다. 그리고 법학자들은 법률의 해석과 해답, 즉 법감정을 하여 로마법의 발전에 기여하였다. 또한 법학자들은 소송당사자와 심판인에 대하여 자문하고, 요식행위의 준수여부를 확인하는 등의 소송실무에도 관여하였다. 유언서, 계약서의 초안을 작성해 주기도 하였으며, 저술활동을 통해 고시법과 심판인의 판결을 시민법으로 편입시키는 일도 하였다. 특히 중요한 법학자의 활동은 소송상의 보호여부가 분명하지 않은 경우에 입법자와 마찬가지로 시민법을 창설할 수 있었고, 형평의 관념상 법적보호를 부여함이 타당하다고 인정되는 경우에는 새로운 소권을 창설하였다.[110]

이러한 법학자들의 활동을 분류해 보면, 법학자들은 법률실무가로서 주로 다음과 같은 일을 하였다. 첫째로 법률문제에 관한 해답(respondere)을 하는 일이었다. 이는 법률문제에 관하여 자문을 하는 것이었으며, 일반적으로는 소송상 제기되는 법률문제에 대하여 법감정(法鑑定)을 하는 방법으로 이루어졌다. 둘째로는 법률행위에의 조력(cavere)이었다. 이는 유언서, 계약서 등의 당사자의 법률행위 서면을 작성해 주거나, 법률행위에 필요한 지식을 사전에 주지시키는 일로 수행되었다. 셋째로는 소송업무의 지원(agere)이었다. 이는 분쟁사안에 대하여 적합한 소송방식서의 선정, 소송수행방법의 지원 등으로 이루어졌다. 그러나 로마법학자들은 소송대리인으로서 변론을 하지는 않았다. 변론은 수사학을 익힌 변론가(iuris peritus)들이 담당하였다.[111]

공화정기에 로마법을 발전시킨 자는 외관상으로는 법무관이나 심판인과 같은 실무를 직접 담당한 자들이 담당한 것 같지만, 그 뒤에서 실질적으로 로마법을 발전시킨 자는 법학자들이었다.[112] 그리고 공화정기의 로마법학자들은 실무와 관련하여 법을 발전시켰다. 그리하여 로마법학, 로마민법학은 실무법학이었다.

110) 상게서, 104면.
111) 상게서, 104-105면.
112) Kunkel, a. a. O., S. 87.

(3) 법학자들의 법학연구방법

공화정기의 법학자들은 구체적인 법률문제에 관하여 구체적으로 그것에 대하여 답을 하는 방법으로 발전시켰다. 당시에 이미 그리스 철학의 개념의 정의, 유개념, 종개념 등의 일반화, 체계화의 방법론이 도입되었으나, 로마법학자들은 그러한 일반화, 체계화, 추상화를 추구하지 아니하고, 구체적 문제에 관하여 구체적, 개별적으로 답하는 방법으로 로마법을 발전시켰다. 그러한 법학방법을 카주이스틱한 방법이라 한다.

로마법학자들이 카주이스틱한 연구방법으로 로마법을 발전시킨 것은, 일반화, 체계화, 추상화를 알지 못하여서가 아니라, 그렇게 하면 개별적 사안의 일반화에 의하여 그 개별사안의 개성과 독자성을 잃게 되고, 결국 구체적 타당성을 결하기 때문이었다. 그리하여 로마법학자들은 추상과 귀납에 의하여 개성이 손상되는 것을 극히 경계하였다.[113] 그러므로 로마법은 결과적으로 법적 안정성보다는 구체적 타당성을 더 중시하였다. 그리고 경험에 의하여 이론이 옳지 않다는 것이 밝혀진 때에는 그 이론을 버리고 경험에 맞는 이론을 창안해 나갔다. 그리하여 로마법은 실무상의 경험을 중시하였다.

이러한 카주이스틱한 연구방법은 원수정 시대에도 그대로 이어져, 로마법이 복잡하여, 분류와 체계화가 필요하게 되었다.[114] 이러한 로마법의 카주이스틱한 방법론에 대하여 그렇지 않다는 반대의 주장도 있다.[115]

(4) 공화정기의 법학자들과 법률저작들

BC 198년에 집정관이었던 Catus(Sextus Aelius Paetus: BC 210-180 활동)는 12표법에 관한 최초의 체계적인 3부서(tripertia)를 저술하였다. 이 3부서의 제1부는 12표법의 규정을 서술하고, 제2부는 12표법에 대한 해석과 법률문제에 대한 해답으로 구성하고, 제3부는 소송방식을 수집, 편찬하였다. Catus의 3부서를 Aeliana법(ius Aelianum)이라고도 한다.[116]

집정관을 역임(BC 149)하였던 Manilius, 법무관을 지냈던 Brutus(Mucius Iunius: BC 150-130 활동) 그리고 역시 집정관을 지냈던 Scaevola(Publius Mucius: BC 133)는 시민법의 창시자(conditores ius civilis) 또는 법률학의 창시자라는 명성을 얻었다.

113) 황적인, 전게서, 36면.
114) Stein, a. a. O., S. 37.
115) 최병조, 전게 로마법강의, 228면.
116) 현승종 저, 조규창 증보, 전게 로마법, 105면.

그리고 Rufus, Tubero 등이 공화정기에 활동한 법학자들이며, Quintus Mucius Scaevola(Publius Mucius Scaevola의 자: BC 120-82)는 BC 100년에 짧게 기술하는 방법으로 18권의 시민법에 관한 저작을 공표하였다. 그는 그의 저작에서 유언, 유증, 법정상속 순으로 기술하였다. 당시에는 상속법이 중요하였다. 왜냐하면 가(家)가 공동체(Einheit)로서 사회조직의 기초를 이루고 있었기 때문이었다. 그러므로 유언, 유증, 상속은 가의 계속을 위하여 당시에는 중요한 법률문제였다.[117] 그 외의 사법은 질서 없이 서로 뒤섞여 엮겨져 있었을 것으로 추론되고 있다. Scaevola의 이 저작은 원수정기의 법학자였던 사비누스(Masurius Sabinus)에 영향을 주어, Sabinus는 Scaevola의 저작을 기초로 하여 여러 분야에 걸쳐 법률문제에 관한 자기의 학설을 정리하였다.[118]

Q. Scaevola의 제자였던 Cicero는 공화정후기의 법상태에 관한 귀중한 자료를 남겼으며, 역시 Scaevola의 제자였던 Gallus(Aquilius, BC 66년 법무관)는 악의의 항변[119](exceptio doli)를 비롯하여 많은 새로운 법제도를 창설하였다.[120] 이 악의의 항변은 신의(bona fides)로부터 도출되었다.

그 외에도 Servius Sulpius는 Scaevola의 저서와 법학방법론이 갖는 결함을 보완하고, 새롭게 법이론을 구성하고, 논리적 추리의 결과로 얻어지는 법리의 정립을 시도하였으며, 법무관법에 관한 주석서를 저술하였다.[121]

이러한 공화정기의 이들 법학자들은 원수정기의 법학융성시대의 법학자들에 대하여 고법학자(古法學者)라 불리우며, 원수정기의 법학자들은 공화정기의 법학자들을 고참 또는 선배(veteres)라고 호칭하였다.

---

117) Stein, a. a. O., S. 37.

118) A. a. O., S. 38.

119) 로마법에서의 악의의 항변은 시초에는 원고의 청구원인에 해의(害意, dolus)가 있을 때에, 후에는 그 청구가 신의, 형평의 원칙에 반할 때에, 피고가 이것을 주장하여 원고의 청구를 배척할 수 있는 주장을 의미하였다. 법률소송과 방식서소송에서는 이러한 피고의 악의의 항변을 인정하지 않았으나, Gallus에 의하여 창안되어 원수정기의 방식서소송에서는 널리 인정되었다. 이와 같이 로마법에서는 일반적으로 악의의 항변이 인정되었으나, 현행의 우리 민법에서는 개별적으로 항변권이 인정될 뿐 일반적인 악의의 항변은 인정되지 아니한다.

120) 현승종 저, 조규창 증보, 전게 로마법, 106면.

121) 상게서, 106면.

4. 소송제도와 로마법의 발전

(1) 소송방식의 변천

로마사법은 인법(ius personarum), 물법(ius rerum), 소송법(ius actionarum)으로 구성되어 있어서, 소송법이 지금과 같은 공법이 아니라 사법의 구성부분이었으며, 로마민법의 하나의 내용이었다. 이와 같이 사법을 3부분으로 나누어 분류하는 체계는 가이우스의 법학제요에서 처음으로 채용하였으며, 이러한 3분법은 법분류 및 법학방법론상 대단한 성과였다. 그리하여 AD 2세기 중엽에 로마사법의 소재정렬(Ordnung des Rechtsstoffes)에 큰 발전이 있었다. Justinianus대제의 입법인 법학제요는 4권으로 구성되어 있으나 그 내용은 여전히 3분법에 입각하여, 제1권이 인법, 제2권과 제3권 및 제4권의 첫부분이 물법이며, 제4권의 나머지 부분은 소송법으로 구성되어 있다. 이러한 3분법은 중세를 통해서도 계속 답습되었다. 그러나 점차 소송법이 사법에서 분리되어 독자적인 법역을 이루어 공법으로 편입되었다.

로마사법의 내용으로서, 로마소송법의 내용에 관해서는 Gaius[122](AD 150-180 활동)의 법학제요[123](Institutiones: AD 161 공표)에서 기술되어 있다. 그리하여 오늘날 알려져 있는 로마의 고대와 고전기의 민사소송은 거의 전적으로 Gaius의 법학제요에 의존하고 있다.[124] 따라서 로마의 고대의 법률소송(legis actio)과 방식서소송(Formularprozeß) 및 원수정 시대의 방식서소송은 가이우스의 법학제요를 통해서 비로소 알 수 있게 된 것이다.

로마에서의 독특한 민사소송제도의 시작은 12표법의 시대로 거슬러 올라간다.[125] 12표법 이전에는 개인, 씨족, 부족에 의한 자력구제 또는 각자가 선정한 중재인의 조정으로 분쟁을 해결하는 임의중재의 방법이 이용되었다. 이때 임의중재에 있어서는 사제(司祭)나 신망 있는 노인이 중재인으로 조정하였을 것으로 추론된다. 12표법을 중심으로 하는 로마시민법에서는 강제중재를 시행하였

---

122) Gaius는 소아시아출신의 법학자로서, 그의 생존시에는 그렇게 유명한 법학자가 아니었다. 특히 당시의 법학자들이 집정관, 법무관 등의 관직을 갖고 있었으나, Gaius는 관직을 갖지 아니하였다(Vgl., Stein. a, a. O., S. 38). 그러므로 그는 법학제요에서 실무적인 구체적인 법률문제를 다루고 있는 것이 아니라, 보다 일반화된 법률제도를 다루고 있다. 그는 법률제도를 쉽게 설명하는 재능을 가진 법학자로 이해되고 있다.

123) 1816년에 법학제요의 필사본이 발견되었다.

124) Kunkel, a. a. O., S. 112.

125) A. a. O., S. 82.

다. 중재재판이란 국가기관이 직접 재판을 하지 아니하고, 당사자가 합의한 사인인 심판인이 판단을 하는 분쟁해결제도이다. 로마 공화정시대에는 12표법에 의한 법률소송과 그 후의 방식서소송이 사인인 심판인에 의한 재판이었다.[126] 그러므로 로마의 공화정기와 그 후의 원수정기의 민사소송제도는 중재재판제도이었다.

법률소송과 방식서소송은 독특하게 2개의 과정으로 구성되어 있었다. 즉, 법정절차(Verfahren in iure)와 심판절차(apud iudicem)로 구성되어 있었다. 전자의 법정절차는 재판의 준비를 담당하였던 정무관인 법무관이 신설되고부터는 법무관이 쟁점을 결정하고, 심판인을 확정한 후에 소권을 부여하여, 심판인에게 판결을 하도록 지시하는 소송준비절차이었으며, 심판절차는 법무관으로부터 판결할 것을 지시받은 사인인 심판인이 사실조사와 확인을 한 다음에 최종적으로 판결을 하는 절차이었다. 그러므로 법정절차는 원고의 청구가 법적보호를 받을 수 있는지를 결정하는 절차이었고, 심판절차는 사실확인, 증거조사 및 판결에 의하여 권리구제를 관철시키는 절차이었다. 이와 같은 법정절차와 심판절차의 2개의 과정으로 구성된 중재재판제도는 국가의 관리가 직접 소송을 담당하여 판결을 하기 시작한 전주정 시대에 시작된 국가재판제도인 특별심리소송(extraordinaria cognitio: Kognitionsprozess)이 행하여짐으로써 모두 사라지게 되었다.[127]

법률소송은 12표법에서 규정한 엄격한 방식의 소송제도이었으며, 방식서소송은 법무관이 법정절차에서 계쟁당사자의 주장사실을 심리한 후에 법률상 또는 사실상의 쟁점을 요약하여 소송서면에 일정한 양식에 따라 기재한 후에 심판인에게 이 소송서면에 기재된 사항을 심리, 판단케 하는 판결지침서인 소송방식서(formula)에 의해서 진행되는 소송제도이었다. 방식서소송에 있어서 소송방식서는 사안에 따라 기재방식이 정형화되어 있었다. 그리고 법무관은 취임시의 고시에서 어떠한 소권을 인정할 것인지, 어떠한 소송방식서를 사용할 것인지를 게시하였다. 고시에서 게시하지는 않았으나, 원고의 권리보호의 필요가 인정되는 경우에는 법무관은 새로운 소권을 인정하기도 하고, 새로운 소송방식서를 인정하기도 하였다. 이처럼 법정절차는 원고에게 어떠한 소권을 줄 것이며, 어떠한 방식을 따를 것인지, 그리고 피고에게 어떠한 책임을 지울 것인지가 주된 내용이었다. 심판절차에서 심판인의 판결은 종국적으로 금전급부를 명하

---

126) 원수정시대에는 방식서소송이 주로 행하여졌다.
127) Kunkel, a. a. O., S. 83.

는 것이었다.[128]

로마의 공화정 전기에는 법률소송이 행하였으나, 공화정 후기에 들어와서는 BC 2세기의 Lex Aebutia(BC 149-126년경)에 의해 법률소송의 엄격한 형식주의를 극복하고 제한적으로 일정한 청구권에 방식서소송이 인정되었으나, BC 17년 Lex Iulia에 의한 사법개혁에 의해서 법률소송을 완전히 폐지하여 비로소 방식서소송이 일반적으로 이용되었다.[129] 원수정 시대에는 방식서소송에 의하여 로마사법이 최고도로 발전하였다. 그러나 전주정 시대에 들어와 특별심리소송절차가 시행됨으로써 AD 342년 콘스탄티누스 대제의 칙령에 의하여 방식서소송제도가 사라지게 되었다.

법률소송에서 법무관에 의하여 진행되는 법정절차에서는 심판인에 의한 판결에 법무관의 영향이 거의 없었다. 그러나 방식서소송에 있어서 소송방식서를 통한 법무관의 영향은 매우 강력하였다. 소송방식서에서 법무관은 심판인에게 어떠한 내용으로 소송사건의 사실관계를 조사하고, 판결할 것인지를 명하였다.[130] 심판인의 사실조사와 판결은 법무관이 지시한 소송방식서의 내용에 따라서만 행하여졌다. 그러므로 심판인은 법무관의 소송방식서를 통한 지시에 구속되었다. 이와 같이 법무관은 단지 소송진행을 담당하였지만, 실제로는 전과정에 결정적인 우위를 유지하고 있었다.

그리고 법률소송은 구술방식이었으나, 방식서소송은 서면방식이었다.

법률소송과 방식서소송에서는 상소가 허용되지 않았다.[131] 그것은 중재재판제도는 중재계약에 의하여 이루어지는 것이고, 중재계약은 그 성질상 심판인의 판성에 불복할 수 없기 때문이있다. 그리고 심핀인도 핀걸을 번경할 수도 없었다. 그러나 특별심리소송절차에는 상소가 인정되었다.

요식행위로 성립하는 엄격한 방식의 고대의 법률소송에서는 소송대리가 인정되지 않았다. 그러나 방식서소송에는 소송대리가 자유롭게 인정되었다.[132] 그리하여 방식서소송에는 당사자는 변호인의 조력을 받을 수 있었다. 소송의 변론은 수사학을 익힌 변론가(orator; patronas)가 맡았으며, 법학자였던 법률가(iuris consulti; iurisperiti)는 법률문제에 관한 조언과 조력의 자문만을 직무로 하였다.

---

128) 최병조, 전게 로마법강의, 523면.
129) Kunkel, a. a. O., S. 86.
130) A. a. O., S. 87.
131) 현승종 저, 조규창 증보, 전게 로마법, 312면.
132) 상게서, 237면.

(2) 자력구제 및 임의중재

로마의 고대에는 개인, 씨족, 부족에 의한 자력구제 또는 각자가 선정한 중재인의 조정으로 분쟁을 해결하는 임의중재의 방법이 이용되었을 것으로 추론된다. 이때 임의중재에 있어서는 사제나 신망 있는 노인이 중재인으로 조정하였을 것으로 추론된다.

이러한 임의중재에 의한 분쟁의 해결방법은 12표법에 의하여 법률소송이 시행된 후에도 역시 활용되었을 것으로 추론된다. 학설휘찬에 의하면 분쟁당사자간에는 언제나 무방식의 중재계약이 가능하도록 허용하고,[133] 중재인의 중재판정에 위반한 자에 대해서 위약벌의 청구가 가능하였음에[134] 비추어 보면, 임의중재가 오랫동안 분쟁의 해결방법으로 활용되었을 것으로 이해된다.

(3) 법률소송

법률소송은 12표법에서 인정되고 있는 소송이었다. 가이우스의 법학제요에 의하면, 12표법에서는 개별적인 소송으로, 신성도금식(神聖賭金式) 법률소송(legis actio sacramento), 심판인신청식 법률소송(legis actio per iudicis arbitrive postulationem), 출정통고식 법률소송(legis actio per condictionem), 억류식(抑留式) 법률소송(legis actio per manus iniectionem) 및 압류식 법률소송(legis actio per pignoris capionem)이 인정되었다고 한다.[135] 전 3종의 법률소송은 심리절차였고, 후 2종의 법률소송은 집행절차이었다.

이러한 법률소송에서는 당사자는 엄격한 요식문언을 사용하여 진행된 형식주의적 소송이었다. 그러므로 법정문언의 사용요건이 매우 엄격하여 근소한 차이나 부정확한 문언의 사용은 패소의 원인이 되었다. 가이우스에 의하면, 12표법에는 나무의 절단이라는 요식문언의 사용을 규정하고 있었는데, 원고가 법정에서 피고가 포도나무를 절단했다고 진술을 하면 원고는 요식문언의 흠결로 패소하였다고 한다.[136] 이와 같이 법률소송은 엄격한 형식주의가 지배하여 요식행위의 이행이나 법정문언의 근소한 오차에도 불구하고 패소의 위험이 따랐으며, 또한 과도한 번쇄성과 편협성으로 인하여 소송당사자는 법률소송을 혐오하게 되었다.[137]

---

133) D. 4. 8.
134) D. 4. 8. 2.
135) 현승종 저, 조규창 증보, 전게 로마법, 243면.
136) 상게서, 243면.
137) 상게서, 253면.

신성도금식 법률소송은 일종의 내기소송으로서, 법정절차는 소송당사자의 권리관계에 관한 진술과 도금(賭金)의 납부로 진행되었으며, 승소자는 제물을 회수하고, 패소자는 도금을 몰수당하였다. 심판인신청식 법률소송은 소송당사자가 법정절차에서 사실을 진술한 후에 심판인의 지정을 신청하는 방식으로 이루지는 소송으로서, 문답계약채권, 유산분할과 공유물분할 및 경계확인사건에만 적용된 것으로 밝혀져 있다.[138] 출정통고식 법률소송은 법정절차에서 원고의 채권을 부인하는 피고에게 심판인의 지정을 위하여 법정절차에 피고의 출정을 통고하는 방식으로 진행된 소송이었다. 억류식 법률소송은 판결채무불이행의 채무자를 인질로 감금할 수 있는 대인집행절차였으며, 압류식 법률소송은 채무자의 재산을 압류할 수 있는 대물집행절차이었다. 이러한 법률소송의 구체적인 내용은 사료의 부족으로 아주 확실하게는 밝혀지고 있지는 아니하다.

이러한 법률소송은 공화정 후기 말의 BC 17년 율리우스법(lex Iulia)에 의하여 전면 폐지되었다.

(4) 방식서소송

방식서소송은 법무관이 법정절차에서 계쟁당사자의 주장사실을 심리한 후에 법률상 또는 사실상의 쟁점을 요약하여 소송서면에 일정한 양식에 따라 기재한 후에 심판인에게 이 소송서면에 기재된 사항을 심리, 판단케 하는 판결지침서인 소송방식서(formula)에 의해서 진행되는 소송제도이었다. 방식서소송에 있어서 소송방식서는 사안에 따라 기재방식이 정형화되어 있었다.

이러한 방식서소송은 법률소송과는 달리 서면소송제도이었으며, 공화정 후기에 활용되기 시작하여 원수정시대에 최고도로 발전하게 되었다. 법률소송에서 방식서소송으로의 전환의 원인과 기원에 관해서는 불분명하다. 그러나 고대시민법상의 법률소송은 포에니 전쟁 후, 로마의 대외적인 발전과 새로운 상거래의 증대로 인한 사회경제적 생활의 요구를 충족시킬 수 없었기 때문에, 보다 합리적인 방식서소송이 발전하여 이러한 시대적 요구를 충족한 것으로 추론된다.[139]

방식서소송에 의한 소송절차는 법무관에 의한 법정절차와 심판인에 의한 심판절차로 구성되어 있었으며, 법률소송에서 보다 법무관의 권능이 이 방식서소송에서는 더욱 강화되었다. 법률소송에서 법무관은 당사자가 법정의 요식행

---

138) 상게서, 249면.
139) 상게서, 254면.

위를 적법하게 이행하였는지, 도금이 납부되었는지를 확인하는 소극적인 소송지휘권과 형식적 심사권을 가진데 반하여, 방식서소송에서 법무관은 적극적으로 소송주도권을 장악하여 계쟁사건의 원인과 내용에 관한 실질적 심사권을 행사하여 소권과 항변권의 부여 여부를 결정하였다.[140] 그리고 법무관은 방식서를 통하여 심판인에게 지시하였다. 그리하여 심판인은 법무관이 소송방식서에서 지시한 내용에 한해서만, 지시한 내용의 판결만을 할 수 있었다. 그리고 심판인에 의한 심판절차에서 판결의 내용은 종국적으로 금전급부를 명하는 것이었다.[141]

방식서소송에는 법률소송에서와는 달리 피고의 항변(exceptio)이 인정되었다. 피고의 항변이 있을 때에는, 법무관은 방식서에서 피고의 항변이 입증되지 아니할 때에 비로소 판결을 하도록 심판인에게 지시하였다. 이러한 방법으로 고대 시민법의 엄격성을 완화해 나갔다. 피고의 항변이 있는 경우에는 많은 경우에 소권부여가 거부되었다.[142]

법무관은 그의 취임시에 그의 고시(告示, Edikt)에서 방식서를 게시하고 후임의 법무관은 전임법무관이 고시한 방식서에 자기의 새로운 방식서를 부가해 나갔다. 그러나 법적 구제를 줄 필요가 인정되나 적절한 방식서가 없는 경우에는, 새로운 소권을 인정하고 그것에 맞는 새로운 방식서로써 권리구제를 하였다. 이러한 방법으로 법무관은 실무를 통하여 새로운 법을 창조해 나갔다.

이와 같이 법무관이 피고의 항변을 인정하고, 새로운 소권과 방식서를 인정하는 방법으로 엄격주의의 시민법을 완화해 나갔으며, 입법의 도움 없이도 순수한 소송실무에 의하여 시대변화에 따른 새로운 요청에 로마사법이 부응해 나가고, 따라서 로마법이 발전해 나갔다.

이와 같은 법무관의 소송지휘 및 심판인의 판결에 법학자들은 감정, 조언과 조력을 하였다. 그리하여 형식적으로는 법무관에 의하여 로마법이 발전되었지만, 실질적으로 로마법을 발전시킨 원동력은 법학자들이었다.

방식서소송에 있어서 소송방식서의 구체적인 사례를 살펴보면, 매매대금지급청구소송방식서의 경우에, 먼저 심판인을 지명하고, 다음에 청구표시를 하고, 그리고 청구원인을 기재하고, 피고의 항변과 원고의 재항변을 기재한 다음에, 마지막으로 심판인으로 하여금 판결을 하도록 지시한다.[143]

140) 상게서, 255면.
141) 최병조, 전게 로마법강의, 523면.
142) Kunkel, a. a. O., S. 86.
143) 현승종 저, 조규창 증보, 전게 로마법, 288-289면.

보다 구체적으로 소송방식서의 구성을 살펴보면,

심판인의 지명: …가 심판인이다.
청구표시: 피고 매수인이 원고 매도인에게 금…의 지급채무를 부담하고 있음이 명백하다면,
청구원인: 원고가 피고에게 노예를 매도하였음으로 인하여,
피고의 항변: 원고와 피고간에 매매대금을 1년 이내에는 청구하지 않겠다는 지급유예의 합의가 성립하지 않았다면,
원고의 재항변: 그러나 지급유예의 합의가 피고의 악의(사기)로 성립하였다면,
판결지시: (피고의 합의가 사기로 판명될 경우에) 피고는 동금액을 원고에게 지급하라고 심판인은 판결하라. 그러나 사안이 명백하지 않을 때에는 피고를 면소(免訴)하라.

라는 방식으로 이루어져 있었다.[144]

(5) 소권(actio)

로마인들은 권리가 있기 때문에 소송할 수 있는 소권이 있는 것으로 관념한 것이 아니라, 소권이 인정되기 때문에 권리가 있다고 관념하였다. 로마에 있어서는 소권은 권리가 있으면 당연히 발생하는 것이 아니라, 법정절차에서 법무관에 의하여 당사자간의 쟁점이 결정되고, 심판인의 지정에 대한 당사자의 합의가 이루어지고, 요식행위의 경우에는 법정의 방식을 다 갖추었을 때에 비로소 법무관이 소권을 부여하였다. 법무관이 소권을 부여하게 되면, 그때에 당해 소권에 맞는 소송방식서를 작성하여 심판인으로 하여금 권리구제의 판결을 하도록 하였다.

소권이 부여되지 않으면, 소송에 의하여 권리구제를 받을 수 없었다. 그러므로 실체상의 권리관계는 존재하나 소권이 부여되지 아니한 경우에는 자연채무(obligatio naturalis)가 성립하였다. 그리고 소권은 모든 소송사건에 일반적으로 인정된 것이 아니라, 개별적인 권리관계마다 개별적으로 부여되었다. 그러므로 개별적인 소권만이 인정되며, 일반적인 소권이 인정되지 아니하였다. 따라서 다양한 생활관계의 제현상을 소권이라는 기술적 도구에 담기 위하여 매우 다양

144) 상게서, 288-289면 이기(移記).

한 종류의 소권을 개발하였다. 그리하여 로마법을 소권법 체계(Aktionensystem)라고도 한다.

로마사법은 일반적으로 권리보호를 하는 것이 아니었다. 일정한 제한된 소권에 의해서만 권리보호가 주어졌다.[145] 소권은 공권이 아니며, 청구권을 사법적으로 주장할 수 있도록 하는 사법상의 내용이 없는 형식(privatrechtlich inhaltlose Form)이었다.[146] 그러므로 로마법상의 소권은 사법적으로 주장할 수 있는 개별적인 청구권(einzelne gerichtsfähige Anspruch)이었다. 이와 같이 로마법에서는 실체법과 절차법이 구별되지 않은 상태에 있었다.[147]

Justinianus 대제의 입법 중 법학제요에서는 소권을, 자신에게 귀속되어야 할 것을 소송으로 추급할 수 있는 권리(Die Klage aber ist nichts anders als das Recht, gerichtlich durchzusetzen, was einem gebührt) 라고 규정하였다.[148] 이 규정에 비추어 보면, 로마인들은 권리를 소송을 통해서 그 보호를 관철시킬 수 있는 지위 내지 자격으로 관념하였다. 그리하여 로마인들은 권리가 있다는 것을 소권이 인정된다라고 이해하였다.

로마법에서는 일반적, 추상적인 소권은 인정되지 않았다. 구체적인 법률관계에 따라 독자적인 다수의 소권이 인정되었다. 이는 실체법상의 권리, 즉 청구권의 수에 상당하는 소권이 있었다는 의미이다. 그리고 소권은 개개의 사법적 실체상의 권리에 대하여 법에 의하여 개별적으로 인정되고 있는 공권이 아닌 사권이었다. 따라서 소권은 사법적 내용, 즉 권리를 포장하고 있는 실체상의 권리이면서 동시에 소송상의 권리보호의 법적 지위 내지 권리구제수단이었다. 구체적으로는 시민상의 권리에 대해서는 실체상의 권리의 존재에 기하여 소권이 인정되는 것으로, 법무관법상의 권리에 관해서는 반대로 소권이 인정되는 것에 기하여 실체상의 권리가 성립하는 것으로 관념되었다고도 한다.[149]

이와 같은 소권에 대하여, Savigny(Friedrich Carl von, 1779-1861)와 복고주의 법학자였던 Donellus(Hugo, 1527-1591)는 실체상의 권리는 소권과는 독립해 있는 권리이며, 소권을 권리의 실현수단으로 파악하였다.[150] 그러나 Windscheid

145) Rudolph Sohm, Institutiones: Geschichte und System des Römischen Privatrechts (bearbeitet von Ludwig Mitteis, hrsg. von Leopold Wenger, München, Leipzig, Verlag von Duncker & Humboldt, 1923), S. 685.

146) A. a. O., S. 685.

147) 현승종 저, 조규창 증보, 전게 로마법, 240면.

148) Just. Inst. 4. 6. pr. 이러한 소권의 개념은 Celsus에 의하여 정의내려진 것이다.

149) 법률학사전(책임편집위원 김증한, 법문사, 1964), 605면.

(Bernhard Von: 1817-1892)는, 법무관은 실체상의 권리의 존재를 존중한 것이 아니라, 경제적인 필요성이 있으면 권리를 실현할 수 있는 소권을 허용하였다고 파악하였다.[151]

그리하여 Windscheid는 로마법에서는 청구권(Anspruch)이라는 표현이 없었다. 그것에 대체되는 개념이 있었다. 그것이 바로 소권이었다라고 하였다.[152] 그러면서도 Windscheid는 소권을 청구권이라고는 할 수 없으며, 소권의 개념 속에는 청구권의 개념이 갖지 아니하는 하나의 요소가 함께 작용하고 있다. 그것은 법원의 의견을 청취하는 것, 사법적 보호를 받는 것, 사람이 갖기를 열망하는 것에 대한 사법적 승인을 얻는 것이라는 요소가 함께 작용하고 있다고 하였다. 로마인들에게 있어서 법적인 청구권이라는 것은 법원에 대한 청구권으로 이해되었다.[153] 그리하여 로마의 채권법은 바로 소권의 체계로 구성되어 있었다.

오늘날은 권리가 침해되면 그때에 비로소 본래의 권리와는 독립적으로 국가에 대한 소권이 발생한다. 그러나 로마법에서의 소권은 권리의 침해라는 계기와는 낯선 것이었다.[154]

그리고 로마채권법은 소권체계로 구성되어 있었으며, 하나의 소권만이 인정된 것이 아니라 개별적인 법률관계에 따라서 그것에 적합한 개별적인 소권을 인정하였다. 그러나 소권이 제한되어 있었다. 따라서 그 당시에 인정된 소권이외의 다른 소권, 즉 채권을 당사자가 임의로 창설할 수가 없었다. 그러므로 로마의 채권법은 채권법정주의(Typengebundenheit)가 지배하였다.[155] 권리보호의 필요성이 있으나 소권이 없는 경우에는 법무관이 새로운 소권을 줌으로써 로마법이 현실에 적응할 수 있도록 하였다. 법무관은 백지식 소권인 사실소권(actio in factum)을 인정하여 청구권을 실현할 수 있도록 하였다. 이 사실소권은 시민법이 규정하지 아니하는 새로운 사실관계를 보호할 필요에서 인정된 소권으로서, 이 소권에 의하여 단순한 사실관계가 법률관계로 전환이 되었다. 이 사실소권에 의한 소송에 있어서는 소송방식서가 정형화되어 있지 아니하고, 단순한

150) Stein, a. a. O., S. 200.

151) A. a. O., S. 200.

152) Bernhard von Windscheid, Lehrbuch des Pandektenrechts, Erster Band, 6. Aufl. (Frankfurt am Main, Literarische Anstalt Bütten & Koening, 1887), S. 112.

153) A. a. O., S. 113.

154) A. a. O., S. 114.

155) Max Kaser, Römisches Privatrecht, 9. Aufl.(1976), S. 134.

사실관계의 기재와 심판인에 대한 판결지시로 구성되어 있었으며, 심판인은 사실관계의 존부를 확정하고, 이에 관하여 판결을 선고하였다. 명예법의 대부분은 사실소권으로 보호할 법률관계로 구성되어 있다.[156]

이러한 소권의 변천을 거치면서, 고전기 후에는 방식서소송이 소멸함으로써 채권법정주의도 소멸하게 되었다. 그 후 비속로마법은 채권자유주의(Typenfreiheit)를 인정하였다. 그러나 Justinianus 대제는 고전시대의 소권법체계로 다시 되돌아 갔다.[157] 중세독일도 역시 소권법체계를 유지하였다.[158] 그리고 로마법상의 소권(actio)은 영미법상의 영장제도(writ)와 비교될 수 있다.

5. 시민법과 만민법

(1) 법적용에 있어서의 속인법주의

로마에서는 법적용에 있어서 소속된 부족에 따라서 법을 달리 하는 속인법주의(Personalitätsprinzip)를 취하였다. 고대에는 법적용에 있어서 일반적으로 속인법주의를 취하였다. 이와 같이 고대에 속인법주의를 취한 것은, 인간의 사회생활의 시작이 가(家)를 가장 기초적인 단위로 하여 그 가를 중심으로 하여 씨족과 부족을 이루어 오랫동안 공동체생활을 하여왔고, 그로 인하여 자연히 씨족, 부족내의 관습법이 형성되어 사회질서가 유지되어 왔기 때문이었다. 부족이 연합하여 국가로 발전된 후에도 국가가 부족과 부족장의 세력을 완전히 극복하기까지는 긴 세월이 필요하였을 뿐만 아니라, 국가가 통일적인 법을 만들어 통일적으로 집행할 만한 조직과 권능을 갖추는 데에도 긴 역사의 계속이 있은 후에 가능하였다. 그러므로 고대에는 법적용에 있어서 소속 부족의 법을 따르는 속인법주의가 지배하였다. 이러한 속인법주의가 중세 초까지 지속되었다.

이와 같은 속인법주의가 속지법주의로 전환되기 시작한 것은, 프랑크왕국의 칼 대왕(Karl der Große: 768-814)시대에 와서였다. 칼대왕과 그 후의 프랑크 왕들은 그 전대의 로마제국의 칙법(lex)을 모범으로 하여, 그들의 피지배자들에게 어떤 부족에 속하였지는를 고려함이 없이 법령을 발포할 수 있는 권능이 있음을 표방하였다. 이러한 권능에 의하여 발포된 프랑크왕의 칙령을 Capituralien이라 하고, 이 칙령들은 일정한 지역의 특정민족에게 관련된 법령이 아니라 프

156) 현승종 저, 조규창 증보, 전게 로마법, 257면.
157) Kaser, a. a. O., S. 135.
158) Sohm, a. a. O., S. 685.

랑크왕국내에서 일반적으로 효력이 있는 최초의 법령이 되었다. 이 프랑크왕국의 왕들의 칙령이 부족에 관계없이 왕국전역에 일반적 효력이 있는 소위 보통법(ius commune)이 되었으며, 이로 인하여 법적용 원칙이 속인법주의에서 속지법주의(Territorialitätsprinzip)로 전환되기 시작하였다. 또한 이는 대륙에서 보통법이 형성되는 시작이기도 하였다.[159]

로마에서는 속인법주의와 속지법주의의 법적용 원칙의 차이가 큰 문제가 되지 않았다. 피정복민에게 로마시민권을 확대 인정하고, 끝내는 모든 로마의 사람들에게 로마시민권을 인정함으로써, 속인법주의와 속지법주의의 구별이 자연스럽게 살아졌기 때문이었다.

(2) 시민법과 만민법의 형성 및 특징

법적용에 있어서 속인법주의의 원칙에 따라 로마에서도 일찍부터 로마의 주민을 로마시민권을 가진 로마시민과 로마시민권을 갖지 못한 피정복민으로 나누어, 로마시민권을 가진 로마인에게는 시민법(ius civile)을 적용하고, 로마시민권을 갖지 못한 피정복민 상호간과 로마시민과 피정복민간의 관계에는 만민법(ius gentium)을 적용하였다.[160] 그리하여 로마사법은 시민법과 만민법으로 구성되고 각각 분리되어 발전하여 왔다.

로마시민권을 가진 자와 시민권을 갖지 못한 자는 그 각각에게 적용되는 법이 달랐을 뿐만 아니라, 단편적이긴 하지만 양자를 구별할 수 있는 표지를 한 것으로 알려져 있다. BC 215년의 법(Lex Oppia)에 의하면, 로마시민권을 가진 부인(婦人)은 아무런 장식을 하지 아니하고 로마거리를 걸을 수 있었으나, 로마시민권을 갖지 않은 여자는 자색이나 금색으로 치장한 옷을 입고 로마거리를 걷도록 하였다.[161]

시민법은 로마의 고유법으로서 관습법, 제정법, 민회와 원로원의 의결 등으로 구성되었으며, 12표법이 가장 대표적인 성문의 시민법이었다. 그러므로 시민법은 특권계층인 로마시민에게 적용되었으므로 계급법이었다고 할 수 있다. 이러한 시민법은 엄격한 방식의 형식주의를 취하였으며, 가족법과 상속법 분야에서 발달을 하였다. 그러므로 로마법상의 소유권 양도의 요건이며 소유권 양도의 방식이었던 엄격한 방식의 악취행위(mancipatio), 법정양여(in iure cessio)

159) Stein, a. a. O., S. 74.
160) 오늘날 국제법의 용어는 바로 만민법에서부터 유래한다.
161) Stein, a. a. O., S. 29.

와, 계약의 성립에 엄격한 방식이 요구된 요식계약인 문답계약(stipulatio)은 시민법상의 제도였다. 시민법에서는 소유권의 양도는 의무부담행위인 매매계약을 하고, 악취행위, 법정양여의 방식을 갖추어야만 하였다. Gaius의 법학제요에 의하면, 법정양여는 법무관의 면전에서 목적물을 잡고, 양도인의 것으로부터 양수인의 것이 되었다는 언명(言明)을 하고, 그 물건을 양도인이 양수인에게 이전하고, 법무관이 이를 확인하는 방법으로 이루어졌다.

이에 반해 만민법은 형식주의가 완화되어, 소유권의 양도는 매매계약이외에 단순한 물건의 인도(traditio)만에 의하여 이루어졌으며, 계약은 당사자의 합의만으로 성립하는 낙성계약이나 급부를 현실적으로 하여야 성립하는 요물계약으로 바뀌었다.[162)]

이러한 만민법은 거래법 분야에서 발달하였으며, 만민법에 의하여 시민법의 엄격성이 완화되어 갔다. 이러한 만민법에서는 매매, 임약(임대차, 고용, 도급), 위임, 조합계약이 무방식계약으로 체결될 수 있었다.[163)]

로마시민권을 가진 자와 비시민권자에게 적용되는 법이 달랐을 뿐만 아니라, 그들의 민사소송을 담당하는 법무관도 달랐다. 시민담당법무관은 BC 367년에 설치되었으며, 외인담당법무관은 BC 242년에 설치되었다.

로마시민이 될 수 있는 로마시민권은 공화정 말기부터 점차 확대 인정되게 되었다. BC 90년의 율리아법(lex Iulia de civitate latinis danda)과 BC 49년의 로스키아법(lex Roscia)에 의하여 이태리반도의 전주민에게 로마시민권이 부여되었고, AD 212년에 와서는 카라칼라(Caracalla)대제에 의하여 전제국민에게 로마시민권을 부여되었다. 카라칼라대제가 전로마인에게 로마시민권을 부여한 것은, 피정복민들에 자유를 주기 위한 동기에서가 아니라, 로마시민들로부터 상속세를 더 많이 거두어들이기 위해서였다.[164)] 그로 인하여 시민법과 만민법의 구별이 없어지고, 모두가 하나의 로마법으로 되었다.

(3) 자연법으로서의 만민법

만민법에서는 로마시민과 비시민을 동일하게 다루었다. 로마인들은 만민법에서 로마인과 비시민을 동일하게 다루는 것은 전통적인 로마의 법실무(überlieferte

---

162) 물론 로마법에서는 법률행위라는 용어가 사용되지 아니하였으며, 계약이라는 용어도 사용되지 아니하였다(Vgl., Max Kaser, Römisches Privatrecht(München, C.H. Beck, 9. Aufl., 1976), S. 34). 거래법인 채권법은 대인소권(actio in personam)으로 구성되어 있었다.

163) Kunkel, a. a. O., S. 74.

164) Stein, a. a. O., S. 41.

Praxis)에 기초하는 것이 아니라, 일반적으로 승인된 자연의 이성에 기초한 것이라고 생각하였다. 그리하여 만민법은 부분적으로 자연법(ius naturale)과 동일하게 되었다. 따라서 만민법과 자연법은 서로 유사한 법으로 보게 되었다.[165] 그런데 만민법에서는 노예제를 인정하고 있었다. 이러한 노예제의 인정은 자연의 이성이 인정하는 제도가 아니며 자연법의 내용이 될 수 없었다.[166] 그러나 만민법은 노예의 해방도 함께 인정하고 있었다.[167]

학설휘찬에서는 만민법이 자연법에 속하지만, 자연법과 만민법의 차이에 관하여 Ulpianus는 자연법은 사람과 동물을 포함한 모든 생명체에 적용되는 법으로서 자연질서인데 반하여, 만민법은 오로지 사람에게만 적용되는데 있다고 하였다.[168] 그러나 Paulus는 자연법은 언제나 옳고(gerecht) 선한(gut) 것이라고 하였다.[169] Ulpianus는 자연법을 인간의 이성과 신의 섭리로서 영구불변하고 모든 인간에게 적용되는 것으로 관념하였던 것으로 추론된다.

6. 시민법과 명예법

명예법(ius honorarium)은 법무관의 고시와 소권 및 소송방식서 부여 등의 소송절차와 관련하여 형성 발달한 법이다. 고시권은 법무관만이 아니라 외인담당법무관, 고등안찰관, 총독 등도 가졌으나, 명예법의 형성과 발달에는 법무관의 고시가 거의 전적으로 기여하였다.

시민법과 명예법의 관계에 관하여 Ulpianus는 명예법은 시민법의 적용을 관철하고, 시민법의 흠결을 보충하고, 수정하기 위하여 법무관에 의하여 창설된 법으로서, 시민법을 보충하고 보완해 온 법이라고 하였다.[170] 공화정 후기에는 민사소송의 대부분은 입법에 의한 소권보다는 명예법에 의한 소권에 기초하고 있었다.[171]

이와 같이 명예법은 시민법과 구별되는 독자적인 법체계로 존재한 것이 아니라, 시민법을 보충하고, 확대하고, 제한하고, 변경하면서 시민법과 관련을 가지고 있었다. 시민법, 만민법, 명예법이 모두 합쳐서 로마법, 즉 로마사법, 로마

165) A. a. O, S. 29.
166) A. a. O., S. 29.
167) D. 1. 1. 4.
168) D. 1. 1. 1. 3; D. 1. 1. 1. 4.
169) D. 1. 1. 11.
170) D. 1. 1. 7. 1.
171) Stein, a. a. O., S. 28.

민법을 구성하였다.

그러나 명예법의 발전에 의하여 시민법에서와는 다른 법제도가 형성되었다. 명예법에 의하여 새롭게 형성된 법제도의 중요한 것을 살펴보면, 시민법에서는 자연인은 사춘기가 되는 14세에 달하면 행위능력이 있는 것으로 보았다. 그러나 14세의 자연인은 스스로 행위를 할 수가 없었다. 그리하여 법무관법에서는 25세가 되어야 행위능력이 있는 것으로 인정하였다.[172]

그리고 소유권과 상속권에서는 시민법과 명예법에서 각각 다른 개념의 2중성(Doppelung der Begriffe)이 나타났다. 소유권은 시민법상의 소유권(dominium)과 명예법상의 소유권인 재산귀속(habere)으로 나누어지게 되었다.[173] 이는 영미법에서의 보통법상의 소유권(legal ownership)과 형평법상의 소유권(equitable ownership)으로의 분열과 같은 현상이다. 그리고 상속권도 시민법상의 상속권(hereditas)과 명예법상의 상속권인 유산점유(bonorum possesio)로 나누어지게 되었다.[174]

7. 시민법과 관습법: 관습법의 효력에 관한 다툼

로마법에서는 관습법도 중요한 시민법의 법원이었다. 그러나 관습법은 가정내의 관계에 대해서는 규율하지 않았다.[175] Cicero는 로마는 구래(舊來)의 관습과 인걸들에 의하여 존립하고 있다라고 하였다.[176] 이러한 Cicero의 말에 비추어 보면, 로마는 전통을 중시하고, 관습(mos; mos maiorum)과 관습법(consuetudo)을 극히 중시하였음을 알 수 있다.

특히 로마법에서는 관습법의 성문법 폐지의 효력을 인정하여, 관습법의 성문법에 대한 변경적 효력을 인정하였다. 이러한 법현상, 즉 성문법을 관습법에 맞게 오랫동안 적용하지 않으면 그 성문법이 폐지되는 것을 desuetudo(Aufhebung eines Gesetzes durch gewohnheitsmäßige Nichtanwendung)라 하여, 관습법의 성문법 폐지의 효력을 인정하였다. 이와 같은 관습법의 성문법 폐지의 효력은, 로마시대에는 법률들이 한번 제정이 되면 수세기 동안 발효되어 있었고, 낡은 법률을 폐지하는 것이 아니라 새로운 법률을 추가하여 병렬적으로 존치시켰기 때문

172) A. a. O., S. 27.
173) Kunkel, a. a. O., S. 90.
174) A. a. O., S. 90.
175) Stein, a. a. O., S. 17.
176) 최병조, 전게 로마법연구(I), 81면.

에, 그와 같은 법질서하에서는 관습법에 의한 성문법의 폐지 내지 실효를 시킬 필요가 있었다.[177]

이러한 desuetuto에 의하여 관습법의 성문법 폐지의 효력인정의 배후에는 관습법도 로마시민의 동의에 의하여 효력이 인정되며, 법률도 로마시민의 묵시적 동의에 의하여 폐지된다는 관념이 있었다.

이러한 관념이 없었다면, 법무관이 법률에 의하여 규율되는 제(諸) 생활관계에 있어서 사전에 구법률을 폐지하지 아니하고 시민법을 수정하는 명예법을 발전시킬 수는 없었을 것이다.[178]

제 3 절 로마민법학의 융성

Ⅰ. 개설: 로마법학의 고전기

로마법학이 가장 발달한 시기가 바로 이 원수정기이다. 로마법에서는 이 시기를 고전기(klassische Zeit)라 한다. 원수정기는 옥타비아누스가 삼두정치(三頭政治)를 끝내고 원수(元首)의 칭호를 받아 1인 지배체제를 확립한 시기인 BC 27년부터 로마가 정치적 혼란을 겪으면서 로마를 동서로 나누어 분리통치를 구상한 해의 전년인 AD 283년까지의 약 300년의 기간이다.[179] 원수는 최고 정무관으로서 로마제국의 황제였다.

공화정의 마지막 1세기 동안에 로마에서는 전통을 지키면서 로마를 관리해 나가자는 층과 과거를 청산하고 개혁적인 행정을 하자는 층간의 대립과 갈등이 있었다. 즉, 보수층과 진보층의 갈등이 있었다.[180] 이러한 계층간의 갈등은 진보세력이 보수세력을 꺾고, 1인의 지배자가 원수(Augustus)의 칭호를 얻음으로써 종료되고, 이어서 원수정 시대가 시작되었다.

이 기간 동안에 로마는 영토가 가장 넓은 대제국을 이루었으며, 문화가 발

177) 상게서, 82면.

178) 상게서, 85면.

179) 원수정 말기의 로마제국은 Severus Alexander(222-235)이 피살에 이은 50년간의 무정부상태의 혼란을 겪고 외적의 침입으로 제국의 위기가 심화되자, 혼란을 수습한 Diocletianus 제는 동서로마로의 분리통치의 구상을 하게 되었다.

180) Stein, a. a. O., S. 31.

달하고, 대상업제국을 이루었던 시기였다. 로마는 2세기에 그 영토가 가장 넓었다. 로마법학도 법학자들의 법창조적인 활동에 의하여 최고도로 발전하였다. 그리고 Ulpianus는 법학자를 정의의 설교자(Priester der Gerechtigkeit)라고 하였다.[181)]

원수정기에는 1인의 지배자인 원수가 국가통치권과 군사 및 행정권을 모두 장악하여 원수의 권력이 강화됨으로써 민회[182)]와 원로원의 지위가 약화될 수밖에 없었다. 이러한 현상은 원수정 말기에 이르러서는 더욱더 강하게 나타났다. 원수도 원수정 초기에는 1년 임기로 매년 그 원수직을 갱신하였다. 그러나 Tiberius(AD 14-37) 이후에는 갱신제도가 없어지게 되었다.[183)]

원수정기에는 법학자들에게 원수의 이름으로(in Namen des Kaisers) 법률을 해답(즉, 법감정: ius respondere)할 수 있는 원수의 권위(kaiserliche Autorität)가 부여되었다. Hadrianus제는 원수의 권위를 받은 법학자들의 일치된 견해(즉, 학설)에 대하여 민회에서 의결한 법률과 동일한 효력을 인정하였다.[184)] 법률을 해답함에 원수의 권위를 받은 법학자들이 출현하게 됨으로써 그들은 왕족법률가(Kronjurist)가 되고, 그러한 왕족법률가의 명성과 권위는 자연히 높아지게 되었다. 이와 같이 법학자들에게 법을 해답함에 원수의 권위를 부여한 것은, 당시에 황제의 칙답서(勅答書: rescripta; Reskripte)를 작성하여야 하는 정무관들의 부담을 덜어 주기 위함에 있었던 것으로 추론된다.[185)] 왜냐하면 칙답서를 작성하는 업무를 담당한 정무관은 법학자들이었으며, 또한 당시의 법학자들은 귀족으로서 사회적 존경을 받는 명망있는 인물들이었기 때문이었다.

그리고 이 원수정기에는 원수의 입법권이 강화되었으며, 법무관의 고시권은 점차 정지되고, 원수의 고시권이 인정되었다. 민회는 원수정 초기에는 입법권을 행사하였으나 점차 입법권을 행사하지 못하자, 원로원은 민회의 입법기능을 수행하였다. Hadrianus제(帝) 때는 원로원의 입법권을 공식적으로 승인하였으나, 원수의 권력이 강화됨으로써 원로원은 원수의 의사전달기관으로 점차 변질되어 갔다.

---

181) D. 1. 1. 1. 1.

182) 민회는 Nerva(AD 96-98)하에서 마지막 입법권을 행사하고 그 후에는 소멸하였다(현승종 저, 조규창 증보, 전게 로마법, 110면).

183) 현승종 저, 조규창 증보, 전게 로마법, 112면.

184) Stein, a. a. O., S. 34.

185) A. a. O., S. 34.

원수정기에 법무관은 고시권은 정지되었지만, 시대의 변화에 대응하기 위하여 많은 새로운 소권과 소송방식서를 창안하여 명예법을 발전시켰다.

그러나 원수정기에도 역시 로마법을 발전시킨 원동력은 법학자들의 법창조적인 활동이었다. 학파가 성립되고, 원수의 권위를 받아 법을 해답(즉, 법감정)하고, 법무관의 새로운 소권 및 소송방식서의 창안에 조력하고, 원수의 입법과 칙답서의 작성에 직접 관여하거나 자문을 하고, 주해서, 교과서 등의 법학저술활동을 하는 방법으로 법학자들이 로마법을 발전시켜 나갔다. 법학자들에 의하여 형성, 발전된 법이 바로 로마법을 구성하는 중요한 법조법(法曹法: Juristenrecht)이 되었다. 그리고 이 원수정기에 가장 많은 법학자가 배출되었다.

이와 같이 원수정기에 로마법이 발전하는데 있어서 공화정기에서와 마찬가지로 사상적으로는 그리스 철학, 특히 그 중에서도 스토아철학이 로마법의 발전에 여전히 강한 영향을 주었다.[186]

그리고 원수정기의 로마법학은 공화정기에 있어서와 동일하게 카주이스틱한 방법으로 법을 발전시켰으며, 더욱더 실무와 관련하여 발전하였다. 그리하여 원수정기에도 로마법학은 실무법학이었다. 그리고 법학자들의 학설에 의하여 이루어진 학설법은 당시의 법원(法源)으로서 소송실무에 적용되었다.

Ⅱ. 학설법의 형성과 발전

1. 법학자들의 해답에 의한 학설법의 형성과 발전

로마법은 법학자들이 법률문제에 관하여 해답, 즉, 법감정 내지 법의견을 제시하는 방법으로 발전되었다. 당시의 법학자들의 해답은 오늘날의 법학자들의 법학활동에 비추어 보면, 그것은 법학설의 주장에 비교될 수 있다. 그러나 당시의 법학자들은 추상적, 일반적인 법적견해를 주장한 것이 아니라, 구체적인 소송사건에 있어서 구체적인 법률문제에 관하여 구체적, 개별적으로 해답하는 방법으로 이루어졌다. 물론 법학자들이 구체적인 소송절차에서 해답만 한 것이 아니라, 법률문제에 관한 황제의 칙답서를 작성함에 있어서 법학자들이 조력하

186) Kunkel, a. a. O., S. 197. Nero황제의 스승이었던 Seneca(BC 4-AD 65)도 스토아철학의 영향을 받았다. 그리하여 인간의 평등성을 강조하여 노예도 본질적으로 자유인과 평등하다고 하였다(최종고, 법사상사(박영사, 1983), 41면). 그리고 로마 5현제(賢帝)의 한 사람인 명상록을 쓴 황제 아루렐리우스(Marcus Aurelius: 121-180)도 스토아철학자였다.

는 방법으로 해답이 이루어지기도 하였다.

원수정의 시작과 함께, 법학자들이 법률문제에 관하여 해답(respondere), 즉 법감정(Rechtsgutachten)을 하는 일에 원수는 그의 권위를 부여하였다. 그러므로 법학자들은 법을 해답함에 있어서 황제의 이름으로 하게 되었다. 따라서 비록 사인인 법학자가 법감정을 하여 해답을 하였지만, 그 해답은 원수인 황제가 한 것이 되어, 해답에 높은 권위가 인정되었을 뿐만 아니라, 공인해답이 된 것이었다. 그리하여 원수의 권위를 부여받은(ex auctoritae principis) 법학자들의 해답이 일치할 때에는 그 해답에 법률로서의 효력이 인정되었다.

이와 같이 법학자들의 활동이 원수의 권위를 받는 황제와의 관계에서 이루어짐으로써, 법학자들이 황제의 행정에 깊이 관여하였을 것이라는 의문이 제기되기는 하지만, 그렇지는 아니하며 법학자들이 공공의 복리를 위한 봉사의 열정으로 로마법을 발전시켰다고 평가되고 있다.[187] 또한 로마법학자들은 로마사회의 최고의 신망을 받는 명망가들이었고, 그들은 법학이란 공공의 복리를 위한 봉사활동으로 생각하였던 것으로 추론된다.

법을 해답함에 원수의 권위는 Tiberius제(帝)(AD 14-37)가 기사출신의 법학자였던 Masurius Sabinus에게 처음으로 부여하였다(AD 20-50 활동).[188] Gaius에 의하면, Hadrianus제는 특정한 법률문제에 관하여 원수의 권위를 받은 법학자들의 의견, 즉, 해답이 일치할 때에는 그 해답에 법률과 동일한 효력을 인정하였다고 한다. 이는 한 번 행하여진 해답은 후에 다시 인용이 되어 하나의 선례가 되었기 때문에 법적 효력이 인정된 것으로 추론된다. 그러나 원수의 권위를 받은 법학자들의 해답이 일치하지 아니할 때에는, 심판인은 여러 해답 중에서 그가 적정, 타당하다고 인정되는 해답을 채용하여 이에 따라 판결할 수 있었다.

이와 같이 원수의 권위를 받은 법학자들의 공인 법해답은 당시의 소송제도인 방식서소송에서 심판인(iudex)을 구속하였다. 그러므로 심판인은 별다른 사정이 없는 한 법학자들의 해답에 따라 판결을 하였다.[189]

이와 같은 원수의 권위의 부여는 1세기와 2세기 초까지는 소수의 법학자에게만 주어졌다. Hadrianus제는 법률가의 해답에 의한 법발전보다는 법학자로

---

187) Kunkel, a. a. O., S. 107.
188) D. 1. 2. 2. 50; 현승종 저, 조규창 증보, 전게 로마법, 132면.
189) 현승종 저, 조규창 증보, 상게 로마법, 132면.

서 제실자문회(sacrum consistorum)를 구성하여, 이 자문회의 해답에 의해 법학자들의 해답을 대체하고자 하였으므로, 제실자문회의 해답이 고전후기의 법발달에 결정적인 영향을 미쳤다.[190] 그러나 원수의 권위를 받아 해답하는 법학자들의 해답활동은, 원수정이 끝나고 전주정 시대에 들어와, Diocletianus제(AD 284-305) 때부터 이러한 권위부여를 하지 아니함으로써 종료하였으며, 321년에 Constantinus 대제는 칙법으로 법학자들의 해답(즉, 학설)의 인용을 제한하여 법학자들의 법학활동이 위축되고, 426년에 동로마제국의 황제인 Theodosius II세(AD 408-450)와 서로마제국의 황제인 Valentinianus III세(AD 425-455)가 공동으로 발포한 고전기 법학자들의 의견, 즉 학설의 인용에 관하여 칙법인 인용법(lex citationum)의 제정, 시행으로, 법학자들의 해답을 통한 로마법의 발전이 끝이 나게 되었다.

이와 같이 원수정기에는 법학자들이 원수의 권위를 받아 해답을 함으로써, 법학자들에 의한 해답, 즉 창조적인 법감정, 법의견, 법학설에 의한 법학자법인 법조법(Juristenrecht)이 형성되어, 로마법의 중심내용을 이루었다. 그러므로 법조법은 바로 학설법이었다. 이러한 해답을 통한 법조법은 구체적인 법률문제에 대한 구체적인 의견이었다. 그리하여 법조법은 카주이스틱한 방법에 의하여 구성되고 발전된 로마법이며, 법실무와 관련된 실무법이었다.

2. 법학파의 성립과 대립

(1) 법학파의 성립과 특징

원수정시대에는 법학자들간의 견해, 즉 학설의 대립으로 로마법이 더욱더 발전할 수 있었다. 그것이 바로 Sabinus학파와 Proculus학파의 대립이다. 이 양 학파는 학문적인 기본입장이나 연구방법의 대립이 아니라, 개별적인 법률문제에 관한 개별적인 견해의 대립이었다.[191] 로마법학자들은 개별 문제에 관하여 개별적으로 해답하는 방법의 카주이스틱한 방법으로 해답을 하여 왔기 때문에, 비록 학파가 성립하여 견해가 대립되었지만, 법철학적, 법정책적인 대립은 로마법의 사고방법과는 부합하지 아니하였다.[192] 그리하여 로마법학은 논리에 치중하고 개별적인 문제를 분석하는 방식의 원자론적으로 접근하였다.

190) 상게서, 132면.
191) Kunkel, a. a. O., S. 108.
192) A. a. O., S. 108.

이러한 학파의 대립은 사적으로 이루어진 일이었다. 사적으로 각 학파의 견해가 강의의 방식으로 견해가 가르쳐지고 해답을 하고 저술을 통하여 전승, 발전되어 온 것은 아니었다.[193]

이러한 학파의 형성은, 법학자 Labeo(M. Antisius; BC 25-AD 10 활동)와 법학자 Capito(C. Ateius; AD 22 사망)의 경쟁관계와 관련되어 있다. Labeo는 공화주의자로서 공화정에서 원수정에로의 변화된 새로운 국가형태에 거부적인 태도를 취하였으나, 그의 법학저술은 방대하였고, 당시에 큰 영향력을 갖고 있었다. 그러나 Capito는 법학자이었지만 군주주의자로서 그렇게 많은 법학저작을 저술하지 못하였다. 이러한 두 법학자의 대립은 원수정기를 통하여 계속되었으며, 그 영향이 로마법학의 모습에 깊이 각인되었다.

그러므로 사비누스학파의 시조는 Capito로서, 그 후 Sabinus(Masurius; AD 20-60 활동), Longinus(C. Cassius; AD 30 집정관), Julianus로 이어졌으며, Proculus 학파는 Labeo를 시조로 하여 Proculus(AD 30-70 활동), Nerva(M. Cocceius; AD 10-33 활동)로 이어졌다. 그리고 Celsus 부자도 Proculus학파에 속하였다. Proculus 학파의 Nerva는 황제 Tiberius와 인간적으로 가까이 지냈으며,[194] 영향력을 가장 강하게 주었던 법학자는 기사계급출신의 Sabinus였다.[195] 고전기의 Pomponius (Sextus; AD 130-180 활동), Gaius, Julianus(Salvius: AD 125-179 활동), Africanus (Caecilius; AD 150-170 활동)도 Sabinus 학파에 속하였다. 그리고 Sabinus의 시민법강요(tres libri iuris civilis: Grundriß des Zivilrechts)는 법률과 동일한 수준의 권위가 인정되었다.[196]

Sabinus학파는 전통을 중시하고, 전대(前代)의 법학자의 권위와 지금까지의 법실무를 중시하였다. 구체적으로 Sabinus는 공화정기의 Scaevola의 견해에 기초하여 불법행위(Delikt: unerlaubte Handlung) 개념을 창안하였다. 이는 Scaevola가 소유물의 절도와 소유물의 훼손을 구분한 데서 출발하여 창안한 것이다.[197] 그러나 Proculus 학파는 법조문을 좁게 제한적으로 해석하고, 모든 사건

193) 플라톤의 Akademie, 아리스토텔레스의 Lykeion(Lyzeum이라고도 함), 에피규리스의 Stoa 학교, 소피스트들의 소요학교(Wandelschule)의 운영 및 공화정시대의 법학자들에 의한 로마법 강의는 모두가 개인적으로 이루어진 사적인 일(Privatsache)이었다(Vgl., Gustav Boehmer, Grundlagen der Bürgerlichen Rechtsordnung, Erstes Buch(J.C.B. Mohr, 1950), S. 296).

194) D. 1. 2. 2. 48.

195) Kunkel, a. a. O., S. 109.

196) A. a. O., S. 109.

197) Stein, a. a. O., S. 38.

에 있어서 법조문을 동일하게 해석하며, 성문규정에 대해 불문법을 후순위로 하며, 개별 법조문의 유추에 의해 유사사건에 확대적용할 것을 주장하였다.[198] 이와 같이 Sabinus학파는 보수적이라고 할 수 있고, Proculus학파는 진보적이었다고 할 수 있다.[199] 이렇게 양 학파가 대립되었지만, 양학설은 모두 일반화, 추상화에 의한 법의 일반원칙의 공식화에는 반대하였다.[200]

(2) 법학파의 구체적 주장(학설)의 차이

사비누스 학파는 전통을 중시하여 후법은 선법을 폐지한다는 법원칙에 필연적인 기속력을 인정하지 아니하였다. 그러므로 선법이 폐지되더라도 거기에 반영되어 있는 원리는 여전히 후법에도 적용될 수 있다고 본 것이다.[201] 그러나 프로쿠루스학파는 후법우선의 원칙을 인정하여, 법률의 흠결이 있는 부분은 법무관법, 즉 명예법으로 보충하여야 한다는 입장을 취하였다. 그리고 사비누스 학파는 자연법을 존중하여 개별적인 법률문제를 법원리와 관련하여 평가적으로 파악하려고 하였으나, 프로쿠루스학파는 법조문의 엄격한 문언을 존중하는 입장을 취하였다. 사비누스학파는 스토아철학에 충실하였으나, 프로쿠루스학파는 Aristoteles철학을 추종하였다.[202] 그리하여 전반적으로 평가해 보면, 실정법의 흠결을 보충함에 있어서, 사비누스 학파는 자연법 및 선법우선의 법원리에서부터 출발하였으나, 프로크루스학파는 사회, 경제적 생활사실에서부터 출발하였다.

구체적으로 의견의 대립이 있는 부분을 열거해 보면, 첫째로 대물변제에 관하여 사비누스학파는 대물변제가 있으면 채권자가 동의한 이상 채권자의 이익에 상응한 변제가 이루어진 것이고, 따라서 법률상 당연히 변제의 효과가 발생한다고 하였다. 그러나 프로쿠루스학파는 대물변제는 원래의 취지대로 변제한 것이 아니지만, 채권자가 실질적 가치는 얻었음으로, 채권자가 다시 변제를 요구한다면 그것에 대해 채무자는 악의의 항변[203](exceptio doli)에 의하여 보호된다고 하였다.[204] 둘째로 원시적 불능인 목적물에 대한 매매에 있어서 매수인에

198) A. a. O., S. 36.

199) 현승종 저, 조규창 증보, 전게 로마법, 134면.

200) Stein, a. a. O., S. 36.

201) 최병조, 전게 로마법강의, 253면.

202) 현승종 저, 조규창 증보, 전게 로마법, 134면.

203) 악의의 항변은 로마법에 있어서 원고의 청구원인에 해의(害意: dolus)가 있으면 피고가 이를 주장하여 그의 책임을 면할 수 있는 항변이었다.

204) 최병조, 전게 로마법강의, 256-257면.

게 매매소권(actio empti)을 인정할 것인가에 관하여, 사비누스학파는 매매계약은 무위로 돌아갔지만 매매계약 당사자간에는 일정한 관계가 설정되었고, 그 관계에 대해서는 신뢰보호가 주어져야 함으로 매매소권을 인정하는 것이 가능하다고 하였다. 그러나 프로쿠루스학파는 매매는 매매목적물의 존재를 전제로 하므로 매매목적물이 현존하지 않으면 매매는 원시적으로 무효이고 따라서 매매소권은 논의의 여지가 없다고 하였다.[205] 셋째로 물물교환에 매매소권을 부여할 수 있느냐에 관하여, 사비누스학파는 성의(bona fides), 즉 신의성실의 원리에 기하여 매매소권을 부여할 수 있다고 함에 대하여, 프로쿠루스학파는 매매는 물건과 화폐의 교환이므로 물건과 물건의 교환인 물물교환에는 매매소권을 부여할 수 없다고 하였다. 넷째로 불법행위법인 Aquilia법(lex Aquilia)상의 일반불법행위에 관하여, 사비누스 학파는 일반불법행위는 물건의 손해 뿐만 아니라 가치적 손해도 포함된다고 하였음에 반하여, 프로쿠루스학파는 Aquilia법에서는 가해요건(加害要件)을 유체적인 측면에서 파악하여 피해목적물에 대한 유체적 접촉이 있는 경우에 한하여 불법행위가 성립한다고 하였다.[206] 이와 같이 사비누스 학파는 법원리에 입각하여 평가적인 태도를 취하였음에 반하여, 프로쿠루스 학파는 개별 법문(Rechtstexte)에 충실한 입장을 유지하면서, 기교적인 변통에 의하여 해결하려고 하고 있음을 알 수 있다.

3. 법학자들의 칙법제정에의 자문

원수정기에는 황제의 칙법, 원로원의 의결로 입법이 이루어졌다. 원수정기에는 황제의 권력이 강화되어 황제의 칙법(leges: Kaisergesetzgebung)이 원수정기의 로마법 발전에 결정적인 영향을 미쳤다. 황제의 칙법제정에 관해서 로마법학자들은 로마시민들이 황제에게 입법권을 부여하였기 때문에, 황제의 칙법은 법적 효력이 있다고 하였다.[207] 칙법에는 황제의 고시(edictum), 칙답서(recripta), 재결(decretum), 칙령(mandatum)등이 모두 포함된다.[208]

황제의 고시는 황제가 최고의 정무관으로서 선포한 일반적인 명령으로서, 정무관의 고시와는 달리 영속적 효력이 유지되었다.[209] 그리고 칙답서는 일반시

205) 상게서, 257-258면.
206) 상게서, 262면.
207) Just. Inst. 1. 2. 6.
208) Just. Inst. 1. 2. 6.
209) 현승종 저, 조규창 증보, 전게 로마법, 128면.

민이나 정무관이 황제에게 법률문제에 관하여 질의한데 대하여 황제가 제실자문회의 의견을 청취하여 결정한 해답서이다. 이 제실자문회는 법학자로 구성되었다.[210] Hadrianus 제에 와서는 법률문제에 관한 황제의 해답업무를 제실자문회의 법학자가 처리하도록 하였다.[211] 재결은 법적분쟁에 관하여 황제가 제실자문회의 심리를 거쳐 확정한 황제의 확정적인 최종판결이었다. 이러한 재결의 예로서는 Marcus Aurelius(AD 161-180 재위)가 판결한 채권자의 자력집행 금지에 관한 재결을 들 수 있다.[212] 그리고 칙령은 속주의 통치권 행사에 관한 황제의 지시와 명령이다. 황제의 이러한 칙령에는 속주에 적용될 민사법과 형사법의 규정이 포함되기도 하였다.

황제의 칙법은 공법영역에 많았으나, 사법도 포함되어 있었다.

이러한 황제의 칙법의 제정에 법학자들이 자문을 하였다. 특히 칙답서는 법학자들로 구성된 제실자문회의의 의견을 청취하여 황제가 결정하거나, 점차 제실자문회의 구성원이었던 법학자들이 직접 작성하였다. 이와 같은 방법으로 법학자들은 황제의 사법권과 입법권의 행사에 영향을 주었다.

그리고 원수정기에는 민회의 입법권은 소멸되었으나, 원로원은 의결로 입법권을 행사하였다 그러나 원로원의 의결은 황제의 제안을 원로원에서 가결하는 것에 지나지 않았다.[213]

원수정기에는 법무관의 고시권은 Hadrianus제가 AD 130년에 영구고시록[214] (Edictum Perpetuum)을 편찬, 시행함으로써 소멸하게 되었다. 영구고시록은 원로원의 의결을 거쳐 그 효력이 인정되고, 이 후의 고시의 수정은 황제에게 위임되었다. 이와 같이 법무관의 고시는 공화정기에 활발하였으나, 고시가 점차 축적되고 답습되다가, 원수정 시대에 와서는 침체되었다. 그러다가 AD 130경에 와서는 고시가 완전히 고정되었다. 그리하여 Hadrianus제(AD 117-138 재위)의 명령에 의하여 당시의 법학자였던 Salvius Julianus(AD 125-170 활동)가 영구고시록을 편찬하고, 향후 고시의 변경은 원수에 의해서만 가능할 수 있도록 하였다.[215]

---

210) 상게서, 129면.
211) 상게서, 129면.
212) 상게서, 129면.
213) 현승종 저, 조규창 증보, 전게 로마법, 134면.
214) 영구고시록의 전문은 직접 전해지지는 않으나, 로마법학자들의 저서의 무수한 기록을 통하여 그 내용을 파악할 수 있다.
215) Kunkel, a. a. O., S. 88.

4. 법학자들과 법학저작들

원수정기에 다수의 법학자들이 출현하여 로마법의 발전에 기여하였다. 학설휘찬에서 인용된 40명의 법학자들 중에서 원수정기의 법학자가 35명으로서 가장 많다. 그 외의 법학자로서, 전주정기의 법학자는 2명뿐이며, 공화정기의 법학자서는 Q. Mucius Scaevola를 비롯하여 3이 포함되어 있다.[216] 그리하여 원수정기를 로마학법이 융성한 시기이며, 이 기간을 로마법의 고전기(klassische Zeit)라 한다.

이 원수정기의 로마법은 법학자들의 학설에 의하여 융성하였으며, 법학자들의 학설은 법원(法源)으로 인정되었다. 원수정기에 로마법이 융성한 이유로는 여러 가지를 들 수 있다. 무엇보다도 법학자들의 법률문제에 관하여 원수의 권위를 받아 원수의 이름으로 법을 해답할 수 있게 되었으며, 법은 선과 형평의 기술로 이해하고 받아들여 당시의 사회지도층으로서 사회적 신망을 받고 있는 귀족들이 법학자들로서 로마법을 연구발전시켰으며, 법학이 단순한 기교적, 기술적인 학문이 아니라 덕의 학문, 즉 덕목으로 이해되고 발전하였으며, 법학자들이 로마법을 발전시킴에 공공의 이익을 위한 사회봉사활동으로 하였으며, 학파의 형성으로 법학자들의 학설이 더욱 정치(精緻)하게 되었다. 그리고 로마법은 법실무와 관련한 실무법학으로 발전되어, 실용성 있는 법학으로 발전시켰던 것도 로마법 발전의 중요한 원인으로 평가된다. 또한 로마법학자들은 일반 법원리의 정립에 의한 일반화, 추상화, 개념화보다는 구체적 사건에 관하여 구체적인 해답을 주는 방법으로 법을 발전시켜, 법적 안정성보다는 구체적 타당성을 중시하여, 로마법을 현실에 적응시킨 것이 로마법 발전에 중요한 원인으로 판단된다. 또한 로마법은 전통을 중시하여 법의 계속성을 유지함으로써 로마사회의 안정과 계속성 및 로마사회의 정체성을 유지하는 데 크게 기여한 것으로 평가된다. 그리고 AD 212년 Caracalla제가 로마제국 내의 모든 로마인에 대하여 로마시민권을 부여하여 순수한 로마인과 피정복민의 차이를 없앰으로써, 자연법인 만민법이 로마법의 내용을 풍부하게 하여, 로마법이 포용성이 있는 법으로 발전할 수 있게 된 것도 로마법 발전의 중요한 원인으로 생각된다. 이와 같은 로마법을 발전시킨 원동력은 바로 법학자들이었다. 법학자들의 학설로써 로마의 학설법, 즉 법조법(ius; Juristenrecht)을 이루었으며, 원수정기의 로마법

216) 황적인, 전게 로마법. 서양법제사, 35면; Kunkel, a. a. O., S. 151.

의 발전은 바로 학설법에 의하여 이루어졌다. 따라서 로마법은 법학자들의 법창조적인 활동에 의하여 이루어진 것이다.

학설휘찬에서는 법학자들의 학설을 법학자들의 권위(Autorität der Rechtsgelehrten)라고 하고, 법학자들의 학설은 로마사법을 구성한다고 명시하고 있다.[217]

로마법학자의 법창조적 활동은 간접적으로 법무관을 통해서나 입법을 통해서가 아니라, 직접적으로 해답(즉 법감정) 및 법률문헌의 생산을 통하여 수행되고 이루어졌다.[218]

원수정기에 활동한 주요한 법학자로서는, Labeo, Capito, Sabinus, Longinus, Proculus, Celsus, Julianus, Pomponius(Sextus: 130-180 활동), Gaius, Africanus, Ulpianus(Domitius: 190-223 활동), Papinianus(Aemilius Paulus: 170-212 활동), Paulus(Iulius: 175-230 활동), Modestinus(Herennius: 210-250 활동) 등을 들 수 있다. Labeo는 방대한 저작을 남겼으며, Sabinus와 Proculus는 각각의 법학파를 이끌었다. Celsus(부(父) Celsus: AD 96-98년의 시기에 활동; 자 Iuventius Celsus: 100-130년의 시기에 활동)는 법을 선과 형평의 기술(Ius est ars boni et aequi: Das Recht ist die Kunst des Guten und Gerechten)이라 하여,[219] 법이 갖추고 지향하여야 할 모습과 이상을 제시하였다. Julianus는 영구고시록을 편찬하였다.

Gaius는 소아시아의 속주(屬州)출신으로서 법률문제에 관한 해답활동이나 관직에 나아가지 아니하고, 법학자로서만 활동을 하였다. 물론 그는 황제의 권위를 받아 해답한 법학자가 아니었다. 그는 당시에는 그렇게 알려진 법학자는 아니었으나,[220] 법학제요[221](Institutiones)를 집필하여, 그 법학제요는 역사상 처음으로 법분류의 체계를 인법, 물법, 소송법의 3부분으로 나누어 법소재의 분류체계를 확립하였다. Gaius는 법률문제를 어렵지 않게 설명하는 탁월한 재능을 가졌다. 법학제요는 독창성이 있는 법률저작은 아니었지만, 그 체계적 구성이 탁월하다. 특히 로마에서의 법률소송과 방식서소송은 거의 전적으로 가이우스의 법학제요를 통하여 알게 되었다.

Pomponius도 Gaius와 마찬가지로 원수의 권위를 받은 법학자는 아니었다.[222] 또한 그는 해답권을 거의 행사하지 않은 것으로 알려져 있다.[223]

---

217) D. 1. 1. 7. pr.

218) Kunkel, a. a. O., S. 116.

219) Ulpian, D. 1. 1. 1. pr.

220) Gaius는 당시에 3등성 내지 4등성에 속하는 법학자였다고 한다.

221) 1816에 와서 비로소 Gaius의 법학제요의 필사본이 발견되었다.

고전기 후반에 와서는 법학자들은 황제의 행정에 참여하여 황제와 법학자가 더욱 가까워지게 되었다. 이때 법학자들은 그 신분이 원로원층 출신이 아니라 기사계층 출신이 거의 대부분이었다.[224] 기사계층도 속주출신이 많았다. 법학자들도 창조적인 활동을 하기 보다는 판결관련 자료를 모으고 가공하는 일(Sammelung und Verarbeitung des älteren Entscheidungsmaterials)을 주로 하였다.[225]

고전후기의 대표적인 법학자로서는, Papinianus, Paulus, Ulpianus, Modestinus 등이 있다. Ulpianus는 법에 있어서 그 추구하는 목적에 따라서 법을 공법과 사법으로 나누고, 공법은 황제의 권한에 속하는 법이지만, 사법은 황제의 권한에 속하지 않는 법이라고 하였다. 그는 법을 공법과 사법으로 나누어 황제의 권력이 로마에서 전통적으로 내려오는 시민의 권리에 관한 시민법의 영역에 침투해 들어오는 것을 저지하고자 하였다. 이렇게 함으로써 카라칼라제에 의하여 새로이 로마시민권을 얻은 피정복민들에게 시민법은 공법과는 다르다는 것을 암시함으로써 그 피정복민들로 하여금 사법생활에 있어서는 황제의 간섭으로부터 자유로움을 인식시켜, 피정복민들을 안정시킬 목적이 있었던 것으로 평가된다.[226] 그러나 그는 법을 공법과 사법으로 나눈 후 11만에 암살되고 말았다. Ulpianus에 의하면 로마의 공법은 국가제도의 질서에 관한 법이며, 사법은 개인의 이익에 관한 법으로서, 공법은 국가의 제의(祭儀), 종교, 정무(政務)에 관한 법으로 구성되어 있다고 하였다. 그리고 로마사법은 자연법, 만민법 및 시민법으로 구성되어 있다고 하였다.[227]

학설휘찬에는 이 고전기의 다섯 법학자, 즉 Gaius, Papinianus, Paulus, Ulpianus, Modestinus의 학설이 가장 많이 인용되었다. 그 중에서도 Ulpianus의 학설이 가장 많이 인용되고 있다.[228]

법학자들의 저작들은, 사법실무상의 개별적인 법률문제에 대한 법학자들의

222) Kunkel, a. a. O., S. 111.
223) A. a. O., S. 111.
224) A. a. O., S. 113.
225) A. a. O., S. 113.
226) Stein, a. a. O., S. 42.
227) D. 1. 1. 1. 2.
228) Ulpianus의 학설이 학설휘찬 전권의 3분의 1이며, Paulus의 학설이 6분의 1, Papinianus의 학설이 18분이 1이며, Modestinus와 Gaius의 학설까지 합치면, 학설휘찬의 3분의 2가 고전기의 5법학자의 학설로 구성되어 있다(황적인, 전게 로마법.서양법제사, 47면).

해답을 모은 해답집(responsa: Gutachten), 법학자들의 법률서간집(epistulae: Briefe d.h. briefliche Rechtsauskünfte), 법률적 논쟁(disputationes)이 있는 법률문제에 관한 질의회답집(quaestiones: Rechtsfragen), 모든 법률문제에 관하여 법학자들의 주장을 모은 학설집(digesta: geordnete Entscheidungen), 로마사법에 관한 체계적인 개설서이자 법학교육의 입문서로서의 법학교과서인 법학제요(Institutiones) 등의 모습으로 만들어졌다. 이러한 고전기 법학자들의 저작은 원형은 전해지지 아니하나, 학설휘찬에서 이러한 저작들을 인용하고 있어서, 학설휘찬을 통하여 오늘날까지 전해지고 있다.[229]

이러한 법학자들의 저작 이외에도, 12표법과 법무관의 소권과 소송방식서를 포함한 시민법에 대하여 주석을 한 시민법주석(libri ad Sabinum), 법무관의 고시와 소권에 관하여 주석을 한 고시법주석(libri ad edictum), 법률문제에 관한 법학자들의 의견서(sententiae), 선배법학자들의 연구내용에 대하여 평석 또는 해설을 한 평석(notae), 개별 법제도에 관한 논문 등 저작을 발표하여 로마법의 발전에 기여하였다.

그리고 고전기 법학자들이 법학발전에 이바지하여 오늘날에도 그 가치가 인정되고 있는 것이 바로 법규집(regula) 또는 법언(maxima)이다. 이는 로마법학자들이 무수한 구체적인 사례로부터 법의 기본원리 내지 기본원칙에 관한 법리를 발굴하여, 이를 간단, 명료한 법언으로 구성하고, 이에 관한 설명집을 편찬하였던 것이다. 이를 법규집 또는 법언이라 한다. 이와 같은 고전기법학자들의 사법의 기본원칙 내지 기본원리에 관한 법언은 학설휘찬 제50권 제17장에 수록되어 오늘날까지 전해지고 있다.[230]

학설휘찬 제50권 제17장에서의 법의 일반원칙에 관한 규정을 구체적으로 열거해 보면, 어느 누구도 타인의 손해로 재산상의 이익을 얻어서는 안된다는 것은 자연법이다[231](By the law of nature it is fair that no one become richer by the loss and the injury of another). 어느 누구도 자기가 가지고 있는 것보다 더 큰 권리를 타인에게 양도할 수 없다[232](No one can transfer greater rights to someone else than he possesses himself). 자기의 권리를 행사하는 것은 어느 누구도 악의로 행사하는 것이 아니다[233](No one is regarded as acting by fraud who makes use

229) 현승종 저, 조규창 증보, 전게 로마법, 139면.
230) 상게서, 141면.
231) D. 50. 17. 206.
232) D. 50. 17. 54

of his rights). 자기의 과실로 손해를 입은 자는 전혀 손해가 없는 것과 같은 것으로 본다[234](If anyone incurs loss which is his own fault, he is not regarded as incurring loss). 동일한 조건하에서는 소송물을 점유하고 있는 자가 더 강한 권리상태에 있는 것이다[235](In an equally balanced case, the possessor must be regarded as the stronger)라는 규정들이다.

5. 학설법에서 이룩한 학문적 결실들

원수정기의 법학자들이 법학사에 남긴 학문적 결실은 적잖이 크다. 법과 법학이 무엇인지에 관하여, 그리고 어떠하여야 하는 것인지에 관하여 정리하고, Gaius에 의하여 사법은 인법, 물법, 소송법의 3부분으로 나누고, Ulpianus에 의하여 법을 다시 공법과 사법으로 나누는 중요한 법사에서의 업적을 남겼다. 그리고 원수정기의 법학자들의 학설은 Justinianus 대제의 학설휘찬에 인용되어 오늘날 대륙민법의 역사적 뿌리가 되었다.

Ulpianus는 법(ius)이란 용어는 정의(iustitia)라는 용어에서 나왔으며, 정의는 각자에게 그의 권리를 주고자 하는 항구불변의 의지(Gerechtigkeit ist der unwandelbare und dauernhafte Wille, jedem sein Recht zu gewähren)라고 하였으며,[236] 법의 요청은 명예가 살아있게 하고, 어느 누구도 침해하지 아니하며, 각자에게 그의 것을 주는 것(Die Gebot des Rechts sind folgende: Ehrenhaft leben, niemanden verletzen, jedem das Seine gewähren)이라고 하였다.[237] 그리고 Ulpianus는 법학(iuris prudentia: Jurisprudenz; Rechtswissenschaft)은 신의 일과 인간의 일을 분별하는 인식이며, 옳은 것과 옳지 않은 것을 아는 지식(Rechtswissenschaft ist die Kenntnis von den göttlichen und menschlichen Dingen, das Wissen vom Rechten und Unrechten)이라고 하였다.[238] 그리하여 법학은 그 출발이 단순한 규범의 논리적 전개가 아니라 덕의 학문임을 밝히고 있다. 그리고 Celsus는 법이란 선과 형평의 기술이라고 하였다. Paulus는 더 나아가 선과 형평적인 것이 법이라 불리우며, 자연법이 바로 그러하다고 하였다.[239]

233) D. 50. 17. 55.
234) D. 50. 17. 203.
235) D. 50. 17. 128. pr.
236) Ulpian, D. 1. 1. 10. pr.; Just. Inst. 1. 1. pr.
237) Ulpian, D. 1. 1. 10. 1.
238) Ulpian, D. 1. 1. 10. 2.
239) D. 1. 1. 11.

이와 같이 법이란 오늘날 일반적으로 이해되고 있는 것과 같은 단순한 규범의 논리체계만이 아니라, 선과 형평의 기술로서, 법은 덕목임을 법과 법학의 본질과 이상이 고전기의 법학자들에 의하여 정립되었다.

그리고 원수정기에는 로마법의 기본적인 법리구성이 많이 이루어졌다. 그러한 법리는 오늘날에도 여전히 유효한 민법의 기본적인 가치로 남아있다. 구체적으로는, 법의 일반원칙 내지 일반원리적인 법언으로, 황금율을 규정한 법무관의 고시에 관하여, Ulpianus는 누구라도 타인에 대하여 법을 정할 경우에는 자기 자신도 동일한 법을 적용하지 않으면 아니 된다[240]라는 내용임을 밝혀주고 있다. 그리고 법률행위의 해석에 있어서, 문언이 명백한 때에는 문언을 고수하고,[241] 문언과 의사의 모순이 명백한 때에는 의사를 추구한다.[242] 법률행위는 무효보다는 유효가 되는 쪽으로 해석한다.[243] 예외는 엄격하게 해석한다.[244] 편무계약은 채무자에게 유리하게, 쌍무계약은 계약을 정하는 자에 불리하게 해석한다.[245] 그리고 Celsus는 법률은 그 문자를 따라서 해석할 것이 아니라 그 의미와 목적을 따라서 해석할 것[246]과, 법률은 그 전체를 고려야하지 부분만을 고려하여 판단을 하거나, 해답을 하는 것은 비법률적이다[247]라고 하였다. 그리고 그는 문답계약에 있어서 그 계약조항에 애매한 때에는 채권자에게 불리하게 해석하여야 한다[248](ambiguitas contra stipulatoren)는 해석원칙을 정립하였다.[249] 그리고 그릇된 표시는 불이익으로 돌아가지 않는다(falsa demonstration non nocet)는 법해석 원칙도 로마법에서 유래한다.[250]

그리고 법률행위의 일부무효는 원칙적으로 전부무효로 보았나.[251]

신의성실의 원칙과 관련하여서는, 곧 반환할 것을 청구하는 자는 악의적으로 행위하는 것이다.[252] 자신의 선행행위에 반하는 행위는 면책되지 않는다[253]

240) D. 2. 2. 1. pr.: D. 2. 2. 3. pr.
241) Paulus, D. 32. 25. 1.
242) Papinianus, D. 50. 16. 219.
243) Julianus, D. 34. 5. 12.
244) Ulpianus, D. 18. 2. 2.
245) Paulus, D. 18. 1. 34. pr.
246) D. 1. 3. 17.
247) D. 1. 3. 24.
248) D. 34. 5. 26.
249) 최병조, 전게 로마법 연구(Ⅰ), 608-609면.
250) 최병조, 전게 로마법강의, 275면.
251) D. 50. 17. 178.
252) D. 50. 17. 173. 3.

라고 규정하였다.

그리고 어느 누구도 자기가 가지고 있는 권리보다 더 많은 것을 타인에게 이전할 수 없다[254]라고 규정하였다. 또한 불능은 채무를 무효화시킨다[255][256]고 하였다.

이와 같이 원수정기의 고전로마법학자들은 구체적, 개별적 법률문제에 대한 구체적인 해답 뿐만 아니라, 법의 일반원칙도 정립하였으며, 그것이 오늘날에도 여전히 법의 일반원칙으로 기능하고 있다.

6. 고전기 법학자들의 활동분야, 연구방법과 학설법의 특징

인류역사상 로마에서와 같이 법학자들이 높은 사회적 존경과 신망을 얻어 고위관직자로서 활동한 유례를 없다. 물론 고전기 법학자중에는 고위관직에 나아가지 아니하고 법을 연구하여 역사에 기록될 만한 저술을 남긴 학자도 있다. 로마의 법학자들은 사법을 중심으로 연구하였으며, 공법은 법학자들의 관심영역이 아니었다. 또한 국가도 사회, 경제적 병폐를 시정할 필요가 있는 경우에만 사법영역에 입법적으로 개입을 하였다.[257] 이와 같이 로마가 사법우위의 법문화를 발달시켰음은 로마가 명령, 지시, 통제로 일관한 공법우위의 전제적 고대국가의 법과는 법발달 상태를 본질적으로 달리하고 있다. 그리하여 로마는 법(ius)의 국가였지 법률(lex)의 국가가 아니었다.[258]

로마법학자들은 법과 도덕을 구별하지 않은 것으로 판단된다. Celsus는 법을 선과 형평의 기술이라고 하였고, Ulpianus는 법의 기본원리를 정직하게 생활하고, 타인을 해하지 아니하고, 각자에게 그의 몫을 나누어주는 것이라고 한 점에 비추에 보면, 법과 도덕을 구별하지 않은 것으로, 양자를 포괄적인 사회행위규범속에 포섭하고 있다. 이는 희랍사상의 영향으로 인한 것이다.[259] 그러나 Paulus는 법과 도덕의 차이를 구별하여, 법률상 허용되는 모든 것이 옳은 것은 아니다[260]라고 하여 법률상 허용되는 것이라 하더라도 도덕적 비난의 대상의

253) D. 1. 2. 7. pr.
254) D. 50. 17. 54.
255) D. 50. 17. 185.
256) 불능인 급부를 목적으로 하는 계약은 무효라는 구독일민법 제306조(§ 306 a.F. BGB)는 학설휘찬의 법리를 따른 것이었다.
257) 현승종 저, 조규창 증보, 전게 로마법, 214면.
258) 상게서, 213면.
259) 상게서, 211면.

될 수 있음을 지적함으로써 법과 도덕의 한계를 명시하고 있다.

그리고 법과 종교와의 관계에 관해서도, Ulpianus는 법학은 인사(人事)와 신사(神事)의 지식이며, 정, 부정의 식별이라고 하였다. 그리고 고전기법학자들은 법을 신법과 인법으로 구분하였다.[261] 그리고 Modestinus는 혼인을 신법과 인법에 따른 남녀의 결합이며, 부부생활공동체의 결성이라고 정의하였다.[262]

이와 같은 인법과 신법간의 관계에 관하여, 양자는 개념상의 구분이지 신법이 시민의 사회생활에 영향을 미쳤음을 의미하지는 않는다고 한다.[263] 그러나 고전기 법학자들이 관념한 신법이 무엇을 의미하는지에 관하여 더 깊은 연구가 있어야 할 일이라 생각된다. 왜냐하면 학설휘찬이 편찬된 것은 기독교가 로마의 국교로 되고 나서이며, 학설휘찬을 편찬함에 있어서 학설휘찬의 편집자들은 고전기 법학자들이 말한 신법을 인용하면서, 그 신법을 아마도 기독교의 성서의 말씀으로 이해하였을 것으로 추론해 볼 수 있기 때문이다.

고전기 법학자들의 연구방법은 개별적인 법률문제에 관하여 개별적, 구체적으로 접근하고 해답하는 카주이스틱한 방법이었다. 황제의 칙법도 역시 구체적인 법률문제에 관하여 구체적, 개별적으로 이루어졌다. 그러나 개별적인 구체적인 법률문제에 관한 해답방법이 축적되어, 고전기에 이미 중요한 일반법 원리도 형성되었다. 그러나 근본적으로 로마법학은 카주이스틱한 방법으로 연구되었다. 학설휘찬에 의하면, Javolenus(Priscus: AD 70-130)는 "법에서 모든 정의는 위험하다. 왜냐하면 정의는 뒤집혀질 수 없는 경우가 적기 때문이다"라고 하였다.[264]

이와 같이 고전기의 학설법은 앞선 학설을 인용하고 이를 계속 축적하여 갔으며, 사법을 중심으로 하여 법을 포괄적으로 발전시켰다.[265] 그리고 학설법은 법실무와 관련하여 발전되었다. 법학자들은 실무와 떨어져 있는 학자가 아니었다. 그러므로 법학자들은 법의 변화와 개혁이 필요한 지를 관찰할 수 있었다. 그리하여 로마법학자들은 오늘날의 강단법학자와 법실무가의 기능을 동시에 수행하였으며, 따라서 로마법학자들은 양자의 중간에 위치한다고 평가되기도

260) D. 50. 17. 144. 1.
261) 현승종 저, 조규창 증보, 전게 로마법, 210면.
262) D. 23. 2. 1.
263) 현승종 저, 조규창 증보, 전게 로마법, 210면.
264) D. 50. 17. 202.
265) Stein, a. a. O., S. 35.

한다.[266] 또한 법학자들은 다양한 견해를 대변할 수 있는 완전한 자유를 향유하였다.[267]

Ⅲ. 방식서소송과 소권(訴權)의 발달

1. 방식서소송의 구조와 법무관의 소송주도

원수정기에는 공화정기의 법률소송은 사라지고 방식서소송만이 행하여졌다. 방식서소송은 법무관에 의하여 진행되는 소송준비절차인 법정절차와 심판인에 의하여 진행되는 사실심리와 판결로 이루어지는 심판절차로 구분되었다. 법정절차는 법무관이 당사자의 주장사실을 심리하고, 원고의 청구가 상당하다고 인정될 경우에 소권(actio)을 부여하고, 분쟁사건의 쟁점을 소송방식서(formula)에 기재하여 이를 심판인에게 회부하였다. 심판인은 법무관이 소송방식서에서 기재한 쟁점에 관하여 사실조사를 하고, 원고의 주장이 정당하다고 입증이 되면 법무관이 소송방식서에서 판결할 것을 지시한 대로 판결을 하였다. 그리하여 방식서소송에서는 법무관이 소송주도권을 갖고 소송과정을 모두 관장하고 있었다. 이러한 소송방식서는 사안에 따라서 그 기재방식이 정형화되어 있었다.

고전기의 로마법학은 방식서소송을 중심으로 하여 발달하였다. 법학자의 저술활동도 방식서소송을 중심으로 전개되었다. 법무관은 생활사실의 변화에 따른 법적수요를 충족시키기 위하여 새로운 소권과 새로운 소송방식서를 만들어 나갔다. 이러한 새로운 소권 및 소송방식서의 창안은 법학자의 지원하에서 이루어졌다.

그리고 고전기의 법무관은 원활한 소송수행을 위하여 당사자의 신청에 의하여 피신청인에게 지시, 명령, 결정 등의 권리보호수단인 각종의 강제처분을 할 수 있었다. 이는 심판인의 사실조사 후 판결로 이루어지는 것이 아니라, 법무관이 독자적으로 행하는 권리구제방법이었다. 이러한 법무관의 특별한 권리보호방법이 바로 특시명령(interdictum), 강제문답계약, 점유이전, 재산이전처분 및 원상회복명령 등이었다.

또한 방식서소송에서는 피고에게 악의의 항변(exceptio doli)이 인정되었다.

---

266) 현승종 저, 조규창 증보, 전게 로마법, 142-143면.
267) Stein, a. a. O., S. 35.

피고가 원고는 피고를 해할 악의로 소송을 제기하였다는 것을 주장하여 입증이 되는 때에는 원고는 패소를 당하였다. 악의의 항변은 Gallus(Aquilius: BC 66년 법무관)에 의하여 창안되고, Rufus(Servius Sulpicius: BC 105-43)가 발전시켰다.

방식서소송의 절차는, 먼저 원고가 법무관에게 소를 제기하고 피고에게 소송을 고지함으로써 법정절차가 개시되었다. 법무관은 원고의 주장과 피고의 항변을 청취하고, 당사자간의 쟁점을 결정(litis contestatio)한 후, 원고에게 소권을 부여하고, 그 소권에 부합하는 소송방식서를 작성하였다. 심판인은 법무관이 작성한 소송방식서의 내용에 따라 사안을 심리, 판결하여야 하였다.

소송방식서는 심판인의 지명(nominatio iudicis), 청구표시(intentio), 청구원인의 표시(demonstratio), 판결표시(condemnatio)로 구성되어 있었다. 그리고 피고의 항변이 있는 경우에는 그 항변(exceptio)을 기재하였다. 판결표시는 법무관이 심판인으로 하여금 사실심리를 한 후에 피고의 패소 또는 면소판결을 지시하는 부분이었다. 유산분할, 공유물분할, 경계확정을 목적으로 하는 방식서에는 판결표시에 갈음하여, 심판인의 자유재량에 따라서 유산 또는 공유물의 분할이나 경계를 확정할 수 있다는 권한을 부여하는 재정표시(裁定表示: adiudicatio)로 구성되어 있었다.

심판인은 증거조사를 거쳐 사실관계를 확정한 후에 판결을 하였다. 판결은 피고의 패소 또는 면소판결만이 가능하였으며, 원고의 패소판결은 불가능하였다.[268] 심판인의 판결에 대해서 상소는 허용되지 않았다.

심판인이 한 판결의 집행은, 대인집행과 대물집행이 있었다. 대인집행은 채무자를 노예로 하는 방법의 강제집행이었다. 그러나 채무자는 그의 전재산을 채권자에게 양도함으로써 대인집행을 면할 수 있었다. 대물집행은 채무자의 재산을 매각하여 채권자를 만족시키는 강제집행으로서, 채무자의 전재산매각에서 채무전액을 만족시키기까지 각개의 재산을 순차로 매각하는 분할매각으로 완화되어 왔다.[269]

---

268) 현승종 저, 조규창 증보, 전게 로마법, 295면.

269) 상게서, 301면.

2. 소권의 종류와 내용

(1) 새로운 소송방식서와 소권의 창안

소송상의 권리보호의 법적 지위 내지 권리구제수단인 소권은 원수정기에 그 종류가 매우 다양해 졌다. 로마법에서는 일반적, 추상적인 소권은 인정되지 않았다. 구체적인 법률관계에 따라 독자적인 다수의 소권이 인정되었다. 이러한 소권은 실체법상의 권리, 즉 청구권의 수에 상당하는 소권의 종류가 있었던 것이다. 그런데 이러한 소권은, 법무관이 그의 취임시의 고시에 의하여 소송방식서를 게시함으로써 그 종류가 결정되었다. 그러므로 소송방식서마다 그 방식서에 기재된 내용, 즉 그 방식서상의 법률관계에 대해 소권이 부여되는 것이었다.

본래 소송방식서와 소권의 종류는 제한되어 있었다. 그러나 로마의 사회경제생활의 변화에 따른 법적수요를 충족시키기 위한 새로운 소권이 방식서소송과정에서, 소송방식서의 수와 종류가 증대되고 다양해지고, 따라서 소권의 수도 늘어나고 그 종류가 다양해졌다. 명예법은 법무관의 고시와 방식서소송에 있어서 새로운 소송방식서의 창안과 그에 따른 새로운 소권의 부여에 관한 내용으로 형성되고 발전되었다.

(2) 소송방식서와 소권의 종류

소송방식서와 소권부여의 근거법에 따라서, 소송물에 따라서, 심판인의 권한에 따라서, 소권에 의하여 보호되는 피보호채권에 따라서, 소송상 당사자의 지위에 따라서 소권은 그 종류가 매우 다양하였다.

(가) 시민법상의 소권과 명예법상의 소권

소권은 그 부여의 근거법에 따라서 시민법상의 소권과 명예법상의 소권으로 나누어진다. 전자의 시민상의 소권은 시민법상 인정된 법률관계를 보호하기 위하여 부여되는 소권이며, 명예법상의 소권은 시민법이 예상하지 못한 법률관계를 보호하기 위하여 법무관이 창설한 소권이다.

명예법상의 소권에는, 준소권(action utilis), 의제소권(actio ficticia), 사실소권(actio in factum)이 있다. 준소권은 시민법상의 소권을 법률상 보호대상이 아닌 법률관계에도 부여하였다. 예컨대 시민법상의 Aquilia불법행위소권은 소유권자에게만 인정되었으나, 법무관은 용익권자를 소유권자에 준하여 이 소권을 용익권자에게 부여하였다.[270] 그리고 의제소권은, 법무관은 심판인에게 사실상 존재하지 않는 어떠한 객관적 사실을 존재한다고 의제하여 사안을 심리판단하도록 소송방식서에 기재하는 경우의 소권이다. 예컨대 시민법상의 절도소권(actio furti)은 로마시민에게만 부여되었으나 비로마시민이 절도소송을 제기한 경우에, 법무관은 소송방식서에서 그 비로마시민을 로마시민으로 의제하여 심판하라고 하였다.[271]

그리고 사실소권은 시민법이 규율하지 않은 새로운 생활관계를 보호할 필요에서 법무관이 창설한 소권으로서, 사실소권의 부여에 의하여 단순한 사실관계가 법률관계로 전환되었다.[272] 준소권이나 의제소권은 시민법상의 소권을 기초로 발달하였다. 그러나 사실소권은 이들 소권과는 달리, 소송방식서가 정형화되어 있지 아니하고, 단순히 사실관계를 기재하고 심판인에 대한 판결지시로만 구성되어 있었다. 그러면 심판인은 방식서에 따라서 사실관계의 존부를 확정하고 이에 대한 판결을 하였다.[273]

(나) 대인소권과 대물소권 및 혼합소권

대인소권(actio in personam)은 원고가 피고에게 작위 또는 부작위를 청구할 수 있는 채권관계를 보호하기 위한 소권이다. 대물소권(action in rem)은 물권을 보호하기 위한 소권이다. 대인소권을 부여한 소송방식서에는 원고의 청구와 피고의 이행의무가 기재되어 있었다. 그러나 대물소권을 부여하는 소송방식서에서는 피고를 명시함이 없이 원고의 권리만이 기재되어 있었다.[274]

혼합소권은 대인소권과 대물소권의 성질을 함께하는 소권으로서, 유산분할, 공유물분할, 경계확정소권이 이에 해당된다. 이와 같은 혼합소권은 물권과 채권관계가 소송의 목적으로 되어 있다.[275]

(다) 엄정소송(엄정소권)과 성의소송(성의소권)

엄정소송(actio stricti iuris)은 심판인이 방식서의 내용에 구속되어 그의 재량권이 인정되지 아니하는 소송이다. 시민법상의 요식계약, 요물계약인 문서계약, 문답계약과 소비대차에 기한 소송이 이 엄정소송에 속하였다.

그리고 성의소송(actio bonae fidei)은 심판인이 사안을 심리, 판단함에 있어

270) 상게서, 256면.
271) 상게서, 257면.
272) 상게서, 257면.
273) 상게서, 257면.
274) 상게서, 258면.
275) Just. Inst. 4. 6. 20.

서 당사자간의 법률관계는 물론이며, 모든 사실관계를 고려하여 사안을 신의와 형평에 따라서 판단할 수 있는 재량권이 심판인에게 주어진 소송이다. 매매, 임대차, 위임, 고용, 도급, 사무관리에 기한 법적 구제는 성의소송에 의하였다.[276]

(라) 불법행위에 관한 물건추급소권, 벌금소권, 국민소권

로마법에서는 일반적, 추상적인 하나의 불법행위소권은 발달하지 못하였다. 피해자에게 인정되는 권리구제의 내용에 따라서 물건추급소권, 벌금소권, 국민소권으로 분류할 수 있다.

물건추급소권(actio reipersecutoria)은 도품의 회수를 내용으로 하는 소권이며, 벌금소권(actio personalis)는 벌금지급을 내용으로 하는 소권이다. 그리고 국민소권(actio popularis)는 일반시민의 안전을 위하여 사인이 자신의 이름으로 제기할 수 있는 소송이다.[277] 이 국민소권은 시민의 안전을 해하는 공작물책임과 풍속범인 묘지침해의 제재를 목적으로 하였다.[278]

(마) 일시소권과 영구소권

소권행사기간을 기준으로 하여 영구소권과 일시소권으로 나누어진다. 영구소권(actio perpetua)은 소권행사의 기간이 장기인 소권이며, 일시소권(actio temporalis)은 그 행사기간의 제한이 있는 소권이었다.

Theodosius Ⅱ세(408-450)는 칙법(AD 424)에서 모든 소권은 30년간의 불행사로 소멸한다고 하였다.[279] 그러나 교회재산의 보호를 위한 소권의 행사는 40년으로 연장하였다.

이러한 Theodosius Ⅱ세 이전 시대의 소권의 행사기간에 관하여는, 시민법상 인정된 소권은 그 행사기간의 제한이 없었으며 권리자는 언제든지 행사할 수 있었다. 그러나 법무관이 청설한 소권은 그 행사기간이 대부분 1년이었다.[280] 그리고 고전기말의 칙법과 법무관법은 대물소송에서 피고에게 장기점유의 항변권을 부여하여 피고에게 점유취득의 정당한 사유가 인정되는 경우에는 소유권취득을 인정하였다.[281]

---

276) Just. Inst. 4. 6. 28.
277) 현승종 저, 조규창 증보, 전게 로마법, 263면.
278) 상게서, 263면.
279) 상게서, 264면.
280) 상게서, 264면.
281) 상게서, 264면.

3. 심 판 인

심판인은 법무관이 소송방식서에서 기재된 사실관계에 대한 증거조사를 거쳐, 원고의 주장이 인정되면 법무관이 지지한 대로 판결을 하는 사인이었다. 소송당사자는 덕망있는 인사를 심판인으로 선임하고, 정무관의 승인을 받아야 했다. 당사자간에 심판인 선임에 관하여 합의가 없을 경우에는 원로원 계층으로 구성된 심판인 명부에서 선정하였다.[282] 심판인은 원로원계층, 기사계층 및 평민계층으로 나누어 그 각각의 심판인명부를 작성하였다.

심판인은 원고의 계층에 일치하는 심판인으로 선임하였으며, 통상적으로 민사소송의 심판인은 1인으로 하였다.[283] 심판인은 유산자만이 가능하였다.[284]

4. 법무관의 특별 권리보호수단

법무관은 법정절차에서 소송방식서의 작성과 소권의 부여에 의하여 권리자가 권리구제를 받을 수 있도록 하였을 뿐만 아니라, 원활한 소송수행을 위하여 당사자에게 지시, 명령, 결정 등의 강제처분을 행하였다. 이러한 강제처분은 심판인의 판결에 의하여 이루어지는 것이 아니라, 법무관의 직권에 의하여 재결(decretum)의 방식으로 이루어졌다. 이러한 소송수행의 보조수단인 강제처분이 법무관의 특별권리보호수단이다. 이러한 법무관의 특별권리보호방법에 의하여 특정이행(specific performance)이 가능하게 되었다.[285]

법무관의 강제처분으로는 특시명령, 강제문답계약, 점유이전, 재산이전치분 및 원상회복명령이 있었다.

특시명령(interdictum)은 당사자의 구제신청사유가 상당하다고 인정될 경우에 일정한 사실상태의 유지, 보전과 신청인의 법적 지위를 보호하기 위하여 발하는 구제조치이었다. 특시명령은 심판인의 판결과 같은 확정적 효력이 인정된 것은 아니며, 신청인의 주장사실이 정당하리라는 가정하에 취해진 가처분 또는 조건부처분행위이었다.[286]

이러한 특시명령으로는, 신청인의 부동산이 침탈된 경우에 피신청인에게 그

282) 상게서, 234면.
283) 상게서, 234면,
284) 상게서, 235면.
285) 최병조, 전게 로마법강의, 523면.
286) 상게서, 265-266면.

부동산의 반환을 지시하는 반환명령(interdictum restitutorium), 유언증서의 제시, 타인자녀를 위법하게 억류하고 있는 경우에 자녀의 제시를 지시하는 제시명령(interdictum exhibitorium), 피신청인의 부작위를 내용으로 하는 금지명령(interdictum prohibitorium) 등이 있었다.[287] 특히 신청인의 부동산과 동산의 점유방해자에 대한 점유방해금지명령도 이 금지명령에 속하였다.[288]

이러한 특시명령은 시민법상의 보호대상이 되지 아니하는 법률관계의 보호를 위해 법무관법에 의하여 인정된 권리구제수단이었다.

다음으로 법무관의 강제문답계약(stipulatio praetoria)은, 이해관계인의 신청에 따라서 피신청인의 작위나 부작위의무의 이행을 강제하기 위하여, 또는 신청인의 손해발생을 방지할 목적으로 피신청인에게 일정액의 금전의 지급을 내용으로 하는 문답계약의 체결을 강제하는 방법의 권리구제수단이다. 이때에 피신청인인 채무자가 문답계약채무를 부담하지 않기 위해서는 그는 채무를 이행하여야만 하였다.

그리고 점유이전(missio in possessionem)은 피신청인에 대하여 그의 소유물의 점유를 신청인에게 이전할 것을 명하는 강제처분이었다. 점유이전은 계쟁목적물의 보전을 확보하기 위한 강제수단으로 이용되었다.

재산이전(missio in bona)은 피신청인의 전재산을 신청인에게 이전하라는 법무관의 강제처분이다. 상속법상 법무관의 재산이전처분인 유산점유가 그 전형적인 사례였다.[289]

그리고 원상회복(restitutio in integrum)은, 착오, 사기, 강박에 의한 의사표시와 공법인, 미성년자의 법률행위, 계약성립 후의 인격상실, 부재와 실종, 채권자사해행위 등의 경우에 피신청인에 대하여 법률행위성립 전의 법적상태나 사실상태로의 복귀를 위한 수단으로 행하여지는 법무관에 의한 구제절차이었다.[290]

Ⅳ. 악취행위, 법정양여, 문답계약 제도의 변화

로마시민법에서는 엄격한 방식의 권리이전의 형식과 계약이 행하여졌다. 악

287) 상계서, 266-267면.
288) 상계서, 267면.
289) 상계서, 272면.
290) 상계서, 273면.

취행위(mancipatio)는 물건의 소유권이전에 이용된 방식으로서, 자격을 갖춘 증인들 앞에서 일정한 문언을 언명하고, 동편(銅片)으로 저울을 치고 상대방에게 물건을 교부하는 방식의 소유권이전의 방법이었다. 고전후기에는 이와 같은 악취행위가 사라지게 되었으며, Justinianus대제의 입법에서는 이를 공식적으로 폐지하였다.[291] 유제법에서는 이러한 악취행위를 물건의 단순한 점유의 이전, 즉 인도(traditio)로 전환하였다.[292]

법정양여는 법무관의 귀속결정으로 소유권을 이전하는 형식으로서, 양수인이 법무관의 면전에서 일정한 말을 하고 양도인이 반대하지 않으면 법무관이 양수인의 주장을 확인하는 절차로 이루어졌다. 이러한 법정양여는 소송방식을 비송사건에 적용하는 방식이며, 법무관의 관여로 소유권의 이전의 공시 및 공증이 이루어지는 형식행위이다. 이러한 법정양여도 고전시대 이후에는 사라지게 되었으며, Justinianus법에서는 이를 공식적으로 폐지하였다.

그리고 문답계약(stipulatio)은 계약이 문(問)과 답(答)의 형식[293]을 거쳐서 이루어지는 언어계약이다. 이러한 문답계약도 고전시대 후에는 점차 무방식의 낙성계약으로 변하게 되었다. AD 472년 Leo I세(AD 457-474) 때에 와서는 칙법으로 구두에 의하여 의사의 합치만 있으면, 문과 답의 형식을 갖추지 않아도 계약은 성립하는 것으로 규정하였다.[294]

이와 같은 시민법상의 악취행위, 법정양여, 문답계약의 엄격한 방식은 만민법에 의하여 바뀌게 되었다.

제 4 절 로마민법학의 쇠퇴

Ⅰ. 개설: 시대상황

로마제국이 동서로 분리하여야하겠다는 구상이 이루어진 Diocletianus제(帝) 이래로 찬란했던 로마의 고전기는 끝이나고 로마는 침체기로 빠져들어가게 되

291) 최병조, 전게 로마법강의, 347-348면.

292) 상게서, 348면.

293) 문답의 방식은, 계약당사자간에 "그대는 약속하는가, 나는 약속한다"는 언명(言明)의 형식으로 이루어졌다.

294) 황적인, 전게 로마법. 서양법제사, 183면.

었다. 로마제국의 침체는 법학에 있어서도 자연히 로마법학, 즉 로마사법, 로마민법의 침체로 나타났다.

로마민법사에 있어서 로마의 전주정기는 동서로마로의 분리구성이 이루어진 AD 284년부터 Justinianus 대제의 즉위 전년인 AD 526년까지를 말한다. 실제로 Justinianus 대제도 전제황제로서 정치적으로는 Justinianus 대제이후도 역시 전주정이었지만 로마민법사에서는 Justinianus 대제이전을 전주정기라고 분류하여 이 시대의 로마법을 중점적으로 논하고 있다.

이 전주정기에는 황제의 권력이 절대화되고, 로마경제는 화폐경제상태에서 다시 물물교환의 원시경제상태로 되돌아가게 되고, 기독교가 공인되었을 뿐만 아니라 국교로 인정되어, 로마의 지식인 계층의 정신세계는 법학에서 기독교 신앙과 성서의 말씀으로 전환되었다. 그리고 로마시민들도 기독교신앙이 그들의 일상생활의 중심을 차지하게 되었다. 그러므로 이 전주정기에는 고전기의 법학자들의 법창조적인 학문활동이 사라지게 되었다. 다만 고전기 법학자들의 학설을 인용하였을 뿐이었다. 그리고 전주정기에는 고전기의 방대한 양의 법학자들의 법학저작들을 모두 활용할 수도 없었고, 고전기 법학자들의 저작들을 찾기도 어려워지게 되었기 때문에, 고전기 법학자들의 법학저작의 요약서나 발췌집을 만들어 이용하는 형편으로 바뀌었다.[295] 특히 5세기 중엽에는 Gaius의 법학제요가 어려워져 가이우스 요약집(Epitome Gai: kurze Zusammenfassung von Gaius)이 만들어지고 이것이 이용되었다.[296] 이러한 요약집의 법률저작도 익명으로 발표되거나 고전기 법학자의 이름으로 발표되었다.[297]

고전기에 국가발전에 이바지하던 법학자들도 폭군황제가 등장함으로써 황제에게 법조언을 하는 사람으로서가 아니라, 단순히 황제의 의사를 만들어내는 사람에 불과하게 되었다.[298] 그러므로 고전기에는 칙답서(rescripta)가 법학자들의 법창조적 활동의 한 방법이 되었으나, 전주정기에는 이 칙답서가 법학자들의 해답활동을 질식시켰다. 그러므로 칙답서가 전주정기에는 독자적인 로마법학의 기초를 허물어뜨렸다.[299]

그리고 이 시기에 로마가 동서로 나누어지게 되고, 서로마지역에서는 게르

295) Stein, a. a. O., S. 53.
296) A. a. O., S. 53.
297) Kunkel, a. a. O., S. 132.
298) A. a. O., S. 132.
299) A. a. O., S. 131.

만민족의 고유법인 게르만법의 영향이 밀려오게 되었다. 그리하여 서로마지역의 로마법은 게르만법화되어 순수한 로마법의 특징을 상실한 비속로마법(Vulgarrecht)으로 발전하게 되었다. 동로마제국은 비잔틴제국으로 전락하여 그리스철학과 동양철학의 영향을 받게 되었다. 이러한 정치, 사회적인 변화와 함께 언어도 동로마제국에서는 상층부의 사람들은 라틴어를 사용하였지만, 일반인들은 그리스어를 쓰게 되었다.

이 전주정기에는 기독교가 세속권력은 물론 정신세계를 지배하여, 지식인층은 기독교신학의 연구로 그들의 학문활동의 영역이 바뀌게 되고, 교회의 세력이 세속세계에도 강하게 미치어, 교회재판이 시작되고, 따라서 자연히 세속법에 대하여 교회법이 발전하게 되었다. 그리고 성서의 사랑과 박애의 인도주의적 가르침이 세속법에 영향을 미쳐, 노예에 대한 인도적 처우와 노예해방의 장려, 혼인생활의 존중, 이혼제한, 재혼억제, 간음과 풍속범 제재, 권리남용과 폭리행위의 금지 등의 기독교 윤리에 터잡은 법원리와 법제도가 형성되었다.[300]

또한 이 전주정기에는 로마시민권의 확대와 정치적인 불안정으로 중앙권력이 약화되어 지방에 권력이 이양되어 갔다. 그로 인하여 로마제국에 통일적이던 로마법이 지방법으로 바뀌고, 지방마다 관습법이 생성되어 지방마다 법이 다른 모습으로 나타났다.[301] 그리하여 3세기와 4세기에는 관습법이 크게 증대하였다.[302] 이와 같은 관습법 증내의 현상에 대처하여 중앙권력은 지방마다 생성되는 관습법의 효력을 제한하고자 하였다. 고전기까지 로마에서는 관습법의 성문법 개폐의 효력이 인정(desuetudo)되었으나, AD 319년 Constantinus 대제는 직법으로 관습과 관행은 중요하지만, 그 관습과 관행은 이성과 성문법을 실효시키지 않는 한에서만 그 구속력이 인정된다고 하였다.[303]

전주정기가 로마법의 침체기였지만, 로마법학의 유지와 발전에 전혀 역할을 한 것이 없지는 않았다. 그것이 바로 법학교의 설립에 의하여 로마법을 유지, 전수할 수 있게 하였으며, 법학교에 의한 로마법학의 유지와 전수에 의하여 그 후의 Justinianus 대제의 방대한 입법이 가능할 수 있었던 것으로 평가된다.

300) 현승종 저, 조규창 증보, 전게 로마법, 160면.
301) Stein, a. a. O., S. 51.
302) A. a. O., S. 52.
303) A. a. O., 53.

Ⅱ. 인용법에 의한 법학자의 법창조 활동의 정지

전주정기에 들어서서 법학자들이 원수의 권위를 받아 법률문제에 관하여 해답하는 법학자의 활동은 종료하게 되었다. Diocletianus제(AD 284-305)때부터는 법학자에게 원수의 권위에 의하여 법을 해답하는 특권은 더 이상 주어지지 않았다.[304] 이와 같이 법학자들의 법창조적 활동은 종료하게 되고, 전시대의 법학자들의 학설을 인용하여 법률문제를 해결하고자 하는 경향이 나타났다.

전주정기에도 그 전시대인 고전기의 법학자들의 저작이 당시에 현행법으로서의 효력이 인정되었고 소송에 적용되었다.[305] 소송에서 당사자는 자기에게 유리한 고전기의 법률문헌을 인용하여 재판을 담당하고 있는 법관으로 하여금 그 내용을 검토할 것을 제안하고 요구하였다.[306] 법관은 인용된 법학저작의 원문의 진정성을 검증할 상황에 있지 못하였다. 당사자가 서로 모순되는 법학자의 학설을 인용하여 주장하면, 판사는 어느 학설을 따라야 할지를 판단하기가 지극히 어려운 상황에 놓이게 되었다.

이러한 실무상의 학설인용의 혼란을 해결하기 위하여 4세기와 5세기에는 일련의 인용법(Lex Citationum: Zitiergesetze)을 제정하여, 어느 법학자의 저작을 법정에 제출할 수 있는지와 어떠한 증거를 가치 있는 것으로 평가할 수 있는지에 관하여 규정하였다.[307] 인용법은 모두 칙법으로 제정되었다.

일련의 인용법 중, AD 321년에 Constantinus 대제가 처음으로 고전기 법학자들의 학설인용에 관한 칙법을 발포하였다. 첫 인용법인 동칙법에 의하면, Paulus와 Ulpianus가 자신들의 저술에서 비판적으로 지적한 Papinianus의 견해는 그 효력을 부인하고, 비판을 받지 않은 Papinianus의 견해만이 법정에서 인용될 수 있었다.[308] 두 번째도 역시 Constantinus대제가 제정한 인용법으로서, Paulus의 전저술은 모두 그 권위를 인정하였다. 그리고 후세의 법률가들이 Paulus의 견해라고 인용하는 그러한 Paulus의 주장도 모두 그 권위를 인정하였다.[309] 이와 같이 Constantinus대제의 인용법에서는 Paulus의 학설에 법적 효력

304) 황적인, 전게 로마법.서양법제사, 42면.
305) Kunkel, a. a. O., S. 140.
306) 실무의 실제에서는 물론 변호사가 학설을 주장하였다.
307) Kunkel, a. a. O., SS. 140-141.
308) A. a. O., S. 141.

을 부여하였다. 이는 저술, 특히 그의 의견서(sententiae)는 간결한 요약서로서 활용이 용이하고, 법률문제에 관한 고전기 법학자들의 의견대립이 기술되어 있었기 때문이었다.[310]

Constantinus 대제의 인용법 후 1세기 지난 다음에 AD 426년에 다시 동로마의 황제 Theodosius Ⅱ세(408-450)와 서로마의 황제 Valentinianus Ⅲ세(425-455)가 공동으로 인용법인 칙법을 제정하였다. 동인용법에서는 Papinianus, Ulpianus, Paulus, Modestinus, Gaius의 5인의 고전기 법학자의 저작(즉, 저술)만이 법정에서 그 권위가 인정되었다. 이들 5인의 법학자들이 그들의 저작에서 주장하는 학설이 일치할 때에는 그러한 학설은 법으로서의 효력이 인정되었다.[311] 이들 5인의 법학자들에 의하여 인용된 다른 고전기 법학자들의 학설(견해)도 그 학설이 담겨져 있는 손으로 쓰여진 사본(Handschrift)을 검토하고 비교하여 믿을 만한 것으로 인정될 때에는 인용할 수 있었다. 그리고 5인의 법률가들의 견해가 서로 다를 때에는 다수결로 결정하고, 견해가 나누어져 다수가 되는 견해가 없을 때에는 Papinianus의 견해를 존중하였다.[312] Papinianus의 견해가 없을 때에는 법관은 재량에 의하여 자신의 견해를 만들 수가 있었다.[313]

이와 같이 인용법에 의하여 법학자들의 학설의 창조적인 주장은 더 이상 이루어지지 않게 되었다. 그로 인하여 전주정기에는 법학자들의 법창조적인 활동에 의한 루마법의 발전은 정지하게 되었다.

그리고 전주정기에는 칙법을 입법할 때나, 학설요약집 내지 발췌집을 편찬함에 있어서 학자들의 주장을 인용하는 방법으로 이루어졌다. 이와 같이 발췌문으로 법전을 만들거나(즉, 가공하거나), 칙법을 만드는 방법으로의 법전편찬은 5 내지 6세기의 대부분의 입법방식이었다.[314] 그러므로 고전기 법학자들의 학설을 변조(Verfälschung), 즉 수정(interpolatio)이 일어난 것이었다. Justinianus 대제의 학설휘찬도 전주정기의 입법방식에 따라서 고전기 법학자들의 학설을 발췌하는 방법으로 편찬되고, 고전기 법학자들의 학설이 수정, 변조된 것이었다. 이러한 수정, 변조는 원문탐구(Interpolationenforschung)을 통하여 밝혀지고 있다.

---

309) A. a. O., S. 141.
310) 현승종 저, 조규창 증보, 전게 로마법, 167면.
311) Stein, a. a. O., S. 54.
312) A. a. O., S. 54.
313) A. a. O., S. 54.
314) Kunkel, a. a. O., S. 134.

이와 같이 전주정기에 고전기 법학자들의 저작(저술)의 내용을 발췌하여 요약서를 만들거나, 모자이크식 칙법을 제정하게 된 것은, 성서의 편찬방식에서 영향을 받은 것으로 추론된다. 그리고 로마법이 성서의 내용과 일치함을 입증하기 위하여 고전기 로마법학자들의 학설을 인용하였던 것이었다. 또한 이러한 발췌문의 요약서 편찬자들은 기독교신앙의 전파에 기여할 목적으로나 혹은 이교도였던 지난 시대의 법학자들의 학설법 및 황제의 칙법이 새로운 기독교 국가신앙하에서도 여전히 타당하고, 정당하다는 것을 입증하기 위한 목적을 가지고 그와 같이 발췌의 방식으로 법전을 편찬하였던 것으로 평가되고 있다.[315] 다시 말하면 고전기법학자들의 학설, 더 나아가서 로마의 학설법이 성서의 말씀과 모순되지 아니한다는 것을 입증하기 위하여 발췌의 방식으로 요약서를 편찬하였던 것으로 평가된다. 실제로 학설휘찬에서 인용되고 있는 고전기법학자들의 학설은 성서의 말씀과 그 정신 및 내용이 상당히 일치하고 있다. 이와 같은 역사적 연유에 기초하여 교회법에서 로마법을 수용하여 발전시키고 전수하였던 것으로 추론된다.

Ⅲ. 기독교의 공인 및 국교화와 로마법에의 영향

전주정기에는 기독교가 공인되고 국교로 받아들이게 되었다. 그로 인하여 로마지식층의 학문적 관심은 법학보다는 신학에로 옮겨지게 되었다. 기독교는 1세기 중엽에 사도 베드로(Simon Peter)와 바울(Paul)에 의하여 로마에 전해졌다. 그 후 기독교는 심한 박해를 받았다. 특히 Nero(AD 54-68), Decius(AD 249-251), Diocletianus제는 기독교를 극히 탄압하였다. 그러나 Constantinus 대제는 기독교를 공인하고, 교회의 사제에게 재판권을 부여하였으며, Theodosius제(379-395)는 기독교를 국교로 인정하여, 기독교의 수호자가 되었으며, 이교도를 탄압하였다.

이러한 시대의 변화에 따라서, 국가는 신의 뜻에 의하여 만들어지고, 황제는 교회의 보호자이며, 사도와 같은 지위에 있는 것으로 생각하게 되었다. 그리고 기독교는 로마제국의 행정조직에 따라서 제국전역에 교회조직을 갖추어 나갔다. 그리고 로마를 침입한 야만족인 게르만족이 기도교로 개종을 하였다. 그로

315) A. a. O., S. 135.

인하여 기독교와 교회가 대륙과 영국에서 희랍과 로마의 문화의 유지와 보존에 결정적인 기여를 하게 되었다.

기독교의 성서의 말씀은 순결과 사랑과 박애정신에 기초하여 세속로마법, 특히 칙법에 영향을 미쳤다. 구체적으로는 노예법, 가족법, 혼인법, 유아보호법에 특히 영향을 주었다. 이러한 성서의 가르침이 세속법에 영향을 미쳐, 토지를 반액이하로 매각하는 계약을 체결한 자는 그 계약을 취소할 수 있도록 하였다.[316] 그리고 출산을 장려하기 위하여 원수정기에 제정된 미혼남자(즉, 독신남자: Junggeselle)의 처벌에 관한 법도 폐지하였다.[317] 또한 AD 498년 Anastasius제(491-518)는 복리취득(chrysargium)을 금지하였다.[318]

이와 같이 기독교는 특히 약자보호를 위한 후견적 법정책을 사상적으로 뒷받침하였다.[319]

Ⅳ. 방식서소송제도의 소멸과 특별심리소송제도의 시행

전주정기에는 황제의 권력이 절대적이었기 때문에, 황제가 입법권을 독점하게 되고, 그 전의 방식서소송도 황제의 관리가 소송을 담당하는 특별심리소송제도(Kognitionsprozeß)로 바뀌었다. 고전기에는 원로원도 의결로써 법률을 제정할 수 있었으나, 전주정기에는 원로원은 입법권은 완전히 상실하고, 황제의 자문기관에 불과하였다.[320]

법학자들의 법창조 활동도 정지하게 되었다. 법창조 활동의 방법이었던, 법무관의 고시권이 영구고시록의 편찬으로 종료하고, 법학자들의 법을 해답하는 해답권도 원수의 권위가 더 이상 주어지지 아니하고, 소송에서 법학자들의 학설인용도 제한을 받게 됨으로써, 법학자들에 의한 로마법의 발전도 더 이상 발전할 수 없게 되었다. 그러므로 전주정기에는 칙법이 유일한 성문법이었다.

이러한 법학자들의 법창조 활동의 침체를 더욱 촉진한 것은, 소송제도가 고전기의 법무관에 의한 법정절차와 사인인 심판인에 의한 심판절차로 구성되었던 방식서소송제도가 폐지되고, 국가의 관리(官吏)가 모든 절차를 다 관장하는

316) 황적인, 전게 로마법.사양법제사, 41면.
317) Stein, a. a. O., SS. 47-48.
318) 현승종 저, 조규창 증보, 전게 로마법, 155면.
319) 최병조, 전게 로마법강의, 11면.
320) 황적인, 전게 로마법.서양법제사, 40면.

특별심리소송제도로 바뀐 것이었다.

특별심리소송은 재판절차의 분화 없이 법관이 소송의 개시에서 사실확정과 법의 적용 및 판결과 판결의 집행에 이르기까지 모든 재판업무를 관장하는 소송제도였다. 그러므로 방식서소송이 중재재판제도인데 반하여 특별심리소송은 국가재판제도이었다. 그리고 방식서소송에서는 당사자처분권주의와 공개재판이 원칙이었으며 상소가 인정되지 아니하였다. 그러나 특별심리소송에서는 직권주의와 재판비공개가 원칙이었으며, 상소제도가 인정되었다.[321] 또한 방식서소송에서는 당사자의 권리보호청구권을 소권(actio)이라 하였으나, 특별심리소송에서는 이를 소추(persecutio)라 하였다.[322]

이러한 특별심리소송제도는 고전기에 이미 후견 및 부부간의 부양의무, 고급노무에 대한 보수청구사건 등에 이를 전담할 재판관을 임명하여 그로 하여금 재판하게 함으로써 시행이 되고, Aurelius제(Marcus: AD 161-180 재임) 때는 법무관을 재판관으로 임명하여 특별심리소송을 맡도록 하였다. 그러나 4세기 경에는 방식서소송이 소멸하고 특별심리소송이 통상민사소송제도로 정착을 하였다.[323][324]

방식서소송제도하에서는 소권을 얻게 하기 위하여 법학자들의 학설법이 정치하였으나, 특별심리소송제도하에서는 그러한 정치한 로마법의 발전이 이루어지지 못하였다.[325]

이와 같은 특별심리소송제도가 방식소송제도를 완전히 대체함으로써, 방식서소송과 관련하여 법무관에 의하여 발달하였던 명예법의 발전이 정지하게 되어, 시민법과 명예법이 통합되게 되었다. 그리고 방식서소송제도하에서는 다양한 소권의 창설과 법무관의 특별 권리보호수단의 인정으로 법제도가 원자론적으로 세분화되고 정치하였으나, 특별심리소송제도하에서는 이러한 세분화가 불분명해 지게 되었다. 그 대표적인 예로서 고전기에는 소유권과 점유가 분리되어, 소유권은 소유물반환청구소권(rei vindicatio)에 의하여 보호되고, 점유는 점유보호특시명령(interdicta possessorium)에 의하여 보호되었다. 그러나 전주정기

321) 현승종 저, 조규창 증보, 전게 로마법, 302-303면.

322) 상게서, 303면.

323) 상게서, 304면.

324) 방식서소송은 342년 Constans제(337-350)와 Constantinus Ⅱ세(337-361)의 칙법으로 폐지되었다고 하나, 이미 그 이전부터 시행되지 않은 것으로 추측되고 있다(현승종 저, 조규창 증보, 전게 로마법, 304면).

325) Stein, a. a. O., S. 50.

에는 점유에도 소유권에 있어서와 동일한 반환청구소권(vindicatio)이 인정되어 소유권과 점유의 구별이 흐려지게 되었다.[326] 그리고 소유권의 양도에 있어서도, 고전기에는 소유권이전을 위한 계약과 소유권이전행위가 분리되었으나, 점차 소유권이전을 위한 계약만으로써 소유권이 이전되게 되었다.[327]

Ⅴ. 법학교의 설립

3세기에는 동로마제국에 두 개의 법학교가 설립되었다. Berytos 법학교와 Konstantinopel 법학교가 그것이다. Konstantinopel 법학교는 326년 Constantinus 대제에 의하여 국립으로 설립되었다.[328] 이 두 법학교의 강사진은 antecessores였으며, professores는 아니었다.[329] 법학교에서의 법학교육과정은 4년간 법강의를 이수하고, 5년째는 독학(Selbststudium)하는 기간으로 짜여져 있었다.[330]

Berytos 법학교에서는 황제의 칙법과 고전기의 법학자들의 법률문헌을 공부하였다.[331] 특히 이 Berytos 법학교는 로마법연구의 중심지였다.[332]

이 당시의 로마법학을 법학교법학(Schulwissenschaft)라 하며,[333] 이 양 법학교가 법률교육과 법학의 연구로 인하여 Justinianus대제의 입법이 수월하게 이루어질 수 있었다. 학설휘찬의 편찬에 참여한 Theophilus는 Konstantinopel 법학교의 교수였으며, Dorotheus, Anatolius는 Berytos 법학교의 교수였다. 이들 법학교에서의 법학연구는 교의적(dogmatic)으로 기울어졌으며, 적당한 공식화나 단순화루 발전하였다.[334]

---

326) A. a. O., S. 50.
327) A. a. O., S. 50.
328) Gustav Boehmer, Grundlagen der Bürgerlichen Rechtsordnung, Erstes Buch: Das bürgerliche Recht als Teilgebiet der Gesamtrechtsordnung(J.C.Mohr(Paul Siebeck), 1950), S. 296.
329) A. a. O., S. 296.
330) A. a. O., S, 296.
331) Kunkel, a. a. O., S. 137.
332) 황적인, 전게 로마법. 서양법제사, 43면.
333) Kunkel, a. a. O., S. 133.
334) A. a. O., S. 133.

Ⅵ. 법전편찬

전주정기에는 창조적인 학문활동이나 법률저서의 집필이 없었다. 그러나 법학교의 설립으로 법학교육이 이루어지고, 고전기 법학자들의 학설을 발췌한 요약서가 편찬되었다. 대표적인 법서로서는 지금의 Beirut에서 편찬된 것으로 추측되는, Gregorianus 칙법집(Codex Gregorianus)과 Hermogenianus 칙법집(Codex Hermogenianus)이 있다. 전자의 Gregorianus 칙법집은 Hadrianus 제에서부터 AD 296년의 Diocletinianus 제까지의 칙법을 모아 엮은 사찬의 법전으로서 AD 291년부터 편찬작업이 시작되었다. 후자의 Hermogenianus 칙법집은 AD 293년부터 AD 365년까지의 칙법을 모아 편찬한 역시 사찬의 법전으로 Gregorianus 칙법집을 보충하기 위하여 편찬되었다. Hermogenianus는 Berytos 법학교의 교수였다.

Theodosius Ⅱ세 때인 AD 435년에는 공찬의 Theodosius칙법집(Codex Theodosius)이 편찬되어 AD 439년부터 시행이 되었다. 이 Theodosius 칙법집은 Constantinus 대제 이후의 칙법 중에서 실용적인 것만을 추려서 엮었다. 이 칙법집은 Justinianus 대제의 입법으로 동로마제국에서는 그 실효성이 상실되었으나, 서로마지역에서는 계속 실정법으로서 그 효력이 지속되었다.

이들 세 개의 칙법집은 모두 카주이스틱한 입법이었다.[335]

그리고 당시에는 법적용원칙이 속인법주의였음으로, 서로마지역에서는 게르만의 만족(蠻族)국가에서 로마인들에게 적용될 로마인법전이 편찬되었다. 이 법전은 지금의 스페인인 서고트지방의 로마인을 위한 법전으로 506년에 아라릭 초전(lex Romana Visigothorum: Breviarium Alaricianum)이 편찬되었다. 그 외에도 AD 475년의 에우릭 칙법(Codex Euricianus), AD 500년의 테오데릭 고시(Edictum Theoderici), 부르군드의 로마인법전(Lex Romana Burgundionum)이 있다. 이들 로마인을 위한 법전의 내용은 모두 비속(卑俗)로마법이다. 이러한 비속로마법전은 6세기에서 11세기까지 서로마지역의 중요한 법원으로서, 11세기에 법적용원칙이 속인법주의에서 속지법주의로 완전히 전환될 때까지 중요한 로마인을 위한 법전이었다.[336] 에우릭 칙법에서는 로마인과 서고트인간의 혼인

335) A. a. O., S. 142.
336) Stein, a. a. O., S. 60.

을 금지하였으며, 테오데릭 고시는 테오도시우스의 칙법을 모범으로 하여 제정되었다.[337]

제 5 절 로마민법학의 재흥(再興): 로마법대전의 입법

Ⅰ. 시대상황

동로마제국의 유스티니아누스 대제는 527년에 황제로 등극하여, 잃었던 옛 영토를 상당히 회복하고, 토목과 건축사업을 대대적으로 벌렸으며, 콘스탄티노폴에 솔로몬의 대성전을 능가하는 건축을 하고자 소피아 대성당을 건축하였으며, 입법사업을 실행하여 법사에 길이 남을 로마법대전을 위시한 여러 법전을 편찬하였다. 유스티니아누스 대제는 오늘날 세르비아의 Nis인 Naissus 출신으로서[338] Napoleon처럼 잠을 거의 자지 않은 지극히 적극적인 활동가로 알려져 있다.[339] 그는 위대한 지배자였으며, 높은 목표지향적인 황제였다.[340] 그는 찬란했던 고전기의 대로마제국(Imperium Romanum)의 재건을 꿈꾸었다.[341] 그러므로 그는 매우 복고적이었다. 이와 같은 옛 원수정기의 로마제국의 재건을 위한 노력은 유스티니아누스 대제 이전에 이미 Theodosius Ⅱ세(AD 408-450)에 의하여 시도되었으나, 뜻을 이루지 못하였다.[342]

유스티니아누스 대제는 국가의 가장 견고한 보장은 무력과 법력에 있다고 믿었다.[343] 이는 로마인들이 "무기와 법"이란 표현을 명예스럽게 사용한 데서도 잘 나타나고 있다. 이처럼 로마인들은 군사력으로 이민족을 정복하지만, 이민

337) A. a. O., S. 59.

338) Konstantinus 대제도 역시 이곳에서 출생하였다(Vgl., Stein, a. a. O., S. 61).

339) Stein, a. a. O., S. 61.

340) Kunkel, a. a. O., S. 146.

341) A. a. O., S. 146. 유스티니아누스 대제가 법학제요, 학설휘찬, 칙법휘찬을 발포하였을 때에 이태리는 그의 지배영역이 아니었다. 유스티니아누스 대제가 그의 군대를 보내어 이태리에 있던 동고트족(Ostgoten)을 정복하고서야 비로소 유스티니아누스 대제의 법이 이태리에서 그 효력을 갖게 되었다. 그러나 유스티니아누스 대제가 사망한 후 568년부터 동로마제국은 다시 이태리의 대부분을 잃게 되었다(Siehe, Ulrich Eisenhardt, Deutsche Rechtsgeschichte, 2, Aufl.(Beck, 1995), Rn 117).

342) Eisenhardt, a. a. O., Rn 113.

343) 최종고, 법사상사(박영사, 1983), 34면.

족에 대한 지배의 계속과 질서의 유지는 법으로 하고자 하였다.

그리고 로마는 BC 450년에 12표법을 제정하고 그 후 1,000년 동안 포괄적인 법전을 편찬하지 아니하였다.[344] 개별적이고 구체적인 법전을 편찬을 하였지만, 포괄적인 법전은 12표법을 제정하고서는 제정하지 아니하였다.[345]

그리고 유스티니아누스 대제 이전에 동로마제국의 Berytos 법학교와 Konstantinopel 법학교에서 법학이 연구되고 가르쳐짐으로써 고전기 법학자들의 법률문헌들이 수집되고, 정리되어 유스티니아누스 대제가 입법사업에 필요한 법소재를 확보하고 있었다. 또한 전주정 시대에 고전기 법학자들의 저작에서 발췌한 요약서들이 만들어져서, 방대한 고전기 법학문헌이 상당히 정리되어 있었던 상태였다. 그리고 인용법에 의하여 고전기 법학자들의 학설 중 실용성이 있고 가치있는 법학자들의 학설이 정리되어 왔다.

이러한 시대상황은 유스티니아누스 대제가 방대한 입법사업을 펼칠 수 있는 정치적, 사회적, 사상적, 법적 토대가 되었다.

Ⅱ. 유스티니아누스 대제(大帝)의 입법사업의 동기

유스티니아누스 대제가 입법사업을 하게 된 동기는 여러 가지가 있지만, 그 중에서도, 첫째로는 전주정기의 로마법이 혼란하여 이를 정비할 필요가 있었던 것이었다. 전주정기 동안에 291년에는 사찬의 그레고리우스 칙법집, 365년에는 역시 사찬의 헤르모게니아누스 칙법집, 426년에 칙법인 인용법을 제정하고, 439년에는 공찬인 테오도시우스 칙법을 편찬하였다. 그런데 이러한 칙법들은 당시의 사회상황에 맞지 않아, 정비할 필요가 있었다. 또한 이러한 칙법들이 서로 모순적인 내용도 담고 있어서 실무상 사용할 수도 없었다.[346]

그리고 Theodosius Ⅱ세는 고전기의 로마법원을 총망라하는 거대한 법전을 편찬하고자 시도하였으나 칙법편찬에 그쳤다.[347] 또한 고전기의 법학자들의 학설을 모은 요약서도 그 내용이 서로 충돌되는 경우가 많아 이것의 정비가 필요

344) 최종고, 법학사(경세원, 1986), 63면.

345) 로마제국에서 포괄적인 법전화가 진전되지 못하였던 것은, 법실무에 있어서 법학자들의 법창조적 활동이 왕성하였을 뿐만 아니라, 법학자들의 학설에 법적 효력이 부여되었으며, 법학자들의 학설에 의하여 법실무가 운영되었기 때문인 것으로 추론된다.

346) 황적인, 전게 로마법.서양법제사, 44-45면.

347) 현승종 저, 조규창 증보, 전게 로마법, 177면.

하였다.

그리고 둘째로는 서로마지역의 게르만인들의 법전편찬이었다. 당시는 법적용 원칙이 속인법주의였기 때문에 서로마 지역의 게르만의 만족국가에서 그곳의 로마인들에게 적용될 로마인 법전을 편찬하였다. 그런데 그 로마인법전은 전통적인 로마법이 게르만화된 비속로마법으로 이루어져 있었다. 그럼으로써 유스티니아누스는 게르만인이 편찬한 로마인법보다 더 우수한 로마법을 만들기 위해 법전을 편찬하였던 것이었다.[348] 그 방법으로 유스티니아누스 대제는 고전기의 왕성하였던 로마의 학설법을 입법함으로써 로마법의 전통을 지켜나가고자 하였다. 따라서 유스티니아누스 대제의 입법사업의 기본목표는 고전기의 고전로마법으로의 복귀이었다.[349] 그러므로 유스티니아누스 대제의 입법사업은 복고적인 특징을 띠게 되었다. 다른 한편으로 보면, 이러한 복고적인 입법은 고전기 로마법을 재건하여 고전기와 유스티니아누스 대제의 비잔틴시대의 역사적 계속성을 강조하려는 의도도 있었다고 평가된다.[350]

셋째로는 유스티니아누스 대제의 대로마제국을 부활시키고자 하는 대망이었다. 유스티니아누스 대제는 게르만족에게 빼앗겼던 구영토를 회복하여 로마의 영광을 재현하고, 찬란했던 로마문명을 보존하고, 왕성하였던 고전기의 로마법을 보존하여 유지하고자 하였던 것이었다. 그러므로 유스티니아누스 대제의 입법사업의 시작은 유스티니아누스 대제의 개인적인 인격(즉, 야망)도 크게 작용하였다.[351] 또한 유스티니아누스 대제는 성경에 버금가는 법전을 만들고자 하는 야심을 가졌을 것으로 추측해 볼 수도 있다.

넷째로는 Berytos 법학교와 Konstantinopel 법학교에서 고전기의 법학자료를 갖고 있었을 뿐만 아니라, 교육과 연구를 위해 법학자료를 정리해 두었기 때문에 입법을 위한 자료가 충분히 확보되어 있었다.[352]

Ⅲ. 입법사업의 전개

유스티나아누스 대제는 즉위하자 곧바로 입법사업을 착수하였다. 유스티니

348) 상게서, 177면.
349) 상게서, 45면.
350) 상게서, 190면.
351) Kunkel, a. a. O., S. 146.
352) Eisenhardt, a. a. O., Rn. 113.

아누스 대제의 입법과정은 먼저 칙법을 제정, 발포하여 입법할 구체적인 법률을 결정하고, 다음으로 법전을 편찬할 사람, 즉 편찬위원을 선정하고, 그 편찬위원회의 입법지침을 확정하고, 그 다음에 편찬위원회가 법전을 편찬한 다음에, 다시 칙법으로 편찬이 완성된 입법을 공포하는 순서로 진행되었다.[353] 구체적으로 학설취찬의 편찬과정을 살펴보면, 먼저 학설휘찬을 편찬하기 위하여 Justinianus 대제가 칙법(Constitutio Deo Auctore)을 발포하고, Tribonianus를 편찬책임자로 임명하여 편찬위원회를 구성한 다음에, 그 편찬위원(Kompilatoren)들이 법학자들, 주로 고전기의 법학자들의 저작으로부터 학설을 발췌하여 편찬을 완료한 다음에, 다시 칙법(Constitutio Tanta)를 제정, 발포하는 학설휘찬의 제정과정을 취하였다. 법학제요는 칙법(Constitutio Imperatorium)에 의하여 발포되었다. 이러한 칙법의 발포로 해당 법전의 제정시기를 알 수가 있고, 법전편찬위원회의 편찬절차, 편찬방법, 방대한 카주이스틱한 법률문헌으로 부터의 선별, 수정 등을 알 수가 있다. 물론 아주 믿을 만하지는 않다.[354]

이러한 입법과정, 즉 칙법을 발포하여 입법사업을 시작하는 방식은, 교회에서 교황이 칙령(decreta: Dekretalien)을 발포하여 일련의 중대한 일을 진행하는 방식을 좇은 것이었다.[355]

유스티니아누스 대제의 첫 입법은 529년의 구칙법휘찬(Codex vetus)이었다. 구칙법휘찬은 528년에 당시의 법제장관이었던 Tribonianus를 위원장으로 하고, Berytos 법학교와 Konstantinopel 법학교의 교수가 참여하여 편찬하였다. 이 구칙법휘찬은 Gregorianus, Hermogenianus, Theodosius 칙법집과 그 후에 제정된 모든 칙법을 총정리하여, 중복, 모순된 규정을 삭제하고, 통합하여 실효성을 상실한 칙법의 규정을 폐지하고 중요한 법문만으로 편찬하였다.[356] 이 구칙법휘찬은 534년에 칙법휘찬을 편찬하여 시행함으로써 그 효력이 상실되었다. 그리고 유스티니아누스의 칙법도, 학설휘찬에서 전시대의 법학자들의 학설을 인용하여 편찬하였듯이, 전시대의 칙법을 인용하는 방식으로 편찬하였다.

530년에는 50의 결정(Quinquaginta Decisiones)의 칙법을 제정하였다. 이 50의 결정은 유스티니아누스 대제가 중요한 학설법에 관한 다툼을 통일하고, 부적당한 것은 폐지 또는 수정하기 위하여 발포한 50개의 칙법을 모아 편찬한 것이었

353) A. a. O., S. 147.
354) A. a. O., S. 147.
355) A. a. O., S. 147.
356) Eisenhardt, a. a. O., Rn. 114; 현승종 저, 조규창 증보, 전게 로마법, 178면.

다. 이 50의 결정의 원본은 전해지지 않고 있으나, 534년의 칙법휘찬에 그 내용의 상당부분이 수록되어 전해지고 있다.[357]

유스티니아누스 대제의 입법사업 중 가장 중요한 입법은 533년의 학설휘찬(Digesta)이었다. 이 학설휘찬은 전시대, 특히 고전기의 법학자들의 저작에서 주장(즉, 학설)을 발췌하여 편찬한 방대한 양의 법전이다. 이 학설휘찬을 통해서 고전기의 법학자들의 저작과 학설을 알 수 있으며, 이 학설휘찬의 내용이 대륙민법의 소재가 되어, 계속적으로 연구되어 오늘날에도 대륙민법에 영향을 주고 있다. 사실 대륙민법은 이 학설휘찬을 바탕으로 하여 전개되고 있으며, 대륙민법은 학설휘찬의 계속이라 하여도 상관이 없을 정도이다. 그리하여 괴테(Johann Wolfgang von Goethe: 1749-1832)는 학설휘찬을 오리(Ente)와 같다고 하였다.[358] 이 학설휘찬은 50권으로 구성되어 있으며, 고전기 법학자들이 주로 사법과 민사소송법에 관한 학설을 주장하였기 때문에 학설휘찬의 내용도 역시 사법과 민사소송법으로 구성되어 있다. 형법도 물론 약간 다루고 있다. 학설휘찬의 자세한 내용과 법학사적 의의에 관하여는 별항에서 자세히 살펴보기로 한다.

그리고 유스티니아누스 대제는 533년에 법학제요(Institutiones)를 편찬, 공포하였다. 법학제요는 초학자와 관리들을 위한 법입문서이었지만, 당시에는 현행법으로서의 효력(533년 12월 30일 효력발생)이 인정되었다. 법학제요는 가이우스의 법학제요의 편별방식을 따라서 인법, 물법, 소송법으로 구성되어 있으며, 4권으로 이루어져 있다. 법학제요도 역시 Tribonianus가 책임자가 되고, Theophilus와 Dorotheus가 위원이 되어 편찬되었다.[359] 유스티니아누스의 법학제요는 Gaius의 법학제요와 고전기 이후의 요약서들을 기초로 하여 편찬되었다.[360] Theophilus는 법학제요를 그리스어로 Paraphrase(석의(釋義), 의해(義解))란 이름으로 다시 편찬하였다.[361]

유스티니아누스 대제는 학설휘찬과 법학제요를 편찬, 공포한 다음 해인 534년에 하드리아누스제 때로부터 534년까지의 칙법을 모아 수록한 칙법휘찬(Codex Repetitae Praelectonis)을 편찬, 공포하였다. 12권으로 구성되어 있으며, 제1권은 교회에 관한 법, 제2권에서 제8권까지는 사법과 민사소송법, 제9권은 형법과 형

357) 황적인, 전게 로마법.서양법제사, 46면.
358) Stein, a. a. O., S. 189.
359) A. a. O., S. 149.
360) Eisenhardt, a. a. O., Rn. 115.
361) Stein, a. a. O., S. 66.

사소송법, 그리고 제10권에서 제12권까지는 행정법으로 구성되어 있었다. 그리고 재정법에 관하여서도 규율하고 있다. 이 칙법휘찬에서는 유스티니아누스 대제 이전의 칙법과 유스티니아누스 대제 자신의 칙법을 시대에 맞게 개정을 하였다.[362] 이 칙법휘찬의 제정, 시행(534년 12월 29일 시행)으로 구칙법은 폐지되었다.

그리고 칙법휘찬의 편찬, 제정 후 유스티니아누스 대제는 많은 후속 칙법들을 발포하였다. 이 후속칙법들을 신칙법(Novellen: Novellae leges)이라고 한다. 그러나 로마법대전의 한 내용으로서의 신칙법은 유스티니아누스 대제가 발포한 칙법들을 모아 사찬의 칙법집을 편찬하였는데, 이것이 바로 신칙법(Novellae)이다. 이 신칙법은 유스티니아누스 대제가 사망한 후에 개인이 편찬한 것이다. 그리고 이 칙법휘찬의 제정후에 유스티니아누스 대제가 발포한 칙법들은 주로 가족법과 상속법에 관한 칙법들이었다.[363]

신칙법은 일반적으로 535년부터 565년까지의 유스티니아누스 대제의 158개의 칙법을 모아 개인이 편찬한 칙법집으로 설명되고 있으나,[364] 실제로는 신칙법에도 4종류가 있었다. 그 첫째는 Justinianus 대제의 생존시에 Konstantinopel 법학교의 교수였던 Julianus가 535년에서 555년까지의 124개의 유스티니아누스 대제의 칙법들을 모아 편찬한 칙법모음집(Epitome Juliani)이다. 이 신칙법은 라틴어로 쓰여져 있었다. 둘째는 1100년경에 Bologna 법학교에서 사용된 134개의 신칙법들이다. 이 신칙법들은 신칙법의 원문(Originaltexte)을 전해주어 이를 신칙법진본(Authenticum)이라 한다. 셋째는 유스티니아누스의 칙법만이 아니라, Justinus Ⅱ세, Tiberius Ⅱ세의 칙법도 포함되어 있고, 칙법이 아닌 친위대장(Praefecti praetorio)의 명령도 포함되어 있으며, 그리스어로 편찬된 신칙법이 있다. 그리고 넷째는 유스티니아누스 대제의 13개의 칙법을 모은 그리스어 신칙법(Edicta Justiniani)이 있다.[365]

이러한 유스티니아누스 대제의 입법 중에서 학설휘찬, 법학제요, 칙법휘찬, 신칙법을 모아 1583년에 프랑스의 복고주의 로마법학자였던 Dionysius Gothofredus가 로마법대전(Corpus Iuris Civilis)이라는 이름으로 발간하였다. 로마법대전이라 이름을 붙인 것은 1582년에 출판된 교회법대전[366](Corpus Iuris Canonici)에 대항

362) Eisenhardt, a. a. O., Rn. 115.
363) Kunkel, a. a. O., S. 156.
364) A. a. O., S. 150: 황적인, 전게 로마법.서양법제사, 49면.
365) Kunkel, a. a. O., SS. 156-157.

하기 위해서였다. 그리하여 유스티니아누스 대제의 입법을 통칭하여 일응 유스티니아누스 대제의 로마법대전이라고도 한다.

이와 같은 유스티니아누스 대제의 입법사업, 특히 학설휘찬의 편찬에 의해 로마가 법을 통하여 세계를 지배할 수 있게 되었다. 또한 유스티니아누스 대제의 입법사업이 이루어졌기 때문에 비로소 로마법이 오늘날까지 전해질 수 있었다.

Ⅳ. 학설휘찬(Digesta; Pandektae)

1. 학설휘찬 편찬의 역사적 기초

유스티니아누스 대제의 입법중 가장 중요한 법전이 바로 학설휘찬이다. 이 학설휘찬이 편찬되었기 때문에, 오늘날의 대륙민법이 로마법에 기초를 두고 형성될 수 있었으며, 이 학설휘찬이 편찬되어 전해지지 않았더라면 로마 고전기의 융성했던 법학자들의 학설을 알 수 없게 되었을 것이다. 고전기에 쓰여진 가이우스의 법학제요는 1816년에야 비로소 발견되었다. 그러므로 학설휘찬의 민법사적 중요성은 아무리 강조해도 부족하다.

이 학설휘찬은 유스티니아누스 대제 이전, 특히 고전기의 법학자들의 저작에서 주장된 법학자들의 의견, 즉 학설을 카주이스틱하게 모아 편찬한 법전이다. 법학자들의 학설을 발췌하여 인용하는 방법으로 편찬하면서, 그 학설의 전거를 밝혀주었기 때문에, 학실휘찬을 통하여 소급해서 고전기의 로마법과 그 시대상을 파악할 수가 있다.

2. 학설휘찬 편찬의 방법과 과정

유스티니아누스 대제에 의한 학설휘찬의 입법사업은 칙법집을 편찬하는 일

366) 교회법대전은 14세기 내지 15세기에 4권의 공찬 교령집만으로 종합편찬한 교령집을 말하였다. 그러나 그 후에 사찬의 2권의 교령추록집을 합하여, 1582년에 교황 Gregorius 13세의 교황령에 의하여 편찬된 공적인 교회법전을 공식적으로 교회법대전이라 하였다. 교회법대전은 공찬의 Gratianus 교령집(Decretum Gratiani), 1234년 교황 Gregorius 9세가 교황의 칙령들을 모아 편찬한 Gregorius 9세 교령집(Liber Extra), 1298년 교황 Bonifatius 8세의 교황령집인 제6서(Liber Sextus), 1314년에 편찬하기 시작하여 1317년에 발포한 Clemence 5세 교령집(Clementiae)과 사찬의 Joannes 22세의 교령추록 및 Bonifatius 8세 교황으로부터 Sixtus 4세 교황까지이 교령을 집성한 모통교령추록을 모아 편찬한 추록집(Extravagantes)으로 구성되어 있으며, 이들 6개의 교황령집을 합하여 편찬되었다. 이 교회법대전은 1917년에 Benedictus 15세 교황에 의하여 발포된 현행의 교회법전(Codex Iuris Canonici)이 1918년에 시행되기까지 그 효력이 지속되었다.

로부터 시작이 되었다. 유스티니아누스 대제는 학설휘찬의 편찬을 위하여 530년에 칙법으로 당시의 법제장관이었던 Tribonianus를 위원장으로 하고, Berytos 법학교와 Konstantinopel 법학교의 법학교수 각 2인 및 11인의 변호사의 총 17인으로 구성된 편찬위원회가 구성되었다. Berytos 법학교의 교수로는 Dorotheus와 Anatolius가 편찬위원으로 참여하였으며, Konstantinopel 법학교의 교수로는 Theophilus와 Cratinus가 참여하였다. 편집위원 중에서도 Tribonianus, 법제국장(magister officiorum)이었던 Constantinus, 그리고 4인의 법학교수의 6인이 가장 중요한 일을 담당하였다.[367]

이들 편찬위원들은 불과 3년의 편착작업 끝에 그 방대한 양의 법학자들의 학설을 발췌하여 학설휘찬을 편찬하여 533년 12월 30일 법학제요와 함께 시행이 되었다. 이렇게 짧은 기간에 방대한 양의 학설을 발췌하여 법전을 편찬할 수 있었던 것은, 1818년 독일의 법사학자 Friedrich Bluhme의 연구에 의하여, 학설휘찬 편집위원들은 3개의 소위원회로 나누어 학설을 발췌하여 그것을 취합하여 학설휘찬을 편찬하였을 것이라는 주장을 하였는데, 그 주장이 사실이라는 것이 밝혀졌다. 학설휘찬의 매장(每章)에는, 반드시 그러한 것은 아니지만, 법학자의 이름별로 동일한 법학자의 학설들을 이어가는 방법으로 편찬되어 있다. 이는 3그룹이 발췌한 자료를 뒤섞지 아니하고 나란히 배열하는 방법으로 학설휘찬을 편찬한 것이었다. 동일한 법학자들의 일련의 학설사이에 다른 법학자의 학설이 놓여있는 것은 3그룹이 발췌한 학설을 편집하는 과정에 새롭게 발견되었거나, 그 후에 발췌된 것일 것으로 판단되고 있다.[368]

세 개의 소그룹의 제1그룹은 고전후기의 로마시민법에 대한 주석서로부터 학설을 발췌하였다. 즉, Ulpianus와 Paulus의 시민법주해(libri ad Sabinum)로부터 발췌를 하였다. 이 첫 그룹이 가장 핵심을 이루었다.[369] 제2그룹은 고시자료(Ediktmasse)로부터 발췌를 한 그룹으로서, 고전기의 고시주해의 학설을 발췌하였다. 그리고 제3그룹은 Papinianus, Paulus, Ulpianus의 법률문제에 관한 해답집(responsa)과 법률논쟁에 관한 질의회답집(quaestiones)으로부터 학설을 발췌를 하였다. 이때에 발췌한 학설 중 Papinianus의 학설을 제일 앞에 두었다.[370] 이렇게 3그룹이 발췌한 법학자들의 학설을 뒤섞지 아니하고 나란히 배열하는

367) Kunkel, a. a. O., S. 152.
368) A. a. O., S. 152.
369) A. a. O., S. 151.
370) A. a. O., S. 151.

방법으로 학설휘찬을 편찬하였기 때문에 3년의 짧은 기간 동안에 방대한 학설휘찬을 편찬할 수 있었다.

학설휘찬의 편찬방법에 관하여 3개의 소그룹으로 나누어 편찬하였다는 Bluhme의 추론은 근자에 컴퓨터(computer)에 의하여 학설휘찬의 구성을 분석한 결과 사실이라는 것이 밝혀졌다.[371] 이와 같이 학설휘찬은 인적으로 분류, 편찬되었으며, 물적으로 분류, 편찬되어 있지 아니하다.[372] 그리하여 학설휘찬은 법문을 논리적으로 편성한 것이 아니라, 관련 발췌문을 시민법, 법무관법, 질의해답법의 순서로 기계적으로 배열을 한 것이었다.[373]

17인의 편찬위원들 중, 중요한 6인, 즉 Tribonianus, Constantinus, Theophilus, Cratinus, Dorotheus, Anatolius가 각각 2인씩 3개의 소위원회의 책임을 맡고, 나머지 11인의 변호사 편집위원은 필요에 따라서 이 위원회와 저 위원회에 소속되어 학설을 발췌하는 일을 담당하였을 것으로 판단되고 있다.[374]

일부의 견해는 유스티니아누스에 의한 학설휘찬의 편찬 전에 동로마제국에서 하나 또는 여러 개의 전단계의 학설휘찬(Prädigesta)이 있었을 것이라는 주장이 있으나, 입증할 수는 없다.[375] 그러한 학설휘찬의 전단계의 학설휘찬들이 만들어졌기 때문에, 학설휘찬의 입법위원회가 이미 정리된 법학자들의 학설을 가지런히 배열하였을 것이라고 추측하고 있다.

그리고 유스티니아누스 대제의 학설휘찬의 편찬 전에 이미 법학자들의 학설을 발췌하여 이를 모아 엮은 학설휘찬이란 명칭의 저작들이 있었다. 그러므로 법학자들의 학설을 발췌하여 법전을 편찬하는 방법으로 법전을 편찬하는 방법의 가능성은 유스티니아누스 대제 이전에 이미 인정되고 있었던 상태이었다.

학설휘찬 50권의 내용구성은, 제1권에서는 법과 법원, 인법 및 민사재판관할에 관하여 다루고 있으며, 마지막 몇 권에서는 상소법, 국고법, 행정법 규정, 단어설명 및 일반 법원리에 관하여 다루고 있다.

3. 학설휘찬의 구성과 법학자들의 학설의 수정(interpolatio)

학설휘찬은 수많은 자료를 모자이크식으로 편별한 카주이스틱한 입법이었

371) Stein, a. a. O., S. 64.
372) A. a. O., S. 64.
373) 현승종 저, 조규창 증보, 전게 로마법, 183면.
374) Kunkel, a. a. O., S. 152.
375) A. a. O., S. 152.

다. 그 양은 50권이며, 모두 9,142개의 법문으로써 성서의 1.5배정도이다. 학설휘찬을 편찬하기 위한 자료는 법학자들의 저작이 200이 넘고, 2,000권(libri)이상이며, 3백만행이 넘는 양이었다.[376] 이 양은 학설휘찬에서 인용발췌된 양의 20배 정도는 되었을 것으로 추론되고 있다.

학설이 인용, 발췌된 법학자는 모두 40인으로서 고전기의 법학자가 35인으로 가장 많고, 공화정기의 법학자가 3인 그리고 전주정기의 법학자는 2인 뿐이다. 그 중에서도 고전기의 5인의 법학자의 학설이 대부분을 차지하고 있다. 이 5인의 법학자는 426년의 인용법에서 인용할 수 있는 학설을 주장한 법학자들이다. Ulpianus의 학설이 전체의 1/3을 차지하며, Paulus의 학설이 1/6, Papinianus의 학설이 1/18이다. 그리고 Modestinus의 학설과 Gaius의 학설을 모두 합치면 학설휘찬의 2/3는 인용법의 5학자의 학설로 구성되어 있다. 그리고 발췌된 원저작을 표시함으로써 인용발췌한 출처를 모두 밝히고 있다.

학설취찬을 편찬함에 있어서, 편찬위원들은 그 전시대의 법학자들의 저작으로부터 학설을 발췌하면서, 원문 그대로만 발췌한 것이 아니라, 6세기의 비잔틴제국의 실정에 맞게 원문의 내용을 수정(Veränderung)하기도 하고, 삭제하기도 하고, 모순을 제거하기도 하고, 추가하기도 하고(Einschaltung), 반복을 피하고 축약(Verkürzung)하기도 하였다. 이러한 원문의 변경을 트리보니아누스의 수정(emblemata Triboniani; interpolatio)라 한다. 그런데 학설휘찬을 편찬을 할 때에는 주로 축약을 하고, 원법문의 수정은 이미 그 시대에 이루어져 있었던 것이었다. 이와 같은 고전기 법학자들의 학설의 수정은 유스티니아누스 대제이전에도 이미 이루어지고 있었다.[377]

이러한 학설휘찬에서 수정이 이루어지고, 그러한 수정에 관한 연구에 의하여 유스티니아누스 대제 이전, 특히 고전기의 로마법과 당시의 시대상을 알 수 있게 되었다. 학설휘찬은 11세기 후반에 그 사본이 발견되어 주석학파(Glossatoren)에 의하여 연구되기 시작하고, 주해학파(Kommentatoren)에 의하여 더욱 발전되었다. 16세기 프랑스에서의 복고학파는 이러한 학설휘찬의 수정을 연구하여 고전기 로마법의 본래의 모습을 이해하고자 하였다. 그 후 독일의 역사법학파에서도 역시 수정연구를 통하여 고전기 본래의 로마법의 내용을 탐구하고자 하였다.

이와 같은 학설휘찬은 533년 12월 30일 효력을 발생하였다. 유스티니아누스

376) A. a. O., S. 152.
377) Eisenhardt, a. a. Rn. 116.

대제는 칙법으로 학설휘찬을 반포하면서, 자기의 이름으로 발포된 학설휘찬을 방어하기 위하여, 칙법(Constitutio Tanta)에서 학설휘찬의 해석, 학설휘찬에서 인용발췌한 원전의 인용을 금지하고, 주석을 다는 것도 금지하였다. 다만 법문에 충실한 자구번역, 법문내용의 요약, 및 유사구절의 종합과 대비는 허용하였다. 그리고 법학교육과 법학연구의 대상으로 할 것을 규정하였다. 그리하여 학설휘찬의 시행으로 고전기 법학자들의 원저작들과 전주정기의 요약서들이 동로마제국에서는 법학교육 및 법실무에서 사라지게 되었다.[378]

4. 학설휘찬에 대한 연구와 발전

입법자들은 일반적으로 자기의 법전이 모순이나 불명료한 점이 없다는 믿음에 사로잡히는 것이 일반적이다. 유스티니아누스 대제와 학설휘찬의 편집자들보다 더 자기들이 편찬한 학설휘찬의 완전성에 속아 있었던 사람도 없었다.[379] 그러나 학설휘찬이 완전하고 완벽한 법전은 못되었다. 학설휘찬의 카주이스틱한 성격, 발췌의 대상이 된 엄청난 양의 자료, 그리고 빨리 법전을 완성하고자 한 졸속 등으로 수많은 흠결과 모순을 배제할 수 없었다.[380] 그러나 학설휘찬은 이러한 흠결 때문에 그 후에 계속해서 연구되고 보충되어 법문화에 있어서 시대를 초월한 가치로 발전하게 되었다.

이와 같이 유스티니아누스 대제는 학설휘찬을 모순없는 완벽한 법전으로 생각하였으니, 학실위찬 내에서 이미 서로 모순이 있었다. 그리하여 유스티니아누스 대제 생존시에 이미 주석이 이루어졌다.

학설휘찬이 편찬된 후에 6-7세기에 필사본이 만들어졌다. 그러나 필사본은 작성자의 부주의로 오류가 많고, 작성자 자신의 수석이 간혹 포함되어 있었다. 11세기 말이래 Bologna 법학교의 교재로 사용된 학설휘찬은 원본이 아니라 학설휘찬 보급판(Digesta Vulgata)이었다.

그리고 유스티니아누스 대제 이후에 동로마제국에서의 에크로가 법전, 바실리카법전 등이 편찬되었다. 그러나 그 법전들은 모두 유스티니아누스의 법전, 그 중에서도 학설휘찬을 요약한 법전들이었다. 1345년에는 6권(Hexabiblos)이 학설휘찬을 기초로 하여 편찬되었다.

---

378) Kunkel, a. a. O., S. 149; Eisenhardt, a. a. O., Rn. 114.
379) Kunkel, a. a. O., S. 150.
380) A. a. O., S. 150.

학설휘찬은 로마법문화의 정수이며 로마법사상과 법제도 및 법원리가 응결된 핵심부분이며, 그 후 서구대륙의 법문화는 학설휘찬을 기초로 하여 발전하였다. 그리고 11세기의 Bologna법학교를 비롯하여 모든 중세의 대학에서 학설휘찬이 쓰여진 이성(ratio scripta)으로서 학문적으로는 물론 실무상으로 광범위하게 이용되었다.

제6절 로마법과 로마민법학에 대한 법정책적 평가

Ⅰ. 로마법의 성격

로마가 법으로 세계를 지배할 수 있었던 것은 로마법이 일찍부터 발달한 이유도 있지만, 그것보다는 로마법의 내용이 시대를 초월해서 인류가 추구해야할 보편적인 가치와 이상을 담고 있었기 때문이다. 일반적으로 로마법을 쓰여진 이성이라 한다. 그러한 쓰여진 이성으로 인식되고 받아들이는 근거는 어디에 있을까?

로마법의 지도원리를 일반적으로 전통의 중시, 윤리, 도덕적 제재, 자유주의, 인도주의, 신의, 포용, 사회적 책무의 강조 등이라 한다. 이를 요약하면, 로마법은 전통을 중시하여 과거와의 단절이 아니라 과거와의 관계 속에서 역사의 계속성을 이어왔으며, 개인에게 자유로운 활동을 보장하고, 공공의 복리도 함께 추구하여 개인의 공공에 대한 책임을 다하도록 하였으며, 장래의 발전방향을 인도주의, 신의, 포용 등의 이상주의를 추구하여 인류가 가야할 보편적인 가치를 실현해 나가고자 하였다. 그러므로 로마법, 그 중에서도 로마사법, 로마민법은 개인의 자유와 이익을 보장하고 보호하면서, 역사의 계속성을 유지하고, 인류보편의 이상을 향해 발전되어 왔기 때문에, 시간을 초월한 법문화의 가치로 남게 되었던 것으로 평가된다.

로마법은 무엇보다도 개인주의적이고 자유주의적인 성격을 띠었다. 로마인은 실제를 중시하고, 추상적, 관념적이지 못하였다. 로마법은 구체적 생활사실을 통하여 구체적으로 법적해답을 구하는 방법으로 연구되고 발전되었으며, 추상적, 일반적, 법원리, 법제도를 추구하지 않았다. 그리고 로마인은 자유를 최고의 가치로 추구하였으며, 개인이 사회생활의 기본단위이었다. 그리하여 로마법은 자유주의적이고, 개인주의적인 법률로 구성되어 있었다. 그로 인하여 로마법은 각자가 자기의 이름으로 사회생활을 하여 손실의 위험을 스스로 부담하는 거래법이 발달할 수 있었다.[381)]

그리고 로마법은 인도주의에 입각해 있었다. 로마법은 인도주의에 입각하여 이민족에게 적용되는 만민법을 자연법으로 발전시켰으며, 그리스의 스토아철학과 기독교의 영향으로 로마법은 관용과 포용의 인도주의적인 법으로 발전되었다. 구체적으로 로마법은 노예해방, 사회적 약자의 보호 등의 가치를 담은 이상주의를 추구하였다. 그리하여 인도주의는 로마사회의 사상적 지주를 이루어, 특히 고전기 로마법 발전의 이념적 기초가 되었다.[382)] 그로 인하여 인도주의가 서구법의 보편적인 가치로 승화될 수 있게 되었다.

그리고 로마법은 신의를 존중하였다. 로마인들은 신의(fides), 중후함(gravitas), 불변성(constantia)을 인간의 중요한 덕목으로 인식하였으며, 개인의 신의상실은 인격의 파탄으로 인식하였다. 이러한 신의의 존중에 의하여 로마법은 신의칙에 기초한 거래법(즉, 채권법)이 발달할 수 있었으며, 또한 만민법과 명예법이 발전할 수가 있었다. 특히 로마법에서는 물적담보제도는 거의 발달하지 못한 반면, 신의에 기초한 인적담보제도인 보증이 압도적으로 이용되고 발달하였다.[383)]

그리고 이러한 성격의 로마법은 불문법인 학설법으로 발전하고 그것을 성문화하는 과정을 거쳤다. 구체적으로는 고전기에는 불문법으로서의 학설법이 로마법을 발전시켰으며, 유스티니아누스 대제는 이러한 고전기의 불문의 학설법을 성문법으로 정리하였다. 서구의 사법, 그 중에서도 민법은 로마법에 바탕을 두고 있다. 영미법은 로마법의 정신과 카주이스틱한 방법론을 계수하여 발전되었으며, 대륙법은 로마법의 사상과 소재를 계수하여 발전되었다. 그러므로 인하여 영미법과 대륙법은 다같이 로마법의 정신을 이어받아 자유주의적이고, 개인주의적이고, 인도주의적인 인류보편의 가치를 향한 이상주의를 추구하지만, 영미법은 불문법으로 대륙법은 성문법으로 발전하였다.

로마법, 특히 로마민법은 민법이 발전해 나가야할 보편적이고 이상적인 발전방향을 제시해 주고 있는 역사적인 법이라 평가된다. 이러한 로마법의 성격

381) 현승종 저, 조규창 증보, 전게 로마법, 29면.
382) 상게서, 41면.
383) 상게서, 58면.

으로 인하여, 로마법은 로마제국이 멸망한 후에도 끊임없이 재생(Wiedergeburt)을 거듭하였다. 12세기에서 14세기에 걸치는 중세 후기에는 이태리에서의 주석학파, 주해학파에 의하여 재생되었으며, 16세기에는 프랑스에서 복고학파(Humanisten)에 의하여, 17세기에는 네덜란드에서, 그리고 19세기에는 독일에서 역사법학파에 의하여 재생이 되었다. 그리고 나서 끝내는 근대 대륙의 민법전, 그 중에서도 독일민법전에서 구체적인 법규정으로 재생하게 되었다. 특히 로마법은 유럽에 있어서 보통법(ius commune; gemeines Recht)으로 발전하였으며, 보통법은 다시 오늘날 유럽연합내의 사법의 통일화를 위한 작업의 모범으로 기능하고 있다.[384] 그러므로 로마법은 오늘날에도 여전히 그 가치를 발휘하고 있는 것이다. 우리나라도 역시 로마법에 바탕을 둔 우리의 민법전을 제정하였다.

이렇게 로마법이 서구 민법의 뿌리가 되어있지만, 이러한 로마법의 역사적 발전에 대해 비판적인 반대자가 없었던 것은 아니다. 그 반대자들의 견해는, 첫째로 로마법은 고대 노예제사회의 산물로서 게르만민족의 법과는 다른 법체계이며, 이는 그 후의 사회이념에 비추어 볼 때에 이질적이며, 둘째로 로마법은 절대주의의 지지판이며, 자유로운 정치제도의 적이라고 비판하였으며, 셋째로 로마법은 공동체의 이익보다는 개인의 이익을 앞세우는 개인주의적 자본주의의 요새(Bollwerk)라고 비판하였다.[385]

그러나 이러한 비판에도 불구하고 로마법은 인류의 위대한 문화유산 중의 하나이다.

Ⅱ. 로마법학에 대한 평가

로마법학이 태동한 공화정기에서 유스티니아누스 대제에 의한 입법사업까지의 로마법의 발전과 그 로마법의 발전의 원동력이 되었던 로마법학의 발전과정에서 법과 법학의 발전의 모습과 법정책적인 역사적 교훈을 많이 얻을 수 있다. 먼저 로마법은 불문의 관습으로 형성, 발전되어 온 관습법을 12표법이라는 성문법으로 정리되고, 그 12표법을 해석하는 방법으로 시민법을 발전시키고, 시민법의 엄격성과 형식주의를 법무관과 법학자들이 극복하면서 새로운 시대에 맞는 명예법과 학설법을 발전시켜 로마법과 로마법학의 융성을 이루고, 유

384) Stein, a. a. O., 표지문(表紙文).
385) A. a. O., S. 12.

스티니아누스 대제는 이를 모아 로마법대전, 그 중에서도 학설휘찬으로 엮어 후대에 남겼다.

이러한 로마법과 로마법학의 발전의 특징은, 비록 복고적인 성격이 나타나기도 하지만, 전통을 매우 강조하고 전통을 이어 감으로써 로마가 역사의 계속성을 잘 지켜 나왔음을 알 수 있다. 그리고 로마법과 로마법학은 실무중심의 법이고 법학이었으며, 카주이스틱한 입법과 카주이스틱한 법학의 방법으로 추상적, 일반적, 개념적인 형식논리에 치우친 법학이 아니라, 매우 실용적인 법과 법학을 유지하고 발전하여 왔음을 알 수 있다. 이는 법적 안정성보다는 구체적 타당성을 중시하여 로마법이 생활 속에서 살아있었음을 알 수 있다.

그리고 로마법과 로마법학은 법학자들의 법창조적 활동에 의하여 발전된 학설법이며, 학설법학을 발전시킨 점이다. 법학자들은 단순히 소송당사자의 개인의 이익을 지키고 보호하는 학설만을 형성, 발전시킨 것이 아니라, 공공의 복리도 충실히 지키는 로마법과 로마법학을 발전시켰다. 또한 로마에서는 법학이 단순히 강제적인 법규범의 체계로 이해되고 발전된 된 것이 아니라, 법을 선과 형평의 기술로 이해하고, 법학을 인간의 일은 물론 신의 일까지도 분별할 수 있는 학문으로 이해하고 발전시켜, 법학을 하나의 덕목으로 발전시킨 것이었다. 그리고 로마에서는 법학자들이 사회에서 존경을 받는 인물들로서, 로마제국의 정신적 지도계층을 이루었던 것이다. 이러한 지도계층인 로마법학자들은 개인의 이익을 유지하고 보호하는 사법, 즉 민법에 법학의 주된 관심을 가졌던 것이었다.

로마법과 로마법학은 기독교 사상의 영향을 많이 받은 것으로 평가된다. 로마법이 쓰여진 이성으로 발전할 수 있었던 것은 스토아 철학의 영향도 있었지만, 인류보편적 가치인 성서에서의 사랑과 박애정신의 이상주의를 로마법에서 법적으로 실현하고자 했던 것으로 판단된다. 로마법의 내용이 포용적이고, 이상주의적이며, 인류보편적인 가치를 담고 있었기 때문에 로마법이 세계를 지배하게 되었고, 시간을 초월한 법문화의 가치로 남게 되었다. 그러한 로마법의 형성과 발전에는 기독교의 성서의 가르침으로부터 영향을 크게 받은 것으로 평가된다. 특히 성서와 학설휘찬은 그 편별이나 내용에 있어서 유사성이 매우 많다. 그리하여 성서를 통하여 인류의 영혼의 구원을, 로마법을 통하여 인류의 세속의 삶의 평화를 이루고자 한 것이 신의 섭리가 아니었을까 평가해 볼 수 있다.

이러한 쓰여진 이성으로서의 로마법이 발전할 수 있었던 것은, 무엇보다도 로마의 역사는 밑으로부터의 시민들의 동의에 기초하여 시작되었다는 점을 간과할 수 없다. 법은 위로부터의 지배에 의하여 국가의 통치가 이루어졌을 때에 발전하는 것이 아니라, 아래로부터의 동의에 기초하여 국가가 조직되고 통치가 이루어졌을 때에 발전한다는 역사적 진리를 로마법과 로마법학이 보여주고 있다. 로마는 국가권력이 황제에게 집중되어 전제국가로 발전해 갔을 때에는 로마법도 로마법학도 쇠퇴하였다.

그리고 로마법과 로마법학은 사법, 즉 민법을 중심으로 발전되었다. 로마는 물리력인 군사력으로 영토를 확장하여 대제국을 이루고, 이를 법으로써 유지하고 영속해 나가고자 하였다. 그 법도 규제위주의 공법이 아니라, 사법, 즉 민법으로 제국의 영속성을 이어가고자 하였다. 이와 같은 로마의 사법, 즉 민법에 의한 제국의 평화와 영속의 추구방법은, 개인의 자유와 이익을 충분히 보호하는 것이 시민으로부터 동의를 얻을 수 있고, 국가가 강력해 질 수 있었음을 보여주는 역사적 본보기라 판단된다. 법과 법학은 국민들을 억압하여 국민들의 마음을 국가로부터 이탈케 하는 데 두어서는 아니 되고, 국민의 자유와 이익을 보호해 줌으로서 국민들로부터 동의를 얻어내고, 국민들을 통합하는데 있다는 진리를 로마민법과 로마민법학이 잘 보여주고 있다.

제 3 장
중세의 로마민법학의 발전: 로마법대전 편찬 후의 민법학의 발전

제 1 절 개 설

유스티니아누스 대제의 로마부흥의 노력으로 구토(旧土)를 상당히 회복하고 로마법도 입법적으로 정리가 되었으나, 유스티니아누스 대제 이후는 로마제국도 역사의 법칙을 따라서 쇠퇴의 길을 걷게 되었다. 로마제국의 쇠퇴와 함께 로마법도 쇠퇴하게 되었다. 법은 국가권력이 강력하였을 때에 발전하고, 국가권력이 약화되면 쇠퇴하는 속성을 갖고 있다. 그것은 로마법의 역사를 통하여 알 수 있다.

따라서 로마법대전도 역사 속에 묻이게 되고 말았다. 서로마제국의 지역에서는 게르만의 관습법이 지배하게 되었으며, 로마법은 게르만 관습법과 융합하여 비속로마법으로 발전하여 갔다. 동로마제국에서는 라틴어가 일상의 언어로 계속되지 못하고 그리스어로 바뀌었다. 따라서 라틴어로 쓰여진 로미법이 동로마제국의 일상의 법이 될 수가 없게 되었다. 그리고 당시의 기독교의 지배로 인하여 학문직 관심은 신학에 쏠리고 법학의 연구는 학문의 관심에서 멀어져 갔다. 그리하여 로마법대전도 역사 속에 묻이고, 로마법학도 다시 부흥하지는 못하였다.

이와 같이 유스티니아누스 대제의 입법 후 근 500년 동안은 로마법이 역사 속에 묻여있었다. 그러나 십자군전쟁을 계기로 하여 로마법이 다시 재생할 수 있는 계기를 찾게 되었다. 로마제국의 쇠퇴와 함께 로마법도 쇠퇴하고, 그 유명한 로마법대전 그 중에서도 학설휘찬이 역사 속에 사라지고 없어졌지만, 십자군전쟁을 계기로 하여 북부 이태리의 여러 도시에 상업이 일어나게 되었다. 전쟁물자의 수송을 위한 중개지로서 북부이태리가 중요한 거점이 되었으며, 상업의 성행은 교역을 위한 법이 필요하게 되었다. 이러한 필요에 부응하여 로마법대전 중 학설휘찬의 사본이 발견되고, 또한 이를 연구하게 되었다.

이러한 변화와 함께 북부이태리의 도시에서 법학교가 설립되어 로마법을 학문적으로 연구하게 되었다. 그리하여 로마법은 학문적으로 그 깊이를 더하게 되었다. 또한 이 시대에는 기독교가 지배하던 시기이었기 때문에 당시의 성서의 연구방법이었던 스콜라철학이 로마법 연구에도 영향을 주게 되었다.

그리고 중세의 영주들은 자기들의 권력지배의 정당성을 찾고 그들의 권력을 유지할 수 있는 법적기초를 로마법에서 찾으려고 하였다. 그러므로 자연히 중세의 영주 및 귀족의 자제들이 로마법을 연구하게 되고, 또한 로마법의 연구를 위하여 이태리의 볼로냐 법학교로 몰려가게 되었다. 그리하여 로마법은 새로운 방법론에 힘입어 학문으로서 깊이 있게 연구되었다.

그러한 로마법의 학문적 연구가 바로 이태리에서의 주석학파(Glossatoren), 주해(註解)학파(Kommentatoren; Post-Glossatoren; Konsililatoren)로 이어졌으며, 이러한 로마법의 학문적 연구의 결과로 로마법이 대륙에 계수될 수가 있게 되었다. 그리고 계수된 로마법은 다시 학문적으로 연구가 되었다. 그것이 바로 프랑스에서의 복고학파(Humanisten)와 독일에서의 역사법학파(historische Schule der Rechtswissenschaft)에 의한 로마법의 연구이다. 이렇게 하여 로마법은 로마제국의 옛 영토였던 이태리를 넘어 유럽대륙으로 확산되게 되었다.

이렇게 로마제국은 쇠퇴하고 몰락하였지만, 로마법은 재생하여 역사 속에 다시 살아나게 되었다. 그것은 로마법을 학문적으로 연구하고, 그 연구결과가 법실무에 영향을 주어 학문과 실무가 어울려서 로마법은 근대 민법의 불가결의 기초가 되었다. 또한 로마법의 내용은 쓰여진 이성(ratio scripta)으로서 학문적으로 연구할 만한 가치와 실무적으로도 활용될 만한 가치를 내재하고 있었다.

이와 같이 로마법, 특히 학설휘찬은 그 내용이 인도적이고 포용적이며 보편적인 가치를 내재하고 있었기 때문에, 시대의 변화에도 불구하고 연구할 만한 학문적 가치를 가지고 있었고, 실무에 이를 적용하여 법적 평화를 이룩할 수가 있었다. 그리하여 로마법, 그 중에서도 학설휘찬은 민법사의 불가결의 요소로 남게 되었다.

제 2 절 로마법의 재생과 민법학의 발전

Ⅰ. 주석학파(Glossatoren)에 의한 민법학 발전

1. 주석학파의 형성의 원인

11세기 말에 이르러 이태리 북부의 도시에는 상업이 일어나고, 이에 따라서 상거래에 필요한 법이 요청되었다. 이러한 현실의 필요에 로마법, 그 중에서도 학설휘찬이 이에 응하여 연구되고, 따라서 로마법이 새로이 재생하기 시작하였다.

이러한 현실의 요청과 함께 학설휘찬이 편찬된 후 500년이나 지난 후에 그 필사본이 발견되었다. 1050년에 학설휘찬의 피사(Pisa)사본이 발견되었다.[1] 그리고 플로렌스(Florence)사본도 발견되었다. 이 플로렌스 사본은 유스티니아누스 대제가 550년에 교황 Vigilius에게 보낸 학설휘찬 원본으로서, 그것이 1050년 Pisa에서 발견되어 Pisa사본으로 불리어졌으나, 1406년에 피사를 침략한 플로렌스인에 의하여 전리품으로 Pisa에서 플로렌스로 옮겨졌기 때문에 플로렌스 사본이라 일컫는다.[2][3] 복고주의자 Polizian은 플로렌스 시상으로부터 플로렌스 본과 당시 실재로 이용되던 학설휘찬의 인쇄본(즉, 보급용으로 유포된 학설휘찬)의 비교를 허락받았다. 이 비교를 통하여 그는 플로렌스 본이 학설휘찬의 원본이라는 사실을 밝혀냈다.[4]

이와 같이 학설휘찬의 필사본의 발견으로 학설휘찬에 대한 연구가 이루어지고, 또다시 교육용 학설휘찬의 필사본들이 만들어지게 되었다. 이와 같은 교육용 학설휘찬은 1070년에서 1100년 사이에 보급용으로 학설휘찬(Digesta Vulgata)

---

1) Peter G. Stein, Römisches Recht und Europa: Die Geschichte einer Rechtskultur (übersetzt aus dem Englischem von Klaus Luig, Frankfurt am Main, Fischer Taschenbuch Verlag, 1999), S. 76.

2) A. a. O., S. 76.

3) 주석학파 시대에는 이 Florence사본이 Pisa에 있었기 때문에 Pisa본으로 알려졌다. 그러나 1406년에 전리품으로 Florence로 옮겨져서 Florence 사본이라 칭하여지게 되었다. 플로렌스 사본은 100여년 동안 그 보관함이 자물쇠로 잠겨져 있다가 1553년에 와서야 비로소 인쇄에 붙여지게 되었다(Siehe, Stephan Meder, Rechtsgeschichte(Köln, Weimar, Wien, Böhlau Verlag, 2002), SS. 164-165.

4) Stein, a. a. O., S. 125.

이 발간되어, 더욱더 학설휘찬의 보급이 확산되고 연구에 도움을 주었다. 이 보급용 학설휘찬은 라틴어로 번역된 학설휘찬이었다. 그리고 유포본인 학설휘찬의 내용은 그 유포본 마다 약간씩의 차이가 있었다. 그리고 당시에는 상소법원이 없었기 때문에 이러한 유포본의 차이가 있었음에도 불구하고 구속력 있는 유포본을 결정할 수가 없었다.[5]

이와 같이 로마법이 재생하여 연구되기 시작하였을 때에 그 로마법은 거의 전적으로 학설휘찬의 내용이었다. 왜냐하면 법학제요(Institutionen)는 단순히 법학교과서이었고, 칙법휘찬(Codex)는 칙령모음집이었으며, 신칙법(Novellae)은 난삽한 순서이고 수사적인 표현을 많이 써서 그 유용성보다는 오히려 폐해를 가져다 주었기 때문이었다.[6] 그러므로 로마법의 주된 연구대상은 학설휘찬이었다.

사실 학설휘찬이 없었다면 로마법이 세계를 지배하지 못하였을 것이다.[7] 그리고 학설휘찬에서만 로마법의 정신(Geist des römischen Rechts)이 나타나고 있었다. 그리고 학설휘찬 내에서만 로마법의 의미있고, 정확한 법적 근거, 정확한 개념 등을 알 수가 있었다. 그리하여 유스티니아누스 대제의 다른 법전들은 열성을 가지고 연구되지 않았다.[8] 오로지 학설휘찬이 주된 연구의 대상이자 소재이었다. 따라서 법학사에 있어서 학설휘찬의 재발견은 결코 과소평가될 수 없다.

그리고 이 당시에 교육을 위한 로마법의 연구는 세속법학자보다는 교회성직자들이 더 열심이었다.[9] 1080년에 이탈리아에서 출판된 교회법전의 법규내용은 거의가 학설휘찬의 내용으로 구성되어 있었다.[10]

그리고 학설휘찬을 연구할 수 있었던 방법론은 당시의 학문의 주류를 이루고 있었던 스콜라철학의 영향으로 가능하였다. 스콜라철학(Scholasticism)은 기독교의 교의(doctrine)을 학문적으로 체계화하려는 철학으로서, 중세의 학문연구의 주된 방법이었다. 스콜라는 교회부속의 학교로서, 이곳에서 성서를 완전무결한 것으로 이해하고 성서의 교리를 체계적으로 조직화하였다. 그러므로 스콜라철학은 성서의 조직화에 기여하였을 뿐 성서를 넘어 새로운 교리를 발전시

5) Eisenhardt, a. a. O., Rn. 117.
6) Stein, a. a. O., S. 78.
7) A. a. O., S. 79.
8) A. a. O., S. 79.
9) A. a. O., S. 78.
10) A. a. O., S. 78.

키지는 못하였다. 그리고 스콜라철학은 성서의 내용과 기독교의 교리가 아리스토텔레스, 플라톤의 철학과도 조화를 이루고 있음을 입증하는 학문적 탐구를 하였다. 그리하여 스콜라철학은 기독교의 교리와 세속철학과의 부합을 강조하고 조화를 위한 학문적 노력을 기울였다.

그리하여 스콜라 철학의 과제는 교회의 교리체계를 이성(理性)에 맞게 구성하는 것이었다. 즉, 스콜라 철학은 교회의 교리를 Aristoteles나 Platon철학과의 조화를 추구하였다.[11] 그렇게 함으로써 스콜라 철학자들은 교회의 교리와 기독교 신앙을 합리적으로 이해할 수 있음을 입증하고자 하였다. 이와 같이 스콜라 철학자들은 기독교 교리가 이성과 전통으로 내려오는 철학과 조화를 이루고 있음을 입증하고자 하였다.[12]

그리고 스콜라 철학은 이러한 중심과제의 해결을 위한 시도를 함에 있어서, 특수한 방식, 즉 탐구와 설명의 방식을 활용하였다. 즉, 단어의 설명, 상호대비, 모순의 해소 및 원문에 대한 논쟁중심의 연구방법을 취하였다. 이러한 연구방법의 양식을 이태리풍(mos Italicus)이라 한다.[13] 이러한 탐구와 설명의 방식에 대해 로마법의 원전을 주로 역사적 관점(즉, 고고학적으로)에서 연구한 16세기의 프랑스에서 일어난 학풍을 갈리아풍(mos Gallicus)라 한다.[14]

이와 같이 주석학파는 스콜라 철학의 영향을 받아 이태리풍으로 연구가 이루어졌다. 그러나 16세기 프랑스에서의 복고학파는 당시의 인문주의의 영향으로 로마법의 원문을 고고학적으로 발굴하고 연구하고 재구성하는 학풍의 갈리아풍으로 이루어졌다.

그리고 이 시기에 로마법이 연구가 일어날 수 있었던 또 하나의 원인은, 법학교의 설립을 들 수 있다. 주석학파가 볼로냐 법학교에서 그 절정에 다다르기 전에 이미 Ravenna[15]에 법학교가 설립되어 유스티니아누스 대제의 로마법이 연구가 이루어졌으며, Pavia[16]에도 법학교가 설립되어 Langobard법이 이곳에서 연구가 이루어졌다.[17] Ravenna법학교는 11세기에 소멸하였다. 그리고 볼로

11) Meder, a. a. O., S. 162.
12) A. a. O., S. 162.
13) A. a. O., S. 162.
14) A. a. O., S. 165.
15) Ravenna에는 유스티니아누스 대제가 총독부를 설치하여 총독으로 하여금 다시 회복한 영토를 다스리게 하였으며, 554년에 유스티니아누스 대제는 그의 법전을 이탈리아에 시행토록 하였다.
16) Pavia는 Langobard 왕국의 수도였다.
17) 황적인, 로마법·서양법제사(박영사, 1981), 55면.

냐 법학교와는 직접 관련을 갖지 않았다. Pavia법학교는 로마법을 존중하면서 랑고바르드법 연구의 중심 법학교로서, 10 내지 11세기에 번성을 하였으나, 당시의 사회에는 로마법이 적합하여 랑고바르드법의 연구는 시대의 요구에 맞지 않아 쇠퇴하고 말았다. 랑고바르드법은 랑고바르드왕의 고시와 칙령으로 구성되어 있었으며, 이 랑고바르드법을 연구하면서 법학자들은 이미 법전의 난간에 주석을 다는 방법으로 이를 수행하였다.[18]

그러나 볼로냐(Bologna) 법학교는 학설휘찬을 중심으로 한 유스티니아누스 대제의 법을 연구하고, 주석학파가 이 볼로냐 법학교를 중심으로 하여 로마법을 크게 발전시켜, 민법학사에서 로마법 연구의 새로운 방법을 개척하고 로마법 발전의 전기(轉機)를 마련하였다.

이와 같이 유스티니아누스 대제의 입법이후 로마제국의 쇠미와 더불어 로마법이 쇠퇴하였으나, 11세기 말에 십자군전쟁의 영향으로 북부이태리에서 상업이 일어나고, 성서연구의 방법론이었던 스콜라 철학이 로마법 연구의 새로운 방법론을 제시해 주고, 볼로냐 법학교에서 법학연구가 조직적으로 일어남으로써, 로마법, 그 중에서도 쓰여진 이성으로서의 학설휘찬이 재생하게 되었다. 그리하여 학설휘찬이 서양의 대륙민법의 기초가 될 수 있는 학문적 연구가 시작되었다.

2. 주석학파의 연구방법론

주석학파가 연구한 로마법은 주로 학설휘찬이었지만, 유스티니아누스 대제의 입법전부를 연구대상으로 하였다. 주석학파는 유스티니아누스 대제의 입법을 대전(Corpus Iuris)이라 하고, 이를 5부서로 분리하였다. 즉, 제1부는 구학설휘찬(Digestum Vetus)이라 칭하고, 학설휘찬의 제1권 제1장에서부터 제24권 제2장까지로 구성하였다. 제2부는 Infortiatum이라 칭하고, 학설취한 제24권 제3장에서부터 제38권 제7장까지로 구성하였으며, 제3부는 신학설휘찬(Digestum Novum)으로서 학설휘찬 제39권 제1장에서부터 제50권 제17장까지로 구성하였다. 그리고 제4부는 칙법휘찬으로서 유스티니아누스 대제의 칙법휘찬 제1권부터 제9권으로 구성하였다. 제5부는 사소한 부분(Volumen parvum oder Volumen)으로서 칙법휘찬의 제10권에서 제12권까지, 법학제요, 그리고 신칙법으로 구성

18) Stein, a. a. O., S. 79.

하였다.[19] 이와 같이 주석학파는 유스티니아누스 대제의 입법을 연구대상으로 하여 그것을 5부서로 나누어 연구하고, 그 중에서도 학설휘찬이 주된 연구대상이 되었다.

주석학파의 로마법 연구방법론은 학설휘찬의 줄과 줄 사이 및 난간의 여백에 주석을 다는 방법으로 이루어졌다. 이러한 주석을 다는 법학연구방법론에 의하여 이때의 법학을 주석학파(Glossatoren)라 한다. 이러한 주석을 다는 방법의 연구방법은, 이미 설명하였듯이, 스콜라철학의 영향에 의한 것이다.

주석학파는 유스티니아누스 대제의 법전의 법문(Text)을 성스런 작품(heilige Schrift)으로 인식하였으며, 성경과 동일한 권위를 갖는 것으로 받아들였다.[20] 또한 주석학파는 유스티니아누스 대제의 법은 전혀 모순이 없으며, 예리한 통찰력을 갖춘 그 어떠한 사람에 의해서도 그 내용이 다 풀려지지 않는다고 생각하였다. 그리고 그들은 유스티니아누스의 법은 생각할 수 있는 모든 법적사항을 다 망라하고 있다고 인식하였다.

학설휘찬의 첫머리에서 법률가를 성직자로 부르고 있다.[21] 그리고 법학은 인사(人事)와 신사(神事)를 구별하는 인식이라고 하였다.[22] 그리하여 주석학파는 모든 것은 로마법대전에서 그 해결점을 취득할 수 있다고 믿고 또한 강조하였다.[23] 따라서 주석학파에 있어서 로마법대전은 지혜의 열쇠이었다. 이는 신학에 있어서 성서가 지혜의 보고(寶庫)인 것과 동일하였다.

그러나 가장 큰 어려움 중의 하나는 로마법대전이 그 전체 법문의 의미 있는 질서와 체계의 부재(不在)였다. 같은 소재를 질서 없이 법학제요에도, 학설휘찬에도, 칙법휘찬에도 다루고 있었다. 그런데 주석학파의 법학자들은 이러한 질서가 없는 로마법 체계에도 불구하고, 유스티니아누스 대제가 입법한 그 질서와 순서를 침해하고자 하지 않았다.[24] 왜냐하면 그들은 유스티니아누스 대제의 로마법을 절대적인 것으로 인식하고, 주석학파가 활동하던 그 당시에도 여전히 유스티니아누스 대제의 로마법은 유스티니아누스 대제가 입법을 하였을 때와 동일한 권위가 인정되었기 때문이었다.

---

19) Eisenhardt, a. a. O., Rn. 118.
20) Stein, a. a. O., S. 82.
21) D. 1. 1. 1. 1.
22) D. 1. 1. 10. 2.
23) Stein, a. a. O., S. 82.
24) A. a. O., S. 82.

주석학파는 주석을 그 최초에는 순수한 법문의 단어, 즉 법률용어의 설명으로 시작하였다. 왜냐하면 유스티니아누스 대제법의 법조문상의 단어의 의미는 당시의 일상생활상의 단어의 의미와는 달랐기 때문이었다.[25] 그들은 이러한 단어의 설명, 즉 주석을 법문의 줄 위에(Interlinearglosse) 또는 난간의 여백(Marginalglosse)에 표시하는 방법으로 로마법을 연구하였다.

이러한 방법의 주석은 점차 자연히 새로운 법적인 설명이 추가되고, 다른 원전의 근거를 표시하게 되고, 동일한 것과 다른 것을 표시하게 되고, 다른 것의 근거를 제시하게 되고, 원문의 개념적 및 논리적 근거를 제시하는 방법으로 더욱 발전하였다.[26]

이와 같은 유스티니아누스 대제법의 각 부분에 대한 계속적인 주석을 통해서 전체적인 주석체계(ganze Glossenapparat)가 완성이 되었다. 그리하여 로마법대전의 중세의 사본의 난간을 뒤덮었던 주석의 조직(Gewebe)은 서로 연결이 되어, 개념상의 상호관계가 분명해 지고, 모순들을 알게 되고, 그리고 모순들을 제거하게 되었다.

그리고 주석학파의 법학자들은, 모든 법조문의 상호관계를 밝히고, 일정한 결과에 대한 찬성과 반대의 논거를 질서정연하게 정리하고, 상호간의 차이점을 설명하였다. 그리고 선구자의 주석에 다시 후대의 법학자가 새로운 주석을 달기도 하였다. 이러한 방법으로 주석학파의 법학자들이 로마법에 익숙하게 되었다.[27]

나아가 주석학파의 이러한 로마법대전, 그 중에서도 학설휘찬에 단순히 주석을 다는 방법은 더욱 발전하여, 법문내용의 요약(summae), 실제의 법률사건을 통한 각 개별원전의 설명(casus), 개념상의 차이의 설명(distinctiones), 견해대립의 모음집(dissensiones dominorum), 개별법 영역, 특히 소송법에 관한 단행문헌들의 출간으로 이어져갔다.[28] 이러한 방법으로 주석학파의 로마법 연구가 실무상 판사 및 변호사에게 아주 유용하게 활용될 수 있게 되었다.[29]

이러한 주석학파에 의한 로마법, 그 중에서도 학설휘찬에 대한 주석은 주석학파가 남긴 가장 중요한 유산이다. 그러나 주석학파는 학설휘찬에 주석을 단

25) Kunkel, a. a. O., S. 162.
26) A. a. O., S. 162.
27) Stein, a. a. O., 82.
28) Kunkel, a. a. O., S. 163.
29) Eisenhardt, a. a. O., Rn. 125.

것만이 아니라, 요약서도 출판하였으며, 소송법과 체계적 설명을 하여 이를 출판하였다. 사실 로마법에서는 실체법과 소송법이 구별되지 아니하였다. 주석학파에 이르러서 소송법이 실체법으로부터 독립할 수 있는 기초가 마련되었다.

유스티니아누스 대제는 로마법을 입법하고 칙령으로 주석을 금지하였다. 주석학파는 유스티니아누스 대제의 법을 현행법으로 받아들이고, 그 로마법의 주석금지가 주석학파도 구속하는 것으로 받아들이면서도, 황제에게 유보되었던 해석을 그들이 발전시켰다. 이렇게 주석학파는 특히 학설휘찬의 주석을 통하여 로마법을 발전시켰다.

이와 같은 주석학파의 연구방법은 로마법대전의 절대적 권위를 인정하고 그 개별 원문의 의미내용을 밝히고, 끝내는 그것을 조직화, 체계화하는 연구방법이었다. 이는 성서의 절대적 권위를 인정하고, 성서원문의 설명과 그 성서의 조직화, 체계화를 추구한 스콜라철학의 영향으로 이루어진 것으로, 이러한 방법론을 스콜라적 방법(methodus scholatica)이라 한다. 이러한 스콜라적 방법론은, 논리적 형식주의의 사고방법이었으며, 원전의 역사적 이해를 위한 의식이 결여되어 있었다.[30]

이러한 주석학파를 시작으로 하여 학설휘찬에 주석을 다는 방법으로 민법학을 발절시킨 중세법학을 스콜라법학(scholastische Rechtswissenschaft)이라고 한다.[31] 그리고 주석학파는 성서대신에 학설휘찬을 연구대상으로 한 스콜라철학이라할 수 있다.[32]

3. 주석학파의 발전과 대표적인 법학자들

11세기에 로마법의 첫 연구자는 당시 변호사이자 법자문역을 맡아 일하였던 Pepo였다. Pepo는 법정에서 자기의 주장을 변론을 위해 학설휘찬을 인용하였다.[33]

그러나 주석학파의 실질적인 개척자는 Pepo가 아니라 Irnerius(1055년경-1130년경)였다. Irnerius는 본래 문법학자였다. 그가 로마법에 관심을 갖게 된 것은 법률의 어려운 용어를 설명하면서 시작되었다.[34] Irnerius는 로마법대전에 주

30) 최종고, 법학사(경세원, 1986), 75면.
31) 상게서, 75면.
32) 김려수, 개고 법률사상사(박영사, 1978), 44면.
33) Stein, a. a. O., S. 80.
34) A. a. O., S. 81.

석을 다는 방법으로 로마법을 연구하였다. 그리하여 주석학파(Glossatoren)란 이름을 붙이게 되었다. 그리고 그는 법학(Rechtswissenschaft)과 법실무(Rechtspraxis)를 구별하였다.[35]

Irnerius가 이와 같이 주석을 다는 새로운 방법으로 로마법을 연구하기 시작하자, 법의 학문체계상의 위치에 관하여 논쟁이 일기 시작하였다. Sevilla의 Isidor는, 법은 인간의 행동에 관하여 다루고 있기 때문에 법학은 윤리학에 속한다고 하였다. 법학을 윤리학의 한 내용으로 본 것은 법의 내용에 관한 한은 정당하다. 그러나 법문의 어휘의 해석에 관한한 법학은 논리학의 일부를 이루고 있다.

Irnerius는 Bologna법학교에서 로마법을 가르친 최초의 사람이었으며, 법의 등불(lucerna iuris)이라 칭함을 받았다. 그는 학설휘찬을 볼로냐 법학교에서 강의하였으며, 로마법대전 전체에 걸쳐 주석을 달았다.[36]

Irnerius 이후에 주석학파를 발전시킨 법학자는 법의 백합꽃(lilia iuris)이라 칭함을 받은 4박사(quattuor doctores)였다. 그들은 Bulgarus(11세기 말-1166년경), Martinus(1157년경 사망), Jacobus(1178년 사망), Hugo(1170년경 사망)이었다. 물론 4박사중 Bulgarus와 Martinus가 유명하였다.[37]

이 4박사는 당시의 신성로마제국의 황제 Friedrich I세인 Barbarossa와 동시대의 사람들로서, 그들은 황제와 밀접한 정치적 관계를 갖고 있었다. Friedrich I세는 1158년에 이들을 신성로마제국의회(Reichstag)의 의원으로 임명을 하였다.[38]

4박사 중에서 Bulgarus와 Martinus는 실정법에 충실한 법학자였으며, Jacobus와 Hugo는 합리적 해석방법을 중시한 법학자였다. 그리하여 그들은 주석학파 내에서 다시 학파의 대립을 이루게 되었다. 그러나 이들의 학파대립은 Accursius가 표준주석서를 출판함으로써 통일되었다.[39]

보다 구체적으로 4박사의 연구방법의 차이를 살펴보면, Bulgarus는 유스티니아누스의 법은 형평에 맞고(billig), 정의로운(gerecht) 것으로 이해하고, 해석의 과제는 개별법문, 개별 법조문의 목적을 찾아내는 것이라고 하였다.[40] 그러

35) A. a. O., S. 81.
36) 최종고, 전게 법학사, 79면.
37) Stein, a. a. O., S. 83.
38) Meder, a. a. O., S. 147.
39) 황적인, 전게 로마법.사양법제사, 56면.

므로 법조문을 고립적으로 파악하여 주석을 다는 태도를 취하였다. 그러나 Martinus는 개별 법조문을 고립적으로 파악하는 것으로는 불충분하며, 형평의 견지에서 전체를 고려하여 개별규정을 해석하고자 하였다.[41] 그러므로 Martinus는 전체와의 고려에서 개별 법문을 수정할 수 있다고 확신을 하고 있었다.

Bulgarus의 제자인 Bassianus는 Bologna법학교의 지도자가 되어서 유스티니아누스 법의 해석방법을 완성하였다. 그는 어려운 법문을 다룸에는 4단계의 과정이 필요하다고 하였다. 즉, 1단계로 구체적인 법적 문제를 정리하고, 2단계로 지금까지 그러한 법적 문제의 해결을 위해 제안되었던 해결책들을 들고, 그리고 반대의 법문도 찾고, 3단계로 이러한 문제에 대한 일반 법원칙을 도출하고, 4단계로 문제를 상세히 논하는 방법이었다.[42] 이 방법에 의하면, 개별 해당 법문을 찾아 그 내용을 살피고, 동일 대상에 대한 다른 관련 법문을 살피고, 그리고 나서 일반 법원칙에 도달하는 것이었다. 일반 법원칙에 기초하여 구체적인 법률문제에 대하여 구체적인 해답을 하는 방법이었다.

이러한 법학방법론을 통하여 주석학파의 학문적인 목표 중의 하나는 로마법대전에 포함되어 있는 일반 법원칙을 발견하는 것이었다.[43] 이러한 일반 법원칙을 brocardia라 불렀다.

Bassianus의 제자 Azo(1150년경-1230년경)는 주석학파의 주석을 하나의 체계로 만들고자 하였다.[44] 그의 칙법휘찬요약서(Codex-Summe)는 평판을 얻어 실무에 크게 이용되었다. 그리하여 Azo 없이는 법정에 가지 말라(Ohne Azo geh nie zum Palazzo(Palazzo=Gerichtspalast))고 할 정도였다.[45]

Azo의 제자 Accursius(1182-1260년경)는, Irnerius 후 100여년이 지난 1220년에서 1240년 사이에 주석학파 법학자들의 전주석(全註釋)을 정리하여 집대성하였다. 이와 같이 Accursius가 집대성한 로마법주석서를 표준주석서(Glossa Ordinaria)라 한다.

이 표준주석서는 96,000여개의 개별법문의 주석을 담고 있으며, 이 표준주석이 과거의 모든 주석을 대체하였으며, 이것이 복사되기도 하고, 법전으로 인

40) Stein, a. a. O., S. 83.
41) A. a. O., S. 84.
42) A. a. O., S. 84.
43) A. a. O., S. 84.
44) A. a. O., S. 85.
45) A. a. O., S. 85.

쇄되기도 하였다.[46] 그리하여 이 Accursius의 표준주석이 로마법으로부터 도출될 수 있는 모든 명제의 원천이 되었으며, "주석학파가 동의하지 않으면 법정에서도 유효하지 못하다"(quidquid non adgnoscit glossa, non adgnoscit curia: Billigt es die Glosse nicht, so gilt es auch nicht vor Gericht)는 원칙이 확립되었다.[47][48] 그것은 바로 Accursius의 표준주석을 의미하는 것이다. 다시 말하면 표준주석이 인정하지 않는 것은 법원에서도 인정되지 않는다는 법원칙이 인정되었다. 그리하여 표준주석은 로마법 원전의 법문이 갖지 못하는 권위를 가졌다. 이와 같이 유스티니아누스 대제 법의 법문에 대하여 주석학파의 법학자들에 의하여 이루어진 일반적으로 승인된 설명, 즉 주석은 당시에 법원(Rechtsquelle)으로 인식되었다.

이렇게 Accursius의 표준주석의 출판으로 주석학파는 주석의 방법에 의해서는 더 이상의 법학연구의 발전을 기할 수가 없게 되었다. 그리하여 주석학파도 이 표준주석서의 출간으로 그 끝을 맺게 되었다.

4. 주석학파와 볼로냐 법학교의 관계

(1) 볼로냐 법학교의 형성과 발전

주석학파는 볼로냐 법학교를 중심으로 이루어졌다. 반대로 볼로냐 법학교는 주석학파의 법학활동의 장이었으며, 주석학파의 발전과 함께 융성하였다가, 주석학파의 쇠퇴와 함께 역시 쇠락의 길을 걷게 되었다. 주석학파가 볼로냐 법학교를 중심으로 발전하여, 로마법의 재생을 이룩하였지만, 로마법의 재생이 처음 일어났던 곳은 볼로냐가 아니라 Pavia였다.[49] 왜냐하면 볼로냐가 당시에 북부이태리의 경제중심지이었을 뿐만 아니라, 원거리 상업의 중심지였기 때문이었다.[50]

볼로냐 법학교는 볼로냐에 볼로냐 법학교라는 이름의 독립대학이 있었던 것이 아니라, 법학을 공부하고자 하는 학생들이 볼로냐에서 특정 법학자를 모시고 법학을 수강한 다수의 법학수강자 단체들을 통칭하여 이르는 말이다. 오

46) A. a. O., S. 85.
47) A. a. O., S. 85.
48) 독일에서 로마법을 계수할 때에도 로마법대전에 주석이 달려있지 않으면 계수된 것으로 보지 않았다(Siehe, Meder, a. a. O., S 148).
49) Eisenhardt, a. a. O., Rn. 121.
50) A. a. O., Rn. 121.

늘날과 같은 특정도시의 특정대학이 아니었다. 볼로냐에 있었던 다수의 법학수강자들의 단체들을 포괄하여 이름 붙인 것이다.

그러므로 볼로냐 법학교는 학생들이 중심이 되어 운영되었으며, 학생들이 교수를 고용하고, 급여를 준 학생중심의 법학수강자모임이었다.[51] 이처럼 볼로냐 법학교의 설립은 어떤 계획에 의하여 이루어진 것이 아니었다. Bologna 대학은 오히려 유학생들이 가장 좋은 강의를 받고, 일반적으로 인정된 능력을 얻기 위하여 학생들의 결의로 설립이 되었다.[52] 그리하여 볼로냐 대학은 학생중심의 조직형태를 갖춘 대학의 원형(universitates scholarum: 학생대학단)이었다.

이와 같이 학생들에 의하여 법학교가 운영될 수 있었던 것은 당시의 유학생들은 그들의 본국에서는 귀족의 자제들로서 경제적 능력을 갖고 있었고, 법학을 통하여 자기들의 기득의 지위를 향유할 수 있는 방법을 찾고자 하였기 때문이었다. 특히 영주나 귀족들은 그들의 권력의 정당화를 찾아내기 위하여 법학을 이용하고자 하였다.[53] 그리하여 유학생들이 법학연구를 위하여 볼로냐로 몰려온 것이었다.

이와 같이 Bologna 대학은 학생들이 중심이 되어 운영된 대학이었지만, Paris 대학이나 Oxford 대학은 교수에 의해 설립되고 운영된 대학이었다.[54]

서양에서 대학의 선구는 바로 이 3대학, 즉 Bologna 대학, Paris 대학, Oxford 대학이었다.[55] 볼로냐 대학은 법학연구의 중심으로, Paris 대학은 신학연구의 중심으로 발전하였다.

볼로냐 대학에서는 세속법과 교회법이 가르쳐졌다. 의학과 신학도 가르쳐졌으나, 중심은 법학이었다. 당시에 이미 교회법(kanonisches Recht)은 로마법과 나란히 양법(兩法: utrumque ius)을 이루고 있었다. 그리하여 법학공부를 한다는 것은, 당연히 세속법인 로마법과 교회법의 양법을 공부하여야 하는 것이었다.[56] 물론 당시에 법이라 하면 게르만의 관습법을 의미하는 것이 아니라, 로마법과

---

51) Handwörterbuch zur Deutschen Rechtsgeschichte(HRG) 34. Lieferung(hrsg. von Adalbert Erler, Ekkehard Kaufmann, Berlin, Erich Schmidt Verlag, 1992), S. 493.

52) Stein, a. a. O., S. 93.

53) A. a. O., S. 93.

54) A. a. O., S. 94.

55) Handwörterbuch zur Deutschen Rechtsgeschichte(HRG) 34. Lieferung(hrsg. von Adalbert Erler, Ekkehard Kaufmann, Berlin, Erich Schmidt Verlag, 1992), S. 491.

56) 그리하여 법학박사의 칭호는 양법을 공부하였다는 양법박사(Doctor utrisque iuris)의 이름으로 주어지고, 양법을 공부하였음을 증명하는 것이었다.

교회법을 의미하였다.[57]

12세기 말에 볼로냐 법학교는 유럽에서 법학의 중심이 되었다. 수천의 학생들이 볼로냐 법학교에 몰려들었다. 적어도 1,000명이상의 학생들이 유학을 한 것으로 알려져 있으며, 낙관주의적 평가에 의하면 10,000명 이상의 학생이 법학을 공부하였다는 주장도 있다.[58] 당시 중세의 도시규모를 고려하면 엄청난 수의 유학생들이 볼로냐에 몰려들었다. 그리하여 Bologna 법학교에서는 그들의 소속국가에 따라서 유학생 수를 할당하기도 하였다.[59]

이렇게 수많은 유학생, 즉 타국학생들(ultramontani)이 몰려옴으로 볼로냐에는 많은 문제가 발생하였다. 유학생들은 각기 자국의 풍습에 따라서 생활한 관계로 무례한 일들이 빈번히 일어났다. 당시 볼로냐의 법에 의하면, 외지인은 그들의 고향사람들의 잘못된 행동에 대하여 책임을 져야만 하였다. 예컨대 Bologna에서 영업을 하는 Hamburg의 상인이 Bologna 사람에게 빚을 지고 있을 때에는, 볼로냐의 원주민이자 채권자인 볼로냐 사람은 그가 붙잡을 수 있는 모든 독일 유학생들에게 그의 채권을 주장할 수 있었다.[60]

이러한 볼로냐의 법현상의 결과로 인한 유학생들과 볼로냐 주민간의 분쟁과 알륵으로 유학생들은 공동으로 대처하기 위하여 동일한 나라에서 온 유학생들끼리 협동적인 단체를 결성하였다. 그 단체의 결성에는 출신국가와 함께, 동일한 언어가 결정적인 기준이 되었다.[61] 그리하여 유학생들과 현지인간의 분쟁과 알력이 유학생들간의 결속과 충성을 낳게 되었다(Konflikte erzeugen Loyalitäten).

이러한 학생들간의 단체들은 그 생성연대는 알 수 없지만 universitates라 불리웠으며, 나중에는 nationes라 불리웠다.[62] 추측건대 근대 민족의식의 뿌리가 이 볼로냐 법학교의 유학생들의 단체결성에서부터 시작된 것으로 생각된다. 그리하여 볼로냐 대학의 유학생들의 단체결성으로부터 민족감정, 민족의식(Nationalbewußtsein)이 형성되기 시작하였다.[63]

그리고 학생들은 스스로 교과목과 그 내용, 강의시간 및 방학기간을 결정하였다. 교수들은 학생들로부터 직접 강의에 대한 대가를 지급받았다. 학생들은

57) Stein, a. a. O., S. 98.
58) Meder, a. a. O., S. 141.
59) Stein, a. a. O., S. 91.
60) Meder, a. a. O., S. 141.
61) A. a. O., S. 141.
62) A. a. O., S. 142.
63) A. a. O., S. 142.

교수가 제대로 가르치지 아니하면 그 교수를 보이콧하고, 수업료의 지급을 거절하였다.

이와 같이 볼로냐 대학이 학생중심의 대학으로서 학생들의 권한이 강화됨에 따라, 교수들도 그들의 단체인 교수단(collegium doctorum)을 결정하였다.[64] 교수들은 법학박사학위를 취득하고자 하는 학생을 선발할 수 있는 권한이 가장 강력한 권한이었다.

그리고 볼로냐 시로서는 유학생들의 숙식과 생활로 인한 재정적 수입이 막대하였다. 그러므로 볼로냐 시로서는 학생들이 그 지역을 떠나는 것은 경제적 위기를 초래하는 것이었다. 실제로 학생들은 그들을 가르치는 교수와 함께 다른 지역으로 옮겨가기도 하였다. Bologna 시당국은 학생들의 요구를 수용하면서 학생들로 하여금 Bologna에 머물도록 조치도 하였다. 1217년 교황 Honorius Ⅲ세는 학생들을 강제로 Bologna에 머물게 하기 보다는 자유로이 Bologna에 머물도록 조치하였다.[65]

이와 같은 학생중심의 볼로냐 대학은 그 자치권이 인정되는 국가 내의 국가로 발전하여 갔다. 신성로마제국의 황제 Friedrich Ⅰ세는 볼로냐 법학교에 유학온 학생들을 교육을 받고자 하는 순례자(Pilger um ihrer Ausbildung willen)라고 불렀으며, 학생들이 사단을 구성할 수 있도록 하고 그 학생들의 사단에 수공업자 Gild처럼 자치행정의 권한을 부여하였다. 1156년에는 Friedrich Ⅰ세는 칙령을 발포하여, 학생단체에 대해 단체구성원에 대한 민사 및 형사사건에 대한 재판관할권을 인정하였다.[66] 그리하여 유학생들로 하여금 외국인이라는 지위의 불이익으로부터 해방시켰다.

(2) 볼로냐 법학교에서의 법학연구의 방법

볼로냐 대학에서의 법학연구의 방법은, 학생들이 강의만 듣는 것이 아니라, 실무에 종사하는 법률가들의 무기인 실습도 역시 다루었다. 분쟁사건에서의 변론실습에서는 법조문을 근거한 논거주장(Argument)을 하였다. 그리고 나서는 교수가 문제의 답을 공포하였다.[67] 그러나 볼로냐 법학교에서는 실무보다는 학문에 더 중점을 두었지만, 유학온 모든 학생들이 학문만을 추구한 것이 아니었으며, 실무와 완전히 절연된 법학연구를 한 것도 아니었다.[68]

---

64) A. a. O., S. 142.
65) Stein, a. a. O., S. 94.
66) Meder, a. a. O., s. 143.
67) Stein, a. a. O., S. 91.

그러나 볼로냐 법학교는 당시의 주석학파의 법학방법론에 따라서 주로 주석을 다는 방법의 법이론 중심의 연구가 이루어졌다.

(3) 볼로냐 법학교의 쇠퇴

볼로냐 대학의 성공은 이태리의 다른 법학교의 설립을 촉진하였다. 1175년에는 Modena에서, 1222년에는 Padua에서 법학교가 설립되었다. Pavia 법학교는 본래는 랑고발르드법 연구의 학교이었으나 로마법과 교회법 연구로 선회하였다.[69] 1124년에는 국립대학으로 나폴리대학이 설립되어, 그곳에서 로마법 연구가 이루어졌다.[70] 그리하여 신성로마제국의 황제 Friedrich Ⅱ세는 Bologna대학에서 보다는 나폴리대학에서 공부하도록 명령을 하였다.[71] 이와 함께 볼로냐 대학은 쇠퇴의 길을 걷게 되었다.

이렇게 볼로냐 대학의 성공과 다른 도시에서의 대학의 설립은 교회의 성직자들로 하여금 대학이 가져다 주는 경제적, 문화적 가치를 인식하게 하였다. 더 나아가 성직자들은 법학교육에 그들의 영향력을 행사하고자 하였다. 그리고 당시에는 이태리 도시밖의 교육제도에 관해서는 교회권력이 이를 감독하고 있었다. 그 결과로 교황 Honorius Ⅲ세는 신성로마제국에 간섭하여 Friedrich Ⅱ세의 명령을 철회하도록 하였다.[72][73]

이와 같이 볼로냐 법학교는 Friedrich Ⅱ세에 의하여 신성로마제국의 국립대학인 나폴리 대학에서 법을 공부하도록 하고, Accursius에 의한 표준주석서에 의하여 주석이 완성됨으로써 주석학파의 주석의 방법에 의한 로마법 연구가 더 이상의 발전을 할 수 없게 되어 쇠퇴의 길을 걷게 되었다.

5. 주석학파의 로마법 연구의 결과

주석학파에 의하여 로마법의 주석이 이루어지게 된 것은 바로 민법학사에 있어서 민법해석학의 기초를 이룬 것이었다. 따라서 주석학파는 법학사에 있어서 법해석학의 기초를 놓았다.[74]

68) A. a. O., S. 93.
69) A. a. O., S. 95.
70) A. a. O., S. 95.
71) A. a. O., S. 95.
72) A. a. O., S. 95.
73) 1219년에 교황 Honorius Ⅲ세는 파리대학에 신학만을 강의하게 하고 로마법의 강의를 금지시켰다(Siehe, Meder, a. a. O., S. 144).
74) 최종고, 전게 법학사, 75면.

그러나 주석학파의 법해석학은 실무를 중요시 하지 아니한 너무 형식논리적, 사변적 해석으로 발전하였다. 너무 이론에 치우쳐, 법문의 형식적 주석이 이루어졌으며, 법학을 형식논리로 이끌어 나갔다. 그리하여 주석학파는 근대의 개념법학(Begriffsjurisprudenz)의 원인(遠因)이 되었다.[75]

이와 같이 주석학파는 유스티니아누스 대제의 법, 특히 학설휘찬을 절대적인 것으로 받아들였으며, 계통적, 체계적인 연구를 하지 못하여, 로마법의 실용화에는 크게 기여하지를 못하였다.[76] 그러나 실무를 완전히 떠난 것은 아니었다.

주석학파의 민법학사에서의 또 하나의 중요성은, 주석학파가 유추이론의 기초를 닦은 점이다. 즉, 주석학파는 "유사한 것으로의 발전"(procedere ad similia: Fortschreiten zum Ähnlichen)을 주장하여, 이것이 유추(Analogie)이론의 기초가 되었다.[77] 주석학파가 개척한 이 유추이론은 유추를 널리 인정한 19세기 판덱텐법학의 사상재(思想財: Gedankengut)가 되었다.[78]

6. 주석로마법의 대륙에로의 전파

주석학파는 이태리의 볼로냐 법학교를 중심으로 일어난 민법학의 새로운 시작이었다. 그러나 주석학파는 이태리에만 머물지 아니하고 이태리와 가장 가까운 대륙의 지역으로 전파되어 나갔다. 법도 문화현상의 하나로서, 높은 수준의 법은 낮은 수준의 법지역으로 전파되는 것이 법 내지 법문화의 속성이다. 그리하여 가장 먼저 주석학파의 로마법 연구가 전파된 곳은 프랑스의 남부지역이었으며, 영국에도, 스페인 카타로니아 지방에도 선파되었다.

12세기 초에 Bologna의 주석법학은 프랑크왕국의 남동 지역, 즉 지금의 프로방스(Provence) 지역의 프랑스 남부지역에 알려졌다.[79] 서고트, 부르군드에서의 로마법전을 통해 프로방스 지역의 관습법은 다른 지역의 관습법보다 로마법적 요소를 더 간직하게 되었다.

그리고 1127에서 1130년 사이에는 St. Rufus의 관할구(Die 관할구)내에 있던 법학교에서 로마법대전 중 법학제요의 주석서가 알려지고, 점차 학설휘찬도 알

75) 김러수, 전게 개고 법륲사상사, 42면.
76) 황적인, 전게 로마법.서양법제사, 57면.
77) Meder, a. a. O., S. 149.
78) A. a. O., S. 149.
79) Stein, a. a. O., S. 95.

려졌다.[80]

특히 이 프로방스 지역의 법률저작들은 거의 익명(匿名)이었다. 그리고 로마법대전을 전부 수용한 것이 아니라, 선별적으로 이용하였다. 편별순서도 볼로냐에서와는 달리하였다. 그리하여 이 프로방스 지역의 로마법연구는 Bologna법학교보다 먼저 시작되었을지도 모른다는 견해가 있으나, Bologna법학교로부터 영향을 받은 것으로 보고 있다.[81]

이러한 프로방스 지방의 로마법 연구의 명성은 이 지역 밖으로 퍼졌다. Rogerius가 칙법휘찬 주석서를 썼으나 미완성이었다. 이러한 Rogerius의 미완성의 주석서는 Placentius에 의해 완성되었다. Placentius(1120년경-1192년경)는 1160년에 Bologna에 머물었으며, 남프랑스의 Montpellier에 법학교를 세우고, 그 대학에서 로마법을 가르치고, 칙법휘찬과 법학제요의 주석서를 편찬하였다.

그리고 Toulouse와 Orléans에도 로마법이 알려졌다. Paris에서는 로마법이 사랑을 받아 신학보다는 로마법 연구가 더 활발하였다. 그러나 1219년 교황 Honorius III세는 파리에서 로마법 강의를 금지하고, 법은 오로지 교회법만 가르치도록 하였다.[82]

Accursius가 표준주석서를 공표한 후, 볼로냐에서의 로마법 연구는 그 명성과 신선함을 잃게 되었다. 그리고 Paris에서는 로마법을 연구하지 못하도록 금지되었기 때문에, 13세기 후반에는 로마법연구의 중심이 Orléans으로 옮겨가게 되었다.[83] Orléans에서의 로마법 강의는 1240년에 시작이 되었다. 여기에서의 강의는 처음에는 이태리에서 온 법학자들에 의해 이루어졌다. 그리하여 오를레앙은 북쪽의 볼로냐가 되었다.[84] Jacobus와 Petrus가 오를레앙에서 로마법을 가르쳤다. 프랑스에서의 로마법연구의 중심지가 된 오를레앙 대학은 신성로마제국의 Gregorius 9세(1224-1241)에 의해 건립되었다.

오를레앙의 법학자들은 로마법의 자료를 질서정연하게 하는 시도를 하지 아니하고, 로마법대전의 모든 부분을 자세히 설명하고, 법문의 근원을 추적하는 방법을 취하였다. 이러한 방법론이 바로 프랑스에서 일어난 복고학파(Humanisten)의 시작이었다.[85]

---

80) A. a. O., S. 96.
81) A. a. O., S. 96.
82) A. a. O., S. 97.
83) A. a. O., S. 115.
84) A. a. O., S. 116.

12세기 말에는 로마법이 카타로니아(Katalonien) 지방으로 전파되었다.

영국에는 Vacarius가 영국에 로마법을 전파하였다. Vacarius는 1140년경에 켄터베리(Canterberry)의 대주교 Theobald(1161년 사망)를 따라서 영국에 건너가 1170년대에 켄터베리와 Oxford에서 로마법을 강의하였다. 1190년에는 Vaccarius의 저서인 빈자(貧者)의 책(Buch der Armen: Liber Pauperum)이 Oxford 대학에서 교재로 이용되었다.[86]

그리고 특이한 사실은 Bologna에서의 로마법학자들은 평민이었으나, 이태리 밖에서 로마법을 강의한 자들은 주로 성직자들이었다.[87] 그러므로 로마법은 기독교 신앙과 함께 유럽대륙으로 확산되어 갔다. 프랑크왕국의 게르만 부족법전이었던 리부아리아 법전(Lex Ribuaria: 630년에서 750년사이에 입법)에서는 "교회는 로마법에 따라서 생활한다"(Die Kirche lebt nach römischem Recht)라고 규정(동법 제61(58)조 제1항)한 것을 미루어보면, 프랑크왕국이래 중세시대에 로마법이 교회법에 미친 영향의 정도와 로마법과 교회와의 관계의 긴밀성을 짐작할 수 있다.[88]

Ⅱ. 주해학파(Kommentatoren)에 의한 민법학의 발전

1. 주해학파 형성 이전의 유럽대륙에서의 법상황

(1) 교회법학자들에 의한 로마법으로부터의 독자적인 절차법의 형성

주석학파에 의하여 로마법이 연구되고, 그것이 유럽대륙에 전파되기 시작하였을 때에, 교회는 로마법을 받아들여 독자적인 법영역인 교회법을 형성해 갔으며, 특히 교회법학자들에 의하여 실체법에서 독립한 절차법이 형성되어 갔다.

로마법은 본래 실체법과 절차법을 구별하지 아니하였다.[89] 그러나 로마법대전 내에 절차법 내용의 관련 법조문이 산재해 있었다.

세속법학자나 교회법학자들은 주어진 로마법으로부터 합리적인 절차법의 도출이 얼마나 중요한가를 인식하게 되었다. 세속법학자들에게 있어서는 로마법의 연구와 함께 구체적인 소송에 있어서 필요한 절차법이 필요함을 느끼게

85) A. a. O., S. 110.
86) A. a. O., S. 98.
87) A. a. O., S. 98.
88) A. a. O., S. 71.
89) Stein, a. a. O., S. 99.

되고, 특히 교회법학자들은 자기들의 교회법정에서의 독자적인 절차법을 필요로 하였다. 그리하여 12세기에 이르러서는 일반적인 절차법이 절실히 필요하였다.

Irnerius는 이론와 실무를 구별하고, 실무보다는 이론에 치중하여 절차법의 연구를 소홀히 하였다. 그러므로 Irnerius 후의 주석법학자들이 절차법의 연구를 위한 시도를 하였다. 그리하여 Bulgarus가 1123에서 1141년 사이에 법률초록(Excerpta Legum)를 썼다. 그는 그 저서에서 절차법에서의 기본개념인 당사자, 소장, 소에 대한 항변, 증거, 판결 및 소환에 관하여 기술하였다.[90]

교회법학자들도 역시 로마법에서 독립한 소송법을 발전시켰다. 이러한 교회법학들이 발전시킨 소송법을 로마법적 교회소송법(römisch-kanonisches Prozessrecht)이라 한다. 로마법적 교회소송법은 1271년 Guilelmus Durantis의 법의 거울(Speculum Judicale: Spiegel des Rechts)에서 그 절정을 이루었다.[91]

이와 같이 교회법에서 로마법으로부터 소송법을 마련함으로써 교회법을 통하여도 로마법이 대륙에 계수가 이루어지게 되었다.[92]

그리고 13세기에는 로마법을 모르고서는 법률가라고 할 수 없었다. 나아가 로마법은 교회법과 신학과 나란히 중세의 기독교 교육의 본질적인 부분으로 확립되었다. 그리하여 로마법, 교회법 및 신학은 교회와 국가의 영향력 있는 자리에 있는 모든 사람들이 반드시 갖추어야할 기본소양이 되었다.[93]

(2) 성문법인 로마법과 게르만 관습법과의 관계 정립

주석학파가 로마법을 발전시키고 있을 당시에 로마법은 보편적으로 효력이 있는 법이었다. 신성로마제국은 로마법을 신성로마제국 황제의 법으로 받아들였다. 그런데 신성로마제국의 고유법은 게르만 관습법이었다. 그리고 당시에는 법적용 원칙이 이미 속인법주의에서 속지법주의로 전환해 있었다. 그러므로 자연히 성문의 로마법과 게르만 관습법간의 효력에 관한 법적 정리가 필요하게 되었다.

성문법과 관습법간의 효력에 관하여, Julian은 관습법이나 성문법이나 모두 민족의 동의에 의하여 기초하고 있으며, 관습법은 옛 성문법을 폐지할 수 있다고 하였다.[94] 그리고 콘스탄티누스 대제는 명령으로 관습법은 이성에 반하거나

90) A. a. O., S. 100.
91) A. a. O., S. 101.
92) A. a. O., S. 102.
93) A. a. O., S. 113.

제정법에 반할 때에는 그 효력이 종료한다고 하여 제정법우선주의를 취하였다.[95]

주석학파시대에 와서는 법학자들의 견해가 달라졌다. Irnerius는 Julian의 견해가 시민이 입법권을 가지고 있었던 시대에는 맞지만, Irnerius 자신이 살고 있던 그 시대에는 시민의 입법권이 황제에게 넘어갔기 때문에 황제의 법률은 관습법에 의해 폐지되지 않는다고 하였다. 그리고 Bulgarus는 일반적으로 효력이 있는 관습법과 지역적으로 효력이 있는 관습법을 구별하고, 일반적 효력이 있는 관습법이 지역적으로 효력이 있는 관습법에 우선한다고 하였다.

Martinus는 신관습법은 구관습법을 폐지할 수 있다고 하였다. 그리고 Bassianus는 관습법이든 성문법이든 그것은 시민의 의사에 의하여 그 효력이 인정된다. 성문화되었다고 하여 추가적인 권위가 인정되는 것은 아니다. 관습법은 그것이 이성적인 시민이 구법을 알았든지 몰랐든지 현행법으로서의 효력이 있다고 하였다. Accursius는 Bulgarus와 Martinus의 견해를 언급만 하고, 자기의 견해는 말하지 아니하였다.[96]

이와 같이 성문법과 관습법의 효력에 관하여 법학자들간의 견해가 대립되어 있었으며, 동시에 지역적으로도 남프랑스 지역에서는 황제법, 즉 성문법(즉 로마법)이 관습법에 우선한다고 하였다. 이에 반해 영국에서는 관습법이 황제법에 우선한다고 하였다.[97]

이러한 성문의 로마법과 게르만 고유의 관습법간의 관계정립에 관한 견해의 대립이 있긴 하였지만, 일반적으로는 고유법에서 다른 반대가 있어서 의문을 제기하지 않는 한, 로마법이 전유럽대륙에 있어서 정치이론과 법사고의 기초로서 일반적인 효력이 인정되었다.

(3) 로마법의 신학과 문학에의 영향

로마법은 법의 영역에서만 그 영향력을 지속한 것이 아니라, 신학과 문학에도 영향를 미쳤다. 로마법은 유럽문화의 한 부분으로서 철학자와 문학자의 위대한 저작에서 자명의 것으로 인용되었다.

구체적으로는 Thomas Aquinas(1225-1274)의 저작 신학대전(Summa Theologie)과 단테(Alighieri Dante: 1265-1321)의 신곡(Göttliche Komödie)이 그 대표작이다.

94) D. 1. 3. 32. 1.
95) C. 8. 52. 2.
96) Stein, a. a. O., S. 107.
97) A. a. O., S. 107.

Thomas Aquinas의 정의(正義)의 개념은 Ulpianus의 정의에 관한 "각자에게 그의 것을 주고자 하는 거역할 수 없고, 지속적인 의지"[98](der unwandelbare und dauerhafte Wille, jedem sein Recht zu gewähren)라고 한 말을 인용하고 있다.

그리고 Dante는 Justinianus 대제를 성인으로 묘사하고 있다.[99] 그리고 로마법대전(Corpus Iuris Civilis)을 이성 그 자체와 동일시하였다. 그리하여 비법률분야에서도 로마법대전의 각 조항은 일반적으로 고등교육의 중심내용이 되어 있었다.

이와 같이 로마법은 정치적으로는 신성로마제국이 스스로를 로마제국의 후계국가로 인식하여 로마법을 타국법이 아니라 자국법으로 받아들였으며, 법학자들이 로마법을 학문적으로 발전시키고, 신학과 문학에서 로마법의 내용을 이성적인 것으로 받아들여, 로마법은 서구대륙문화의 불가결의 요소가 되었다. 이렇게 서구대륙문화의 중심내용으로 발전해 간 로마법은 그 중에서도 학설휘찬이었다.

이러한 로마법과 신학 및 교회법과의 결합의 결과는 성서의 사건을 로마법으로 설명하는 방식을 취하여, 기독교와 로마법이 결합하여 하나의 통일적인 서구의 대륙문화를 형성하였다.[100] 당시 중세에는 기독교가 생활화된 것과 같이 로마법이 생활화되어 갔다. 그리하여 성서의 사건을 법률적으로 설명하고 다루는 것이 당시의 시대상이었다. 그러므로 신학과 법이 중세 당시의 하나의 통일적인 기독교 문화의 양면을 이루었다. 14세기에 성서의 사건을 법, 특히 소송의 방식으로, 인간이 죄로 인하여 지옥에 떨어져 지옥이 점점 타락한 인간에 의하여 침탈됨으로 사탄이 인간에 대하여 지옥의 대한 권리를 주장한 것을 소재로 하여 설명한 구체적인 예를 살펴보면, "사탄(즉, 마귀)이 인간에 대하여 소송을 제기하기 위하여 그리스도의 법정에 나타났다. 그리하여 사탄은 인간을 상대로, 인간이 부당하게 지옥을 점유하여 그의 정당한 지옥점유를 침탈하였다는 지옥에 대한 점유침탈의 소(actio spolii)를 제기하였다. 피고인 인간은 지정기일에 출정하지 못하였다. 그리하여 사탄은 그리스도에게 피고의 불출석을 이유로 최종 판결, 즉 궐석재판을 해줄 것을 요청하였다. 그러나 그리스도는 형평을 이유로 하여 재판관으로서의 그의 재량에 따라 재판을 연기하였다. 그 이튿날 성모

98) D. 1. 1. 10. pr.
99) Stein, a. a. O., S. 115.
100) A. a. O., S. 122.

마리아가 인간의 변호인으로서 출정을 하였다. 사탄은 항변하기를 마리아는 여성이기 때문에 변호인으로서 부적격하다는 것과 마리아는 재판관인 그리스도와 특별한 관계에 있기 때문에 인간의 변호인이 될 수 없다고 주장하였다. 그리스도는 사탄의 항변을 기각하였다. 마리아는 주장하기를, 신의 이익을 위하여 사탄에게 지옥을 점유할 수 있는 권리가 주어져 있을 뿐이므로, 그리스도는 사탄의 점유침탈의 소를 기각하여야 한다고 항변하였다. 사탄은 다시 지옥에 대하여 자기의 소유권에 기한 소를 제기하여, 인간의 원죄와 금지된 과실을 먹으면 죽을 것이라는 창세기 제2장 제17절의 신의 아담에 대한 말씀에 근거하여 인간에 대하여 지옥에 대한 그의 소유권을 주장하였다. 이에 대하여 마리아는 항변하기를, 사탄은 그 자신이 인간타락의 원인을 제공하였음으로 어느 당사자도 자기의 부정행위로부터는 이익을 취할 수 없다고 주장하였다. 사탄이 다시 항변하기를, 마리아의 주장은 정당하지만, 정의는 범죄를 처벌하지 아니하지 않는 것을 허용해서는 아니됨으로 인간은 재판관인 그리스도에 의해 비난받아야 한다고 항변하였다. 마리아는 다시 항변하기를 사탄의 이러한 주장은 원고의 불법적인 소의 변경이고, 인간을 위한 그리스도의 자발적인 수난으로 정의는 충족되었다고 결정적인 주장을 하였다. 그리하여 사탄의 청구는 기각되었다"라는 방식으로 설명을 하였다.[101)]

2. 주해학파의 형성배경과 발전

주석학파가 로마법을 너무 형식논리적으로만 연구하여 실무와 깊은 관련을 맺지 못하였다. 그러므로 자연히 로마법의 실용성을 추구하는 방향으로의 법학 연구의 방향전환이 있게 되었다. 주석학파에 의하여 로마법, 특히 학설휘찬에 주석을 다는 방법으로의 로마법연구의 방법을 이어가면서 주석된 로마법의 실용화에 이바지한 법학파가 바로 주해학파(Kommentatoren; Postglossatoren; Konsiliatoren)이다. 이 주해학파는 Accursius의 표준주석의 발간을 기점을 하여 그 이후의 로마법 연구학파를 말한다. 그러나 주해학파가 법실무에로 로마법 연구의 방향을 전환하였지만, 주해학파들이 활용한 소재는 주로 주석학파에 의하여 이룩된 로마법 주석이었다.[102)] 그러나 물론 주해학파는 주석학파의 로마법 연구결과를 기초로 하여 로마법을 더 깊이 있게 해석하고, 발전시켰다.

101) A. a. O., S. 122.
102) Eisenhardt, a. a. O., Rn. 127.

이러한 주해학파의 영향에 의하여 로마법 연구의 학문적 성격이 변화되고, 점점 일상생활의 법적 문제로 향하였다. 따라서 주해학파의 목표는 로마법대전의 법문 그 자체의 설명에 있지 않고, 오히려 중세 후기 사회에 적절한 규범을 찾는 것을 추구하였다. 그리하여 주해학파는 주석학파보다는 로마법대전의 법문에 얽매이지 않았다.[103] 그러나 로마법대전의 권위는 그대로 인정하였다.[104]

주해학파는 그 초기에는 후기주석학파(Postglossatoren)라 불리었다. 그러나 후기 주석학파라는 표현은 주해학파의 법학연구의 특징을 나타내지 못하고 주해학파를 과소평가하는 것이었다. 주해학파는 형식논리를 추구한 주석법학을 실무중심의 실용성을 추구하는 로마법 연구로의 전환을 이룩한 학파이다. 그리하여 주해학파(Kommentatoren)란 이름을 붙이게 되었다. 그리고 주석학파의 법학자들은 소송실무에서 법감정과 법조언(consilica)을 많이 하였기 때문에, 주해학파를 특히 조언학파(Konsiliatoren)이라고도 한다. 이 조언학파라는 명칭은 독일의 로마법학자인 Franz Wieacker가 주로 사용하였다.[105]

그리고 주해학파의 민법학사에서의 중요성은 최초로 국제사법의 법리를 발전시킨 점이다. 로마시대에는 모든 사람이 로마시민이었기 때문에 법적용에 있어서 충돌이 발생하지 않았다. 그러나 중세에는 법적용에 있어서 속지법주의가 관철되어 있었음으로, 서로 다른 도시민간의 상거래에 있어서 적용될 수 있는 법이 서로 달라 법적용의 충돌현상이 발생하였다.

이러한 법적용의 충돌에 관하여, 주석학파의 법학자들은, 모든 사람은 그가 시민인 그 지역(Gemeinde)의 법에 따른다는 견해를 취하였다.[106] 그러므로 서로 다른 도시에 사는 사람들간에 계약을 체결하였을 때에는 법의 충돌이 일어나게 되었다.

로마법대전에서는 이러한 법의 충돌에 관하여는 아무런 규정을 두지 않았으며, 로마법대전으로부터 적절한 규정을 만들어 낼 수도 없었다.[107] 이에 관하여 주해학파의 법학자인 Bartolus는, 사법적 분쟁에 있어서, 절차법은 소가 제기된 법정지의 법을 적용하고, 계약의 방식은 계약이 체결된 지역의 법을 적용하고, 계약이행에 관하여는 이행지의 법에 따른다는 원칙을 정립하였다.[108]

103) Meder, a. a. O., S. 153.
104) Stein, a. a. O., S. 117.
105) Kunkel, a. a. O., S. 164.
106) Stein, a. a. O., S. 119.
107) A. a. O., S. 119.

그리고 법의 충돌은 지역적으로만 일어난 것이 아니라, 세속법과 교회법간에도 일어났다. 특히 유언에 있어서 교회법은 선서가 결정적이었으나, 세속법은 유언의 자유를 인정하고, 선서에 구속력을 인정하지 않았다.[109] 그리하여 세속법에서는 나중 성립한 유언에 그 유효성을 인정하였다. 그러나 중심문제는 철회가 안 되는 유언을 허용할 것인가 하는 것이었다. 이에 대하여 Bartolus는 철회가 허용되지 아니하는 유언은 인정될 수 없다고 하였다.[110]

Bartolus는 교회법을 완전히 무시하지는 않고, 선서가 피상속인의 유언의 자유를 빼앗아가려는 시도로 행하여졌다면 그것은 선량한 풍속에 반한다는 견해를 취하였다. 그리하여 선서가 교회법에서도 구속력을 잃게 되었다. 따라서 Bartolus에 의하여 세속법의 권위를 부인하는 교회법상의 유언은 선서에 의해서도 그 효력을 얻을 수 없다는 원칙을 도출하였다. 결국 Bartolus의 견해가 받아들여졌다.[111]

이와 같이 주해학파는 주석학파의 연구방법을 계승하면서도, 로마법의 실용화에로의 로마법 연구의 방향을 전환하였으며, 속지법주의의 법적용 원칙이 일반화됨으로서 나타나게 된 현실적인 법적 문제로 등장한 법적용에 있어서의 법의 충돌의 문제를 해결하고자 시도하였다. 그리고 로마법과 교회법의 충돌에 있어서는 로마법의 우위를 인정하는 법이론을 정립해 나갔다.

그리고 서양의 중세는 기독교와 로마법이 하나의 통일적인 문화를 형성하였다. 성서의 사건들을 법률적으로 설명하기도 하고, 신학의 대상을 소송의 방식으로 설명하고 다루는 것이 당시의 시대상이었다.[112] 신학과 법은 중세에는 하나의 통일적인 기독교문화의 양면을 이루었나. 그리하여 로마법은 중세에도 그 생명을 이어갔으며, 근세에는 입법적으로 반영이 되었다.

그리고 주해학파는 실무와 관련하여 법학을 다루었음으로 당시의 현행법이었던 많은 분방법(Partikularrecht)상의 의미가 불분명한 많은 법적 문제를 다루게 되고, 로마법을 따라서 이러한 법적 문제들을 해결하였다.[113]

---

108) A. a. O., S. 120.
109) A. a. O., S. 120.
110) A. a. O., S. 120.
111) A. a. O., S. 120.
112) A. a. O., S. 122.
113) Eisenhardt, a. a. O., Rn. 127.

3. 주해학파의 학자들과 그들의 업적

주해학파를 대표하는 학자는 Bartolus(1314-1357)와 그의 제자 Baldus(1327-1400)이다. Bartolus는 실무를 중시하여 법이란 변화하는 사회관계에 적응할 수 있어야 함을 명백히 하였다. 그리하여 Bartolus의 실무중시는 여러 법원간의 충돌문제의 해결에 향하였다. 즉, 로마법과 지방법간, 지방법 상호간, 로마법과 교회법간의 충돌을 해결하는 문제에 그는 관심을 가졌다. 그리고 Bartolus는 볼로냐에서 법학공부를 하고, 로마법대전의 모든 부분에 걸쳐 상세한 주석서를 썼다.

그의 저작은 전시대의 주석학파의 저작을 인용하고 있지만, 거기에다가 법률문제에 대한 실용적인 해결책을 찾았다. 이러한 Bartolus의 법학연구의 방법전환에 의하여, 로마법의 연구가 학문적 성격이 약화되고, 점점 일상생활의 법적 문제로 향하였다. 그의 목표는 로마법대전의 법문 그 자체의 설명에 있지 아니하였다. 오히려 그 시대사회에 적절한 규범을 찾는 것을 추구하였다.[114]

Bartolus의 실무중시는 많은 법원간의 충돌문제의 해결에로 향하였다. 먼저 그는 로마법과 관습법의 충돌문제에 직면하였다. 관습법에 의하면, 증언을 할 때에 3인의 증인만으로 족하였다. 그것은 5인의 증인을 요구하는 로마법[115]과는 충돌되었다. 이에 대해 Bartolus는 로마법에 반하는 관습법을 무효라고 하였다. 그러나 다섯 사람의 상인이 증언을 위하여 그들의 영업을 중단하는 것이 비이성적이라고 판단되면 세 사람의 증언만으로도 충분하다고 하였다. 이러한 방법으로 Bartolus는 로마법의 우위를 지키면서, 관습법과의 충돌을 해결해 나갔다.[116] 그리고 Bartolus는 관습법을 해석함에 있어서도 로마법에서 발전된 해석방법으로 하고, 가능한한 로마법과 다르지 않게 해석하는 원칙을 확립하였다.

그리고 Bartolus는 지역간의 법의 충돌, 로마법과 교회법간의 충돌에 관하여서도 다루었다. 이에 관하여는 앞 항에서 이미 설명하였다.

또한 Bartolus는 로마법대전의 개별규정이 없는 경우에는, 그 로마법대전을 입법하게 된 입법이유(ratio legis)의 조사(즉, 추론)를 통하여, 로마황제의 권위에 기초한 새로운 규범체계를 형성하고자 하였다. 그리하여 바르토루스를 따르

114) Stein, a. a. O., S. 117.
115) C. 6. 23. 31.
116) Stein, a. a. O., S. 119.

는 자(Bartolist)가 아니면 더 이상 법률가가 아니다라고 할 정도였으며, Bartolus의 주장이 법률가들 사이에 일반적으로 받아들여졌으며, 따라서 Bartolus의 주장이 당시에는 지배적인 견해가 되었다.[117] 그리하여 법감정서에서는 Bartolus와 Baldus의 견해를 자주 인용하였다.

Bartolus의 제자 Baldus는 Bartolus의 법학방법론을 계승, 발전시켜, 로마법을 주석하고, 교회법도 봉건법(Lehenrecht)도 주석하고, 소송상의 법감정, 법의견의 형식으로 로마법을 발전시켰다.[118] 그러므로 그의 로마법 연구는 특정 법률사건에서 발생하는 문제에 대한 설명의 형식(consilium)으로 이루어졌다.[119] 이러한 방법으로 주해학파의 법학자들은 로마법을 시대의 필요에 맞게 적용시켜 나갔다.

이와 같이 주해학파의 법학자들 중에서, Bartolus는 실무상으로 제기되었던 주로 법의 충돌문제의 해결을 위하여 로마법을 연구, 발전시켜 나갔으며, Baldus는 구체적 소송사건에 법감정, 법의견의 방법의 조언을 통하여 로마법의 실용화에 기여하였다.

4. 주해학파의 법학방법

주해학파는 주석학파와는 달리 단어의 주석에 머물지 아니하고, 로마법대전의 법문을 명백히 하려고 하였으며, 실무상의 문제와 관련하여 로마법을 해석하려고 하였다. 그러나 주해학파의 로마법 해석도 역시 주석학파에서와 같이 새로운 이론적 기초 위에 로마법을 바꾸어 나가려고 한 것이 아니라, 해석의 방법으로만 로마법을 새롭게 하려고 하였다.[120] 그리고 로마법대전의 아주 상세한 논리적 분석, 로마법의 확장해석(interpretatio extensiva), 대담한 유추적용을 통하여 로마법을 새롭게 하고 실용화를 실현하고자 하였다.[121] 따라서 주해학파도 역시 주석학파와 마찬가지로 근대의 개념법학의 역사적 기초를 제공하였다.

---

117) A. a. O., S. 121.

118) Baldus는 당시에 다부어시던 상속인 지정에 관한 법감정으로 거액(15,000 Dukaten)을 벌었다고 한다(Vgl., Meder, a. a. O., S. 153).

119) Stein, a. a. O., S. 121.

120) Meder, a. a. O., S. 156.

121) A. a. O., S. 156.

5. 주해학파가 민법학에 미친 영향

주해학파는 실무와 관련하여 로마법을 발전시켰다. 이는 법의 발전은 실무와 관련하여 이루어짐을 실증적으로 보여주는 것이다. 법, 그 중에서도 민법의 발전은 실무와 관련하여야 한다. 그리하여야만 민법이 발전할 수 있는 것이다. 추상적인 형식논리만으로는 민법이 발전하는 데는 한계가 있다. 주해학파는 로마법의 전통을 인정하고 받아들였으며, 실무와의 관련을 통하여 구체적인 문제를 해결하는 방법으로 민법을 발전시켰다. 이는 바로 민법은 생활 속의 법이므로, 실무와 관련을 가져야 발전함을 보여주는 것이다. 당시에는 상소법원의 판례가 없었기 때문에 법학자들의 주장이 우월적 지위를 차지하였다. 그리고 주해학파는 유스티니아누스 대제의 법률보다는 Accursius의 표준주석을 더 가까이 하였다.[122]

그리고 주석학파와 주해학파를 통하여 로마법, 그 중에서도 학설휘찬이 대륙에 계수될 수가 있게 되었다. 계수된 로마법은 유스티니아누스 대제의 법 그 자체가 아니라 주석된 로마법이었다. 그리하여 로마법이 대륙에 계수될 수 있도록 로마법을 가공한 민법학이 바로 주석학파와 주해학파이다.

또한 로마법대전이 시대의 변화에도 불구하고 실효성 있는 법으로 발전시킨 법학이 바로 주해학파이다. 구체적으로는 유추해석, 확장해석 등을 통하여 로마제국시대의 로마법대전을 신성로마제국의 현행법으로서의 로마법으로 발전시켰다. 그리하여 로마법이 대륙민법의 역사적 뿌리로 자리잡게 하였다.

이와 같이 주해학파는 법과 시대사조간의 관련을 중시하여 법을 당시의 사회실정에 적응시키려고 노력하여, 로마제국시대의 로마법을 살아있는 법, 실용가능한 법을 만들어, 로마법을 대륙에 계수될 수 있도록 그 학문적 작업을 한 것으로 평가할 수 있다.

그리고 주해학파는 법사에 있어서 근대 상법과 국사사법의 기초를 놓았다.[123] 그리고 법에 있어서의 개념을 사용한 공적이 인정되며, 유럽에서 로마법으로써 유럽의 보통법(ius commune)을 만들어 내었다.[124] 그리고 주해학파는 대담한 유추로써 로마법대전(Corpus Iuris Civilis)을 법현실에 부응시켰다.[125] 또한

122) Eisenhardt, a. a. O., Rn. 128.
123) A. a. O., Rn. 128.
124) A. a. O., Rn. 129.
125) A. a. O., Rn. 128.

주해학파는 개별사건에 대한 판결을 추상화하여 법의 일반원칙을 도출하였다.[126]

이와 같이 주석학파에 의하여 시작된 주석을 다는 방법으로의 로마법대전의 연구는 주해학파에 의하여 실무에 깊이 관련을 갖게 되었으며, 결국 법실무를 통하여 로마법이 더욱 발전되고 실용화되었다. 따라서 법의 발전은 실무와 관련하여야만 함을 역사적으로 다시 한번 실증해 보여준 것이었다. 그리고 아주 자세한 논리적 분석과 함께 과감한 유추를 통하여 과거의 유스티니아누스 대제의 법률을 현실에 부응할 수 있도록 하였다.

제 3 절 중세 로마법학에 대한 법정책적 평가

중세의 로마사법을 연구한 법학파인 주석학파와 주해학파는 창조적인 로마법의 발전에는 기여하지 못하였지만, 로마제국시대의 로마법, 특히 로마법대전 중 학설휘찬의 내용을 정리하고 체계화한 공로가 크다. 카주이스틱한 로마법대전 중의 학설휘찬의 내용을 정리하고 그 의미를 보다 분명히 함으로써 로마법이 시대를 시나서도 여전히 그 법적 효력을 유지할 수 있도록 하였다.

또 한편으로 게르만민족의 국가였던 신성로마제국이 스스로를 전시대의 로마제국의 후계국기라고 인정함으로써, 정치적, 현실적으로 전시대의 로마법이 당시에 현행법으로서 적용되는데 아무런 이념적 장애가 없었다. 이와 같이 로마제국시대에는 법학자들이 원수의 권위를 받아 로마법을 빌진시긴 것과 같이, 중세에서도 역시 로마법이 정치권력의 후원에 힙입어 계속적으로 그 효력을 유지할 수가 있었다. 이처럼 로마법은 로마제국시대나 중세에나 강대한 정치권력의 후원하에서 발전하였음을 알 수 있다. 이는 법이란 국가권력이 강대할 때에 발전하는 속성을 가지고 있음을 반증하는 것이다.

물론 로마법의 내용이 시대를 초월해서 그 가치가 인정될 수 있는 인류보편적인 가치를 담고 있었기 때문에, 당시의 정치권력에 의하여 그 효력이 인정될 수가 있었음은 사실이다. 그러므로 법의 발전은 그 내용이 인류보편적인 가치를 담고 있어야 하고, 다른 한편으로는 정치권력의 후원과 지지가 뒷받침되어

---

126) A. a. O., Rn. 128.

야 가능한 것이다.

그리고 로마사법은 기독교의 도움으로 더욱 발전할 수 있었다. 성서연구의 방법론으로 활용되었던 스콜라철학의 영향으로 로마법도 역시 스콜라적 연구방법에 의하여 발전되었다. 또한 성직자들이 로마법을 연구하여 로마법의 내용을 교회법의 구성요소로 만들어 나감으로써 로마법이 발전할 수 있었다. 그러므로 로마사법은 성서의 가르침과 성서연구의 방법론 및 성직자들의 노력에 의하여 발전할 수가 있었다. 따라서 로마사법의 내용은 성서의 가르침으로 그 내용이 더욱더 풍성해지고, 인류보편적인 가치를 담게 되어, 로마사법이 시공(時空)을 초월한 가치로 발전할 수 있게 되었다고 평가된다.

이러한 시대적 배경과 로마법의 주석과 주해에 의하여 로마법이 대륙에 계수될 수가 있게 되었다. 유럽대륙에서 계수된 로마법은 고전시대의 로마법학자들의 학설로마법도 아니고, 유스티니아누스 대제의 로마법대전 그 자체도 아니다. 주석학파와 주해학파에 의하여 주석된 로마법이 유럽대륙에 계수가 되었다. 이렇게 유럽대륙에서 로마법이 계수될 수 있도록 로마법을 정리하고 시대에 맞게 가공한 법학파가 바로 주석학파와 주해학파이었다. 주석학파와 주해학파는 근대 대륙에서 로마법의 계수가 가능할 수 있도록 로마법을 발전, 가공한 점이 가장 큰 역사적 가치이고 업적이라 평가할 수 있다.

이러한 주석학파와 주해학파의 로마사법의 가공과 중세의 정치적인 배경, 종교적인 배경에 힘입어 유럽대륙에서 로마법은 보통법(ius commune)으로서의 효력을 가질 수 있게 되었다. 이렇게 하여 로마사법은 고전시대에는 법학자들의 법창조적 활동에 의하여 형성, 발전하고, 유스티니아누스 대제에 의하여 이를 입법적으로 정리하고, 다시 중세의 주석학파와 주해학파에 의해서 그 체제, 내용이 정리되고, 시대에 맞게 가공되어 발전하였다. 이러한 로마사법의 발전과 계승이 가능하였던 것은 당시의 정치권력이 이를 지원, 후원하고, 교회가 이를 받아들이고, 성서의 가르침으로 로마법이 계속적으로 수정되고 가다듬어졌기 때문이었다.

그러나 중세의 주석학파와 주해학파에 의한 로마법은 법실무와의 관계가 로마의 고전시대와 같이 밀접하지 못하여, 법학이 형식적, 사변적으로 발전하게 되었고, 그것이 훗날 개념법학의 역사적 기초가 된 것은 비판을 받아야할 일로 평가된다.

특히 게르만인들의 국가였던 신성로마제국은 그들의 역사적 기초에 있어서,

그들 고유의 언어가 없었으며, 그들 고유의 종교가 없었으며, 그들 고유의 문화가 발달하지 못하였기 때문에, 로마제국을 그들의 전임국가로 인정하고, 기독교를 받아들여 그들의 국교로 인정하였으며, 로마제국의 법을 그들 고유의 법으로 받아들였다. 이는 바로 발전된 문화는 문화가 발전되지 못한 민족, 국가, 지역에로 전수되는 역사적 진리를 보여주는 것이다. 그러므로 법문화의 발전은 자국법의 고유성과 정체성을 정립하고 발전시켜야 함을 보여주는 것이다. 따라서 법의 발전은 자국법의 정립과 발전에 기초하여야 하지, 그러하지 못할 때에는 타국법에 의하여 완전히 지배되고 만다는 역사적 진리를 깨달아야 한다. 법을 발전시켜 나감에 있어서는 자국법의 고유성과 정체성의 바탕 위에서 타국법을 계수하여 자국법을 더욱 좋은 법으로 발전시켜나가야 한다.

제 4 장
근세 로마민법학의 발전

제 1 절 개 설

근세는 중세를 지배한 기독교의 하나님 중심의 사회에서 인간을 발견하고 인정하는 것으로 시작되었다. 중세는 정신적으로는 기독교에 의하여 지배되고, 정치적으로는 왕과 영주의 지배권력이 인간을 완전히 구속하였으며, 사회적으로는 신분에 인간이 얽메여 살아야만 하였던 시대였다. 그러므로 중세 시대의 인간은 정신적으로, 정치적으로, 사회적으로 구속적인 존재였다.

그러나 시대의 흐름에 따라서 인간은 이러한 구속으로부터의 해방을 절규하게 되고, 인간 그 자체의 존재가치에 대해 관심을 갖기 시작하였다. 그것이 바로 근세초기의 인문주의(Humanismus), 인본주의이었다. 그러하여 근세는 인간의 발견과 인간존재의 인정에서부터 시작되었다. 그러한 인간의 발견, 인간존재의 인정은 바로 인격의 인정과 인격의 자유의 인정으로 이어졌다.

이와 같은 근세의 인간의 발견, 인격의 인정과 인격의 자유전개의 인정은 그 기초를 고대에서 찾았다. 그리하여 근세의 인문주의는 고대의 철학, 예술 등에서 인간의 자유존재성의 발견과 인격의 자유를 찾았다. 이러한 시대의 변화에 따라서 로마법학도 역시 고대의 로마법의 발견과 재생으로 다시 되돌아갔다. 그리하여 고대, 중세를 거친 로마법학은 복고학파(Humanisten)를 시작으로 로마고전기의 로마법의 연구와 그 복원으로 되돌아갔다.

그러므로 로마법은 로마제국의 고전기를 거치면서 당시의 법학자들의 학설에 의하여 융성하고, 유스티니아누스 대제에 의하여 그 고전기의 로마법이 성문법으로 정리, 입법되고, 다시 중세의 주석학파와 주해학파에 의하여 성문화된 로마법이 학문적으로 연구되었다. 이렇게 학문적으로 연구, 정리된 로마법은 고전기의 본래의 로마법과는 많이 달라지게 되었다. 그리하여 다시 고전기

로마법을 복원하여 순수한 본래의 로마법의 복원과 재생을 추구하는 방향의 로마법학이 형성되었다. 그러한 로마법학이 바로 복고학파이었다. 이 복고학파에 의하여 로마법은 다시 한번 정화(淨化)될 수 있게 되었다. 이러한 복고학파에 의한 로마법의 정화는 로마법이 대륙 각국은 물론 세계의 여러 나라로 계수될 수 있기 위한 로마법의 학문적 정비과정이었다.

한편으로 로마법은 대륙에 계수가 이루어졌다. 프랑스에서는 일찍부터 남쪽 지방을 중심으로 이태리의 발달한 로마법이 침투해 들어왔으며, 로마인을 위한 로마법의 성문화(成文化)가 이루어졌다. 그리고 학문적으로도 로마법의 연구가 활발히 진행되었으며, 복고학파는 프랑스에서 가장 발전을 하였다. 그리하여 프랑스에서는 주로 입법적 방법, 다시 말하면 속인법주의 시대에는 로마인을 위한 로마부족법의 입법으로, 속지법주의 시대에는 관습법으로 존재하였던 로마법의 입법의 방법으로 로마법의 계수가 이루어졌다.

독일에서는 로마법이 사법적(司法的), 실무적으로 장기간에 걸쳐서 계수가 이루어졌다. 그리고 끝내는 로마법이 독일의 보통법(gemeines Recht)으로 발전하고, 다시 계수된 로마법은 학문적으로 연구가 이루어졌다. 계수된 로마법을 연구한 독일에서의 로마법학이 바로 판덱텐법학(Pandektenwissenschaft)이었다. 이 판덱텐법학을 독일의 보통법학이라고도 한다.

이와 같이 계수된 로마법은 근대의 계몽주의와 자연법론의 영향에 의하여 인간의 자유의 이념과 결합하게 되어, 근대의 자유주의, 개인주의를 기초로 하는 자본주의 민사법으로 발전을 하게 되었다. 이처럼 계수된 로마법은 보통법으로서 그 효력이 인정되고, 자유의 이념과 결합하여 근대 자본주의 민사법의 중심내용을 차지하게 되고, 학문적으로 체계화가 이루어지고, 근대의 중앙집권적인 절대국가가 형성됨으로써, 유럽대륙의 각국의 근대민법전으로 성문화가 이루어지게 되었다.

이와 같이 계수된 로마법이 대륙 각국의 성문민법전으로 입법이 이루어지고, 그 성문민법은 다시 세계의 여러 나라에 계수가 됨으로써, 로마법은 대륙에서 뿐만 아니라 세계 각국의 민법의 중심내용으로 되었다.

이처럼 로마법은 그 형성과 입법적 정리, 그리고 연구에 의한 발전과 자기정화를 거치고, 다시 입법과 계수의 과정을 거쳐, 이제는 유럽대륙뿐만 아니라 세계 각국의 민사법의 중심내용을 이루고 있다. 이렇게 로마법의 형성에서부터 연구와 세계 각국의 민사법으로의 발전의 근본적인 원동력은 모두 법학자들의 학문적 노력이었다. 그리고 로마법 연구의 중심지도 이태리에서 출발하여, 프랑스를 거쳐, 오늘날은 독일로 바뀌게 되었다.

본장에서는 근세에 로마법을 발전시킨 법학파와 근대독일에서의 로마법의 계수와 그 후의 계수된 로마법의 발전에 관하여 살펴보기로 한다.

제 2 절 복고학파(Humanisten)에 의한 민법학의 발전

Ⅰ. 인문주의의 시작과 복고학파의 형성

주석학파와 주해학파에 의하여 로마법대전, 그 중에서도 학설휘찬의 내용이 주석을 통하여 그 내용이 밝혀지고 실무에도 크게 활용이 되었다. 즉, 15세기에는 Bartolisten에 의해 발전된 로마법에 의한 보통법(ius commune)이 전유럽에 퍼졌다. 이렇게 발전된 보통법이 유스티니아누스 대제의 법과는 멀어졌지만, 그 독자적인 권위를 갖게 되었다.[1] 실무가들은 유스티니아누스 대제법의 원전, 주석서 및 주해서가 법의 완전한 이해를 위하여 필수불가결한 모든 것을 함유하고 있다고 확신하였다. 이와 같이 주석학파와 주해학파에 의하여 로마법대전은 시대의 변화에 맞게 그 내용이 많이 변질되었다.

이러한 로마법 연구의 흐름에 대해 새로운 로마법 연구방법이 형성되었다. 그것은 중세의 기독교의 구속으로부터 벗어나 개인의 존재와 권위를 인정하려는 인문주의(Renaissance)의 영향에 힘입어 형성된 복고학파(Humanisten)이었다.

민법학사에 있어서 복고학파는, 당시의 인문주의자들이 고대 그리스와 로마의 문학, 예술의 재생을 추구한 그 방법을 따라서 로마법의 원전을 발굴하고 연구하고 재구성을 하는 방법으로 로마법을 연구하였다. 그러므로 복고학파의 이해를 위해서는 당시의 사회사조이었던 인문주의에 대한 이해가 필요하다.

인문주의는 14세기 이태리에서 생성되어, 전유럽에 확산되었다. 인문주의의 중심적인 특징은, 그리스, 로마의 고대의 재생이었다. 그리고 인문주의자들은 개인을 권위적인 중세의 기독교의 구속으로부터 끌어내어 개인을 인격적인 존재로 그 인간성의 회복을 추구하였다. 이러한 인간성의 회복을 인문주의자들은

1) Stein, a. a. O., S. 123.

그리스와 로마의 고대에서 그 단초를 구하였다.

그리하여 인문주의 시대에는 고고학적 열풍이 불어 옛 그리스, 로마의 문화 유적의 발굴작업이 성행하였다. 더욱더 건축물이나 예술품보다 더 중요한 발굴 대상은 그리스어나 라틴어로 된 고대의 저작(즉, 작품)들이었다. 인문주의자들은 이러한 저작들을 진리와 인식의 순수한 원천(Quelle)으로 받아들였다.[2] 15세기에 책 발굴작업이 시작되어, 그 결과 그리스, 로마의 원전의 사본이 발굴되었다.

그리고 고대의 것의 재생은 단순히 고대의 것을 발굴하는 의미뿐만 아니라 구체적인 정치적인 의미가 있었다. 교황이나 영주 등 당시의 실력자들은 편지를 쓰거나 연설을 위하여 인문주의자들의 도움을 필요로 하였다. 그리하여 Cicero의 편지, 원로원에서의 연설문, 중요한 논문들[3]이 당시의 실력자들의 편지나 연설문에 인용이 되었다.[4] 이렇게 라틴어 그 자체도 인문주의자들에 의하여 연구되고, 라틴어로 된 편지를 쓰는 방식서도 인문주의자들에 의하여 발간이 되었다.[5]

이와 같이 그리스, 로마의 고대에 대한 연구를 불러일으킨 인문주의의 시대의 흐름에 따라서, 로마법의 연구도 로마법대전의 근원이 된 고전시대의 로마법학자들의 학설로 구성된 로마법의 연구로 되돌아갔다. 그리하여 로마법을 시대상황에 맞게 발전시킨 것이 아니라, 언어학적, 고고학적으로 로마법의 원전의 파악, 발굴, 재구성으로 로마법연구의 방향이 형성되었다. 이러한 로마법 연구방법의 형성이 바로 복고주의이다. 이러한 복고주의는 프랑스에서 발전되었다.

또한 인문주의적 개혁운동은 법학교육에 시, 수사학, 역사 및 윤리학과 같은 전문분야의 높은 가치를 도입할 것이 강조되었다. 그리하여 법학의 독자적 성격을 강조하였던 주석학파 및 주해학파와는 달리 인문주의적 복고법학의 강령은 학제간(interdisziplinär)이었다.[6]

그리고 인문주의는 실재론(Realisten)과 유명론(Nominalisten)의 논쟁에서 유명론을 따랐다. 실재론은 보편적, 일반적인 것이 실재하고, 보편적인 것이 개별적인 것에 앞선다고 하였다. 그러나 유명론은 보편적, 일반적이라는 것은 단순히 이름뿐이며, 개별적인 것이 보편적인 것에 앞선다고 주장하였다. 이러한 논

2) Meder, a. a. O., S. 160.
3) 특히 Cicero의 논문이 자주 인용된 중요한 논문이었다.
4) Meder, a. a. O., S. 160.
5) A. a. O., S. 160.
6) A. a. O., S. 163.

쟁의 영향으로, 스콜라철학은 실재론을 따랐다. 그러나 인문주의자들은 유명론을 따랐다.[7)]

이러한 인문주의 시대의 전개에 힘입어 로마법의 연구도 로마법의 원전 그 자체를 찾아 발굴하고, 재구성하는 방향으로 로마법을 고고학적으로 연구하게 되었다. 그러한 로마법의 연구를 복고학파가 맡아 수행을 하였다.

Ⅱ. 복고학파의 연구방법

15세기 중엽에 Pavia의 복고주의자들은 학설휘찬이 고전법학자들의 원전의 내용을 발췌하여 편찬되었다는 사실에 놀랐다. 트리보니아누스는 고전시대 법학자들의 원전을 질서 있게 선별하지 못하였고, 원전이 절단되기도 하였으며, 언어상으로도 우아한 라틴어가 아니라 야만적인 것이라는 것을 알게 되었다.[8)]

그 후 복고주의자였던 Lorenzo Valla는 그의 저서에서 고전법학자들의 라틴어의 우아함을 찬양하고, Tribonianus를 비판하고, 중세법학자들의 저작의 비속한 라틴어를 비판하였다.[9)] 이렇게 복고주의 법학은 언어학의 도움을 받아 문체가 수려한 우아한 법학(elegante Jurisprudenz)으로 발전하게 되었다.[10)]

15세기에 이태리의 복고주의자들은 학설휘찬의 원전도 오류가 있다는 것을 알았다. 그것은 Tribonianus가 학설휘찬을 편찬하면서, 고전시대 법학자들의 법문을 그대로 인용한 것만이 아니라 가감, 삭제, 수정을 가하였다는 사실을 알게 되었다. 이러한 가감, 삭제, 수정을 Tribonianus의 수정(interpolatio)이라 한다.

또한 주석학파와 주해학파의 법학자들은 보급용이었던 학설휘찬의 볼로냐 사본(Digesta Vulgata)을 이용하였다. 그러나 복고주의자들은 학설휘찬의 플로렌스 사본이 더 오래되고, 원본에 더 가깝다는 사실을 알았다. 그러나 플로렌스 사본은 로마법 연구에 이용되지 못하였다. 왜냐하면 그 접근이 허용되지 않았기 때문이었다.[11)]

16세기 중엽에 복고주의자들은 양이 엄청난 주석서와 주해서로부터 고전시대의 고전로마법의 원전을 구별해 내는 일에 몰두하였다. 그리하여 1508년 프

7) A. a. O., S. 163.
8) Stein, a. a. O., S. 124.
9) A. a. O., S. 124.
10) Kunkel, a. a. O., S. 167.
11) Stein, a. a. O., S. 125.

랑스의 Budaeus(1467-1540)는 판덱텐소묘(Anmerkungen zu den Pandekten)에서 학설휘찬의 내용 그 자체보다, 학설휘찬에 나타나는 일반적으로 쓰이지 않는 표현과 그 표현 속에 내재된 고전시대의 생활에 관한 정보를 얻는 데 관심을 기울였다.[12] 그리고 Budaeus는, 프랑스에서는 "주석학파가 인정하지 않는 것은 법원도 인정하지 않는다"(quidquid non adgnoscit glossa, non adgnoscit curia)는 원칙이 적용되지 않는다고 하였다. 그는 프랑스에서는 주석학파가 인정하는 법원보다 법원을 더 넓게 인정하고자 하였다.[13]

그리고 독일의 역사법학자들도 역시 그 학문적 뿌리는 복고주의에 두고 있다. 그리하여 독일의 역사법학은 고전로마법의 연구에 치중하였으며, 그러한 연구태도는 바로 복고주의의 계속이었다. 그 결과 18-19세기에 와서 고대로마법의 연구가 독일의 역사법학파에 의하여 다시 융성을 하게 되었다. 그러한 고대로마법 연구를 이끌어 간 법학자는 바로 Savigny(Friedrich Carl von: 1779-1861)이었다.

이와 같이 복고주의자들은 유스티나아누스 대제의 입법의 원전들은 6세기의 비잔틴법도 담고 있고, 2-3세기의 고전로마법도 담고 있다고 하였다.[14] 이러한 복고주의자들의 주의깊은 연구로 고전로마법의 원전을 복구할 수 있었고, 12표법도 재구성할 것을 시도하였다. 복고주의자들은, 12표법은 아테네의 Solon에 의한 입법에 영향을 받았기 때문에,[15] Solon의 모든 규정을 12표법의 재구성에 끌어드렸다.[16]

그리고 복고주의자들은 interpolatio의 연구에 몰두하였다. 그리하여 Alciatus(1492-1550)에서 Cujas(1522-1590)에 이르기까지 인문주의자들이었던 복고학파의 법학자들은 유스티니아누스 대제가 발표한 법전의 원문을 재생시키고자 하였다.[17]

이와 같이 복고주의자들에 의한 고전로마법의 원전과 그 후의 시대의 변화에 따라서 변화된 로마법의 차이의 연구를 통하여, 로마법은 로마사회의 상황에 의존하며, 사회의 변화에 따라서 법도 변한다는 사실을 인식하게 되었다.[18]

12) A. a. O., SS. 125-126.
13) Meder, a. a. O., S. 166.
14) Stein, a. a. O., S. 129.
15) Solon의 법은 Plutarch에 의해서 로마에 알려졌다.
16) Stein, a. a. O., S. 129.
17) Meder, a. a. O., S. 167.
18) Stein, a. a. O., S. 129.

그리고 특정시대의 법은 그 시대의 정치적 관계로부터 항상 영향을 받는 것도 인식하였다.[19] 특히 로마법의 발전은 정치변화와 평행한다는 사실을 알았다.[20]

그리고 복고주의자들의 로마법과 로마사회의 관계의 강조 및 로마법의 원전의 강조는 로마법대전이 누려온 명성을 침해하였다. 그럼에도 불구하고 복고주의자들에 의한 로마법 원전의 연구에 의하여, 고전 로마법학자들의 원저작들은 법적 문제에 관하여 시공을 초월한 합리적이고 정의로운 해결의 원천으로 인식되었다.[21]

그리고 복고주의자들은 법을 논리적으로 일반적인 것에서부터 특수한 것으로 설명할 수 있다는 견해를 주장하였다.[22] 그 전의 주석학파 및 주해학파는 이러한 방법을 알지 못하였으며, 로마법의 합리적인 질서를 알지 못하였다. 그러나 복고학파는 로마법 연구를 체계화하였다. 그리하여 복고학파에 있어서는 로마법대전 중 법학제요(Institutiones)가 가장 체계적인 입법으로 받아들여졌다.[23] 그러나 법학제요는 주해학파들에게는 주목을 받지 못하였다.

Ⅲ. 복고학파의 법학자들과 그들의 업적

복고주의 법학은 인문주의의 태동의 영향으로 이태리에서 출발하였으나, 프랑스에서 그 꽃을 피웠다. 즉, 로마법의 원전의 재생을 위한 복고주의 학파의 로마법연구는 파리대학에서 로마법 연구와 강의가 금지되었기 때문에, 남불의 오를레앙(Orléans)대학을 중심으로 융성을 하였다. 오를레앙의 법학자들은 로마법의 자료를 질서정연하게 정리하는 시도는 하지 아니하고, 로마법대전의 모든 부분을 자세히 설명하고 법문의 근원을 추적하는 방법을 취하였다. 이것이 바로 프랑스에서의 복고주의의 시작이었다.

오를레앙에서의 복고주의적 로마법의 연구를 주도한 학자는 Cinus[24]였다. 그는 Dante의 친구로서, 그의 연구방법과 연구결과는 거꾸로 이태리에 역수입이 되었다.[25]

---

19) A. a. O., S. 129.
20) A. a. O., S. 130.
21) A. a. O., S. 131.
22) A. a. O., S. 150.
23) 이와 같이 복고학파가 법학제요의 체계를 가장 선호하였고, 이에 따라서 로마법을 체계화하고자 하였기 때문에 프랑스민법전이 Institutionensystem으로 편찬된 것으로 판단된다.
24) 주해학파의 법학자였던 Bartolus는 Cinus의 지도를 받았다(Vgl., Stein, a. a. O., S. 116).

프랑스에서의 복고학파의 법학자로는 Jacobus Cujas(Cuiacius라고도 표기, 1522-1590)와 Hugo Donellus(1527-1591)를 들 수 있다. Cujas는 그리스어학자이면서 가장 위대한 복고주의자로서, 그는 로마법대전의 법문에 대한 가장 위대한 비판자였으며, 학설휘찬의 Florenz 사본의 중요성을 인정하였다. 그리고 Cujas는 interpolatio 연구의 선구자이었다. Cujas는 특히 로마법학자 중 Papinianus를 그리스도와 같은 품위가 있는 학자로 평가하였다. 그는 17세기의 상황에서, Papinianus는 비록 이교도이었지만 법의 변함없는 도덕적 가치의 수호자로 받아들였다.[26]

법에 있어서의 도덕적 가치를 수호하고자 하였던 파피니아누스의 법률관은 학설휘찬 제28권 제7장 제15절[27]에 잘 나타나 있다. 그는 비도덕적 행위를 상속인에게 요구하는 유언은 무효라고 하였다. 왜냐하면 그것은 불가능한 조건이기 때문이라고 하였다. Papinianus는 사랑, 명예, 경외(敬畏)의 요청에 반하는 것은 선량한 풍속에 반하는 것으로서 이를 행할 수 있다고 믿어서는 않된다고 믿었던 것이었다.[28] 이러한 Papinianus는 Caracalla 대제하에서 자기의 확신 때문에 자기의 생명을 희생당했다. 17세기의 시인이었던 Andreas Gryphius는 1659년에 Papinianus를 비극의 영웅, 위대한 법률가로 묘사하였다.[29]

Donellus는 프랑스 법사에 있어서 가장 위대한 체계완성자(Systematiker)이었다. 즉, 그는 partitio(분리)방식을 확립하여, 전체를 세분하고 그 세분된 내용을 자세히 설명하는 방식을 채택하였다. 그리하여 Donellus는 법(ius)을 개인의 권리로 이해하고, 법은 각자에 그의 것을 주는 것이라고 파악하였다. 그리하여 로마법을 권리에 관한 법으로 이해하였다. 그리고 신(神)의 법은 공익에 관한 법이며, 사법은 개인에 봉사하는 법으로 이해하였다. 그러므로 시민법은 사법이라고 하였다. 그리고 사법은 학설휘찬 50권중 49권, 칙법휘찬 12권 중 9권이 이에 속한다고 분류하였다. 또한 그는 사법을 실체법과 절차법으로 구분하고,

25) Stein, a. a. O., S. 116.

26) A. a. O., S. 177.

27) D. 28. 7. 15: A son who was in parental power, appointed heir under a condition which the senate or the emperor disapproves, may upset his father's will, as if the condition were one not in his power: for any acts which offend our sense of duty , our reputation, or our sense of shame, and, if I might speak generally, which are done against sound morals, it is not to be accepted that we are even able to do.

28) A. a. O., S. 177.

29) A. a. O., S. 177.

actio를 소송절차로 이해하였다.[30] 실체법은 권리에 관한 법으로서 이는 다시 소유에 관한 권리와 채무자에 대한 권리로서, 전자에는 다시 생명, 자유 등의 자유인에게 귀속되는 권리와 물건에 관한 권리로 나누고, 후자는 다시 계약으로 인한 권리와 불법행위로 인한 권리로 나누었다.[31]

그리고 Donellus는 1579-1587년에 네덜란드의 Leiden 대학에서 가르쳤으며, 그의 제자 중에 Hugo Grotius가 있었다.

François Connan(Connanus)(1551년 사망)은 법학제요의 연구로부터 출발하여, 사법을 인법, 물법, 소송법 순으로 체계화하고, 소송법(actiones) 편에 채무, 혼인, 상속, 유언을 포함시켰다.[32][33] 그리고 소권(actio)를 인간의 모든 행동을 포괄하는 것으로 이해하였다. 따라서 그는 소권을 인간의 행위로 이해하였다.[34]

그리고 Dionysius Gothofredus(1549-1622)는 유스티니아누스 대제의 법전 중, 법학제요, 학설휘찬, 칙법휘찬의 3개의 법전과 신칙법전을 모아 1583년에 로마법대전(Corpus Iuris Civilis)이란 이름으로 출판을 하였다. 그의 아들 Jacobus Gothofredus(1582-1652)도 복고주의 법학자였다. 로마법대전의 출판으로 이 시대에는 로마법대전이 유럽대륙에서 보통법(ius commune)의 중심적인 법원이 되었다.[35]

복고학파의 시작은 이태리에서 일어났지만, 프랑스에서 이를 크게 발전시킨 관계로, 이태리에서의 복고학파는 오히려 프랑스로부터 영향을 받게 되었다. Polizian, Andreas Alciatus(1492-1550) 등에 의하여 이태리에서 복고학파가 발전되었다.

그리고 프랑스의 복고주의 법학은 남독일에도 영향을 주었다. 그 결과 독일의 Ulrich Zasius(1461-1535)는 실제문제의 해결을 위해 학설휘찬의 법조문을 찾는 것보다는 원전의 본래의 의미를 찾는데 중점을 두었다.

프랑스에서의 복고학파의 법학자들은 개신교신자가 많았다. 그런데 프랑스에서는 종교개혁 후 신구교도간의 다툼이 계속되던 중 1573년 바르톨로메(Barthélemy) 대학살 사건이 일어났다. 이 바르톨로메 대학살 사건이 일어난 후, 복

30) A. a. O., S. 152-153.
31) A. a. O., S., 153.
32) A. a. O., S. 151.
33) 그 전에는 유언과 무유언상속(無遺言相續)이 물법에 속해 있었다.
34) Stein, a. a. O., S. 151.
35) Meder, a. a. O., S. 168.

고주의 법학자들은 프랑스를 탈출하여 이웃 네덜란드와 독일로 피난을 가게 되어, 프랑스에서의 복고적 로마법 연구는 약화되었다. 그 결과 1608년부터는 네덜란드의 라이덴(Leiden)대학이 복고주의 법학을 이어받아 로마법을 연구하게 되고,[36] 보다 근본적으로는 독일에서 복고주의적인 로마법의 연구가 계승, 발전하게 되었다.

이와 같이 로마법의 학문적 연구는 이태리에서의 주석학파를 시작으로 하여 주해학파에 의하여 더욱 발전하고, 프랑스에서 다시 한번 고전 로마법의 원전의 발굴과 재생의 노력으로 로마법의 본래의 모습이 다시 한번 정리되고, 그리고 나서 독일에서의 역사법학파에 의하여 다시 한번 융성하게 되었다. 이와 함께 로마법 연구의 중심지도 이태리에서 프랑스를 거쳐 독일로 옮겨지게 되었다. 이러한 로마법의 연구를 통하여 로마법은 시대를 초월하는 불멸의 민법의 기초로 자리잡게 되었다.

Ⅳ. 복고학파에 의한 관습법의 연구

복고학파의 법학자들은 그들의 연구를 로마법에 한정하지 아니하고 15세기 후반부터는 관습법도 연구를 하였다.[37] 당시 법정에서는 로마법이 적용되었지만 신성로마제국의 고유한 전통의 관습범도 큰 부분을 차지하였다.

그러나 관습법은 입법에는 거의 영향을 주지 못하였다. 그러나 프랑스에서의 관습법은 성문화되었다. 그것은 프랑크왕국의 국왕은 15세기 중엽에 영주들에게 그들의 관습법을 입법하도록 지시하였다. 그러나 지방의 영주들은 입빕을 태만히 히였다. 중앙의 프랑크 국왕은 고급판사를 지방에 파견하여, 그들에게 왕의 대리인으로서의 권한을 주어 지방의 관습법을 성문화하도록 하였다.[38]

이러한 변화에 힘입어 16세기 중엽에 옛 프랑크왕국의 지역관습법이 입법화되었다. 관습법을 입법한 다음에는 로마법연구의 방법에 따라서 입법화된 관

---

36) Leiden대학을 중심으로 로마법연구의 Holland학파가 형성되었으며, Leiden대학에서는 Voet(1647-1713), Bynkershoeck(1673-1743), Grotius 등이 가르쳤으며, Bourges학파가 Holland학파에 큰 영향을 주었다. Holland 학파는 로마법연구를 실무와 관련하여 복고주의에 큰 가치를 두었다. 이 Holland 학파의 영향으로 남아프리카에 로마법이 전해지게 되었다. 그리고 네덜란드에서의 로마법 연구자들은 정신적으로는 위그노파(Hugenotten)에 속하였으며, 위그노파는 프랑스에서의 인문주의를 추종하였다(Vgl., Meder, a. a. O., S. 169).

37) Stein, a. a. O., S. 131.

38) A. a. O., S. 132.

습법에 학문적으로 주석을 달고, 해석(Interpretation)을 하였다. 그리하여 관습법을 찾기가 쉬어졌다.

이와 같은 관습법에 대한 자장 중요한 주해자는 Charles Dumoulin(1500-1566)이었다. 그는 개신교도(Protestant)이면서 민족주의자로서, 시원적(始原的)으로 프랑크적인 좋은 옛 관습법은 다시 복원하여야 한다는 확신을 갖고 있었다. 그는 보통법(ius commune)에 반하는 성문화된 관습법은 가능한한 제한적으로 해석하여야 한다는 Bartolus의 견해를 반박하였다.[39] 이와 같은 Dumoulin의 프랑스 관습법에 대한 연구결과는 1538년에 관습법주해서로 출판이 되었다.

V. 복고학파의 영향

복고학파는 로마법의 실용화에는 기여하지 못하였다. 로마법을 언어학적, 고고학적으로 학설휘찬의 자료로 이용되었던 고전로마법의 원전의 발굴과 재구성에 주력하였다. 즉, interpolatio의 연구에 주력하였다.

이러한 복고학파가 형성되기까지의 로마법의 변천과정을 살펴보면, 고전로마법 시대에는 법학자들의 학설로 구성된 불문법의 로마법이었다. 그 불문의 로마법이 유스티니아누스 대제에 의하여 로마법대전, 그 중에서도 학설휘찬으로 성문화되고, 그 성문화된 로마법은 다시 주석학파와 주해학파에 의하여 그 의미내용이 정리되고 실용화되었다.

복고학파는 이와 같이 역사적으로 발전되어온 로마법, 즉 유럽대륙에서 보통법(ius commune)으로 발전된 로마법에 대해 다시 그 뿌리로 돌아가 로마법의 본래의 모습을 살펴보게 된 것이다. 그리하여 복고학파에 의하여 로마법은 다시 한번 정화된 모습으로 자신의 모습을 가다듬게 되었다. 이러한 복고학파의 영향으로 로마법은 대륙민법의 불가결의 요소로 자리잡을 수 있도록 자신의 모습을 가다듬게 되었다. 또한 복고주의 법학자들의 로마법대전에 대한 비판적 연구를 통하여 로마법대전은 16세기를 지나면서 확실히 변화된 내용을 담게 되었다.[40]

복고주의가 로마법의 실용화에 기여하지 못한 관계로, 법실무에서는 다시 복고주의에 대항하는 로마법의 실용화의 심화를 위한 반대운동이 일어났다. 즉,

39) A. a. O., S. 133.
40) Meder, a. a. O., S. 168.

복고주의 시대의 법조인들은 그 당시에 정치적으로, 그리고 사회적으로 힘이 있는 지위에 있었다. 법조인들에게 있어서 복고주의 로마법은 그들의 매일의 일에 적합하지 않았다. 그들이 법정에서 주장할 수 있는 논거들은 복고주의자들의 로마법 설명에 있지 아니하고, Bartolus와 Baldus와 그의 후계자들의 저작에서 발견할 수 있었다. 로마법 주해서가 그들의 논거의 원천이었다.[41] 그러한 주해서들은 16세기에는 넘쳐났다. 그러나 복고주의자들의 저작은 학자들에게나 읽혀졌고 법정에서 논거로 주장할 만한 자료가 거의 없었다.

주해서의 방법에 의한 저작들을 통해, 당시의 주해학자들의 일반적인 견해(allgemeine Meinungen der Rechtslehrer)가 발전하여, 주해학자들의 일치된 견해는 관습법과 동일한 효력을 가졌다.[42] 그리하여 주해학파 법학자들의 공통적인 일반견해는 로마법대전(Corpus Iuris Civilis) 그 자체보다 더 강한 효력을 갖게 되었다.[43] 이처럼 주석학파에 의해서 시작된 의견들은 주해학파에 와서는 원전을 넘어 그 법적 효력이 인정되었다.[44]

복고주의에 대항하여 주해서의 전파를 위해 노력한 사람은 바로 Alberico Gentili였다. 그는 Bartolus법을 연구하여 영국으로 건너갔다. 그리고 그는 Bartolus의 법학방법론을 복고주의에 대항해서 변호하였다.[45]

프랑스에서의 복고주의는 독일에서의 역사법학의 뿌리가 되었다.

제 3 절 로마법의 계수와 민법학의 발전

I. 개 설

근대 민법학에 있어서, 대륙에서의 가장 큰 변화는 대륙제국의 로마법의 계수이었다. 대륙에서의 로마법의 계수는 시간적으로 그리고 나라마다 그 강도가 동일하지는 않지만, 전유럽의 현상이었다.[46] 유럽대륙에서의 로마법의 계수는

41) Stein, a. a. O., S. 136.
42) A. a. O., S. 136.
43) A. a. O., S. 136.
44) A. a. O., S. 137.
45) A. a. O., S. 137.
46) Eisenhardt, a. a. O., Rn. 137, 139.

게르만족의 이동으로 게르만족이 로마제국의 영토에 침입해 들어와 그 지역에 시행되고 있던 로마법의 영향을 받으면서 이미 시작되었으나, 유럽대륙에서의 로마법의 확산은 주석학파 시대에 나타났다.[47]

로마법이 유럽대륙에 전파된 과정을 살펴보면, 로마법은 고전기에 법학자들의 법창조 활동에 의하여 융성하였으며, 그것을 유스티니아누스 대제에 의하여 성문법전으로 편찬되었고, 다시 중세의 주석학파와 주해학파에 의하여 그 내용과 체제가 정리된 다음에, 그 주석되고 정리된 로마법이 대륙의 여러 나라에 계수가 되었다. 이렇게 로마법이 대륙에 계수가 되어, 다시 한번 로마법이 학문적으로 연구가 되었다. 그것이 독일에서의 보통법학, 즉 판덱텐법학이다. 이러한 보통법학, 판덱텐법학에 의한 로마법의 학문적 체계화에 의하여 독일 민법전이 편찬되고, 역시 로마법을 계수하여 편찬된 유럽 대륙의 다른 근대민법전과 함께 동양제국과 세계의 다른 나라에로 계수가 일어났다. 이러한 과정을 거쳐서 로마법은 세계 각국의 민법의 기초가 되었다.

문화는 발전된 곳에서 덜 발전된 곳으로 전파되는 것이 그 속성이다. 로마법이 그 고전기에 있어서도 법학자들의 창조적인 활동에 의하여 이상적이고 포용적인 내용으로 형성되었으며, 다시 수많은 법학자들의 법학저작으로부터 핵심적 내용만을 선정하여 로마법대전, 그 중에서도 학설휘찬으로 편찬되고, 다시 그것은 주석의 방법에 의하여 학문적으로 세련화되었다. 그러므로 로마법은 생성되고 융성하였던 이태리를 넘어 법문화가 발달하지 못한 다른 나라에로 침투해 들어가지 않을 수 없었다. 그러한 로마법의 다른 나라에로의 침투(Eindringen)와 그 다른 나라에서의 로마법의 수용 및 동화(Assimilierung)가 로마법의 계수(Rezeption des römischen Rechts)이었다.

유럽대륙에서의 로마법의 계수는 근대 이전부터 시작이 되었다. 중세가 시작될 시기에 이미 서로마제국에 침입한 게르만인들은 당시의 법적용에 있어서 속인법주의의 원칙에 의하여, 로마인들을 위한 로마인 법전을 편찬하였다. 이러한 게르만인들에 의한 로마인을 위한 로마인 법전의 편찬은 서로마제국이 멸망한 후, 게르만인들에 의한 국가인 프랑크제국에서도 계속되었다. 또한 프랑크왕국의 국왕은 자신을 로마제국의 황제의 대리인으로 관념하여 로마법을 타국의 법이 아니라 자국의 법으로 받아들였다. 그리고 신성로마제국이 성립하고

47) A. a. O., Rn. 139.

도 역시, 그 국호에서 알 수 있듯이, 신성로마제국은 로마제국의 계승국가로서 로마법을 그대로 신성로마제국의 법으로 받아들여졌다.

이와 같이 이념적으로 프랑크왕국 및 신성로마제국에서는 로마법을 타국법이 아니라 자국법으로 받아들였다. 이와 같이 프랑크왕국 및 신성로마제국에서 그들 국가들이 스스로 로마제국의 계승국가로 관념하고, 독일황제가 스스로를 로마제국 황제의 후계자로 관념하여, 로마법을 타국법이 아니라 자국법으로 받아들인 이념적인 로마법의 계수를 로마법의 이론적 계수(theoretische Rezeption) 또는 전기계수(Vorrezeption)라 한다.[48]

주석학파와 주해학파의 시기에는 당시의 법학자들이 남불(南佛)에서 법학교를 설립하여 로마법을 가르치고, 영국에도 진출하여 영국에 로마법을 전파하였다. 그리고 프랑크왕국의 국왕은 당시의 프랑크왕국 내에 관습법으로 존재하던 로마법을 법전으로 편찬하였다. 그리하여 프랑스의 남쪽 지방에서는 로마법이 입법적 방법으로 계수가 되었다. 그러나 프랑스에서는 로마법을 전면적으로 계수하지 아니하고 제한적으로 계수하였다. 또한 영국은 로마법의 영국에의 계수에 반대하였다.[49] 그러나 독일은 로마법을 전면적으로 계수하였다.

이에 관하여 좀 더 상세히 살펴보면, 프랑스는 로마법이 법원의 판례나 관습법과 저촉하지 않는 범위 내에서 이를 입법적으로 채용하는 선택적 계수를 통하여 게르만 고유법의 로마법화를 저지할 수 있었으며, 영국은 로마법의 침투를 저지하여 게르만법을 기초로 역사적 단절이 없는 독자적인 법문화를 이룩하였다.[50] 특히 프랑스에서는 관습법이 적절하지 않거나, 관습법이 성문화되지 않아 관습법에 접근할 수 없는 정도에서만 로마법을 계수하였다.[51]

영국은 로마법의 정신과 카주이스틱한 로마법의 연구방법론은 계수하였으나, 로마법의 소재인 로마법의 내용은 계수하지 않았다. 그것은 영국에는 일찍부터 변호사단체(Inns of Court)가 형성되어 있었고 변호사들은 영국의 관습법에 익숙해 있었기 때문에 로마법이 영국에 전파되는 것을 원치 않았으며, 또한 그들은 로마법의 영국 침투를 저지할 수 있었다.

구체적으로는 Pavia의 대주교였던 Vacarius가 영국에 로마법은 전하자, 1151년에 영국의 Stephan 국왕은 영국에서의 로마법의 강의와 연구를 금지하였

48) 황적인, 전게 로마법·서양법제사, 64면.
49) 현승종, 조규창 공저, 게르만법 제3판(박영사, 2001), 79면.
50) 상게서, 79면.
51) Stein, a. a. O., S. 144.

다.[52] 그러나 그러한 국왕의 로마법 금지는 1154년 Heinrich 2세에 의하여 곧 해제되었다.[53] 그러나 영국의 귀족들이 로마법의 영국에의 전파를 반대하였다. 귀족들은 "우리는 영국의 법을 바꾸기를 원치 않는다"(nolumus Angeliae leges mutare: Wir wollen die Gesetze Englands nicht verändern)고 하였다.[54] 그러나 로마법의 영국에서의 전파에 가장 강하게 저항한 사람은 국왕도 귀족도 아니고, 영국의 법률가들이었다. 영국에는 Vacarius가 로마법을 전하였을 때에 이미 법률가계층이 형성되어 있었다.[55] 그로 인하여 영국법률가들은 로마법에 확산에 저항할 수 있는 조직을 갖추고 있었으며, 로마법에는 관심이 없었다.

그러나 독일은 오랜 재판관행을 통하여 아무런 저항 없이 로마법을 포괄적으로 수용하고, 이를 학문적으로 더욱 발전시켜, 로마법을 독일민법의 기초로 하였으며, 대륙이외의 나라에 로마법의 계수가 가능할 수 있도록 하였다. 이와 함께 독일에서는 로마법의 연구가 다른 어느 나라에서 보다도 깊이 있게 진행되었고, 지금도 로마법의 연구가 진행되고 있다. 그리하여 프랑스에서의 로마법의 계수는 좁은 도랑물이라면, 독일에서의 로마법의 계수는 홍수같다고 비유할 수 있다.[56]

대륙에서 로마법을 계수함에 있어서 순수하게 로마법만을 계수한 것이 아니라 교회법도 역시 계수하였다. 교회법은 교회성직자들에 의하여 발전된 독립된 법분야이었지만, 그 내용의 중심은 역시 로마법이었다. 로마법을 성서의 가르침을 따라서 변용한 법체계가 교회법이었으며, 교회법이 근대 대륙법에 미친 영향은 적잖이 크다. 특히 교회법은 세속민사법 중 혼인법(Eherecht)에 가장 큰 영향을 주었다.[57] 그리고 교회법이 로마법을 바탕으로 하여 발전시킨 로마법적 교회소송제도(römich-kanonischer Prozeß)는 근대 대륙의 민사소송제도의 근간이 되었다. 사실 교회의 성직자들이 로마법의 대륙제국에로의 계수에 중심적인 역할을 담당하였다. 그리고 교회법과 교회재판을 통하여 로마법이 유럽대륙에 실무적으로 깊이 전파될 수 있었다.

법에서 있어서의 계수(Rezeption des Rechts)란 다른 나라, 다른 민족의 법을

52) Meder, a. a. O., S. 151.
53) A. a. O., S. 151.
54) A. a. O., S. 151.
55) A. a. O., S. 152.
56) Stein, a. a. O., S. 144.
57) Eisenhardt, a. a. O., Rn. 135.

주체적으로 받아서 자국의 법으로 바꾸어 변용하는 것이다. 따라서 법의 계수는 타국의 법, 타민족의 법을 타율적으로 그대로 가져다 쓰는 법의 의용(Verpflanzen des Rechts)과는 구별되는 것이다. 그러므로 법의 의용은 하지 않는 것이 좋다. 그러나 법의 계수는 하면 할수록 자국법의 내용이 더 풍요로워지는 것이다. 그렇지만 법의 계수가 가능할 수 있기 위해서는 자국의 법이 확실하게 정립되어 있어서, 타국의 법을 자국의 법으로 바꾸어 자국의 법으로 변용할 수 있는 자국법의 주체성과 정체성이 확립되어 있어야 한다. 따라서 법의 계수의 전제조건은 자국법의 정체성이 확립되어 있어야 하는 것이다. 그렇지 아니하면 타국의 법을 계수한 국가는 그 타국의 법에로 몰입해 버릴 수 있는 위험성이 있는 것이다. 무엇보다도 법계수에 있어서는 자국법의 전통이 확립되고 자국법의 정체성이 분명히 정립되어 있을 때에만 주체적으로 외국법을 받아서 자국법의 내용으로 변용할 수 있는 것이다.

근대 대륙에서의 로마법의 계수과정을 살펴봄으로써 법이 항상 변화를 계속하며, 발달된 법은 법이 발달되지 못한 나라에로 침투해 들어가는 법문화의 흐름을 이해할 수 있으며, 타국의 법을 받아서 자국의 법으로 바꾸어 자국법의 내용을 더 풍요롭게 만들어 나가는 과정을 이해할 수 있다. 그리고 법계수의 조건들을 이해하여, 향후 우리 민사법의 발전을 위하여 타국의 민사법을 받아올 수 있는 전제조건들을 이해하고 정립하는 계기가 될 수 있다.

이러한 근대 유럽대륙에서의 로마법계수의 역사적 평가에 관해서는, 로마법이 우수하고 게르만법이 빈약하여 로마법이 유럽대륙에 침투해 들어와 동화되었다고 보지 아니하고, 게르만법의 합리화로 파악하는 주장이 일반화되어 가고 있다. 또한 근대 인문주의 사조가 고대 것의 발견과 수용을 내용으로 하였으므로, 인문주의의 확산의 내용으로서 로마법이 대륙에 계수되었다고 로마법계수를 평가하고 있다. 이러한 역사적 평가는 게르만법의 빈약성을 인정치 않으려는 입장에 있다.

Ⅱ. 대륙에서의 로마법계수의 원인

1. 대륙제국에서의 문화현상으로서의 로마법의 계수

근대 유럽대륙에서는, 정도의 차이는 있지만, 로마법을 일반적으로 계수하였다. 대륙제국 중에서도 독일이 로마법을 가장 포괄적, 전면적으로 계수하였다. 이러한 근대 유럽에서의 로마법의 계수는 전유럽의 현상이었다.[58] 이는, 근대의 인문주의가 고대의 것의 발견과 수용으로 발전해 나간 과정 속에서 로마법도 역시 유럽대륙에서 전파된 것이었다.

유럽대륙에서, 로마제국의 지배지역이었던 지역에서는 로마법이 일찍부터 발달해 있었다. 특히 로마는 문자를 만들어 법을 기록하여 발전시켰으며, 또한 소송실무를 통하여 법이 발전해 왔다. 그리고 로마제국에서는 법학자들이 사회의 지도적 위치에 있었으며, 명예를 존중하여 법학자들의 법에 관한 주장, 즉 학설이 로마제국의 지도이념을 구현하고 있었다. 그리고 로마제국은 그리스로부터 사해동포적인 스토아철학을 받아들여 로마법이 인도적이고 이상적이고 인류보편적인 성격을 갖게 되었다. 또한 기독교의 영향을 받아서 로마법은 더욱더 인도적이고 인류보편적인 가치를 구현하게 되었다.

로마법은 로마제국이 존속하고 있던 당시에는 로마제국에서만 적용되었으나, 로마 제국이 비잔틴 제국에로 쇠퇴하게 된 후에는, 로마법이 쓰여진 이성(ratio scripta)으로서 학문적으로 연구되어 그 내용과 체계가 정리되고 실무에도 적용되었다. 그리고 로마법을 기본내용으로 하여 교회법이 형성되고, 교회법원에 의한 교회재판에 의하여 로마법이 교회법과 교회재판을 통하여 로마제국의 지배지역을 넘어서 적용되게 되었다.

그리고 로마법이 형성되고 융성하였던 로마제국의 시기는 대제국을 형성하여 자본주의적 대상업국가로 발전하였다. 그러므로 로마법은 거래법 분야가 발달하였다. 따라서 자연히 로마법은 거래에 필요한 개인의 이익을 존중하고 개인의 자유로운 활동을 보장하는 개인주의와 자유주의적 성격을 띠게 되었다.

이러한 로마법의 발전상황에 비해, 게르만인들이 지배하던 대륙의 여러 나라의 사정을 살펴보면, 먼저 게르만인들은 문자를 갖지 못하여 법을 기록하지 못하고 구전(口傳)으로 전할 수밖에 없었다. 간단한 법언(法諺)으로 법의 내용을 담아, 법을 말하는 사람(Rechtssprecher)을 통하여 법이 전해졌다.

그리고 게르만인들은 중앙집권적 국가를 형성하지 못하고 오랫동안 씨족중심의 부족국가 형태를 유지하였다. 그러므로 게르만인들은 국가가 그들의 생존을 유지, 보호해 줄 수 없었기 때문에, 그들은 그들의 생존유지를 위하여 단체

58) A. a. O., Rn. 139.

를 결성하고, 개인의 이익보다는 씨족과 부족등의 공동체의 이익을 더 존중하는 단체주의적 성격을 띠게 되었다.

또한 고대에는 법적용에 있어서 속인법주의를 취하였으므로, 서로마지역에 침투해 들어온 게르만인들은 그들의 지배지역 내에 거주하는 로마인들을 위한 로마인 부족법전을 편찬하게 되었다. 이때에 로마인들을 위한 로마인 법전을 편찬함에 있어서는 로마법이 게르만인들의 그들의 고유법이었던 게르만법에 의하여 크게 변질될 수밖에 없었다. 이는 반대로 게르만 자신들에게도 그들의 고유 게르만법이 로마법에 의해 변질될 수 있었던 것이었다. 그리고 게르만법은 관습법으로 구성되어 있어서 그 내용은 재판과정에서 일일이 입증을 하여야 하였으며, 중세에 게르만법이 Sachsenspiegel, Schwabenspiegel, Frankenspiegel 등의 법서로 정리되기는 하였으나, 로마법에 비해서는 그 학문적, 입법적 정리가 극히 미진하고 미숙하였다.

그리고 게르만인들이 서로마제국 지역에 침투해 들어온 후에 그 게르만인들의 여러 부족국가의 왕들은 그들 스스로를 로마제국 황제의 대리인으로 관념하여 로마법이 그들의 지배지역에 적용되는데 이념적인 장애가 없었다. 또한 중세의 게르만인들의 국가연합이었던 신성로마제국도 스스로를 로마제국의 후계국가라 하였다. 또한 게르만인들이 서로마제국 지역에 침투해 들어와서는 모두 기독교로 개종을 하였다. 그러므로 교회와 교회법을 통하여 게르만인들에게도 교회법이 적용되고, 이는 결과적으로 로마법이 게르만사회에 침투해 들어간 것이었다.

게르민들의 경제생활은 농업을 중심으로 하는 농업사회를 오랫동안 계속하였다. 그러므로 게르만법은 농입경세생활에 관련된 법이 주된 내용을 이루고 있었다. 또한 통일국가형성을 이루지 못하고 있었기 때문에 지방마다 그들의 법이 다른 현상을 빚고 있었다. 다시 말하면 게르만사회에서는 법이 분열되어 있었다.

근대에 들어와서는 시대의 사정이 산업자본주의로 점차 발전함으로써, 단체주의에 입각한 농업경제사회에 적절한 법이었던 게르만법은 근대 자본주의적 거래사회에서는 적절히 기능할 수가 없었다. 그러므로 자연히 거래사회에 충실하게 생성, 발전된 로마법이 대륙제국에 침투해 들어올 수밖에 없었다.

이러한 로마제국과 게르만인 사회의 차이, 로마법과 게르만법의 차이, 시대의 변화가 로마법에 맞는 방향으로의 전환 등에 의하여 로마법은 자연스럽게 대륙제국에 침투해 들어갔고 게르만사회에 동화되어 갔다. 이러한 로마법의 게르만사회에로의 침투와 동화는 이미 5 내지 6세기에 시작이 되었다. 그러나 대륙제국, 특히 독일에서의 로마법의 포괄적 계수는 14세기에서 16세기에 걸쳐서 이루어졌다. 특히 15-16세기에 로마법의 독일에서의 계수가 가장 크게 일어났다.

이러한 대륙제국에서의 로마법의 계수는 그 원인이 여러 가지이다. 그러나 근본적으로는 게르만법의 미발달과 미숙성이 로마법계수의 원인인가, 아니면 게르만사회의 정치적 이유가 로마법계수의 원인인가에 관해서는 논쟁이 계속되고 있다. 만약에 게르만법의 미발달과 미숙성에 그 원인이 있다고 한다면, 대륙제국에서의 법발달의 미숙성을 스스로 인정하는 결과가 되며, 게르만 관습법을 법서(法書)로 정리한 바 있고, 또 역사법학파 중 게르마니스텐(Germanisten)이 게르만 관습법을 학문적으로 정리하고 체계화한 역사적 노력의 가치를 저하시키는 결과가 되며, 로마법의 우수성을 너무 강조하는 결과가 되기 때문이다. 그리하여 근자에는 게르만사회의 로마법 계수의 원인을 정치적인 이유에서 찾으려는 경향을 보이고 있다. 즉, 서로마 지역에 침투하여 건국한 게르만 부족국가의 왕들은 그들을 로마제국 황제의 대리인으로 관념하고, 중세의 신성로마제국 역시 자신을 로마제국의 후계국가로 인정하여 로마제국의 로마법을 타국법이 아니라 자국법으로 인정한 것이, 다른 대륙제국에서와는 달리 독일에서 로마법을 포괄적, 전면적으로 계수한 가장 중요한 원인으로 보고자 하는 것이다.[59] 그리고 그러한 이념에 기초하여 정치적 지배자들인 독일제국의 국왕과 분방영주들에 의하여 일방적으로 로마법의 계수가 일어났다고 한다.

2. 독일에서의 로마법의 포괄적 계수의 원인에 대한 학설

대륙제국에서의 로마법의 계수의 과정은 나라마다 약간씩 그 모습을 달리한다. 프랑스에서는 일찍부터 로마법이 침투해 있었고, 주석학파 시대에는 이미 남프랑스에 로마법이 전파되어 가르쳐졌으며, 13세기 후반에 와서는 프랑스가 이태리의 볼로냐 법학교에 버금가는 로마법 연구의 중심지가 되었다.[60] 그리고 이태리 밖에서도 로마법에 기초한 독자적인 법문헌이 나타났다. 물론 그 로마법 문헌들은 게르만 고유법의 영향을 받은 법문헌들이었다.[61] 주해학파의

59) 현승종, 조규창 공저, 게르만법(제3판, 박영사, 2001), 81, 83면.
60) Eisenhardt, a. a. O., Rn. 140.

마지막 시기에는 전유럽에 로마법이 법생활의 결정적인 요소가 되었다. 또한 로마법이 법학의 개념과 방법론의 기초가 되었다.

유럽대륙 중에서도 프랑스는 입법을 통하여 로마법을 계수하였다. 서로마제국이 쇠퇴할 즈음에는 속인법주의에 의한 로마인을 위한 부족법전의 입법에 의하여, 프랑크왕국 시대에는 관습법으로 존재하던 로마법의 입법에 의하여 계수가 이루어졌다. 그러나 프랑스 남부지역은 입법적 방법에 의한 로마법의 계수가 일어났으나, 북부지역은 여전히 게르만 관습법이 지배하고 있었다. 그것은 파리대학에서 로마법의 연구를 금지함으로써, 로마법이 북부 프랑스 지역에로의 확산을 방지한 계기가 되었을 것으로 평가된다.

이와 같이 프랑스에서는 부분적, 제한적인 로마법의 계수가 일어난 반면에, 독일에서는 전면적인 포괄적인 계수가 일어났다. 독일에서 완전계수(Vollrezeption oder Totalrezeption)라고 불리어지는 로마법의 포괄적, 전면적 계수는 15-16세기에 일어났다.[62]

이와 같이 독일이 근대에 로마법을 전면적, 포괄적으로 계수하게 된 원인에 관하여, 그것은 독일의 고유법인 게르만법의 빈약성에 그 이유가 있다는 빈약성긍정설과, 게르만법의 빈약성에 아니라 그것은 순전히 이탈리아 대학에 유학한 일단의 법률가들이 자국의 게르만법을 야만시하고, 로마법을 사안(事案)에 적용한 것이 로마법계수의 원인이라고 보는 빈약성부인설이 대립되고 있다.[63]

빈약성긍정설은, 독일은 법적개혁과 법의 통일화를 담당할 그 자신의 법학은 물론 법률가를 가지고 있지 못하였고, 중세 토지중심의 보수, 정태적인 게르만 고유법은 새로운 초기 자본주의 시대의 자유분방한 상거래 생활을 규율할 수 없었으며, 로마법이 이러한 흠결을 보완하였다고 이해하는 견해이다.[64] 그리고 중세 독일의 도시에서 로마법에 의하지 아니하고 독자적인 상거래법이 발달하였던 것은, 로마법이 상법으로서 적용될 수 없어서가 아니라, 도시군주나 도시민이 로마법을 적용할 경우에 그들의 특권을 상실하지 않을까 우려한 나머지 로마법의 적용을 배척한 데 기인한다고 한다.[65] 이 빈약성인정설은 중세 독일의 도시에서 로마법이 적용되지 않은 것은 순전히 정치적 이유에서 비롯한 것

61) A. a. O., Rn. 140.
62) A. a. O., Rn. 141.
63) 이에 관하여는 현승종, 조규창 공저, 전게 게르만법, 81번 이하 참조.
64) 상게서, 81면.
65) 상게서, 81면.

에 지나지 않으며, 고유법이 모든 상태에 적용될 수 있는 보편적 적응성을 가졌음을 의미하지는 않는다고 한다.

이에 대하여 빈약성부인설은, 독일에서의 로마법의 계수는 일반민중의 자발적인 의사나 법적수요 충족의 필요성에서 이루어진 것이 아니며, 독일 고유법의 빈약성이 그 원인이 아니라고 한다. 독일에서의 로마법계수는 순전히 정치적 지배자였던 독일황제와 분방영주에 의한 일방적인 계수이었다고 한다.[66] 그리고 로마법 사고로 도착(倒錯)된 일단의 법률가들이 민중은 알지도 못하는 로마법 개념으로 무장하여 제국의 행정, 사법기관을 점거하여, 개념체계의 조작을 통하여 모든 생활영역을 지배한 결과 로마법이 독일에 전면적으로 계수되었다고 한다. 따라서 로마법의 계수는 순전히 민중을 떠난 로마법을 공부한 법률가의 로마법 적용에 기인한다고 한다.[67] 그리고 중세 독일의 도시법은 도시에서 순전히 독일 고유법을 기초로 독일인의 법적 사고에 의한 거래관행을 통하여 형성, 발전되었다고 한다.[68] 특히 독일에서 로마법의 계수가 이루어진 지역은, 제실법원(Reichskammergericht)의 판결의 효력이 미친 지역으로서 로마거래법이 적용될 여지가 없는 농촌지역이었으며, 제실법원의 판결의 효력이 미치지 않는 도시에 로마법이 계수되지 못하였음은, 로마법의 계수가 게르만법의 빈약성에 기인하는 것이 아니라 정치적 이유에 기인함을 반증하는 것이라고 한다.[69]

이러한 독일교유법의 빈약성 유무보다는 독일의 통일적인 재판제도흠결이 로마법계수의 원인이라는 학설도 있다. 이를 재판제도흠결설이라고 한다. 그 견해는, 독일 고유법의 내재적 빈약성을 부인하고, 게르만사회의 민중법원의 무능과 중세 독일법학의 부재 및 통일적인 재판제도의 흠결이 로마법계수의 원인이라고 한다.[70] 즉, 독일제국은 중앙권력의 취약성으로 분방제후가 할거하여 모두 독자적인 재판조직을 가졌으므로, 독일제국의 통일적인 재판조직이 존재하지 않아 재판에 의한 법의 통일화에 전혀 기여하지 못하였다. 뿐만 아니라 자의식이 강한 법률가가 부재하여 고유법에서 법원리를 발굴하여 법규정을 정립하고, 이를 다시 체계화, 조직화하는 관습법의 성문화라는 법률가의 고유한 창조적 학문활동이 이루어지지 않아 외래법인 로마법의 적용에 시종했을 뿐이

66) 상게서, 82면.
67) 상게서, 83면.
68) 상게서, 83면.
69) 상게서, 84면.
70) 상게서, 85면.

라고 한다.[71] 이는, 독일의 법률가들은 자국의 법규범 창설을 위한 기술적 수단으로 법학을 연구한 것이 아니라, 로마법을 자국에 실용화할 목적으로 법률을 공부했다는 결과가 된다. 결국 이 학설은 독일에서 로마법을 전면적으로 계수하게 된 것은, 독일이 근대사회에 들어오면서 사회, 경제의 발달에 따른 모든 생활영역에 걸친 분업화의 요구는 새로운 직업계층인 법률가를 필요로 했으나, 법률가는 로마법학을 통해서만 양성될 수 있었으며, 독일제국내의 극심한 법의 분열, 제국권력의 취약성, 통일적인 재판제도의 미비가 독일에서 로마법을 전면적으로 계수하게 된 원인이라고 한다.[72]

이상에서와 같이 독일에서의 로마법의 전면적 계수는 종래에는 게르만 고유법이 시대의 변화에 부응하지 못하는 빈약성 때문이라고 이해하였으나, 게르만 고유법이 빈약하였기 때문이 아니라, 점차 정치적인 이유와 사회적인 현실이 그 원인이라는 방향으로 이해되고 있다. 이는 반대로 독일에서 법학자들이 그들의 고유법인 게르만법을 시대사정에 맞게 창조적으로 발전시키는 학문적 노력을 충실히 하지 않았다는 주장이기도 하다. 그러나 역사법학파 중의 게르만 법학자(Germanisten)의 반계수(Gegenrezeption)의 노력으로 게르만법의 학문적 연구에 의하여 관습법을 정리하고 체계화하였기 때문에 계수된 로마법을 더욱더 자국법으로 변용하고, 게르만의 내용을 독일민법전에 반영할 수 있었다.

3. 독일에서의 로마법계수의 구체적인 원인들

독일에서 로마법이 사법에 의하여 전면적으로 계수된 구체적인 원인들을 분석해 보면, 첫째로는 이념적으로 신성로마제국이 스스로를 로마제국의 후계국가로 인식하는 제국이양사상(Translationsidee)이다. 1135년 신성로마제국의 황제 Lothar 3세(1125-1137)는 로마법을 신성로마제국의 법으로 적용할 것을 선언하였다.[73] 따라서 신성로마제국법인 로마법과 고유법은 일반법과 특별법의 관계로 구성되어, 특별법이 없을 때에는 로마법이 고유법의 흠결을 보완하는 일반적, 보충적인 법으로 적용될 수 있었다.

둘째는 법권의 분열이다. 신성로마제국법원과 분방법원이 분열되어 있었으며, 분방영주는 신성로마제국의 황제로부터 재판특권을 갖고 있었다. 그리하여

---

71) 상게서, 85면.
72) 상게서, 87면.
73) 상게서, 88면.

국왕법원과 분방법원간에 사건의 재판관할권이 경합하는 경우에는 분방법원에서 재판관할권을 행사하겠다는 소송불이송의 특권(previlegium de non evocando)을 갖고 있었으며, 분방법원의 판결에 대한 국왕법원에로의 상소를 인정하지 아니하는 불상소의 특권(previlegium de non appellando)을 갖고 있었다.[74] 그로 인하여 독일에서는 재판에 의한 법의 통일이 이루어지지 못하고 분열되어 있었다. 이러한 독일의 사정에 비해, 영국와 프랑스에서는 재판관행을 통하여 관습법의 통일화가 이루어져, 관습법의 체계적 일원화와 성문화 작업이 가능하였다. 그리하여 영국과 프랑스에서는 로마법의 계수가 거절되거나 제한적일 수밖에 없었다. 그러나 독일에서는 재판관할권의 불통일로 인하여, 제실법원에서 로마법을 적용함으로써 판례를 중심으로 하는 로마법의 현대적 관용(usus modernus Pandectarum)에 의하여 로마법에 의한 보통법 체계를 발달시켰다.[75]

독일에서의 로마법의 현대적 관용은, 독일에서 로마법을 재판과정을 통하여 받아들인 로마법의 보통법(gemeines Recht)으로의 적용을 말한다. 그러므로 로마법의 현대적 관용은 실무관련적이고(praxisbezogen), 시대에 맞는(zeitgemäß) 법학양식이었다.[76] 이와 같이 독일에서 로마법의 현대적 관용이 가능할 수 있었던 것은, 16세기 중엽에서 18세기 중엽까지 독일에 로마법, 교회법에 관한 방대한 문헌이 집적되었고, 당시의 이성법(Vernunftsrecht)의 기초가 된 시대사상이었던 인문주의, 합리주의와 종교개혁의 정신적 흐름이 로마법에 기초한 보통법의 폐지의 주장을 하지 않았기 때문이었다.[77]

셋째는 제실법원(Reichskammergericht)에서의 로마법 적용이었다. 신성로마제국은 Friedrich 3세 때인 1495년에 제실법원령(Reichskammergerichtsordnung)을 제정하고, 동년에 제국의 최고법원으로 제실법원을 설치하였다. 이 제실법원령에서는 신성로마제국의 황제에게 제실법원의 법관임명권을 부여하고, 1인의 재판장과 16인의 법관 중, 법관의 반수는 법학박사학위가 있는 법률가로 임명하도록 하고, 나머지는 귀족과 기사로 임명하도록 규정하였다. 1548년부터는 제실법원의 판사 전원을 법률가로 구성하였다.[78] 법률가들은 로마법과 교회법을 연구한 사람들이었다.

74) 상게서, 89면.
75) 상게서, 89면.
76) Eisenhardt, a. a. O., Rn. 243.
77) A. a. O., Rn. 243, 245.
78) Stein, a. a. O., S. 142.

그리고 동령 제3조에서는 1차적으로는 독일 고유법을 적용하고, 독일 고유법이 없거나 불분명할 때에는 2차적, 보충적으로 로마법을 적용할 것을 규정하였다. 그러나 동령 제3조의 규정형식은 본문에서 제실법원은 로마법으로 형성된 보통법(gemeines Recht)에 따라서 재판을 하도록 하고, 단서에서 제실법원은 제후국, Herrschaft, 재판구의 공정하고도 존중할 만하고, 승인할 수 있는 법령, 규약(Statuten) 및 관습법으로 제실법원에 제출된 것을 존중하도록 하였다.[79] 이와 같이 독일 고유법이 증명된 경우에는 독일 고유법을 적용하도록 한 제실법원령 제3조 단서를 구제조항(salvatorische Klausel)이라 하며, 이 구제조항에 의하여 독일 고유법인 관습법이 보통법에 우선적으로 적용될 수 있게 되었다. 이러한 법적용 원칙에 의하여 특별법이 일반법에 우선하여 적용되게 되었다.

그러나 관습법인 독일 고유법의 존재는 법률문제가 아니라 사실문제로 인정하여 고유법에 대한 주장과 증명책임은 모두 당사자에게 부과되어 있었다. 당사자가 고유법을 주장, 입증하기란 어려웠을 뿐만 아니라, 엄격한 증명책임에 의하여 당사자가 고유법을 입증하였다 하더라도 로마법, 교회법을 연구하고 그것에 익숙한 법관들이 고유법을 쉽게 인정하지 않았다. 그리고 독일 고유법은 특별법이라는 확신에 따라서 특별법은 엄격하게 해석하여야 한다는 법리도 적용하였다. 그러므로 제실법원령에서는 로마법이 보충적인 법원으로 규정되어 있었으나, 실제에 있어서는 로마법이 1차적인 법원으로 적용되었다.

그리고 독일 고유법이 당사자에 의하여 완전히 증명이 되었다 하더라도, 그것이 로마법의 쓰여진 이성(ratio scripta)에 반한다는 이유로, 법원에서 빈번히 채용되지 않았다.[80]

이러한 제실법원령의 규정과 함께 재판실무에 있어서, 법관은 법률문제에 관하여 사건을 법과대학에 보내어 법과대학으로부터의 의견을 구하는 제도가 확립되어 있었으며, 이를 법과대학에로의 소송기록이송제도[81](Aktenversendung)라 한다. 이 소송기록이송제도에 의하여 법률문제에 관하여 법과대학이 법률의견을 제시하면, 그 의견에 따라서 법관들이 판결을 하였다. 그런데 당시의 법과대학에서는 로마법과 교회법의 양법이 가르쳐지고 있었기 때문에, 자연히 관습법인 독일 고유법보다는 로마법에 따라서 법률의견이 제시되었다. 그리하여 법

79) 황적인, 전게 로마법.서양법제사, 67면.

80) 상게서, 68면.

81) Aktenversendung은 1750년에 이르러서 프로이센의 Friedrich 2세가 이를 금지시켰다(Vgl., Meder, a. a. O., S. 221).

과대학의 법학교수는 사법적인 판결동료(richterliche Spruchkollegien)가 되었다.[82] 그리고 독일에서는 Prag[83](1348), Wien(1365), Heidelberg(1386), Köln(1388), Erfurt(1392), Leipzig(1409), Rostock(1419)에 대학이 설립되었다.[84][85]

법과대학에로의 사건기록이송제도(Aktenversendung)는 16-17세기 독일에서 일반화되었으며, 모든 사건이 대학에 보내졌으며, 법원은 법과대학의 감정의견을 의무적인 것으로 받아들였다.[86] 당시의 법과대학에서는 감정의견을 쓰는 것이 중요한 일이었으며, 법학이 실무와 밀접하게 결합되게 되었다.[87][88]

넷째는 법학자들에 의한 창조적인 독일법학의 부재였다. 13세기에 독일의 유학생들이 북부이태리의 볼로냐 대학으로 가서 로마법을 연구하기 시작하여, 15-16세기에는 대거 볼로냐 대학으로 갔다.[89] 그리고 14세기 후반부터는 독일에 법과대학이 설립되어, 법과대학에서 로마법과 교회법이 가르쳐졌다. 독일 고유법은 관습법이었으므로 학문적 인식의 대상이 되지 못하였다. 독일 고유법이 대학에서 논의되기 시작한 것은 17세기 이후이며, 그 방법론은 이태리대학의 방법론을 답습하였다.[90]

이태리에서 로마법을 연구하고 돌아온 사람은 제실법원, 분방법원, 교회법원의 재판업무에 종사하거나 행정업무에 종사하였다. 그러므로 그들이 법을 적용함에는 관습법인 고유법보다는 로마법을 적용하였다.

그리고 독일은 법발견을 대학강단이나 대학출신의 법률가, 법학자에게 방임한 결과 법이론에서부터 재판실무에 이르기까지 로마법이 지배하고 고유법을 백안시하였다. 그러므로 자연히 외래법인 로마법의 독일에로의 침투에 대한 독일 자국의 역사의식이 투철한 창조적 능력이 있는 법학자들이 부재하여, 로마

---

82) Gustav Boehmer, Grundlagen der Bürgerlichen Rechtsordnung, Erstes Buch: Das bürgerliche Recht als Teilgebiet der Gesamtrechtsordnung(J.C.Mohr(Paul Siebeck), 1950), S. 300.

83) 프라하대학은 Karl 4세가 1348년에 파리대학을 모방하여 설립하였다.

84) Boehmer, a. a. O., S. 297.

85) 중세의 대학은 종교적으로 기독교에 구속되어 학문탐구를 수행하였으며, 관리, 성직자, 교수의 양성이 그 기능이었다.

86) Stein, a. a. O., S. 140.

87) A. a. O., S. 140.

88) 이러한 실무와 법학계의 결합의 전통에 의하여 오늘날에도 중요한 소송사건에 대해서는 법원이 법과대학이나 법학연구소에 감정의견을 구하는 사례가 계속되고 있다. Hamburg소재 Max-Planck 외국사법 및 비교사법 연구소(Max-Planck-Institut für Ausländisches und Internationales Privatrecht)에서는 1년에 약 100건 정도의 감정의견을 개진한다고 한다.

89) 이렇게 독일 유학생들이 대거 볼로냐 대학을 유학갔을 때에는 이태리에서의 로마법의 연구는 침체상태에 있었다.

90) 현승종, 조규창 공저, 전게 게르만법, 91면.

법의 독일에로의 계수가 가능하게 되었다.

이와 같이 독일에서의 로마법의 침투를 막을 수 있기 위해서는 독일 고유법을 교육받은 직업법률가 계층이 있어야만 하였다. 그러나 독일에서는 게르만을 교육받은 법률가계층이 없었다.[91] 또한 독일제국 전체에 통일적인 법원조직을 갖추고, 게르만 고유법으로 교육받은 법률가 계층이 존재했어야 로마법의 침투를 막을 수 있었으나, 독일에서는 그러한 통일적인 법원조직을 갖추지 못하였다.[92]

독일에서는 필요한 법률가를 독일 대학에서 양성하였다. 독일의 대학에서는 로마법을 5년간 가르쳤다. 이렇게 로마법 교육을 받은 사람들이 독일의 행정관료 또는 법원의 판사가 되었다. 그들이 배운 로마법은 Bartolus와 Baldus의 주석 로마법이었다. 그리하여 독일의 직업법률가들은 주해학파의 후계자들이었으며 Romanisten들이었다. 그러므로 그들에게 독일 고유법을 적용하는 것은 기대할 수 없었다.[93]

이러한 독일의 로마법계수의 과정을 살펴보면, 결국 법발전의 주역은 법학자들이었음을 알 수 있다. 법학자들의 창조적인 법활동에 의해서 법이 발전함을 알 수 있다. 그리고 전통에 뿌리를 내리고 있는 법의 발전이 이상적인 형태임에도 불구하고, 로마법이 계수되는 과정과 그 이전 단계에서 독일은 독일 고유법을 창조적으로 학문적 체계화를 하지 못하였다. 그러므로 독일에서는 영국이나 프랑스에서와는 달리 로마법이 쉽게 포괄적으로 계수가 될 수 있었다. 독일에서 자국의 고유법인 관습법을 학문적으로 체계화한 것은, 로마법의 계수가 이루어진 후에 그 반작용으로 나타난 반계수의 현상으로 이루어졌다.

다섯째는 게르만법의 거래법의 빈약성이다. 독일 고유법에서도 도시법을 중심으로 하여 상법, 영업법 등의 상거래에 관한 법이 발달하여, 로마거래법의 계수없이도 독자적으로 거래법을 발전시킬 잠재적인 역량이 있었다. 그러나 독일은 그러한 잠재적 역량을 현실화하지는 못하였다.[94]

거래법은 물권법과 가족법과는 달리 고도의 학문성이 요구되는 법분야이다. 그러므로 거래법인 채권법은 법률가나 법학자들의 창조적인 학문적 활동이 없이는 발달하지 못한다. 그런데 로마법에서는 일찍부터 법학자들에 의한 법발달

91) Meder, a. a. O., S. 191.
92) A. a. O., S. 191.
93) A. a. O., S. 192.
94) 현승종, 조규창 공저, 전게 게르만법, 92-93면.

의 노력에 의하여 거래법이 발전한 데 반하여, 독일 고유법에서는 도시법에서 발달한 상거래법을 학문적으로 이를 더욱 발전시키지 못하였다. 따라서 이러한 독일 고유법의 채권법 분야의 빈약성이 로마법 계수의 원인이 될 수밖에 없었다.

근대에는 초기 자본주의의 생성으로 발전된 거래법, 즉 채권법이 요청되었다. 그러나 독일 고유법은 이러한 시대에 부응하지 못하였다. 구체적으로 독일 고유법은 모든 공법적 생활관계가 물권법에 반영된 혼탁, 무질서한 법상태를 이루고 있었다. 이러한 물권법 구조하에서는 처분권이 거래생활의 전면에 등장하는 근대적인 자본주의 경제질서에 신속하게 대처할 수 없었다. 그리고 재산권 중에서 가장 중심된 권리인 소유권에 있어서도, 독일 고유법에서는 법률상의 지배권인 소유권과 사실상의 지배권인 점유가 구분되지 않은 채, 이 양자가 혼합된 게베레(Gewere) 중심으로 편성되어 있어서, 근대 자본주의의 제도적 기초인 단독소유권이 분화, 발달하지 못하였다.

또한 독일의 고유계약법에서는 단순한 합의로 성립하는 낙성계약을 알지 못하여 모든 계약이 요물계약이거나 요식계약의 방식으로 성립하였으며, 법률행위에 있어서도 의사표시의 하자인 착오, 사기, 강박이나 조건을 알지 못하였으며, 책임법에 있어서도 과실책임이 결과책임으로부터 분화되지 못하였다.[95] 더욱이 로마법상의 부당이득제도는 독일 고유법에서는 전혀 알지 못하였다. 그리고 물건의 하자담보책임에 관해서 독일 고유법은 "매수인은 눈을 떠라, 그렇지 않으면 지갑을 열어라"라는 법언이 있을 뿐이었다. 하자담보책임에 관한 구체적인 소송실무에서는 추상적인 독일 고유법의 법언을 배척하고, 합리적인 로마법상의 매도인의 담보책임을 적용할 수밖에 없었다.

이와 같이 로마법의 합리성은 로마법이 비단 매매법뿐만 아니라, 모든 계약법 영역을 지배하게 되는 결정적인 요인이 되었다. 또한 중세의 소박한 독일 고유법의 내용으로서는 복잡한 초기 자본주의의 거래생활을 합리적으로 규율할 수 없었다. 이는, 비교적 로마법의 전면적 계수를 저지하는데, 성공한 프랑스에서도 채권법에 관한 한은 로마법을 포괄적으로 계수하였다는 사실에서 분명하다. 특히 채권법은 법률가의 학문활동에 의해서 비로소 발달할 수 있는 법영역으로서 단순히 거래생활이 왕성하게 행하여졌다는 사실 그 자체가 법의 발

95) 상게서, 93면.

달을 의미하지는 않는다. 이 점에서 채권법의 발달은 가족법이나 물권법과는 달리 고도의 학문성을 요한다.[96]

이러한 사정으로 인하여 독일 고유법 중 채권법은 공백상태에 있었으며, 이 공백상태를 로마채권법이 점령하였던 것이다.

이러한 여러 가지 원인에 의하여 독일에서는 로마법이 전면적, 포괄적으로 계수가 이루어졌다. 그 중에서도 독일의 황제와 분방영주가 그들의 이익을 지키고자 하는 정치적인 이유와 함께, 독일 고유법에 대한 법학자들의 창조적인 학문활동의 부재가 가장 중요한 원인이라 아니할 수 없다.

Ⅲ. 대륙에서의 로마법계수의 과정

1. 교회법을 통한 로마법계수

로마법을 대륙제국에 전파되는데 중심적인 역할을 한 사람들은 기독교 성직자들이었다는 사실에 대하여는 여러 차례에 걸쳐서 밝힌 바 있다.[97] 로마법과 교회법과의 결합에 의한 대륙제국에서의 로마법의 계수와 교회법의 로마법에의 영향에 관하여 살펴보면, 로마법대전, 그 중에서도 학설휘찬은 그 편찬방법은 성서의 편찬방법을 따랐으며, 편찬 후의 연구는 성서의 연구방법을 따라서 연구가 이루어지고 발전되었다. 그리고 중세의 대학에서는 로마법과 교회법의 양법이 가르쳐졌다. 그리고 교회법은 교회가 로마법을 받아들여 로마법을 성서의 가르침에 입각하여 더욱 발전시켜 체계화된 법분야이다. 그리고 교회재판을 통하여 교회법을 법실무에 적용하고, 특히 교회법은 로마법에 기초한 교회소송법을 발전시켜, 그 로마법적 교회소송법(römisch-kanonisches Prozeßrecht)이 근대 대륙제국의 민사소송법의 기초가 되었다.

이와 같이 로마법과 교회법은 상호 밀접한 관계를 가지고 발전해 왔으며, 양법이 근대 대륙에 계수되어 근대 민사법의 기초가 되었다.

---

96) 상게서, 93면.

97) 로마제국 이외의 유럽에서 기독교가 전파된 과정을 살펴보면, 프랑크왕국의 건설자인 클로도백(Chlodovech, 481-511)이 기독교를 받아들였고, 그 후 다른 게르만 부족들도 기독교를 수용함에 따라서 모든 게르만 민족이 기독교도가 되었다. 기독교가 게르만인들의 신앙으로 될 수 있었던 가장 중요한 이유는, 게르만사회의 공동체사상이 "네 이웃을 사랑하라"라는 기독교사회윤리사상과 일치하였기 때문이었다(상게서, 72면 참조). 프랑크시대에 수용된 기독교는 그 후 게르만인들의 정신생활의 기초가 되었다.

유럽에서는 교회법이 세속법과는 원칙적으로 독립한 법체계로 형성되고, 오랫동안 세속법과 동등한 지위로 다루어져 왔다. 즉, 유럽에서는 12세기 이래로 교회법과 세속법이 2원적으로 존재하면서 서로 보완적으로 발전되어 왔다는 것이 유럽법문화의 특징이기도 하다.[98] 이는 이슬람이나 동아시아에 있어서 종교규범이 바로 세속법규범이 되어 종교규범과 세속규범이 일원화되어 있었던 법문화와는 다른 것이다.[99] 그리고 유럽대륙에서는 로마법이 근대 유럽대륙제국 민법의 기초가 되었지만, 중세의 교회법은 근대 세속법을 위하여 발전된 법체계의 모범이 되었다. 그것은 적어도 교황 Gregorius 9세(1227-1241 재위)의 Gregorius 9세 교령집(Liber Extra) 이래로 교회법은 세속법의 모범적인 법체계를 이루었다.[100]

구체적으로 교회법이 근대 대륙에서의 민법에 미친 영향에 대해서 살펴보면, 첫째로 교회법은 개별적인 법제도나 법사상이 세속법에 영향을 주기도 하였지만, 무엇보다도 교회법은 법적 안정성을 가진 실정법을 세속법에 그 모범으로 제시해 주었다. 중세의 교회법대전[101](Corpus Iuris Canonici)이 법적 안정성을 가진 첫 실정법전이었다. 이와 같이 교회법은 법적 안정성에 기초하여 추상적, 일반적 법규범에 의한 실정법전으로 이루어졌다. 그리하여 로마법이 카주이스틱한 방법으로 이루어져 있음에 반하여, 근대대륙의 민법전이 로마법을 계수하여 로마법에 기초하여 편찬되었지만, 그 체제는 추상적, 일반적 법규범으

98) Eisenhardt, a. a. O., Rn. 146.

99) A. a. O., Rn. 146.

100) A. a. O., Rn. 146.

101) 교회법대전은 16세기 교황 그레고리우스 13세의 칙령에 의하여 1582년에 편찬된 교회법전이다. 교회법대전은 Gratianus 교령집(Decretum Gratiani: 1140년 편찬), Gregorius 9세 교령집(Liber Extra: Decrtum Gratiani 이후의 교황령(Dekretale)을 모아서 1234년에 공포한 그레고리우스 9세의 교황령집), Bonifatius 8세 교령집(Liber Sextus: Liber Extra 이후의 교황령을 모아서 1298년에 공포한 보니파치우스 8세의 교황령집), Clemens 5세 교령집(Clementiae: 빈공회의의 결의와 기타를 모아서 1317년에 공포한 클리멘스 법전), 2권의 교령추록집(이는 교황 요안네스 22세의 교령추록집(Extravagantes de Joannes XXII)과 보통교령추록집(Extravagantes Communes) 양자를 모아 편찬된 법전이지만 그 구성부분은 각각 독립적으로 그 각각의 법적성격을 보유하고 있었다. 이는 교황령집이지만 사찬이었다)을 모두 모아 이를 법전화한 것이다.

교회법은 1140년의 Gratianus 교령집(Decretum Gratiani)에서 고전기를 맞게 되며, 이 Gratianus 교령집이 Irnerius의 동료들과 Bologna에서 교회법 연구의 기본소재가 되었다. 교령(Dekretale)은 교황이 개별사안, 개별문제에 대하여 개별적으로 답을 한 교황령으로서, 법률문제뿐만 아니라 도덕신학의 문제와 교의의 문제도 다루었다.

Bonifatius 8세 교령집(Liber Sextus)에서는 그때까지의 Dekretale와는 달리, 카주이스틱한 성격이 제거되고, 법문이 일반화되고 추상적인 성격을 띠게 되었다(Vgl., Eisenhardt, a. a. O., Rn. 133).

로 구성되어 있는 것은 바로 교회법의 영향으로 이루어진 것이다.

둘째로 교회법은 국가법, 국제법, 형법 및 형사소송법에 큰 영향을 주었다. 특히 소송절차와 관련하여서는 직권절차의 관철, 법관에 의한 실체적 진실의 발견제도는 교회법의 영향에 기인한다.[102] 그리고 근대사법에도 교회법의 영향이 강하다. 계약법과 혼인법에 교회법이 큰 영향을 미쳤다. 계약법에서는, 교회법학자들은 세속법학자들보다 먼저 단순한 합의(nudum pactum)의 유효성을 인정하였다.[103] 그리고 약속은 지켜져야 한다(pacta sunt servanda)는 원칙도 게르만법상의 충실의 원칙(Treuepflicht)에 기초한 것이 아니라 교회법상의 도덕적 법원칙에 기초하고 있는 것이다.[104]

셋째로는 교회재판권을 통하여 교회법이 세속법의 발전에 영향을 주었다. 교회법원은 세속사건에 대해서도 재판을 하였다. 그러므로 세속 사법의 모든 법현상이 교회법정에 나타나게 되었으며, 교회법에 따라서 세속 사건을 재판하였다. 그리고 교회법원에서는 교양이 있는 성직자에 의하여 재판이 이루어졌으므로, 사람들은 세속법원의 판사보다 교회법원의 성직자 판사를 더 신뢰하였다.[105] 18세기에 이르기까지 독일에서는 민사사건에 관하여 교회법원이 세속법원과 경합적으로 관할권을 가졌다.[106] 그리고 교회법원에서 판결의 기준이 되었던 교회법은 교회법대전이었다.

이와 같이 로마법은 교회법과 교회법원에 의하여 대륙제국에 깊은 영향을 미치게 되었다. 중세에는 자연법을 성문화한 로마법의 제법규는 교회법(canon law) 법전의 보충법으로 적용되었다.[107] 중세의 교회법원에서는 로마법은 그 입법정신이 신법인 자연법을 그 기반으로 하고 있음을 인정하였다. 그리하여 로마법은 교회법원에서 교회재판의 보충적 법원으로 인정되었다. 그리고 교회법의 중심으로 있던 교회법대전이 그 내용에 있어서는 로마법에 강하게 기초하고 있었으나, 그 입법방식에 있어서는 로마법대전의 편별방법과 그 후의 로마법의 연구방법이었던 카주이스틱한 방식에서 일반적, 추상적 규범으로 그 법체제의 변화를 이루어, 그것이 근대대륙의 민법이 일반적, 추상적 방식으로의 입법에

---

102) Eisenhardt, a. a. O., Rn. 149.
103) A. a. O., Rn. 149.
104) A. a. O., Rn. 149.
105) A. a. O., Rn. 136.
106) A. a. O., Rn. 136.
107) 이태재, 서양법제사 개설(진명출판사, 1981), 118면.

가장 중요한 원인이 되었다. 그리하여 로마법은 교회법 발전의 기초가 되었으며, 교회법은 근대 대륙의 세속법 발전의 중요한 사상적 기초와 연구 및 입법 방법을 제공하였다.[108]

2. 대륙제국에서의 로마법계수의 과정

대륙에서의 로마법의 계수과정은 먼저 게르만 부족국가 및 프랑크왕국시절에 법적용 원칙이 속인법주의를 취하고 있었기 때문에, 게르만인의 지배지역내에 살고 있던 로마인을 위한 로마인법전의 제정에 의하여 이루어진 로마법의 게르만 지배지역에로의 침투에 의하여 이루어졌다. 이 계수과정은 로마법을 포괄적으로 계수(Totalreption)한 것이 아니라 부분적으로 계수(Teilrezeption)한 것이며, 사법적인 계수가 아니라 제정법에 의한 입법적 계수였다. 그리하여 로마법의 개별적인 법제도가 입법의 방법으로 게르만 부족국가 및 프랑크왕국에 전파되었다. 물론 이 당시에 이미 게르만 부족국가, 프랑크왕국의 국왕은 스스로를 로마제국의 관리로 인식하였으며, 로마제국 황제의 후계자로 관념하였다.

그리하여 로마법이 게르만 부족국가 및 프랑크왕국에 침투해 들어올 수 있는 이념적 기초가 마련되었던 것이다. 프랑크왕국에서 이러한 입법에 의한 로마법의 대륙에의 계수과정은 독일에서보다는 프랑스에서 더욱 강하게 그리고 특징적으로 일어났다. 독일에서는, 신성로마제국시대의 로마법을 전면적 포괄적으로 계수하기 이전 단계의, 게르만부족국가 시대 및 프랑크왕국 시대의 부분적인 로마법계수를 조기계수(Frührezeption)라고 한다.[109] 따라서 독일에서의 로마법의 계수과정에 있어서, 독일에서의 이러한 조기계수 과정은 프랑스에서의 로마법의 계수과정보다는 약하였으나. 독일이 프랑크왕국으로부터 분리되어 나왔기 때문에 독일에서의 이러한 로마법의 조기계수 과정을 전면적으로 부인할 수는 없다. 그러나 신성로마제국에 의한 사법적 방법에 의한 로마법의 전면적 계수가 독일에서의 로마법계수과정의 중심내용을 이루고 있다.

이러한 독일에서의 근대 로마법의 계수과정은 15세기 16세기에 로마법이 사법적(司法的)으로 그리고 전면적 포괄적으로 침투해 들어와 계수된 로마법이 독일에서 보통법(gemeines Recht)으로 적용된 과정이다. 이러한 독일에서의 사법적 방법으로 로마법의 전면적 포괄적인 계수를 조기계수에 대해 본계수(Haupt-

108) Eisenhardt, a. a. O., Rn. 134.

109) 황적인, 전게 로마법. 서양법제사, 62-63면.

rezeption)라고 설명하기도 하나,[110] 이 과정 자체만을 독일에서의 로마법의 계수(Rezeption des römischen Rechts)로 설명함이 타당할 것으로 판단된다. 이와 같이 조기계수는 프랑크왕국시대 및 신성로마제국 초기의 입법의 방법에 의한 부분적인 로마법의 계수이고, 본계수는 신성로마제국 시대의 사법에 의한 전면적, 포괄적인 로마법의 계수를 말한다. 본계수는 로마법을 사법을 통하여 전면적으로 계수하였으며, 이렇게 계수된 로마법이 독일의 보통법이 되었기 때문에 본계수를 실제적 계수(praktische Rezeption)라고도 한다.

이러한 독일, 구체적으로는 신성로마제국에서의 로마법의 전면적 계수가 가능할 수 있었던 것에 관하여는, 이념적 측면과 실제적 측면으로 나누어 볼 수 있다. 즉 신성로마제국이 게르만인들인 독일인에 의한 국가이었고, 독일에는 자신들의 고유법인 게르만법이 관습법으로 존재하고 있었음에도 불구하고, 라틴인들의 법인 로마법을 전면적으로 받아들여 자국의 법으로 전환한 데에는 이념적으로 로마법을 자국법으로 인식한 측면과 고유법인 게르만법이 시대에 부응할 수 없었던 실제적인 측면이 있었던 것이었다.

전자의 이념적 측면을 전기계수(Vorrezeption) 또는 이론적 계수라 한다.[111] 이는 신성로마제국[112](Heiliger Römischer Reich Deutscher Nation)은 고대 로마제국의 계승국가이고, 신성로마제국의 황제는 스스로를 로마황제의 후계자로 관념하여, 신성로마제국에서 로마법이 외국법이 아니라 자국법으로 받아들여 로마법을 신성로마제국에 적용할 수 있는 이념적 로마법의 계수과정이었다. 이러한 전기계수 내지 이론적 계수에 의하여 로마법이 이념적인 장애를 받음이 없이 독일, 즉 신성로마제국에 침투해 들어올 수 있게 되었다.

후자의 사법적 방법으로의 로마법의 전면적, 포괄적 계수를 실무적 계수라 하며, 로마법의 전면적 계수에 의하여 계수된 로마법이 독일에서는 보통법(ius commune)으로서의 효력이 인정되었다. 이와 같이 로마법이 독일에 사법적으로 계수되어 독일에서 보통법으로 적용된 독일에서의 로마법의 실용화 과정을 민법학사에서는 이를 로마법의 현대적 관용(usus modernus Pandectarum)이라 한다.[113]

---

110) 상게서, 62면.

111) 상게서, 64면.

112) 신성로마제국은 962년 Otto I세(936-978년 재위)가 황제로 대관(戴冠)한 때로부터 시작되어 Franz 2세의 1806년까지 존속한 독일제국을 말한다. 이 신성로마제국이 독일의 제1제국이었다.

113) 상게서, 68면.

이와 같이 독일에서 사법과정을 통한 로마법의 현대적 관용으로 로마법이 실용화되어 가자, 법학자들은 실용화된 로마법을 학문적으로 정리하게 되었다. 그러한 현대적으로 관용된 로마법을 학문적으로 정리한 저작이 바로 Samuel Stryk(1640-1710)의 "Usus Modernus Pandectarum"이었다. 이 저작에서 Stryk 현대적으로 관용된 로마법의 법원(法源)을 독일법으로 인정하고자 하였다.[114] 그리고 이 저작에서의 로마법은 순수한 로마법이 아니라, 자연법과 독일 고유법에 의하여 변화되어 현대적으로 관용된 로마법이었다.[115]

다른 한편으로 독일에서의 로마법의 계수를 전기계수와 본계수로 나누거나, 이론적 계수와 실무적 계수로 나누는 것은 역사적 사실과 일치하지 아니한다고도 한다. 그리고 로마법의 계수라는 역사적 현상은 단순히 로마법 규정의 원용이 아니라, 역사적 발전현상으로서의 독일 고유법 제도의 합리화과정으로 이해하여야 한다는 반대의 주장이 있다.[116]

이와 같이 로마법이 독일에 사법적(司法的)으로 계수될 때에 계수된 로마법은 주석학파 및 주해학파에 의하여 주석된 로마법이었으며, 특히 Accursius의 표준주석(glossa ordinaria)이었다. 독일에서의 로마법의 계수과정에 있어서 그 시기별로는, 13-14세기에는 독일의 유학생들이 이태리의 대학에서 로마법을 연구하여 부분적으로 로마법이 독일에 침투해 들어왔으나, 15-16세기에 걸쳐서 로마법이 독일에 전면적으로 계수되었다. 그러므로 13-14세기에는 독일의 유학생들이 이태리에 가서 로마법을 연구하고 자료를 입수하여 오고, 독일에 돌아와서는 행정관료로서 또는 법원의 판사로서 로마법을 구체적, 개별적으로 적용하여 법을 집행하는 방법으로 로마법을 독일에 전수하였다. 그리고 15-16세기에 와서는 독일의 유학생들이 이태리로 로마법을 연구하러 가기 보다는, 독일에 이미 대학이 설립되고 법과대학에서 로마법과 교회법이 가르쳐지고 있었으며, 대학에로의 소송기록이송제도(Aktenversendung)에 의하여 소송사건이 대학에서 로마법에 따라서 판단되었기 때문에, 로마법 교육과 소송사건을 통한 로마법의 적용에 의하여, 로마법이 독일에 일반적으로 적용되게 된 것이었다. 이와 같이 독일 대학에서 로마법이 가르쳐지고, 소송사건에 로마법이 일반적으로 적용되어, 로마법이 독일의 일반법이 된 과정이 독일의 로마법계수이었다.

---

114) Meder, a. a. O., S. 201.

115) A. a. O., S. 201.

116) 현승종, 조규창 공저, 전게 게르만법, 97-98면.

이렇게 독일에 전면적, 포괄적으로 계수된 로마법은 독일의 보통법(ius commune; gemeines Recht)이 되었다. 보통법이 된 로마법에 대해서 다시 독일에서 학문적 체계화 작업이 일어났다. 그러한 계수된 로마법의 학문적 체계화가 이루어진 독일에서의 로마법 연구가 바로 판덱텐법학(Pandektenwissenschaft)이다. 이를 보통법학이라고도 한다. 독일에 계수된 로마법의 주된 대상은 학설휘찬이었다.

로마법이 독일에 전면적으로 계수되어, 로마법이 독일의 보통법이 되고, 그것이 학문적으로 체계화가 이루어지자, 그 다음에는 다시 계수된 로마법에 입각한 입법운동이 일어났다. 그것이 바로 독일에서의 Thibaut와 Savigny간의 법전논쟁이었다. 이때에 독일에서는 보통법에 따른 입법 이전에 다시 한번 로마법을 근본적으로 연구할 것이 주장되어, 역사법학파가 형성되고, 그 중에서 로마법학자들이 계수되어 있는 주석된 로마법이 아니라 로마법대전의 내용 그 자체에 대한 연구가 이루어져 로마법에 기초한 입법준비를 보다 확실히 하였다. 그리고 반대로 역사법학파 중에서 게르만법학자들은 관습법으로 존재해 왔던 독일 고유법을 학문적으로 정리하고 체계화하였다. 이를 로마법의 계수에 대해 반계수(Gegenrezeption)라 하며, 이 반계수에 의하여 독일에서는 독일민법의 입법과정에 고유법인 게르만법을 크게 반영할 수 있게 되었다.

이러한 판덱텐법학에 의한 로마법의 연구와 역사법학파 중의 로마법학자들(Romanisten)에 의한 로마법의 근본적인 재연구 과정을 거치고, 반계수에 의하여 역사법학파 중의 게르만법학자들(Germanisten)에 의한 독일 고유법의 연구가 보태어져 독일민법이 제정될 수 있게 되었다.

로마법에 기초하여 독일민법이 제정되기까지의 로마법의 발전과정을 정리해 보면, 로마고전기에 법학자들의 학설에 의하여 로마법이 융성하고, 이를 유스티니아누스 대제가 학설휘찬으로 편찬하고, 이 학설휘찬은 주석학파와 주해학파에 의하여 학문적으로 연구되어 발전하고, 이 주석된 로마법이 대륙, 특히 독일에 계수되어 보통법이 되고, 보통법이 된 로마법을 판덱텐법학에 의하여 다시 학문적으로 연구된 다음에 독일민법전으로 입법이 이루어졌다. 이러한 로마법의 역사적 발전과정에 로마법은 기독교의 가르침으로부터 더욱더 내용이 인간의 본성에 부합하고, 인류보편적인 가치를 담은 법으로 더욱 발전하여 왔다. 독일민법전이 제정된 다음에는 이 독일민법전이 동양제국에 계수가 되어, 로마법이 동양제국에도 계수가 이루어지게 되었다. 결국 로마법의 계수과정에서도 역시 로마법은 실무와 관련하여 발전하였음을 알 수 있다.

Ⅳ. 대륙에서의 로마법계수의 결과

대륙제국에서의 로마법의 계수에 의하여 로마법이 대륙제국 민법의 뿌리가 되었다. 프랑스에서는 남쪽의 로마법과 북쪽의 게르만법이 타협하여 프랑스민법전을 편찬하게 되었다.

독일에서는 계수된 로마법이 판덱텐법학을 통하여 다시 학문적으로 연구되어 독일민법전 제정의 기초가 되었다. 그러나 다른 한편으로는 독일의 고유법인 게르만법에 기초한 공동체주의는 크게 해체되었다. 그렇지만 로마법계수에 대한 반계수 작업으로서 일어난 게르만법학자들에 의한 게르만 고유법의 학문적 체계화와 현대화에 의하여 독일 고유법도 역시 독일민법의 중요한 요소로 되었다. 독일은 로마법이 계수될 시기에는 독일 고유법에 대한 연구가 미진하였고, 고유법을 전공한 법률가 계층의 미형성으로 고유법을 방어하지 못하였기 때문에, 로마법이 전면적으로 독일에 계수되었으나, 그러한 로마법의 계수에 대한 반작용으로 일어난 반계수에 의하여 독일 고유법의 체계화와 현대화가 이루어져, 독일은 계수한 로마법과 고유법인 게르만에 기초한 독일의 특징있는 민법체계를 이룩하였다.

근대 독일에서의 로마법의 계수로 인한 독일의 변화를 살펴보면, 첫째로 분방영주의 지배권이 강화되었다. 신성로마제국의 황제가 제권(帝權)강화의 수단으로 계수한 로마법은 그 본래의 의도와는 달리 분방영주의 정치권력을 강화하는 결과를 가져왔으며, 로마법상 황제의 절대적 지배권 사상은 영주의 통치권과 영토고권을 정당화하였으며, 이는 근대 절대주의국가 형성의 이념적 기초가 되었다.[117]

둘째는 농민들의 권리상실이었다. 로마법의 계수에 의하여 분방영주의 수익고권이 강화되어 농민의 지위가 약화되었으며, 로마법의 개인주의 사상은 전통적인 농민의 협동공동체 생활을 붕괴시켰다.[118] 다른 한편으로는 로마법은 차지(借地)농민을 자작농으로 신분을 상승시키고, 장원농민의 용익물권을 단독소유권으로 전환하는 등 장원농민의 토지에 대한 단독소유권을 확립케 하였다.[119]

117) 상게서, 94면.
118) 상게서, 95면.
119) 상게서, 95면.

그러나 로마법의 계수에 의하여 게르만법상 인정되었던 농민들의 공용지상의 용익권을 상실하게 되었다. 구체적으로는 로마법에 기초하여 법률가들은 무주지는 국가에 귀속한다는 법이론을 정립하여 영토고권에 의한 영주의 국유지 독점권과 농민의 수익제한권을 정당화하였다. 그리고 강우량이 적은 이태리의 자연조건에 기초하여 정립된 법리인, "사계절 물이 흐르는 강은 공유하천"이라는 개념정의를 산림이 울창하여 수원이 풍부한 독일하천에 적용함으로써, 종래의 사천(私川)이 모두 공천(公川)으로 전환되고, 농민을 산림과 하천에서 추방하는 결과를 초래하였다.[120] 또한 농민의 토지경작권도 게르만법에서는 공동체 사상에 기초하여 지주와 경작자간의 보호와 성실의 인간적 유대관계로 결속되어 있었으나, 단순한 채권채무의 대립관계인 로마법상의 농지임대차제도가 계수되어 농민은 지주의 해지권에 노출된 소작인으로서 농민은 농노의 지위로 전락하였다.[121]

그러나 독일에서, 게르만법 중에서 로마법이 알지 못하는 고유법역은 로마법의 계수 후에도 그대로 유지되었다. 하천법, 광업법, 상법,[122] 영업법, 제방법 등은 로마법이 알지 못하는 게르만 고유법역으로 로마법의 계수 후에도 그대로 유지되었다. 그리고 로마법과 게르만법에 공통적으로 존재하였던 법영역이지만, 공동체주의적 게르만사회의 전통적, 윤리적 요소가 강한 법영역은 로마법의 계수 후에도 로마법의 영향이 강하지 않았다. 즉, 부동산물권법, 가족법, 상속법등은 다른 법영역에 비해 로마법의 영향이 강하지 않았다.[123]

셋째는 민중이 소외되었다. 로마법의 계수로 인하여 새로운 법적 사고와 녹일민중이 이해할 수 없는 법개념과 법이론이 도입되어 법은 전문적인 법률가의 전유물이 되었다. 그리하여 일반민중은 법적 보호에서 소외되는 결과를 가져왔다.

구체적으로는, 게르만법은 민중의 법감정과 법의식 속에 잠재된 공통의 법적확신이었으며, 정의감정의 발현인 불문의 관습법으로 되어 있었다. 그러므로 게르만법은 냉철한 이성의 법이 아니라, 감성적인 법이었으며, 객관적인 논리가 아니라 주관적인 확신이었다.[124] 그리고 게르만 고유법에서의 소송은 직접

120) 상게서, 95면.

121) 상게서, 95-96면.

122) 상법이 게르만법에만 고유한 법영역이냐에 관해서는 반대의 의견이 있다. 이미 주해학파가 상법을 발전시켰다는 주장이 있다.

123) 현승종, 조규창 공저, 전게 게르만법, 95면.

구두소송이었다.

그러나 이러한 고유법인 게르만법과 소송제도가 로마법의 계수에 의하여 바뀌게 되었다. 직접 구두소송이 서면소송으로 전환되어, 법률전문가의 도움없이는 권리구제가 어렵게 되었다. 그러므로 부유층만이 전문적인 법률가의 도움을 받을 수 있고, 일반민중은 법의 보호를 받기 어렵게 되었다. 따라서 민중은 법률생활에서 소외될 수밖에 없었다.

이러한 로마법의 계수에 의한 민중의 법률생활에서의 소외에 대하여, 1507년 Wimpfeling(J.: 1450-1528)은 전통적인 게르만 관습법을 고수하려는 기사(騎士), 시민, 농민의 의사에 반하여 로마법을 적용하려는 법률가에 대하여, "법률가라는 사람들은 온갖 거짓과 속임수와 궤변을 총동원하여 우리에게서 조상의 옛 법인 관습법을 탈취하려 하며, 민중의 억압과 착취를 일삼는다. 이들 법률가들은 영주의 정치권력의 도구로서 모든 문제를 영주와 자신의 이익을 위해 결정한다"고 비난하였다.[125]

로마법의 계수에 의한 농민층의 소외현상으로 인하여 1524년에서 1525년에는 농민전쟁이 일어나게 되었으며,[126] 법률가들은 경멸을 받고 경원시되었다.[127]

넷째는 법학에 의한 독일제국의 법적통일을 가져왔다. 로마법은 전문성으로 인하여 민중의 법률생활을 소외시키는 등의 부작용을 낳았으나, 한편 로마법의 계수에 의하여 비로소 법규범의 합리적, 객관적 인식을 대상으로 하는 법학이 성립하고, 계수된 로마법에 대한 법학과 계수된 로마법으로 형성된 보통법에 의한 법의 통일을 가져왔다. 그리하여 로마법의 계수는 법학과 법실무에 의한 독일제국의 법적통일을 가져왔다.

그리고 로마법의 계수에 대한 반작용으로서 게르만법학자들로 하여금 관습법인 독일 고유법을 학문적으로 체계화하고 현대화하게 하였다. 그리하여 로마법의 계수에 의하여 로마법이 독일의 보통법이 되고, 반계수에 의하여 독일 고유법이 체계화, 현대화되어, 오늘날의 독일민법을 탄생케 되었다.

이와 같이 독일에서 로마법의 계수는 부정적인 측면도 있지만, 긍정적으로 독일에서의 법의 통일을 가져왔으며, 고유법의 체계화, 현대화를 촉진하였다. 그리고 이러한 로마법의 계수는 근세초기 문예부흥의 일환으로 일어난 거대한

---

124) 상게서, 96면.
125) 상게서, 96면.
126) Stein, a. a. O., S. 142.
127) A. a. O., S. 143.

인문주의, 합리화 운동으로서, 유럽 제국의 문화적 일반현상으로 평가할 수 있다.[128] 그리하여 독일에서의 로마법의 계수는 독일법문화의 합리화와 학문화, 나아가서 자기완성의 발전적 과정으로 이해하여야 한다는 것이 일반적인 평가이다. 그리고 로마법의 계수라는 역사적 현상은 단순히 로마법 규정의 원용이 아니라, 역사적 발전현상으로서의 독일 고유법제도의 합리화 과정으로 이해되어야 한다고 한다. 그러나 너무 게르만법 중심의 사고의 틀에서 벗어나, 로마법의 우수성과 시대적합성, 인간본성에의 부합과 로마법의 인류보편적 가치의 추구가 결국 대륙에서 로마법의 계수를 가능케 하였다는 점을 간과해서는 아니될 것이다.

그러나 이러한 긍적적인 평가에 대하여 19세기 게르만법학자들은 로마법의 계수를 이질문화의 강제수용으로 파악하였으며, 나치스의 독일국가주의하에서는 로마법의 계수를 민족적 불행으로 매도하였다.[129] 나치스는 로마법계수에 하여 1920년 독일국가사회주의 당강령(즉, 나치스 강령)에서, 물질주의적 세계관에 봉사하는 로마법을 독일공동체법에 의하여 대체(Ersatz für das der materialistischen Weltordnung dienende römische Recht durch deutsches Gemeinschaftsrecht)하여야 한다고 규정하였다.[130]

제 4 절 자연법론에 의한 민법학의 발전

Ⅰ. 근대의 자연법론 형성의 역사적 배경

근세는 신중심의 중세에서 인간중심의 인문주의 시대로 시작되었다. 이러한 인간중심의 근세는 신대륙의 발견(1492년)으로 시작되어, 르네상스, 종교개혁에 의하여 인간이성이 더욱 강조되었다. 그런데 신중심의 사회에서 인간중심의 사회로의 전환은 평화롭게 이루어진 것이 아니었다. 새로운 시대를 열기 위해서는 선구자들에 의한 새로운 지도이념이 제시되고, 그것을 현실화하기 위해서는 신구사회간의 갈등기를 거쳐서 비로소 새로운 시대가 열리게 되는 것이다. 근

128) 현승종, 조규창 공저, 전게 게르만법, 97면.
129) 상게서, 97면.
130) Eisenhardt, a. a. O., Rn. 138.

세의 서구대륙에서의 인간의 이성에 의한 자유로운 사회가 도래하기까지도 이와 마찬가지의 갈등기를 거쳐야만 하였다.

서구의 근세에 르네상스에 의하여 그리스, 로마의 고전이 부활, 재생되고, 종교개혁에 의하여 중세의 교리와 교황중심의 신앙을 극복하고, 성서중심의 신앙을 이룩하고자 하는 이념이 제시되고, 그 이념에 기초한 행동이 종교개혁이라는 저항적인 방법으로 표현되자, 이를 계기로 한 신구교도간의 갈등은 신구교도간의 전쟁으로 발전하였다. 서구대륙에서는 그러한 신구교도간의 전쟁이 오랫동안 지속되었다. 이러한 종교개혁에 따른 신구교도간의 전쟁의 계속은 사회불안을 낳았고, 다른 한편에서는 이러한 전쟁의 종식을 위한 방안을 강구하게 하였다.

근세의 종교개혁과 그로 인한 신구교도간의 전쟁이 계속되고, 다시 이러한 전쟁으로 인한 서구대륙의 불안은 이를 종식시켜 평화를 이루고자 하는 염원을 낳게 하고, 전쟁종식의 방법은 강력한 정치지도자가 나와서 강력한 국가권력을 행사하여 이러한 불안상태를 종식시키는 것으로 나타났다. 그러한 근세초기의 사회사정에 의하여 강력한 절대군주가 지배하는 근대 절대군주국가가 형성되었다.

근대 절대군주국가의 절대군주는 종교전쟁의 사회불안 상태는 극복하였으나 사회평화를 이룩하지는 못하였다. 왜냐하면 절대군주는 군주의 권력을 무제한적으로 행사하였기 때문이었다. 이러한 근세초기의 절대군주국가 시대에 그러한 절대군주의 절대권력을 정당화하는 마키아벨리(Niccolo Machiavelli: 1469-1527)가 군주론에 의하여 절대군주국가의 탄생을 이념적으로 뒷받침하는 왕권신수설이 주장하고, 보댕(Jean Bodin: 1530-1596)은 절대군주에게 주권이 있다는 군주주권설을 주장하였다. 이 양 학자는 절대주의 법사상에 입각하여 근대 절대군주국가를 옹호하였다. 특히 마키아벨리는 인간은 본성적으로 악하므로, 정치는 도덕적 견지에서가 아니라, 법적 강제에 의하여 행하여져야 한다고 하여, 법과 도덕을 준별하였다. 그리고 국가는 본래 인간의 이익과 필요에서 생긴 것이므로, 그러한 국가의 존재이유에서 필요한 한에서 군주는 어떠한 수단을 쓴다 하더라도 정당화된다고 하였다.[131]

이러한 사상적 뒷받침에 의하여 근세의 절대군주국가의 절대군주는 절대권

131) 최종고, 전게 법사상사, 66-67면.

력을 행사하여, 시민의 자유가 억압받게 되었다. 근세의 인문주의에 의하여 근대시민이 얻고자 했던 자유와 권리의 보호가 절대군주의 절대권력에 의하여 침해당하자, 시민의 자유와 권리를 지킬 수 있고, 절대권력에 저항할 수 있는 새로운 이념과 사상이 탄생하게 되었다. 그 이념의 주장이 바로 자연법사상이었다. 절대군주의 절대권력의 행사에 대항하여 시민의 권리를 지키기 위한 이념적 주장이 바로 자연법론의 자연사회의 주장, 천부인권으로서의 자연권, 그리고 사회계약론 및 저항권이론 등이었다.

이와 같은 자연법론은 평화로운 자연사회 내지 자연상태를 상정하고, 그 자연사회의 법이 자연법이며, 그 자연사회에서 인정된 자연권은 천부인권이며, 시민이 사회계약에 의하여 국가를 만들고, 군주에게 국가권력을 이양하지만 자연법에 반하는 군주의 국가권력의 행사에 대해서는 저항할 수 있는 저항권 이론으로 근대의 자유롭고 평화로운 시민사회를 개척하고자 하였다. 이와 같은 근대 자연법사상에 기초한 자연법론은 민법분야에도 역시 영향을 미쳤다. 이처럼 자연법론은 근대 절대군주의 절대권력으로부터 자연권을 천부인권으로 보호하는 것을 주된 관심사항으로 하였다.

그 후 계몽주의(Aufklärung)의 대두와 함께 자유와 평등의 개념이 근대 사회사상 및 근대법에서의 주된 관심이 되었다.

이와 같이 인문주의의 대두에 의하여 신중심에서 인간중심으로의 사회의 변천에 따라서 인간의 이성을 발견하게 되고, 자연법론에 의하여 자연권, 자연사회와 자연상태, 사회계약론 및 저항권 이론이 정립되고 영구불변의 자연법사상과 자연법이 정립되고, 계몽주의의 대두에 의하여 자유와 평등이 근대법의 중심개념으로 자리잡게 되었다. 그리하여 근대법의 특징인 자연법이 형성되어 인간이 사회중심이 되어 인간의 이성이 존중되고, 개인의 자유와 평등이 신장되는 항구불변의 평화로운 자연상태의 사회로의 발전을 추구하였다.

사법에 있어서도 자연법론의 영향이 지대하였다. 계수된 로마법이 근대의 자유의 개념과 결합하였으며, 로마법상의 학설휘찬의 일반규정이 자연법으로 받아들여져 법규범의 일반화, 추상화가 추구되고, 계몽주의의 영향에 의하여 자유와 평등의 개념이 사법의 중심사상이 되고, 항구불변의 자연법론은 근대 민법전의 입법화 운동으로 발전하게 되었다.

Ⅱ. 근대 자연법론자들에 의한 자연법론의 형성과 발전

1. 근세 자연법론의 형성

자연법사상 내지 자연법론은 고대 그리스 철학에 그 뿌리가 있다. 그리스의 철학자들은 변화하는 현상계에서 불변하는 실체를 찾고자 하였다. 이러한 그리스 철학자들의 사고, 즉 만물은 변한다 하더라도 그 변화 속에서 변화하지 않고 상주(常住)하는 것이 있다고 믿었다. 이러한 불변, 불멸의 자연질서를 그리스에서는 자연법으로 이해하였다. 그리고 이러한 법사상은 스토아 철학의 중심사상이 되었다.

로마제국에서도 그리스의 스토아 철학이 전해지고 받아들여져, 그리스의 자연법사상이 로마법의 사상적 기초가 되었다. Cicero는 모든 시대, 모든 민족에게 구속력이 있는 자연법은 인간의 법률에 의해서 그 효력이 상실되지 아니하며, 제한되지도 않는다고 하였다.[132] 이러한 자연법사상에 기초하여 로마법은 인간의 본성에 부합하고, 자연질서에 부합되는 이상주의적 방향으로 형성될 수 있었고, 로마법이 쓰여진 이성으로 인정될 수 있었다. 이와 같은 자연법은 자연과 일치하며, 또한 항구적이었다. 특히 로마법 중에서도 만민법(ius gentium)이 자연법으로 이해되었다. Cicero는 만민법을 자연법과 동일시하였으며, Gaius도 역시 만민법을 자연법과 동일시하였다.[133] 이와 같이 만민법을 자연법과 동일시한 로마법학자들은 만민법을 발전시킨 원리는 자연의 이치(naturalis ratio)라고 하였다.[134] 그러나 Ulpianus는 만민법은 인간에게만 적용되는 법이며, 자연법은 인간은 물론 동물에게도 적용되는 법으로 이해하여, 만민법과 자연법을 구별하였다.[135]

이와 같이 고대에는 자연질서를 자연법으로 이해하고, 이러한 자연법은 항구적이며 불멸적이라고 파악하였다.

중세의 기독교 신학도 역시 이러한 자연법론을 계승하여, 교회법 이론의 형성에 크게 기여하였다.[136] 토마스 아퀴나스(Thomas Aquinas: 1225-1274)도 역시

---

132) Eisenhardt, a. a. O., Rn 264.
133) 김려수, 전게 법률사상사, 32-33면.
134) 상게서, 32면.
135) D. 1. 1. 1. 3 & 4.
136) Eisenhardt, a. a. O., Rn 265.

자연법사상에 크게 영향을 받았다. 아퀴나스는 자연법의 불멸성의 사상을 전수하여, 자연법에 모순되는 것은 인간의 결의에 의해서도 합리화될 수 없다고 하였다.[137] 그러나 기독교 신학에서는 고대의 자연질서를 자연법으로 이해하지 아니하고, 신의 질서를 자연법으로 파악하였다. 그러한 신의 질서인 자연법도 역시 항구적이며, 불변, 불멸적이라고 파악하였다.

근세의 자연법은, 그 역사적 뿌리는 역시 고대 그리스 철학에서의 자연법론에 두고 있으나, 자연법을 자연질서나 신의 질서로 파악하지 아니하고, 인간이성의 질서를 자연법으로 이해하였다. 이러한 인간의 이성의 질서인 자연법도 여전히 항구적이며, 불변, 불멸적이라는 데에는 차이가 없었다. 이러한 인간의 이성의 질서는 자연상태에서의 인간질서가 가장 이상적인 형태라고 파악하고, 자연상태에서의 인간의 이성에 의한 인간의 천부적인 자유와 천부적인 권리를 인정하고, 이를 보호하는 이성에 의한 법, 즉 이성법(Vernunftsrecht)이 바로 자연법이라고 파악하였다.

이와 같이 인간의 이성에 기초한 자연법론은 Grotius에서부터 출발하였다. 그로티우스는 인간은 사교성과 이성을 가진 존재로서, 자연법은 인간의 사회적 본성인 사교성에 합치되는 것이라고 인정되는 인간의 이성에 의해서 인식되는 공동생활의 법칙이라고 하였다. 이러한 이성에 의한 질서인 자연법은, 신이 존재하지 않고, 신이 인간사에 관여하지 않는다고 가정을 해도, 언제나 타당하고, 신에 의해서도 변경할 수 없는 이성의 명령이라고 하였다. 그리고 그로티우스에게 있어서 인간공동체는 인간의 사교성에 의하여 평화롭고 이성적으로 질서있는 자연상태이었으며, 이러한 자연상태에서 이성적 존재인 인간은 계약을 이행하고, 손해를 배상하고, 타인의 소유권을 존중하여야 한다고 하였다.[138]

2. 자연법론의 2방향: 자유주의적 자연법론과 절대주의적 자연법론

근세의 자연법론(Naturrechtslehre der Neuzeit)은 17세기 후반부터 꽃피기 시작하였다. 근세의 자연법론은 있는 그대로의 자연(physis)이나 신과 결부된 자연법에 대한 이론이 아니라, 자연상태에서의 인간, 즉 국가와 실정법을 초월한 인간본성 혹은 이성에 기초한 자연법에 대한 이론이었다.[139]

---

137) A. a. O., Rn 265.
138) A. a. O., Rn 270, 271.
139) 최종고, 전게 법사상사, 71면.

이와 같이 이성에 기초한 자연법론은 서구에서는 2가지의 방향으로 발전하였다. 그 하나는 영국과 프랑스에서 발전된 자유주의적 자연법론이었으며, 다른 하나는 독일에서 발전된 절대주의적 자연법론이었다. 전자의 자유주의적 자연법론은 자연상태에서의 인간의 자유와 천부인권인 자연권을 확보하고 지키려는 자연법론으로서, 근세초기의 절대군주의 절대권력에 저항한 자연법이었다. 이 자유주의적 자연법론은 자연상태에 반하는 절대군주를 제거하고자 하는 폭군방벌론을 내용으로 하는 근본적이고 급진적인 자연법론이었다. 이 자연법론에서는 자연상태, 자연권, 사회계약론, 저항권, 혁명권 이론을 중심으로 하여 전개되었으며, Locke(John: 1632-1704), Montesquieu(Charles: 1689-1755), Rousseau(Jean Jacques: 1712-1778) 등이 가장 대표적인 그 이론가들이었다. 이 자유주의적 자연법론은 영국의 명예혁명, 프랑스혁명의 사상적 기초가 되었으며, 프랑스의 인권선언과 미국의 독립선언에 의하여 구체적인 문서로 표현되었다. 이러한 자유주의적 자연법론은 급진적이었으며 혁명적인 성격을 갖게 되었다.

후자의 절대주의적 자연법론은 자유주의적 자연법론에서와 같은 근본적인 절대군주체제의 혁파보다는 절대군주의 존재를 인정하여 국가권력의 절대성과 강력한 통제력을 강조하면서, 계몽주의, 합리주의의 입장에서 인간의 이성의 존중과 개인의 자유와 평등을 인정하고 보장하고자 한 법이론이었다. 그리하여 독일의 절대주의적 자연법론은 계몽주의적 절대주의(aufgeklärter Absolutismus)를 이론적으로 지지한 자연법론이었다. 그리고 계몽주의적 절대주의하에서의 국가의 목적은 공공의 복지, 즉 피지배자인 시민의 복지에 있었으며, 국가공동체의 질서유지와 시민의 자유의 보장과 안전의 유지에 있었다. 그러므로 절대주의적 자연법론은 자유주의적 자연법론과는 달리, 자연상태, 자연권, 저항권을 강하게 주장하지 아니하고, 시민의 자유의 보장과 그것을 법적으로 확실하게 하기 위한 입법론을 주장하였으며, 시민의 복지 내지 공공의 복지를 절대군주국가의 국가의 목적으로 강조하였다. 이와 같은 절대주의적 자연법론은 근대의 부르죠아지 계층이 충분히 성장하지 못하였고, 봉건적 잔재가 많이 남아있던 독일사회의 후진성의 반영이었다. 또한 이러한 절대주의적 자연법론은, 사법분야에서는 계수된 로마법보다는 독일 고유법에서 자연법의 성격을 찾고자 하는 방향으로 진행하였다. 물론 절대적 자연법론은 Montesquieu의 풍토법론의 영향도 강하게 받았다. 이와 같이 독일에서는 영국에서나 프랑스에서와 같은 구체제의 근본적인 개혁이 일어나지 못하였다. 이러한 절대주의적 자연법론가들로서는 Grotius, Hobbes, Pufendorf, Thomasius, Wolff 등을 들 수 있다.

3. 자연법론자들과 그들의 자연법론의 내용

근세의 자연법론의 개척자인 그로티우스(Hugo Grotius: 1583-1645)에 관하여는 이미 설명하였다. 그는 "전쟁과 평화의 법"(De jure belli ac pacis: 1625)에서 인간은 사교성에 의해 평화롭고 이성적으로 질서 있는 공동체를 찾는다고 주장하고, 자연법은 이성적으로 질서 있는 공동체를 만들기 위한 필수적인 조건에 관한 모든 규율이라고 하였다. 그러므로 그로티우스에게 있어서 자연법은 오로지 인간이성의 명령이었다. 그리고 그는 자연법의 필연적인 귀결로서 각인은 그들의 공동의 이익, 즉 인간의 생명, 자유, 신체의 안전등 각인의 몫을 확보할 것을 목적으로 계약에 의하여 국가를 만든다고 하였다. 그러므로 이성에 의한 공동체의 규율 중에서 계약은 지켜져야 한다(pacta sunt servanda)는 법원칙이 그 중의 하나라고 하였다.[140] 그리고 그로티우스는 계약은 지켜야 한다는 자연법의 원칙을 근거로 하여, 인민의 통치자에 대한 반항권(즉, 저항권)을 부인하여,[141] 절대주의적 자연법론자로 분류된다.[142]

그리고 Hobbes(Thomas: 1585-1679)는 그로티우스가 인간의 본성을 사교성으로 본 것과는 달리, 인간의 본성을 경쟁, 시기에 찬 비사교성, 이기적인 자기보존욕으로 이해하고, 자연상태는 만인의 만인에 대한 투쟁(bellum omnium contra omnes)만이 있는 무질서와 무법의 투쟁적인 사회로 파악하고, 이러한 무질서와 무법의 자연상태를 극복하고 평화와 질서의 사회로 변혁시키기 위하여 절대왕권을 주장하였다. 홉스는 영국의 청교도 혁명에서 명예혁명에 이르는 정치적, 사회적 변혁기에 당시의 무질서한 사회를 평화와 질서 있는 사회로 전환시키기 위하여, 인민은 사회계약에 의하여 국가를 만들고 국왕에게 주권을 이양하였다는 이론을 구성하였으며, 국왕에 의한 절대권력의 행사를 인정하여 절대군주제를 옹호하였다.[143] 그리고 그는 인간성은 본래 이기적이기 때문에, 계약은 칼이 없으면 단순한 문구에 불과하고 인민의 안전을 보장하는 힘이 조금도 없다고 하여, 계약에 의하여 성립한 국가는 그 본질상 절대전제의 형태를 갖추지 않으면 안 된다고 하였다. 그리하여 그는 절대군주제를 옹호하였다. 영국의 분석법

---

140) Eisenhardt, a. a. O., Rn 270.
141) 김려수, 전게 법률사상사, 49면.
142) 상게서, 48면.
143) 최종고, 전게 법사상사, 78면.

학자 Austin(John: 1790-1859)의 이론인, "법이란 주권자에 의해서 만들어지고 강제되는 행위규범"이라는 법의 정의는 바로 홉스의 법이해에서부터 출발하였다.[144] 더 나아가 홉스는, 선악은 군주가 명하는 법률이 있어서 비로소 발생하고, 그 법률에 따르는 것이 선이고, 그것을 따르지 않는 것이 악이라고 하였다.[145]

독일의 Pufendorf(Samuel: 1632-1694)는 독일의 가장 위대한 자연법론가로서, 그는 인간의 본성을 사교성과 자기보존욕으로 파악하고, 자연상태는 평화의 상태이며, 이러한 자연상태의 사회평화를 유지하기 위하여 인민은 사회계약(즉, 단체계약)에 의하여 국가를 만들고, 지배계약에 의하여 지배자에게 복종한다고 하였다.[146] 또한 그는 국가의 행위는 국가구성원의 복리를 깨뜨려서는 아니되며, 지배자는 자연법과 인민복지의 목적에 구속된다고 하였다.[147] 그리고 Pufendorf가 상정(想定)한 자연상태는 평화의 상태이었으며, 이 자연상태의 법을 자연법으로 이해하였다. 그러나 자연법은 인간에 필요한 안정을 보장해 줄 수 없기 때문에 인간은 사회를 만들고 국가를 만든다고 하였다.[148] 그리고 인간의 본성 중에는 자기보존욕이 있기 때문에, 각자는 자기의 이익을 지키지만, 다른 사람에 대해서도 그들이 자기의 이익을 지키고 신장할 수 있도록 행동해야 한다고 하였다.[149] 이와 같은 Pufendorf의 자연법론은 18-19세기 독일에서의 입법화의 길을 열었다.[150] 그리고 그의 이러한 자연법 이론과 공동체 중심의 국가이론은 계몽주의적 절대주의에 속하였다.

특히 프펜돌프는 자연법론의 기독교적 성격을 주장하여, 신은 인간을 사교적이고 합리적인 존재로 창조하였으며, 인간을 위하여 자연법을 창조하였다고 하였다. 그 자연법의 최고의 요청은 신에 대한 사랑과 인간에 대한 사랑이라고 하였다.[151] 이 사랑으로부터 인간의 기본의무가 발생하고, 이 기본의무로부터 개별규범이 도출될 수 있다고 하였다.[152]

Thomasius(Christian: 1655-1728)는 Pufendorf의 자연법론을 따르면서, 법의

---

144) 김려수, 전게 법률사상사, 50면.
145) 황적인, 전게 로마법.서양법제사, 286면.
146) Eisenhardt, a. a. O., Rn 274.
147) A. a. O., Rn 274.
148) A. a. O., Rn 274.
149) Meder, a. a. O., S. 212.
150) Eisenhardt, a. a. O., Rn 274.
151) Stein, a. a. O., S. 178.
152) A. a. O., S. 178.

이념과 국가의 목적을 정의와 행복과를 밀접하게 관련시켜 설명하였다. 즉, 그는 행복이 인간생활의 궁극적 목적이고, 또한 자연법과 국가의 목적이라고 하였다. 따라서 "사람은 그의 생활을 가장 행복하게 하는 일을 행하고, 불행하게 하는 일을 피해야 한다는 것이 자연법의 최고의 원리이며 국가의 궁극적인 목적이라고 하였다.[153] 그리하여 Thomasius도 역시 개인보다는 공동체, 국가를 중심으로 하는 계몽주의적 절대주의의 입장에 서 있었다. 그리고 그는 법과 도덕을 구별하여, 법은 인간의 외적생활에 있어서의 자유의 행사와 한계에 관한 것이고, 사람의 행위의 외면을 규제하는 법칙인 것이다. 그런 까닭에 법 및 법적의무는 강제가능한 것이다. 그러나 도덕은 인간의 내면적 심정을 규율하는 법칙이고, 도덕적 의무는 인간의 의사형성에 과해지는 것이므로 강제불가능한 것이라고 하였다.[154]

Wolff(Christian: 1679-1754)는 자유와 평등을 자연상태의 징표로 보았으며, 인간의 본성으로부터 천부적인 권리와 천부적인 의무가 발생한다고 보았다. 그리고 인간의 생존에 필요한 것을 충족시키고, 법적 안정을 지키고, 법적 평화를 이루기 위하여, 사회계약에 의하여 인민은 국가를 건설하였다고 하였다. 그러므로 국가의 목적은 인간의 복지를 신장하고, 안전을 신장하여, 시민들을 생기(生氣) 있게 하는 데에 있다고 하였다.[155] 국가가 이러한 일을 하지 아니하고 이를 위반하면, 그것은 사회계약위반으로서 피지배자인 시민은 국가에 저항할 권리가 있다고 하였다.[156] 그리고 그는, 인간적 완성을 위해 노력하는 것이 이성에 기초한 최고의 자연법이라고 하여, 법과 도덕의 결합을 주장하였다. 그리하여 그는 결국 국가권력에 의한 법적 강제를 도덕세계에서도 정당한 것으로 용납하고 변호하였다. 이러한 볼프의 도덕적 자연법사상은 민족국가적 입법의 길을 개척하였으며, 프로이센일반주법(ALR: Allgemeines Landrecht für die preußischen Staaten: 1794)은 볼프의 영향을 크게 받아 제정되었다.[157]

이와 같은 절대주의 자연법론자들은 이성의 질서를 자연법으로 이해하면서도, 군주에 의한 국가권력의 귀속을 옹호하고, 다만 그 국가권력을 인민의 복지와 안전의 신장을 위하여 행사할 것을 주장하였다.

---

153) 김려수, 전게 법률사상사, 52면.
154) 상게서, 52-53면.
155) Eisenhardt, a. a. O., Rn 275.
156) A. a. O., Rn 275.
157) Meder, a. a. O., S. 216.

이러한 절대주의 자연법론자들은 군주에게 국가권력의 귀속을 인정하면서 군주의 권력행사에 대해서 저항하는 것에 대해서는 소극적인 입장을 취하고, 인민의 복지와 안전을 위한 군주의 국가권력 행사를 강조하는 계몽주의적 절대주의의 입장에 있었다.

그러나 다른 한편의 자연법론자인 자유주의적 자연법론자들은, 계몽주의에 입각하여 자연상태에서의 인간의 자유와 사회의 평화 및 천부적인 권리의 보호를 위하여 사회계약설과 절대권력에 대한 저항권과 혁명권 및 권력분립을 주장하는 급진적이고 혁명적인 주장을 하였다.

Locke(John: 1632-1704)는 청교도 혁명(Puritan Revolution: 1649)과 명예혁명(Glorious Revolution: 1688)의 혼란 속에서 그의 사상들을 키웠다. 즉, 그는 자연상태를 상정하고, 그 자연상태는 자연법이 지배하는 사회로서 평화적이고 목가적 상태로서 나의 것과 너의 것의 구분이 없는 사회인 것으로 이해하였으며, 자연법은 이성의 법칙으로서 인류 상호간의 안전과 평화를 위하여 인간의 행동을 규정한 준칙이며 인류에게 영원한 법칙이라고 하였다. 이러한 자연상태에서의 재산의 귀속은 공유이었으며, 사유재산은 노동의 산물이며, 노동에 의하여 취득한 사소유물도 무제한적으로 소유할 수 있는 것이 아니라 인간이 생존을 유지할 수 있는 정도로 자연이 주는 혜택을 누리는 데 그 한계가 있다고 하였다. 그리하여 그는 사소유권의 한계를 주장하였다.

그리고 그는 국민주권과 제한군주제를 주장하고, 그는 이러한 그의 사상을 명예혁명을 통하여 확립하였다. 그는 국가권력을 입법권, 행정권, 동맹권으로 나누어, 입법권은 의회에 행정권과 동맹권은 군주에 귀속하여야 한다고 하고, 이러한 국가권력 중에서 입법권이 국가에 있어서 최고의 권력이라고 하였다.

그리고 그는 저항권과 혁명권을 주장하였다. 인민은 자연상태의 평화를 유지하고 자연상태에서의 자연적인 권리를 보호하기 위하여 사회계약에 의하여 국가를 만들었다고 하였다. 따라서 국가는 인민의 안전과 복리를 위하여 국가권력을 행사하여야 할 의무를 부담하며, 이러한 의무를 다하지 못한 국가나 군주는 인민의 사회계약을 위반한 것으로 인민은 그 정부 또는 군주에 저항할 수 있으며, 전복할 수 있다고 하였다. 이러한 Locke의 자연법론, 사회계약론, 저항권, 혁명권 이론은 미국의 독립혁명(1775년 독립전쟁 시작: 1776년 독립선언문 발표)과 프랑스혁명(1789)의 사상적 기초가 되었다.[158]

프랑스에서의 자유주의적 자연법론은 Montesquieu(1689-1755)와 Rousseau

(Jean Jacques: 1712-1778)에 의하여 발전되었다. 그들은 모두 계몽주의자들이었다. Montesquieu는 구제도의 전면적인 변화가 아니라 합리적 수정을 통하여 법의 지배로 자유가 보장되는 사회를 주장하였다. 특히 그는 국민정신은 지리적 환경과 풍토에 제약되며, 사회의 경제제도가 법의 발달에 영향을 준다고 하였다.[159] 그리하여 그는 각국의 법률제도는 지리적, 사회적 조건에 따라서 서로 다를 수 있음을 해명하고자 하였다. 그는, 법이란 모든 나라의 모든 인민에게 공통한 보편성과 각 나라의 인민에게 고유한 특수성을 갖는다고 전제하고, 법은 국가의 자연환경, 인민의 생활양식, 헌법이 허용하는 자유의 정도, 인민의 종교와 성격, 국가의 부와 인구, 상업, 습속등과 관계를 갖는다고 하였다.[160] 그리하여 그는 각 국가의 고유법을 존중하는 풍토적 법을 주장하였다. 이러한 풍토적 법이론은 대륙에 영향을 주어 근대 자연법론에 의한 입법운동에 있어서 계수한 로마법보다는 고유법을 존중하여 입법하는 시대의 흐름을 주도하였다. 특히 이러한 Montesquieu의 풍토법론은 독일에서의 근대적 입법운동에 영향을 미쳐서, 독일에 이미 계수되어 보통법으로서 효력이 있던 로마법보다는 독일 고유법에 기초한 분방입법으로 나타났다.

그리고 그는 삼권분립을 주장하여, 국가권력을 입법권, 행정권, 사법권으로 나누어, 그 각각의 의회, 군주, 법원에 귀속시켜야 한다고 하였다.

Rousseau는 원시자연사회의 자유와 평등을 이상으로 하고, 당시의 지배적인 진보적 사관(史觀)과는 날리 인간이 문명세계로 들어온 것을 인간의 타락으로 보았다. 원시자연상태에서 자유롭고 평등하며 행복하였던 인간이 문명세계로 들어옴으로써 인간은 부사유해지고, 불평등하게 되었으며, 그것이 바로 인간의 타락이라고 하였다.[161] 그러한 부자유와 불평등은 바로 사유재산제도의 인정이 그 원인이라고 하였다.[162] 이와 같이 그는 원시자연인을 이상적인 인간으로 보고, 사회와 문명에 의하여 오염된 인간을 구제하는 유일한 방법으로 자연교육, 자유교육, 개성교육을 제창하였다.[163]

그리고 그는, 인민 상호간의 일체의 행위의 정당성의 근거를 인민 상호간의

158) 최종고, 전게 법사상사, 83-94면.
159) 상게서, 98면.
160) 상게서, 99-100면.
161) 상게서, 106면.
162) 김려수, 전게 법률사상사, 61면.
163) 황적인, 로마법.서양법제사, 291면.

동의에서 구하였으며, 국가형성의 기초도 역시 계약에서 구하였다.[164] Rousseau에게 있어서 인민 상호간의 동의가 바로 사회계약이었다. 따라서 그는 인민의 사회계약에 의하여 원시자연사회의 자연적 자유와 평등을 사회적 자유와 평등으로 전환하였으며, 원시자연사회의 단순한 점유를 권리로서의 소유로 합리화하였다고 하였다.[165] 또한 사회계약에 의하여 계약자인 인민의 일반의사를 발생시킨다고 하였다. 일반의사란 개인의 의사의 단순한 총화가 아니고, 오히려 초개인적인 보편의사로 보았다. 이러한 보편의사가 바로 형태의 면에서는 국가, 작용의 면에서는 주권과 법으로 표현된다고 보았다.[166]

이러한 Rousseau의 사상은 감정적 이상주의라 할 수 있으며, 급진적인 민주주의이론이기도 하다.

이와 같은 자유주의적 자연법론은 자연상태를 평화적인 사회상태로 이해하고, 사회계약에 의하여 국가를 만든 것은 이러한 자연상태를 유지하기 위한 것이며, 이러한 자연상태의 유지의무를 군주에게 부과하였으며, 이러한 자연상태를 깨뜨리는 군주는 제거할 수 있다는 저항권, 혁명권을 인정하였다. 그리하여 자유주의적 자연법론은 급진적이고, 근본적이며, 혁명적 성격을 띠고 있다. 따라서 자유주의적 자연법론은, 군주의 절대권력을 인정하면서 군주가 인민의 자유와 복지를 신장시켜 줄 것을 요구하는 절대주의적 자연법론과는 차이가 있다.

Ⅲ. 자연법론과 로마법과의 관계

로마법이 근대 대륙에 계수될 때에 로마법은 쓰여진 이성(ratio scripta)으로 이해되었다. 그러나 자연법론에서는 로마법 전부를 예외 없이 자연법으로 받아들인 것은 아니었다. 다시 말하면 로마법이 바로 사법에 있어서의 자연법으로 받아들여지지는 않았다. 오히려 게르만 고유법을 자연법으로 받아들일려고 하는 사회적 흐름이 있었다.

그것은 계몽주의 사상가였던 몽테스키외(Charles Montesquieu: 1689-1755)가 그의 "법의 정신"(L'Esprit des lois: 1748)에서 풍토적 법이론을 주장하여, 그 영

164) 김려수, 전게 법률사상사, 63면.
165) 상게서, 63면.
166) 상게서, 63면.

향에 의한 것이었다. 즉, 몽테스키외는 "법률은 민족의 특성에 부합하여야 한다(Gesetze sollten den nationalen Eigenarten des Volkes, für das sie gemacht wurden, entsprechen), 법률은 이해될 수 있어야 한다, 그러므로 법률은 일반인들이 이해할 수 있는 것으로 개념화되어야 한다"(Gesetze sollten verständlich sein, damit sie auch von Menschen mit mäßlichem Verstand begriffen werden können)고 주장하였다.[167] 이러한 몽테스키외의 주장에 의하여 게르만 고유법이 오히려 자연법적인 것으로 이해되었으며, 계몽주의의 영향에 의하여 법률은 일반인들이 알 수 있어야 함으로, 입법에 의하여 개념화되어야 되어야 한다는 근대 입법운동의 단초를 제공하였다.

그러나 로마법, 그 중에서 학설휘찬에는 그 제50권 제17장에서 법의 일반원칙에 관한 규정을 담고 있고, 그 법의 일반원칙은 자연법에 속하며, 그것의 입법화가 근대자연법론에 의하여 주장되었다. 학설휘찬 마지막 부분인 제50권 제17장에는 여러 가지의 법의 일반원칙이 수록되어 있다. 즉, 어느 누구도 타인의 손해로 재산상의 이익을 얻어서는 않된다는 것은 자연법이다[168](By the law of nature it is fair that no one become richer by the loss and the injury of another), 어느 누구도 자기가 가지고 있는 것보다 더 큰 권리를 타인에게 양도할 수 없다[169](No one can transfer greater rights to someone else than he possesses himself), 자기의 권리를 행사하는 것은 어느 누구도 악의로 행사하는 것이 아니다[170](No one is regarded as acting by fraud who makes use of his rights), 자기의 과실로 손해를 입은 자는 전혀 손해가 없는 것과 같은 것으로 본다[171](If anyone incurs loss which is his own fault, he is not regarded as incurring loss), 동일한 조건하에서는 소송물을 점유하고 있는 자가 더 강한 권리상태에 있는 것이다[172](In an equally balanced case, the possessor must be regarded as the stronger)라고 규정하고 있었다.

근대 자연법론에서는 이러한 학설휘찬의 법의 일반원칙을 자연법에 속하는 것으로 받아들였다. 이러한 많은 원칙들은 판단의 정당성을 위하여 규정되고,

167) Eisenhardt, a. a. O., Rn. 283.
168) D. 50. 17. 206.
169) D. 50. 17. 54.
170) D. 50. 17. 55.
171) D. 50. 17. 203.
172) D. 50. 17. 128. pr.

일반화되어 왔다. 이러한 법의 일반원칙은 그 정당성을 위해 논거를 요하지 아니하며, 바로 로마법대전으로부터 도출되었다.[173] 또한 이러한 법의 일반원칙으로부터 도덕철학적 원칙도 도출해 낼 수 있었다.[174]

이와 같이 근대 자연법론의 시대에도 로마법은 학설휘찬에서 자연법론에서 추구하였던 항구불변의 자연법을 법의 일반원칙으로 담고 있었으며, 자연법론에 의하여 그것을 더욱 일반화하고 추상화하는 방향으로의 로마법에 기초한 근대 민법의 제정으로 발전할 수 있었다.

그러나 이러한 일반적인 흐름에 대하여 독일에서의 자연법론은 로마법에 대해 우호적이지 못하였다. 토마지우스는 계수된 로마법과 교회법에 대하여 무비판적인 태도를 유지하였으나, 기본적으로는 로마법에 대해서 적극적으로 이를 옹호하지 아니하였다. 다만 실무상 중요성이 있는 로마법의 원칙규정들은 본질적으로 자연법적으로 요청되는 것이라고 선언하고, 이를 독일의 일반적인 관습법으로서의 효력을 인정하고자 하였다.[175] Wolff는 민족주의적 법사고에 입각하여 독일 고유법에 기초한 입법사상을 뒷받침하였다. 그리고 그는 실무상 중요성이 있는 법규는 자연법으로부터 도출될 수 있다고 보고, 법과 도덕의 결합에 의하여 도덕적 의무로 구성된 자연법 체계를 수립하였다.[176]

이와 같이 근대 자연법론 시대에는 로마법 그 자체가 자연법으로 받아들여지지 못하였다. 그러나 로마법, 특히 학설휘찬의 내용 중에는 자연법에 속하는 규정들이 법의 일반원칙으로 존재하여, 로마법에 대한 비우호적인 자연법론의 시대에도 로마법이 대륙에서 존속, 발전할 수 있었다. 오히려 로마법은 자연법론에서 강조한 개인의 이성과 자유를 로마법 속으로 받아들임으로써, 로마법이 근세의 시대정신에 부합되게 발전할 수 있었다.

이처럼 근대의 자연법론과 로마법과의 관계는, 자연법론은 로마법에 대해서 우호적이지 못하였지만, 로마법은 자연법론의 이성의 존중, 인간의 자유와 평등, 법의 체계화, 입법론 등의 영향을 받아 근대사회에 적절히 적응할 수 있는 법으로 변화를 하였다.

그리고 근대에 제정된 프랑스민법전, 프로이센일반주법, 오스트리아민법전은 모두가 자연법론에 기초한 민법전으로서, 고유법이었던 게르만 관습법도 고

173) Stein, a. a. O., S. 158.
174) A. a. O., S. 159.
175) Eisenhardt, a. a. O., Rn 277.
176) Stein, a. a. O., S. 180-181.

려하였지만, 기본적으로는 모두가 판덱텐의 현대적 관용에 의하여 실용화된 로마법의 입법이었다.[177]

Ⅳ. 자연법론과 계몽주의와의 결합

근세를 연 것은 인문주의였다. 인문주의에 의하여 인간이 사회의 중심이 되었다. 이렇게 인간중심의 사회로의 길이 열리자, 다시 인간의 이성을 강조하고, 중시하는 사회사상이 일어나게 되었다. 바로 이성론이 인간이성을 강조하고 중시하는 방향으로의 길을 개척하였다. 이성중시의 사상을 처음으로 제시한 사회철학자가 바로 프랑스의 Descartes(René: 1596-1650)이었다. 그는 "나는 생각한다, 고로 나는 존재한다"는 명제로 인간이성을 강조하고 합리주의를 창시하였다.[178] 이러한 이성중심의 사회사상은 네덜란드의 스피노자(Baruch Spiniza: 1632-1677), 독일의 라이프니츠(Gottfried Wilhelm von Leibniz: 1646-1716)에 의하여 더욱 발전되어 갔다. 그리고 결국 이 이성론은 근대의 합리주의(Rationalismus)로 발전하게 되었다. 그리하여 근세는 이성의 판단에 따라서 사고하고 행동하는 합리주의 사회로 발전하게 되었다.

이러한 인간이성의 판단에 기초하여 사고하고 행동하는 합리주의 사회로의 시대적 흐름에 기초하여 18세기에 이르러서는 계몽주의 내지 계몽사상(Aufklärung; Enlightenment)이 형성되고 발전하였다. 합리주의는 인간이성을 강조하고 이성의 판단에 따라서 사고하고 행동할 것을 강조한 데 반하여, 계몽주의는 인간중심, 인간이성에 기초하여 구시대를 비판하고 극복하는 사회사상일 뿐만 아니라 사회운동으로 발전하여 근세사회를 이끌어 나갔다. 즉, 계몽주의는 이성에 의하여 중세의 봉건적인 사회를 극복할 것과 근세초의 절대주의를 비판하는 사상 및 사상운동으로 발전하였다. 그러므로 계몽주의는 자연히 인간의 자유를 강조하게 되었다. 계몽주의는 프랑스에서 크게 일어나고 프랑스혁명의 사상적 기초를 제공하였다. 몽테스키외, 루소 등이 모두 이러한 계몽주의 사회사상가들이었다.

근대 자연법론은 이러한 근세의 사상적 흐름을 모두 수용한 법이론이었다. 그리하여 자연법론에서는 인간의 인격과 이성을 중시하고, 인간의 자유의 신장

---

177) Meder, a. a. O., S. 231.
178) A. a. O., S. 207.

을 그 목표로 하였으며, 이러한 이성적인 자유의 존재인 인간은 모두 평등하다고 관념하였다. 이러한 이념들이 모두 근세 자연법론의 기초사상이 되었다.[179] 그리고 이러한 근세의 사상적 기초 위에 성립된 근세 자연법론에서는, 그 자연법에 의하여 이루고자 한 이상사회는 바로 자연상태 내지 자연사회이었으며, 자연상태에서의 인간의 평등과 평화와 자유를 현실세계에서 이루고자 하는 이상을 담고 있었다.

이와 같은 자연법론에서는 로마법을 바로 자연법으로 인정하지는 않았다. 자연법론은 오히려 고유법에 더 우호적이었으며, 특히 독일에서는 몽테스키외의 풍토법론에 따라서 독일 고유법이 더 존중되었다. 그러나 계수된 로마법은 계몽주의에 의하여 강조된 자유의 이념을 받아들여 근세의 인간이성 중심의 사회에 더 잘 부응하는 법으로 발전하게 되었다.

Ⅴ. 자연법론의 영향

근세의 인간중심, 이성중심, 자유와 평등의 시대사상은, 정치적으로는 이러한 근세의 시대정신을 구속하던 절대군주에 의한 절대왕정의 구체제의 전복으로, 그리고 식민지 사람들을 구속하던 식민지 종주국에 대한 저항으로 나타났다. 그것이 바로 프랑스혁명이과 미국독립혁명이었다. 그러나 독일에서는 절대주의를 극복할 만한 자유주의 사상이 충분히 성숙하지 못하여 이러한 근본적인 체제전복의 혁명이 일어나지 못하였다. 이러한 체제전복의 혁명은 자유주의적 자연법이 강하게 주장되었던 나라에서 일어나게 되었다. 그리고 혁명을 성공적으로 이끈 후, 이러한 자유주의적 자연법론은 그들의 자연법의 내용을 입법으로 반영하였다. 그것이 바로 프랑스에서는 프랑스 인권선언(1789)과 프랑스민법(1804)이었으며, 미국에서는 버지니아 권리장전(1776), 미국독립선언(1776)으로 나타났다.

이러한 근대사상을 기초로 하는 근대의 자연법론은 헌법과 형법에 특히 영향을 주었다. 헌법에서는 인간의 법 앞의 평등, 천부인권의 인정과 3권분립을 이루게 되었으며, 형법은 인도주의적 체제로 발전하게 되었다.[180] 민법에서는

179) 이러한 자연법론은 헌법과 형법에 특히 영향을 주었다. 민법에는 자유, 천부적인 권리로서의 소유권 개념, 입법화 운동에 영향을 주었다(Vgl., Eisenhardt, a. a. O., Rn 273 ff.).

180) Eisenhardt, a. a. O., Rn 273.

인간의 이성과 자유의 인정에 의한 법적인 행위의 자유의 보장, 천부적인 권리로서의 소유권 개념의 정립, 입법화 운동에 영향을 주었다.

그리고 근대의 자연법론은 각국의 입법운동으로 발전되었다. 자연법은 인간의 이성에 의한 항구불변의 질서로서, 그것을 입법하여, 인간의 이성과 자유를 지킬 필요가 있다고 보았다. 자연법론에 의한 입법론의 역사적 배경에는, 첫째로는 자연적 법질서인 이성에 의한 항구불변의 법질서는 이를 일반적, 추상적 개념으로 입법할 수 있으며, 둘째로는 근대사상에 의하여 취득하고 자연법론에서 인정한 인간의 근본가치인 이성, 자유, 평등을 입법해 둠으로써 구시대의 중세나 절대국가에서와 같은 과거시대로 되돌아가는 것을 방지할 수 있기 때문이었다.

그리고 셋째로는 근세에는 자본주의 경제가 싹트기 시작한 경제사회이었으며, 자본주의 경제는 인간의 경제활동의 자유를 요구하고, 장래에 대한 예측가능성을 요구하는 경제체제이므로, 인간의 활동으로 인한 법적결과를 입법적으로 명확히 할 것을 요구하였기 때문이었다. 특히 근대적인 입법운동이 일어난 당시에는 중상주의가 일어난 시대로서, 중상주의이론가들은 분방영주로 하여금 입법을 하도록 하였다. 그들의 입법주장의 근거는, 당시의 법의 분열상태는 상업활동을 방해하며, 통일적인 법이 상업활동에 필요하다고 강조하였다.[181]

넷째로는 근세에는 인간의 이성이 인정되고 존중되어 자연과학이 발달하고, 특히 기하학이 발달하게 되어, 질서 정연한 완전한 체계를 유지하고 있는 기하학의 영향에 의하여 법도 완전한 체제를 이루고 있다고 믿게 되었으며, 이러한 완전한 법체제는 입법할 필요가 있고 또한 입법이 가능하다고 주장을 하였기 때문이었다. 독일의 기하학자였던 라이프니츠는 1667년에 법의 자연스러운 체제는 기하학적이어야 한다고 하였다.[182] 그리하여 그는 법전편찬의 필요성을 강조하였다. 그리고 그는 로마법으로 입법하고자 생각하였다. 그러나 그는 생각을 바꾸어 Conring(Hermann: 1606-1681)과 함께 독일 고유법과 관습법을 고려한 입법을 구상하고 시도하였다.[183]

라이프니츠의 영향에 의하여 프랑스의 기하학자, 도마(Jean Domat)는 1689년에서 1694년 사이에 출판한 그의 저서, "자연적 방법으로 정리된 로마법"

181) Stein, a. a. O., S. 181.
182) A. a. O., 176.
183) Meder, a. a. O., S. 217.

(Les lois civilis dans leur ordre naturel: Das römische Recht auf natürliche Weise angeordnet)을 당시 프랑스에서 일반적으로 사용하는 법분류방식이었던 인스티투치오넨 시스템(Institutionensystem)을 벗어나 사법을 인법, 물법, 채권법, 상속법으로 분류하였다.[184][185] 그리고 도마의 법분류방식은 더 발전하여, 인법, 물법, 채권법, 상속법에 공통적인 총칙을 독립편으로 분류하여 오늘날의 Pandektensystem으로 발전하였다. 이와 같이 5편으로 분류한 민법체계로 나눈 것은 1807년 하이제(Georg Arnold Heise: 1778-1851)의 보통민법체계강요(Grundriß eines Systems des Gemeinen Zivilrechts zum Behuf von Pandekten-Vorlesungen)이었다.

이와 같이 근대의 자연법론은 근대의 시대사상을 기본법원리로 하여 정치적으로는 정치, 사회의 개혁운동으로 발전하였으며, 법적으로는 입법운동으로 나타났다. 이러한 자연법론에 의하여 이루어진 대표적인 입법이 바로 프랑스민법전(C.c.: Code civil: 1804)과 프로이센의 일반주법(ALR: 1794) 그리고 오스트리아 민법(ABGB)이다.

Ⅵ. 자연법론에 기초한 근대적 민법의 입법

1. 개 설

자연법론은 입법운동을 촉진하였다. 그 결과 프랑스에서는 프랑스혁명에 의하여 강력한 중앙권력의 국가가 형성되어 국가주도의 민법전 편찬이 가능하였다. 그리하여 프랑스에서는 1804년에 자연법론, 그 중에서도 자유주의적 자연법론에 입각한 프랑스민법전(C.c.: Code civil)을 편찬하였다.

그러나 독일에서의 자연법론은 프랑스나 영국에서와는 달리 구체제를 완전히 제거하고 새로운 국가를 건설하는 방향으로 나아가지 못하고, 계몽주의에 기초하여 절대군주제를 인정하면서 인민의 복지를 신장하고자 하는 방향으로의 절대주의적 자연법론으로 나아갔다. 그러므로 이러한 절대주의적 자연법론은 자유주의적 자연법론과는 달리 절대군주의 권력을 인정하면서, 군주가 시민의 복지를 신장시켜 나갈 것을 내용으로 하므로, 근본적인 정치, 사회적 혁신으로는 나아가지 못하였다.

---

184) Stein, a. a. O., S. 180.

185) 도마의 이러한 사법분류방식은 프랑스에서 보다는 독일에 더 선호되어, 판덱텐 시스템으로 발전하게 되었다.

2. 프랑스민법

프랑스에서 자연법론의 입법적 표현은 바로 프랑스 인권선언과 프랑스민법이었다. 양법은 인간의 인격의 존중과 인간의 자유를 최고의 기본가치로 하였다. 그리하여 이러한 기본원칙을 실현할 수 있는 인격의 자유(Freiheit der Person: 프랑스 인권선언 제2조, 제4조, 제5조), 소유권의 자유와 불가침(Freiheit des Eigentums: 프랑스 인권선언 제17조, Art 544 C.c.), 법률생활의 자유(Freiheit des Rechtsverkehrs: Art 6, Art 1134 C.c.), 그리고 과실책임(Art 1382 C.c.)의 기본법원칙을 규정하였다.[186]

그리고 프랑스민법은 자유의 이념이외에도, 평등과 박애정신에 입각하여 제정되었다. 사실 프랑스혁명의 목표는 혁명의 이념을 담은 시민법전의 공표이었다. 즉, 프랑스혁명의 목표는 구체제가 갖고 있던 법제도를 완전히 제거하고, 그 대신에 자유, 평등, 박애로 표현되는 짧고 단순한 법전으로 대체하는 것이었다.[187] 그러나 프랑스민법전의 제정은, 프랑스혁명이 끝난 후 1799년에 나폴레옹이 집권을 하고서, 게르만의 고유법이 강하게 지배하였던 관습법 지역과 로마법이 강하게 효력을 가졌던 성문법 지역의 각 2인으로 위원회를 구성하여, 양법의 가장 좋은 부분을 합쳐서 프랑스민법전을 만들도록 함으로써 시작이 되었다. 입법위원으로서 관습법 지역의 대표자는 Tronchet이었으며, 성문법 지역의 대표자는 Portalis였다.

프랑스민법은 처음으로 신분이 없는 국가의 법이며, 프랑스혁명의 격정(激情)을 법전화한 근대적 입법이었다. 그러므로 프랑스민법전은 프랑스 인권선언의 사법적 표현이라 할 수 있다.[188] 그리고 프랑스민법전은 그 법률규정이 명확하고, 단순하고, 비법률가도 이해할 수 있으며, 규정내용은 자연법에 기초하고 있다.[189]

프랑스민법전은 총 2,281 개조로 구성되어 있었으며, 법률의 무흠결성의 도그마를 극복하고 있다. 즉, 프랑스민법 제4조에서는 법률의 불명확, 흠결, 혹은 침묵을 이유로 법관은 재판을 거부할 수 없도록 규정하여, 판례에 의한 법의 발전을 예정하고 있다. 이는 유스티니아누스 대제가 입법을 하고 자기의 법전

186) Eisenhardt, a. a. O., Rn 308: 최종고, 전게 법사상사, 125면.
187) Stein, a. a. O., S. 187.
188) 김려수, 전게 법률사상사, 77면.
189) Meder, a. a. O., S. 227.

의 완전무흠결성을 주장한 것과는 다른 입법태도이다. 이러한 개방적인 입법으로 인하여 프랑스민법은 학설과 판례에 의하여 시대의 변화에도 불구하고 계속 발전을 할 수 있었다.

프랑스민법은 프랑스 관습법과 로마법과 자연법 원칙이 합성된 민법전이다.[190] 그리고 프랑스민법전 편찬에 크게 영향을 미친 프랑스 법학자 Pothier (Joseph: 1699-1772)는 로마법학자(Romanist)였다. 그는 로마법을 자연법적 관점에서 정리하였다.[191]

3. 프로이센일반주법

독일에서는 강력한 권력을 가진 중앙집권의 국가가 형성되지 못하고 분방으로 나누어져 있어서, 독일 전역에 효력이 있는 민법전을 제정할 수가 없었다. 그리하여 자연히 분방국가 중심으로 자연법론에 의한 민법전 제정이 있었다. 독일에서 절대주의적 자연법론에 입각하여 편찬된 대표적인 법전이 바로 1794년의 프로이센일반주법(ALR)이었다. 프로이센일반주법은 독일에서의 절대주의적 자연법론에 입각한 분방법전으로서, 몽테스키외의 풍토법론의 영향을 받아 독일 고유법 제도를 많이 담게 되고, 왕족, 귀족, 시민, 농민 순으로의 봉건적인 신분제도, 분할소유권과 같은 구체제의 봉건주의적 요소를 많이 담게 되었다.

이와 같이 독일에서는, 프랑스에서와 같이 시민의 자유에 대한 강렬한 의식이 부족하여, 자연법론에 입각한 법전이라 하더라도 시민의 자유의 개념을 규정하지 않고 있다.[192] 오히려 그 반대로 자유주의적 요소의 침투를 경계하여, 수백년 동안 내려온 봉건적인 질서가 침전되어 있었다. 귀족은 여전히 특권적 신분이었으며, 시민과 귀족간에는 넘을 수 없는 간극이 인정되었으며, 농민의 주군(主君)에 대한 종속성이 제거되지 않았다. 그리하여 프로이센일반주법은 등족(等族)국가(Ständestaat)의 사회적 모범이라고 평가되고 있다.[193] 그러므로 절대주의적 자연법론에 입각한 프로이센일반주법의 편찬자들은 정치적, 사회적 변혁은 그들의 관념과 가능성 밖에 있었다.[194]

---

190) A. a. O., S. 227.
191) 김상용, 민법총칙(전정판 증보, 법문사, 2004), 37면.
192) Eisenhardt, a. a. O., Rn 299.
193) A. a. O., Rn 299.
194) Eisenhardt, a. a. O., Rn 302.

자연법론에 입각한 독일에서의 구체적인 분방입법은 1794년의 프로이센일반주법과 1811년의 오스트리아민법전이 대표적이다. 먼저 프로이센일반주법의 제정과정을 살펴보면, 1714년 프로이센의 Friedrich Wilhelm 1세가 토마지우스에게 프로이센의 주입법을 위한 기초를 부탁하였으나, 입법을 실현하지 못하였다.[195] 그 24년 후인 1738년에는 당시의 사법대신이었던 Samuel von Cocceji (1679-1755)에게 로마법에 기초를 둔 프로이센 주법의 초안작성을 명하였다. Cocceji는 Thomasius와는 달리 로마법 추종자로서 로마법에 우선순위를 두고 입법초안을 두 부분으로 나누어 만들고자하였다. 그러나 1740년에 왕위에 오른 Friedrich 2세는 역시 1746년에 로마법은 이성과 분방헌법에 부합되는 한에서만 적용하도록 하고, 독일어로 된 법전의 편찬을 명하였다.[196][197] Cocceji에 의하여 1749년과 1751년에 각각 입법초안이 성안되었으나, 로마법 추종자였던 Cocceji의 초안에 대해서는 전반적으로 반대하였다.[198] 그리하여 Cocceji에 의한 프로이센주법의 입법노력도 실패로 돌아가고 말았다. 그 다음에는 사법대신 von Carmer (Johann Heinrich Casimir: 1721-1801)가 입법작업을 계속하였다. 그때에는 Christian Wolff의 법사상에 감화를 많이 받은 계몽주의적 법률가였던 Svarez (Carl Gottlieb: 1746-1798)가 이를 지원하였다.[199] Svarez는, 지배자는 그 백성의 삶을 완전한 이성으로 이끌어야 하며, 그러한 근거에 의해서 Preußen에서의 입법은 교육적 기능을 담고 있어야한다고 하였다. 그러므로 프로이센에서의 입법은 가장 포괄적이고, 명백하고, 분명하여야 한다고 하였다.[200] 그로 인하여 프로이센일반주법은 Wolff의 법사상의 영향을 크게 받은 법전이다. Svarez의 지원하에 1791년에 프로이센 보통국법(Allgemeines Gesetzbuch für die Preussischen Staaten)이 공포되었고, 1792년부터 시행할 예정이었다. 그러나 동법이 시행되기도 전에 Friedrich Wilhelm 2세는 동 프로이센 보통국법의 시행을 정지시켰다. 그 이유는, 당시의 보수적인 세력이 동법률의 계몽주의적 입장에 반대하고, 동법률의 시행정지를 요구하였기 때문이었다.[201] 이로 인하여 동법률은 곧 철회

195) 최종고, 전게 법사상사, 120면.
196) A. a. O., S. 183.
197) 라틴어로 쓰여진 법률은 시민들로 하여금 불신을 야기하게 한다는 사실을 고려하여 독일어로 된 입법을 하고자 하였다(Vgl., Eisenhardt, a. a. O., Rn 293).
198) Stein, a. a. O., S. 183.
199) Svarez는 Wolff의 제자였던 Daries의 Wolff의 법사상에 관한 설명으로부터 영향을 받았다.
200) Stein, a. a. O., S. 184.
201) Eisenhardt, a. a. O., Rn 294.

되고, 개별적 재검토를 거쳐, 1794년에 최종적으로 프로이센일반주법(ALR: Allgemeines Landrecht für die Preussischen Staaten)으로 공포되었다.

형식면에서 프로이센일반주법은 민법만의 법전이 아니며, 민법이외에도 상법, 어음법, 해상법, 보험법, 국가법, 교회법, 형법, 신분법 및 Lehen법을 포괄하는 법전으로서, 그 조문수가 19,194개조나 되었다.[202] 민법부분에서 프로이센일반주법은 주로 당시의 판덱텐의 현대적 관용에 의하여 실용화된 로마법의 지배적인 학설과, Thomasisus와 Wolff에 의해 형성된 자연법에 기초하고 있었다.[203] 그리고 독일 고유법적 사고도 많이 포함되어 있었다. 그리하여 프로이센일반주법의 소재(素材)는 로마법, 자연법, 독일 고유법으로 구성되어 있었다. 그리고 프로이센일반주법은 독일 고유법에 기초한 단체법에 관하여 상세히 규정하고 있었다. 단체로는 혼인, 가족, Körperschaft, Gemeinde, 신분(Stände), 교회에 관하여 규정하고 있었다.[204] 이와 같이 프로이센일반주법에서 독일의 고유법을 많이 포함시킨 것은, Friedrich 2세가 로마법과 동등한 정도로 고유법과 자연법을 포함시켜야 한다는 생각을 갖고 있었으며, 법률은 민족적 구속성이 지켜져야 한다고 하였기 때문이었다.[205]

그 내용에 있어서 프로이센일반주법은, 계몽주의에 입각하여 법제도의 개념을 설명하는 형식을 취하고 있다. 그리하여 프로이센일반주법은 법학자들의 의견을 고려하지 아니하고, 카주이스틱하게 일반개념을 설명하는 방식을 취하고 있다.[206] 이는 당시의 계몽주의 사회사상의 영향으로 인한 것이며, 프로이센일반주법에서는 법률의 교육적인 성격(lehrhaft)을 충실히 반영하고자 하였다.[207] 이와 같이 ALR은 계몽주의적 절대주의에 입각하여, 설명하는 방식의 입법에 의하여 시민들에게 법을 알려주고자 하였다.[208] 이는, 프로이센일반주법의 입법을 명하였던 Friedrich 2세는 당시의 사법개혁의 목표를 법률을 단순화하고 시

202) Meder, a. a. O., S. 223.
203) A. a. O., S. 223.
204) A. a. O., S. 223.
205) Eisenhardt, a. a. O., Rn 294.
206) Meder, a. a. O., S. 224.
207) 프로이센일반주법의 교육적인 성격에 반하여, 1756년의 바이에른 민법전(Codex Maximilianeus Bavaricus civilis: 1900년 효력 상실)은 자연법론으로부터의 영향을 적게 받은 법전으로서, 로마법에 기초하여 제정되었으며 교육적인 성격을 갖고 있지 아니하였다. 바이에른 민법전은 Institutionensystem으로 구성되어 있었으며, ius commune의 바이에른 판이었다(Vgl., Stein, a. a. O., S. 183). 동법은 계몽주의의 개혁적 입법도 아니었다.
208) Meder, a. a. O., Rn 224.

민들이 이해할 수 있게 하는 데 두었기 때문이었다.[209]

또한 프로이센일반주법은 발생할 수 있는 법률문제를 가능한한 모두 카주이스틱하게 규율하고자 하였다. 그리고 법관은 오로지 법을 적용하도록만 하게 하기 위하여 방대한 조문으로 상세히 규정을 하였다. 이는, 프랑스민법에서와 같은 자유주의적 요소를 경계하여 가능한한 정밀하게 규정하여, 법관의 자유재량의 여지를 남겨두지 않기 위해서였다.[210] 그리하여 프로이센일반주법에서는 동법의 해석과 주석을 금지하였다.[211] 그리하여 법관은 의심스러운 사건에는 법률위원회(Gesetzkommission)에 문의를 하여야만 하였다(Einleitung §§47-50 ALR). 이러한 해석과 주석의 금지로 ALR은 법학과 판례와 긴밀한 관련을 갖지 못하였다. 이는, 당시에 계수된 로마법 및 교회법과 관련된 법해석상의 다툼과 이론적 첨예화(Spitzfindigkeit)를 제거하기 위해서였다.[212]

그리고 프로이센일반주법은 Wolff 법사상의 영향으로 인간의 사생활에 관한 도덕적 규범을 법규범으로 규정하고 있었다. 예를 들면, 모의 수유(授乳)의무를 규정하고(2. Theil, 2. Titel, §67 ALR), 모와 유모는 2세 이하의 자를 야간에 자기 침대에 재우는 것을 금지하였으며, 부부의 성생활에 관해서도 규정하였다.[213] 모가 유아를 가슴에 안고 있을 시간은 부의 결정에 따르도록 하였다(2. Theil, 2. Titel, §67 ALR). 그리고 군주의 관리의 자유임면, 신분의 엄격한 구별, 토지에 대한 분할소유권도 규정하였다.

이와 같이 프로이센일반주법은 근대의 자연법론에 기초하고 있었으나, 사상적으로는 계몽적 절대주의에 입각하고 있었으며, 자유주의를 경계하였으며, 봉건적 구테를 완전히 벗어나지는 못한 내용의 법률이었다.

4. 오스트리아 민법

오스트리아에서는 1766년에 테레사 법전(Codex Theresianus) 제1초안이 발표되었다. 동초안은 각 지역의 전통적 고유법인 관습법과 로마법의 타협으로

---

209) Eisenhardt, a. a. O., Rn 293.

210) 최종고, 전게 법사상사, 121면.

211) 법학과 판례에 의한 해석의 금지는 1798년까지 계속되었다. 주석금지를 해제한 후에도 ALR은 여전히 법학과 관련을 갖지 못하였다. Savigny가 1816년에 ALR은 형식과 소재가 빈약하다는 의견을 표시하였을 때에 비로소 ALR에 대한 학문적 연구가 시작되었다. 그 후 1819/20년의 Berlin 대학의 겨울학기에 ALR에 대한 강의가 시작되었다(Vgl., Meder, a. a. a. O., S.224).

212) Eisenhardt, a. a. O., Rn 293.

213) 최종고, 전게 법사상사, 121면.

이루어졌다.[214] 동초안은 8,367개조로 구성되어 있었으며, 독일어로 작성되었다. 그런데 동초안은 지방의 특권을 잃을 것을 염려한 보수주의자들로부터 공격을 받고, 개혁론자들로부터도 공격을 받았다.

그리하여 동초안의 개정작업이 산발적으로 진행되었다. 자유주의자였던 Franz von Zeiler가 개정위원으로 활동하여, 동초안을 1,502개조로 축소하여, 1811년에 오스트리아민법전(Allgemeines Bürgerliches Gesetzbuch für die gesamten Deutschen Erbländer der Österreichischen Monarchie[215])을 성안하여 제정하고, 1812년부터 그 효력을 발생시켰다.

오스트리아민법전도 역시 자연법론에 기초하여 제정되었으며, 법과 도덕을 구별하여, 일반적으로 승인된 도덕원칙을 법률로 고양하는 것을 포기하고 법규정에 한정하였다.[216] 그리고 동법은 로마법에서는 멀어지고, 자연법적인 형평(즉, 평등)을 강조하고 있다. 또한 동법은 자연법론과 초기 자유주의 사상으로부터 절대주의와 귀족의 신분상의 이익을 희생시키지 않으며, 법앞의 만민의 평등을 그 특징으로 하고 있다.[217] 그 대표적인 예로 중세의 분할소유권을 그대로 유지하고 있다.

오스트리아민법전은 인법(Erster Tei: Von dem Personenrechte), 물권법(Zweiter Teil: Von dem Sachenrechte), 인법과 물권법의 공통규정(Dritter Teil: Von den gemeinschaftlichen Bestimmungen der Personen- und Sachenrechte)으로 구성되어 있으며, 총칙이 없는 것이 특징이다.

Ⅶ. 자연법론에 대한 법정책적 평가

근세 자연법론은 무엇보다도 중세의 신중심의 사회를 인간중심의 사회로 바꾸어 놓았다. 그리하여 근대는 인간을 인격적 존재로 인정하고, 인간의 이성을 인정하고 존중하여 인간이 사회의 중심이 되는 사회로 전환되었다. 그리고 인간의 자유를 인정하고 존중하여 근대의 산업자본주의의 길을 열었다.

이와 같이 근세의 자연법론이 오늘날의 사법의 근본이념을 제시해 주었다.

214) Stein, a. a. O., S. 185.
215) 지금의 오스트리아민법전의 공식 명칭은 Allgemeines Bürgerliches Gesetzbuch이다.
216) A. a. O., S. 186.
217) Meder, a. a. O., SS. 229-230.

인간중심, 인간의 이성존중 그리고 인간의 자유의 인정과 숭상이 근대 자연법론의 특징이었었다. 이로 인하여 인간은 자기의 이성의 판단에 따라서 자유롭게 활동할 수가 있게 되었으며, 이로 인하여 인간의 경제활동의 자유가 보장되었다. 이러한 근본사상이 근대민법의 기본이념으로서 오늘날에도 인정되고 계속적으로 기능하고 있다.

이러한 근대의 자연법론은 사법에서보다는 공법에서 더 크게 작용하고 영향을 미쳤다. 자연상태, 자연권의 인정은 당시의 절대군주의 압제를 거역하고 민주적인 사회로 나아갈 수 있는 이념을 제시하였으며, 사회계약론, 저항권, 폭군방벌론 등에 의하여 자연법론은 혁명적 사상으로 전환되었다. 그리하여 근대의 자연법론에 의하여 오늘날의 민주적인 사회가 배태될 수 있었으며, 자연법론의 기본사상은 오늘날의 헌법, 인권법 등에서 여전히 그 효력이 인정되고 작용하고 있다. 특히 자유주의적 자연법론은 구체제를 근본적으로 전복하고 새로운 자유사회를 탄생시킨 혁명사상이었다.

그리고 근세의 자연법론은 영구불변의 자연법을 옹호하고, 그 법학연구방법은 체계적, 추상적 방법이었으므로, 자연히 자연법론은 근대의 입법운동으로 발전되었다. 이러한 자연법론에 의한 입법운동의 결과로 역사적으로 중요한 근대민법전이 제정되었다. 그리고 민법전 내에 일반규정, 원칙규정을 두게 되는 입법형식의 결과를 초래하였다.

또한 자연법론은 계몽주의의 영향으로 법의 교육적 기능을 강조하였다. 그 결과 자연법론의 입법운동의 결과로 제정된 근대민법전은 그 내용이 인류보편의 가치를 지향하였으며, 그 법조문은 일상의 생활용어로 구성되어 있었으며, 자세히 설명하는 방식으로 규정되었다. 그러므로 자연히 법조문의 수가 많아지는 결과를 초래하였다. 그리고 도덕적 내용을 법규범으로 규정한 것도 근대 자연법론의 영향에 기인하고 있다.

이와 같이 근대 자연법론은 인간의 본성인 인간의 이성과 인간의 자유를 인정하고 존중하는 법이론으로서, 모든 인간이 평화롭게 함께 살 수 있는 자연상태 내지 자연사회를 이상사회로 추구하는 법사상이다. 그러므로 근대 자연법론은 이상주의적 세계관에 입각하여 있으며, 영구불변의 인류보편의 가치를 추구하는 법이론이다.

이러한 근대 자연법론의 내용이 계수된 로마법에 영향을 주어, 로마법은 더욱더 일류보편적인 가치를 담은 사법으로 발전하게 되었다. 근대 자연법론에서는 로마법을 자연법으로 받아들이지는 않았지만, 자연법론의 기본적인 사상이 로마법을 보다 더 보편성, 일반성을 갖는 사법으로 발전할 수 있게 하였다. 그리하여 로마법은 더욱 그 내용이 풍부해지고, 보편적인 가치를 담은 사법으로 발전하게 되었다.

제 5 절 역사법학에 의한 민법학의 발전

Ⅰ. 역사법학 형성의 배경

1. 낭만주의와 역사주의의 역사법학 형성에의 영향

근세에 들어와서는 인문주의, 계몽주의에 힘입어 법에서는 자연법론이 당시의 지배적인 법이론이었으며 법사상이었다. 그리고 이러한 자연법론의 영향으로 프랑스민법전, 프로이센일반주법, 오스트리아민법전 등 근대민법전들이 제정되었다.

이와 같은 인간의 이성에 기한 영구불변의 인류보편적인 법이론 및 법사상에 기초한 근대민법전의 제정으로 발전해 내려온 근대의 자연법론의 시대조류에 대해, 법을 이성에 기한 불변의 보편법으로 이해할 것이 아니라, 각 민족의 민족정신[218](Volksgeist)에 기하여 자연히 생성되는 민족법(Volksrecht)으로 이해하려는 새로운 시대조류가 형성되었다. 그러한 시대조류의 표현이 바로 민법학사에 있어서 역사법학파(Historiche Rechtsschule)의 생성이다. 이와 같이 역사법학파는 자연법론에 대한 반동으로 생성된 법학파이며, 자연법론에서는, 법은 인간의 이성에 의해서 만들어질 수 있으며, 항구불변적이고, 모든 민족에 공통적이고 인류보편적이며, 이러한 불변적이고 보편적인 법은 이를 입법함이 타당하다는 근대 민법의 입법론의 정당성을 제공한 법이론이었다. 이에 반하여 역사법학은, 법은 민족정신의 발현으로서 각 민족마다 법이 다르며, 법은 만들어지는 것이 아니라 민족의 의식 속에서 자연히 생성되는 것으로 이해하였으며,

218) 민족정신(Volksgeist)이라는 용어는 이미 몽테스키외가 사용하였으며(Vgl., Meder Stephan, Rechtsgeschichte: Eine Einführung(Köln, Weimar, Wien, Böhlau Verlag, 2002), S. 242), 독일에서는 사비니의 제자로서 개념법학의 창시자인 Puchta(Georg Friedrich: 1798-1846)가 이를 처음으로 사용하였다(Vgl., Hendrik Jan van Eikema Hommes, Major Trends in the History of Legal Philosophy(Amsterdam, North-Holland Publishing Company, 1979), p. 190).

입법에 대해서는 반대의 입장에서 법은 민족의 의식 속에 관습법으로 존재하며, 법학을 통하여 그 관습법의 존재를 확인할 것을 강조하는 입장을 취하는 법이론이었다.

이와 같이 법을 역사적 존재로 이해한 법학파는 이미 프랑스에서 복고학파가 있었다. 여기에서의 역사법학파는 독일에서 일어난 자연법론에 대항하여 형성된 법학파이다. 그러나 법을 역사적으로 연구하고자 하는 면에서는 양 법학파가 동일하지만, 복고학파는 로마법을 고고학적으로 연구하였으며, 유스티니아누스 대제의 입법 중 학설휘찬의 내용이 고전기 로마법학자들의 학설과 달라지게 된 내용, 즉 interpolatio의 연구에 치중한 데 반하여, 독일의 역사법학파는 로마법의 연구는 물론 게르만법 연구를 촉진하였으며, 로마법을 고고학적으로 연구한 것이 아니라, 로마법에서부터 일반 법원리를 도출하고자 하는 방법으로 로마법을 연구하였던 점에서 중요한 차이가 있다.

이와 같은 민법학사에 있어서 역사법학파의 생성은, 근대 이후의 시대사상이자 시대조류였던 인간의 이성을 강조하고, 보편성을 강조하는 인문주의, 계몽주의, 자연법론에 대항하여 사회, 경제, 예술 등에서 이성보다는 감성을 강조하고 보편성보다는 개별성을 중시하는 낭만주의(Romantizismus)와 역사주의(Historismus)로부터 영향을 받았다. 낭만주의는 이성에 대한 감성의 해방, 무한불변에 대한 동경과 불안, 질서와 논리에의 반항을 특징으로 하는 18세기 말에서 19세기 초에 유럽선역에 걸쳐서 여러 나라의 민족정신의 각성과 때를 같이 하여 발생한 시대의 한 흐름이었다. 이러한 낭만주의에서는 이성보다는 감성을 중시하고, 획일적인 체계화보다는 개별화를 추구하였으며, 규범질서보다는 자유분방함을 선호하고, 이성법보다는 민족법, 관습법을 중시하였다. 그리고 역사주의는, 모든 사상은 역사의 발전과정에서 생성되며, 사물의 가치나 진리도 역사의 발전과정에서 나타난다는 입장을 취하는 철학으로서, 보편적인 법칙을 부정하고, 모든 사상은 나라에 따라서 다르고 시대와 함께 역사적으로 발전한다고 이해하며, 그러한 변화 속에서 발전법칙을 밝히고자 한다. 이와 같은 역사주의는 독일에서 특히 발전된 특수한 철학이다. 즉, 역사주의는 독일의 특수상황을 설명하려는 철학이다. 이러한 역사주의는 사학(史學), 경제, 예술사, 문학사 등에 나타나며, 법에서는 역사법학으로 표현된다.

2. 역사법학 생성의 원인들

독일에서의 역사법학파의 형성은, 외관상으로는, 1814년 티보(Anton Friedrich Justus Thibaut: 1722-1840)와 사비니(Friedrich Carl von Savigny: 1779-1861)간의 법전논쟁과 그 다음 해인 1815년의 "역사법학잡지"(Zeitschrift für die geschichtliche Rechtswissenschaft[219])의 출간으로 이루어졌다. 그러나 역사법학파 형성의 원인이 된 맹아는 이미 그 이전부터 형성되어 오고 있었다.[220]

역사적으로 거슬러 역사법학파 형성의 맹아를 살펴보면, 이태리의 사상가 뻬코(Giovanni Batista Vico: 1688-1744)는 Descartes, Spiniza 등의 수학적 방식의 사고에 반대하여 인간의 역사에 관한 새로운 과학을 발전시켰다. 그는, 지식은 인간의 역사를 통하여 얻을 수 있으며, 인간이 아니라 신이 만든 자연을 통하여 지식을 얻을 수는 없다고 하였다.[221] 그리고 역사는 인간문화의 발전이며, 인간정신에 의하여 생산된다고 하였다. 그러므로 법, 정치, 도덕, 시 등은 문화의 요소이며, 역사적 연구의 대상이 된다고 하였다.[222]

그리고 몽테스키외(Montesquieu: 1680-1755)도 그의 "법의 정신"에서 한 나라의 헌법과 민법은 그 나라의 물리적 모습, 기후, 토양의 질, 위치, 외적관계와 상관관계에 있으며, 인종, 자유의 정도, 주민의 종교, 성향, 부의 정도, 인구의 수, 상업, 관습, 생활태도등과 상관관계가 있다고 하였다.[223] 그러므로 그는 한 나라의 헌법과 민법을 역사적으로 가변적이며, 지리적 요인이 될 수 있는 경험적 요소에 의해 설명하고자 시도하였다. 그러나 몽테스키외가 이와 같이 법을 역사적 가변적인 것으로 설명하고자 하였지만, 그 자신은 그와 같은 역사적 경험적 접근방법을 수학적 자연법적 구도로 흐트러버렸다.[224] 그리하여 그는 사물

---

219) 현재 이 잡지는 "사비니재단법사학잡지"(정식명칭: Zeitschrift der Savigny-Stiftung für Rechtsgeschichte: 약칭: ZRG)로 계속 출간되고 있다. 단순히 법사학사비니잡지(Savignyzeitschrift für Rechtsgeschichte)라고도 한다. 이 사비니재단법사학잡지는 1815년의 역사법학잡지가 1861년에 Zeitschrift für Rechtsgeschichte로 바뀌고, 1883년부터 현재의 이름으로 바뀐 것이다. 사비니재단법사학잡지는 세 부문, 즉 독일법 부문(Abteilung der Germanisten: GA), 로마법 부문(Abteilung der Romanisten: RA), 교회법 부문(Abteilung der Kanonisten)으로 나누어 출판되고 있다.

220) Handwörterbuch zur Deutschen Rechtsgeschichte(HRG) Band 2 (hrsg. von Adalbert Erler, Ekkehard Kaufmann, Berlin, Erich Schmidt Verlag; Band 2, 1978), S. 170.

221) Hendrik Jan van Eikema Hommes, Major Trends in the History of Legal Philosophy, (Amsterdam, North-Holland Publishing Company, 1979), p. 185.

222) Loc. cit..

223) Ibid., p. 186.

224) Loc. cit..

의 본성으로부터 나타나는 자연법을 가장 일반적인 의미의 법이라고 받아들이고 말았다.[225]

독일에서는 일반적으로 효력이 있는 자연법에 대한 반동으로서 18세기 후반에 낭만주의가 일어났다. 독일의 철학자이자 문예비평가였던 Herder(Johann Gottfried: 1744-1803)는 사람은 그들의 고유의 환경, 그들의 언어, 그들의 토착문학, 그리고 종국적으로는 그들의 토착관습법의 연구에 관심을 돌려야 한다고 주장하였다.[226]

그리고 이와 같은 자연법론에 대항한 새로운 경향의 가장 빛나는 대변자의 한 사람이 Hugo(Gustav: 1764-1844)였다.[227] 그는 처음으로 법은 민족생활 그 자체를 통해서 이해되어야 한다고 하였다. 왜냐하면 법이란 민족생활의 한 부분이며 표현이기 때문이라고 하였다.[228] 또한 Hugo는 국가와 법은 선험적인 이성의 대상이 아니라 자연, 즉 경험적인 것이라고 하였다. 따라서 법현상은 역사속에서 다른 자연현상과 마찬가지로 다른 어떠한 것에도 구속되지 아니하고 객관적으로 관찰되어야 한다고 하였다.[229]

그리고 그는 법의 고유한 원천은 역사적 변화를 지배하는 민족의 확신(Volksüberzeugung), 즉 민족의 의사(Meinung der Nation)에 있다고 보았다. 민족의 법은 모든 다른 학문에 있어서와 마찬가지로 자국언어의 한 부분을 이루며, 언어나 관습처럼 그 자체가 스스로 자라나는 것이라고 하였다. 그리고 사법(私法)은 형식적으로 만들어진 제정법률이 아니라, 법관, 변호사, 법을 가르치는 학자들이 현행법이라고 하는 그 법이라고 하였다.[230] 그리고 국가는 민족을 대표하며, 민족이 생각한 것이 정부가 민족을 위하여 생각한 것 보다 더 낫다고 하였다. 또한 그는 제정법률이 법을 창조하는 것이 아니라, 단지 무엇이 옳은가를 확인할 수 있을 뿐이라고 하였다[231](Die Gesetze, urteilte Hugo, schüfen auch kein

225) Loc. cit..

226) Otto von Gierke, Associations and Law: the Classical and Early Christian Stages(edited and translated by George Heiman, with an interpretative introduction to Gierkes's thought, University of Toronto Press, 1977), p. 57.

227) Gustav Hugo는 Savigny와 함께 역사법학파의 창시자로 평가되기도 한다(Vgl., Bernd Rüthers, Rechtstheorie: Begriff, Geltung und Anwendung des Rechts(Beck, 1999), S. 451). Hugo의 스승 Johann Stephan Pütter(1725-1807)도 역시 법에 대한 역사법학적 견해를 주장하였다. 둘은 모두 Göttingen 대학의 교수였다. Hugo는 사비니에게 영향을 준 로마법학자였다.

228) von Gierke, op, cit., p. 59

229) Adolf Laufs, Rechtsentwicklungen in Deutschland(Berlin, Walter de Gruyter, 1973), S. 156.

230) A. a. O., S. 156.

Recht, sondern könnten nur feststellen, was Rechtens sei).

이와 같은 Hugo의 강령들, 즉 법과 언어의 유사성, 법률가의 역할, 제정법과 성격과 기능은 놀라울 정도로 역사법학파의 창시자인 사비니와 그의 제자였던 Jacob Grimm(1785-1863)의 주장과 너무나 유사하다.[232]

이러한 역사법학 탄생이전에 이미 법에 대한 역사적 이해의 주장이 있었다. 이러한 법에 대한 역사적 이해는 법전논쟁을 통해 당시의 지배적이었던 자연법론에 대항하는 새로운 법학으로 발전하게 되었다.

Ⅱ. 역사법학의 형성과 발전과정

1. 법전논쟁과 역사법학의 형성

역사법학파의 형성은, 이미 설명하였듯이, 1814년 티보와 사비니의 법전논쟁의 결과로 이루어졌다. 1814년 Heidelberg 대학교수로서 계몽주의와 합리주의에 뿌리내리고 있던 법학자로서, 프랑스혁명과 나폴레옹에 의한 프랑스민법의 입법에 대하여 동경심을 갖고 있었던 티보가 그의 논문, "독일통일민법전의 필요성에 관하여"(Über die Notwendigkeit eines allgemeinen bürgerlichen Rechts für Deutschland)에서 독일에서도 통일민법의 제정이 필요함을 주장하였다.[233] 그 당시에 독일의 많은 사람들은 프랑스에서와 같이 독일에서도 근대적인 국민법전을 만들 수 있는 시대가 왔다고 생각하였으며, 그러한 민법전 제정의 필요성을 주장한 대변자가 바로 로마법학자(Romanist)이며 동시에 자연법론자였던 티보였다.[234] 그리하여 티보는 프랑스민법전과 오스트리아민법전을 모범으로 하여 독일에서도 민법영역에서 일반적인 민법전의 입법을 주장하였다.[235]

이러한 티보의 독일에서의 통일민법전의 제정주장에 대해 같은 해인 1814년 베를린에 있던 사비니는 민족정신론(Volksgeistlehre)에 입각하여 티보의 논문에 대한 그의 반박논문, "입법과 법학에 대한 우리 시대의 사명"(Von Beruf

231) A. a. O., S. 156.

232) A. a. O., S. 156.

233) Hans Schlosser, Grundzüge der Neueren Privatrechtsgeschichte, 4. Aufl.(Heidelberg, C.F. Müller Juristischer Verlag, 1982), S. 83.

234) Karl Kroeschell, Deutsche Rechtsgeschichte 3: seit 1650(Opladen, Westdeutscher Verlag, 1989), S. 130.

235) Hommes, op. cit., 189.

unserer Zeit für Gesetzgebung und Rechtswissenschaft)에서, 법은 민족정신에 의하여 자연히 형성되는 것으로서 당시 독일법학의 미성숙, 법률용어의 흠결들을 이유로 통일민법전의 제정의 시기가 아님을 주장하였다. 사비니는 법창조의 유기체적 개념을 대변하였다. 즉, 법은 언어, 관습 및 정치제도와 같이 개인을 초월한 민족적 공동체의 삶의 한 부분이며, 민족공동체는 사람들의 공통의 확신, 즉 내적인 동일체적 감정에 의하여 생성되고 성장하는 것이라고 하였다. 민족공동체는 역사적으로 주어진 것으로서, 역사 속에서 탄생하고, 번성하고, 그리고 사라진다고 하였다. 법은 민족공동체의 발전과정과 분리하여 우연적, 인위적으로 형성되는 것이 아니라고 하였다. 법은 민족공동체와 함께 성장하며, 그 민족공동체의 문화적 전개와 함께 하며, 그 민족과 같이 독특한 정체성을 갖다가 민족이 사라지면 법도 함께 사라진다고 하였다.[236] 그리하여 사비니는 "법은 민족과 함께 성장하며, 민족에 따라서 결정되며, 민족이 그 특성을 잃으면 법도 사라진다"(Law grows with the Volk, it formulates itself according to the Volk and finally dies, if the Volk loses it its character)고 주장하였다.

이와 같이 사비니는 법을 민족문화, 민족전체의 필수불가결한 구성부분으로 이해하였다. 문화와 같이 법도 민족의 공통인식, 즉 민족정신(gemeinsames Bebußtsein: Volksgeist)으로부터 성장하며, 법의 효력은 입법자의 입법에 의해서가 아니라 역사적 정당성(geschichtliche Rechtsfertigung)에 그 근거가 있다고 하였다.[237] 이와 같이 사비니는 법규범은 오랫동안의 민족역사 및 민족문화 발전의 결과이며, 따라서 법은 역사의 산물이라고 하였다. 법은 민족정신으로부터 성장하며, 법은 민족정신이 조용히 작용하는 힘(still wirkende Kräften), 즉 민족의 풍습(Sitte), 민족의 신앙(Volksglaube), 민족의 관습(Gewohnheit)으로부터 생산되며, 입법자의 의사에 의해 생산되는 것이 아니라고 하였다.[238] 그리하여 사비니는 입법자에 의한 민법전 입법의 사고를 거절하였으며, 민족정신의 말없이 작용하는 힘에 의하여 자연히 생성되고 생산된 법을 법학이 이를 발견해 낸다고 하였다.[239] 사비니는 결국 법은 민족정신의 발현으로서 자연히 민족공동체 속에서 생성, 생산되지만, 법학이 이를 발견하고, 이 속에서 법의 지도원칙

236) Ibid., p. 190.

237) Schlosser, a. a. O., S. 85.

238) Bernd Rüthers, Rechtstheorie: Begriff, Geltung und Anwendung des Rechts(Beck, 1999), S. 451.

239) A. a. O., S. 452.

(leitende Grundsätze)을 만들어 내고, 법제도를 구성하고, 법관에게 판단의 기준을 제시해 준다고 하였다.[240] 따라서 역사법학파에서는 법학을 중요한 법원의 하나로 보았다.

이와 같은 사비니의 역사적 법이해는 1815년에 그의 제자인 Göschen(J.F.L.)과 유명한 게르만법학자(Germanist)였던 Eichhorn(Karl Friedrich: 1781-1854)과 함께 "법사학잡지"(Zeitchrift für geschichtliche Rechtswissenschaft)를 발간하였다. 그 다음해인 1816년에 법사학잡지 제2권에서 역시 사비니의 제자이면서 언어학자이자 시인며 민속학자였던 Jacob Grimm(1785-1863)은, "법은 언어와 시와 같이 민족으로부터 직접적으로 나와 성장한다"(Das Recht sei wie die Sprache und die Dichtung unmittelbar aus dem Volke hervorgewachsen)고 하였다.[241] 이렇게 하여 독일에서 역사법학파가 형성되고 역사법학이 시작되었다.

이러한 독일에서의 역사법학파 탄생의 역사적 시대상황을 살펴보면, 1806년에 나폴레옹의 침략에 의해서 신성로마제국이 멸망하고, Preußen 역시 나폴레옹의 공격을 받고, 나폴레옹에 의해 독일의 상당한 영역이 지배당하였다. 그러나 1812년에는 나폴레옹이 러시아에서 패퇴를 하게 되었다. 이러한 나폴레옹의 쇠퇴를 틈타 1813년에는 독일에 해방전쟁이 일어나고, 독일제국 탄생의 희망을 갖게 되었다. 따라서 독일에서 널리 효력이 있었던 프랑스민법전의 지배도 쇠퇴를 기대할 수 있게 되었다. 그리하여 많은 사람들은 독일에서도 프랑스에서와 같은 국민법전을 만들 수 있는 시대가 왔다고 생각을 하였던 것이다. 이러한 시대상황을 반영하여 티보는 통일민법전의 제정을 주장하게 되었던 것이다.

그러나 사비니는 독일에서 독일고유의 민법전을 만들 수 있을 정도의 법학이 그 당시에는 아직 발달하지 못하였고, 독일법학이 성숙되지 않은 상태에서 티보의 주장대로 독일에서 민법전을 제정한다고 한다면, 결국 독일의 고유한 법문화보다는 프랑스민법전을 모방한 독일적 특색이 없는 민법전을 만들 수밖에 없을 것이므로, 그러한 결과는 독일의 고유성과 정체성을 몰각하여 독일이 프랑스문화에 종속하게 되는 결과를 가져올 것이라고 판단했던 것으로 생각된다. 그리하고 사비니는 독일문화의 독자성과 고유성을 살릴 수 있는 민법전의 제정으로 프랑스문화와는 다른 유럽에서의 독일문화의 독자성을 살리기를 바랐던 것으로 판단된다. 그러나 그 당시에는 아직 독일법문화의 고유성과 독자

240) Meder, a. a. O., S. 244.
241) Kroeschell, a. a. O., S. 130.

성을 살릴 수 있는 독일 내에서의 법학이 발달하지 못하였기 때문에 통일민법전의 제정에 반대하였던 것으로 평가된다. 그 결과 독일민법전이 제정되었을 때에는, 법률용어를 인위적으로 새롭게 많이 만들어 이를 입법하고, 민법전의 체제를 프랑스민법전의 체제와는 달리하였으며, 로마법을 바탕으로 하면서도 독일고유의 게르만법의 요소를 많이 가미하여, 프랑스민법전과는 다른 독일고유의 독자적인 독일민법전을 제정하였던 것이다.

2. 역사법학파의 분열

(1) 분열의 원인

역사법학파의 탄생은 로마법학자들과 게르만법학자들의 공동의 노력으로 이루어졌다. 그러나 역사법학에서는 법을 민족정신의 발현으로 파악하면서도 역사법학을 탄생시킨 사비니는 독일고유의 민족정신의 법인 독일 고유법을 연구한 것이 아니라 로마법은 연구하였다. 사비니는 역사법학을 탄생시키기 전에 이미 로마법을 연구하여 왔다. 그는 당시의 법제도를 그 역사적 뿌리에 까지 거슬러 파악하는 역사적 연구방법을 사용하여 로마법의 뿌리에 까지 거슬러 순수한 로마법을 밝히는 연구를 하였다. 그리고 사비니는 법학자들에 의하여 로마법이 발전한 로마의 고전시대가 가장 훌륭한 법발전의 시대였으며, 그러한 고전시대가 이상적인 법발전의 모습이라고 하였다. 그러나 로마 고전시대의 법학자들의 법은 유스티니아누스 대제에 의하여 로마법대전으로 입법이 되어 있으므로, 사비니 당시의 현행 법제도는 로마법대전으로 거슬러 그 순수한 모습을 재생(Erneuerung)하는 것을 주된 연구의 목표로 하였다. 그리하여 그는 로마법은 시대의 필요성에 맞게 재구성한 후기 주석학파와 판덱텐의 현대적 관용을 비판하였다.[242] 그는 오로지 로마법대전으로부터 순수한 로마법의 재생을 목표로 하여 로마법을 역사적으로 연구하였다.

이러한 사비니의 로마의 고전시대의 로마법의 발전을 법발전의 최고의 이상상태로 이해함으로써, 법은 입법에 의해 만들어진 것이 아니라 자연히 민족의 확신, 즉 민족정신으로부터 생성된다고 주장하였던 것이다. 그 민족의 확신으로 생성된 법은, 로마의 고전시대에서와 같이 법학자들에 의하여 발견되고 확인된다고 이해하였던 것이다. 그리하여 그는 법의 역사성과 민족정신을 강조

---

242) Hommes, op. cit., p. 192-193.

하고, 그러한 이상적인 시대가 바로 로마의 고전시대였으며, 유스티니아누스 대제의 입법은 그러한 민족정신의 법을 발견하여 확인한 것으로 이해하였다.

그리고 사비니는 로마법을 독일의 자국법으로 파악하고, 가장 좋은 법은 로마의 고전기의 법으로 파악하였다. 왜냐하면 사비니는 문화적 제국이념(kulturelle Reichsidee)의 관념하에 있었으며, 정치적 의미에서가 아니라 문화적 의미에서 로마제국에서의 로마법은 신성로마제국을 거쳐 독일 자신의 문화의 하나(즉, 독일법)가 되었다고 이해하였던 것이었다.[243]

그리고 사비니는 법은 민족정신의 발현으로 자연적으로 생성 발전하지만, 그것을 발견하고 확인하여 체계화하는 것은 법학자들이 하게 된다고 하였다. 따라서 법학이 중요한 법발견을 위한 법원(法源)이라고 하였다.

이러한 사비니의 로마법에 대한 이해와 법학의 법원으로의 이해에 기초하여 로마법학자들은 계수된 로마법을 학문적으로 연구하여 판덱텐법학으로 법학을 발전시키고 다시 개념법학으로 나아가게 되었다.

역사법학이 로마법을 중심으로 하여 연구되는데 대하여, 역사법학파의 탄생으로부터 얼마 지나지 않아 독일의 민족정신의 법이 로마법이 아니라 독일고유의 게르만법이라는 게르만법학자들의 주장이 점점 강대하여지고, 게르만법학자들의 로마법학에 대한 반격이 강해짐으로써, 역사법학파는 로마법학자들과 게르만법학자들이 서로 대립하게 되어 분열되어 갔다.

이와 같은 역사법학파내에서 로마법학파와 게르만법학파로의 분열은 바로 사비니와 함께 역사법학을 탄생시킨 Eichhorn의 지도하에 시작이 되었다. 사비니는 독일법의 질서정연한 발전은 로마법 체계에 의존하지 않으면 불가능하다고 하였다.[244] 로마법에 기울어진 사비니의 이와 같은 태도가 역사법학파내의 분열의 원인을 제공하였던 것이었다. 게르만법학자들은 로마법이 독일의 민족정신의 법이 아니라고 하였다. 그리하여 게르만법학파는 독일 고유법의 연구를 시작하게 되고, 궁극적으로는 독일 고유법에 기초한 계획적인 일반 민법전의 제정을 의욕하고 있었다.

이러한 독일에서 역사법학파에 의한 법의 역사성과 민족정신의 발현의 주장은, 역사법학파 내의 게르만법학자들로 하여금 독일 고유법인 게르만법 연구

---

243) Ibid., p. 193.

244) Otto von Gierke, Associations and Law: the Classical and Early Christian Stages(edited and translated by George Heiman, with an interpretative introduction to Gierkes's thought, University of Toronto Press, 1977), p. 61.

를 크게 자극하였다. 그리하여 독일에서는 게르만법학자들의 노력에 의하여 고유의 게르만법을 학문적으로 체계화를 할 수 있게 되었다. 그러나 역사법학파 내에서 로마법학자들은 이미 발전되고 계수된 로마법을 학문적으로 체계화하여 판덱텐법학으로, 더 나아가서 개념법학으로 발전한 데 반하여, 게르만법학자들은 역사법학의 강령인 법의 민족성과 역사성의 사상에 힘입어 관습법으로 존재하였던 독일 고유법인 게르만법을 발굴, 연구하고 이를 체계화하고, 게르만법에서부터 독일 고유법의 법원리를 도출하였다. 그리하여 역사법학은 로마법의 연구를 자극하기 보다는 게르만법의 연구를 크게 촉진하는 기여를 하였다.

(2) 로마법학자들에 의한 로마법 연구의 발전: 판덱텐 법학과 개념법학의 형성과 발전

로마법학자들은 이미 독일에 계수되어 보통법이 되어 있던 계수된 로마법을 자연법론에서의 체계적 연구방법을 도입하여 학문적으로 체계화하였다. 그리하여 로마법학자들은 계수된 로마법을 학문적으로 체계화하여 판덱텐법학(Pandektenwissenschaft)을 이룩하였으며, 그 판덱텍 법학은 다시 Puchta(Georg Friedrich: 1798-1846)에 의해 개념법학(Begriffsjurisprudenz)으로 발전하게 되었다. 그리하여 로마법은 독일에서 판덱텐의 현대적 관용에 의하여 계수되어 법생활에 적용되었으며, 계수된 로마법이 독일의 보통법(gemeines Recht)이 되고, 판덱텐법학에 의하여 학문적으로 체계화되었다 그리고 역시법학파내의 게르만법학자들 중에서도 개념법학의 체계적 방법을 수용하였다. 그 대표자가 바로 게르만법학자인 Gerber(Carl Friedrich: 1823-1891)였다.[245]

이러한 독일에서의 로마법의 계수와 판덱텐의 현대적 관용은 법실무가들에 의하여 이루어진 반면에, 판덱텐법학에 의한 계수된 로마법의 학문적 체계화는 법학자들, 특히 독일대학의 법학교수들에 의하여 이루어졌다. 그리하여 판덱텐법학은 실용적이기 보다는 이론적이고 추상적인 특징을 갖게 되었으며, 더 나아나가 법학이 법을 창조해 가는 개념법학으로 발전하게 되었다.

이러한 현재 우리법의 기초가 되어 있는 독일의 판덱텐법학의 특성과 그 후의 개념법학의 특징으로 인하여 우리 법도 역시 추상적, 개념적, 로마법적인 특성을 나타내고 있다. 그리고 법률문헌도 교과서 중심으로 되어 있는 것은 판덱텐법학에서의 중심된 법자료와 법원은 교과서(Lehrbücher)였기 때문이다.[246]

---

245) Schlosser, a. a. O., S. 100.
246) A. a. O., S. 90.

역사법학의 발전은 일관성과 통일성이 결여되어 있다. 그것은 역사법학이 법의 민족성과 역사성을 강조하여 입법을 반대하고 관습법을 중심된 법원으로 보면서도, 법학에 의한 관습법의 발견과 확인을 인정하고, 자연법론에서의 법학방법론인 체계적인 법학연구방법을 도입함으로써 로마법학자들은 계수된 로마법을 체계화하고, 게르만법학자들은 게르만법을 체계화하고, 나아가 각 법에서의 법의 지도원칙, 즉 각 법에서의 법의 일반원리를 낳게 하는 결과를 가져왔다. 그리하여 역사법학은 법의 연구방법으로서 역사적 연구에만 머물지 아니하고, 체계적 방법론을 도입함으로써, 역사법학은 결국 자연법론과 결합하게 되었다. 이러한 역사법학과 자연법론의 결합은 결국 로마법에 기초하면서 게르만법의 요소를 가미하여 독일민법전을 제정할 수 있게 하였다.

이 시대의 로마법학자들로서 판덱텐법학자로는 von Vangerow(Karl Adolf: 1808-1870), Brinz(A.: 1820-1887), Regelsberger(F.: 1831-1911), Bekker(E. J.: 1827-1916), Dernburg(Heinrich: 1829-1907), Windscheid(Bernhard: 1817-1892) 등을 들 수 있다.

그리고 판덱텐스시템을 가장 먼저 구성한 로마법학자는 Heise(Georg Arnold: 1778-1851)였다.

또한 로마법학자로서 로마법학에 자연법론의 체계적 방법론을 결합하여 발전된 로마법을 연구한 판덱텐법학이 개념법학으로 발전하여, 법학이 개념에 의한 형식논리로 발전한 것에 대해 비판을 가한 법학자는 바로 로마법학자였던 von Jhering(Rudolph:1818-1912)이었다. 예링은 개념법학 내지 구성법학(Begriffs- und Konstruktionsjurisprudenz)의 형식적, 개념적 사고의 무익성을 비판하면서, 생산적인 법학, 사회학적 법학의 기초를 제시하였다.[247][248]

그리고 예링은 로마법은 자연법론자들의 주장과는 달리 도덕적 원칙에 기

---

247) A. a. O., S. 100.

248) 예링은 그의 저서 "로마법의 정신"(Geist des römischen Rechts auf den verschiedenen Stufen seiner Entwicklung)에서 당시 독일에서 형식논리에 치우진 로마법에 대한 판덱텐법학과 개념법학을 비판하고, 실용적인 법의 본질론(Naturlehre des Rechts)를 발전시켰다. 그는 로마법은 그 발전단계마다 특징적인 목적경향(Zwecktendenz)을 볼 수 있으며, 각 단계의 당시의 현행법의 본질과 현상형태를 경험적, 역사적, 비판적으로 통찰할 수 있다고 하였다. 그의 법학에서는 체계적 사고방식과 법기술 대신에 사회학적 측면, 즉 사회적 목적, 기능, 이익이 등장한다. 그는, 서로 모순되는 사회관련 이익이 법의 목적을 결정하며, 목적이 법의 창조자라고 설명하였다. 그리고 그는 법규범은 그 자체가 개념적으로 생성되는 것이 아니라, 입법적 동기와 이익관철과 이익만족의 수단으로서의 법의 역할로부터 법규범이 만들어진다고 하였다. 그리하여 예링은 법을 실용주의적으로 인도하였다(Vgl., Schlosser, a. a. O., S. 100-101). 이러한 예링의 개념법학에 대한 비판으로부터 시작하여 목적법학, 이익법학 등의 가치법학(Wertungsjurisprudenz)이 형성되었다.

초하고 있는 것이 아니라 경제적 필요성에 기초하고 있다고 하였다. 로마법의 지도원칙은 이기심(Selbstsucht)이라고 하였다.[249] 또한 그는 민족적 성격이 법을 결정하는 요인이 된다는 관념도 역시 완전치 못하다고 비판하였다. 이상적인 법발전의 기초는 오랫동안 유지되어온 법을 지키는 힘과 법을 발전시켜나가는 힘이 함께 작용하는 것이라고 하였다.[250] 즉, 법의 전통을 지키면서 또 법을 발전시켜 나가는 것이 법발전의 이상이라고 하였다. 이와 같이 전통법을 지키는 힘과 법을 발전시키는 힘을 가장 잘 유지한 민족이 바로 고대 로마제국과 영국이라고 하였다. 이러한 법발전에 대한 이해에 기초하여, 예링은 1857년 로마법과 독일법의 교의(教義)에 관한 잡지(Jahrbuch für die Dogmatik des heutigen römischen und deutschen Privatrechts)에서, 로마법 연구의 목적을 로마법을 통하여 로마법을 넘어가는 것(durch das römische Recht über das römische Recht)이라고 하였다.[251]

(3) 게르만법학자들에 의한 게르만법의 연구와 체계화

게르만법학자인 Eichhorn이 사비니와 함께 역사법학파을 형성하였으나, 그 이전에도 이미 게르만법을 연구한 법학자들이 있었다. Eichhorn 이전의 게르만법학자들로서는 Conring(Hermannn: 1606-1681), Beyer(Georg: 1665-1714), Heineccius(Johann Gottlieb: 1681-1741), Möser(Justus: 1720-1794) 등을 들 수 있다. Conring은 게르만법을 처음으로 연구하기 시작한 사람으로서 1643년에 "게르만법의 기원"(Die Origine iuris Germanici)를 출간하였으며, Beyer는 게르만법을 처음으로 학문적으루 체계적인 연구를 하였다. 그리고 Heineccius는 독일사법을 처음으로 압축적으로 설명을 하였다.[252]

Eichhorn이후에는 Runde(Justus Friedrich: 1741-1807), Mittermaier(Carl Joseph Anton: 1787-1867), Gerber(Carl Friedrich: 1823-1891), Reyscher(August Ludwig: 1808-1880), Beseler(Georg: 1809-1888) 및 von Gierke(Otto: 1841-1921) 등을 들 수 있다. 이러한 게르만법학자 중에서도 Beseler와 Gierke가 게르만법연구와 체계화 및 로마법의 계수에 대한 비판을 가장 강력하게 피력하였다.

비법률가였던 Jacob Grimm은 Eichhorn과 나란히 게르만법학파의 대변자였다. 그는 언어학, 민속학 및 이것들과 인접한 학문의 연구를 하면서, 아울러 법

249) Stein, a. a. O., S. 199.
250) A. a. O., S. 199.
251) A. a. O., S. 200.
252) Meder, a. a. O., S. 247.

학분야에서도 그 당시까지 알려지지 않았던 고대 독일법의 자료를 발굴하였으며, 법학자들로 하여금 독일법사에 관심을 갖게 하였다.[253] 그는 낭만주의에 대한 깊은 사랑을 가졌으며, 그 결과 고대독일에 관심을 가졌다. 그는 고대독일의 법사료를 모아 1828년에는 독일법골동품(Deutsche Rechtsaltertümer)을 출판하였으며, 1840년 이후로부터는 농민들 사이에 효력이 있었던 선결례(先決例: bäuliche Weistümer)를 방대하여 모았다. 이와 같은 Grimm의 독일법에 대한 사료의 집대성은 그의 민족적 낭만주의를 법의 분야에서 게르만의 연구와 발전을 촉진하는 힘이 되었으며, 독일에서의 사법학의 새로운 방향과 지평을 열게 하였다.[254] 이와 같이 Grimm은 독일의 고대법사로부터 새로운 법을 발전시키지는 못하였으나, 게르만법의 법고고학(rechtliche Altertumswissenschaft)을 발전시켰다.[255]

게르만법학자들의 주장의 원천은 민족적 사고였다. 법의 민족성을 강조하고, 그들만의 법사학잡지를 출간함으로써 로마법학자들과 결별하여 갔다. 1839년에는 Wilda와 Reyscher가 "독일법잡지(Zeitschrift für das deutsche Recht)를 창간함으로써 게르만법학자들은 로마법학자들과 완전히 결별하였다.[256] 이 잡지의 창간 목적은 단순히 자국의 독일법의 연구 수준을 넘어, 민족적 법연구의 촉진 및 조국법학의 창설을 위함에 있었다.[257]

Beseler는 민족정치가로서 로마법학과의 투쟁적인 논쟁에서 게르만법학자의 대변자가 되었다. Beseler는 법은 사회적 작용(social action)의 결과이며, 민족정신에 유래한다고 하였다. 그리고 Beseler는 독일에서의 로마법의 계수는 민족의 불행(Nationalunglück)이라고 하였다.[258] 왜냐하면 비민족적인 법조법이 독일에서 지배하고 있기 때문이라고 하였다. 또한 그는 독일에서 당시에 효력이 있던 실정법(즉, 당시 보통법이었던 계수된 로마법)은 독일국민의 의식과는 떨어져 있다고 비판하였다. 더욱더 나아가 Beseler는 법률가들에게 그들이 고립적인 위치에 있을 것을 포기하고 민족과 연합한 것을 요구하였다.

이와 같이 Beseler는 계수된 로마법을 외국법으로 보고, 로마법의 계수를 비판하면서도, 그는 1843년 "민족법과 법조법"(Volksrecht und Juristenrecht)에서

253) Schlosser, a. a. O., S. 96.
254) A. a. O., S. 96.
255) Laufs, a. a. O., S. 160.
256) A. a. O., S. 162.
257) A. a. O., S. 162.
258) Schlosser, a. a. O., S. 96; Kroeschell, a. a. O., S. 131.

로마법이 가르쳐 준 바를 폐기할 수 있을 정도로 게르만법학이 성숙해 있지는 못하다고 시인하였다. 그리하여 그는 외국법인 로마법으로부터 얻은 교훈을 폐기하는 것은 어리석을 일이라고 하였다.[259]

그리고 그는 독일 고유의 단체법을 연구하여 단체인격설을 주장하고, 단체의 자치법규를 계약적인 것으로 보지 아니하고 공동체의 법원으로 파악하였다.[260] 그는 단체는 생명이 있고, 인격성이 인정되며, 판덱텐법학자들이 주장한 의제설은 단체에 대한 잘못된 이해라고 비판하였다. 그리고 그는 끝내 독일 고유법의 입법을 주장하였다.[261]

이와 같은 게르만법학자들과 로마법학자들간의 대립은 게르만법학자들로 하여금 스스로 결집하게 하는 결과를 가져왔다. 그리하여 게르만법학자들만으로 1846년에는 프랑크푸르트(Frankfurt am Main)에서, 1847년에는 뤼벡에서 게르만법학자들의 대회[262](Germanistenversammlung)를 열었으며, 이 게르만법학자들의 대회를 계기로 하여 1848년부터는 게르만법연구와 게르만법 입법운동이 정치적인 민족운동으로 발전하게 되었다.[263][264] 양차에 걸친 게르만법학자들의 집회에서 Mittermaier는 독일민족에게는 로마법 대신에 게르만법으로 민족적 기초를 제공할 필요가 있다고 역설하였으며, Reyscher는 게르만법을 독일의 보통법으로 통일해 나갈 것을 주장하였다.[265]

이와 같이 게르만법학자들은 단순한 게르민법 연구의 차원을 넘어 게르만법을 현행법으로서의 적용과 입법을 요구하였다. 이러한 게르만법학자들의 운동은 정치운동과 결합하게 되었다.

게르만법학자들과 로마법학자들간의 갈등은 1860년에 이르러서는 양법학자들간의 화해의 분위기로 발전되었다. 양법학자들은 공동으로 1860년에 독일법조인대회(Deutscher Juristentag)를 개최하여 로마법학자들과 게르만법학자들이

259) Otto von Gierke, Associations and Law: the Classical and Early Christian Stages, (edited and translated by George Heiman, with an interpretative introduction to Gierkes's thought, University of Toronto Press, 1977), p. 61.

260) Hommes, op. cit., p. 200.

261) Ibid., p. 199.

262) 1846년과 1847년의 대회의 의장은 Jacob Grimm이었다.

263) Schlosser, a. a. O., 96.

264) 이러한 게르만법학자들의 게르만 연구가 학문적 차원을 넘어 정치적 운동으로 발전한 결과는 결국 나치시대의 극단적인 게르만 고유법 입법의 원인이 되었다. 너무 극단적인 주장은 결국 사회적 폐해를 낳음을 게르만법학자들의 게르만 연구와 그것의 정치적 운동의 사례가 잘 보여주고 있다.

265) Laufs, a. a. O., S. 163.

다시 결합하게 되었다.[266] 이와 같이 게르만법학자들의 대회가 1860년에 와서는 독일법조인대회로 전환하여 오늘에 이르고 있다.

게르만법학의 학문적 심화와 체계화는 Beseler의 제자인 von Gierke에서 완성되었다. Beseler의 단체이론은 길케의 독일단체법(Das Deutsche Genossenschaftsrecht)에서 다시 확인되고 정리되었다. 그는 법인은 자연인과 마찬가지의 실제로 살아있는 유기체로서의 사회적 실체성을 인정하였다.[267]

길케의 게르만법 연구의 결과는, 로마법과 게르만법의 중요한 차이점을 학문적으로 밝히고 이를 체계적으로 정리하였다. 구체적으로 길케는, 로마법은 개인의 절대적, 자의적인 의사의 지배를 인정함에 반하여, 게르만법은 초개인적인 공동체 이념에 의한 개인의 도덕적 구속을 인정한다고 하였다. 그리고 로마법에서는 개인의 권리가 외부적으로 법과 타인의 권리에 의해 제한을 받는데 반하여, 게르만법에서는 권리가 내재적으로 사회공동체에 대하여 법적의무를 수반하게 된다고 하였다. 또한 그는 로마법에서는 사법과 공법이 서로 대립적인 관계에 있음에 반하여, 게르만법에서는 공법과 사법이 내재적으로 서로 결합되어 있다고 하였다. 따라서 로마법에서는 개인의 생활이 공법과 사법의 영역으로 분리되어 있음에 반하여 게르만법에서는 개인생활이 공법과 사법에 의하여 내재적으로 서로 강하게 결합되어 있다고 하였다. 그리고 또한 그는 로마법에서는 사람의 단체를 법인(corpus)과 조합(societas)으로 구별한데 반하여, 게르만법에서는 구성원의 결합의 정도에 따라서 여러 가지의 유형의 공동체가 존재한다고 하였다. 따라서 게르만에서는 여러 계층의 다양한 단체가 존재하였다고 하였다.[268] 또한 그는, 법인을 살아있는 생명체로 파악하였다.

그리고 그는 그의 논문 "사법의 사회적 과제"(Die soziale Aufgabe des Privatrechts)에서 사법(즉, 민법)은 사회적이어야 한다고 하였다. 그는 민법과 비민법의 구별을 없애고, 로마법의 개인주의적 성격을 제거할 것을 주장하였다. 그는, 권리남용의 금지, 불법행위법에서의 엄격책임의 인정 등 사법적 도덕성(juridical morality)을 민법에 도입할 것과 혼인법, 가족법, 고용, 임대차등의 자유로운 협력 분야(free corporation)를 비민법적 사회법으로 구성하여야 한다고 하였다.[269][270]

266) Schlosser, a. a. O., S. 96.

267) Gierke views corporations as social realities as real living organisms on an equal footing with private persons.

268) Hommes, op. cit., pp. 201-202.

이와 같은 역사법학파 내의 게르만법학자들의 게르만법연구는 민법분야뿐만 아니라 다른 법분야에도 일어나게 하였으며, 독일에서만이 아니라, 북구제국에서의 고대 게르만법 연구에도 자극을 주었다. 민법이외에 상법, 기업법, 유가증권법, 해상법, 영업법, 광산법 및 보험법 분야의 게르만법 연구로 확대 심화되었으며, 판덱텐법학은 이러한 분야에 기여를 하지 못하였다.[271] 그리하여 특별법 분야의 게르만법 연구가 활발하게 이루어졌다. 특히 게르만법학자들은 회사법을 게르만의 관습법으로부터 발굴해 내었다.[272] 그런데 이와 같이 게르만법학자들이 각 분야의 게르만법을 연구함에 있어서는 판덱텐법학의 방법론을 적용하여 체계화하였다. 따라서 로마법에 기초한 보통법학의 전통적인 법학연구방법과 설명원칙에 힘입어 게르만법의 연구결과를 체계화하였다.[273]

그리고 Brunner(Heinrich: 1840-1915)는 프랑스법사를 깊이 연구하고, München의 법사학자 von Amira(Karl: 1848-1930)는 북구법사 및 법인류학을 발전시켰다.[274] 또한 Bluntschli(Johann Caspar: 1808-1881)는 스위스의 Zürich 지방의 관습법을 정리하여 그것은 스위스민법전 제정의 자료가 되었으며, von Bunge (Friedrich Georg: 1802-1897)는 역사법학의 관점에서 Lituania, Estonia 지역의 발트법을 역사적으로 탐구하였다.[275]

3. 로마법학자들과 게르만법학자들의 결합

역사법학파내의 로마법학자들과 게르만법학자들간의 분열은 상당히 오래 지속되었다. 그러한 분열의 기간 동안에 로마법학자들은 판댁텍 법학과 개념법학을 발전시켜 계수된 로마법의 학문적 체계화를 이룩하였으며, 게르만법학자들은 독일 고유법인 게르만법을 깊이 연구하여 고유법의 학문적 체계화를 이룩하였다. 그리고 게르만법이 로마법과는 다른 법적 특수성을 갖고 있으며, 로마법이 다루지 아니한 게르만법의 특별법 분야의 연구와 체계화도 이룩하였다.

---

269) Ibid., p. 205.

270) 킬케의 민법의 사회법으로서의 파악과 이론구성은 2002년 독일민법의 개정에서 소비자보호의 이념을 크게 도입하여 규정함으로써 독일민법전에서 더욱더 구체화되었다고 평가할 수 있다. 그리하여 독일민법전이 부르죠아 계층의 개인주의적 민법전에서 소비자보호의 사회법으로의 성격전환이 이루어지고 있다고 평가할 수 있다.

271) Schlosser, a. a. O., SS. 97-98.

272) A. a. O., S. 98.

273) A. a. O., S. 98.

274) A. a. O., S. 97.

275) A. a. O., S. 90.

더욱더 게르만법학자들은 연구되어 체계화를 이룩한 게르만법을 독일의 일반법으로의 입법을 촉구하였으며, 게르만법 중심의 독일법의 구축을 정치운동으로 발전시켰다.[276)]

그러나 이러한 극단적인 게르만법학자들의 게르만법 강조의 흐름 속에서도 로마법학자들과의 화해의 흐름도 있었다. 프랑크푸르트와 뤼벡의 게르만법학자대회의 의장을 맡았던 Jacob Grimm은 게르만법학자들의 독일에서의 게르만법 순수주의(Purismus)와 격앙된 흥분에 대해서 진정을 호소하였다. 그리고 독일에서 통일민법전의 제정 움직임이 형성되면서 게르만법학자들과 로마법학자들 간의 화해의 분위기가 형성되어, 1860년에는 양법학자들이 함께 독일법조인대회(Deutscher Juristentag)를 열게 되어 오늘에 이르고 있다. 그리고 끝내는 독일민법전의 제정이 구체화되어 진행되는 과정에서, 1888년에 로마법을 기초로 하여 독일민법의 제1초안이 완성, 발표되었으나, 그 독일민법 제1초안에 대한 Gierke를 중심한 게르만법학자들의 비판이 제기되고, 이러한 게르만법학자들의 제1초안에 대한 비판을 수용하여 1895년에는 독일민법의 제2초안이 발표되었다. 이러한 독일민법의 제정과정을 통하여 로마법에 기초하여 독일민법전의 제1초안이 만들어졌지만, 게르만법학자들의 비판을 통하여 양 법학자들의 협력과 화해가 이루어지게 되었다. 그러나 양법학파의 대립의 역사와 당시의 정치적인 사정에 의하여 독일민법전의 제정에는 법학교수들과 게르만법학자들이 거의 참여하지 못하고, 실무가들이 중심이 되어 독일민법전을 제정하였다.[277)] 법학자 중에서, 로마법학자로는 Bernhard Windscheid가 게르만법학자로는 Paul von Roth만이 독일민법전의 제정과정에 참여하였다.

Ⅲ. 역사법학파의 법에 대한 이해

역사법학파의 법에 대한 이해는 사비니에게서 가장 잘 나타나고 있다. 법은 민족정신의 발현으로서 법을 민족문화의 한 요소로 이해하였다. 그리고 법은 민족성과 역사성을 가지며, 민족의 역사 속에 자연적으로 생성되며, 법률가에

276) 대표적인 게르만법을 독일의 민족정신의 일반법으로 만들어 나가고자 한 정치운동은 Beseler가 주창하고, Gierke도 1872년 이래로 "사회적 정치를 위한 사단법인"(Verein für Sozialpolitik)의 구성원으로서 일을 하였다(Vgl., Schlosser, a. a. O., S. 97).

277) Laufs, a. a. O., S. 163.

의하여 만들어지는 것이 아니라고 하였다. 그러므로 역사법학파에 있어서의 가장 중요한 법원은 제정법이 아니라 관습법이었다.

사비니는 법이란 것은 초민족적인 보편성을 띠기 보다는 어디까지나 민족의 고유성을 갖고 있어야 한다고 하였다. 이러한 사비니의 법의 민족성의 주장은 당시에 프랑스혁명과 그 사상 및 프랑스민법전의 위세에 억눌린 후진 독일의 독자성과 정체성 확립을 위한 자각을 일깨운 것이었다. 사비니가 역사법학을 창설할 때에는 이미 그는 로마법을 연구하여 왔다. 그는 로마법을 문화적으로 타국법이 아니라 독일의 자국법으로 주장하였으나, 내심으로는 게르만법연구를 갈망하였으리라고 평가하는 것[278]은, 바로 그가 법의 민족성을 강조함으로써 독일 고유법의 연구를 통하여 프랑스민법전에 대항하는 독일민법전의 제정을 바랐던 것으로 평가할 수 있다.

그리고 역사법학파는 법의 역사성을 주장하였다. 법의 역사성은 법의 끊임없는 변화와 발전성을 그 내용을 한다. 그리하여 역사법학파는 법은 고정되어 있는 것이 아니라 민족과 함께 변화하고 발전하는 것으로 이해하였다. 법에서는 절대정지의 순간은 없으며, 법은 끊임없이 유동, 발전하며, 단순한 것에서부터 복잡한 것으로, 애매한 것에서부터 명료한 것으로 발전해 간다고 이해하였다. 따라서 역사법학에서의 법원은 제정법이 아니라 관습법이며, 입법에 의해 법을 고정하게 할 것이 아니라, 법학을 통하여 변화, 발전하는 법을 발견, 확인하도록 하여야 한다고 이해하였다. 그러므로 사비니는 법전편찬은 법의 고착이며, 법발전의 질곡으로 될 뿐이라고 주장하였다.[279] 이와 같이 역사법학파는 법의 소재도 민족전체의 과거로부터 도출되며, 자유의사로부터 도출되는 것이 아니라고 하였다. 법은 민족 그 자체와 민족역사의 바탕(bosom)으로부터 배태되는 것이라고 보았다.[280]

그리하여 사비니는 독일에서의 입법사고에 대해 심각히 반대하였다. 입법이 의미 있고, 역사적으로 정당화되려면 입법의 과제를 맡은 법률가들이 철저히 민족정신 속에 살아있는 법에 대해 친숙하여야 한다. 그렇지 않으면 법률가들은 입법 그 자체에만 집중할 것이며, 민족적인 법을 간과할 것이라고 하였다.[281] 입법을 하면 법의 미래의 계속적인 발전을 저해하며, 현재의 법과 과거의 법과

278) A. a. O., S. 163.
279) 이상수, "사비니에서 법의 역사성", 법사학연구 제23권(한국법사학회 편, 2001), 13면.
280) Hommes, op.cit., p. 191.
281) Ibid., p. 191.

의 상호결합을 이루지 못한다는 견해를 사비니는 갖고 있었다.

그리고 역사법학에서는 법의 민족성, 역사성과 함께 법은 주어진 것으로 보는, 즉 법의 소여성(所與性)을 법의 속성의 하나로 이해하였다. 법이란 공리(公理)로부터 연혁적으로 도출되는 것이 아니며, 민중이나 군주에 의해 제정되는 것도 아니라고 보았다. 법은 오로지 민족의 역사 속에 주어진 것으로서 발견되는 것이라고 이해하였다.

역사법학파가 법의 민족성, 역사성, 그리고 소여성을 주장하였지만, 역사법학이 일관성 있게 이러한 법에 대한 이해를 견지하고 유지하지는 못하였다. 사비니 자신에게서 이미 그가 연구한 로마법은 결코 변화, 발전하는 존재로서의 법이 아니었다. 그는 로마 고전기의 법을 이상의 법으로 하고, 그 고전기의 로마법을 편찬, 정리한 유스티니아누스 대제의 입법에까지 거슬러 순수한 로마법을 발견해 내는 일에 몰두하였다. 그리하여 사비니에게 있어서는 유스티니아누스 대제에 의하여 편찬, 정리된 로마법이 가장 의미 있는 법이었다.

그리고 사비니는 법을 이성에 의한 항구불변의 질서로 파악하는 자연법론의 법에 대한 이해는 거부하였지만, 자연법론에서의 법에 대한 체계적 연구방법론은 역사법학과 융합하였다. 그리하여 사비니는 로마법 특히 유스티니아누스 대제의 법전 속에 산재해 있는 법적소재를 법의 일반원칙, 즉 이른바 지도원리(leitende Grundsätze)를 중심으로 통합하여 거대한 법체계를 만들고자 하였다. 이러한 역사법학에서의 자연법론의 체계적인 법학방법론의 수용으로 인하여 계수된 로마법을 소재로 하여 이를 체계화한 판덱텐법학이 탄생할 수 있었으며, 이는 더 나아가 개념법학으로 발전하게 되었다. 그리고 역사법학에서의 체계적 연구방법은 게르만법학자들의 게르만법 연구에도 영향을 주어, 게르만법을 판텍텐 체계로 정리하게 하였다. 그리하여 역사법학에서는 법을 역사적으로 이해하면서도 체계화할 수 있도록 하여, 역사적으로 변화, 발전하는 법속에서 법의 일반원칙을 도출하고자 하였다. 이러한 역사법학의 법학방법론은 법을 단순히 고고학적으로 이해한 복고학파와 다른 점이다. 그런데 역사법학파의 로마법학자들이 연구하고 체계화한 로마법으로부터 도출한 지도원리는 자연법론자들이 주장한 자본주의 지향적 시대사조이었던 자유와 평등, 그리고 소유의 보호, 바로 그것이었다.[282]

282) 상게논문, 20면.

그리고 역사법학에서는 법학자의 역할을 강조하고 법학의 중요성을 인정하였다. 법은 민족공동체와 함께 생성되고 성장한다. 낮는 단계에서의 법은 직접적, 단편적, 무의식적으로 모든 민족공동체의 구성원의 의식 속에 살아있으며, 이러한 민족공동체의 확신은 민족으로부터 직접적으로 나타난다. 그러나 민족의 문화가 발전하여 고도화 단계에 들어가면, 민족공동체의 여러 기능이 분화하며, 그 각각의 기능은 공동체 내의 특정계층의 관심사항이 된다. 그리하여 법은 법률가계층의 관심사항이 된다고 하였다.[283] 그리하여 법은 2중생명을 갖고 있다고 한다. 즉, 법은 민족공동체의 생활의 한 부분이면서, 동시에 법률가의 손에 있는 특별과학이라는 것이다.[284]

이와 같이 민족문화가 고도화되면 법의 형성(formation of law)은 법률가의 관심사항이 되며, 법률가들은 의식적, 그리고 과학적, 기술적 방법으로 법을 정선(精選: elaboration)하게 된다. 그러나 법을 정선해 나감에 있어서 법률가들은 민족공동체에 살아있는 민족정신(national spirit)에 구속되어 있어야 한다고 하였다.[285] 그리하여 역사법학에서는 법은 민족정신의 발현에 의하여 자연히 생성되지만, 그러한 역사적, 민족적인 법을 발견하여 정교하게 만들어나가는 것은 법률가의 과제라고 하였다. 결국 법률가들이 법학을 통하여 민족 속에 살아 있는 관습법을 확인하고 발전시켜 나간다고 하였다. 그리하여 사비니는 법학의 중요성을 강조하였다.

이러한 역사법학에서의 법률가 및 법학의 역할의 강조는 법발전에 법학자들의 기여를 촉구하였으며, 법학을 중요한 법원이 되게 하였다. 그리하여 법학적 법실증주의(wissenschaftlicher Positivismus)가 탄생하게 되었다. 이와 같이 법률가의 중요성이 인정되고 법학이 중요한 법원으로 인정됨으로써, 근대 독일에서의 역사법학을 기초한 판덱텐법학 및 게르만법학자들의 게르만법은 교수법(Professorenrecht)이 그 중심을 이루게 되었으며, 따라서 법의 추상화, 개념화, 일반화 등의 특징을 갖게 되었다. 그리고 법의 자료도 교과서(Lehrbücher)가 주류를 이루게 되었다. 이러한 독일법학의 특징은 오늘에까지 이어지고 있다.

그리고 역사법학에서는 입법은 이성에 의하여 법을 창조하는 것이 아니라, 민족의 역사 속에 존재하는 관습법을 정리하여 편찬하는 것이라고 하였다.[286]

---

283) Hommes, op. cit., p. 190.
284) Ibid., pp. 190-191.
285) Ibid., p. 190.
286) Schlosser, a. a. O., S. 85.

그리고 역사법학에서는 입법이란 자연적 법발전에 있어서 일정한 법발전의 단계를 확인할 뿐이며, 잠정적인 의미밖에 없는 것으로 파악한다.[287] 또한 역사법학에서는 입법은 자연적인 법발전을 방해하는 것으로서 입법에 반대하는 입장을 취하였다.

이와 같이 역사법학은 일관성 있게 발전하지 못하고, 자연법론의 체계적인 법학방법론과 융합하여 계수된 로마법을 학문적으로 체계화하고, 특히 게르만법 연구를 자극하고 촉진하여 독일 고유법을 체계화할 수 있게 하였으며, 그 결과는 독일민법전의 제정에 독일 고유법의 요소를 입법하게 하였다.

이와 같이 역사법학파는 법을 민족정신의 발현으로 보고 추상적인 법을 거절하면서도, 또 다른 한편에서는 자연법론에 기초한 추상적, 이론적 방법에 의해 민법을 논리적으로 체계화하였다. 이는 역사법학의 모순(paradox)이라 아니할 수 없다.[288] 이러한 자연법론과 결합한 역사법학의 발전은 판덱텐법학과 개념법학에서 가장 잘 나타나고 있다.

Ⅳ. 역사법학자들과 그들의 저작들

역사법학의 학자로서 최대의 거장은 역시 역사법학파를 창시한 사비니이다. 사비니는 티보와 마찬가지로 프랑스로부터의 망명가계의 후손이었다.[289] 사비니는 법은 민족확신[290](Volksüberzeugung)으로부터 자연히 성장하며, 자연법론자들이 이해한 바와 같이 인위적 의사에 의한 발명이 아니라고 하였다. 그리하여 법은 민족문화, 민족전체의 필수불가결한 구성요소이며, 관습법이 제정법에 앞서며, 최상의 입법은 관습법을 편찬하는 것이며, 그 입법의 힘은 공동체 구성원의 법창조적 의식을 통해서 갖게 된다고 하였다.[291] 그리고 그는 근본적으로 모든 입법을 반대하였다.

그는 로마법의 실용화를 추구하여 주해학파에 의하여 수정된 로마법과 자연법론에 영향을 받은 판덱텐의 현대적 관용(usus modernus Pandectarum)에 의

287) A. a. O., S. 85.
288) Hommes, op. cit., p. 194.
289) A. a. O., S. 83.
290) Savigny가 말한 민족확신을 Puchta는 그의 저서 관습법(Gewohnheitsrecht)에서 민족정신(Volksgeist)으로 바꾸어 표현하였다.
291) Schlosser, a. a. O., S. 85.

하여 왜곡된 계수된 로마법을 부적절한 것으로 보았으며, 순수한 로마법의 원형을 그 뿌리에까지 거슬러 탐구하는 것을 로마법 연구의 궁극적 목표로 하였다. 그리하여 그는 로마 고전시대의 로마법을 유스티니아누스 대제의 입법을 통하여 탐구하였다. 그는 고대 로마법만이 독일의 보통독일법의 기초가 될 수 있다고 보았다.[292] 그리고 그는 학설휘찬에 나타난 로마법학자들의 높은 수준의 활동에서 완전한 법기술을 보고자 하였다. 더욱더 그는 고전법률가들의 법기술과 끊임없는 활동을 그는 발전시킬 수 있다고 믿었다.[293] 그리하여 그는 로마의 고전기와 유스티니아누스 대제시의 후기고전기의 차이를 동일시하고 유스티니아누스 대제의 법속에서 로마법의 탐구에 힘썼다. 그와 같이 유스티니아누스 대제의 법속에 편찬, 기록되어 있는 순수한 고전기 로마법을 민족정신에 입각한 법으로 이해하고자 하였으며, 그 순수한 로마법의 내용을 탐구하여 그것을 독일에서 보통법으로 삼고자 한 것이었다. 그러므로 자연히 로마법을 시대의 필요성에 따라서 수정한 주해학파의 로마법을 거부하고, 또한 자연법론에 입각하여 변형된 계수된 로마법도 거부하였던 것이었다.

이러한 그의 로마법에 대한 이해에 기초하여, 사비니는 1803년에 "점유권론"(Das Recht des Besitzes)를 출간하여, 물건에 대한 점유는 소유자로서 물건을 지배할 의사(animus domini)가 필요하다는 소유자의사설을 주장하였다. 이 저서의 출판으로 사비니는 법학자로서의 명성을 얻게 되었다. 그리고 그는 1815년에서 1831년에 걸쳐서 "중세 로마법의 역사"(Geschichte des römischen Rechts im Mittelalter)를 출판하였으며, 1840년에서 1849년에 걸쳐서는 "현대로마법 체계"(System des heutigen römischen Rechts)를 출판하였다.

그리고 로마법학자로서 Windscheid는 1860년에서 1870년간에 걸쳐서 3권의 판덱텐 교과서(Lehrbuch des Pandektenrechts)를 집필출간하여 그의 로마법 연구가 독일민법이 제정될 때까지 법원(法源)으로서 활용되었으며, 독일민법 제정위원으로 참여하여 로마법에 기초한 독일민법전의 제정에 크게 기여하였다. 그의 판덱텐 교과서는 Accursius의 표준주석서에 비교되었으며,[294] 그는 판덱텐 법학의 Accursius로 불리어졌다.[295]

Windscheid가 주장한 법이론으로서는 소권론(訴權論: Lehre der actio)과 전제

292) A. a. O., S. 86.
293) A. a. O., S. 85.
294) Stein, a. a. O., S. 201.
295) Meder, a. a. O., S. 262.

론(前提論: Lehre der Voraussetzung)이었다. 그는 소권에 관한 연구논문(Die Aktio des römischen Civilrechts vom Standpunkt des heutigen Rechts(1856))에서 소권을 소송법적으로 파악하는 것은 시대에 맞지 않는다고 하고, 실체법적인 청구권으로 이론구성을 하였다.[296)]

그리고 전제론에 관한 그의 논문(Lehre des römischen Rechts von der Voraussetzung (1850))에서 법률행위의 이행은 그 법률행위를 할 때의 전제가 유지되는 한에서는 유효하며, 그 전제가 유지되지 아니하면 이행할 수 없다는 사정변경에 관한 이론으로서, 법률행위의 동기와 해제조건의 중간적 위치에 해당한다고 하였다. 이 전제론으로부터 등가성의 원칙(Äquivalenzprinzip)이 사법해석학에 도입되어, 법률행위를 할 당시의 사정이 그 후에 변경되어 등가성이 파괴되면 사정변경을 인정하는 법이론으로 발전하게 되었다.[297)]

Windscheid의 전제론은 독일민법에서는 받아들여지지 않았다. 그러나 그의 사위였던 Paul Oertmann에 의하여 정립된 사정변경의 원칙이론인 행위기초상실론(Wegfall der Geschäftsgrundlage)은 Windscheid의 전제론에 기초하고 있다.[298)]

역사법학파 중 게르만법학자로서는 Beseler가 1843년에 "민족법과 법조법"(Volksrecht und Juristenrecht)를 집필 · 출간하여 로마법학자에 대한 게르만법학자들의 투쟁의 문서(Kampfschrift)로 활용되었다.

Beseler는 민족적 기초위에 법이론을 구축하려고 하였다. 그는 게르만법에 의한 입법을 주장하면서, 사비니의 입법반대에 대해 반대하였다. Beseler는 민족이 법창조적 활동을 하며, 민족이 상법, 단체법 및 가족법에 이바지하였다고 하였다. 그리고 민족법(Volksrecht)이 법조법(Juristenrecht)보다 더 강력한 효력을 갖게 하고자 하였다. 특히 그는 민족법에 의한 재판을 위하여 민족법의 수호자 및 창조자로서 평민판사(Laienrichter), 즉 참심원과 배심원을 재판에 참여하게 할 것을 요구하였다.[299)]

그리고 게르만법을 판덱텐 체계에 따라서 체계화한 게르만법학자의 대가가 바로 von Gierke이다. 길케는 Beseler의 제자로서 그의 단체인격설을 이어받아 법인의 본질을 실제적 단체인격설을 주장하였으며, 그는 4권의 단체법론(Das

296) A. a. O., S. 263.
297) A. a. O., S. 263.
298) A. a. O., S. 263.
299) A. a. O., S. 253.

deutsche Genossenschaftsrecht)을 1868년에서 1881년에 걸쳐서 집필 · 출간하였으며, 게르만 사법을 판덱텐 시스템에 따라서 체계화한 3권의 독일사법(Deutsches Privatrecht)을 1895년에서 1917년에 걸쳐 출판하였다. 길케에 의하여 독일사법의 체계화가 이루어졌으며, 독일법적 판덱텐법학이 이루어졌다.[300]

길케는 그의 논문, "민법전초안과 독일법"(Der Entwurf eines bürgerlichen Gesetzbuches und das deutsche Recht: 1888-1889)에서 로마법에 기초한 독일민법전 제1초안에 대해 게르만법의 입장에서 많은 비판을 하였다. 즉, 독일민법전 제1초안은 독일의 전통적인 사회적 요소가 없는 너무 개인주의적인 초안임을 지적하고, 초안에 사회적 기름(Tropfen des sozialistischen Öls)을 첨가할 것을 주장하였다. 그는 채권관계를 인법적인 견지에서 채무자의 인격을 보호할 수 있도록 하여야 한다고 하였다. 특별히 그는 근로계약을 충실근무계약으로 파악하고, 노동을 상품으로 파악하는 것을 멀리하였으며, 근로계약의 인법적 요소를 강조하였다. 그리하여 길케에 의하여 사회법의 새로운 법영역이 열리게 되었다. 길케의 이러한 사회법에 대한 인식과 새로운 법영역으로서의 사회법의 개척은 게르만법의 연구를 통하여 게르만에 내재된 법원리로부터 도출한 것이었다. 그리하여 길케에 의하면, 민법은 고대 게르만인들의 법의식 속에 깊이 뿌리내리고 있는 사회법 이념에 봉사할 수 있어야 한다고 하였다.[301] 이는 바로 민법은 사회법으로서의 성격을 가져야 한다는 것이었다.

이러한 길케의 독일민법전 제1초안에 대한 비판은 당시에는 거의 받아들여지지 않았다. 다만 "매매는 임대차를 깨뜨리지 않는다"(Kauf bricht nicht Miete)는 것만이 받아들여졌다. 길케의 독일민법 제1초안에 대한 비판은 독일민법제정 당시에는 크게 받아들여지지 않았지만, 독일민법전 제정 후에 독일민법의 개정을 통하여, 그리고 특별법의 제정을 통하여 점차 현실화되었다. 끝내는 2002년 독일 채권법 개정에 의하여 소비자보호를 위한 규정을 새로 두게 되고, 소비자보호의 특별법이 대거 민법전으로 편입됨으로써 독일의 민법전은 사회법의 요소를 대폭 수용한 법으로 전환되게 되었다. 그리하여 2002년 개정 독일민법은 사회법적 요소를 대폭 받아들여 이를 민법에서 규정하였다.[302]

300) Schlosser, a. a. O., S. 94.

301) Hommes, op. cit., p. 205.

302) 개정 독일민법에서의 소비자보호 사상의 도입과 사회적 약자보호 입법의 사회, 경제적 배경 및 소비자보호 규정의 보다 자세한 내용에 대해서는, Jochen Taupitz, "Die Entwicklung des deutschen Zivilrechts seit der Gründung der EU", 유럽연합결성 이후의 독일법의 발전: 한독법률

V. 역사법학파의 자연법론과의 관계

역사법학은 자연법론에 대항하여 형성된 민법학이다. 자연법론은 법을 이성에 의하여 인정되는 영구불변의 질서로 이해하고, 따라서 법을 체계적으로(systematisch) 연구하며, 입법을 촉구한 법이론이다. 그리고 근대의 자연법론은 나라마다 법이 다른 것이 아니라 보편적인 이성의 질서로서 이성에 의하여 보편적인 법원리를 도출할 수 있고, 그 법원리를 따라서 통일적인 법전의 편찬을 촉구한 법이론이다.

이러한 자연법론의 근대의 시대흐름에 대해 역사법학파는 법이란 각 국가, 각 민족의 민족정신의 표현으로서 민족과 더불어 생성되고 발전된다고 파악하였다. 그리하여 역사법학파는 법의 민족성과 역사성을 강조한 법이론으로서 각국의 자국법, 특히 독일에서 독일 고유법인 게르만법의 연구와 체계화를 촉진한 법이론이다. 법을 연구함에 있어서도 체계적인 연구보다는 역사적 연구방법을 채택하고, 법이란 민족과 더불어 계속적으로 생성 발전함으로써 입법에 의하여 법의 생성 발전을 방해할 것이 아니라, 법학을 통하여 민족정신에 속에 살아있는 법을 발견하고 확인할 것을 주장하였다.

이와 같이 역사법학과 자연법론은 법에 대한 이해, 법의 연구방법, 입법 여부 등에 있어서 현저한 차이가 있었다. 그러나 역사법학의 발전과정에서 역사법학파내에서도 자연법론에서의 법학연구방법인 체계적인 연구방법을 도입하여 로마법과 게르만법을 학문적으로 체계화하였다. 역사법학이 발전함에 있어서 로마법학자들은 물론 게르만법학자들도 역시 자연법론의 법학연구방법인 체계적인 연구방법에 의하여 계수된 로마법과 독일 고유의 게르만법을 체계화하고, 끝내는 국가의 입법이 법을 만든다는 자연법론이 주장한 통일적인 민법전의 입법주장으로 발전하였다.

사비니의 제자이며, 역사법학 내에서 로마법학자였던 Puchta는 개념법학을 발전시키면서, 역사법학을 자연법론의 법학방법론과 통일민법전의 입법주장으로 전개하여 나갔다. Puchta는 민족정신이 법의 생성과 유효성의 실질적 근거라고 하면서도, 민족정신에 뿌리는 내리고 있는 법은 세 가지의 창조적 형태를

학회 2004년도 추계학술대회 발표자료집(2004. 10. 1-2), SS. 67-89 참조.

갖는데, 그것이 바로 민족의 생활 속에서 직접적으로 표현되는 관습법, 그리고 입법과 법학이라고 하였다.[303] 그는 더욱더 사람의 자연적인 공동체는 법적권한(leagl capacity)이 없으며, 법적 권한을 갖기 위해서는 국가조직을 필요로 한다고 하였다. 그리하여 민족 속에 살아있는 법은 조직화된 국가공동체의 일반의사를 통해 그 유효성을 취득하여야 한다고 하였다. 더욱더 그는 관습법도 국가입법의 도움을 통해서만 그 유효성을 가질 수 있다고 하였다.[304] 따라서는 그는 국가입법에 최고의 가치를 인정하는 결과에 도달하였다. 이와 같은 Puchta의 법에 대한 이해의 변화는 역사법학과 자연법론의 결합으로 일어난 현상이었다. 그리하여 결국 그는 역사법학에서의 법에 대한 이해인 민족정신에서 생성된 민중법에서 출발하여, 법의 체계적인 형성은 전적으로 국가 입법권의 권한 내에 있다는 이론으로 전환되고, 국가입법에 대한 도그마틱한 개념주의적 법학에로의 법학연구의 방향전환을 하게 되었다.

게르만법학자들도 역시 자연법론의 영향을 받고 개념법학에로 방향전환을 하기도 하였다. 게르만법학자였던 Gerber가 개념법학에 동참한 것이 그 대표적인 예이다.

이와 같이 역사법학은 일관성 있게 발전해 오지 못하였다. 그러나 법의 역사성과 민족관련성을 인정하고 강조한 것은 각 민족, 각 국가의 법의 고유성, 독자성, 정체성의 확립을 촉구한 가치가 있다. 이러한 역사법학의 발전은, 법이란 각 민족, 각 국가의 고유한 독자적 가치를 담고 있어야 하며, 그것이 국수주의나 폐쇄주의로 흐르지 아니하고, 개방적, 세계적, 보편적으로 발전할 수 있도록 자연법론적 가치, 즉 인류보편적인 가치와 조화될 수 있도록 하여야 함을 보여주고 있나.

Ⅵ. 역사법학에 대한 법정책적 평가

역사법학은 법의 역사성과 민족성을 강조하였다. 그리고 법은 이성에 의하여 만들어지는 것이 아니라 민족의 법적 확신으로부터 발견되는 것이라고 하였다. 역사법학파의 공적은 법은 민족문화의 한 요소이며, 역사적으로 발전한다는 의식을 일깨운 점이다.[305] 그리하여 각 민족법의 고유성과 독자성과 정체성

303) Hommes, op. cit., p. 195.
304) Ibid., pp. 195-196.

의 확립을 촉구하였다. 즉, 민족의 자각을 일깨운 것이 역사법학의 공적이다.

역사법학이 태동할 당시에는 독일의 후진성이라는 특수한 상황에서 시작되었지만, 독일 고유법에 대한 관심을 일으키고, 연구하게 하고, 체계화하도록 촉구하였다. 그로 인하여 독일이 비록 근대민법전의 제정은 늦었지만 독일 고유의 법을 발굴하고 그것을 독일민법전에 편입시킬 수 있는 길을 열었다.

또 한편으로 역사법학은 독일에 계수된 로마법을 학문적으로 체계화하도록 하였으며, 다른 한편으로는 순수한 형태의 로마법을 다시 재생(Erneuerung)케 하였으며, 순수한 로마법으로부터 법의 지도원리를 도출하였다.

그리하여 독일에서는 보편적인 로마법과 고유법인 게르만법이 어울려 독일적 특징이 있는 독일법, 특히 독일민법을 만들어낼 수 있게 되었다. 그리하여 시간적으로는 법발전이 늦었으나, 독일적 특징이 있는 독일민법을 탄생시킬 수 있게 되었으며, 그리하여 독법계를 탄생시킨 것이었다.

이러한 역사법학에서 있어서 로마법과 게르만법의 연구와 체계화는 법학자들에 의한 법학을 통하여 이루어졌다. 그러므로 법실무와는 거리가 있는 독일민법이 형성된 것이었다. 그리하여 독일민법은 추상적이고, 개념적이며, 이론적인 특징을 띠게 되었다. 그러나 이러한 추상성, 이론성, 개념성의 독일법의 특징은 독일법이 다른 나라에 쉽게 계수될 수 있게 하는 장점을 제공하였다. 이러한 독일법 발전의 배경 때문에 독일은 법학자와 법학이 법실무를 이끌어가고 있다.

역사법학파의 발전 중, 게르만법학자들은 그들 고유법인 게르만법의 연구와 체계화에만 그치지 아니하고 그것을 정치적인 운동으로 발전시킨 까닭에, 훗날 나치시대에는 독일 고유법을 너무 강조한 나머지 독일 고유법의 강조가 국수주의적 경향으로 발전하였다. 여기에서 법의 발전을 위해서는 전통법의 발전도 도모하여야 하지만, 전통법이 인류보편적인 가치와 조화할 수 있도록 끊임없는 노력이 기우려져야 함을 알 수 있다. 그러나 독일에서는 보편적 가치를 담고 있는 로마법을 바탕으로 하면서, 독일의 고유법인 게르만법의 요소를 가미하여 독일민법으로 발전시켰기 때문에 인류문명사에 길이 남을 민법을 갖게 되었으며, 독일민법이 다른 국가에 계수가 이루어질 수 있었던 것이다.

역사법학은 민족의 자각을 촉구하여, 법은 민족적 성질을 가지면서도 항상

305) Laufs, a. a. O., S. 164.

인류보편적 가치와 조화와 균형을 이루도록 일깨운 역사적 공적이 인정된다. 그리고 역사법학은, 법을 운용함에 있어서도 너무 쉽게 고치지도 말 것이며, 역사적 계속성을 유지할 수 있도록 할 것을 촉구하였다고 평가된다. 입법도 신중히 그리고 민중속에 살아있는 법을 발견하여 그것이 보편적인 가치와 부합하도록 규정하여야 함을 일깨워 주었다고 평가된다.

제 6 절 판덱텐법학에 의한 민법학의 발전

Ⅰ. 개설: 판덱텐법학의 의의

판덱텐법학(Pandektistik; Pandektenwissenschaft; Pandektismus)이란 19세기 독일에서 당시 독일에서 일반법으로 적용되고 있던 계수된 로마법을 학문적으로 체계화한 사법학(Privatrechtswissenschaft)이다. 15 세기 및 16세기 독일에 계수된 로마법은 그 후 독일에서 일반법으로 적용되어 독일의 보통법(gemeines Recht)이 되어 있었다. 그렇지만 보통법은 구체적 사건에 개별적, 구체적으로 적용되고 있었고, 학문적으로도 카주이스틱한 연구방법을 완전히 벗어나지 못한 상태에 있었다. 그러나 판텍텐 법학에서 독일의 보통법을 전부 학문적으로 세세화하여 그때까지도 지속되었던 카주이스틱한 법학연구방법을 완전히 극복하였다.[306]

이러한 판덱텍 법학에 의하여 카주이스틱하였던 로마법이 체계화되어 독일민법전이 제정될 수 있었다. 독일민법전을 계수하고 있는 우리의 민법전과 독일 법학을 계수하고 있는 우리의 민법학도 역시 판덱텍 법학이 이루어 놓은 학문적 결실을 기초로 하여 로마법과의 관계를 맺고 있다. 이러한 판덱텍 법학은 법학자들의 노력에 의하여 이루어진 것이며, 민법을 체계화하고 추상적인 개념을 만들어 규범 내에서의 논리적 조작에 의하여 법을 형성해 나가고 또한 법적 문제를 해결해 나갈 수 있도록 하였으며, 민법학을 정치(精緻)한 학문으로 만들어 놓았다.

오늘날 민법에서 추상적 개념이 사용되고, 민법전의 내용이 일반적인 것에

306) Ulrich Eisenhardt, Deutsche Rechtsgeschichte 3. Aufl.(1999), Rn 515.

서 구체적인 것으로 체계화되어 있는 것은 바로 판덱텐법학의 영향이다. 이러한 판덱텐법학은 역사법학파 중의 로마법학자들이 독일에 계수된 로마법을 자연법론에서의 체계적인 법학방법론을 도입하여 이룩한 로마법학이며, 이러한 판덱텐법학은 개념법학(Begriffsjurisprudenz)으로 발전하였다. 이와 같은 개념법학은 민법전을 완전무결한 규범체계로 이해하고, 법적 문제를 연역적인 논리적 조작을 통하여 해결하며, 추상적인 규범으로부터 구체적인 규범을 도출하는 방법으로 법을 발견하고자 하는 법학방법론으로서 판덱텐법학에 그 뿌리를 두고 있다. 그러므로 우리의 현재의 민법 및 민법학은 19세기 독일의 판덱텐법학이 그 연원이다.

판덱텐법학에서 연구의 대상은 독일의 보통법이었다. 그리고 그 보통법은 바로 독일에 계수되어 일반법이 된 로마법이었다. 이와 같이 보통법을 학문적으로 연구하고 체계화하여 판덱텐법학을 이루었다. 그리하여 판덱텐법학은 역사법학파 중 로마법학자들이 판덱텐법학자들(Pandektisten)이다. 따라서 판덱텐법학은 역사법학파의 로마법학자들이 이루어 놓은 19세기 독일의 사법학이다.

이와 같이 판덱텐법학자들이 보통법의 내용을 연구하여 개념을 만들고 추상화하고 체계화하여 민법전을 하나의 완결적인 체제로 만들었다. 그러므로 새로운 법의 발견은 완결된 체계내에서 연역적으로, 추론을 통하여, 그리고 유추를 통하여 가능하게 되었다. 따라서 자연히 민법을 체제 완성적으로 판단하고 체제내에서만 법의 발견을 시도하는 개념법학이 자연스럽게 형성되게 되었다. 이처럼 판덱텐법학에서 개념법학이 탄생되게 된 것이다.[307]

Ⅱ. 판덱텐법학 생성의 배경과 발전

로마법이 계수되어 독일에서 이미 보통법으로서 효력으로 가지고 있었고, 사비니와 역사법학파가 로마법이야 말로 독일의 민족정신 발현의 산물이라고 확신하고 있었으며, 이미 전해 내려오는 로마법의 소재를 철저히 연구하여 그 바탕위에 독일민법을 입법하여야 가치 있고 의미 있는 민법전이 될 수 있다는 사비니의 주장에 기초하여, 계수된 로마법, 그 중에서도 학설휘찬의 내용을 판덱텐 법학에서 철저히 연구하였다. 그리고 그 당시 독일의 시대사조는 자유주

---

307) 판덱텐법학을 개척한 Puchta는 동시에 개념법학의 기초자이기도 하다(Vgl., Eisenhardt, a. a. O., Rn 530).

의가 주류를 이루고 있었으며, Kant(1724-1804)가 그러한 자유주의 사조의 철학적 기초를 제공하였다. 그러므로 판덱텐법학의 사상적 기초는 바로 칸트의 자유윤리이었다.

이러한 시대적 사정을 배경으로 하여 판덱텐법학은 사비니의 제자 Puchta를 시작으로 하여 구축되기 시작하였다. 대표적인 판덱텐법학자로는 Puchta(Georg Friedrich: 1798-1846), Vangerow(1808-1870), Brinz(Aloys: 1820-1887), Arndts(1803-1878), Bekker(Ernst Immanuel: 1927-1916), Regelsberger(1831-1911), Dernburg(Heinrich: 1829-1907), Windscheid(Bernhard: 1817-1892) 등이 있으며, 빈트샤이트가 판덱법 법학을 마무리하였다고 할 수 있다. 이들 판덱텐법학자들은 대부분 교과서인 판덱텐이라는 저서를 남겼다.

이와 같은 시대적 배경하에서 시작된 판덱텐법학은, 그 소재는 로마법을, 그 사상은 자유주의를 바탕으로 하여, 로마법적인 자유주의 민법학을 이룩하였으며, 또한 개인의 의사를 강조하는 민법학을 이루었다. 그리하여 판덱텐법학은 소유권의 자유, 계약자유를 강조함으로써 자본주의의 발전을 위한 민법학의 기초를 제공한 것이었다.

그리고 판덴텍법학은 그 방법론으로서, 법학에서 철학, 신학, 경제학, 사회 및 도덕적 요소의 고려를 배제하고, 법학을 그 자체가 자족적이고 전문적이며 독립적인 학문으로 발전시켰다. 따라서 법학을 가치중립적인 학문으로 만들어 나갔다. 그리고 보다 포괄적인 내용을 담고 있는 개념을 만들고, 그것을 추상화하여 개별현상을 포섭할 수 있도록 하고, 민법학을 하나의 자족적이고 완결적인 체제(System)로 만들어 나갔다. 물론 판덱텐법학이 이처럼 개인의 사유를 추상적으로만 강조함으로써, 판덱텐법학은 산업혁명을 거치면서 발생한 강자에 의한 약자 지배라는 사회적 불법(gesellschaftliches Unrecht)의 유지를 정당화하는 도구가 되기도 하였다.[308)]

이렇게 하여 19세기 독일에서는 판덱텐법학에 의하여 법학을 만능으로 생각하는 법학적 법실증주의(rechtswissenschaftlicher Positivismus)가 생성되었다. 그리하여 법학이 당시의 모든 법적 문제를 다 해결할 수 있는 판단의 규범으로 생각되었으며, 따라서 법학이 당시의 법원으로 인식되었다.

308) HRG, a.a.O., S.1424.

Ⅲ. 판덱텐법학의 특징

판덱텐법학은 전래의 법학방법론으로 남아있던 로마법 연구의 카주이스틱한 태도를 완전히 극복하고 민법학을 자족적이고 완전한 하나의 체계의 학문으로 만들었다. 그리하여 추상적 규범에서부터 연역적으로 새로운 규범을 도출할 수 있는 것으로 생각하게 하였다. 그리하여 원칙으로부터 개별조문을 도출하고, 유추에 의하여 확대적용하는 방법을 취하였다. 따라서 판덱텐법학은 민법학을 내재적으로 완전무결한 규범체계로 이해하고 그렇게 구축하고자 하였다. 그리하여 판덱텐법학은 민법학을 추상적인 개념의 피라미드로 형성하였던 것이다. 따라서 판덱텍 법학의 영향으로 민법이 추상적인 사법(abstraktes Privatrecht)으로 만들어지게 되었다. 그 이유는, 판덱텐법학의 정신사적 뿌리는 역사법학에 두고 있었으며, 그 소재는 계수된 로마법이었으며, 그 연구방법은 자연법론의 체계적 방법론에 기초하고 있었기 때문이었다.

그리고 판덱텐법학은 민법학에서 사회현실의 고려를 배제하고자 하였다. 그리하여 판덱텐법학은 민법학을 그 자체로 하나의 자족적이고 모순없는 완전한 체계로 이해하고 이를 만들고자 함으로써, 사회현실의 변화를 도외시한 규범 그 자체내의 논리적 조작만을 강조하는 형식주의(Formalismus)로 흐르는 결과를 낳았다. 이러한 판덱텐법학의 형식주의와 법학적 법실증주의에 대해서는 Jhering(Rudolf von: 1818-1892)이 목적법학(Zweckjurisprudenz)의 견지에서 비판을 가하였다.

판덱텐법학은 민법의 구성체계를 인법, 물법, 소권법(근대민법에서는 권리취득의 원인에 관한 법)의 3편으로 구성하던 종래의 Institutionensystem과는 달리 총칙, 채권법, 물권법, 친족법, 상속법의 5편으로 구성하는 Pandektensystem으로 편별하였다. 이와 같은 민법학을 판덱텐시스템으로 나누어 연구하고 구성한 것은 이미 1807년 Heise(Georg Arnold: 1778-1851)에 의하여 이루어졌다.[309] 이와 같은 판덱텐시스템은 민법의 원칙부분을 앞세우고 구체적인 내용은 뒤로 배치하며, 각 편별 내에서도 원칙규정을 앞에 규정하고 구체적인 규정을 뒤에 자리하는 체계를 취하여, 민법의 형식을 정치하게 체계화하였다.

---

309) 그는 그의 보통민법체계강요(Grundriß eines Systems des Gemeinen Zivilrechts zum Behuf von Pandekten-Vorlesungen)을 판덱텐시스템을 취하여 5편으로 체계화하였다.

이러한 판덱텍 법학의 정치한 체계화로 법적 사고에 있어서도. 정치적, 사회적 고려를 배제하고, 확정된 법명제로 부터 논리적 연역적으로 추론을 행하는 특유한 사고, 즉 소위 시스템 사고(Systemdenken)를 발달시켰다.

Ⅳ. 판덱텐법학의 영향과 그 극복

판덱텐법학은 독일민법전의 제정에 기초를 제공하였다. 비록 계수된 로마법이 독일에서 보통법으로 적용되고 있었지만, 판덱텐법학이 이를 학문적으로 체계화하였기 때문에 그것을 기초로 한 독일민법전의 제정이 가능하였다. 독일민법전의 제정에 참여하여 가장 큰 영향을 주었던 법학자가 바로 마지막 판덱텐법학자였던 빈트샤이트였다는 사실이 더욱더 이를 입증해 주고 있다.

그리고 체계적인 판덱텐법학의 방법론은 독일에서 사법만이 아니라, 형법, 공법에도 영향을 주었다.[310] 따라서 사법이외의 법학분야에서도 체계화와 체계적인 사고를 하게 하였다. 지역적으로도 판덱텐법학은 스위스와 오스트리아에 영향을 주어 그곳의 법학의 체계화에 기여하였다.

판덱텐법학에서는 계수된 로마법을 연구의 대상으로 하였다. 이렇게 로마법을 연구해 가는 과정에서 판덱텐법학에서는 독일 고유법을 연구대상에서 제외하였다.[311] 이러한 판덱텐법학의 고유법에 대한 적대적인 태도는 역사법학파 중 게르만법학자들(Germanisten)로 하여금 관습법으로 존재하던 독일의 고유법인 게르만법을 학문적으로 체계화하도록 자극하였다. 그리하여 게르만법학자들의 학문적 노력에 의하여 독일 고유법이 정리되어, 판덱텐법학에서 주장된 내용에 대하여 논쟁(Argumente)을 하고 대안(Alternative)을 제시하는 일을 하게 되었다. 이렇게 하여 독일에서는 계수된 로마법과 독일 고유법인 게르만법이 학문적으로 정리되고 체계화되어 독일민법전의 제정이 가능케 된 것이다.

이와 같은 판덱텐법학에 의하여 19세기 독일에서는 자유주의적, 그리고 자본주의적인 사법이 이룩되고, 그 방법론인 개념의 창출, 민법의 정치한 체계화에 의하여 개념법학이 탄생할 수 있는 계기를 마련하였다. 오늘날 판덱텐 시스템에 의한 민법전의 체계화와 민법 내용의 추상화, 일반화의 특징은 바로 판덱텐법학의 산물이다.

---

310) HRG, a.a.O., S. 1428.
311) HRG, a.a.O., S. 1426.

그리고 판덱텐법학에 기초한 독일민법은 그 체계의 정치성, 내용의 추상성으로 인하여 다른 나라에 독일민법이 쉽게 계수될 수 있게 되었다. 그리하여 독일이 무력으로 지배한 적이 없는 나라에도 독일법이 쉽게 그리고 비교적 널리 계수될 수가 있었다. 우리나라를 비롯한 동양의 여러 나라는 말할 것도 없이 독일민법을 계수하였으며, 특히 사회주의 국가에서도 그 내용에 있어서는 다르지만 그 체계구성에 있어서는 독일민법을 계수하였다. 이와 같이 다른 나라에서 독일법을 계수할 수 있게 한 것은 바로 판덱텐법학에 연원하고 있다.

판덱텐법학은 그 체계의 정치성, 내용의 추상성으로 인하여, 분열되어 있던 지방법(Partikularrechte)을 포괄하는 민법을 구축하여 법의 통일에 기여하였다.[312] 그러나 판덱텐법학은 계수된 로마법을 소재로 하여 그 내용만을 당시 독일의 현실과는 절연한 채로 연구한 결과, 변화하는 사회 현실을 고려하지 않은 약점을 내포하고 있었다. 무엇보다도 판덱텐법학은 산업혁명의 결과로 발생한 사회적 강자의 약자에 대한 지배라는 사회적 불법에 대해 적절히 대처할 수가 없었다. 이러한 약점으로 인하여 판덱텐법학은 목적법론과 당시의 사회적 법론으로부터 비판을 받게 되고, 결국 판덱텐법학도 그 발전을 끝맺게 되었다. 오늘날은 판덱텐법학 그 자체는 끝났지만, 판덱텐법학의 사고방식은 여전히 이어져 내려오고 있다.

이와 같은 자유주의적이고 개인주의적이며, 로마법적이고, 실생활과는 절연된 개념의 추상화와 체계의 완전성을 추구한 판덱텐법학에 대하여 세 가지 방향에서 비판에 제기되었다. 먼저 Jhering은 법이란 그 실제에 있어서 현실적인 목적과 이익의 산물이라는 관점에서 판덱텐법학에서의 가치중립적인 태도를 비판하였다. 그리고 게르만 법학자인 Gierke(Otto von: 1841-1921)는 개인주의적인 판덱텐법학에 대하여 독일 고유법의 단체주의적인 입장에서 민법에는 사회적 요소가 가미되어야 한다고 비판하였다. 더 나아가 강단사회주의자였던 Menger(Anton: 1841-1906)는 사회주의적 입장에서 판덱텍 법학은 자본가 계층을 대변하는 법학이라고 비판을 가였다.[313] 그리하여 그는 민법에서 개인의 자유는 제한받아야 한다고 주장하였다. 결국 판덱텍 법학이 사회현실을 도외시하고 개인의 자유를 기본철학으로 하여 추상적이고 폐쇄적인 체계화만을 추구한 태도에 대하여 비판을 받았다.

312) Franz Wieacker, Privatrechtsgeschichte der Neuzeit(1967), S. 443.
313) Vgl., Wieacker, a.a.O., SS. 449-458.

V. 판덱텐법학에 대한 법정책적 평가

판덱텐법학의 학문적 노력의 결과로 로마법과 우리 민법이 관계를 갖게 되었으며, 우리 민법이 결국 로마법에 그 뿌리를 내리게 되었다. 그리고 판덱텐법학에 의하여 로마법이 세계의 법으로 발전해 나갈 수 있게 되었다.

법학 및 법학파도 역시 당시의 시대문제를 극복하기 위하여 배태되고 새 시대를 열어나갈 학문적 기초를 제공하게 된다. 판덱텐법학도 역시 독일에서의 법분열 상태의 극복과 독일의 자유주의적, 자본주의적 민법의 발전을 가져오는 기초를 제공하였다. 그리고 어느 학문도 사회가 변하면 그 내재적 한계를 노정(露呈)하게 된다. 체계 내에서의 추상적 사고에 집중하였던 판덱텐법학도 역시 독일에서 산업혁명이라는 사회변화에는 적절한 해답을 주지 못하는 한계를 보여주었다.

다른 학문도 마찬가지이지만, 법학이란 당시의 시대문제를 적절히 해결하고 새로운 시대를 열 수 있는 방향을 제시할 수 있어야 한다. 판덱텐법학의 생성과 그 발전과정을 통하여, 법학은 결국 그 시대, 그 사회의 현실문제를 해결할 수 있는 적절한 해답을 줄 수 있어야 함을 알 수 있다. 그러므로 법학은 추상적인 규범의 논리적 조작에만 머물러 있어서는 아니 되고, 그 시대의 사회문제를 적절히 해결하고자 하는 관심과 그 해결방법을 모색하여야 함을 알 수 있다. 그러하여야 민법학이 민법을 국민들의 생활 속에 살아있는 법으로 만들어 나갈 수 있는 것이다.

판덱텐법학의 이러한 문제점에도 불구하고, 판덱텐법학은 게르만법학자들을 자극하여 독일 고유법인 게르만의 연구를 촉진하여 게르만법의 학문적 체계화를 이룩할 수 있도록 하였다. 특히 게르만법을 판덱텐 시스템에 따라서 체계화하도록 촉진하였다.

이러한 판덱텐법학의 노력의 결과로 독일민법전이 제정될 수 있었다. 독일민법전은 계수된 로마법을 기초로 하여 편찬되었지만, 독일 고유법인 게르만법의 요소도 받아들여 독일 특유의 고유한 민법전을 가질 수 있도록 하였다. 판덱텐법학의 법학연구 방법론에 의하여 독일법은 그 체제구성이 정치하고, 추상적, 개념적, 일반적인 규정형식을 취하는 특성을 갖고 있다. 이러한 독일법의 추상성, 일반 규정성으로 인하여 독일민법이 다른 외국에로의 계수가 용이하게 되었다.

제 5 장
맺음 말: 로마법사를 통한 법정책적 평가

로마법은 로마제국의 법이었지만 이제는 시공을 초월한 인류공동의 사상재가 되어있다. 왜 로마인들은 법을 발전시켰으며, 그 로마법이 어떠한 이유에서 세계의 법으로 발전할 수 있었는가? 그 해답은 로마법사의 연구를 통하여 구할 수 있을 것으로 판단된다.

로마제국은 무력으로 이민족을 정복하여 영토를 넓히고, 법으로 제국의 영속을 도모하였다. 그리고 기독교로 제국의 주민들을 하나로 결집하였다. 역사상 로마제국만큼 문화가 찬란하였고, 오래 지속한 나라도 없다. 문화적인 면에서는 로마제국은 지금도 계속되고 있으며, 로마문화는 세계의 문화로 확장되었다. 로마문화 중에서 로마법은 이제는 세계법이 되었다. 우리나라도 역시 로마법이 타국법이었지만, 이제는 우리 법문화의 일부를 이루고 있다. 이제는 로마법이 타국의 법이 아니라, 분명히 우리 법문화의 중심부분을 이루고 있다.

로마법의 발전과정을 요약해 보면, 로마제국의 고전기에 법학자들에 의하여 실무와 관련하여 카주이스틱하게 로마법을 발전시켰다. 그리고는 유스티니아누스 대제가 고전기의 카주이스틱한 로마법을 법전, 특히 학설휘찬으로 정리, 편찬하고, 그 정리 편찬된 학설휘찬의 로마법은 십자군전쟁을 계기로 하여 학자들에 의하여 연구되기 시작하여, 주석학파, 주해학파에 의하여 연구되고 실용화되었으며, 다시 국경을 넘어 프랑스에서 복고학파에 의해서 고전기 로마법의 연구와 재생이 시도되었다. 그리고 다시 신구교도들 간의 종교전쟁으로 인하여 프랑스의 로마법학자들이 네덜란드와 독일로 피신하여 와서 로마법이 네덜란드와 독일에 학문적으로 연구될 수 있었다. 이로 인하여 로마법은 국경을 넘어 계속 대륙의 여러 나라로 확산되어 갔다. 한편으로 독일에서는 로마법이 계수되어, 판덱텐의 현대적 관용에 의하여 로마법이 독일의 보통법으로 발전되었다. 그리고 자연법론의 대두에 의하여 로마법은 당시의 시대정신인 이성과 자유의 이념을 받아들여 로마법은 더욱더 인류보편적인 가치를 담게 되었다. 그리고는 역사법학파의 형성에 의하여 로마법은 다시 한번 순수한 모습으로 재생하게 되고, 자연법론에서의 체계적인 법학방법론에 힘입어 로마법은 학문적으로 더 깊이 연구되고 체계화되었다. 그리하여 끝내는 학문적으로 체계화된 로마법이 근대민법전으로 편찬되게 되고, 동양에서도 서양 근대법의 계수에 의하여 로마법이 동양제국의 법으로 들어오게 된 것이다. 이러한 과정을 통하여 로마법은 로마제국의 법으로서의 한계를 넘어 대륙의 보통법으로, 그리고 끝내는 세계법으로 발전하여 왔다.

이와 같은 로마법의 역사적 발전과정을 통하여, 로마법은 한편은 시대사정에 맞게 수정되고 보충되고 발전하면서, 또 다른 한편으로는 로마법 본래의 모습, 즉 고전기 로마법의 연구와 재생작업이 일어나 로마법의 순수한 모습을 잃지 않고 유지할 수 있었다. 이러한 양면적인 로마법의 발전과정을 거치면서 로마법은 그 생명이 더욱 더 강하여 졌으며, 모든 시대, 모든 사람들의 행위의 지침이 될 수 있는 보편적인 법으로 발전하여 와서, 이제는 세계의 모든 나라, 모든 사람들의 법규범으로 자리잡게 되었다. 그리고 다른 한편으로는 로마법의 발전과 계수와 학문적 체계화는 자국 고유법의 연구와 체계화를 자극하고 촉진하여, 한 국가의 법의 내용을 더욱 풍부하게 하였다. 이러한 과정을 거치면서 로마법은 점점더 인류보편적인 가치를 담은 인류공동의 사상재로 발전하여, 이제는 로마법은 인류공동의 보통법(ius commune)이 되었다.

이와 같이 로마법이 인류의 보통법으로 발전하게 된 그 원인들은 바로 법이 발전할 수 있기 위한 일반적인 조건들이다. 다시 말하면 한 나라의 법이 좋은 법(gutes Recht)으로서 발전할 수 있기 위해서는 세 가지의 조건을 갖추어야 함을 보여주고 있다. 그 첫째는 한 나라의 법은 실무와 관련하여서 발전한다는 점이며, 둘째는 법은 그 내용이 인류보편적 가치를 추구하고 그것을 실현하고자 하여야 발전하며, 셋째는 자국의 법전통에 뿌리내리고, 그 법전통을 이어가고, 그것을 현대화하여야 법이 발전할 수 있음을 보여주고 있다. 이는 바로, 법이 발전하고 그 법이 좋은 법으로서, 법이 인간과 인간간의 조화와 평화를 위한 기술로서 기능하여, 사회가 조화롭고 평화질서를 이룩하고 유지하기 위해서는, 실무와 관련하여 법이론을 발전시켜야 하며, 그 법이 인류보편적 가치를 지향하여야하며, 자국의 전통법이 함께 작용하고 있어야 한다. 이 세 가지의 조건이 충족된 법이 좋은 법이며, 실효성이 있고, 생명이 있는 법이며, 그 사회가 조화와 균형과 평화가 유지될 수 있는 것이다.

로마법은 그 생성의 시작이 바로 법실무와 관련하여 일어났다. 추상적인 관념적인 법이 아니라, 법실무상의 문제에 대하여 구체적, 개별적으로 답하는 방법으로 로마법이 생성되었던 것이다. 그리고 실무와 관련하여 주해학파가 로마법을 발전시켰으며, 독일에서의 로마법의 계수, 특히 판덱텐의 현대적 관용은 실무와 관련하여 로마법이 발전하였던 것이다. 그러므로 로마법은 구체적 타당성이 있는 법으로서 법현실 속에서 그 효력을 갖게 된 것이었다. 그러므로 한 나라의 법이 그 나라의 국민들의 생활 속에서 행동의 지침으로 기능하기 위해서는 실무와 관련성을 갖고 구체적 타당성을 지닌 설득력 있는 구체적인 규범이어야 한다.

그리고 로마법은 그 사상적 기초가 인류보편적 가치를 지향하는 자연법사상 내지 기독교의 사랑에 기초한 박애적 사상에 기초하고 있고, 그러한 자연법사상에 의하여 계속 수정, 보충되면서 발전하여 왔다. 로마법은 로마법이 생성되기 시작하였을 때에 이미 자연법사상에 터잡고 있던 그리스의 스토아철학의 영향을 받았다. 그리하여 고전기의 로마법학자들의 법사상은 자연법사상에 기초하고 있었다. 로마제국의 고전기의 법학자로서 대표적으로 스토아 철학의 영향을 받은 Cicero는, "진정한 법은 자연과 조화되어 있는 바른 이법(理法)을 말한다. 그 법은 보편적으로 통용되고 항구불변이다"라고 하였으며, Celsus는 "법은 선과 형평의 기술"[1]이라고 하였다. 그리고 Ulpianus는 "타인을 해하지 말 것, 각자에게 그의 몫을 나누어줄 것 및 도덕적으로 바르게 생활하는 것이 법의 근본명령"[2]이라고 하였다. Gaius는 "자연이성에 의하여 지각되는 공통의 법이 있다"고 하였으며, Ulpianus는 "법(jus, ius)이란 말은 바로 정의(justitia, iustitia)에서부터 나왔다"[3]고 하였으며, 더 나아가 그는 "법의 권위는 신사(神事)와 인사(人事)를 잘 처리하여 부정을 근절시키는 데 있다"[4]고 하였다. 이와 같이 로마법은 그 시작부터 자연법론에 입각한 보편적 가치를 담고 있었다.

그리고 로마법은 중세를 거치면서 기독교 사상으로부터 영향을 많이 받았으며, 성직자들에 의하여 로마법이 발전하였다. 중세의 기독교 사상은 스콜라 철학자들에 의하여 정리발전되었으며, 중세의 로마법연구는 스콜라 철학의 영

1) Ulpian, D. 1. 1. 1. pr.
2) Ulpian, D. 1. 1. 10. pr.; Just. Inst. 1. 1. pr.
3) Ulpian, D. 1. 1. 1. pr.
4) Ulpian, D. 1. 1. 10. 2.

향을 크게 받았다. 스콜라 철학은 성서의 가르침이 아리스토텔레스의 철학 등 그리스의 자연철학과 모순되지 않음을 밝히는 일을 수행하였다. 그리하여 로마법은 그 생성에 있어서 그리스의 사해동포적인 스토아철학의 영향을 받았으며, 중세의 발전과정에서도 역시 그리스 자연철학의 영향을 받았으며, 또한 성직자들에 의하여 성서의 가르침으로 그 내용이 더욱 사랑에 기초한 박애주의적 내용으로 보충되고 발전하여 왔다.

중세에는 자연법을 성문화한 로마법의 제법규는 교회법(canon law) 법전의 보충법으로 적용되었다.[5] 중세의 교회법원에서는 로마법은 그 입법정신이 신법인 자연법을 그 기반으로 하고 있음을 인정하였다. 그리하여 로마법은 교회법원에서 교회재판의 보충적 법원으로서 그 내용이 성서의 가르침으로 보충되고, 성직자들에 의하여 발전되고, 전수되게 되었다.

근대에 와서는 인문주의와 계몽주의의 영향을 받아 인간이성을 인정하고 인간의 자유를 존중하는 자연법 사상으로 더욱 발전하게 되었다.

이와 같이 로마법이 인류보편적인 가치를 담은 법으로 발전하여, 대륙에서의 보통법으로서의 효력을 갖게 되었고, 이제는 세계의 보통법으로서의 효력을 갖게 되었다. 이처럼 로마법이 인류보편적인 가치의 추구와 실현을 지향하여 보통법으로서의 효력을 가지면서, 또한 계속적으로 고전기 로마법의 본래의 모습으로의 재생을 위한 노력도 병행되어 왔다. 복고학파의 interpolatio의 연구를 통한 고전기 로마법의 재생의 노력, 그리고 역사법학파에 의한 로마법대전속의 순수한 로마법의 재생을 통하여, 로마법이 그 본래의 모습과 그 후의 변화된 모습의 일관성과 계속성을 유지할 수 있게 되었다. 다시 말하면 순수한 로마법이 인류보편적 가치로 더욱 순수하게 되어, 시공(時空)을 초월한 보통법으로 발전할 수 있게 되었다.

앞으로 법이 지향하여야 할 인류보편적 가치는 어디서 도출할 수 있을까? 그것은 인류가 가야할 방향을 제시하고 있는 종교규범으로부터 도출하여야 한다. 기독교의 사랑을 중심가치로 하는 성서의 가르침으로부터 보편적 가치를 도출할 수 있을 것이며, 다른 발전된 종교규범으로부터도 법이 지향하여야 할 보편적 가치를 도출할 수 있다. 그리고 종교간의 대화를 통하여 제3의 문명을 탄생시켜야할 것이며, 법도 단순히 국가의 강제규범으로서의 성질을 벗어나 종

5) 이태재, 서양법제사 개설 (진명출판사, 1981), 118면.

교규범과의 교류 및 종교규범의 조명을 받는 제3의 사회규범으로 발전하여야 한다. 이는 인간을 보는 시각에 있어서도 인간의 이성만을 너무 강조만 할 것이 아니라, 이성의 불완전성을 인정하고 경건한 신앙에 의한 이성의 절제가 이루어지도록 하여야 한다. 따라서 법은 도덕, 종교규범을 포섭하려고 하여야 한다. 사회안정을 위해서는 도덕, 종교의 규범을 법에 도입하여야 한다. 도덕의 실천을 위해 법이 개입하여야 한다.

그리고 유교와 불교, 기독교에서 보편가치를 많이 정리하여 그것을 법에서 제도화할 수 있도록 제시해 주어야 한다. 기독교의 이웃 사랑의 윤리의 구체적 표현들, 불교의 자비의 구체적 표현들, 유교의 인(仁), 경(敬) 등의 사회적 표현들을 구체적, 세부적으로 제시해 주어야 한다. 법도 이러한 종교로부터의 인류보편의 가치표현에 관심을 가져야 한다. 규범논리에만 치중해서는 아니 된다.

그리고 법의 발전을 위해서는 항상 한 나라의 자국의 법전통이 유지되고, 현대화되어야 함을 알 수 있다. 로마법이 그 순수성을 유지하면서 발전해 왔지만, 로마법의 발전은 그 로마법이 계수된 나라에서 자국법의 연구를 자극하고 촉진하였다. 그러한 반계수의 현상은 독일에서 가장 잘 드러나고 있다. 한 나라의 법이 발전하기 위해서는 보통법의 발전만으로는 불충분하고, 항상 자국의 전통에 뿌리내리고 있는 고유법을 재생하여 그것을 발전시켜 보통법으로 변용하여야 한다. 법은 문화현상의 일부이기 때문에 자국의 법문화의 독자성과 고유성 및 정체성이 확립되어야 그 나라의 법이 발전할 수 있는 것이다. 자국의 고유법은 보통법의 가치를 실현할 수 있도록 계속 수정, 보완하여야 한 나라의 법이 균형있게 발전할 수 있는 것이다. 자국법만의 독자성과 정체성을 너무 강조하게 되면, 국수주의적 경향을 띠게 됨으로 자국의 고유법은 세계 보통법의 보편적 가치로 수정을 받아야 한다.

이와 같이 한 나라의 법이 발전할 수 있기 위해서는, 법은 실무와 관련하여야 하며, 그 내용은 인류보편적인 가치를 추구하여야 하며, 다른 한편으로는 자국의 전통법이 유지되고 현대화되어야 한다. 이러한 법의 발전의 3요소에 비추어 볼 때, 우리나라에서는 그 동안 실무와 법학이 상당한 정도로 단절되어 있었으며, 우리의 전통법인 우리의 고유법에 대한 연구가 너무 미진하였으며, 법의 내용이 인류보편적인 가치를 항상 추구하였다고 단정하기도 힘들었다. 그러므로 인하여 법, 특히 사법은 재판규범으로서만 기능하고 일상의 법생활에서의 행위규범으로서는 재대로 기능하고 있지 못하고 있다. 따라서 우리나라에서는 생활 속의 법치주의가 실현되지 못하고 있다. 무엇보다도 우리나라에서는 실무 관련의 법학, 그리고 우리의 전통법의 연구와 재생과 현대화를 도모하여야 한다. 그리고 우리나라의 불교, 유교, 기독교로부터 공통의 인류보편적인 가치를 도출하여 그 가치들이 법에서 구현되도록 하여야 한다. 그리하여야만 우리 국민의 삶 속에 살아있는 법을 운용할 수 있으며, 그때에 가서야 비로소 법이 우리 사회의 조화와 평화의 기술로서의 기능을 다 할 수 있다.

이와 같이 좋은 법, 조화와 평화의 기술로서의 기능을 다 할 수 있는 법을 발전시키는 주체는 법학자들이다. 로마법을 형성한 사람들도 법학자들이었으며, 그 후에 로마법을 발전시킨 사람들도 법학자들이었다. 로마제국에서는 법학자들이 사회의 지도적 위치에 있었으며, 명예를 존중하여 법학자들의 법에 관한 주장, 즉 학설이 로마제국의 지도이념을 구현하고 있었다. 이와 같이 법학자들의 연구와 체계화에 의하여 로마법이 그 내용이 풍부해지고, 그 생명력이 강해지게 되었으며, 인류공동의 사상재가 되었다.

그리고 로마법사를 통하여 법의 운용과 관리에 관해서도 좋은 시사점을 주고 있다. 특히 역사법학파는 입법을 함에 있어서는 자국의 법에 대하여 학문적으로 완전히 연구되고 체계화된 다음에 착수하여야 함을 가르쳐주고 있다. 그리고 한번 제정된 법은 그것이 국민의 의식 속에 각인(刻印)되어 생활 속에서 실천될 수 있도록 하고, 쉽게 수정하거나 고쳐서는 아니 됨을 보여주고 있다.

이제 로마법은 역사 속에서의 법만도 아니며, 로마제국의 법만도 대륙제국의 법만도 아닌 세계법이며 인류의 보통법이다. 그리고 우리의 법문화의 중요부분을 이루고 있다. 이제부터는 보통법인 로마법이 더욱더 인류보편적 가치를 담아 그 가치를 실현할 수 있도록 하여야 할 뿐만 아니라, 우리의 전통법을 연구하고 체계화하고 재생하고 현대화하여, 우리의 정체성이 있는 법으로 발전시켜야 한다. 그리하여 보편적인 법질서와 고유한 가치의 전통법질서가 서로 영향을 주고 받는 우리의 법을 발전시켜야 한다. 그렇게 하여야만 우리의 역사의 계속성과 우리 법문화의 독자성을 유지할 수 있다.

제 2 편

게르만민법발전사

제 1 장 개 설

Ⅰ. 서양대륙법의 뿌리로서의 게르만법과 로마법

서양대륙법의 역사적 뿌리는 로마법, 게르만법 그리고 교회법이다. 근자에는 영미법이 대륙에 영향을 주고 비교법학(Rechtsvergleichung)에 의하여 영미법, 특히 영미계약법의 법원리가 대륙법에 계수되기도 하였지만, 근본적으로 독일과 프랑스를 중심으로 하는 서양대륙법의 역사적 기초는 로마법과 게르만법 그리고 교회법이다. 우리의 민법은 대륙법, 특히 독일민법을 계수하여 제정되고, 우리의 민법학에서의 많은 법리는 독일에서 형성되고 발전된 민법원리를 계수하였기 때문에, 우리 민법의 역사적 기초도, 그 전부는 아니라 하더라도, 역시 로마법, 게르만법 및 교회법이다. 따라서 서양의 대륙에서 형성되고 발전된 로마법, 게르만법, 교회법이 역시 우리 민법역사의 일부분이 되어 있다.

오늘날 서양 여러 나라의 민법의 뿌리를 역사적으로 거슬러 살펴보면, 독일은 근대에 와서 로마법을 전면적으로 계수하여 이를 독일의 보통법(gemeines Recht)으로 사용하고, 독일민법을 제정함에 있어서도 보통법으로 적용되던 계수된 로마법을 중심으로 하여 입법을 함으로써, 독일의 고유법인 게르만법이 독일민법 제정 당시에는 독일민법전에 전면적으로 반영되지 못하였다. 이는 판덱텐법학(Pandektenwissenschaft)에 의하여 이미 학문적으로 체계화되어 있던 로마법을 중심으로 하여 입법함이 독일의 법통일(Rechtsvereinheitlichung)을 위하여 수월하였기 때문이었던 것으로 추론된다. 그러나 독일민법의 제정 후에 독일민법전의 개정을 통하여 독일의 고유법인 게르만법의 정신과 내용이 점진적으로 독일민법전에 반영되고 있다. 그것은 로마법의 계수과정에서 일어난 게르만법을 연구하고 현대화하자는 반계수(反繼受: Gegenrezeption)에 의하여 게르만법학자들(Germanisten)이 독일의 고유법인 게르만법을 학문적으로 체계화하여 두었을 뿐만 아니라, 그 후에도 중단 없이 독일의 고유법인 게르만법에 대한 연구와 현대화가 학문적으로 계속 이어져 왔기 때문이다.

프랑스에서는 로마법의 과도한 침투에 대한 예방적 조치(prophylaktische Impfung)로서 파리의회와 프랑크의 국왕이 지방의 관습법을 모으고 이를 정리하게 함으로써[1] 민족법인 게르만법을 지켰으며, 이로 인하여 로마법은 프랑스의 남부지역에만 전파되었을 뿐이었다.[2] 그리고 프랑스에서는, 독일에서와는 달리 로마법의 전면적인 계수가 일어나지 않았으며, 로마법의 개별적인 규정이 계수되었을 뿐이었다.[3] 이와 같이 프랑스에서는 로마법도 참고하였지만 기본적으로는 고유법인 게르만법을 기초로 하여 프랑스민법전을 편찬하였다.

영국의 보통법(Common Law)도 역시 그 역사적 뿌리는 게르만법이었다. 영국에 건너간 앙겔작센인도 게르만들이었으며, 그들의 고유법이었던 앙겔작센법도 역시 게르만법이었다.[4] 대륙에서 영국으로 건너가 앙겔작센인을 정복하여 노르만왕조를 건설한 노르만인들(Normannen)도 바로 게르만의 일족이었다. 그리하여 영국의 보통법도 그 역사적 기초는 게르만법이었다. 그리고 영국은 그 의회가 1236년에 로마법의 영국에의 침투를 거부하였으며,[5] 영국의 변호사 단체(Inns of Court)도 로마법의 영국침투를 거부하였다.

이와 같이 서양의 법은 그것이 대륙법이든 영미법이든 그 역사적 기초와 뿌리는 게르만법임을 알 수 있다. 이러한 서양법, 특히 대륙법 및 우리 민법의 부분적인 역사적 기초가 되어 있는 게르만법은 그 성격, 내용, 형식 등에 있어서 로마법과는 크게 다르다. 로마인들에 비해 게르만법인들은 문자를 가지지 못하였기 때문에, 로마법은 일찍이 성문화되었는 데 반하여 게르만법은 관습법으로 존속하였다. 그리고 로마법은 일찍부터 법학자들에 의하여 발전되고 세련화된 법학자법 내지 법조법(法曹法: Juristenrecht)이었는 데 반하여, 게르만법은 민중의 삶 속에서 자연적으로 생성된 민중법(Volksrecht)이었다. 로마제국은 대제국을 이루고 경제적으로 대상업국가를 이루었기 때문에 거래에 관련된 법, 즉 채권법이 발달하였는 데 반하여, 게르만사회는 통일국가를 형성하지 못하고 부족단위의 단체생활을 영위하면서 농경생활을 중심으로 하였기 때문에, 게르만법

1) 이렇게 수집, 정리된 게르만법 중에서도 파리지역의 관습법이 지배적이었다.
2) Heinrich Mitteis, Heinz Lieberich, Deutsche Rechtsgeschichte, 15. Aufl.(1978), S. 256.
3) A. a. O., S. 256.
4) 최종고, 법사와 법사상(박영사, 1983), 85면.
5) Mitteis, Lieberich, a. a. O., S. 256.

은 농업에 관련된 물권법이 중심내용을 이루고 있었다. 그리고 중요한 차이점은 로마인들은 강력한 국가의 보호 아래서 자유롭게 활동할 수 있었기 때문에 로마법은 개인주의적인 성격을 가졌음에 반하여, 게르만인들은 그들을 보호해 줄 강력한 국가를 형성하지 못하였음으로 인하여 부족중심의 단체생활을 하였기 때문에, 게르만법은 개인의 이익보호보다는 단체의 이익을 중시하는 단체주의적인 성격을 띨 수밖에 없었다.

이와 같이 로마법이 개인주의적이고 성문법이고 학자법인 데 반하여, 게르만법은 단체주의적이고 관습법이고 민중법이었다. 그리고 로마법은 소권(訴權: actio)을 중심으로 하여 재판과 관련하여 발전된 법인 데 반하여, 게르만법은 민중의 일상생활 속에서 자연적으로 생성된 민중의 삶 그 자체였다. 그러므로 로마법은 개인의 이익추구를 내용으로 하는 이기심을 인정하고 부분적으로는 이를 조장하는 자본주의적 성격의 법인데 반하여, 게르만법은 민중들이 서로 이웃이 되어 평화롭게 살기 위한 목가적(牧歌的)이고 낭만적인 법이었다. 따라서 로마법은 학문적으로 다듬어지고 세련된 개인의 이익추구를 중심으로 하는 법인 데 반하여, 게르만법은 그 반대의 법이었다. 그러나 게르만법은 이웃을 생각하는 공동체중심의 인간적인 법이었다.

이와 같은 로마법과 게르만법의 차이로 인하여 서양이 근대 자본주의사회로 들어오면서, 내륙세국에서는 자기의 고유법인 게르만법을 근대화하지 아니하고 당시의 자본주의사회에 더 적절한 로마법을 계수한 것이었다. 그리하여 로마법이 세계법으로 발진할 수 있게 된 것이었다. 그러나 서양의 대륙제국에서는 로마법을 계수하면서도 자기들의 고유법인 게르만법을 정리하고 체계화하고 현대화하는 일을 중단 없이 계속하여 지금도 고유법의 법제도화를 지속적으로 실천하고 있다.

따라서 서양의 대륙법은 로마법과 게르만법의 교착과 교류와 조화로 지금까지 발전되어 왔으며 현재도 그렇게 발전하고 있으며, 미래에도 계속 로마법과 게르만법이 서로 조화를 이루면서 발전해 나갈 것이다. 우리 민법도 역시 기본적으로는 그 역사적 기초를 로마법과 게르만법에 두고 있기 때문에, 우리 민법의 이해와 발전을 위해서는 로마법의 연구는 물론 게르만법에 대한 연구가 필요하다. 특히 게르만법과 마찬가지로 관습법으로 존재하였던 우리의 고유법의 이해와 체계화 및 현대화를 위해서는 게르만법의 역사적 발전에 대한 이해가 더욱더 필요하다.

Ⅱ. 게르만인의 인종적 기원과 게르만문화의 기초

게르만인들은 인종적으로는 아리안족에 속하며, 선사시대에 인도북부에서 유럽지역으로 진출한 인도게르만족의 일파로서, 슬라브족 및 켈트족과 함께 서인도게르만족에 속한다.[6] 게르만인들의 인종적 기원에 관한 이와 같은 판단은 게르만족의 언어가 어원상으로는 모두 인도의 범어(梵語: Sanskrit)에서 파생하였다는 언어학적인 연구결과에 기초하고 있다.[7] 따라서 문화적으로 게르만인들은 인도게르만문화권에 속한다.[8] 이와 같은 게르만족의 기원 및 게르만문화의 원류(原流)에 관한 판단결론은 순전히 언어학, 고고학 및 비교법사학적인 연구방법을 통하여 얻은 결과일 뿐이다.[9]

이와 같은 게르만인들은 오랫동안 문명사회를 접하지 못하고, 유럽의 북동부지역에 살고 있었으며, 그들의 고유한 민중법이었던 게르만법을 순수한 형태로 형성, 유지하고 있었다. 또한 게르만인들이 로마의 문명사회와 접촉하기 이전의 원시 게르만사회에 관하여는, 게르만인들이 문자를 가지지 못하였기 때문에, 그 기록이 극히 빈약하며, 아주 소수의 자료만이 게르만 원시사회의 모습을 밝혀주고 있을 뿐이다.[10]

이러한 게르만인들에 관하여 다시 여러 부족과 그 부족의 삶 속에서 형성된 게르만법을 중심으로 분류하면, 오데르강(die Oder)을 경계로 하여 크게 2가지, 즉 동게르만인과 그들의 법 및 서게르만인 및 그들의 법으로 나눌 수 있다. 그 하나인 동게르만인과 그들의 법으로서는 반달(Wandal)인, 부르군드(Burgund)인, 고트(Got)인들과 그들 부족사회에서 형성된 게르만민중법으로서 외부로부터의 영향을 가장 적게 받았으며, 오늘날 스칸디나비아법으로 계속되고 있다.[11] 그 중에서도 고트법은 스페인과 포르투갈에 의하여 라틴아메리카에 영향을 주었다.[12]

---

6) 현승종, 조규창 공저, 게르만법 제3판(박영사, 2001), 4면.

7) 상게서, 4면.

8) 최종고, 서양법제사(한국방송통신대학, 1985), 57면.

9) 현승종, 조규창 공저, 전게 게르만법, 4면.

10) Julius Caesar(BC 100-44)의 갈리아전기(Commentarii de Bello Gallico: BC 58-51에 Caesar가 갈리아를 원정)와 Cornelius Tacitus(AD 55-120)의 Germania(AD 98)가 있을 뿐이다. 갈리아전기는 로마군의 갈리아원정에 관하여 기록한 책으로서 갈리아 북쪽의 게르만인들의 풍속, 관습을 언급하고 있다. 그리고 게르마니아는 로마의 역사가였던 타키투스가 게르만인들의 유래, 지리, 생활, 풍습들을 기술한 책이다.

11) Mitteis, Lieberich, a. a. O., S. 13.

다른 하나인 서게르만인들인 프랑크(Frank)인, 작센(Sachsen)인, 슈바벤(Schwaben)인, 바이에른(Baiern)인, 랑고바르트(Langobard)인, 앙겔작센인(Angelsachsen)과 그들의 게르만법이다.[13] 앙겔작센인에 의하여 영국에 게르만법이 전해져 영국보통법의 기초가 되었다.

외부세계와의 접촉을 거의 갖지 않고 살던 게르만인들이 훈족의 칩입으로 이동을 하기 시작하여 비로소 문명사회였던 로마와 접촉을 하게 되었다. 그것이 바로 게르만의 민족대이동(Völkerwanderung)이었다. 게르만인들은 민족대이동(AD 374-AD 500)의 시작에 의하여 당시의 문명사회였던 로마제국과의 접촉이 있기 전까지, 그들은 오랫동안 선대의 원시적인 유풍과 전통 및 관습법속에서 많은 소집단사회, 즉 씨족중심의 부족사회를 이루고 비교적 평화스럽게 생활하였다. 그리하여 게르만민족의 사회는 그리스나 로마에 비하여 그 문화의 발달이 매우 늦었으며, 로마법이 극도로 발달한 시대에도 게르만사회는 원시상태를 벗어나지 못하고 있었다.[14] 게르만인들이 로마의 문화에 접촉하였을 때에는 로마는 이미 고전시대(古典時代: klassische Zeit)를 지나 로마문명이 쇠퇴기에 접어들었을 때였다.[15]

이러한 게르만인들의 역사 속의 등장과 이동과정의 특징을 살펴보면, 게르만인들은 처음부터 로마제국과는 달리 강력한 중앙집권적인 국가를 형성하지 못하고 씨족중심의 부속사회를 이루면서 분열된 모습으로 역사 속에 등장하였던 것이었다. 게르만인들이 강력한 중앙집권적인 국가를 이루지 못하고 역사를 시작한 그 형상은 게르만들의 역사에 계속되어 왔다. 그리하여 중세에는 심한 국가의 분열 및 법의 분열상을 보였으며, 근대에 와서 법의 통일은 이루었으나 국가는 분방(分邦: Land)중심의 연방국가를 형성하고 있었다. 이와 같은 국가의 분열은 법에 있어서도 법의 분열(Rechtszersplitterung)을 이루었으며, 통일국가의 건설을 위한 통일법의 형성이 고유법에 기초하지 아니하고 계수된 로마법을 보통법으로 함으로써 이루어졌다.

게르만사회의 역사적 발전모습으로부터, 법이란 국가가 통일되고 중앙집권적으로 강력하였을 때에 발전하고, 그렇지 못하고 분열되었을 때에는 법도 발

---

12) A. a. O., S. 13.

13) A. a. O., S. 13.

14) 이태재, 서양법제사 개설(진명출판사, 1981), 231면.

15) 게르만인들이 로마에 침투해 들어올 수 있었던 것은 로마의 국력이 이미 쇠퇴하였기 때문이었다.

전하지 못함을 알 수 있다. 그러나 국가가 제정한 국가법이 아닌 민중법 내지 인민법은 민중들이 국가의 보호 없이 평화롭게 살기 위한 규범으로 발전하였다. 따라서 게르만인들의 민중법 내지 인민법은 사람들이 공동체를 유지하여 스스로를 보호하면서 삶을 영위하기 위한 인간적인 평화의 법으로 발전하여 왔다. 이러한 민중법의 모습을 게르만법으로부터 도출할 수 있다.

그리고 게르만인들은 문자도 없이 원시 자연신앙상태의 삶을 살다가 기독교문명사회였던 로마문화와 접촉함으로써 곧 기독교로 개종하고, 로마문명을 받아들였다. 이로 인하여 결국 게르만문화도 역시 기독교문화로 발전하게 되었으며, 로마문화와 그리스문화를 계승하여 발전하게 되었다. 그리하여 게르만 문화 내지 게르만법의 이해를 위해서는 기독교신앙과 교회법 및 로마문화와 로마법의 이해가 필수적이다.

분열된 모습의 게르만사회의 발전은 게르만법의 발전에도 그대로 반영되었으며, 그로 인한 게르만법의 특징이 나타나고 있다. 또 한편으로 씨족, 부족 등의 공동체중심의 게르만문화와 게르만법은 "네 이웃을 내 몸 같이 사랑하라"라는 기독교신앙원리와 쉽게 융합될 수 있었다.

Ⅲ. 게르만법의 특징: 자연적, 객관적 질서로서의 민중법

게르만법은 로마법에 비하여 여러 가지 특징을 갖고 있다. 게르만법은 대륙법과 영미법의 역사적 뿌리이지만, 로마법에 비하여 여러 가지 특징을 가지고 있다. 로마법이 재판과 관련하여 실무적으로 만들어진 법이며, 학자법, 학설법, 성문법, 개인주의적인 법이며 거래법분야가 발전된 법인 데 반하여, 게르만법은 만들어진 법이 아니라 민중의 삶 속에서 자연히 생성된 인민법 내지 민중법이며, 단체주의적인 법이며, 거래법보다는 농경사회의 목가적인 삶과 농업사회의 법이었다. 물론 게르만사회의 역사적 발전에 따라서 부분적으로 여러 가지 특수한 모습을 갖기는 하였으나, 이러한 게르만법의 특징은 근대민법전이 제정될 때까지 계속되었다.

이와 같이 게르만법은 무엇보다도 인민법(Volksrecht)이었다. 게르만법은 신법이나 국가의 제정법이 아니었다. 인민의 생활 속에서 자연히 생성된 게르만인들의 의식과 확신 속에 살아있던 자치적인 법이었다. 그러므로 게르만법은 게르만인들의 민족정신(Volksgeist)의 발현이었다. 그리고 게르만인들은 문자를 가지지 못하였기 때문에 게르만법은 불문법으로 존재하였다. 그렇게 때문에 게르만법은 짧은 격언형식의 법언(法諺: Rechtssprichwörter)에 의하여 구전으로 유지, 전승되어 왔으며, 이러한 법언을 잘 알고 말하는 사람(laghsaga: Rechtssprecher)을 통하여 전해졌다.

이와 같이 게르만법은 간단, 소박하고(einfach), 형식적이며(formhaft), 인상적인(einprägsam) 법언형식으로 이루어져 있었다.[16] 그리하여 법률적 행위는 들을 수 있고(hörbar), 볼 수 있게(sichtbar) 할 필요가 있었다. 따라서 게르만법은 일정한 방식인 상징적 행위에 의하여 표현되었다. 그리하여 게르만법은 방식속에서 살아있었고, 방식과 내용이 함께 결합되어 있었다.[17]

로마법은 역사의 발전과 함께 일찍부터 학문적으로 연구되고 발전되어 왔으나, 게르만법은 이에 대한 학문적 연구와 체계화가 아주 늦었다. 중세의 법서(Rechtsbücher)에 의한 게르만 고유법의 모음과 정리가 있었으나 로마법에서와 같은 학문적 연구와 체계화는 근세에 와서야 이루어졌으며, 그것도 역사법학파를 구성하였던 게르만법학파들의 반계수의 노력으로 깊이 있게 이루어졌다. 이는 게르만법이 불문법인 관습법으로 이루어져 있었고, 강력한 통일적인 중앙집권적인 국가체제를 이루지 못하였기 때문에 게르만법의 체계화를 추진할 만한 주체가 없었기 때문이었다. 또한 교회법은 게르만법을 교회법으로 활용한 것이 아니라, 로마법을 받아들여 성서의 말씀에 비추어 활용하고 발전시켜 왔기 때문에, 더욱더 게르만법의 정리와 체계화가 늦었다. 그리고 중세의 대학에서도 로마법과 교회법을 가르쳤으며 게르만법은 가르치지 않았다. 이러한 여러 가지 사정으로 인하여 게르만 고유법의 발굴과 정리 및 연구와 체계화가 아주 늦게서야 이루어지게 되었다.

그러나 비록 게르만 고유법의 연구와 체계화가 독일에서 늦게 이루어지기는 하였지만, 게르만법학자들은 게르만 고유법을 철저히 근본적으로 연구하여 그것이 독일민족의 민족정신의 발현임을 밝힘으로써, 극히 제한적이긴 하였지만, 독일민법전의 제정과정에 게르만 고유법을 반영할 수 있었다. 그 후 독일민법의 개정을 통하여 게르만 고유법의 내용을 현대화하여 독일민법전에 규정함으로써 게르만 고유법이 오늘날 새롭게 독일민법전에서 제도화되고 있다.

그리고 게르만법은 그 내용 자체가 사물의 이성적 질서(vernünftige Ordnung

16) Mitteis, Lieberich, a. a. O., S. 14.
17) A. a. O., S. 14.

der Dinge)이며 객관적 진리이었다.[18] 이와 같이 게르만인들의 세계는 법의 세계, 즉 법으로 존립하는 세계였으며, 그들은 신이라도 법에 복종하여야 한다고 생각하였다.[19]

이러한 게르만법은 일반민중의 생활 속에서 자생적으로 생성, 발전된 관습법으로서 민중의 법감정과 법의식 속에 잠재한 법적 확신의 객관적 표현인 민중의 자율적인 질서이었다.[20] 그러므로 게르만법은 민중의 삶 그 자체이었다. 따라서 게르만법은 인간의 이기심을 자극하여 이익을 추구하기 위한 수단으로서의 법이 아니라, 인간적이고 이웃과 더불어 평화로운 공동체적 삶을 이루어 나가기 위한 질서 그 자체이었다. 분명히 게르만법은 공동체중심의 단체주의적 법으로서, 길케(Otto von Gierke)가 말한 바와 같이, 이웃을 생각하는 인간적인 모습의 법이었다.

이와 같이 게르만법은 사물의 이성적 질서이었으며 객관적 진리이었기 때문에, 게르만법학자들에게 있어서는 옛법이 좋은 법이라는 관념, 즉 좋은 오래된 법(gutes altes Recht)이란 법관념이 형성되었다. 이러한 옛법, 즉 게르만법이 좋은 법이란 법관념은 독일의 중세에 특히 강하게 나타났다. 옛법이 좋은 법이란 법관념에 의하면, 게르만법은 국가에 기원을 가지는 것이 아니라 신에게 그 기원을 가지는 하나의 객관적 질서이며, 그 객관적 질서는 불문법이고 비제정적(非制定的)이고 불변적이었다. 그리고 게르만법은 오래되고 선량한 것이며, 제정될 수 없으며, 양심과 오랜 전승(Überlieferung)에서 발견된다고 하였다. 게르만법은 객관적 질서이고 진리이기 때문에 구법은 신법을 깨뜨리며, 법갱신은 불가능하다고 이해되었다. 그러나 신법에 의하여 상실된 혹은 악화된 법상태를 복구하기 위한 법갱신은 가능하다고 하였다. 국가는 어떠한 법도 제정할 수 없으며, 국가는 단지 법을 유지할 뿐이라고 하였다.[21]

이러한 게르만법에 대한 사고와 이해는, 근세에 독일에서 일어난 자연법학파의 입을 빌려 법은 이성의 명령이라고 주장하게 하였고, 또 역사법학파의 입을 빌려 법은 의도적, 인위적으로 제정될 수 없고, 역사를 통해서 생성되는 것이라고 주장하게 하였다.[22] 그리하여 근세의 자연법학파에서는 로마법보다는

---

18) A. a. O., S. 14.
19) 이태재, 전게 서양법제사 개설, 238면.
20) 현승종, 조규창 공저, 전게 게르만법, 3면.
21) 최종고, 전게 법사와 법사상, 209면.
22) 이태재, 전게 서양법제사 개설, 239면.

게르만법이 오히려 자연법으로 이해되어, 자연법론에 기초한 근대민법전들(예컨대 프로이센일반주법(ALR), 프랑스민법전(C.c.) 및 오스트리아민법전(ABGB))은 게르만법도 받아들여 제정되었다. 그리고 역사법학파 중 게르만법학파에 의하여 게르만법의 학문적 연구와 체계화가 이루어지고 자연법으로서의 게르만법의 성격이 밝혀지게 되었다.

게르만인들은 그들이 역사 속에 들어올 때부터 씨족을 중심으로 부족사회를 이루었으며, 강력한 통일국가를 형성하지 못하였기 때문에, 게르만법은 통일적이지 못하고 분열적인 것이 특징이었다. 게르만법의 분열현상은 중세의 법권적(法圈的) 법의 분열에서 극대화되었다. 지역적으로도, 법률관계에 따라서도, 법이 다른 현상을 보였다. 이러한 법의 분열현상을 극복하고 통일적인 근대국가를 형성하기 위해서는 독일 전역에 통일적으로 적용될 수 있는 로마법을 보통법으로 받아들이지 아니할 수 없었다.

이러한 게르만법의 특징으로부터 좋은 법이 형성되고 발전함에 있어서 국가의 입법이나 법학자들의 학문적 노력에 의하지 아니하고서도 민중의 일상적인 삶 속에서 좋은 법이 자연히 생성되는 방법도 있음을 알 수 있다. 이와 같은 민중법은 이웃과 더불어 공생공영하면서 평화적인 삶을 살아가기 위한 조건들의 총체임을 알 수 있다. 이러한 민중법이 가장 인간적인 모습을 갖춘 법의 모습임도 사실이다. 민중법은 이웃을 배려하는 법이며, 인간의 이기심에 호소하는 자본주의사회에서 인간적인 모습의 회복을 위한 법으로서의 기능과 그 효용성이 인정되는 법이기도 하다.

Ⅳ. 게르만법 연구의 필요성과 가치

로마법이 이성법(理性法)으로서 학문적으로 체계화되어 세계법으로 발전된 오늘날 비이성적이며 감성적이고 민중의 일상생활 속에서 자연히 생성되고 발전된 관습법으로 존재하였던 게르만법을 연구할 필요성과 가치는 어디에 있는 것일까? 게르만법 연구의 필요성과 가치는 무엇보다도 법의 형성과 발전에 있어서 법학자들에 의하여 인위적으로 발전된 로마법과는 달리, 또 하나의 법형성과 법발전의 방법으로 민중법이 있다는 역사적 사실과 이성에 대한 감성의 법이 인간적인 법이라는 사실의 입증에 있다. 인간은 이성적인 존재이면서 동시에 감성적이고 감정적인 존재이다. 로마법은 이성중심의 법체계로서 인간의 이기심을 자극하여 개인의 이익을 추구하도록 하는 내용으로 구성되어 있었다. 그리하여 로마법은 자본주의사회에 적절한 법이었다.

그러나 게르만법은 인위적으로 만든 법이 아니며, 인간이 더불어 살아가기 위하여 자연히 생성된 질서이며 규범이었다. 게르만법은 인간의 이성에 의한 법이 아니라 오히려 인간의 감성에 의존하는 법이었다. 게르만법은 인간의 감성 내지 감정 속에 침전된 객관적인 질서이었다. 그러므로 게르만법은 극히 인간적인 내용을 담고 있는 법이었으며, 공동체중심의 단체주의적인 성격의 법이었다.

법은 개인의 이성을 존중하고 개인의 이익도 존중하여야 하지만, 개인의 감성과 감정도 고려하고 공동체의 이익도 고려하고 배려할 수 있도록 개인과 공동체의 조화를 이루도록 하여야 한다. 다시 말하면 인간은 인격적인 존재이면서 동시에 공동체의 구성원으로서의 존재이다.

양자의 지위는 조화를 이루어야 한다. 법은 이 양자의 지위의 조화를 위한 규범이고 질서이어야 한다. 그런데 로마법은 전자의 성격을 강조하고 신장한 법이라면, 게르만법은 후자에 치중한 법이었다. 법은 법학자들의 학문적 노력에 의하여 발전하여야 하지만, 동시에 인간생활 속에서 자연히 생성된 질서와 규범이 지켜지고 유지됨으로써 형성되기도 하여야 한다. 게르만법은 민중의 생활 속에서 자연히 형성되고 발전되어 온 민중법이라는 면에서 그 연구의 필요성과 가치가 있는 것이다.

게르만법은 게르만민족의 민족정신의 발현이다. 그러므로 게르만법은 게르만민족의 고유법이다. 법의 발전을 위해서는 인류보편적인 내용을 담고 그러한 방향으로 나아가면서, 동시에 민족 내지 국가 고유의 전통법에 바탕을 두고 자기의 고유성과 독자성 및 정체성을 유지하여야 한다. 법발전에 있어서 전통법의 유지, 발전 및 현대화의 필요성과 당위성의 이해를 위해서는 게르만법의 연구가 필요하고 또한 연구의 가치가 있다. 특히 우리나라에서 우리의 좋은 법의 형성과 발전을 위해서는 로마법의 발전에 대한 이해와 함께 게르만법의 역사적 발전에 대한 이해를 함으로써, 우리의 전통법의 현대화의 필요성과 가치를 인식할 수 있다.

게르만법은, 독일에서 로마법의 계수가 있었지만 그래도 민중의 법의식과 생활 속에서 연연(戀戀)히 전승되어 왔으며, 끝내는 게르만법학자들의 학문적 노력에 의하여 다시 재생되고, 현대화되어 실정(實定)의 민법전에 규정되게 되었다. 이와 같은 게르만법의 전승과 재생 및 현대화과정으로부터 바로 우리의 전통법의 전승, 재생 및 현대화를 위한 필요성과 방법을 도출할 수 있다.

게르만법은 수많은 세월을 두고서 자연히 생성된 법으로서 게르만사회의 안정과 조화와 평화를 유지하기 위한 법이었다. 그것은 바로 신의 질서 내지 신의 평화(Gottesfriede)의 질서라고 말할 수 있을 것이다. 게르만법이 서양 중세의 기독교 신앙의 시대를 거치면서도 그 가치가 변치 않고 존속할 수 있었던 것은 게르만법의 내용이 성서의 가르침과 모순되지 않았기 때문이었던 것으로 판단된다. 이것은 바로 인간의 본성에 기초한 법이 바로 신의 질서와 부합된다는 점을 가르쳐 주는 것이다. 이것은 반대로 법의 발전에 있어서 세속법은 하늘의 법과의 조화를 위한 부단한 노력을 하여야 한다는 진리를 가르쳐 주는 것이다. 그러므로 세속법의 질서는 신의 법과의 조화를 이룰 수 있을 때에 시대의 변화에도 불구하고 사람들의 생활 속에 실천될 수 있음을 의미한다.

Ⅴ. 게르만법(사(史))과 독일법(사(史))과의 관계

게르만법은 독일법의 뿌리이며 역사적 기초이지만, 동시에 게르만법은 독일법 이외에도 프랑스법의 뿌리이자 역사적 기초이기도 하며, 특히 스칸디나비아법은 현재에도 고대의 원시적인 게르만법의 요소를 강하게 간직하고 있다. 그리고 영미의 보통법도 그 역사적 기초는 게르만법, 그 중에서도 앙겔작센법이다. 또한 이태리에 정주한 랑고바르트인의 법도 역시 게르만법이다. 그러므로 게르만법은 유럽대륙 및 영미 보통법의 뿌리이자 기초이다.

여기에서 게르만법과 독일법의 관계를 특별히 논하고자 하는 것은, 우리가 게르만법사를 파악함에 있어서는 우리 법의 기초가 되어 있는 독일법을 중심으로 하여 거슬러 독일법의 역사적 기초를 이해하여야 할 필요성이 있기 때문이다. 따라서 우리에게 있어서 게르만법사의 의미는 원시 게르만법으로부터 시작하여 독일법을 거쳐 우리 법에로 이어지는 게르만법의 역사적 맥락의 이해가 법정책적으로 우리 법의 발전을 위하여 필요하기 때문이다. 따라서 본서에서는 게르만법사 중에서 원시 게르만법으로부터 출발하여 독일법으로 이어져 온 게르만법의 역사적 발전과정에 한정하여 살펴보기로 한다. 그리고 이와 같은 게르만법의 발전과정으로부터 법정책적으로 법발전의 조건들을 도출해 보기로 한다.

이미 앞에서 논한 바와 같이, 게르만인들은 그 출발부터 씨족단체(Sippe)를 중심으로 하는 부족사회를 이루어 강한 단체의식을 갖고서 그들의 역사를 시작하였다. 이와 같은 게르만인들의 부족중심의 강한 단체의식은 일찍부터 통일국가의 형성을 저지하였다.[23] 이러한 게르만인들의 단체중심의 사회구성은 통일적인 국가권력구조의 미발달의 원인이 되었으며, 이는 중세의 봉건사회에서는 더욱더 발전되어 국가권력이 분방(Länder)으로 나누어져 분방중심의 지역국가(Territorialstaaten)를 이루었으며, 따라서 법도 지역적으로 그리고 법권적으로 분열되었다. 이러한 게르만법사의 특징이 바로 원시 게르만시대를 거쳐 독일법으로 이어지는 게르만법사의 특징이다.

원시 게르만법으로부터 독일법이 형성되기 시작한 시기는 바로 여러 게르만부족들이 독일이라는 나라를 건설하기 시작한 때부터이다. 독일이라는 국가는 프랑크제국의 말기에 형성되기 시작하였다. 게르만인들의 부족연합국가인 프랑크제국은 서기 843년의 베르뎅(Verdun)조약에 의하여 동, 서, 중앙 프랑크로 3분되고, 서기 870년에는 메르센(Mercen)조약에 의해 중앙의 로트링겐(Lothringen)을 다시 분할하여 동서프랑크에 병합시켰다. 동프랑크는 지금의 독일로, 서프랑크는 지금의 프랑스가 됨으로써 비로소 독일국가가 건설되었다. 이와 같이 독일은 메르센조약에 의하여 프랑스와는 다른 독자적인 게르만국가로 발전하게 되었다.

좀 더 상세히 설명하면, 서기 911년 카로링거(Karolinger)왕조의 프랑크제국이 끝나고, 독일이 프랑스와 분리, 독립하여 신성로마제국[24]으로서 독자적인 법발전을 시작한 때로부터가 고유한 의미의 독일법사가 시작되었다. 따라서 독일법사는 10세기부터 시작된 것이었다.[25] 그러므로 독일 고유의 독일법사의 측면에서 보면, 게르만법사는 독일법사의 전사(前史)에 해당된다. 이와 같은 독일법사의 전사로서의 게르만법의 이해에 대하여 일부 법사학자들은 게르만시대의 게르만법을 독일법사에서 제외하고 있다.[26]

---

23) 이태재, 전게 서양법제사 개설, 232면.

24) 신성로마제국의 성립시기에 관하여는, 오토 대제가 대관(戴冠)한 때인 962년부터는 틀림이 없으나, 843년 베르뎅조약이 체결된 해라고 보는 견해와, Arnulf가 독일제부족에 의하여 처음으로 독일국왕으로 즉위한 서기 887년이라는 견해가 대립되고 있다. 그리하여 프랑크시대를 서기 500년경에서 900년경으로 시대구분을 하고, 프랑크시대 이후의 중세성기(中世盛期)의 시작시기를 대체로 900년경으로 파악한다.

25) 현승종, 조규창 공저, 전게 게르만법, 6면.

26) Karl Kroeschell는 그의 "독일법사" 제1권(Deutsche Rechtsgeschichte Band Ⅰ: Bis 1250, 11.

이와 같이 프랑크왕국이 독일과 프랑스로 분리된 후 그 각각의 역사적 발전의 모습이 달라지게 되었다. 프랑스는 강한 중앙집권적인 국가를 유지한 반면에 독일은 분방중심의 지역국가로 분열된 상태를 유지하였다. 그리하여 독일법과 프랑스법도 그 각각의 발전의 모습을 달리하여, 독일법은 분열된 상태로 발전되어 온 반면에 프랑스법은 일찍부터 통일적인 법으로 발전되어 왔다. 그리하여 프랑스는 1804년에 프랑스민법전(C.c.)을 제정하였으나, 독일은 1896년에 와서야 통일민법전(BGB)을 제정할 수 있었다.

Ⅵ. 게르만법사의 시대구분

원시 게르만시대로부터 시작되어 독일제국인 신성로마제국의 형성에 의하여 독일법사가 형성되어 오늘에 이르기까지의 게르만법사의 시대구분을 그 구분기준에 따라서 여러 가지로 나누어 볼 수 있다. 대체로는 정치적인 변화를 기준으로 하여 게르만법사의 시대구분을 하는 것이 일반적이다.

정치적 변화를 기준으로 하여 게르만법사의 일반적인 시대구분에 의하면, 게르만인들의 원시적인 삶의 시작에서부터 출발하여 게르만민족의 대이동이 시작된 서력 기원 후 375년을 지나 민족이동이 거의 끝나고, 메로빙거(Merowinger)왕조(AD 500-751)의 시작으로 이루어진 프랑크왕국의 성립해인 서기 500년까지를 게르만법시대라 한다.

법제사가(法制史家)에 따라서는 게르만인들이 이태리의 롬바르드(Lombard)를 정복한 시기 568년에 이르는 기간을 게르만법시대로 분류하기도 한다.[27][28] 그러나 일반적으로는 게르만시대를 서기 500년경까지의 기간으로 분류한다. 이

Aufl.(Opladen/Wiesbaden, Westdeutscher Verlag, 1999))에서 게르만법시대를 독일법사에 제외하고 있고, Adolf Laufs는 그의 "독일에서의 법발전"(Rechtsentwicklungen in Deutschland(Berlin, New York, Walter de Gruyter, 1973)에서 게르만법시대는 물론 프랑크시대도 독일법사에서 제외하고 있다.

27) 황적인, 로마법·서양법제사(박영사, 1981), 79면.

28) 게르만족의 민족이동은 대륙에서 서기 375년에서 500년까지의 민족대이동에 한정되지 아니한다. 1066년에 영국에 노르만왕조가 건설된 것도 게르만민족의 이동에 의하여 이루어진 것이며, 1776년 미국의 독립선언에 의한 미합중국이 건국된 것도 역시 게르만민족의 이동에 의하여 이루어진 것으로 설명하는 견해가 있다(Vgl., Mitteis, Lieberich, a. a. O., S. 39). 그러므로 대륙에서의 게르만민족의 대이동은 전체 게르만민족의 이동의 한 부분에 불과하다. 이와 같이 게르만인들은 이동하는 특성을 가진 민족으로 이해할 수 있으며, 오늘날 독일인들이 여행을 가장 많이 하는 것으로 알려져 있는데, 그와 같이 독일인들이 여행을 좋아하는 것은 아마도 게르만인들의 이동의 특성 때문이 아닐까 추론해 볼 수 있을 것이다.

게르만시대는 로마문화 내지 로마법과의 접촉을 갖기 이전의 관습법으로 존재한 순수한 게르만민중법의 시대였다. 이 게르만시대의 말기에 일어난 게르만민족의 대이동으로 인하여 로마제국과 접함으로써 이 시대의 말기에 와서야 비로소 로마문화 내지 로마법문화와 접촉을 하게 되었고, 게르만인들이 문명사회로의 역사적 진입을 하게 되었다. 이 시대의 게르만법이 가장 순수한 형태의 게르만법이다. 일반적으로 게르만법이라 하면 로마법으로부터의 영향을 받지 아니한 수순한 게르만민족의 자연적 객관적 질서로서 비제정법이었던 게르만민족의 민중법 내지 인민법을 말한다. 이 시기의 게르만법이 바로 게르만족의 민족정신의 발현의 법이다.

게르만민족이 대이동을 한 후에 로마와 접촉하고 대치하면서 이룩한 게르만민족의 국가가 프랑크왕국이었다. 이 시기는 대체로 서력 기원후 500년으로부터 911년까지의 기간에 해당된다. 이 프랑크왕국에서의 게르만법사의 시기를 프랑크시대(fränkische Zeit)라 한다. 그리고 서양사에서 중세의 시작이다. 그리하여 프랑크시대를 게르만법사에서는 중세전기(frühes Mittelalter)라 한다. 이 시기는 로마제국과의 접촉에 의하여 로마문화와 로마법이 게르만사회에 침투해 들어온 시기로서, 게르만인들이 기독교로 개종하고, 로마법의 영향을 받아 당시의 법적용에 있어서의 속인법주의의 원칙에 의하여 성문의 부족법전이 많이 편찬된 부족법전시대를 이루었다.

프랑크왕국이 끝나고 생성된 국가가 바로 신성로마제국이었다. 신성로마제국은 독일제국으로서 대체로 서기 962년 오토 I세, 즉 오토 대제(Otto der Große: 936-978 재위)가 황제로 대관한 때로부터 제2차 라인동맹(Rheinbund)이 결성된 1806년까지 존속하였다. 제2차 라인동맹의 결성이 있은 후 당시의 국왕이었던 프란츠 2세는 1808년에 황제의 직에서 물러나게 되어 신성로마제국은 역사 속으로 완전히 사라지게 되었다.

게르만법사에서는 이 신성로마제국(Das Heilige Römische Reich Deutscher Nation)의 건국 이전의 프랑크왕국의 카로링거(Karolinger)왕조(AD 751-911)가 끝난 911년부터 독일에서 로마법을 전면적으로 계수할 수 있도록 허용한 제실법원령(帝室法院令: Reichskammergerichtsordnung)이 제정된 1495년까지, 그러나 대체로는 1500년경까지를 중세라 한다. 따라서 게르만법사에 있어서 중세는 대체로 서기 900년경부터 1500년까지의 기간으로서 이 기간 중에는 법이 극도로 분열된 법의 분열시대를 이루었다. 그리고 제국의 권력이 강력하지 못하여 분방으로 나누어져 존속한 지역국가시대를 이루었다. 따라서 제정법이 쇠퇴하고 관습법이 지배하였으며, 법적용의 원칙에 있어서도 속인주의(Personalitätsprinzip)에서 속지주의(Territorialitätsprinzip)로 전환되었다.

이 중세의 기간은 다시 신성로마제국의 국왕이 존재하지 않은 대공위시대(大空位時代: Interregnum: 1250-1273)이 끝나는 시점을 기준으로 하여 전기와 후기로 나누어, 전기를 중세성기(hohes Mittelalter)라 하고, 후기를 중세 후기(spätes Mittelalter)라 한다. 중세성기는 법서가 당시의 중요한 법원(法源)이었던 법서시대였으며, 중세 후기는 법이 지역적으로, 법권적으로 분열된 법의 분열의 시대였다.

1500년 이후부터는 외국법의 계수시대로서 로마법이 독일에 전면적으로 계수되어 독일의 보통법으로 이용된 시대였다. 또한 로마법의 계수에 대한 반계수(Gegenrezeption)에 의하여 게르만법학자들에 의하여 게르만법이 학문적으로 연구되고 체계화가 이루어졌다. 그리고 19세기에는 독일에서 보통법을 기초로 하면서 게르만법도 고려하여 근대민법전인 독일민법전이 제정되어 신법전편찬의 시대를 이루었으며, 1900년부터 독일민법이 시행된 후에는 바이마르공화국시대를 거치고, 나치시대(1933-1945)에는 게르만법이 나치의 전체주의 내지 국수주의적 정치목적에 이용되었다. 그리고 제2차 세계대전 후 독일은 양독(兩獨)으로 나누어서 서독에는 독일민법전이 적용되고 발전되었지만, 동독에는 사회주의민법이 제정 시행되었다. 지금은 양독의 통일 후 독일 전역에 독일민법전이 시행되고 있으며, 독일민법전의 개정에 의하여 게르만 고유법의 정신과 법제도가 현대화되어 입법적으로 반영되고 있다. 가장 최근에는 2002년 독일채권법의 개정시에 영미계약법의 법원리도 도입하였지만, 독일의 고유법인 게르만법의 정신과 법원리가 독일민법전에 입법적으로 반영되었다. 특히 채권관계를 단순한 재산적 관계로서만이 아닌 인간적인 관계로 파악하는 내용의 입법이 이루어졌다. 이는 바로 게르만법정신 및 게르만법의 이념의 현대적인 변용으로 평가된다.

이와 같은 정치적 변화를 기초로 한 게르만법사의 비교적 자세한 시대구분에 대하여, 다른 또 하나의 시대구분은 독일에서의 로마법의 계수를 기준으로 하여, 그 전 시대인 원시 게르만시대에서부터 1500년까지를 게르만 고유법시대로 파악하고, 그 후시대인 1500년 이후의 시기를 외국법 계수시대로 구분하기도 하나, 게르만법사의 이해를 위해서는 극히 불완전하다.

여기에서는 정치적 변화를 기준으로 한 비교적 세분된 게르만법사의 시대 구분을 따라서 각 시대의 게르만법의 특징적 모습을 살펴보기로 한다.

Ⅷ. 본서에서 다룰 게르만법사의 내용

대륙법의 뿌리인 로마법과 게르만법은 그 형성과 출발은 각각 달리하였으나, 게르만인들이 로마문화와 접촉한 후에 게르만인들의 기독교화, 로마법의 게르만사회에의 침투, 제국이양사상(translatio imperii: Translationsidee)에 의한 신성독일제국의 로마제국의 후계국가로의 승인과 발전, 그리고 근세 대륙에서의 로마법의 계수와 근대민법전의 제정으로 서로 교착하고 융합되어, 양법이 모두 서양대륙법의 역사적 뿌리가 되고 기초가 되었다. 그러므로 게르만법사의 내용에는 로마법사의 내용과 중첩되는 부분이 적지 아니하다. 따라서 로마민법사에서 게르만법사에 관하여 이미 부분적으로 설명을 하였다. 그리고 본편에서는 로마법사의 내용과는 구별되는 게르만법사의 특징적인 내용을 중심으로 하여 논술하기로 한다.

로마법사와는 다른 게르만법사의 특징적인 내용에 관해서, 먼저 원시 게르만법의 형성과 특징 및 성격을 구명하고, 게르만법을 전해 주고 있는 특징적인 법원(法源)인 법서(法書)에 관하여 상세히 살펴보고, 중세독일법의 특징적 현상으로서 새로운 독립법권(獨立法圈)을 이룬 도시법(Stadtrecht)의 형성과 전개에 관하여 살펴보고, 또한 중세독일의 법분열의 모습과 그 원인 및 그 결과를 분석하고, 이러한 법분열의 상태를 극복하기 위한 과정으로서 독일에서의 로마법의 계수 및 나치시대의 게르만법의 전체주의 내지 국수주의적인 정치목적에의 이용에 의한 민중법인 게르만법의 남용과 오용에 관하여 살펴봄으로써 로마법사에서 다루지 못한 게르만법의 내용을 중심으로 더 살펴보기로 한다. 그리고 독일민법의 제정과정과 제정 후의 독일에서의 민법학의 발전에 관하여, 역사법학파 중 게르만법학파에 의한 게르만법의 연구, 체계화와 그 과정 및 그것이 독일민법전의 제정에 미친 영향에 관하여는 게르만법사에서 논술하고, 독일민법이 제정된 후 독일민법학의 발전에 관해서는 독일민법학사를 중심으로 하여 독립의 편에서 별도로 다루기로 한다.

제 2 장
게르만법시대(원초시대부터 AD 500년경까지)의 게르만사회 및 민중법으로서의 게르만법의 형성과 특징

제 1 절 게르만법시대의 시대상

게르만법시대(germanische Zeit)는 게르만인들이 그들이 지구상에서 원초적(原初的)인 삶을 시작한 때로부터 그들의 민족대이동이 끝날 때 즈음의 서기 500년경까지의 기간이다. 이 시대는 게르만인들이 외부세계와의 접촉이 없었으므로 외부문명의 영향을 거의 받지 아니한 게르만민족의 삶 속에서 생성된 민중법인 순수한 게르만법의 지배하에 있었다.

그리고 이 기간 중에 게르만인들은 문자를 가지지 못하여 이 기간 동안의 게르만법은 문자로 정리되지 못하였으며, 법언에 의하여 구전으로 전해져 내려왔다. 특히 법에 정통한 법을 말하는 사람(Rechtssprecher)에 의하여 법이 말해지고, 발견되었다. 그리고 게르만인들은 당시의 일반적인 원시종교이었던 정령신앙(Dämonglaube)을 가졌으며, 따라서 당시의 게르만법은 이러한 자연신앙의 관념에 기초하고 있었다.[1)]

게르만인들의 삶의 특징은 무엇보다도 로마제국과 같이 역사의 시작부터 중앙집권적인 국가를 이루지 못하고, 씨족(Sippe)을 중심으로 한 부족사회를 이루어 살아온 점이었다. 그리고 게르만인들이 훈족(Hunnen)의 압박에 의하여 서쪽으로 대이동을 할 때에도 여전히 부족단위로 소국가(civitas)를 이루어 그들의 정주지를 옮기었으며, 부족이 연합한 대국가를 이루지 못하였다. 이러한 역사적 연유로 인하여 게르만인들은 씨족을 중심으로 한 부족 내의 결속이 아주 강하였던 단체주의적 색체를 띠었다. 그러므로 게르만인들은 그들의 역사의

1) Mitteis, Lieberich, a. a. O., S. 14.

시작과 함께 단체주의적 색체를 띠고 있었으며, 따라서 이 시기의 게르만법도 역시 개인의 이익주장과 보호보다는 단체, 즉 공동체의 이익을 더 강조하는 방향의 단체주의적 성격을 띠게 되었다.

이와 같은 게르만인들과 게르만법의 단체주의적 성격은 게르만시대 이후의 독일인에 의한 독일법사의 발전에도 그대로 나타나고 있다. 독일인에 의한 독일제국이었던 신성로마제국시대에 있어서도 중앙권력인 제국보다는 분방의 권력이 강하여 강력한 통일국가를 형성하지 못하고 지역적으로 분열된 지역국가(Territorialstaaten)를 이루었으며, 따라서 독일법도 통일되지 못하고 분방에 따라서 법이 다른 분열된 법상태, 즉 지방법상태(Partikularrecht)를 유지하였다. 이와 같은 게르만인들의 혈연적 유대를 기반으로 하는 단체주의 사상은 개인의 자각을 지연시켰으며, 이로 인하여 독일에서 통일국가의 형성이 늦었으며, 결국에는 강력한 중앙집권적인 국가가 아니라 연방국가로 발전하게 되었다. 그리고 개인주의 사상을 토대로 하는 로마법을 계수한 후의 통일적인 독일법의 발전에 있어서도, 로마법계수에 대한 반대사상은 게르만민족의 단체주의사상을 더욱 자극하여 개인주의와 자유주의에 기초한 근대법의 기본사상을 받아들이는 과정에서도, 그들 고유의 단체주의적인 법특색을 드러내게 되었다.[2]

게르만법사에서 비교적 자유로운 법으로 파악되는 중세의 도시법도 그 실질은 도시 내의 상인단체(Gilde) 또는 수공업자단체(Zunft)의 법으로서 여전히 단체주의적 성격을 강하게 나타내고 있었다.[3] 왜냐하면 도시법은 상인단체인 길드(Gilde)와 수공업자단체인 쭌프트(Zunft)의 관행으로 형성되었기 때문이다.[4] 그러므로 도시법은 단체법(Genossenschaftsrecht)이었으며, 개인법(Individualrecht)이 아니었다.[5]

때로는 이러한 게르만인들과 게르만법의 단체주의적 성격은 극단적으로 발전하여 나치시대에는 이러한 단체주의적인 게르만법이 나치의 정치적 이념이었던 전체주의 내지 인종주의의 목적에 악용되는 사례를 남겼다. 이는 바로 독일인들의 고유법이자 그들의 전통법인 단체주의적인 게르만법이 인류보편적인 가치에 의하여 일반화, 보편화가 이루어지지 못한 사례의 하나이었다. 한 나라, 한 민족의 법의 발전은 자기의 고유법인 전통법의 발굴, 발전과 함께 그

2) 이태재, 전게 서양법제사 개설, 232면.
3) Mitteis, Lieberich, a. a. O., S. 234.
4) Erik Wolf, Große Rechtsdenker, 4. Aufl.(J. C. B. Mohr(Paul Siebeck), 1963), S. 2.
5) A. a. O., S. 2.

전통법이 인류보편적인 가치의 조명을 받아 보다 발전되고 고급화된 보편적인 방향으로 현대화되어야 함을 알려주는 역사, 특히 법사(法史)의 가르침이라 생각된다.

역사적 존재로서의 법에 관하여, 법사학에서는 현행법을 만들어져 있는 것(Gewesenes)으로서가 아니라, 중단 없이 만들어지는 것(Gewordenes)으로 이해한다.[6] 그럼으로써 법사학은 고고학과 구별된다. 그리고 역사적 경험은 모든 건전한 법정책의 기초이다.[7] 따라서 게르만법사를 통하여 법이 발전하여야 할 법정책적 방향을 파악할 수가 있다. 특히 원시 게르만부족사회에서 자연적으로 생성된 객관적인 질서이자 진리였던 게르만법의 역사적 발전과정을 살펴봄으로써, 한 민족 내지 한 국가의 고유성을 간직하고 있는 전통법이 인류보편적인 가치와의 조화를 이루지 못하였을 때에 그것이 초래할 수 있는 역사적 폐해를 파악할 수 있으며, 게르만법사를 통하여 좋은 법을 향한 법정책을 도출할 수 있을 것이다.

이와 같이 원시 게르만시대의 게르만법은 외부세계와의 문화적 교류가 거의 없는 상태에서 게르만민족의 자연적인 삶 속에서 생성되고 발전되어온 민중법으로서 그들의 생존을 유지하고 삶의 평화를 유지하기 위하여 개인의 이익보다는 단체의 이익을 존중한 단체주의적인 법이었다. 그리고 원시게르만법은 비제정법인 관습법으로 존재하였다. 그러나 이 시기의 게르만법이 게르만민족의 고유법을 가장 순수한 형태로 간직하고 있었다.

제 2 절 씨족중심의 공동체로의 게르만사회의 형성과 출현

게르만법(germanisches Recht)은 게르만인들이 외부문명, 즉 로마문명의 영향을 받지 아니하고 게르만인들의 삶 속에서 자연히 생성된 질서규범을 말한다. 이와 같은 게르만법이 생성되고 전승되어 온 기간은 대체로 민족이동기 이전의 시기로 봄이 타당하다. 그러나 게르만법사에 있어서 게르만법시대는 게르만인들의 원초시대로부터 민족이동이 끝난 서기 500년경까지를 말한다. 그러므로 게르만민족의 이동이 계속된 마지막 약 100여년의 기간 동안에는 게르만인

6) Mitteis, Lieberich, a. a. O., S. 1.
7) A. a. O., S. 1.

들이 로마문화와 접촉하여 게르만법이 로마법의 영향을 받고, 반대로 로마법의 게르만화도 진행되었지만, 그 이전의 원시 게르만시대에는 외부문명의 영향을 받지 않은 근본적으로는 게르만인들 사회의 평화의 질서규범이었던 순수한 형태로의 게르만법이 그대로 유지되었을 것으로 추론할 수 있다.

게르만인들은 게르만시대에 그들의 문자를 갖지 못하였다. 강력한 중앙집권의 국가도 형성하지 못한 채, 씨족을 중심으로 하는 부족사회를 이루어 살아왔다. 그러므로 게르만법은 관습법으로 존재하였으며, 게르만인들의 삶은 씨족(Sippe)이 중심이 되어 몇 개의 씨족이 모여 백인조(Hundertschaft) 혹은 이보다 조금 더 큰 조직인 가우(Gau)를 이루고, 그리고 몇 개의 백인조, 가우가 모여 소국가(civitas)를 이루는 공동체의 삶을 살아왔다. 따라서 게르만인들은 국가를 이루어 역사 속에 들어오지 못하고 씨족중심의 공동체로서 역사 속에 들어왔다. 그러므로 자연히 게르만인들의 생활형태는 공동체적 단체생활이었으며, 이러한 공동체생활 속에서 생성된 게르만법은 공동체적, 단체주의적 성격을 띨 수밖에 없었다.

게르만시대에 게르만인들의 가장 핵심적인 단체, 즉 공동체는 씨족(Sippe)이었다. 씨족은 동일시조하의 남자들의 집단으로서, 게르만인들의 공동체 중 가장 기초적이고 중요한 공동체이었으며, 가장 오래된 공동체(Gemeinschaft)이었다.[8] 이러한 씨족은 씨족원들의 집단으로서 더 큰 조직의 구성요소이었으며, 씨족 그 자체가 공적인 과제를 수행하는 권리주체이었다. 그리하여 씨족은 구성원들의 자유와 평화와 권리를 보장하면서 구성원들이 함께 평화롭게 살아가는 평화공동체(Friedensgemeinschaft)이었으며, 구성원들의 명예를 보호하는 보호공동체(Schutzgemeinschaft)이었으며, 씨족 그 자체가 권리를 갖고 의무를 부담하는 권리의무의 주체로서 권리능력을 가졌으며, 씨족원 상호간의 분쟁에 대해서는 자치재판권을 행사한 권리공동체 내지 법공동체(Rechtsgemeinschaft)이었으며, 외부로부터의 침입에 대해서 공동으로 방어하는 방어공동체(Wehreinheit)이었으며, 씨족원들이 이웃으로서 함께 정주생활을 하는 정주공동체(Siedlungsgemeinschaft)이었다.[9]

특히 씨족은 구성원에 대한 보호공동체, 법공동체 및 명예공동체로서, 구성원 개인에 대한 침해는 씨족 전체에 대한 침해로 인정되어, 침해자에 대해서

8) A. a. O., S. 15.
9) A. a. O., S. 16.

씨족이 복수를 가하였다. 게르만시대에는 권리침해에 대한 구제수단으로 일반적으로 사적인 복수(Fehde)가 행하여졌으며, 복수의 주체는 씨족(Sippe)이었다.[10] [11] 그리고 불법행위자에 대해서는 씨족에서 배제되는 평화상실(Friedlosigkeit)이 이루어졌다. 평화상실을 당한 자는 비자유인(Unfreie)인 노예로 되었다.

이와 같이 게르만사회에서는 씨족이 가장 기초적인 사회의 구성단위 내지 구성요소이었으며, 개인이나 가(家: Haus)가 가장 기초적인 사회단위 내지 구성요소가 아니었다. 이러한 씨족은 그 구성원들이 수평적, 동료관계적으로(gemeinschaftlich) 결합되어 있었다. 그러나 가(家)는 가장이 가족원을 엄격히 지배하는(herrschaftlich) 지배구조로 구성되어 있었다.[12][13]

이와 같이 게르만시대의 게르만사회는 씨족중심의 공동체를 이루었으며, 개인은 개인으로서 보다는 씨족원으로서, 다시 말하면 공동체의 구성원으로서의 존재의의가 더 강하게 인정되었으며, 국가는 개인의 보호기관이 되지 못하였다. 그러므로 게르만사회는 단체중심의 공동체사회였으며, 게르만인들의 그러한 공동체적 생활 속에서 자연적으로 생성된 게르만법은 자연히 단체주의적 성격을 강하게 띨 수밖에 없었다.

그리고 게르만시대의 게르만인들의 삶의 기초인 경제는 본질적으로 토지경제이었으며, 토지는 개인소유형태가 아니라 공유지(共有地: Allmende), 좀 더 정확하게는 총유형태로 소유된 총유지(總有地)였다. 그러나 가옥(Haus und Hofstatt)은 단독소유이었다. 그렇지만 가옥을 사고 파는 일을 알지 못하였으며, 가족이 계속 살았을 뿐이었다. 그리하여 게르만인들은 토지거래 및 토지신용을 알지 못하였다.[14]

---

10) A. a. O., S. 29.

11) 복수는 점차 속죄금(Bußgeld), 인명금(Wergeld)제도로 전환이 되었다. 그러나 속죄금의 액수가 너무 컸기 때문에, 씨족이 가난하게 되는 사례도 있었다고 한다(A. a. O., S. 31).

12) Mitteis, Lieberich, a. a. O., S. 17.

13) 가장에 복종하는 사람들은 처, 자, 피용인들(Gesinde)이었으며, 가장은 가족원에 대하여 후견권(Munt)을 가졌다. 그 후견권은 가족원에 대한 지배권(Herrschaftsrecht)이면서, 동시에 보호의무(Schutzpflicht)이었다(A. a. O., SS. 17-18).

14) Mitteis, Lieberich, a. a. O., S. 20.

제 3 절 민중법으로서의 게르만법의 형성과 특징 및 내용

Ⅰ. 게르만법의 형성

게르만법은 씨족중심의 공동체생활을 영위하였던 게르만인의 생활 속에서 자연히 생성된 인민법(人民法) 내지 민중법(民衆法: Volksrecht)이었다. 그러므로 게르만법은 신정법(神定法)도 아니며, 인정법(人定法)도 아닌, 비제정적이면서 자율적이며, 각자의 양심과 확신의 총체인 게르만인들의 공통의 민족의식으로 형성되었다.[15] 따라서 게르만법은 게르만인들의 민족정신의 발현이었다. 그러므로 인민법이며, 민중법인 게르만법은 재판과정에 법학자들이 관여하여 만들어진 로마법과는 그 형성과정이 다르다.

"사회가 있는 곳에 법이 있다"(Ubi societas ibi ius)는 법생성의 원리는 바로 게르만법의 형성에 그대로 적용될 수 있다. 그러므로 게르만법은 게르만민중의 정의관념의 표현이었으며, 게르만인들의 법의식 속에 내재된 자연적 질서이었다. 그러므로 게르만법은 게르만사회의 자연적 절서이었고 객관적인 진리이었으므로, 게르만인들에게 있어서 법은 발견되는 것이지 만들어지는 것이 아니었다. 그리고 게르만법은 게르만인들의 민족정신의 표현으로서 게르만인들의 민족의식 속에 내재해 있었으므로, 게르만인들에게 있어서 법은 관습법으로 존재할 수밖에 없었다.[16] 그리하여 재판과정에 민중이 직접 또는 민중에 갈음하여 참심원(參審員, Schöffe)이 법을 발견하여 적용하였으나, 그러한 재판과정에서 구체적으로 표현된 법은 관습법의 확인과 인식에 불과하였으며, 참심원이 법을 만든 것은 아니었다. 이와 같이 재판과정에서 민중이 발견하여 판결에 의하여 확인된 게르만 관습법을 판고법(判古法: Spruchsrecht)이라 하며, 이를 반대로 말하면 판고법은 게르만 관습법의 인식과 확인이었다.

그리고 게르만법은 게르만민중의 생활사실이 아무런 여과 없이 법질서에

15) 이태재, 전게 서양법제사 개설, 238면.

16) 이와 같은 게르만인들에게 있어서의 관습법 우선의 사상은 중세 게르만인들의 법사고에 그대로 이어졌다. 독일 중세에는 "관습법은 가장 훌륭한 법의 해석자이다", 또는 "무엇이 옳은지 분명하지 않은 경우에는 관습법에 따른다"라고 하였다(현승종, 조규창 공저, 전게 게르만법, 8면). 그러므로 게르만인들에게는 게르만 관습법이란 바로 객관적인 자연적인 진리로 이해되었다.

반영된 민중법이었으므로, 법규범이 종교, 도덕, 윤리, 관습 및 습속과 분화되지 못하였다.[17] 그리하여 게르만법은 법규범과 다른 사회규범이 혼합된 관습의 규범이었다. 법조법(Juristenrecht)은 모든 사회규범 중 법규범만을 인식대상으로 삼는 데 반하여, 민중법은 법규범 이외에도 규범적 의미가 있는 모든 생활규범, 즉 종교, 도덕, 윤리, 습속규범을 모두 그 대상으로 한다.

이와 같이 게르만법의 형성과정은 법형성의 또 하나의 방법과 형태를 보여주고 있다. 즉 민족의 생활 속에서 자연적으로 생성되고 민족정신으로 표현되어 관습법으로 존재하는 법형성의 방법을 보여주고 있다. 그리하여 게르만법의 형성과 발전은 유럽법사에서 로마법과는 다른 또 하나의 법형성과 법발전의 모습을 보여주고 있다.

Ⅱ. 민중법으로서의 게르만법

게르만법은 학자법, 법조법이 아니라 민중법, 인민법이었다. 만들어진 법이 아니라 생성된 법이었다. 그리고 게르만법은 성문법이 아니고 관습법이었다. 민중법으로서의 게르만법은 민중의 생활 속에서 자연히 생성된 법으로서, 게르만인들의 민족정신의 구체적인 표현이었다. 따라서 게르만법은 자연적 질서이었으며, 사물의 이치였다. 그리하여 게르만법은 자연의 이지였기 때문에, 신이라도 게르만법에 복종하여야 한다고 생각되었다.[18]

그리하여 독일 중세에는 게르만법을 좋은 오래된 법(gutes altes Recht)으로 받아들이는 법관념이 형성되었다. 즉, 오래된 법은 양법(良法)이라는 관념이 형성된 것이었다. 그리고 좋은 법은 불문법이며, 비제정법이며, 불변적이라고 관념되었다. 그리하여 좋은 법은 제정될 수 없고, 양심과 오랜 전승(Überlieferung)에 의해 발견된다고 생각되었다. 이와 같은 중세독일의 법관념은 바로 게르만시대의 게르만인들에 의해서 자연적으로 생성된 게르만 고유법의 전통 때문에 형성된 것이었다.

그리고 게르만법은 공동체를 중심한 단체주의적 성격의 법이었다. 개인의 이익의 강조보다는 공동체의 이익을 고려하고 존중하는 법이었다. 이것은 바로 게르만법이 이웃을 배려하는 법이었다는 것이다. 이웃을 배려함으로써 공동체,

---

17) 현승종, 조규창 공저, 전게 게르만법, 19면.
18) 이태재, 전게 서양법제사 개설, 238면.

더 나아가서는 사회의 평화를 유지하고자 하였던 것이었다. 이와 같이 로마법이 개인의 이익보호에 기울어진 것과는 달리 게르만법은 이웃과 공동체를 고려하고 존중하는 법질서로서의 성격을 갖게 된 것이었다.

Ⅲ. 게르만법의 특징

게르만법은 로마법에 비하여 여러 가지 특징적 성격을 갖고 있다. 게르만법이 게르만민중의 민중법, 인민법이라는 근본적인 특징 이외에도, 게르만사회에서는 문자가 없었기 때문에, 게르만법은 관습법으로 존재하였으며, 간단한 법언에 의하여 표현되고, 법을 말하는 사람에 의하여 구전되어 왔다. 그리하여 게르만법의 표현방식에 있어서는 몇 가지의 특징이 있다.

첫째로 게르만법은 법언(Rechtssprichwort)으로 표현되었다. 법언은 "손이 손을 지켜야 한다"(Hand wahre Hand), "이자와 차임은 잠을 자지 않는다"(Zins und Miete schlafen nicht), "이자는 이자를 업을 수 없다"(Zins kann Zins nicht tragen)라는 등의 법의 내용을 담고 있는 간단한 문장으로서 법규의 내용을 함축적으로 표현하고 있는 법격언을 말한다. 게르만법은 이와 같은 간결한 법언으로 표현되었으며, 이러한 법언을 많이 알고 정통한 법을 말하는 사람(Rechtssprecher)에 의하여 말하여지고 구전되었다. 이러한 법언은 바로 민족의 의식속에 살아있는 게르만법의 발견이었다.

그리고 게르만법의 법언의 구성은, "위난과 죽음은 법을 모른다"(Not und Tod haben kein Gebot), "연기나는 곳에는 반드시 불이 있다"(Wo Rauch aufgeht, muß Feuer sein)와 같이 대체로 결과사실에서 원인을 추단하는 경험적 귀납적 사고의 전개방식을 취하고 있다.[19][20] 이와 같은 경험적 귀납적 사고로 구성되어 있는 게르만법의 법언의 표현형식은 바로 게르만법이 게르만인의 삶 속에서 자연히 생성된 것이었기 때문에, 자연적으로 이루어진 삶의 결과로부터 그 원인을 추단하였던 것으로 이해된다.

이와 같은 게르만법의 법문, 즉 법언은 음률적으로 구성되어 있었다. 즉 게르만법은 전문적인 법개념이 아니라, 일상용어로 표현되었으며, 관습법이었기

19) 현승종, 조규창 공저, 전게 게르만법, 13면.

20) 우리의 속담은 "아니 땐 굴뚝에 연기날까"와 같이 원인사실에서 결과를 도출하는 연역적 사고의 방식으로 표현되고 있다(현승종, 조규창 공저, 전게 게르만법, 13면).

때문에 구전(口傳)으로 전수되어야 했으므로 청각적인 이해와 기억 및 구전을 용이하게 할 수 있는 법문이 음률적으로 구성되어 있었다.[21] Hand wahre Hand (손이 손을 지켜야 한다), Bürgen soll man würgen(보증인은 멱살을 조여야 한다)와 같이 기억과 구술을 용이하게 할 수 있는 음률적으로 구성되어 있다.

게르만사회에는 법학이 존재하지 않았으며, 따라서 추상적인 법개념을 구성할 능력이 없었다. 그리하여 게르만인들은 일상적인 생활사실을 기초로 법문을 구성하였다. 선박을 움직이는 건물로, 가축질을 먹는 질(essendes Pfand)로 동산질권자는 질물을 멸실, 훼손되지 않도록 보관하여야 할 의무를 부담하였으므로 동산질을 상자질 또는 장롱질(Kisten- oder Schreinpfand)로 표현하였다.[22] 출혈유무에 따라서 폭행과 상해를 구분하여, 폭행을 마른 구타(getrockene Schlage)라고 하였다. 그리고 경범죄와 중죄도 전자에 대한 형벌을 피부모발형(Haut- und Haarstrafe)라 하고, 후자에 대한 형벌을 두수형(頭手刑: Hals- und Handstrafe)이라고 표현하였다.[23]

그리고 게르만법의 법언은 수식어를 동원하여 시적으로 구성되어 있다.[24] 예컨대 leichter Sonnenschein(밝은 햇살), schwarze Nacht(캄캄한 밤), grauer düsterer Wald(음침하고 침침한 숲)과 같은 수식문구가 부가되어 법언이 시적인 표현형식을 갖추고 있다.

이와 같이 민중법인 게르만법은 학사법, 법조법인 로마법과는 법의 인식과 표현방식이 달랐다. 로마법이 문자를 통하여 법을 인식하고 표현하였음에 반하여, 게르만법은 언어를 통하여 법을 지각(知覺)하고 표현하였다.[25] 그리고 로마법은 법조법으로서 수식어와 친하지 않는 문장으로서, 법규의 의미내용을 간결하고 무미건조하게 표현하였다. 그러므로 로마법은 전문적인 법률교육을 받은 자만이 그 규정의 의미와 내용을 정확히 파악할 수 있었다. 그러나 민중법은 일상생활 그 자체로서 그 표현은 일상의 생활용어로 구성되어 있었다.

둘째로 게르만법에서의 법적인 행위, 즉 법률행위는 요식성을 요하였다. 즉, 게르만법에 있어서 법률행위는 형식주의이었다. 그리하여 법률행위는 조형적으로 형상화되어, 제3자가 외부로부터 볼 수 있어야 하고(sichtbar), 당사자간의

21) 현승종, 조규창 공저, 전게 게르만법, 9면.
22) 상게서, 10면.
23) 상게서, 10면.
24) 상게서, 11면.
25) 상게서, 9면.

신체적 거동이나 법적 상징물의 수수(授受) 또는 들을 수 있어야 하고(hörbar), 요식문언의 언명(言明: nuncupatio)이 요구되었다.

이와 같이 게르만법상의 법률행위는 단순한 합의가 아니라, 일정한 방식의 이행으로써 성립할 수 있었던 것이었다.[26] 그리하여 게르만법에서는 단순한 합의로 성립하는 낙성계약이 발달하지 못하고,[27] 방식계약, 요물계약이 발달하였다. 그리고 법률행위의 방식은 단순한 외관형식이 아니라, 법적인 의미와 내용이 화체된 구성요건으로서 법률행위의 본질적 요소이었다.[28] 이와 함께 게르만법은 외관인 형식으로부터 실체를 파악하고자 하는 법인식의 사고방식을 가졌다. 예컨대 게베레(Gewere)는 물건에 대한 사실상의 지배의 외관이자 형식이지만, 이 외관인 Gewere가 있으면 본권(本權)이 있는 것으로 보고자 하였던 것이었다.

셋째로 게르만법은 법규범이 다른 사회규범과 분화하지 못하였다. 게르만법은 민중의 생활사실 그 자체로부터 생성된 민중법이었기 때문에, 법규범이 종교, 도덕, 윤리와 습속 및 관습으로부터 분화되지 못하였다. 소송제도도 역시 민사소송과 형사소송이 구분되지 아니하였으며, 채무불이행과 범죄도 구별되지 아니하였다.[29] 게르만시대에는 소송은 민사와 형사가 결합되어 있는 형사소송뿐이었다.[30][31] 그리고 소송도 물론 방식강제(Formzwang)하에 있었다.

그리고 본권과 소유권이 Gewere로 결합되어 있었으며, 소유권과 용익물권도 분화되지 않은 채로 유지되었다. 모든 토지에는 공법상의 의무가 사적부담과 동일한 법률관계로 구성되어 있었다. 물론 토지를 이용함에 있어서도 물권적인 이용과 채권적인 이용이 구별되지 못하였다.[32]

넷째로 게르만법은 공동체사상에 기초하고 있었다. 게르만법은 사람을 독립

---

26) 상게서, 16면.

27) 상게서, 17면.

28) 상게서, 18면.

29) 또한 게르만시대에는 모든 위법행위에는 원인책임(Verursachungshaftung) 내지 결과책임(Erfolgshaftung)이 적용되어 손해발생의 원인을 제공한 자가 당연히 결과에 대하여 책임을 부담하는 원칙이 지배하였다(상게서, 20면; Mitteis, Lieberich, a. a. O., S. 33).

30) Mitteis, Lieberich, a. a. O., S. 36; 이태재, 전게 서양법제사 개설, 253면.

31) 소송은 민사와 형사가 결합되어 있는 속죄금, 인명금의 부과를 명하는 것이었으며, 속죄금 중에서 국가는 그 일부를 평화금(fredus: Friedensgeld)으로 징수하였다(이태재, 상게서, 252면). 그리고 게르만 고대에는 항변을 알지 못하였다(Mitteis, Lieberich, a. a. O., S. 36).

32) 게르만시대에는 물권적인 토지이용제도이었던 차지권(借地權: Grundleihe)만이 인정되었으며, 채권적인 부동산임대차는 중세도시법에서 비로소 발달하게 되었다(현승종, 조규창 공저, 전게 게르만법, 20면).

적이고 자족적인 존재로서가 아니라, 그가 소속하는 공동체의 구성원으로 파악하여, 개인의 독자적 존재로서의 가치보다는 단체구성원으로서의 가치를 더 존중하였다. 또한 게르만법에서는 단체를 떠나 개인이 독립한다는 것은 독립이 아니라 인간으로서의 자격과 단체구성원으로서 향유할 수 있는 모든 권리의 상실을 의미하였다. 구체적으로는 씨족(Sippe)의 구성원이 씨족으로부터 제외(Entsippung)되면 그는 사람으로서의 권리능력이 소멸하게 되어 물건으로 다루어졌던 노예가 되었다. 살인, 예식범죄, 대역죄, 병영이탈자, 전쟁범죄자, 야반도적, 야간방화자 등에 대해서는 씨족단체에서 배제된 평화상실자로서, 그 평화상실자는 권리능력이 소멸되었다.[33]

이와 같은 게르만사회에서의 공동체사상의 형성원인은, 장기간에 걸친 집단적 이주와 토지점거에 의한 농경생활이 결정적인 원인으로 이해되고 있다.[34] 그리고 이러한 공동체사상에 의하여 게르만법에서의 법률관계는 권리보다는 의무를 더 강조하는 관계로 구성되어 있었다. 즉, 권리와 의무가 불가분의 요소로서 동일체의 양면으로 결합되어 있었다.

다섯째로 게르만사회에서는 성실이 특별히 강조되었으며, 게르만법은 이러한 성실에 기초한 법원리와 법제도가 발달하였다. 이는 로마법에서 신의를 존중한 것과 대조를 이루고 있다. 성실은 농경사회의 윤리적 기초로서 농경사회로부터 발전된 게르만법은 성실을 기본적인 가치로 하고 있었다. 일찍부터 발달한 종사제도(Gefolgschaft)는 바로 성실을 내용으로 하고 있었으며, 종사(從士)의 성실의 대가로 주군의 보호의무가 발생하고 주군으로부터 도지증여(Landschenkung)가 주어졌다. Lehen제하에서의 성실에 대한 대가로 Lehn재가 주어진 것도 바로 게르만법에서의 성실 강조의 역사적 전통에 바탕을 두고 발전된 제도이었다고 평가할 수 있다.

그리고 게르만법에서는 성실을 쌍무적, 견련관계로 구성하여, 일방의 성실은 타방의 성실을 전제로 해서 성립하는 기본관념을 가졌다. 그리하여 성실은 서로 대가적, 쌍무적인 것으로 이해되었다. 그리하여 게르만법에서는, 오늘날의 채권관계에 해당되는 당사자관계를 단순히 채권과 채무의 대립관계가 아니고, 성실과 보호, 배려의무로 구성된 쌍무적인 인적 내지 인격적 결합관계로 이해되었다. 그 결과로 고용관계는 근로자의 성실과 고용주의 보호, 배려의무가 결

33) Mitteis, Lieberich, a. a. O., S. 31.

34) 현승종, 조규창 공저, 전게 게르만법, 24면.

합된 관계로, 부동산의 임대차관계는 임차인의 생존을 배려하는 인간적이고 인격적인 법률관계로 파악되었다.

더 나아가서 이러한 성실의 쌍무적인 성질은 모든 법률행위에 있어서 "급부는 반대급부를 수반한다"는 대가적 유상성의 원칙으로 발전되어 확립되었다.[35] 이는 무상을 원칙으로 한 로마법의 원칙과 다른 것이다. 이러한 성실의 쌍무적 성질로부터, 상대방의 채무불이행을 계약해제의 원인으로 인정하는 제도는 게르만법에 그 근원을 두고 있으며,[36] 대가성이 인정되지 아니하는 무상행위인 증여, 사용대차, 무상임치는 계약으로 인정되지 않았다.[37] 그와 같이 대가성이 없는 증여는 사실행위였을 뿐 법률행위가 될 수 없었다.

또한 이러한 성실의 가치존중은 노동존중의 사상으로 발전되고, 권리행사도 성실히 행하여야 한다는 원칙으로 발전하였다. 그리하여 불로소득인 이자의 지급을 내용을 하는 이자부 소비대차를 폭리행위로 이해하였으며, 권리의 불행사로 인한 권리상실제도를 널리 인정하였다.[38] 권리의 불행사로 인한 권리소멸에 관하여는, "침묵은 인낙(認諾)으로 본다"(Wer schweigt, bejaht)는 법언으로 표현되었다. 이와 같은 게르만법에서의 성실사상은 오늘날의 사회법분야에서 커다란 기여를 하였다.

여섯째로 게르만사회가 오랫동안 농경사회를 이루어 살아왔기 때문에 물권법, 특히 토지법분야가 발달하였다. 그러나 로마제국은 대상업국가를 이루었기 때문에 로마법에서는 거래법이 발달하였다. 그리고 게르만사회가 단체중심의 사회이었고, 단체주의 내지 공동체주의가 발달하여 게르만의 물권법도 역시 단체주의적 토지법으로 발전하였다. 그리하여 게르만법에서는 부동산의 단독소유와 공유를 알지 못하였으며, 오로지 단체주의적 소유형태인 합유와 총유가 발전하였다. 그리고 게르만법에서는 집합물과 종물의 구성범위를 현저하게 확대, 인정하고 있었다.[39]

이와 같이 게르만법은 로마법에 비하여 여러 가지의 특징을 갖고 있었다. 로마법이 개인의 독자성과 자율성을 인정하고, 신의를 존중하였으며, 법학자들

---

35) 상게서, 36면.

36) 로마법에서는 계약을 법쇄(法鎖)로 이해하였으며, 쌍무적인 의무관계를 배척하였다. 그리하여 상대방의 의무의 불이행이 있더라도 그 계약을 해제하거나 해지할 수 없었다(김상용, 채권각론(개정판, 법문사, 2004), 123면). 그리하여 현행법상의 해제제도는 게르만법이 그 제도적 기원이다.

37) 현승종, 조규창 공저, 전게 게르만법, 36면.

38) 상게서, 37면.

39) 상게서, 26면.

에 의하여 학문적, 논리적, 체계적으로 발전되고, 거래법분야(즉 채권법)가 발전된 반면에, 게르만법은 공동체사상이 강하였으며, 성실을 기본가치로 하였으며, 학문적으로 체계화되지 못한 채 게르만민중의 생활 속에서 자연히 생성되었으며, 농경사회의 법인 토지법분야가 발달하였다. 그리고 게르만인들은 그들이 문자를 갖지 못하여 게르만법에서는 법표현과 법전수의 방법이 문자를 가진 로마법에서와는 달리 법언에 의하여 구전으로 이루어졌다. 이렇게 서로 다른 로마법과 게르만법이 대륙민법의 역사적 뿌리이며, 우리 민법의 한 뿌리가 되어 있다.

Ⅳ. 분야별 게르만법의 내용으로서의 구체적 법언

법언(法諺)을 중심으로 하여 게르만법의 구체적인 내용을 분야별로 개략적으로 살펴보면, 먼저 법의 본질에 관하여는 "법은 진실이며, 진실이 법이다"(Recht ist Wahrheit, Wahrheit ist Recht), "100년간의 불법은 단 한순간도 법이 되지 못한다"(Hundert Jahre Unrecht macht nicht eine Stunde Recht), "오래되었다고 법인 것은 아니다"(Alt ist darum nicht Recht)라고 하였다.[40]

그리고 관습법의 성립에 관하여는 "단 한번의 행동은 관습을 만들지 않는다"(Einmal ist keine Gewohnheit), "관습은 해를 거듭해야 성숙한다"(Gewohnheit wächst mit den Jahren)이라고 하였으며, 그리고 "오랜 관습을 깨뜨려서는 아니된다"(Alte Gewohnheit soll mann nicht brechen)고 하여 관습법의 법으로서의 효력을 인정하였다. 또한 게르만법에서는 관습법에 성문법을 개폐하는 효력이 인정되었다. 그리하여 중세독일에서는 "관습법은 가장 훌륭한 법의 해석자이다"(Gewohnheit ist die beste Deuterin des Rechts), "무엇이 옳은지 분명하지 않을 때에는 관습법에 따른다"(Wo das Recht zweifelhaft ist, soll man nach der Gewohnheit richten)이라고 하였다.[41] 관습법의 분열과 변천에 관하여는 "지방과 시대가 다르면 관습법도 다르다"(Andere Zeit, andere Sitten; Ländlich, sittlich; Aller Länder Sitten sind nicht gleich)고 하였다.

위법성조각사유인 정당방위와 긴급피난에 관해서는, "위급함은 법을 알지 못한다"(Not kennt kein Gebot), "위난과 죽음은 법을 모른다"(Not und Tod haben

---

40) 상게서, 8, 12면.
41) 상게서, 8면.

kein Gebot)로 표현하였으며, 인과관계는 "연기나는 곳에는 불이 있다"라고 표현하였다.

동산과 부동산의 구분에 관하여는, "불에 타는 것은 동산이다"(Was die Fackel zehrt, ist Fahrnis)라고 표현하였으며, 물권의 순위에 관하여는, "일찍 방앗간에 나온 자가 먼저 방아를 찧는다"(Wer zuerst kommt, mahlt zuerst), 먼저 다리에 도착한 마차가 먼저 건넌다"(Welcher Wagen zuerst zur Brücke kommt, darf der zuerst überliefern)로 표현하였다.[42)]

계약의 구속력에 관하여는, "합의보다 견고한 성벽은 없다"(Es gibt keine festere Mauer als Einigkeit)로 표현하였으며, 증여자가 증여한 물건에 대하여 하자담보책임을 지지 않음에 대하여는 "공짜로 얻은 나귀의 입속은 들여다 보지 않는다"(Einem geschenkten Gaul sieht man nicht ins Maul)고 하였다.[43)]

그리고 복리금지는 "이자는 이자를 업을 수 없다"로, 보증에 있어서 보충성의 부인을 "보증인은 멱살을 조여야 한다"(Bürgen soll man würgen)로, 최근친 상속의 원칙에 관하여는 "재물은 피와 같이 흐른다"(Das Gut rinnt wie das Blut), "피에 있어서 가까운 자가 재물에 가장 가깝다"(Der Nächste im Blut, der Nächste am Gut; Je nächer dem Blut, desto nächer dem Gut)라고 하였다.[44)45)]

이와 같이 게르만법은 법언으로 표현되었으며 법언으로 전수되어 왔다. 이러한 법언은 게르만민중의 오랜 생활 속에서 무의식적으로 생성, 발달된 생활규범으로서 게르만민중의 법감정과 법의식속에 잠재하는 공통의 법적확신과 정의관념의 소박한 법기술적 표현이다.[46)] 게르만인들의 법의식 속에는 이와 같은 생활 속에서 자연적으로 생성된 생활규범인 법규범이 기능하고 있었다. 그럼에도 불구하고 근세의 이질적이고 기교적이고, 생활과는 떨어진 로마법이 계수되고, 그 계수된 로마법을 기초로 하여 민법전이 입법되었으나, 계수된 로마법이 독일인의 법의식에 완전히 합치되지 않았다. 그리하여 오늘날에도 계속해서 독일인의 법의식에 부합하는 게르만 고유법을 현대화하여 이를 입법으로 반영하고 있다.

---

42) 이에 반해 로마법에서는 물권의 순위를 "시간에 있어서 빠르면 권리에 있어서 앞선다"(Qui prior est tempore, potior est iure)로 표현하였다.

43) 현승종, 조규창 공저, 전게 게르만법, 13면.

44) 상게서, 13-14면.

45) 장원의 유지를 위한 1자상속은 "농부의 자식은 오직 하나뿐이다"(Der Bauer hat nur ein Kind)로 표현하였다.

46) 현승종, 조규창 공저, 전게 게르만법, 15면.

제 4 절 게르만법의 전수와 발전

게르만시대에 자연히 생성된 게르만법은 법언의 형식으로 법을 말하는 사람(Rechtssprecher)에 의하여 전수되었다. 그리고 게르만인들의 법의식 속에는 게르만 고유법은 자연의 이치로서 자연히 생성된 법이고, 관습법의 우월성이 인정되어 있었기 때문에, 로마법에서와는 달리 이를 학문적으로 가공하는 일을 하지 않았다. 로마법은 역사의 진행과 함께 중단 없이 학문적으로 연구되고 체계화되었음에 반하여 게르만법은 학문적 가공이 이루어지지 못한 채, 중세에 법서를 통하여 이를 수집하였을 뿐이었다. 아울러 게르만법 관습법의 입법도 고려되지 못하였다.

또한 게르만인들은 법이란 만들어지는 것이 아니라 발견될 뿐이라고 관념하였기 때문에, 법을 수집하였을 뿐 이를 학문적으로 연구하고 체계화하지 않았다. 그리고 관습법이 지역마다, 법권마다 분열되어 있었기 때문에, 제국은 더욱더 관습법의 수집, 연구, 체계화, 입법을 거의 전적으로 고려하지 않았다. 이와 같이 독일에서는 게르만 고유법의 연구와 체계화 및 입법을 위한 노력을 하지 아니하였기 때문에, 근세에 로마법이 독일에 전면적으로 계수될 수 있는 조건을 제공하였던 것이었다.

그리고 근세 자연법론에서는 게르만법이 로마법보다 오히려 자연법적이라고 평가하였지만, 그 당시에 게르만법의 연구와 체계화가 이루어지지 않았기 때문에 자연법론에 의한 입법운동이 일어났어도, 독일에서 게르만법에 의한 근대민법의 입법이 이루어질 수 없었다.

로마법의 계수에 대한 반작용으로 일어난 반계수의 과정으로 게르만 고유법의 연구와 학문적 체계화와 현대화가 이루어져 비로소 게르만 고유법이 독일에서의 민법제정에 고려될 수 있었고, 지금까지 게르만법의 현대화와 입법에의 반영이 계속되고 있다. 이와 같이 독일에서 게르만 고유법에 대한 연구는 늦게 시작되었지만, 철저히 그리고 지속적으로 연구되고 체계화되었기 때문에, 지금도 약자보호, 소비자보호 등의 게르만법정신의 재생과 게르만법의 입법화가 이루어지고 있다.

제 3 장
프랑크시대(500년경부터 900년경까지)의 왕국의 건설과 부족법전의 편찬

Ⅰ. 게르만민족의 대이동과 프랑크왕국의 건설

게르만인들이 부족중심으로 훈족의 침입에 밀려 AD 375년에 이동을 시작하여 로마제국의 국경을 넘어 로마제국의 영토로 진입하게 되었다. 그 당시 로마제국은 이미 로마문화가 가장 찬란하였던 고전(古典)시대를 지나 전주정기(專主政期)의 쇠퇴기에 접어들어 있었다. 게르만인들이 민족 대이동 전에는 라인강과 도나우강을 경계로 하여 로마제국과 대치하고 있었으며, 또한 그들은 로마군의 정복으로부터 자신들을 방어하기 위하여 코브렌츠(Koblenz)에서 레겐스부르크(Regensburg)에까지 방어장벽을 설치하였다. 이러한 원시 게르만사회에 관하여는 게르만인들이 민족이동을 시작하기 전인 AD 1세기경에 로마의 문명세계에 알려지게 되었으며, Caesar의 갈리아전기 및 Tacitus의 Germania와 같은 저작으로 로마인에 의하여 게르만사회에 대한 기록이 이루어졌다. 이 2저작이 오늘에까지 전해지고 있다. 이 2저작 이외의 게르만사회에 대한 최고(最古)의 기록은 부존재하는 상태이다.

게르만인들이 민족이동에 의하여 로마의 영토에 게르만인들이 침입해 들어감으로써 로마문명과 접촉하기 시작하여 568년에 게르만족의 일족이었던 롬바르드(Lombard)인들이 이태리의 롬바르드의 대부분을 점령함으로써 게르만인들의 민족이동은 끝이나게 되었다. 게르만민족의 이동은 로마제국과 대치하고 있었던 라인 · 도나우강의 경계를 넘어 로마영토에로의 침입을 의미하므로, 민족이동은 로마제국과의 전쟁의 역사가 되었다. 그리하여 게르만민족의 일부 부족은 로마에 정복되어 로마제국에 복속되기도 하고, 일부 부족은 로마제국의 세력을 물리치고 독립적인 국가로 발전해 나갔다. AD 476년에는 게르만인들에 의하여 서로마제국이 멸망하게 되었다.

이와 같이 게르만인들 중에서 로마세력을 물리치고 독자적인 국가로 발전한 게르만인들에 의한 부족국가가 바로 프랑크왕국 내지 프랑크제국이었다. 민족이동과정 중의 로마군들과의 싸움에서 씨족중심이었던 게르만인들은 그들의 단체조직의 규모를 점진적으로 좀 더 확대하고 조직화하여 그들의 군사지도자(Herzog)를 중심으로 하여 국가로 발전하였다. 그 군사지도자가 국왕이 되어 군사벌령권(Heerbann)을 장악하여 점차로 지배적인 왕제(王制)로 발전하였다. 그리하여 게르만인들이 조직하여 건설한 가장 강력한 왕국이 바로 프랑크왕국이었다.

Ⅱ. 프랑크왕국의 건국과 그 후의 변천

프랑크왕국은 살리아(Salier)인과 리부아리아(Ribuarier)인으로 구성된 부족국가로서, 그 초기에는 살리아인이 지도적 위치를 차지하고 있었다.[1] 그리고 프랑크왕국은 살리아인에 의한 왕조인 메로빙거왕조(AD481-751)와 리부아리아인에 의한 왕조인 카로링거왕조(AD 751-911)의 2왕조로 이어져 왔으며,[2] 카로링거왕조의 멸망으로 프랑크제국도 끝이 나고 프랑크시대도 종말을 고하였다. 이러한 프랑크시대는 대체로 서기 500년경에서 서기 900년경까지의 기간이었다. 좀 더 자세히 살펴보면, 살리아족에 속하였던 클로도벡(Chlodovech)이 서기 476년에 서로마제국이 멸망하고 그 해부터 살리아지방의 총독으로 있다가, 서기 481년에 국왕(AD 481-511 재위)이 되어 메로빙거왕조를 건설하여 프랑크왕국이 시작되고, 그 메로빙거왕조는 서기 751년까지 존속하였다. 서기 751년에는 카로링거 씨족출신의 피핀 2세(Pippin Ⅱ)가 메로빙거왕조를 무너뜨리고 카로링거왕조를 열어 911년까지 존속하였다.

이러한 프랑크왕국은 메로빙거왕조시기에는 큰 변화가 없었으나, 서기 498년에 클로도백은 기독교로 개종을 하였다.[3] 그리고 카로링거왕조시에는 프랑크왕국의 분할이라는 중대한 정치적 변화가 있었다. 또한 피핀 2세는 Stephanus 2세 교황의 지원을 받아 그의 정치적 기반을 공고히 하고, 게르만족의 기독교로

1) 황적인, 전게 로마법·서양법제사, 88면.
2) 최종고, 전게 서양법제사, 83면.
3) 상게서, 92면.

의 개종운동을 지원하였으며, 성 베드로교회 세습령(patrimonium Petri)과 Ravenna 총독령[4]을 교황에게 양여하였다. 이것이 교황령의 기원이 되었다.[5] 그리하여 피핀 2세는 교황으로부터 로마의 귀족(Patricius Romanus[6])이라는 칭호를 받고 교회의 보호를 받았다.[7]

피핀 2세의 아들인 칼 대왕(Karl der Große: 742-814 생존; 768-814 재위)은 부왕을 이어서 프랑크의 국왕이 되자 북방의 Sachsen과 남방의 Langobard를 정복하여 영토를 확장하고, 주민을 기독교로 개종시켰다.[8] 그리고 서기 800년에는 로마의 성 베드로 대성당에서 레오 3세(Leo Ⅲ)의 교황으로부터 대관되어, 서양의 황제(Empereur d'Occident)라는 칭호를 받았다. 그리하여 프랑크왕국은 칼 대왕 때에 최성기를 맞이하였다.

카로링거왕조도 칼 대왕시기에 최성기에 달하였으나, 칼 대왕의 아들 Ludwig 왕(Ludwig der Fromme)이 단명으로 끝나고, 그의 세 아들이 제국을 3분하여 통치하게 되었다. 그러한 프랑크제국의 3분의 역사적 사건이 바로 서기 843년의 베르뎅(Verdun)조약이었다. 이 베르뎅조약에 의하여 프랑크왕국은 동, 서, 로트링겐으로 3분되었다. 그리고 다시 서기 870년에는 메르센(Mercen)조약에 의하여 중앙의 로트링겐이 동서 프랑크에 각각 분할되어, 지금의 독일과 프랑스로 나누어져 발전하게 되었다. 그런데 독일과 프랑스는 다 같이 프랑크왕국의 계승국임에도 불구하고, 프랑스는 로마의 강력한 중앙집권국가체제의 영향을 받아 강한 국가의식과 더불어 중앙권력이 강한 국가로 발전하여 왔으나, 독일은 귀족을 중심으로 하는 분열적인 부족적인 국가로 발전하고, 중앙권력이 미약한 상태로 역사를 이어왔다.[9]

Ⅲ. 프랑크시대의 기독교와 로마문화의 수용과 교착

게르만민족의 대이동으로 인하여 게르만인들이 로마의 영토에 침입을 하게

---

4) 라벤나는 동로마제국의 총독이 주재(駐在)한 이태리의 도시로서, 동로마제국의 황제는 총독으로 하여금 옛 로마제국의 영토였던 서로마제국의 일부지역을 회복하여 이를 다스리게 하였다.

5) 이태재, 전게 서양법제사 개설, 258면.

6) 로마의 귀족(Patricius Romanus)이라는 칭호는 교황이 로마의 지배적인 귀족들에게 수여한 칭호였다(이태재, 상게 서양법제사 개설, 258면).

7) 이태재, 상게 서양법제사 개설, 258면.

8) 상게서, 259면.

9) 상게서, 259면.

되어 자연히 게르만인들은 발전된 로마의 기독교신앙과 로마문화, 특히 로마법 문화를 접하게 되어, 로마문화가 게르만사회에 수용되고 교착되었다. 이를 로마문화의 측면에서 보면, 발전된 로마문화가 게르만사회에 수용되어 비속화되었던 것이었다.

이러한 게르만인의 기독교화는 프랑크왕국을 건설한 클로도백이 스스로 기독교로 개종함으로써 시작되어, 게르만사회에 살고 있었던 로마인 주민의 지지를 받았을 뿐만 아니라, 전체 게르만사회가 기독교사회로 발전할 수 있는 계기를 마련하게 되고, 8세기 말에 이르러서 칼 대왕이 게르만인들로 하여금 기독교로 개종하도록 함으로써 게르만사회 전체가 기독교사회로 바뀌었다.

그리고 프랑크왕국은 그들 게르만인들에 의하여 멸망한 서로마제국의 후계국가이며, 프랑크왕국의 국왕은 서로마제국의 후임황제로 생각하였다. 그리하여 기독교에 기초하여 이루어진 로마문화가 별다른 장애 없이 게르만사회에 침투하게 되었던 것이었다. 이와 같이 정치적, 군사적으로는 게르만인들이 서로마제국을 무너뜨리고 프랑크왕국을 건설하였지만, 문화적으로는 로마의 기독교와 로마문화, 그리고 로마법이 게르만사회에 침투하여 들어온 것이었다. 그리하여 게르만문화가 점차로 로마문화로 전화(轉化)되었으며, 특히 법에 있어서 그러하였다. 따라서 프랑크시대부터 게르만법은 로마법의 영향을 받기 시작한 것이었다.

또한 문자가 없던 게르만인들은 라틴어를 사용하게 되었으며, 그 후 계속해서 공식적인 문서와 일반문서는 거의 모두가 라틴어로 기록을 하게 되었다.

Ⅳ. 법적용에 있어서의 속인주의에 의한 부족법전의 편찬 및 부족법전의 특징

고대 및 프랑크시대의 법적용의 원칙은 속인법주의였다. 그리하여 소속된 부족에 따라서 적용되는 법이 달랐다. 프랑크제국에는 게르만인들도 여러 부족으로 나누어져 있었을 뿐만 아니라, 피정복민들인 로마인들도 함께 살고 있었으므로 그들 부족마다 적용될 법을 마련할 필요가 있었다. 또한 프랑크제국에는 발달한 로마법이 침투해 들어와 있었고, 침투한 로마법은 게르만법과의 교착으로 그 내용이 변질되어 비속(卑俗)로마법(vulgarisches römisches Recht)으로 발전하였다. 이러한 변질되어 게르만화된 비속로마법을 야만법(Vulgarrecht)이라고도 한다.

한편으로 프랑크왕국은 부족국가(Stammestaat)이긴 하였지만 프랑크 국왕의 칙령(메로빙거왕조시대에는 이를 decreta 또는 edicta라고 불리었으며, 카로링거왕조시대에는 이를 capitularia[10]라 하였다)은 부족에 관계없이 제국의 전체에 효력이 있었기 때문에 법적용에 있어서 속지주의의 원칙이 싹트고 있었다. 또 한편으로 프랑크의 국왕은 각 지방에 게르만 관습법을 조사하도록 명령하였다.

이와 같이 프랑크시대에는 많은 부족법전이 제정되었으며, 따라서 이 시기를 부족법전 제정시대라 한다. 구체적으로 이 시기에 제정된 법전을 살펴보면, 서게르만인들의 부족법전으로서 프랑크족의 부족법인 살리카 법전(Lex Salica)이 제정되었다. 살리카 법전은 Chlodovech 치세 말기인 AD 508년에서 511년 사이에 제정된 것으로 추정된다. 살리카법전은 게르만인의 최고(最古)의 법전의 하나로서 게르만 고유법의 요소를 가장 많이 간직하고 있었다.[11] 그리고 이 법전은 살리아 프랑크(Sali-Frank)인을 위한 법전이었다. 동법전은 고래(古來)의 판고법[12](Spruchsrecht)에 의거하여 제정되었으며, 후일 프랑스 지방에 시행되었다. 동법전은 사법적 규정이 있기는 하나, 전체적으로는 형벌법규와 소송법규로 구성되어 있었다.[13]

그 다음으로 중요한 서게르만인들을 위한 프랑크시대의 부족법전으로서는 리부아리아법전(Lex Ribuaria)이었다. 동 리부아리아법전은 리부아리아인을 위한 법전으로서 AD 630-750년간에 제정되었으며, 살리카법과 로마법의 영향을 많이 받았으며, 특히 왕권의 신장과 교회특권에 관한 규정을 담고 있는 것이 특색이었다.[14]

그 외에도 프랑크족의 일족인 까마비(Chamavi)족을 위한 까마비법전(Ewa Chamavorum: 서기 802년 발포)이 서게르만인들을 위한 중요한 부족법전이었다.

---

10) 카로링거왕조시의 칙령 내지 왕법이었던 capitularia는 다시 교회와의 관계를 규율내용으로 하는 교회칙령(capitularia ecclesiastica), 세속의 일에 관하여 규율하는 속사칙령(capitularia numdana), 교회와의 관계 및 세속의 일을 함께 규율하는 혼합칙령(capitularia mixta)로 나누어졌다(상게서, 274면).

11) 이태재, 전게 서양법제사 개설, 271면.

12) 게르만시대의 게르만인들의 삶의 자연적인 질서였던 민중법이 비제정법이었기 때문에 재판과정에서는 민중법을 잘 아는 사람이 법을 말하였는데, 그 법을 말하는 사람(Rechtssprecher)이 말한 게르만인들의 민중법 내지 인민법에 의하여 재판이 이루어졌다. 이와 같이 재판과정에서 법을 말하는 사람에 의하여 발견되어 제시된 게르만민중법을 판고법(判古法)이라 한다.

13) 상게서, 271면; 최종고, 법사와 법사상(박영사, 1983), 109면.

14) 이태재, 상게 서양법제사 개설, 271면.

상부독일의 제부족법전으로서는 Alamann인들을 위한 법전으로서 서기 710년에서 720년사이에 제정된 알라만법전(Lex Alamannorum), 바이에른인들을 위한 법전으로서 서기 741년에서 744년 사이에 제정된 바이에른법전(Lex Baiuwariorum)이 있었다. 이들 양법전은 전술한 살리카법전과 후술할 에우릭법전(Codex Euricanus)의 영향을 많이 받았다.[15)]

그리고 하부독일의 부족법전으로서는, 작센법전(Lex Saxonum)이 있다. 동 작센법전은 Karl 대왕이 작센을 정복한 후 서기 802년에 발포한 작센인을 위한 부족법전이었다. 또한 Thüringen을 위한 법전으로서 9세기 초에 만들어진 튀링겐법전(Lex Angliorum et Wernorum id est Thüringorum)과 프리젠인을 위한 프리젠법전(Lex Frisionum)이 있었다.

동게르만인을 위한 부족법전으로, 서고트인을 위한 에우릭법전(Codex Euricanus)이 있었다. 동 에우릭법전은 서기 475년경에 성립된 부족법전으로서 게르만의 최고(最古)의 법전이다.[16)] 동 법전은 게르만족인 고트인 상호간 및 고트인과 로마인간의 법률관계를 규정하였으며, 살리카법에 많은 영향을 주었다.[17)] 그리고 로마인을 위한 서기 506년에 서고트 로마인법전, 즉 아라릭 초전(抄典: Lex Romana Visigothorum: Breviarium Alaricianum)이 제정되었다. 이는 프랑크왕국에 살고 있던 로마인을 위한 만민법전(蠻民法典)으로서 그 내용은 게르만법이 아니고 로마법이었다.[18)] 그리고 서기 654년에는 게르만인들을 위한 법전과 로마인을 위한 법전의 법적용에 있어서의 2원주의를 폐지하고 양민족에게 공통적으로 적용된 로마법의 영향을 많이 받은 법전으로 서고트법전(Lex Visigothorum)이 제정되었다.[19)]

그리고 부르군드인들을 위한 부족법전으로, 서기 501년경에 부르군드(Burgund)에 사는 게르만인 상호간 및 게르만인과 로마인들간의 소송에 적용된 법전으로 부르군드법전(Lex Burgundionum)이 제정되었으며, 서기 506년에는 부르군드에 살고 있었던 로마인들을 위한 법전으로서 부르군드 로마인법전(Lex Romana Burgundionum)이 만들어졌다.[20)] 또한 북부이태리를 점령한 랑고바르드(Langobard)인을 위한 부족법전이 만들어졌다.[21)]

---

15) 상게서, 272면.
16) 상게서, 272면.
17) 상게서, 273면.
18) 상게서, 273면.
19) 서고트법전의 내용은 그 흔적이 아직도 스페인의 일부지방에 남아있다고 한다(상게서, 273면).
20) 상게서, 293면.
21) 이 랑고바르드법전은 그 내용의 완벽, 법적 명확, 인도적 정신을 갖춘 우수한 법전으로서

이와 같이 프랑크시대에는 많은 부족법전이 제정되어 부족법전 제정시대를 이루었다. 프랑크왕국에서 이러한 제부족법전의 편찬의 원인에 관하여는, 첫째로 성문법인 로마법의 영향을 받았으며, 둘째로 씨족(Sippe)간의 복수(Fehde)를 가급적 저지하려는 간접적인 방법으로서 명확하고 상세한 속죄금(Bußgeld)과 인명금(Wergeld)에 관하여 성문화할 필요성이 있었으며, 셋째로 평화유지를 위한 소송절차에 관한 명확한 규정이 필요하였으며, 넷째로 기독교의 전파와 게르만인들의 기독교화와 더불어 교회보호를 위한 새로운 법의 제정이 필요하였기 때문인 것으로 법사학자들은 분석, 평가하고 있다.[22)]

이러한 프랑크시대의 부족법전의 공통적인 특징은, 비속라틴어로 쓰여졌으며, 법전의 내용은 체계적이지 못하고 단편적인 규정을 모아 놓은 것에 불과하였으며, 대부분이 형법, 소송법규정이었고, 국법적 규정(Verfassung)과 사법적 규정은 적었다.[23)] 그리고 게르만 고유법을 핵심으로 하여 규정하였지만, 로마법의 내용을 담고 있는 부족법전도 있었다. 부족법전은 범죄의 각 경우에 속죄금을 미리 규정해 둠으로써 사적인 복수(Fehde)를 방지하고자 하였으며, 그 내용은 프랑크법이 지배적인 법이었으며, 그 프랑크법이 부족법전의 편찬시대가 진행됨에 따라서 다른 부족법전의 편찬에 영향을 준 것이 현저하였다.[24)] 그리고 부족법은 법적용에 있어서 속인주의를 취하였다. 그리하여 프랑크시대에는 출생한 부족의 법, 즉 생득법(生得法: lex originis)의 적용을 받았으며, 재판상 또는 재판외의 법률행위를 할 때에는 당사자가 어느 부족에 속하는가를 선언하는 속인법선언(professio iuris)을 하고 이를 증서에 기록을 하였다.[25)]

Ⅴ. 부족법전 이외의 법원

프랑크시대의 주된 법원(法源)은 제정법인 부족법전이었지만, 그 외에도 프랑크제국의 왕법이 있었다. 프랑크의 국왕은 그 권위가 강화됨에 따라 부족법을 보충할 수 있는 입법권을 취득함으로써 왕법이 생겼다. 왕법은 보수적이며 엄격법이었던 부족법을 보충하거나 변경하기 위하여 형평의 견지에서 칙령으로 발포되

1020년경 중세의 파비아(Pavia)법학교에서 가르쳐졌다(상게서, 274면).

22) 이태재, 전게 서양법제사 개설, 270면.

23) 황적인, 전게 로마법·서양법제사, 93면.

24) 상게서, 94면.

25) 최종고, 전게 서양법제사, 89면.

었다.[26] 그리하여 프랑크시대에 있어서 부족법과 왕법은, 로마법에서의 시민법(ius civile)과 법무관법(ius praetorium), 영미법에서의 보통법(Common Law)과 형평법(Equity)의 관계와 흡사하였다.[27] 왕법은 다수의 단행법령으로 구성되어 있었으며, 그 형식 및 규율사항에 따라서 부족법전에 대하여 부가한 부족법전부가(部族法典附加)칙령(capitularia egibus addenda), 국왕벌령권(Königsbann)에 기하여 국왕이 일방적으로 발포한 독립칙령(capitularia se scribenda), 국왕이 독립순찰사에게 일방적으로 내린 직무상의 훈령인 순찰사칙령(capitularia missorum)이 있었다.

그리고 프랑크시대에는 증서가 사용되었다. 게르만법시대에는 법적인 행위를 함에 있어서 엄격한 방식을 갖추어야 하고, 그 방식은 문자를 사용하지 아니하였기 때문에 상징적인 행위를 통해서 이루어졌다. 그러나 시대의 변화에 따라서 거래가 많아지고, 다양화되고, 라틴어가 게르만사회에 사용됨으로써 엄격한 행위를 통한 방식에 의한 법적인 행위를 할 수가 없게 되었고, 따라서 점차 서면에 의한 법적인 행위로 발전되었다. 그리하여 게르만법시대의 엄격한 방식행위가 프랑크시대에 와서는 서면의 증서(Urkunde)에 의해 대체되어 갔다.

프랑크시대에는 모든 증서는 라틴어로 작성되었다. 그리고 증서에는, 그것이 완전한 증거력을 갖는 국왕증서(diplomat)와 증인의 증서내용의 진실성에 대한 보증이 있어야 증거력이 인정되는 사문증서(carta: notitia)가 있었다. 사문증서(私文證書)에는 다시 양도증서, 증여증서, 유언증서와 같이 어떤 법적인 행위 그 자체의 성립행위를 이루는 행위증서(carta)와 어떤 법적인 행위가 있었다는 사실을 증명하는 증명증서(notitia)로 나누어졌다.[28][29]

그리고 프랑크시대에는 법적인 행위가 일정한 증서에 의하여 행하여지게 됨으로써, 이러한 증서의 작성에 관한 범례이었던 법률방식서 내지 법률문례집(formulae: Formulare)들이 만들어져 이용되었다.[30]

---

26) 이태재, 전게 서양법제사 개설, 274면.

27) 상게서, 274면.

28) 상게서, 275면.

29) 이러한 증서의 제도는 오늘날 공증제도의 원류이다. 오늘날 공증제도에는, 공증인이 법률행위 그 자체를 공정증서로 작성하여 당사자간의 법률행위의 성립의 진정성과 내용의 진실성을 모두 담보하는 공정증서에 의한 공증(notarielle Beurkundung)과, 당사자가 법률행위서면을 작성하고 공증인은 당사자가 작성한 그 서면에 의한 법률행위에 대하여 그 성립의 진정성만을 확인해 주지만 내용의 진실성을 담보해 주지 못하는 사서(私署)의 인증에 의한 공증(öffentliche Beglaubigung)이 있다. 따라서 carta는 공정증서에 의한 공증제도의 원류이며, notitia는 사서의 인증에 의한 공증제도의 원류라 할 수 있다.

30) 황적인, 전게 로마법·서양법제사, 98면; 이태재, 전게 서양법제사 개설, 275면.

제 4 장
중세시대(AD 900년경부터 1500년경까지)의 법의 분열과 법서의 편찬

게르만법사에 있어서 중세는 신성로마제국이 성립된 서기 900년경을 시작으로 하여 로마법의 계수를 입법적으로 확인하고 촉진한 1495년의 제실법원령(帝室法院令)의 제정시까지, 즉 대체적으로 1500년경까지의 기간을 말한다. 이 중세의 시기를 다시 신성로마제국의 황제가 없는 대공위시대(大空位時代)가 끝나는 해(1273년)를 기준으로 그 전기를 중세성기라 하고, 그 후기를 중세 후기라 한다. 이 기간은 독일제국이 건설되어 발전되고, 따라서 본격적으로 독일법사(Deutsche Rechtsgeschichte)가 시작된 시기이다.

제 1 절 중세성기(Hohes Mittelalter): AD 900년경부터 1273년까지

Ⅰ. 신성로마제국의 건설과 발전

중세성기(中世盛期)는 프랑크왕국이 끝나고 독일과 프랑스가 완전히 분리되어 신성로마제국에 의한 독일법사가 형성되어 발전된 시기이었다. 중세성기는 887년 아르눌프(Arnulf)제의 즉위와 함께 프랑크제국의 종국적인 분열이 이루어지고, 911년 아르눌프제(帝)의 사망으로 Karolinger왕조는 무후손으로 끝이나고, 동년인 911년부터 Konrad 1세의 과도기적 통치를 거쳐, 919년에는 작센태공인 하인리히 1세(Heinrich I: AD 876-936)가 왕위에 즉위함으로써, 독일이 프랑스와 완전히 분리, 독립하여 독자적인 법발전의 방향으로 나아가게 되었다. 그러므로 대체로 서기 900년경부터 신성로마제국에 의한 독일인들의 독일법사가 시작되었다. 이와 같이 프랑크시대로 이루어지는 중세전기(frühes Mittelalter)가 끝나고 신성로마제국의 시작과 함께 중세성기가 시작되었다.

이 기간 동안은 프랑크시대의 법이 정치하게 분화, 발달을 하였다. 즉 12, 13세기에는 봉건법(Lehnrecht), 분방법(Landrecht), 장원법(Hofrecht), 가인근무법(Dienstrecht), 도시법(Stadtrecht) 등이 분화, 발달하고, 주로 법서(Rechtsbücher)에 의하여 이러한 게르만법의 수집과 편집(즉 편찬)에 의하여 게르만법이 발달하게 되어 중세 법문화의 절정기에 이르게 되었다.[1] 그리하여 중세성기를 법서시대라고도 한다.

또한 정치적으로 이 기간은 신성로마제국의 황제가 로마 교황의 힘을 빌어 지방귀족들의 세력을 제압하고 제국권력을 강화하려고 하였으나 크게 성공하지 못하였다. 제국황제와 분방세력을 이루고 있는 귀족들과의 대립에서 결국에는 제국황제가 궐위되는 대공위시대(1250-1273)를 맞이함으로써 분방의 제후들의 세력이 더욱 강화되어 결국 독일은 분방으로 나누어져 지역국가로 발전하게 되었다. 이러한 제국황제와 분방제후간의 세력다툼에서 제국황제는 분방제후의 세력을 약화시키기 위하여 교황과 결탁하였으나, 교황세력이 커짐에 따라서 오히려 교황권력을 제국에서 몰아내기 위하여 교황과 대립하는 과정에서 제국 내의 분방제후들의 세력을 키워주는 결과를 초래하였다. 그리하여 신성로마제국은 외관상으로는 제국이었지만, 실질적으로는 분방의 제후들의 세력이 상한 분방국가를 이루었다. 이와 같은 제국권력의 약화는 법의 발전에 있어서도 통일적인 독일법이 형성, 발전하지 못하고, 분방마다 또 법권(法圈)마다 법이 다른 법분열의 현상을 초래하였으며, 이는 통일적인 법이었던 로마법을 계수하여 독일의 보통법으로 사용할 수밖에 없는 역사적 현상을 초래하였다.

그리고 신성로마제국의 황제는 세습적이긴 하였으나, 분방의 선제후들(Kurfürsten)에 의한 선거에 의해서 선출되었다.[2] 왜냐하면 재임중인 제국황제는 그

1) 현승종, 조규창 공저, 전게 게르만법, 6면.

2) 제국황제의 선출방식에 관하여는 금인헌장(Goldene Bulle: 이를 금인칙서라고도 한다)에 잘 나타나 있다. 금인칙서는 1356년 신성로마제국의 황제 칼 4세(Karl Ⅳ: 1347-1378)가 Nürnberg 및 Metz의 제국의회(Reichstag)에서 발포한 라틴어로 된 그 간의 관행을 성문화한 제국법(Reichsgesetz)으로서 제국황제의 선거절차와 선제후(選帝侯)의 권리를 확정하고, 복수(Fehde)의 금지, 봉토보유자간의 동맹금지, 도시의 확장금지를 규정한 법률이었다. 이 제국법을 발포함에 있어서 사용된 제국황제의 직인이 금으로 만들어졌기 때문에 금인헌장(金印憲章) 또는 금인칙서(金印勅書)라 한다.

동 금인칙서에 의하면, 제국황제의 선거는 먼저 현재의 제국국왕이 자기의 왕자들 중에서 장차 국왕이 될 자를 지명하여 공동으로 통치하는 형식을 취하고, 부왕이 사망하면, 미리 선정되어 공동통치를 한 그 왕자에 대하여 제국의 선제후 7인이 선거의 방식에 의하여 그를 제국국왕으로 확정

의 왕자들 중에서 자기의 대를 이어 제국국왕이 될 왕자를 미리 지정(designatio)하고, 그가 사망하면 국왕으로 지정된 아들에 대하여 7인의 선제후에 의한 선거에 의하여 그를 제국국왕으로 확정하였기 때문이었다.[3] 그러므로 제국황제의 권력은 약하고, 교회와 분방의 귀족들인 선제후의 권력이 강할 수밖에 없었다. 그러므로 강력한 통일제국을 형성하지 못하고, 분방의 권력이 강한 분방국가를 이루었다. 법적으로도 제국법원(즉 국왕법원)과 분방법원간의 재판관할권이 경합하는 경우에는 분방법원이 재판관할권을 행사할 수 있는 소송불이송의 특권(previlegium de non evocando), 분방법원의 판결에 대한 제국법원에로의 상소를 인정하지 아니하는 불상소특권(previlegium de non appellando)은 바로 분방법원의 제국법원에 대한 독립성을 반증하고, 이는 제국권력의 분방권력에 대한 미약함을 보여주는 것이었다.[4]

그리고 법적용에 있어서도 제국의 황제는 제국권력의 강화를 위하여 제국에 통일적이었던 로마법을 적용하고자 한 데 반하여,[5] 분방의 귀족들은 반대로 분방권력의 강화를 위하여 독일의 고유법인 게르만법으로 구성되어 있는 분방법, 봉건법, 장원법을 적용하고자 하였다.[6] 또한 신성로마제국에서는 통일적인 세속제국법이 부재하고 세속법은 분방법, 봉건법, 장원법 등의 게르만법으로 구성되어 있었다.[7] 그러므로 통일적인 제국법(帝國法)의 부재는 운명적으로 로마법을 보통법으로 하여 그 흠결을 보충할 수밖에 없었다.[8][9]

하는 절차를 취하였다. 그러므로 제국국왕의 세습제를 유지하면서 동시에 선거에 의한 제국국왕의 선출방식을 취하였다.

7인의 선제후로는, Mainz, Köln, Trier의 대주교(Erzbischöfe)와 보헤미아(Böhmen)의 왕(König), 작센의 태공(太公: Herzog), 부란덴부르크(Brandenburg)의 변경백(邊境伯: Markgraf), 그리고 라인(Rhein)의 지방백(地方伯: Pfalzgraf)이었다. 선거는 Mainz의 대주교를 제외한 6인의 선제후가 먼저 1차로 선거를 하고, 나중에 2차로 Mainz의 대주교가 선거를 하였다. 제국국왕은 7인의 선제후 중 4인 이상의 표를 얻어야 선출이 되었다. 그러므로 Mainz의 대주교의 결정권이 강할 수밖에 없었다.

3) 이태재, 전게 서양법제사 개설, 281면.

4) 보다 자세한 분방법원의 불이송의 특권과 불상소의 특권에 관하여는, 김상용, 법사와 법정책: 로마민법학사 중심(한국법제연구원, 2004), 180면 참조.

5) 신성로마제국의 황제는 자신의 인격에 관하여는 프랑크법에 따랐다(Mitteis, Lieberich, a. a. O., S. 233; 이태재, 전게 서양법제사 개설, 282면).

6) Mitteis, Lieberich, a. a. O., S. 233.

7) A. a. O., S. 233.

8) A. a. O., S. 233.

9) 이러한 법상황에 비추어 볼 때에 독일에서의 로마법계수는 역사적으로 필연적이었다고 할 수 있을 것이다.

Ⅱ. 신성로마제국(Reich)과 분방(Land)과의 관계

독일의 중세를 이해하기 위해서는 제국황제와 분방귀족간의 대립과정의 파악이 필요하다. 제국국왕과 분방귀족간의 대립과정에는 또다시 제국황제와 로마교황간의 연합과 대립의 관계가 함께 작용하고 있었다. 이에 관하여 살펴보면, 게르만인들은 오랫동안은 씨족을 중심으로 하는 부족사회를 이루어 비교적 평화롭게 살아왔다. 중앙집권적인 국가를 이루지 못하고 소국가(civitas) 형태를 이루면서 살아왔다. 그러나 로마제국과의 대치 및 민족대이동의 과정에는 보다 강력한 군사지도자가 필요하였다. 그리하여 군사지도자를 중심으로 국가형태를 이루게 되었다. 그리고 군사지도자는 국왕이 되어 강력한 통일국가를 이루기를 원하였다. 그러나 오랫동안 부족사회를 이루면서 살아오는 과정에서 부족중심의 귀족들은 그들의 권력을 유지하기를 바랐던 것이었다. 그러므로 강력한 국가를 건설하려는 국왕과 지방귀족간에는 각각 자기권력의 유지와 이익의 보호를 위하여 대립할 수밖에 없었다. 그리고 게르만인들의 씨족과 부족중심의 단체주의적 성격은 중앙집권적인 강력한 통일국가의 형성에 장애가 되었다.

이러한 양권력은 대립하였으나, 그들 각각의 삶과 사회평화를 유지하기 위한 방법으로 독일사회에 독특한 봉건제도(Lehenwesen: Lehnwesen)를 만들어 국가의 행정과 군사적 역무를 확보하였다. 로마제국에서와는 달리 게르만사회에서는 계층적인 봉건제를 통하여 사회가 조직화되어 중앙의 국왕과 지방의 귀족이 필요한 물자와 역무를 조달하였다. 이러한 레엔제도에 기초하여 봉건제도가 발전하게 되었으며, 레엔제도와 봉건제도를 통하여 게르만인들은 그들의 삶을 유지하고 사회를 조직화하여 질서와 물자 및 역무를 확보하여 왔다. 이러한 레엔제는 개인을 보호해 줄 수 있는 중앙의 국가권력이 미약하였기 때문에 발생한 사람들의 생존을 위한 특별한 방법이라 평가할 수 있다.

그리고 프랑크의 국왕이나 신성로마제국의 황제들은 지방의 귀족들의 세력을 꺾고 제국권력을 강화하여 통일적인 강력한 국가를 건설하기 위하여 기독교로 개종하고 국민들을 기독교화하였으며, 독일중세에 강력한 정신적인 힘을 가졌을 뿐만 아니라 세속적인 권력도 갖고 있었던 로마교황의 힘을 빌리고자 하였다. 그러나 제국권력과 교황권의 연합은 필연적으로 권력다툼의 양상으로 발전하게 됨으로써, 제국국왕과 교황과의 다툼은 궁극에 있어서는 제국의 귀족들인 분방제후의 권력을 강화시켜주는 결과가 되었다. 따라서 게르만의 역사에 있어서 중앙권력이 강화되지 못하여 분방중심의 지역국가로 발전해온 과정에는 교회도 중요한 역할을 하였으며, 이러한 이해가 전제되어야 독일중세의 법의 분열과 그로 인한 근세의 로마법의 독일에의 사법적, 전면적 계수를 이해할 수 있다.

Ⅲ. 봉건제도(Lehenwsen)의 발달

프랑크제국은 건국 초부터 로마제국 말기의 로마적 봉건제의 영향과 게르만적인 봉건제의 맹아가 결합하여 프랑크 특유의 봉건제인 레엔제를 형성하기 시작하였다. 로마제국의 말기에는 중앙의 제국권력이 쇠퇴함에 따라서 귀족의 대토지소유제(Latifundium)가 발달하여 토지귀족은 많은 농노와 노예들을 거느리고 독자적인 삶을 살아가는 사회현상이 일어났다. 그리고 게르만사회에서는 개인들이 생존을 유지하고 단체의 평화를 유지하기 위하여 단체의 지도자를 주군(Herr: Senior)으로 하고 그 주군(主君)의 보호에 대하여 개인은 종사(從士) 내지 가사(家士: Gefolge)로서 주군에 대하여 충성을 할 것을 맹서하는 종사제(Gefolgschaft)가 유지되었다. 이러한 양 봉건제가 결합하여 독일에서는 레엔제가 발전하게 되었으며, 이 레엔제가 면세지(免稅地)제도(Immunität)와 결합하여 점차적으로 장원제도로 발전하고, 장원제도는 중세 말의 국민국가(Nationalsta-at) 내지 민족국가의 건설움직임에 따라서 분방을 중심으로 하는 지역국가인 분방국가로 발전하고, 이러한 분방국가가 오늘날에는 연방국가의 주(州)를 이루게 되었다. 이러한 레엔제의 발달은 중앙의 국가권력이 약하였기 때문에 발생할 수 있었던 것이었다.

프랑크왕국의 칼 대제(768-814 재위)가 사망하고 제국이 분할됨에 따라서 제국의 국세는 기울어지고, 국내에는 약탈과 복수가 심하여져 갔으나, 제국국왕은 제국의 치안을 확보할 힘을 잃고 있었으므로 인민은 각각 자기방위에 의존하게 되었다. 그리하여 인민들은 그들 주거지 주위에 성벽을 쌓고 사병을 길러 외부로부터의 침략과 침입을 막아야만 하였다. 그러나 그러한 힘이 없는 자들은 방위력이 있는 자에게 그의 보호를 요청하게 되고, 그 대가 내지 대상(代償)으로서 근무와 충성 및 공조(貢租)를 약속하였다. 그 보호자를 주군이라 하고, 피보호자를 가인이라 하였으며, 그러한 관계는 곧 계층적인 봉주와 봉신의 관계로 발전하였다. 이 결과 국왕은 최고의 봉주가 되어, 프랑크왕국은 하나의 거대한 레엔국가가 되었다.[10)]

이와 같은 레엔제는 레엔계약의 체결에 의하여 이루졌으며, 레엔계약에 의하여 봉신은 봉주에 대하여 근무와 충성을 약속하고, 봉주는 봉신의 근무와 충성에 대한 대상으로서 봉주(Lehnsherr: Senior)는 봉신(Lehnsmann: Vasallen)에게 기한부로 재화, 즉 레엔(Lehen)을 수여하였다. 그러므로 레엔은 봉신의 근무와 충성에 대한 대상으로서 봉주(Senior)가 봉신(Vasallen)에게 기한부로 주는 재화이었다.

따라서 레엔제는 두 가지의 요소로 구성되었다. 즉, 인적 요소인 가사제(Vasallität)와 물적 요소인 은급제(恩級制: Benefizialwesen: Benefizium)로 구성되었다. 전자의 가사제는 봉신이 봉주에 대하여 근무와 충성을 맹서하고 자신을 봉주의 보호하에 두겠다고 약속하는 행위로서, 이는 역사적으로 갈리아 로마지역에서의 수수탁신행위(授受託身行爲: gallorömische Kommendation)와 게르만의 복종(Gefolgschaft)에 뿌리를 두고 있었다.[11)] 이러한 가사제로부터 충성(Treue)이 도출되었다. 그리하여 충성이 인격의 최고의 도덕적 가치가 되었다.[12)] 이러한 충성으로부터 성실의무가 발생하고, 그리고 이러한 성실은 게르만법의 특징이자 이념을 이루고 있다.

물적 요소인 은급제는 봉신의 봉주에 대한 근무와 충성의 대가로서 봉주가 봉신에 수여하는 레엔의 수여로 이루어졌다. 레엔은 수익이 나는 재화로서, 이에는 토지가 중요하지만 토지 이외에도 성문지기, 관식, 징세권, 정기금채권 등 수익이 나고 점유(Gewere)가 허용되는 것이면 모두 레엔제(Lehngut)가 될 수 있었다.[13)14)] 이러한 은급제의 역사적 뿌리도 역시 2가지이다. 메로빙거왕조시대에 전쟁수행에 참여한 종사들(Gefolgsleute)에게 토지를 증여(Landschenkung)한 것이 그 하나의 뿌리이며, 카로링거왕조시대에 교회재산에 대하여 국왕이 세금을 징수하여 일정부분을 교회에 다시 지급한 것이 또 하나의 뿌리이다.[15)] 그리고 이 레엔은 프랑크시대의 초기에는 1대에 한하여 기한부로(auf Zeit)로 수여

10) 이태재, 전게 서양법제사 개설, 265면.
11) Mitteis, Lieberich, a. a. O., S. 67.
12) A. a. O., S. 68.
13) A. a. O., S. 66.
14) 이러한 레엔은 300종이 넘은 것으로 알려져 있다(황적인, 로마법·서양법제사, 102면).
15) Mitteis, Lieberich, a. a. O., SS. 68-69.

되어, 봉신이 사망하면 레엔은 봉주에게 반환하도록 되어 있었으나, 점차 재수여가 반복되고 재수여가 강제되는 수봉강제(授封强制: Leihezwang)상태로 발전하였다. 끝내 서기 877년에는 Kiersy의 칙령에 의하여 레엔의 상속이 인정되게 되었다.[16] 이렇게 레엔에 대한 봉신의 권리가 강화되어 물권화되어 갔다.

이와 같은 레엔제는 그 초기에는 기한부의 근무와 충성 및 레엔의 수여로 이루어졌으나, 점차 반복되고 상속적으로 이루어지게 되어 레엔제가 프랑크 국가사회의 유지제도로 고착되어 갔다.[17] 그리하여 프랑크왕국은 레엔국가(Lehnstaat)로 발전하게 되었다.

레엔제에 의하여 인민은 주군으로부터의 보호와 레엔의 수여에 의한 생존의 물질적 기초를 확보하게 되고, 주군은 봉신으로부터 각종의 역무(Dienst)의 제공을 받을 수 있게 되어 인민은 국가의 보호 없이도 생존을 이어갈 수 있게 되었다. 국가로서도 레엔제가 필요하였다. 국가는 레엔제에 의하여 군역과 행정의 역무를 확보할 수 있었기 때문이었다.

이 레엔제는 프랑크시대의 면세지제도(Immunität)와 병존적으로 발전하다가 중세에는 점차 레엔제와 면세지제도가 결합하여 장원제도로 발전하게 되었다. 면세지제도는 로마제국 말기에 황제의 직속령, 교회재산 및 어떤 경우에는 개인재산에 대해 면세와 각종의 공법적 부담으로부터 해방된 토지이었다. 프랑크시대에 이러한 면세지제도가 실행되어, 면세지에는 면세와 공법적 부담으로부터의 해방과 함께 면세지재판권(Immunitätsgerichtbarkeit)이 형성되어 제국 내에서 국가적 기능을 가진 독립한 소국가로 발전하였다.[18]

중세에 들어와서는 레엔제도와 면세지제도가 결합하여 장원제도로 발전하게 되었다. 장원(Hof)은 영주가 주군이 되어 종사들인 수많은 농노(즉, 영민)들을 거느리고, 농노들로부터 전쟁수행에 필요한 군역(Heerfahrt)과 영주가 필요로 하는 기타의 역무, 대표적으로 주저참근(主邸參勤: Hoffahrt)의 역무를 확보하고, 영주는 대토지를 소유하면서 농노들에게 이를 수여하여 경작하도록 하는 토지지배의 형태이었다. 이러한 경제체제를 장원경제라 하며, 중세독일은 이러

16) 이태재, 전게 서양법제사 개설, 266면.

17) 수봉강제는 9세기 후반에 인정되기 시작하여 Lehen의 세습성과 불가침성이 인정되었다. 그리고 1037년에는 콘라드 2세(Konrad Ⅱ)가, 1136년에는 로타르 3세(Lothar Ⅲ)가 Lehen의 세습성과 불가침성을 입법하였다. 그리하여 11, 12세기에 이르러서는 봉세습(封世襲: Erblehen)이 확립되었다(황적인, 전게 로마법·서양법제사,102면).

18) Mitteis, Lieberich, a. a. O., S. 72; 이태재, 전게 서양법제사 개설, 266면.

한 방식으로 사회와 경제활동이 이루어졌다. 그리고 영민은 영지로부터 떠나지 못하고 구속되었으며, 농노로서의 영민의 지위는 세습되었다.

그리고 장원에 대하여는 국가관리의 간섭이 배제되고 영주가 벌령권(罰令權)과 재판관할권을 가졌다. 따라서 장원에 대해서는 관리의 장원에의 출입, 장원영민에 대한 소환, 체포 등의 강제행위 및 조세, 부역의 부과 등을 금지하는 특권이 부여되었다.[19] 그리하여 장원은 하나의 국가 내의 국가로 존재하였다.

장원은 다시 그것이 지역적으로 분방을 이루면서, 분방지배(Landesherrlichkeit)가 이루어지고, 분방지배는 14세기에는 분방고권(分邦高權: Landhoheit)으로 발전하여 독일이 분방국가를 이루게 되어, 그러한 역사적 기초에 근거하여 오늘날의 연방국가로 발전하여 왔다.

이와 같이 독일은 역사적으로, 로마제국과는 달리, 강력한 중앙집권국가를 이루지 못한 채, 분방중심의 분열된 지역국가를 이루었다. 이러한 역사적 발전과정에서 제국의 국왕은 강력한 제국의 건설을 위하여 노력을 하여 왔다. 강력한 제국의 건설은 귀족, 제후들의 권력을 약화시켜야만 가능할 수 있었다. 그 일을 위하여 제국의 국왕은 교황과 손을 잡는 교회정책(Kirchenpolitik)을 펼쳤다. 그러나 제국국왕의 교회정책은 실패로 끝나고 그로 인하여 제국의 권력은 더욱 약화되고 분방제후의 권력이 강화되는 현상을 빚었다. 대표적인 제국권력의 약화의 징표로서는, 제국의 재판권이 제국 전역에 그대로 관철되지 아니하였으며, 특히 1281년의 Nürnberg의 제국판결례(Reichsweistum)는 제국의 황제가 제국재산을 처분하기 위해서는 최소한 4명의 선제후의 동의를 얻어야만 한다고 확인하였다.[20] 그리고 선제후가 동의를 함에 있어서도 선제후가 개별적으로 동의(Willensbriefe)를 하여야만 하였다.[21] 이와 같이 중세에는 신성로마제국의 제국권력이 극히 미약하여, 법의 통일도, 제국재판권의 확보도, 제국의 평화질서도 이루지 못하였으며, 따라서 법이 지역적으로 법권적으로 분열될 수밖에 없었다.

---

19) 이대제, 전게 서양법제사 개설, 267면.

20) Mitteis, Lieberich, a. a. O., S. 192.

21) 당시에는 선제후들의 협의체(Kurkolleg)는 존재하지 않았다(Mitteis, Lieberich, a. a. O., S. 192).

Ⅳ. 신성로마제국(국왕)과 로마교황청(교황)과의 관계

1. 게르만인들의 기독교화

신성로마제국과 교회와의 관계의 발전에 관한 이해를 위해서는 로마제국에서의 기독교의 전파와 박해, 그 후의 기독교의 공인 및 국교로의 인정과 로마제국의 교회보호 및 게르만인들에의 기독교의 전파와 게르만인들의 기독교화의 과정에 대한 파악이 필요하다. 기독교가 처음에 로마에 전해졌을 때에는 심한 박해를 받았다.[22] AD 63년에 로마에 대화재가 일어나고, AD 64년에는 베드로(Petrus)와 바울(Paulus)이 순교를 당하였다. 그 후 250여년간 기독교인들이 박해를 받은 후에 비로소 AD 313년 Constantinus대제의 밀라노칙령에 의하여 기독교가 로마제국에서 공인되었다. 그리고 AD 391년 Theodosius 1세에 의하여 로마제국의 국교로 인정되었다. 그리하여 기독교는 로마제국의 보호를 받으면서, 그 조직이 갖추어지고, 영향력이 확대되었으며, 교회의 세력이 확장되었다. 로마제국에서는 로마황제가 교회를 지배하는 상황이었다. 그리하여 황제가 교회의 사제(司祭)들을 임명하는 상황이었다.

게르만시대에는 게르만인들은 정령(精靈)신앙을 갖고 있었으며, 게르만민족의 대이동에 의하여 로마와 접촉함으로써 기독교가 게르만사회에 전파되기 시작하였다. 메로빙거왕조를 이루어 프랑크제국을 건설한 Chlodovech은 AD 498년에 기독교로 개종을 하였다. 그가 기독교로 개종을 한 것은 멸망한 서로마제국의 영토였던 서로마지역에 살고 있던 로마인들의 지지를 얻기 위함이었다. 그리고 카로링거왕조의 칼 대왕시대(AD 768-814 재위)에 와서는 모든 게르만인들로 하여금 기독교로 개종하도록 하였다. 그리고 그는 서기 800년에 로마의 베드로 대성당에서 Leo 3세 교황에 의해 대관되었으며, 교황으로부터 "서양의 황제"(Empereur d´Occident)라는 칭호를 받았다. 이러한 과정을 거쳐 기독교가 게르만인들의 종교로 확실히 그 위치를 차지하게 되었다. 이렇게 기독교가 게르만사회에 큰 저항 없이 수용된 것은, 게르만의 사회공동체사상이 "네 이웃을 네 몸같이 사랑하라"라는 기독교의 사회윤리사상과 일치하였기 때문이었던 것으로 평가된다.[23] 이와 같이 프랑크시대에 수용된 기독교는 그 후 게르만인들

22) 이에 관하여는 김상용, 법사와 법정책: 전게 로마민법학사 중심, 96면 참조.
23) 현승종, 조규창 공저, 전게 게르만법, 72면.

의 정신생활의 기초가 되었다.

그런데 프랑크시대에 게르만인들이 받아들인 초기의 기독교는 로마 가톨릭 그대로가 아니라, 아리우스교파(Arianismus)의 기독교이었다. 이 아리우스교파는 그리스도의 신성을 부인하고, 전례(典禮)에는 자국어를 사용하였다.[24] 이와 같이 프랑크왕국에서 로마교회의 기독교를 받아들이지 아니하고, 아리우스교파를 받아들인 것은 로마의 제국교회를 믿음으로써 게르만인들의 로마화의 우려를 극복하고, 게르만인들의 민족교회(Nationalkirche)를 이루고자 한 때문이었던 것으로 추론된다. 이와 같이 게르만인들이 기독교를 받아들임에 있어서도 게르만인들의 민족적인 색체가 강하게 나타난 현상이라 생각된다.

이러한 현상은 신성로마제국에서의 국가교회주권(Staatskirchenhoheit)에 대하여 사유교회법(Eigenkirchenrecht)의 모습으로의 발전으로 이어졌다. 그리하여 중세에는 교황의 지배를 받는 로마교회에 대립하여 신성로마제국의 황제의 통제를 받는 사유교회제도로 구분이 되었다.[25] 그러나 점차 로마교회와 결합된 교회로 발전하게 되었다. 그리하여 프랑크시대의 교회는 로마로부터 자유로운 교회가 아니라 로마와 결합된 분방교회(Landeskirche)로 나아갔다. 이와 같은 프랑크시대의 로마교회와 결합된 교회로의 게르만인들의 교회의 발전은 교황 Bonifatius 2세(530-532 재위)의 공적에 힘입어서였다.[26] 교황 Bonifatius 2세는 교회의 일체성을 주장하였다. 그 결과 교황 Bonifatius 2세는 Karolinger 왕조의 지원을 받게 되었다.[27]

씨족중심의 부족사회를 이루어 공동체생활을 하고 있었던 게르만시대의 게르만인들이 로마와 대치하고, 그 후에 민족대이동의 과정으로 로마의 영토에 침입하여 서로마제국을 무너뜨리는 과정에서 군사지도자를 중심으로 한 더 큰 공동체를 이루어 부족국가를 이루게 되었다. 게르만인들이 서로마제국을 침입하였을 때에는 귀족들이 연합하게 되고, 따라서 귀족의 세력이 확대되었다. 그러나 부족국가인 프랑크제국을 건설한 프랑크국왕은 그의 국가의 권력을 강화하게 위해서는 크게 세력을 갖게 된 귀족들의 세력을 꺾어야만 하였다. 이와 같이 왕과 귀족간에는 처음에는 서로 연합하여 로마제국에 대항하고, 프랑크국가를 건설하고서는 국왕이 귀족의 세력을 억제하고자 하였다. 그것은 보다

24) 이태재, 전게 서양법제사 개설, 256면.
25) Mitteis, Lieberich, a. a. O., S. 57.
26) A. a. O., S. 56.
27) A. a. O., S. 56.

강력한 통일적인 프랑크제국을 건설하고 왕권을 강화하기 위해서였다. 그러나 프랑크시대에는 그 뜻을 이루지 못하였다. 오히려 레엔제에 의하여 귀족들의 연합국가로서 프랑크왕국이 존속하게 되었던 것이었다.

귀족의 세력을 억제하기 위한 방법으로 구체적으로는 신성로마제국 시대에 와서 비로소 신성로마제국의 국왕은 교황의 권력을 이용하고자 하였다. 이것이 바로 교회정책(Kirchenpolitik)이었다.

교회정책은 신성로마제국의 오토 1세 대제(Otto I der Große: 936-978 재위)로서, 오토 대제는 카로링거왕조를 연 작센의 태공 하인리히 1세의 아들로서, 그는 가부장제적인 강력한 중앙집권인 신성로마제국을 세울 것을 계획하였다. 그러나 그의 강력한 국가건설은 귀족들에 의한 부족적 분립주의자들에 의하여 실패하고 말았다.[28] 그리하여 그는 초국가적인 존재인 교회와 손을 잡게 되었다. 이것이 바로 오토 대제의 교회정책이었다.

교회정책은 오토 대제가 세속귀족들과 태공(Herzöge)들의 세력을 꺽지 않고서는 제국의 건설이 어렵다는 것을 판단하고, 교회에 의지하여 제국을 건설하려고 한 정책이었다. 그 교회정책의 실천방법은, 교회재산을 늘리고, 주교(主敎)를 제후로 하여 주교제후의 권력을 키워 교회권력을 강화시키고, 권력이 강화된 교회에 대하여 제국황제의 영향력을 확실히 하여, 제국왕이 교회를 지배하는 방법으로 제후와 태공의 권력을 통제하고자 하는 방법이었다. 교회정책의 실천을 통하여 황제는 충실한 성품의 주교제후들의 복종을 얻어내었다. 그러나 주교제후는 혼인을 하지 않은 독신이었으므로 세속제후와 같이 왕에게 절대적인 복종을 하지 않았다.[29] 그렇지만 주교제후들의 도움으로 오토 대제로부터 Heinrich 4세(1050-1106)에 이르기까지 제국의 왕들은 제국을 통치하였다.[30]

이와 같이 교회정책을 실천하기 전까지는 황제가 교황을 보호하고 지원하는 관계에 있었다. 그러나 교회정책 후에는 그 반대로 황제가 교황으로부터 지원을 받는 관계로 변하였다. 오토 대제는 962년에 로마교황으로부터 대관되어 로마황제(Imperator Romanorum Augustus)라는 칭호를 얻어[31] 명실상부한 신성로마제국이 건설되었다.

---

28) 이태재, 전게 서양법제사 개설, 275면.
29) Ulrich Eisenhardt, Deutsche Rechtsgeschichte, 2. Aufl.(Beck, 1995), Rn. 207.
30) A. a. O., Rn. 207.
31) 이태재, 전게 서양법제사 개설, 282면.

2. 교회정책 후의 제권과 교권의 관계의 발전: 양검이론과 서임논쟁

오토 대제는 신성로마제국의 분열을 막고 중앙집권화하기 위하여 교회정책을 강구하였다. 교회정책의 내용은 기독교의 세계주의사상을 독일제국인 신성로마제국의 초부족적 제국관념에 결부시켜 세계제국(imperium mundi)의 관념을 정당화하는 것으로 되어 있었다.[32] 그러므로 자연히 제권(帝權)과 교권(敎權)이 불가분의 공동관계를 유지하게 되었다. 그리하여 신성로마제국의 황제는 로마교황의 강력한 후원자가 되고, 신성로마제국은 교황청의 후원국가가 되었다. 그리고 신성로마제국과 교회의 결합은 교회가 국가목적에 봉사하고, 국가에 기독교정신을 불어넣었다. 그리하여 제국에 종교적 성격이 각인되고, 점차로 신성로마제국은 신정국가(神政國家: theokratischer Staat)로 발전되어 갔다.

그리고 신성로마제국은 교황을 재정적으로 지원하였으며, 황제의 즉위는 로마로 가서 대관식을 행하는 로마행(Romfahrt)을 거치게 되었다. 이러한 제권과 교권과의 상호지원관계는 교황 Urbanus 2세에 의하여 1096년부터 1270년까지 7차에 걸쳐서 수행된 십자군전쟁에 제국이 적극적으로 참여하고 지원하는 관계로 발전하였다.[33] 이 십자군전쟁의 수행과 그 실패로 인하여 교황권은 약화되고, 교황권에 대한 제국의 군주권은 강화되었다. 그러나 십자군전쟁이 끝나기 전 때까지 교황은 제국황제의 정신적인 후원자가 되고, 제국황제로부터 재정적으로 지원을 받는 관계에 있었으므로 교황권이 강력하였다. 그렇지만 교회의 사제의 임명은 교황에 의해서 이루어진 것이 아니라 제국의 황제에 의해서 이루어지고 있었다.

이러한 세속권력인 군주권이 정신적인 힘인 교황권의 힘을 입어 강화되고, 교회의 사제임명을 황제가 행사한 것은, 교회가 정치적 세속권력을 배제하고 순수한 교회정치를 지향하는 교황청과 충돌을 빚을 수밖에 없었다. 그리하여 제국황제와 교황간에 정교쟁의(政敎爭議)가 일어나게 된 것이었다. 그것의 직접적인 원인은 교회의 사제임명을 둘러싼 제국황제와 교황간의 갈등이었다. 이때에 제기된 이론이 바로 양검이론(兩劍理論: Zweischwerterlehre)이었다.

교황과 제국황제와의 교회사제의 임명권한을 둘러싸고 일어난 중세의 서임

---

32) 상게서, 177면.

33) 십자군전쟁의 명목상의 원인은 11세기에 셀죽터키(Seljuk-Turks)가 시리아로부터 예루살렘(Jerusalem)을 빼앗고 순례자들을 박해한 때문이었다.

논쟁(敍任論爭: Investiturstreit)은 교회권력과 세속권력의 근원과 관계에 관한 성서의 규정을 두고 일어난 논쟁이었다.[34] 서임논쟁의 근거가 된 힘의 싱징인 검(Schwert)에 관한 성서의 기록에 의하면, 로마서 제13장 제4절[35]에서는 그 하나의 칼을 황제에게 주고, 에베소서 제6장 제17절[36]에서는 또 하나의 칼을 교황에게 주었다고 기록하고 있다. 이 힘의 싱징으로서의 칼에 관한 성서의 기록을 둘러싸고 교황권과 군주권의 양권력의 관계에 관한 논쟁이 일어난 것이었다.

이와 같은 양권력의 관계에 관한 논쟁은 이미 동로마제국과 로마교회와의 관계에서부터 시작이 되었다. 이는 교황 Gelasius 1세(492-498)가 비잔틴(Byzanz)제국과의 교의논쟁(敎義論爭)에서 주장한 2개의 권력이론(Lehre von den zwei Gewalten)으로서, 신은 세상을 다스리기 위하여 2개의 최고권력을, 그 하나는 황제에게 다른 하나는 교황에게 나누어 수여하였으며, 양권력은 나란히 병존적으로 존재한다고 주장하였다.[37]

그 후 11세기에는 이 양검이론이 교황권(Papstum)과 황제권(Königstum)과의 관계에 관한 논쟁으로 전개되고, 교황권과 황제권의 강화이론으로 이용되었다.[38] 그리고 양검이론도 다시 2가지의 견해로 나누어졌다. 그 하나의 이론은, 전통적으로 그리고 부분적으로는 오늘날에도 받아들여지는 이론으로서, 하나님은 직접적으로 황제와 교황에게 각각 하나의 검을 수여하였으며, 양권력은 원칙적으로 동순위이고 그 지배영역도 독자적이라고 하는 주장이었다.[39] 그리고 다른 하나의 이론은, 하나님이 2개의 검을 초대 교황 베드로(Petrus)에 주었는데, 베드로는 그 중의 하나의 검을 세속권력자에게 넘겨주었다는 이론이었다.[40] 그러므로 이 이론은, 세속권력은 교회를 위해서 일하고, 교회의 지시를 받아야 하는 이론으로 발전되었다.[41]

이러한 2가지의 양검이론에 대하여 교회법학자들(Kanonisten)은 교황권의

34) HRG(Handwörterbuch zur Deutschen Rechtsgeschichte), 40. Lieferung(1997), S. 1848.

35) Romans 13:4: For he is God's servant to do you good. But if you do wrong, be afraid, for he is God's servant, he does not bear the sword of nothing. He is God's servant, an agent of wrath to bring punishment on the wrongdoer.

36) Ephesians 6:17: Take the helmet of salvation and the sword of the Spirit, which is the word of God.

37) HRG, 40. Lieferung(1997), S. 1850.

38) A. a. O., S. 1851.

39) A. a. O., S. 1853.

40) A. a. O., S. 1854.

41) A. a. O., S. 1854.

황제권에 대한 우위를 인정하는 후자의 이론을 취하였으며, 교황권이 강하였던 13세기까지는 교황권이 황제권에 대해서 우위를 차지하였다.[42] 세속법에서는 교황권과 황제권의 동순위를 인정하는 전자의 이론을 취하였다. 작센슈피겔의 편찬자인 Eike von Repgow(1180-1233년 이후 사망)는 양권력이 대등하다는 전자의 이론을 취하였다.[43]

역사적으로 교황권과 황제권의 연합과 대립과정을 살펴보면, 제국의 교회정책에 힙입어, Konrad 2세(1024-1039), Heinrich 3세(1039-1056)시에는 제국의 정치권력이 교회를 지배하였다. 그러나 교황 Gregorius 7세(1073-1085 재임)는 이러한 교회정책을 배제하고자 하여, 그의 재임시기에 교황의 절대권을 구축하였으며,[44] Innocentius 3세(1198-1216 재임)에 이르러서는 교황권의 극성시대로서 교권정치의 시대를 이루었다.[45] 그리하여 교회재판의 기초가 되는 종교회의의 결의와 교황의 칙령, 즉 교령(Dekretalen)을 모아 교회법(canon law: Kirchenrecht)이 형성되었다. 그리고 교회법은 주로 로마법을 기초로 하여 이루어졌다.[46]

이러한 교황권의 우위의 시대에 서임논쟁에 관한 양권력의 타협이 이루어졌다. 그것이 바로 보름스화약(Wormser Konkordat)이었다. 당시 국가교회, 즉 제국교회(Staatskirche)에서는 황제가, 분방의 사유교회(Eigenkirche)에서는 영주(Grundherr)가 무제한의 사제서임권을 행사하였다. 교회에서는 황제와 영주의 사제임명에 대하여 주교의 동의를 얻어야 한다고 주장하고, 이를 요구하였다.[47] 그 결과 1059년에는 교회는 라테란 공의회(公議會)에서 황제와 영주에 의한 사제서임에 반대하는 결의를 하였다. 그 후 교황 그레고리우스 7세는 황제와 영주에 의한 사제서임을 성직매매라고 비판하였다.[48] 그러나 하인리히 4세는 사제서임을 계속하면서, 교황 Gregorius 7세의 선출을 불법으로 선언하고(1076), 교황의 퇴임을 요구하였다.[49] 이렇게 하인리히 4세와 교황 Gregorius 7세간에 충돌이 발생하고, 1077년에는 교황이 하인리히 4세를 파문하고 카놋사에 감금

42) A. a. O., S. 1857.
43) Erik Wolf, Große Rechtsdenker, 4. Aufl.(Tübingen, J.C.B.Mohr(Paul Siebeck), 1963), S. 22.
44) 신성로마제국 황제 Heinrich 4세가 교황 Gregorius 7세에 의해 파문을 당하고, 1077년에는 그에게 용서를 구한 Canossa의 굴욕이 이 시기에 일어났다.
45) 황적인, 전게 로마법·서양법제사, 101면.
46) 상게서, 101면; Eisenhardt, a. a. O., Rn. 135.
47) HRG, Band 2(1978), S. 405.
48) A. a. O., S. 406.
49) A. a. O., S. 408.

하는 일이 일어났다. 그러나 하인리히 4세를 이은 제국왕 하인리히 5세는 여전히 사제서임을 계속하였다.

이러한 사제서임을 둘러싼 논쟁에 대해 1122년에 제국왕 하인리히 5세(1106-1125 재위)와 교황 Calixtus 2세(1119-1124 재임) 사이에 사제(즉, 고위성직자)서임에 관한 정교협약으로서 보름스화약을 맺고, 기독교 교회 고위 성직자 서임권을 둘러싼 투쟁에 종지부를 찍었다. 이 보름스화약은 1123년 라테란 공의회(Laterankonzil)에 의해 확인되었다.[50]

이 보름스화약에서는, 성직자의 임명은 교황이 하도록 하고, 황제는 교황에 의하여 임명된 사제에게 세속의 재산과 특권을 주고, 교회의 제국제후선출에는 황제가 관여하여 영향력을 행사할 수 있도록 하여, 서임논쟁의 궁극적인 해결에 이르지 못하였다.[51] 그로 인하여 황제와 교황 모두를 만족시키지 못하였다. 그러나 이 보름스화약으로 인하여, 그때까지의 제국의 신정정치적 성격은 상실되게 되고, 황제의 권력은 약화되게 되었다.[52]

3. 정교쟁의의 진행과 그 과정에서의 제후권력의 강화

교황권의 우위에 의한 카놋사의 굴욕을 겪은 제국의 황제는 교황권의 지배로부터 벗어나고자 하였다. 그리하여 Gregorius 7세 이후 11세기에서 13세기까지의 2세기 동안은 교황권과 황제권이 대립한 정교쟁의의 시대로 변하였다. 이러한 정교쟁의의 결과로 먼저 제국의 황제권도 약화되고, 교황권도 역시 십자군전쟁에 실패한 후에는 약화될 수밖에 없었다. 특히 아비뇽(Avignon)의 유수(幽囚)에 의하여 아비뇽에서 교황행정이 이루어지기 시작한 교황 Clemens 5세(1305- 1314 재임)부터 교황권이 크게 약화되기 시작하였다.[53] 아비뇽의 유수는 1309년에서부터 1377년까지 7대의 교황에 걸쳐서 로마교황청이 남프랑스 론강변의 Avignon으로 이전한 사건으로서, 세속권력의 강화로 교황권이 위축된 사건이었다. 이를 교황의 바빌론포로라고도 한다. 프랑스인 교황이었던 Clemens 5세가 로마로 가지 못하고 프랑스에 체류한 것이 그 시작이 되었다.

이처럼 제국의 황제가 교황과의 정교쟁의의 진행으로 황제의 권력이 약화

---

50) A. a. O., S. 410.

51) Stephan Meder, Rechtsgeschichte: Eine Einführung(Köln, Weimar, Wien, Böhlau Verlag, 2002), S. 122; Adalbert Erler, Kirchenrecht, 5. Aufl.(C.H.Beck, 1983), S. 25.

52) HRG, Band 2(1978), S. 410.

53) 황적인, 전게 로마법·서양법제사, 119면.

됨으로써 반대로 영주들을 중심한 제국 내의 귀족의 권력은 강화되어갔다. 그리하여 제국국왕은 대내적으로는 귀족들인 제후(諸侯)들에 대한 권력행사가 미치지 못하고, 대외적으로는 교황으로부터 간섭을 받음으로써, 그 결과 제국의 황제가 선출되지 못하여 제국의 국왕이 없는 대공위시대(1250-1273)를 맞이하게 되었다. 따라서 신성로마제국은 중앙집권적인 국왕제 국제(國制)가 봉건적인 제후제적 국제로 전환되었다.[54]

신성로마제국의 황제 프리드리히 2세(Friedrich II)는 독일의 각 민족별 국민국가의 공동전선을 조직하여 교황권에 대항하였으나 실패하고, 교황으로부터 파문을 받은 채로 1250년에 사망한 후에 후임황제를 선출하지 못하여, 대공위시대가 시작되었다.

1273년 합스부르크가의 루돌프(Rudolf von Habsburg)를 국왕으로 선출함으로써 대공위시대가 끝이 났다.[55] 그것은 교황 Gregorius 10세의 요청으로 선제후회의가 소집되어 이루어졌다. 그리고 1282년부터는 합스부르크가가 세력을 구축하게 되어 중세 후기에 접어들게 되었다. 그 후에도 제국황제와 제후들간의 세력다툼은 계속되었으며, 1338년에는 선제후회의에서 선제후들이 선출한 국왕은 교황의 인가를 받을 필요가 없다고 결의함으로써, 제국황제로 하여금 교황으로부터의 대관을 하지 못하게 봉쇄하였다. 1356년에는 제국국왕 Karl 4세가 선제후들과의 타협을 시도하여 그 동안 관행적으로 지켜왔던 국왕선출방식을 금인헌장으로 발포하였다. 그 금인헌장의 발포로 선제후와 국왕간의 갈등은 종결이 되었지만, 선제후들의 권력은 더욱 강화되는 방향으로 발전하게 되었다. 그 결과 제국은 극히 약화되고 분방국가가 중심이 되는 분열된 지역국가(Territorialstaat)로 더욱더 발전하게 되었다.

4. 교회법의 형성발전과 세속법에의 영향

교회법은 로마시대부터 부분적으로 형성되기 시작하였다. 그러나 조직적이고 체계적인 교회법은 교황권이 강화되었을 때에 비로소 가능할 수 있었으며, 그 후 교회권력의 지속과 함께 교회법도 발전할 수 있었다. 교회권력이 강력하였던 시대였던 1140년에 Gratianus 교령집(Decretum Gratiani)이 편찬되었다.

---

54) 상게서, 101면.

55) 이 합스부르크가가 신성로마제국의 황제를 세습하였지만, 제국권력이 미약하여 오스트리아의 지방군주로 화(化)해버렸다.

교회법은, 이미 설명한 바와 같이, 교황권의 극성기에 교황의 교령,[56] 종교회의의 결의를 중심으로 하여 형성, 발전하게 되었으며, 그 내용은 주로 로마법을 기초로 하여 구성되었다. 게르만법에 대하여는 게르만법의 내용이 로마법의 내용으로 받아들여지지는 아니하였지만, 기독교 교리와 교회법이 게르만법의 발전에 영향을 주었다. 특히 12, 13세기에 최고도로 발전된 교회법이 세속법에 크게 영향을 미쳤다.[57] 그리고 교회재판권의 행사를 통하여 독자적인 교회법이 더욱 발전할 수 있게 되었으며, 교회법원은 교회사건뿐만 아니라 세속사건도 담당하여 판결하였다.[58]

기독교의 박애사상은 노예의 지위를 향상케 하였으며, 특히 노예의 혼인을 보호하도록 하였다. 그리고 노예에 대한 살해와 매각을 금지하는 등, 노예의 인도적 처우에 크게 기여하였다.[59] 더 나아가 기독교는 비자유인(Unfreie)의 지위 향상에 크게 기여하였다. 이는 기독교가 만인의 인격을 승인하고 신 앞에서의 평등을 주장한 데 영향을 받았다.[60]

그리고 교회법은 세속의 혼인법과 상속법, 유언법에 크게 영향을 주었으며, 교회소송법이 세속소송법에 영향을 주었다. 또한 교회법은 기독교의 인도주의 사상에 기초하여 형법의 발전에 크게 기여하였다.

V. 중세성기의 법의 분열과 법원(法源)

1. 법의 분열

중세성기(中世盛期)는 제국의 권력이 미약하고 귀족들, 특히 토지귀족들의 권력이 강하여, 통일적인 제국법은 크게 발전하지 못하고, 지방마다 법이 다르고, 법권마다 법이 다른 법의 분열상태를 보였다. 그러나 게르만 고유법을 지키려는 노력이 경주되어 관습법으로 존재하던 게르만법을 모아, 정리한 법서들이 편찬되었으며, 특히 도시가 발달하여 도시법이 독자적인 법권(法圈)으로 발전하게 되었다. 로마법에서와 같이 게르만법이 학문적으로 연구되거나 정리되지

56) 교령(敎令)은 교황의 법표현 내지 법표명으로서 개별문제에 관하여 개인적인 교황의 답이었다(Eisenhardt, a. a. O., Rn. 132).
57) 이태재, 전게 서양법제사 개설, 276면.
58) Eisenhardt, a. a. O., Rn. 136.
59) 현승종, 조규창 공저, 전게 게르만법, 63면.
60) 이태재, 전게 서양법제사 개설, 260면.

는 못하였으며, 관습법으로 존재하던 게르만 고유법을 법서로 편찬하는 정도에 머물렀다.

반면에 로마법은 학설휘찬이 발견되어 주석학파와 주해학파에 의해 발전되었으며, 법학교에서 로마법이 가르쳐졌다. 교회법도 역시 교황권의 강화와 함께 발전하였으며, 교회법에 대해서도 역시 주석이 행하여지고, 볼로냐법학교에서는 로마법과 함께 교회법도 가르쳐졌다. 그리하여 로마법은 세속법학자들에 의하여 발전되고, 교회법은 성직자들에 의하여 발전되고, 볼로냐대학에서 가르쳐진 반면에, 게르만법은 관습법으로 존재하였으며, 그것을 모아 책으로 편찬하는 수준에 머물렀으며, 체계적인 연구는 전혀 이루어지지 못한 상태에 있었다. 더욱더 신성로마제국은 오히려 게르만 고유법보다는 로마법을 자국법으로 이해하고 로마법을 적용하였다.

이와 같이 중세의 게르만법은 분방마다 다르고, 관습법으로 존재하였으며, 법권적으로 분열되어 있었으며, 학문적 연구와 체계화는 전혀 이루어지지 못하였다. 그리고 도시법이 발달하여 새로운 법권이 형성되었다. 이러한 법의 분열은 신성로마제국이 통일적인 중앙집권국가로 발전하지 못한 것이 주된 원인이었던 것으로 파악된다.

2. 법 원

프랑크시대부터 생성되기 시작한 봉건제도(즉, 레엔제도)가 하나의 사회제도로 정착함에 따라 Lehen법(Lehnrecht: 봉신법), 장원법(Hofrecht), 근무법(Dienstrecht) 등이 생기고, 이에 대한 일반법으로 분방법(Landrecht)이 생겼다.[61] 그리고 도시에는 도시법이 생겼다. 이와 같이 중세에는 법이 지역적으로 분열되어 있었고, 또한 규율되는 법률관계를 중심으로 하는 법권(Rechtskreis)마다 법이 달랐다. 따라서 중세에는 법권마다 법이 다른 법권적인 분열상태가 발생하였다. 이러한 법의 분열상태하에서 그 각각의 법을 적용하는 법원(法院)이 각각 독립적으로 존재하였다.

중세의 법원은 제국법으로서는 국가조직에 관한 헌법적 규정과 국왕과 교황과의 관계에 관한 협약(Konkordat)이 있었으며,[62] 제국의 치안질서의 유지를 위한 제국란트평화령(Reichslandfriedensgesetz)이 있었다. 그리고 교회의 주교(Bischöfe)

61) 상게서, 276면.

62) 중세에는 교황과 황제간의 관계도 오늘날의 헌법에 속하였다.

가 중심이 되어 사적인 복수(Fehde)를 극복하고 사회평화를 회복하고 유지하기 위하여 지방의 교회와 세속귀족들과의 협약인 란트평화령(Landfriedensordnung)이 있었다. 이 란트평화령은 제국의 사회질서유지권력이 미약하였기 때문에 주교가 중심이 되어 사회질서를 유지하기 위한 독일 특유의 법질서유지 현상으로 이해된다. 이에 관하여는 별도로 자세히 후술하기로 한다.

레엔법은 봉건법으로서 봉주와 봉신간, 봉신 상호간의 Lehen관계를 규율한 법으로서 봉건재판소(Lehngericht)에서 적용되었다. 이러한 봉건법은 레엔관계만을 규율하고 신분관계를 규율하는 신분법(Standesrecht)은 아니었다.[63] 레엔법에 관한 기록으로는 Langobard에서 편찬된 랑고바르드 봉건법서(Libri Feudorum)가 있다.

장원법(Hofrecht)은 장원의 영주와 영민간, 영민 상호간의 관계를 규율하는 법으로서 대부분이 관습법에 의하여 규율되었으며, 그 기록을 Weistümer라 불렀다. Weistümer에 관하여도 별도로 자세히 후술하기로 한다.

근무법(Dienstrecht)은 주군과 가인(家人)간의 주종관계를 규율한 법이었다. 이 근무법도 역시 관습법으로 존재하였다.

분방법(Landrecht)은 분방 내의 분방민에게 적용되는 일반법이었다. 분방법에 대하여 봉건법, 장원법, 근무법, 도시법은 특별법이었으며, 이러한 법들에서 규율되지 않은 사항은 분방법에 의하여 규율되었다. 이 분방법도 역시 관습법으로 존재하였으며, 분방법원(Landgericht)에서 적용되었다.

도시법은 도시에서 생성된 법으로서 독립한 법권을 이루었다. 도시법에 관해서는 별도의 장에서 상세히 살펴보기로 한다.

중세성기에 있어서 가장 중요한 법원(法源)은 법서였다. 법서는 관습법으로 존재하였던 분열된 법을 모아 엮은 책으로서 작센슈피겔(Sachsenspiegel)이 가장 중요하다. 작센슈피겔은 작센지방의 분방법과 봉건법을 모아 1215년에서 1235년 사이에 사인이 편찬한 법서로서 게르만법사에서 귀중한 법원이다. 독일 중세의 법서에 관해서도 별도의 장에서 상세히 살펴보기로 한다.

이와 같이 중세성기의 법원은 법권적으로 분열되어 있는 것이 가장 특징적이다. 그 외에도 중세법원의 특징을 살펴보면, 첫째로 프랑크시대의 제정법은 거의 사라지고, 다시 관습법이 지배하는 법질서가 이루어졌으며, 둘째로 분방

63) 이태재, 전게 서양법제사 개설, 288면.

의 속지성으로 인하여 법적용에 있어서 종래의 속인법주의(Personalitätsprinzip)에서 속지법주의(Territorialitätsprinzip)로 전환하였다. 셋째로 제국의 통일적인 법질서가 이루어지지 못하고, 법이 분열되어 다양한 법역 내지 법권을 이루었으며, 넷째로 법적용에 있어서 소지역의 법이 대지역의 법에 우선하였다. 즉, 당사자의 의사는 도시법에 우선하고, 도시법은 분방법에 우선하고, 분방법은 제국법에 우선하였다. 다섯째로 신분법이 각 사회신분별로 발달하고 그 재판관할을 달리하였다. 도시민에게는 도시법이 적용되고 도시법원(Stadtgericht)의 재판관할에 속하였으며, 기사(Ritter)에게는 기사법이 적용되고 기사법원의 재판관할에 속하였다. 여섯째로 동일인이라도 법률관계에 따라서 우선적용되는 특별법이 생겼다.

그리하여 동일인이라 하더라도, 특정 장원의 예속농민으로서는 장원법의 적용을 받고 장원법원(Hofgericht)에서 재판을 받아야 하였으며, 특정 봉주에 대한 봉신으로서는 봉건법의 적용을 받고 봉건법원(Lehengericht)의 재판을 받아야 하였으며, 특정 주준에 대한 가인으로서는 가인근무법의 적용을 받고 근무법원(Dienstgericht)의 재판을 받아야 하였다.[64] 이와 같이 지역에 따라서 분방마다 법이 달랐을 뿐만 아니라, 법권적으로도 법이 분열되어, 동일인에 대하여도 법률관계에 따라서 그 각각의 관할법원을 달리하였다.

그리고 중세에는 이러한 법분열에 따라서 법권마다 서로 다른 법이 생성되었다. 그리하여 중세에는 자치적 법창조의 원칙(Prinzip der autonomen Rechtsschöpfung)이 인정되었다.[65]

3. Weistümer

게르만법은 인민법, 민중법이고 관습법으로 존재하였다. 그러한 관습법은 법에 정통한 법을 말하는 사람이 언명하거나 제시(Weisung)함으로써 발견되었다. 이와 같이 Weistümer는 언명, 제시에 의해 발견되고 나타나는 것이 공통적이었다.[66] 그리고 언명, 제시(Weisung)는 협의를 위해 소집된 축제적인 인민들의 모임에서 현존하는 법상태 내지 현행의 관습법을 법에 정통한 사람(rechtskundige Person: Rechtssprecher)의 교시(Auskunft)에 의하여 이루어졌다.[67] 제시(Weisung)

64) 이태재, 전게 서양법제사 개설, 287면.
65) Mitteis, Lieberich, a. a. O., S. 181.
66) HRG, 37. Lieferung(1994), S. 1240.
67) A. a. O., S. 1240.

에 관하여 좀 더 상세히 살펴보면, 그것은 특정의 장소에서, 재판절차에 따라, 질문형식과 제시의 방식으로, 영주와 영민의 권리와 의무에 관하여 제시되고 확인되는 방법으로 이루어졌다.[68]

이러한 Weistümer는 광의의 Weistümer와 협의의 Weistümer로 분류된다. 전자의 광의의 Weistümer는 법적용의 원칙에 있어서 속인법주의의 원칙에 기하여 적용할 인민법이었던 부족법의 제시(Weisung der Stammesrechte)에서 시작되었다. 중세에는 분방법이 법에 정통한 사람에 의하여 말해지고 그것이 Weistümer로 나타났다.[69] 따라서 광의의 Weistümer는 발견된 분방법이었다. 이에 반해 협의의 Weistümer는 주로 영주(Grundherr)와 농민(Bauern), 혹은 영주 상호간 또는 농민 상호간의 관계에서 다투어지는 법률문제를 해명하기 위한 장원법을 의미하였다.[70] 그리고 Weistümer는 영민의 조세부담(Abgabe), 부역(Frone), 근무에 관하여 규율하고, 그 상한선에 관해서도 규율하고 있었으며, 물방아의 이용, 공유지(Markt)의 이용, 초지(Weide)와 자유지(Allode)의 이용, 숲과 물의 이용, 마을재판소의 설치, 관할, 재판절차, 형벌도 확인하고 있었다. 그리고 마을공동체도 다루고 있었다.[71]

Weistümer라는 표현은 게르마니스트로서 이를 많이 수집하였던 Jacob Grimm (1785-1863)의 저작에서 일반화되었다.[72] 그는 이러한 Weistümer를 모아 1828년에 "독일법골동품"(Deutsche Rechtsaltertümer)을 출간하였다. Weistümer는 학문에 의한 기술적인 법의 창조가 아니라 중세에 관습법으로 존재하던 법의 발견이었으며, 법원(法源)이었다.[73] Grimm은 Weistümer의 역사적 뿌리를 밝힘으로써 독일민족의 일체성을 강조하였다.[74] 그리고 von Gierke(Otto von: 1841-1921)는 그의 단체법(Genossenschaftsrecht)에서 Weistümer는 가장 초기의 자유농민이 관련된 법의 표현이라는 견해를 밝혔다.[75] 그러나 이러한 Weistümer는 지방마다 다르고, 그 차이가 크고, 통일적이지 못하였다. 가장 오래된 Weistümer를 기록한 책은 1023년에서 1025년 사이에 편찬된 "보름스교회령의 장원

68) A. a. O., S. 1241.
69) A. a. O., S. 1240.
70) A. a. O., S. 1240.
71) A. a. O., S. 1247.
72) A. a. O., S. 1240.
73) A. a. O., S. 1240.
74) A. a. O., S. 1242.
75) A. a. O., S. 1242.

법"(Lex familiae Wormatiensis Ecclesiae)이 있다.

이와 같은 Weistümer는 독일법사에 있어서 용지불갈(用之不渴)의 법의 원천이며, 농촌에서의 농민들의 일상생활을 다루고 있었으며, 위로부터의 법의 창조가 아니라 밑으로부터의 법의 발견이었다. Weistümer는 순수하게 법원만이 아니기 때문에 법사의 대상만이 아니라 사회사, 경제사에서도 다룰 대상이다.[76] 그리고 Weistümer는 법고고학(Rechtsarchäologie)의 연구대상이기도 하다.

4. 란트평화령(Landfriede)

중세독일은 제국권력이 미약하여 사회의 치안질서가 정상적으로 유지되지 못하는 불완전한 사회(unvollkommene Gesellschaft)였다.[77] 그리고 중세에는 흑사병(Pest)에 의한 인구의 감소, 이에 따른 생산력의 감소, 부족간의 전쟁 등으로 경제생활이 악화되었다. 그 결과로 절도, 강도, 약탈 등이 많이 발생하였으며, 이와 같은 질서위반행위에 대해서는 가혹한 사적인 복수(Fehde)가 행하였다. 그러므로 사회의 질서와 평화가 이루어지지 못하였다.

이러한 사적인 복수를 억제하여 평화상태를 이루고, 이를 공고화하고자 하는 법규범의 총체를 Land평화령이라 한다. 이와 같은 란트평화령에는 제국의 법률의 형식으로 이루어진 란트평화령(Landfriedensgesetz)도 있지만 교회의 주교가 중심이 되어 교회사제들과 세속귀족들이 서약한 합의(Einung)의 방식으로 이루어진 란트평화령(Landfriedensordnung)이 있다. 법제사적으로 중요한 란트평화령은 후자의 합의방식의 란트평화령이다.

게르만법사에서의 란트평화령을 이해하기 위해서는, 제국권력의 미약과 함께 게르만시대의 씨족(Sippe)에 의한 복수에 관한 이해가 필요하다. 게르만시대에는 생명, 신체, 재산, 명예 등 개인의 법익이 침해된 경우에 피해자가 속하는 Sippe는 가해자가 속하는 Sippe에 대하여 복수를 행하는 권리와 의무가 있었으며, 가해자가 속하는 Sippe는 가해자를 방위하여 복수에 응할 의무가 있었다. 이러한 Sippe에 의한 Sippe에 대한 복수에 대하여 당시의 부족으로 구성된 소국가(civitas)는 간섭을 할 수가 없었다. 이와 같은 씨족에 의한 복수는 공적인 형벌이 확립되기 이전시대의 합법적인 형벌이었으며, 불법적 행위에 대한 제재수단이었다. 이러한 복수는 Sippe의 소멸 후에는 각 개인간에 행하여졌다.

76) A. a. O., S. 1248.
77) HRG Band 2(1978), S. 1465.

프랑크시대에 와서도 역시 불법행위자에 대하여 복수가 사적 구제의 수단으로 인정되었다.[78]

이와 같이 게르만사회에서는 중앙의 강력한 국가가 건설되지 못하여 사적인 가혹한 복수가 일반적으로 행하여지고, 이로 인하여 사회의 질서는 유지되지 못하였다. 이러한 복수를 금지시켜 사회의 평화를 회복하기 위한 노력의 결과가 란트평화령이었다.

역사적으로 프랑크의 국왕은 평화를 지키기 위하여 복수를 제한하려고 하였다. 즉, 당사자에게 복수 이외의 법적 구제방법(Rechtsweg)을 제시하고, 속죄금(Buße)을 받아들이도록 강제하는 시도를 하였다. 또 한편으로 불법행위자에 대해서는 고통스런 형벌을 가하고자 하는 공적 형벌부과의 경향으로 나아갔다. 그리하여 절도자에 대해서는 원칙적으로 사형으로 위협하였으며, 절도를 하고 법정 밖에서 배상에 합의한 자도 절도와 동일하게 다루었다.[79] 이때 소송절차는 규문절차(Inquisitionsverfahren)에 의하였다.

프랑크시대에는 절도가 아주 극심하였으며, 떼를 지어 절도를 하였다.[80] 이에 대하여 엄한 형벌과 속죄금으로 대처하였으나 큰 개선이 없었다. 칼 대왕은 주교들에게 주교들이 수도승들(Kleriker)을 도둑으로부터 보호하라고 지시하였다.[81] 9세기에 이르러서는 절도, 강도, 약탈 등이 더욱 많이 행하여지고, 이에 대한 사적인 복수가 심화되어, 정상적인 사회상태로의 회복을 위한 평화노력(Landfriedensbemühungen)이 강화되고, 이러한 평화노력에 교회가 참여를 하였다.[82] 교회의 참여는 국왕의 사자(使者)로서 교회의 성직자들이 동참하였으며, 그리하여 주교는 범인을 체포하고, 추적할 의무를 부과받기에 이르렀다.[83] 주교의 무기는 강도와 절도를 파문하여 교회로부터 추방(Kirchenbann)하는 것이었다.

Karolinger왕조의 몰락 후에는 중범죄들이 늘어났다. 제국이 국가의 권위를 상실하고, 제국의 사법권의 효력이 없어지게 됨으로써 범죄행위에 대한 사적구제인 복수가 확산되었다. 이러한 사회현상에 대해 당시에 국가보다 안정화의

78) A. a. O., S. 1452.
79) A. a. O., S. 1452.
80) A. a. O., S. 1455.
81) A. a. O., S. 1455.
82) A. a. O., S. 1457.
83) A. a. O., S. 1457.

요소가 강한 교회가 평화의 이념을 발전시켜 나갔다. 그것이 바로 신의 평화(Gottesfriede) 운동이었다. 이러한 신의 평화운동은 남 프랑크의 클루니(Cluny) 수도원에서 일어났다. 그 내용은 특정한 날짜에 폭력을 금지하는 것이었다. 이러한 신의 평화운동이 독일에도 시작되어 1083년에는 Köln에서 1085년에는 Mainz에서 일어났다.

이와 같이 교회의 주교가 제창하고 책임 있는 세속귀족들이 자유의사로 계약에 의하여 Land의 평화를 지키기로 한 약정(Einung)으로 란트평화령이 시작되었다. 독일에서는 1103년에 처음으로 주교가 제안하고 귀족들이 서약한 약정으로서의 Mainz란트평화령이 만들어졌다. 그리고 1152년 이후부터는 사적인 약정의 형태로의 란트평화령에서 제국의 왕권에 의하여 제국법률로 제정된 란트평화령(Landfriedensgesetz)으로 발전되었다.[84] 그리고 사적인 약정형태로의 란트평화령은, 제국황제와 교황간의 서임논쟁(Investiturstreit)을 하는 동안에 지방을 중심으로 다양하게 일어났으며,[85] 한시적으로(auf Zeit) 효력이 있는 서약으로 이루어졌다.[86] 제국법으로서의 란트평화령으로는 1235년 Friedrich 2세의 Mainz제국란트평화령(Reichslandfriedensgesetz)이 중요하다.

란트평화령의 내용은 불법행위자에 대하여는 교회의 벌과 함께 세속적인 가혹한 형벌로써 다스리게 하였다. 그리고 복수금지에 관해서는 축제일의 복수금지, 일요일의 복수금지, 일주일의 마지막 3일의 복수금지 등으로 나타났다.[87]

이와 같은 란트평화령의 주된 가치는 형법분야에 있었으며, 불완전한 사회였던 중세의 형법이 되었다.[88] 그리고 란트평화령 역시 통일적이지 못하고, 큰 효과도 거두지 못하였다. 왜냐하면 중세의 국가의 권위로는 완전한 복수의 금지를 관철하는 것이 불가능하였기 때문이었다. 그리하여 절도, 강도, 약탈 등의 힘의 행사에 대해 대량적인 가혹한 형벌의 위협도 적절히 대처하지 못하였을 뿐만 아니라 복수에 대해서도 적절히 기능하지 못하였으며, 그 결과 란트평화령으로는 폭력적인 범죄를 뿌리뽑지 못하였다.[89] 1495년 영구란트평화령에서는 복수를 완전히 금지하는 결의를 하였으며, 자구행위를 불허하였다. 이러한 복

84) Mitteis, Lieberich, a. a. O., S. 182.

85) 고급귀족은 먼저 자신이 서약하고 다음에 그 평화령을 자기의 하속(下屬: Untergebene)에게 선서하도록 하기도 하였다(HRG Band 2, S. 1460).

86) Mitteis, Lieberich, a. a. O., S. 182.

87) A. a. O., S. 182.

88) A. a. O., S. 183.

89) HRG Band 2(1978), S. 1461.

수의 금지를 위하여 1532년에는 카로리나(Carolina)형법전(CCC: Constitutio Criminalis Carolina)을 만들게 되었다.[90]

이와 같이 교회의 주교의 제의에 의한 결의 내지 서약의 방식으로의 란트평화령의 형성은, 중세사회에 절도, 강도, 약탈 등이 얼마나 심각하였는지를 반증하는 것이며, 또한 이러한 범죄행위에 대해 제국은 대처할 국가의 권력행사를 거의 할 수 없었던 상황이었음을 반증하고 있는 것이다. 국가가 사회질서유지기능을 수행할 능력이 없었기 때문에, 교회가 나서서 당시의 세력자이었던 귀족들의 서약을 받아 사회평화를 유지하려고 하였던 것이었다. 이러한 법현상은 바로 중앙의 통일적인 국가권력의 미약이 초래한 결과이었다.

Ⅵ. 중세게르만법의 법원으로서의 법서

1. 개 설

독일중세에는 법이 분열되어 있었으며, 관할법원도 각각 달라 게르만법이 다양하게 발전하였다. 이렇게 발전된 중세독일의 게르만법은 대부분 관습법으로 존재하였으며, 관습법은 지방마다 그리고 법권마다 달랐다. 그리고 게르만법에 대해서는 로마법에서와 같은 학문적 연구가 이루어지지 않았다. 이러한 법상황중에서도 부분적이고 지역적으로 한정되긴 하였지만 게르만 관습법의 법자료들이 수집되어 책으로 엮어졌으며, 그렇게 수집되어 책으로 엮어진 법자료들은 당시 및 그 후에도 재판규범으로 활용되었다. 이와 같이 게르만 관습법을 모아 책으로 편찬된 책을 법서(Rechtsbücher)라 하며, 중세독일의 법원(法源)으로서 가장 중요하다. 그리하여 중세, 그 중에서도 중세성기를 법서의 시대라 한다. 그리고 법서는 공찬(公撰)이 아니라 사찬(私撰)이었다.

법서는 로마법에서의 학설휘찬(Digesta: Pandectae)이나 법학제요(Institutiones)와 같은 법전으로서 당시의 현행법으로서의 효력이 인정된 것은 아니었다. 그러나 재판에서 인용되고 판결의 기초로 활용되었기 때문에 실제에 있어서는 법전과 같은 효력이 인정되었다. 다시 말하면 로마법에서의 학설휘찬이나 법학제요는 동로마제국의 황제인 유스티니아누스 대제의 명에 의하여 편찬된 법전이었다. 그리고 발포를 할 때에도 유스티니아누스 대제의 칙령으로 이루어졌다. 그

---

90) A. a. O., S. 1642.

러나 독일중세의 법서는 사찬이었다. 법서 중에서 가장 중요한 법서인 작센슈피겔(Sachsenspiegel) 은 작센지방의 Falkenstein의 지방백 Hoyer(Graf Hoyer von Falkenstein)의 부탁으로 귀족자유인(Edelfreier)이었으며 궁정근무자(Ministerialer)였던 Eike von Repgow가 당시 관습법으로 존재하였던 작센지방의 분방법(Landrecht)과 봉건법(Lehnrecht)을 수집하여 책으로 엮은 것이었다. 그러므로 Sachsenspiegel은 법전으로 편찬된 것이 아니었다. 그러나 실제 재판과정에서는 Sachsenspiegel의 내용이 인용되었다. 그리하여 실무상으로는 사실상 법전과 같은 효력이 인정되었다. 이와 같이 Sachsenspiegel이 법전과 동일하게 취급은 받았으나,[91] 법전 그 자체는 아니었다.

그리고 특이한 것은 학설휘찬과 법학제요는, 기독교가 로마제국의 국교로서 그 영향력이 절대적이었을 때에 편찬되었으며, 유스티니아누스 대제가 강한 기독교신앙심을 가지고서 이를 편찬하였다. Sachsenspiegel 역시 기독교 시대에 신앙심이 아주 돈독하였던 Eike von Repgow에 의하여 편찬되었다. 학설휘찬과 법학제요의 구성방법과 내용은 성서의 구성방법을 따랐으며, 성서의 내용에 비추어 손색이 없는 인류보편적인 가치를 담고 있었다. 그리고 특히 이러한 학설휘찬, 법학제요 등의 로마법은 교회법의 기초를 이루었다.

작센슈피겔(Sachsenspiegel)에서는 Eike von Repgow가 역시 당시의 논쟁의 대상이었던 양검이론(Zweischerttheorie)을 교회법학자들과는 달리 정리하였지만, 깊은 신앙심에 기초하여 Sachsenspiegel을 편찬하였다. 그는 성서의 입장에서 독일전통법의 정당성을 인정하였다.[92] 이러한 Sachsenspiegel은 오랫동안 중세독일의 법원으로서의 효력이 계속되었다.[93]

2. 작센슈피겔(Sachsenspiegel)

(1) Sachsenspiegel편찬의 시대적 배경

Sachsenspiegel은 독일어로 된 가장 오래된 위대한 산문저작[94](Prosawerk)이

---

91) 이태재, 전게 서양법제사 개설, 289면.

92) Erik Wolf, Große Rechtsdenker, 4. Aufl.(1963), S. 25.

93) 이러한 역사적 현상을 신앙의 입장에서 보면, 신의 예정과 섭리와 신의 나라가 세속법에 표현되었다고 해석할 수도 있을 것이다. 그리하여 신의 뜻이 법에서는 학설휘찬 및 Sachsenspiegel에서 구체적으로 현현(顯現)되었다고 할 수 있을 것이다. 따라서 법에서도 신의 뜻이 예정되어 있고, 역사의 신정과 함께 세속적으로 실현되어 오고 있다고 이해될 수 있다.

94) Sachsenspiegel은 저지독일어(低地獨逸語: Niederdeutsch)에 속하는 오스트팔레어(Ostfale)로 쓰여졌으며, 이 오스트팔레어는 오늘날의 표준독일어와 상당히 일치한다(Sachsenspiegel: Landrecht und Lehnrecht(hrsg. von Friedrich Ebel, Stuttgart, Philipp Reclam jun., 1999), S. 4).

며, 중세독일의 법서 중에서 가장 중요한 법서이다. 그리하여 Sachsenspiegel은 법사학자에게 뿐만 아니라 언어학자(Sprachforscher) 및 문화사가(Kulturhistoriker)에게도 동일하게 중요하며, 오랫동안 법사학자(Rechtshistoriker) 및 법학자들에게 게르만법의 연구를 위한 용지불갈(用之不渴)의 원천이 되고 있다.[95]

Sachsenspiegel은 작센지방의 분방법과 봉건법을 수집하여 이를 책으로 편찬한 사찬의 법서이다. 즉, Sachsenspiegel의 주된 자료는 Sachsen지방의 분방법(Landrecht)과 봉건법(Lehnrecht)하에서의 작센인들의 법생활(Rechtsleben)과 작센에서의 재판관행(Gerichtsgebrauch)이었다. 이러한 게르만법 고유법 자료를 성서에 입각하여 정리한 것이었다.

그리고 작센슈피겔은 법서 중에서도 유일하게 편찬자의 이름이 알려져 있다.[96] 중세독일에는 고대의 게르만법이 구전으로 전해져 유지되고 있었으며, 그것의 법적 효력이 인정되고 있었다. 고대인민법(Volksrecht)이었던 게르만법은 중세에는 분방법으로서 그 효력이 계속되고 있었다.[97] 봉건법(Lehnrecht)은 귀족들의 가장 중요한 생활영역을 규율하고 있었으며, 봉건법도 역시 불문법이었다.[98] 그리고 봉건법은 농노(Hörige)의 장원에서의 의무와 부역(賦役)을 규율한 장원법(Hofrecht)과 가인(Dienstleute)의 주군에 대한 의무를 규율한 근무법(Dienstrecht)을 중요한 내용으로 하고 있었다.[99] 그리고 당시에는 법(즉, 게르만법)을 가르치는 사람이 없었으며, 법률에 정통한 사람(Rechtssprecher)은 농민층이나 기사층 출신의 참심원(Schöffe)이었다.[100] 이와 같이 중세독일의 농촌에서는 게르만 고유법이 관습법으로 지켜지고 이어져 왔다.

그리고 Sachsenspiegel이 편찬될 시기에 도시에는 도시법이 생성되고 있었으며, 도시법에서는 여전히 옛 전통의 게르만 관습법이 이전되어 왔다. 그리하여 도시법이라 하여도 농촌의 관습법과 근본적으로 다르지는 않았다.

---

95) Sachsenspiegel: Landrecht und Lehnrecht(hrsg. von Friedrich Ebel, Stuttgart, Philipp Reclam jun., 1999), S. 3.

96) 중세의 법서는 Sachsenspiegel을 제외하고는 그 편찬자를 알 수가 없다. 이와 같이 법서의 편찬자가 알려져 있지 아니한 것도 역시 독일의 단체주의적 사고와 사상 때문이었다. Sachsenspiegel의 편찬자인 Eike von Repgow가 살았던 12세기에서 13세기까지 당시의 독일인들은 개인으로 살지 못하고 씨족중심, 단체중심의 공동체의 삶을 살았으며, 신분질서의 한계 속에서 살았다. 그리하여 개인이 업적을 내어도 그 결실은 씨족과 부족의 지위를 드높이는 방법으로 이루어졌다(Wolf, a. a. O., SS. 1-2). 그리하여 법서의 편찬자들이 그의 이름을 밝히지 않았던 것이었다.

97) Wolf, a. a. O., S. 2.

98) A. a. O., S. 3.

99) A. a. O., S. 3.

100) A. a. O., S. 3.

그러나 제국에는 로마법의 계수도 이미 나타났다. 또한 로마법은 교회법과 교회의 법실무에서 활용되고 있었다. 이러한 법상황 속에서 오래된 독일의 고유법이 지켜져야 하였기 때문에, 게르만 관습법의 불명확성과 경직성(Starrheit)으로부터 해방되어야만 하였다. 이와 같은 관습법을 법서로 편찬하고 설명하면, 개별적인 Weistümer로 존재하고 있던 고대의 좋은 전래(傳來)의 법지식을 망각으로부터 구할 수 있었다. 이러한 법상황 속에서 Sachsenspiegel이 편찬되었다.

또한 중세독일사회에서는 사적인 복수(Fehde)가 끊임없이 일어났다. 또한 정치적으로는 신성로마제국의 제국권력이 법의 분열(Rechtszersplitterung)에 대한 강한 억제권력이 되지 못하였다. 제국황제는 귀족들인 태공들(Herzöge)에 대하여 왕권을 행사는 하였지만 태공들을 이기지는 못하였다. 황제의 대관을 위한 로마행 때에나 제국의 왕권이 대외적으로 나타났다. 또한 제국국왕은 보다 강력한 제국을 건설하려고 하였지만 교회에 의해 방해를 받았다. 이러한 시대에 Sachsenspiegel의 편찬자가 살고 있었다. 그리하여 그는 제국감정(Reichsfreudigkeit)을 가지고서, 강한 왕권을 고취하였으며, 왕권이 강력해지기를 바랐었다.[101][102]

이와 같이 Sachsenspiegel은 중세독일의 법분열의 상태와 로마법의 침투에 대해 게르만 고유법을 지켜야 하겠다는 민족의식과 교황권력에 대하여 강력한 제국권력을 만들어 나가야 하겠다는 의식 속에서 배태되었다. 그러므로 Sachsenspiegel은 결국 제국 내에 침투해 들어온 로마법에 대항해서 게르만 고유법을 지키고 전수해야겠다는 강한 민속의식의 발현으로 편찬된 것이었다.

(2) Sachsenspiegel의 편찬자: Eike von Repgow

작센슈피겔(Sachsenspiegel)의 편찬자 Eike von Repgow는 1180년에서 1190년 사이에 태어나, 1233년 이후에 사망하였다. 그의 집안은 참심원이 될 수 있는 자유인(schöffenbare freie Leute)에 속하였으며, Eike von Repgow 자신은 지주(Grundherr)로서 당시의 귀족들과 기사들과 교제를 하였고 함께 여행도 하였던 것으로 밝혀져 있다.[103] 그는 어린시절에 관해서는 대단히 논쟁적이다. 당시의

101) Wolf, a. a. O., S. 4.

102) Eike von Repgow는 성서상의 Daniel서에 기록되고 있는 영원한 제국에 대한 이상을 가지고서, 독일제국이 그러한 영원한 제국으로 될 것을 소망하였다(Wolf, a. a. O., S. 21). 그리하여 그는 제국이 곤경에 빠졌을 때에는 온 힘을 다하여 제국을 구해야 하는 것이 Lehn의무(Lehnpflicht)라고 하였다. 주저참근(主邸參勤: Hoffahrt)과 군역(軍役)의 이행(Heerfahrt)이 제국에 대한 Lehn의무자들(Lehnträger)의 무제한의 의무라고 하였다.

103) Wolf, a. a. O., S. 5.

교육기관이었던 돔학교(Domschule)에 머물면서 성서, 신학저작들, 라틴어 교육을 받았을 것으로 추론되기도 하고,[104] 돔학교에서 정식교육을 받지 않고 학식이 있는 세속의 평민(Laie)으로부터 강의를 받았다는 주장도 있다.[105]

그는 기사계급의 귀족자유인이었고, 재판과정에 참여한 Ministerialer[106]이었다.[107] 그는 법감정인(Rechtsgutachter), 법률조언자(rechtskundiger Berater)이었으며, 관습법인 법을 제시해 주는 법제시자[108](Rechtsweiser)이었다.[109] 그리고 참심원(Schöffe)으로서 판결인(Urteiler)이었다. 또한 Falkenstein의 지방백(地方伯: Graf) Hoyer의 종사(從士: Lehnmann)로서, 그리고 Quedlinburg의 성당관리인(Stiftsvogt)의 종사로서도 일을 하였다.[110] 이러한 Eike von Repgow의 인물에 관하여는 1209년에서 1233년 사이에 작성된 6개의 증서(Urkunde)가 이를 입증해 주고 있다.[111] 그리고 그가 동작센의 기사(Ritter)였다는 주장도 있다.[112] 그가 Sachsenspiegel을 편집한 것은 그의 주군이었던 Falkenstein의 지방백 Hoyer의 권유와 압력에 의해서 이루어졌다.

Eike von Repgow는 성직자는 아니었으나 신앙심이 아주 깊었으며, 그는 성서에 기초하여, "법은 위대한 신에 관련된 질서이다"(Das Recht ist eine große, auf Gott bezogene Ordnung)라는 법의식을 갖고 있었다.[113] 이와 같이 그의 법사상은 높은 윤리의식과 모든 존재의 기원을 신으로 보고, 법도 그 존재의 기원자인 신으로부터 이해하여야 한다고 하였다.[114] 그리고 그는 Sachsenspiegel 첫머리에서 "주님의 탄생에 관한 서언"(Vorrede von der Herren Geburt)으로 시작하였다. 그러나 그는 교회법을 알고는 있었지만, 교회법의 계수는 반대하였다.[115] 그는 깊은 신앙심을 갖고 신에 기초한 법관념을 갖고 있었지만, Sachsenspiegel에서 양검이론을 통하여 교회에 대해 세속권력을 지지하는 입장을 취하였다.[116]

---

104) Sachsenspiegel, hrsg von Friedrich Ebel, S. 4.
105) Wolf, a. a. O., SS. 5-6.
106) Ministerialer는 궁정에서 일을 한 근무자(Dienstmann)를 말한다.
107) HRG, a. a. O., S. 1229.
108) 이와 같은 법제시(法提示)에 의하여 밝혀진 관습법이 Weistümer이었다.
109) Mitteis, Lieberich, a. a. O., S. 237.
110) Sachsenspiegel, hrsg von Friedrich Ebel, S. 4.
111) A. a. O., SS. 4-5; HRG, 29. Lieferung(1988), S. 1229.
112) Sachsenspiegel, hrsg von Friedrich Ebel, S. 4.
113) Mitteis, Lieberich, a. a. O., S. 237.
114) 최종고, 전게 법사와 법사상, 173면.
115) Mitteis, Lieberich, a. a. O., S. 237.
116) HRG, 29. Lieferung, S. 1235.

Sachsenspiegel의 14개조문[117]이 교회법에 위반된다는 이유로 작센슈피겔이 쓰여진 후 150여년이 지난 1374년에 교황 Gregorius 11세에 의하여 파문당하였다.[118] 그리고 파문당한 작센슈피겔의 조항에 기한 판결도 무효로 선언되었다.[119]

그는 Sachsenspiegel을 당시의 스콜라철학의 학풍에 따라서 편찬하지는 않았다. 또한 그는 당시의 법문헌들(literarische Quelle)을 거의 이용하지도 않았다. 그는 작센슈피겔을 당시의 법생활 그 자체로부터 바로 편찬하였다. 그리하여 그는 단순한 법의 전달자였지, 법을 창조한 사람은 아니었으며, 따라서 Sachsenspiegel도 분방법 및 봉건법의 단순한 전달이었지 창조가 아니었다.[120]

그의 삶은 도시생활과는 거리가 있었다. 그리하여 그는 Sachsenspiegel에서 도시법을 한 번도 언급하지 않았다.[121] 그리고 그에게는 도시에서의 거래와 관련된 증서도 관심 밖에 있었다. 그리고 그는 궁정근무자(Ministerialer)의 근무법(Dienstrecht)도 멀리하였다.[122] 그는 자기의 농촌고향을 잘 알고 있었으며, 농업적, 기사적 생활을 잘 알고 있었다. 교회법도 알고 있었으며, 교회법도 인용하였다.[123] 그는 그의 주군, 지방백 Hoyer의 종사로서 궁정생활을 알게 되었으며, 그의 법정(Dingsstätte)도 방문하였다. 그는 이러한 생활을 통하여 게르만법에 대한 지식을 얻었다. 그러나 아마도 Eike von Repgow의 법률지식의 대부분은 Hoyer의 종사로서 증서작성, 그와의 협의 및 재판정에서 법감정과 법제시를 통하여 얻은 것으로 이해된다.[124] 그는 로마법대전(Coprus Iuris Civilis)를 보지 못하였고, 알지 못한 것으로 판단된다.[125]

그는 민족의 전통 속에서 독립적으로 살아가는 분방의 귀족들을 생각하였으며, 질서의 법에 대한 확고한 생각을 갖고 있었다. 그는 경건한 믿음을 가지고, 자기가 속한 민족인 작센인을 사랑하였으며, 독일제국을 좋아하였다. 그는 질서에 대한 사랑을 가지고 있었다. 그리고 그는 독일제국의 강화를 염원하였다. 그리하여 그는 당시의 민중보다는 지배계급이었던 황제와 분방왕을 더 염

117) 이를 "배척된 조항"(articuli reprobati)이라 하였다.
118) Mitteis, Lieberich, a. a. O., S. 237; Ebel, Thielmann, a. a. O., Rn. 184.
119) 최종고, 전게 법사와 법사상, 173면.
120) 상게서, 173면.
121) Wolf, a. a. O., S. 17.
122) A. a. O., S. 17; Ebel, Thielmann, a. a. O., Rn. 192.
123) 그라티아누스 교령집(Decretum Gratiani: 1140년 편찬)을 인용하였다(Wolf, a. a. O., S. 8).
124) Wolf, a. a. O., S. 6.
125) A. a. O., S. 8.

두에 두었다. 그러한 측면에서 판단하면 Eike von Repgow는 진정한 민중법학자는 아니었다.

그리고 Eike von Repgow에게 있어서 진실(das Wahre)과 좋은 것(das Gute)은 하나이었다. 그리하여 그는 진실한 것은 좋은 것이라는 관념을 갖고 있었다. 그는 법을 설명함에 있어서도, 좋은 전통을 유지하고, 조심스럽게 고치고, 순풍이 사라지는 것에 놀라고, 당시의 풍기가 문란해지는 상황에 대해 저항하였던 것으로 평가받고 있다.[126]

그리고 그는 Sachsenspiegel을 편찬한 이외에 "작센세계연대기"[127](Sächsische Weltchronik)을 편찬하였다는 주장이 있으나,[128] 오늘날의 연구에서는 다투어지고 있다.[129]

(3) Sachsenspiegel의 편찬과정과 그 후의 발전

Sachsenspiegel은 1200년경에 기록된 뮐하우젠 제국법서(Mühlhäuser Reichsrechtsbuch)와 함께 최고의 법서이다. Sachsenspiegel은 지방백 Hoyer의 요청에 의해 초고는 라틴어로 편찬되었다. 그리고 역시 Hoyer의 요청에 의하여 라틴어로 된 Sachsenspiegel 초고를 독일어로 번역하였다. 그리하여 Sachsenspiegel이 독일어로 쓰여진 최초의 법서가 되었다. Sachsenspiegel의 독일어본은 1215년에서 1235년 사이에 편찬된 것으로 판단된다.[130][131] 당시에는 라틴어가 공식언

126) A. a. O., S. 9.

127) 작센세계연대기는 1150년에서 1230년 사이에 쓰여진 세계역사를 다룬 세계연대기로서, 작센슈피겔과 마찬가지로 독일어로 쓰여진 산문(散文)연대기(Prosachronik)였다. 이 작센연대기는 창조시로부터 당시의 현재까지의 세계역사를 다루고 있었다. 동 연대기는 성서를 소재로 하여, 창조시로부터 그때까지의 역사적 사건들을 6개의 시대로 구분하여, 각 시대마다의 신의 역사(役事)로서의 치유의 역사(Heilsgeschichte)를 기술하였다(HRG, 29. Lieferung(1998), SS. 1237-1239). 특히 작센연대기에서는 세계창조에 관한 성경의 설명으로부터 시작하여, Daniel이 예언하였던 거의 미신적인 4개의 세계제국의 성립과 운명에 관하여 기술하였다. 4개의 제국은 앗시리아의 바빌로니아 제국, Medisch-페르샤제국, 그리스 알렉산드리아 제국, 로마독일제국(로마제국에서 신성로마제국으로 이어지는 전역사에 걸치는 제국)에 관해서 기술하고 있다(Wolf, a. a. O., S. 7). Sachsenspiegel이 신약에 기초하고 있는 데 반하여, 작센연대기는 구약에 기초하고 있다. Sachsenspiegel에서와 같이 서문(Reimvorrede)이 있고, 그 서문에서 van Repegouwe라는 이름이 나오기 때문에 Eike von Repgow의 저작으로 주장된다. 작센연대기가 Eike von Repgow의 저작이 아니라는 견해는, 작센연대기의 저자는 아마도 성직자로서 프란체스코 교단에 속할지도 모른다고 한다(HRG, 29. Lieferung, S. 1240).

128) Wolf, a. a. O., S. 7.

129) Sachsenspiegel, hrsg von Friedrich Ebel, S. 4.

130) Mitteis, Lieberich, a. a. O., S. 237.

131) Sachsenspiegel의 편찬연대를 이와 같이 추정하는 것은, 1215년에 발표된 제4차 라테란종교회의의 내용은 인용되어 있음에 반하여, 1235년에 발포된 마인츠 란트평화령(Mainzer Landfriede)의 내용은 인용되고 있지 않기 때문이다(Mitteis, Lieberich, a. a. O., S. 237).

어였다. 그리하여 당시에는 공식문서는 모두 라틴어로 작성되었으며, 사찬의 법서는 독일어로 기록되었다. Sachsenspiegel의 라틴어 초고는 그 전부는 알려져 있지 아니하며, 단편적으로 부분적인 내용만이 전해져 내려오고 있다. 그런데 다른 자료에 의하면, 라틴어 초고는 1221년에서 1224년 사이에 편찬되었으며, 그 독일어번역본은 1224년에서 1225년간에 필사본으로 편찬된 것으로 알려져 있다.[132] 이러한 라틴어 초고와 독일어번역본은 Eike von Repgow 자신에 의하여 이루어졌다.

그리고 1233년에는 Eike von Repgow가 아닌 다른 사람에 의하여 Sachsenspiegel의 확대본이 편찬되었다. 이 확대본에는 원본의 내용이 수정, 보충되기도 하고, 원본에 없는 내용이 삽입된 것으로 추론되고 있다.[133] 그리고 이 Sachsenspiegel은 법전과 동일하게 다루어졌으며, 14세기에는 제국국왕의 입법으로 받아들여졌다.[134]

Eike von Repgow가 Sachsenspiegel을 편찬할 때에 참고한 원전들(Quelle)에 관하여는 많은 연구에도 불구하고 완전히 해명되지는 않고 있다.[135] 즉, 구체적인 자료들이 입증되지 않고 있다. 그러나 성서, 교회법, 몇몇 제국법이 이용된 것은 분명하다.[136] 스콜라철학에서의 법률문답집(quaestio)의 구절도 인용되고 있으며,[137] 1179년 사망한 Petrus Comestor의 Historia Scholastica가 인용되고 있다.[138] 이와 같이 Sachsenspiegel에서 인용된 원전들은 특징이 없다.

Sachsenspiegel은 작센지방의 분방법과 봉건법으로 구성되어 있을 뿐이며, 주된 자료는 Sachsen지방의 분방법원(Landgericht)과 봉건법원(Lehngericht)에서의 법생활(Rechtsleben)과 재판관행(Gerichtsgebrauch)이었다.[139]

그리고 Sachsenspiegel을 편찬함에 있어서도 체계적이지 않고, 여기 저기에서 중요한 내용을 기술하고, 내용적으로 관련이 있는 것들을 모아 두었을 뿐이었다. 즉, Sachsenspiegel은 독자적인 체계를 취하지 않고 있으며, 자유로운 조

132) HRG, 29. Lieferung(1988), SS. 1229-1230.
133) Sachsenspiegel, hrsg von Friedrich Ebel, S. 4.
134) 이태재, 전게 서양법제사 개설, 289면.
135) HRG, 29. Lieferung(1988), S. 1234.
136) A. a. O., S. 1234.
137) 여기에서의 인용이란 Sachsenspiegel에서 인용의 표시가 되어 있는 것이 아니라, 그러한 원전의 내용과 동일한 내용이 Sachsenspiegel에서 표현되고 있다는 의미이다.
138) Wolf, a. a. O., S. 8.
139) HRG, 29. Lieferung(1988), S. 1234.

합(freie Assoziation)의 방식으로 편집하였다. 그리하여 Sachsenspiegel의 내용에 관한 사고의 진행(Gedankengang)과 체계(Systematik)의 시도는 실패하고 말았다.[140)]

이와 같이 작센슈피겔은 로마법대전 중의 학설휘찬과 비교해 보면, 그 자료에 있어서 뒤쳐지며, 그 체계구성에 있어서도 비체계적이며, 다만 분방법과 봉건법의 구체적인 내용을 Eike von Repgow 자신이 구체적, 직관적으로(konkret-anschaulich) 기술하였을 뿐이었다.[141)][142)] 이는 게르만법이 관습법으로 존재하여 자료가 빈약하였고, 중세독일에서는 법학이 발달하지 못하였기 때문이었다. 그리고 Sachsenspiegel에서는 도시법과 궁정근무자(Ministerialer)의 근무법(Dienstrecht)은 다루어지지 않고 있다.[143)]

Sachsenspiegel을 구성하고 있는 법분야는, 오늘날의 법분류 체계에 따르면, 사법, 형법, 절차법(즉, 소송법) 및 국가법[144)](Staatsrecht)이었다.[145)]

13세기 이래 Sachsenspiegel은 지방사투리로 번역이 되었다. Sachsenspiegel은 거의 모든 독일의 지방사투리로 번역이 되고, 네덜란드어로도 번역이 되었다. 1292년에는 Bresalu에서 라틴어로 번역이 되었다. 그 Breslau번역본은 뤼벡(Lübeck)의 도시법과 결합이 되었다.[146)] Breslau 라틴어 번역본이 나온 10년쯤 후, 다시 라틴어번역본이 나왔다. 15세기에는 어느 수도사가 이 양자의 라틴어 번역본의 결합을 시도하였다. 그 결합본을 기초로 하여 16세기에는 폴란드어 번역본이 나왔으며, Sachsenspiegel의 폴란드어번역본의 일부분은 더욱더 러시아, 우크라이나, 체코, 리투아니아, 헝가리에 전해졌다.[147)] 14세기에는 Brandenburg의 변방(Markt)에서 라틴어 번역본이 나와, 이것이 일반적으로 널리 퍼졌다.[148)]

이와 같이 Sachsenspiegel은 독일의 지방사투리로 번역되고, 라틴어, 폴란드어로도 번역되어 전파되었다. 전파는 처음에는 필사본의 방법으로 확산(handschrif-

---

140) A. a. O., S. 1235.

141) Sachsenspiegel, hrsg von Friedrich Ebel, S. 5.

142) 그러니까 Eike von Repgow는 자료를 가지고서 그 내용을 체계적으로 배열, 정리한 것이 아니라, 작센인들의 구체적인 생활과 작센의 법원의 재판으로부터 그 자신이 고유법이면서 좋은 법이라고 판단한 분방법과 봉건법을 기술한 것이 Sachsenspiegel이었다.

143) Sachsenspiegel, hrsg von Friedrich Ebel, S. 4.

144) 국가법은 헌법에 해당된다.

145) Sachsenspiegel, hrsg von Friedrich Ebel, S. 5.

146) HRG, 29. Lieferung(1988), S. 1230.

147) A. a. O., S. 1230.

148) A. a. O., S. 1231.

liche Verbreitung)되었다.[149][150] 지역적으로는 북독일, 중부독일, 동독일에 전파되었으며, 슬라브 지방, 지금의 루마니아 지역인 Siebenburg, 네덜란드에도 전파되었다. 이에 반해 남부독일에는 Sachsenspiegel의 자법서(子法書: Tochterrechtsquelle)에 해당되는 Schwabenspiegel이 확산되었다.[151]

드디어 15세기 말에는 인쇄가 되어 보급되었다. 18세기 말까지 Sachsenspiegel의 인쇄본은 실무상의 목적에 이용되었다.[152]

번역본이 나와 Sachsenspiegel이 확산된 후에는 당시 Sachsenspiegel에 대해 주석이 이루어졌다. 이는 로마법의 주석방식에 영향을 받은 것으로 판단되며, 1325년에 소위 부흐주석(Buch'sche Glosse)이 편찬되었다. 이 부흐주석은 Bologna에서 법을 연구하고 돌아온 변방인 Brandenburg의 궁정법원판사(Hofrichter)였던 Johann von Buch에 의해 이루어진 주석이었다. 이 주석서는 학문적인 목적도 있었지만, Sachsenspiegel의 내용을 로마법과 교회법과 조화시키기 위한 시도로 이루어졌다.[153] 이러한 주석에 의하여 Sachsen법이 19세기까지 로마법이었던 보통법(gemeines Recht)과 나란히 그 생명을 유지할 수 있었다. 이는 주석이 이루어지지 않았던 Schwabenspiegel과 다른 점이다.[154]

이 부흐주석이 이루어진 후에 이 부흐주석에 대한 가필이 이루어지고, 또 새로운 주석이 이루어졌다. 1401년에 사망한 Liegenitz의 도시서기(Stadtschreiber) Nikolaus Wurm이 부흐주석에 대하여 강한 로마법적인 경향으로 가필을 하였다. 이 가공된 주석서는 필사본으로서 널리 보급되지는 못하였지만,[155] 강한 로마법적 경향에 의하여 원 Sachsenspiegel과는 차이가 많았다.[156] 그리고 15세기에는 Stendal에서 스텐달 주석(Die Stendaler Glosse)이 이루어졌다. 이는 강한 로마화가 이루어진 주석이었으며, 역시 필사본이었다. 널리 보급은 되지 않았다. 주석은 Sachsenspiegel을 구성하고 있는 분방법과 봉건법이 분리되어 그 각각에 대하여 이루어지기도 하였다.[157]

---

149) A. a. O., S. 1231.

150) Sachsenspiegel의 약 200개의 완전한 필사본이 만들어졌다(Sachsenspiegel, hrsg von Friedrich Ebel, S. 5).

151) HRG, a. a. O., S. 1231.

152) A. a. O., S. 1231.

153) A. a. O., S. 1231.

154) A. a. O., S. 1231.

155) Schlesien 지방에 보급이 되었다.

156) HRG, 29. Lieferung(1988), S. 1232.

157) 물론 분방법에 대한 주석이 먼저 이루어졌으며, 봉건법도 1386년 이전에 이미 주석이 이루

그리고 14세기 말에는 Sachsenspiegel의 내용을 그림으로 그려 표현한 일련의 예화서(Illustration)가 나왔다.[158] 그 중에 아직도 4개는 현존하고 있다.[159]

이렇게 Sachsenspiegel이 확산됨과 함께, 다시 이 Sachsenspiegel를 기초로 하여 개작된 여러 법서들이 만들어지게 되었다. 구체적으로는 남독일, 그 중에서도 주로 Augsburg에서 개작된 법서로서 Deutschenspiegel과 Schwabenspiegel이 만들어졌다. 그리고 이들 개작된 법서들은 체계화된 Sachsenspiegel로서 이는 Sachsenspiegel의 필사본 중 Niedersachsen에서 이루어진 것으로서, Sachsenspiegel을 3부서로 체계화한 보급판(Vulgataform)이었다. 이 필사본에서는 Sachsenspiegel의 내용에 제목을 붙여 조문화한 것이 특징이다.[160]

Sachsenspiegel은 분방법으로도 바꾸어 발포되었다. 1356년에는 Breslau 지방에서 분방법(Das Breslauer Landrecht)으로서 효력이 발생하였는데, 이는 Sachsen-spiegel을 개작한 분방법이었다. 1322년에서 1327년 사이에는 Baltik 지방을 고려한 Sachsenspiegel의 개작이 이루어졌다. 이를 리투아니아 법서(Der Livländische Spiegel)이라 하며, Sachsenspiegel의 내용을 많이 수용하고 있으며, 20세기까지 그 효력이 지속되었다.[161]

그리고 Sachsenspiegel 내용의 부분적인 개작과 함께 다른 소재와 결합된 개작도 나타났다. 또한 Sachsenspiegel의 내용을 알파벳 순으로 엮은 백과사전식의 총서(Sammelwerk)가 나오고, Sachsenspiegel의 주석서를 망라한 역시 알파벳 순서로 엮은 총서도 출판이 되었다.[162]

그리고 1357년에서 1387년 사이에는 Sachsenspiegel 중의 분방법이 마이센법서(Meißener Rechtsbuch)로 바꾸어 쓰여졌으며, 이 마이센법서의 보급은 Sachsenspiegel의 확산이 되었다.[163] 또한 도시법서(Stadtrechtsbücher)에도 Sachsenspiegel의 내용이 삽입되었다. 베를린도시법서, 기타 도시법서에 Sachsenspiegel의 내용이 인용되었으며,[164] 도시법서는 공찬되기도 하고 사찬으로 이루어지기도 하였다. 그리고 1261년에는 Magdeburg의 도시법이, 1270년에는 Hamburg의 도시법이

어졌다(HRG, 29. Lieferung, S. 1232).

158) Sachsenspiegel, hrsg von Friedrich Ebel, S. 6.

159) Oldenburg, Dresden, Wolfbüttel 및 Heidelberg 예화서(例話書)이다.

160) HRG, 29. Lieferung(1988), S. 1232.

161) A. a. O., S. 1233.

162) A. a. O., S. 1233.

163) A. a. O., S. 1233.

164) A. a. O., S. 1233.

Sachsenspiegel의 일부분을 받아들였다.[165]

더욱더 14세기 중반에 Sachsenspiegel은 절차법으로의 개작도 이루어졌다. 그리하여 Sachsenspiegel은 보통법(ius commune)에서의 절차법과는 다른 작센 분방법에서의 절차법의 기초자료가 되었다.[166]

이와 같은 Sachsenspiegel은 Sachsenspiegel 확산지역인 독일동부의 법의 통일화(Rechtsvereinheitlichung)에 기여하였으며, 로마법에 대항하는 Sachsen 보통법(gemeines Sachsenrecht)의 기초가 되었다. 그리고 Sachsenspiegel은, Preußen에서는 1794년 프로이센일반주법이 시행될 때까지, Sachsen에서는 1863년에 만들어진 작센왕국민법전 제정시행시까지 활용되었으며, 독일북동부지역인, Holstein, Lauenburg, Thürigen과 Anhalt에서는 1900년 독일민법전이 시행될 때까지 그 효력이 인정되었다. 최종적으로는 1932년 제국법원(RG: Reichsgericht)의 판결문에서 인용된 것이 Sachsenspiegel 활용의 마지막이었다.[167]

(4) Sachsenspiegel의 내용구성

작센슈피겔의 구성은 크게 3부분으로 나누어져 있다. 주님의 탄생에 관한 서언(Vorrede von der Herren Geburt), 서시(Reimvorrede), 서언(Prologus), 서전(序典: Textus Prologi)로 구성되는 도입부분, 그리고 분방법(Landrecht)와 봉건법(Lehnrecht)의 3부분으로 구성되어 있다. 이와 같이 서문에 해당하는 도입부문이 붙어있는 것은 중세저작들의 일반적인 체제형식으로 이해된다. 작센세계연대기도 역시 서시(序詩)가 붙어있다. 그리고 분방법은 다시 3권(drei Bücher)으로 분류되어 있으며, 총 234개 항목이다. 봉건법은 더 이상 세분화되어 있지 아니하니, 보급된 필시본에 따라서 총 78개 항목 또는 80개 항목으로 나누어져 있다.

Sachsenspiegel에서의 분방법[168]은 작센의 분방법으로서, 적센인의 법생활의 전분야를 기술하고 있으며, 헌법, 재판소법, 소송법, 형법, 재산법, 가족법, 상속법, 교회법 등을 총망라하고 있다.[169] Sachsenspiegel에서 기술한 분방법의 내용을 그 순서에 따라서 분류해 보면, 도입부문, 상속법 부문, 가족법 부문, 재판소

165) Wolf, a. a. O., S. 25.

166) HRG, 29. Lieferung(1988), S. 1234.

167) A. a. O., S. 1236.

168) 분방법(Landrecht)은 봉건법(Lehnrecht), 근무법(Dienstrecht), 장원법(hofrecht), 도시법(Stadtrecht)에 대한 일반법이었다.

169) 최종고, 전게 법사와 법사상, 180면.

법 부문, 형법 부문, 란트평화령(Landfriede) 부문, 소송법 부문, 그리고 공법부문으로 진행되고 있다.

형법부문에서는 마녀재판(Hexenprozeß)을 다루고 있다. 그리고 신에 관하여는, "신은 자기의 형상을 따라서 인간을 창조하셨고, 자신의 고난을 통하여 인간을 구속하셨다. 그에게는 어떠한 사람도 동일하며, 빈자나 부자나 마찬가지로 사랑하셨다"[170]고 기술하고 있다.

특히 전통에 기초하여 소송절차가 기술되어 있다. 즉, 참심원과 판결인과 속죄금, 진실선서(Reinigungseid)를 그 시대의 소송절차법으로 기술하고 있다.[171] Eike von Repgow는 세속의 최고의 지배권력의 형태로서 제국의 권력(Reichsgewalt)을 신성시하였다. 그 제국권력은 양도할 수도 없고, 분리할 수도 없다고 하였다. 그의 이러한 제국사상은 교황 Gelasius 1세로 거슬러 올라가는 양검이론을 Sachsenspiegel에서 다루게 하였다. 즉, Sachsenspiegel에서 Eike von Repgow는, 신은 세속권력의 검과 정신세계의 힘의 검 2개를 각각 그 담당자인 황제와 교황에게 직접 주었다고 기술하였다.[172] 이와 같은 그의 양검이론은 교회법학자들의 견해에 반대되었다. 양검이론에 대한 이와 같은 Eike von Repgow의 견해는 세속권력과 교회권력의 혼합은 자신의 정치의식 및 경건한 신앙심에 반하였기 때문이었다.[173][174]

Eike von Repgow는 황제와 교황과의 관계에 관하여, 황제는 교회의 보호주군이고 동시에 교회의 종사이며, 교황은 제국에 충실할 의무를 진다고 하였다. 그리하여 그는 황제와 교황의 인격적 동등성뿐만 아니라, 황제와 교황의 관할권의 한계를 분명히 하였다.[175]

이러한 Eike von Repgow의 제국사상은 황제의 선거에 관한 그의 주장에도 나타났다. 그는 Heinrich 6세의 제국계획, 즉 제국을 세습왕국(Erbmonarchie)으로 바꾸려는 계획을 거절하고, 고래로부터의 전통인 선거에 의한 황제선출을

---

170) Landrecht des Sachsenspiegels Ⅲ. XLⅡ. 1(작센슈피겔 분방법 제3권 제42항 1문): Got hat den man nach im selben gebildet unde hat in mit seiner martere geledeget, den einen alse den anderen. Ime iz der arme also lieb alse der riche.

171) Wolf, a. a. O., S. 14.

172) A. a. O., S. 22.

173) A. a. O., S. 22.

174) 그리하여 Heidelberg의 Sachsenspiegel의 예화그림에서는 황제와 교황이 서로 포옹하고 있다(A. a. O., S. 22).

175) Wolf, a. a. O., S. 22.

Sachsenspiegel에서 확실히 기술하였다.[176] Eike von Repgow의 주장에 의해 황제선거의 질서에 관한 다툼에 종지부를 찍었으며, 당시에 현존하였던 황제선거의 관행을 서면으로 확실하게 하였다. 이러한 황제선거에 관한 Eike von Repgow의 주장은 1346년 금인헌장에서 제국법으로 확정, 공포되었다. 그리고 Sachsenspiegel에서는 국왕도 법 아래 있는 존재로 기술하고 있다. 황제가 따라야 할 법은 바로 세속법이며, 교회법이며, 전통법이었다.[177]

그리고 Eike von Repgow는 제국 전체는 하나의 신분구조 속에 있는 것으로 Sachsenspiegel에서 기술하였다. 그는 당시의 신분을 7계층(Heerschild)으로 구분하였다. 이는 하나님이 7일 동안에 우주를 창조하였다는 성서에 기초하여 7단계로 구분한 것이었다. 7단계의 신분은 국왕, 교회제후, 세속제후, 자유주군 및 기사, 참심원이 될 수 있는 자유토지소유자 및 궁정근무자(Ministerialer), 종사(Dienstleute)의 6계층은 제시하고 마지막 일곱 번째의 신분은 제시하지 아니하였다.[178]

(5) 작센슈피겔에 나타난 Eike von Repgow의 법사상

Eike von Repgow는 단순한 독일 고유법의 전승자의 위치를 넘어 법사상가로 평가받고 있다. Eike von Repgow는 아무런 모범도 없이(ohne jedes Vorbild) 전래의 관습법을 Sachsenspiegel로 저술하였으나, 그 작센슈피겔은 그 저술지와 저술시대를 넘어 효력을 가졌다. 그것은 Sachsenspiegel에서 표현된 Eike von Repgow의 깊은 사상과 그의 정신적인 인격이 뒷받침하고 있기 때문이다.[179] 그의 중심에는 기독교가 있었다. 그에게 있어서 신은 법의 창조자이면서 유지자이었다.[180]

무엇보다도 먼저 Eike von Repgow는 신앙심이 깊은 사람으로서, 성서의 가르침을 당시의 게르만 관습법에 투영하고자 한 것으로 평가할 수 있다. 신의 평화를 란트평화령으로 설명하고, 빈자나 부자가 모두 평등한 것으로 표현하였다. 그러나 다른 한편으로 그는 당시의 신분질서를 파괴하지 못하고, 성서에 비추어 신분질서를 설명하고자 하였다.

그리고 당시의 사적인 복수가 널리 행하여진 사회질서에 비추어, 그는 제국

176) A. a. O., S. 23.
177) A. a. O., S. 23.
178) A. a. O., S. 24.
179) A. a. O., S. 9.
180) A. a. O., S. 10.

의 권력이 강대하여 사적인 복수를 억제하고 극복할 수 있기를 바랐던 것으로 평가된다. 그는 당시의 사회질서의 문란한 상황에 대해 저항적이었던 것으로 생각된다.[181] 그리하여 그는 제국의 왕권이 강화된 제국사상을 갖고 있었던 것으로 이해된다. 그러므로 그는 법의 기초는 평화(Friede)로 파악하였던 것으로 이해된다. 그리하여 그에게 있어서 최고의 법원칙은 평화사상(Friedensgedanke)이었다. 그에게 있어서 법은 평화의 질서이었다(Das Recht is eine Friedensordnung).

그리고 그는 진실한 것과 좋은 것과 오랜 전통은 유지되어야 한다는 사상을 갖고 있었다. 그리고 그는 전통을 조심스럽게 고치고, 혁명화하고자 하지 않았다. 그는 인간의 법이란 변화하고 새롭게 만들 수 있지만, 그것이 좋은 전통법의 가치와 유용성을 흔들어놓지는 못한다고 생각하였던 것으로 이해된다.[182]

또한 그에게 있어서 법이란 민족생활의 일부이며, 그는 그의 고향 작센의 법에서 바른 법과 옳은 법(wahres und richtiges Recht)을 제시할 수 있다고 생각하였던 것으로 추론된다. 또한 그는 좋은 법(gutes Recht)은 현실적으로 존재한다고 믿었으며, 그가 이러한 좋은 법을 발견하고자 하였던 것이었다.[183] 그러므로 그는 새로운 법을 창조하고자 하지는 않았다. 그는 법을 태초부터 성스러운 질서인 정의(Gerechtigkeit)로 이해하였으며, 옛부터 내려오는 전통법에 대해 관심이 많았으며, 현존하는 좋은 법의 증인이 되고자 하였다.[184] 이와 같이 Eike von Repgow는 진실을 추구하였으며, 그러한 진실추구의 그의 인격은 아마도 그의 깊은 신앙심에서부터 배태된 것으로 이해된다.

그리고 그는 봉건법에서의 상호배려와 충실의무로부터, 권리는 명예를 가지고 충실히 자기의무를 이해하는 자만이 갖는다(Recht hat nur, wer Ehre besitzt und Treue hält)고 생각하였다.[185] 그에게 있어서 명예는 공동체로부터 나오는 것으로(Die Ehre kommt von der Genossenschaft) 관념되었으며, 황제의 명예, 제후, 주군의 명예, 참심원, 수도사, 재판관의 명예를 Sachsenspiegel에서 상세히 기술하고 있다.[186] 그리고 그는 모든 동료는 서로 서로 충실의무(Treuepflicht)를 갖는다고 관념하였다. 그리하여 그에게는 약속위반(Wortbruch)은 형벌감이었으

181) A. a. O., S. 9.
182) A. a. O., S. 12.
183) A. a. O., S. 10.
184) A. a. O., S. 10.
185) A. a. O., S. 17.
186) A. a. O., S. 17.

며, 배반(Verrat)은 중죄였다.[187]

이와 같이 Eike von Repgow는 깊은 신앙심, 전통에 대한 관심과 가치의 인정 이외에도 그는 실용적인 이성(Vernunft)을 갖고 있었다. 그는 이성적으로 Sachsenspiegel에서 전통적인 법원칙과 그것으로부터 새로운 목적에 맞고 유용성의 견지에서 새로운 규정을 만들어내기도 하였다.[188] 그의 이러한 이성적 법창조는 거리통행법에서 잘 나타나고 있다.[189] 이와 같이 목적에 맞는 것, 전통 속에서 실용적인 관행을 도출해내는 것은 Eike von Repgow의 이성적 재능으로 이해된다.[190] 그의 Sachsenspiegel은 체계적인 저작이 아니었다. 또한 그의 사고의 진행은 체계적으로 잘 훈련된 사고와는 거리가 있었다. 그러나 그는 작센의 법생활의 많은 개별적 사항을 개념적으로 명확하게 파악하였으며, 지도이념(Leitgedanken)에 따라서 정리를 하였다. 본질적인 것에 대한 확실한 관념을 가지고서, 지역적으로 다르고 서로 모순되는 전통적인 관행으로부터, 좋고 목적에 맞는 것을 골라내었다. 이와 같이 그는 역사적 관행으로부터 자기 시대에 맞는 법을 창조적으로 형성하였다.

이와 같이 Eike von Repgow는 전통과 전통법에 대한 강한 믿음과 깊은 신앙심을 가지고서, 이성적, 창조적으로 자기 시대에 맞는 좋은 법을 Sachsenspiegel로 만들어 낸 것이었다. 그리고 그가 이와 같은 법을 Sachsenspiegel에서 기술함에 있어서는 공동체, 의무, 명예, 충실, 평화를 그의 정신세계의 덕목으로 간직하고, 이를 구체적, 법적으로 실현하고자 하였던 것으로 이해된다.

(6) Sachsenspiegel의 법사학적 가치와 Sachsenspiegel에 대한 법정책적 평가

Sachsenspiegel은 로마법대전 중의 학설휘찬에 비하면, 그 양에 있어서나, 그 자료에 있어서나, 내용 및 체계구성에 있어서 크게 뒤진다. 로마법대전은 50인의 학자들의 학설을 선별하여 편찬한 법전인 데 반하여, Sachsenspiegel은 Eike von Repgow 개인 한 사람이 주로 관습법으로 존재한 독일의 고유전통법을 기록해 둔 사찬의 법서이다. 그리고 Sachsenspiegel을 기록할 때의 자료도 충분치 않았던 것으로 파악되며, 그리하여 그 저자 Eike von Repgow는 그가 살던 시대의 작센인들의 삶과 당시의 재판에서 나타난 관습법을 자기의 판단에 따라서 선별적으로 기록하였던 것이었다. 그리하여 학설휘찬은 긴 역사의 진행

187) A. a. O., S. 18.
188) A. a. O., S. 14.
189) Landrecht des Sachsenspiegels, Ⅱ. LIX. 3에서 거리교통법을 규정하고 있다.
190) Wolf, a. a. O., S. 14.

중에 지속적으로 연구되고 더욱 정치하게 체계화되어 세계법으로 발전하여 인류법문화의 공동의 사상재(思想材)가 된 반면에, Sachsenspiegel은 그 기록시로부터 약 700여년간 독일 고유의 전통법의 자료로서 활용되었으며, 독일, 그것도 주로 독일의 북동부지역에 널리 활용되었다. 그러나 학문적으로는 오늘날도 연구의 대상이 되며, 오늘날도 역시 끊임없이 현대화되어 입법으로 반영되고 있다고 평가된다.

Sachsenspiegel의 역사적 가치는 무엇보다도 관습법으로 존재하였던 독일의 전통고유법을 기록하여 후세에 전해 주었다는 점이다. Eike von Repgow가 Sachsenspiegel을 기록하여 독일의 전통과 유산을 전해주지 않았더라면, 로마법에 대한 주석학파에 의한 주석법학의 학문적 사고방식과 주해학파에 의한 로마법에 기초한 재판실무가 게르만의 법전통을 말살해 버렸을 지도 모른다.[191] 또한 작센슈피겔이 기록됨으로써 간접적으로 독일의 중세성기의 독일사법발전의 출발점이 되었다. 이와 같이 Sachsenspiegel은 독일의 전통법을 기록하여 전해 준 역사적 가치는 아무리 강조해도 부족하다.

그리고 법사에 있어서 Sachsenspiegel은 근대 독일에서의 로마법의 계수과정에서도 작센지방에는 독일전통법을 유지하고 지킬 수 있게 하였다는 점이다. 작센슈피겔은 작센왕국민법전 편찬을 위한 기초자료가 되었으며, 로마법계수 후에도 독일 고유법의 독일민법전에의 입법적 반영을 위한 기초자료를 제공하였던 것이었다.

이와 같이 Sachsenspiegel이 독일법사에서 중요한 역사적 가치를 가지고 널리 확산되고 보급된 것은 Sachsenspiegel에 대한 주석(Glosse)이 이루어졌기 때문이었다. Sachsenspiegel에 대한 주석은 Sachsenspiegel 기록 후의 변화된 시대사정에 부응할 수 있도록 Sachsenspiegel을 발전시킨 학문적인 노력이었다. 그러므로 법은 정지해 있는 것이 아니라, 시대의 변화에 맞게 지속적으로 수정, 보완되어야 그 생명력을 유지할 수 있는 것이다.

이와 같이 Sachsenspiegel에 대한 주석이 이루어질 수 있었던 것은, Sachsenspiegel의 내용이 단순한 독일 전통고유법을 문자로 기록하여 둔 것이 아니라, Eike von Repgow가 공동체에 대한 깊은 이해와 사랑, 봉건법상의 의무의 강조, 명예, 충실, 평화에 대한 그의 정신세계의 덕목을 가지고서 전통법을 기록하고,

191) Wolf, a. a. O., S. 26.

또 이를 구체적, 법적으로 실현하고자 하였던 것 때문이었다.

Eike von Repgow가 비록 공동체를 사랑하고 공동체법인 독일의 전통고유법을 기록하였지만, 그는 인류보편적인 신념을 가지고서, 또한 이러한 가치를 실현할 의지를 가지고서 Sachsenspiegel을 기록하였기 때문에, 그 기록된 시대를 지나서도 그 가치가 인정될 수 있었고, 주석이 붙여질 수 있었고, 오랫동안 그 효력이 인정될 수 있었다.

Eike von Repgow의 이러한 인류보편적인 가치에 대한 신념은 아마도 그가 깊은 기독교신앙을 가졌기 때문인 것으로 판단된다. 그는 성서가 가르쳐주고 있는 사랑과 평화의 기본가치를 독일전통의 고유법에서 이를 실현하고자 하였으며, 그 구체적인 실현방법을 그는 이성적, 창조적으로 Sachsenspiegel에서 기록하고자 하였던 것으로 이해된다.

이와 같이 로마법의 기본적인 자료인 학설휘찬이나 게르만 관습법의 가장 기초적이고 기본적인 자료인 Sachsenspiegel은 그 모두가 기독교 신앙이 깊은 시대, 깊은 사람에 의하여 이루진 것이 특이하다. 이는 아마도 법에 있어서의 신의 뜻과 신의 나라의 실현이 학설휘찬과 Sachsenspiegel로 나타난 것으로 믿어진다.

이와 같이 Sachsenspiegel은 법사학적으로 중대한 가치를 지니고 있으며, 법정책적으로는 관습법은 기록되어야 하며, 기록된 관습법은 시대변화에 따라서 중단없이 학문적인 가공이 있어야 전수될 수 있음을 알 수 있다. 그리고 독일에서는 고유법의 기록이 늦었지만, 그래도 고유법에 대한 깊은 사랑을 갖고서 기록되고, 주석이 이루어졌기 때문에, 독일민법의 제정 및 그 후의 독일민법전의 개정으로 독일의 전통고유법을 입법적으로 반영할 수 있었던 것이다. 전통고유법은 그것을 기록하고 연구하여야 하며, 그리고 체계화하고 현대화하여야 한 민족, 한 국가의 법의식과 법감정에 맞는 자국법을 가질 수 있음을 Sachsenspiegel의 기록과 주석 및 전수를 통하여 알 수 있다.

3. 기타의 법서들: Deutschenspiegel, Schwabenspiegel 및 Frankenspiegel

Sachsenspiegel이 편찬되어 그것이 법전과 같은 효력이 인정되고 확산되자, Sachsenspiegel을 기초로 한 다른 법서들이 기록되었다. 먼저 1265년에는 남부독일의 고지(高地)독일어로 이루어신 Sachsenspiegel의 번역본(Oberdeutsche Übersetzung)이 나오고, 이 번역본을 바탕으로 하여 남독일의 사정에 맞게 개작한 Deutschenspiegel이 편찬되었다. 그리하여 Deutschenspiegel의 편찬시기가 1265년경으로 추정되고 있다. 이 Deutschenspiegel에서는 Augsburg 도시법, 알라만법전, 교회법 및 로마법이 원용되고 있다.[192)]

그리고 1275년에는 Augsburg의 프란체스코회 수도원의 수도사가 기록한 법서로서 Schwabenspiegel이 편찬되었다. 이 Schwabenspiegel은, Deutschenspiegel이 Sachsenspiegel을 남독일의 사정에 맞게 개작하려는 일을 다 마치지 못하였기 때문에, 이 Deutschenspiegel의 편찬작업의 계속으로 편찬이 되었다.[193)] Schwabenspiegel은 남독일법 및 Sachsenspiegel 이후의 법도 포함하고 있으며, 정식명칭은 "황제의 분방법 및 봉건법 법서"(Kaiserliches Land- und Lehnrechtsbuch)로서, Sachsenspiegel보다 내용이 더 풍부하고, 이해하기가 쉬웠다.[194)] 그리하여 번역이 많이 되고, 널리 보급되었다.

Schwabenspiegel의 편찬 후 14세기 전반에 Hessen에서는 Frankenspiegel이 편찬되었다. 이 Frankenspiegel을 소황제법(Das kleine Kaiserrecht)라고도 한다.

Ⅶ. 독일에서의 도시의 발생과 도시법의 출현

1. 개설: 도시형성의 역사적 배경과 과정

로마법에서와는 다른 게르만에서만의 독특한 법제도의 하나가 바로 독일중세에 생성, 발전한 도시법이다. 독일에서는 11, 12세기에 도시가 형성되었다.[195)] 로마제국내에서도 도시가 형성되고 발달하였지만 로마제국내의 도시는 사람들이 밀집해서 살고 있는 전(全)제국 내의 한 지역에 불과하였을 뿐 제국법과는 다른 도시법이 형성되지는 않았다. 그러나 독일에서는 일찍부터 사람들이 밀집해서 사는 도시가 형성되고, 중세에는 도시가 분방과 나란히 국가 내의 국가로서의 독자성을 가지면서 당해 도시만에 적용되는 도시법(Stadtrecht)이 생성, 발전하였다. 즉, 도시가 독자적으로 입법을 하고, 독자적인 도시법원(Stadtgericht)이 도시민에 대한 재판권을 행사하였다. 이와 같이 독일중세의 도시는 분방(Land)과 구별되면서 동시에 나란히 독자적으로 존립하였으며, 도시법은

192) Ebel, Thielmann, a. a. O., Rn. 187; 최종고, 전게 법사와 법사상, 127면.
193) 황적인, 전게 로마법·서양법제사, 114면.
194) Mitteis, Lieberich, a. a. O., S. 238.
195) A. a. O., S. 168.

분방법(Landrecht)과도 구별되는 독자적인 법권(Rechtskreis)을 이루었다. 또한 중세독일의 도시는 분방과 마찬가지로 제국에 대해서도 독립적인 지위를 갖고 있었다. 그리하여 도시법은 법분열 시대였던 독일중세에 독자적인 법권을 이루었으며, 독일법에서만 나타난 법분열의 또 하나의 모습이었다. 그러나 도시법은 상거래에 필요한 법으로서 농업생활을 기초로 하여 발달한 분방에서의 분방법, 봉건법과는 다른 거래에 필요한 내용의 법으로 하여 발전하였다.

역사적으로 살펴보면, 공동체 생활을 하면서 농경생활을 영위하였던 고대 게르만사회에서는 도시가 발달하지 못하였다. 그러므로 자연히 게르만인들은 도시에 대해 적대적이었다[196](Die Germanen waren städtefeindlich). 프랑크시대에는 도시가 형성되기는 하였지만 도시가 제국내의 독자적인 조직체로 발전하지는 않았다. 도시의 발달과 독자적이고 독립적인 조직화는 중세의 성과물[197](Erregungenschaft)이었다.

도시의 형성에는 여러 가지 유형이 있다. 군사적 목적으로 설치된 성곽을 중심으로 그곳의 물자조달을 위한 상인과 수공업자의 정착으로 이루어지기도 하고, 교회가 세워지고 그곳에 주교가 거주하게 됨으로써 교회를 중심으로 하여 도시가 형성되기도 하고,[198] 원거리 상업을 위한 교역의 기지로서 도시가 형성되기도 하였다. 그러나 중세독일의 상업과 수공법을 위주로 하여 발달한 도시와 상인과 수공입자의 이익을 보호하기 위하여 결성된 상인조합(Gilde)괴 수공업자조합(Zunft)의 단체법으로 발달한 도시법의 형성과 발전에 비추어보면, 중세의 도시발달의 원인은 군사적 목적으로 설치된 성곽 내에 시장개설권이 인정되고, 이에 따라 상인과 수공업자가 그 성곽에 정착하여 영업에 종사함으로써 시장이 형성되고, 이것이 점차 확대되어 도시로 발전했다는 군사요새설이 일반적으로 받아들여지고 있다.[199]

도시법의 형성과 발달과정에 비추어보면, 도시조직은 2단계의 과정을 거쳐 발전하였다. 그 첫단계는, 제국황제에 의하여 파견된 도시대리인 내지 도시관리인(Wikgraf: Hansegraf) 또는 주교나 영주에 의하여 상인과 수공업자들의 관리와 행정이 이루어지던 도시군주적 도시(stadtherrliche Stadt)이었으며, 두번째

196) A. a. O., S. 221.

197) A. a. O., S. 221.

198) 로마제국에서는 주교의 오랜 거주지가 도시로 발전하였다. 따라서 로마제국에서의 도시의 형성은 주로 교회 때문이었다(A. a. O., S. 221).

199) 현승종, 조규창 공저, 전게 게르만법, 52면.

단계는 상인과 수공업자 등의 도시민들이 스스로 시참사회를 조직하여 자치적으로 도시를 관리한 자치적 도시(selbstherrliche autonome Stadt: Stadtgemeinde)이었다.[200]

독일에서 도시군주적 도시는 프랑크제국의 Karolinger 시대에 이미 형성되어, 상인들의 원거리 행차를 위한 지원지(Stützpunkt)로 형성되었다.[201] 때로는 이러한 도시가 관세징수지(Zollstätten)로서도 기능하였다.[202] 이와 같은 도시군주제 도시는 그 도시관리인이 시초에는 황제가 파견한 도시대리인이었으나, 점차 교회의 주교나 영주가 도시관리권을 장악함으로써 도시가 확대되었다. 12세기에는 이러한 도시군제적 도시가 폭풍우처럼 일어났다.[203] 그리하여 이 시기의 도시에는 국왕의 관리하에 있는 국왕도시, 제국도시(Reichstädte)로 Frankfurt, Nürnberg, Aachen 등이 있었으며, 교회의 주교가 관리하는 주교도시(Bischofsstädte)로서 Köln, Mainz, Trier 등이 있었으며, 영주가 관리하는 영주도시(landherrliche Städte)로서 Freiburg, München, Prag 등이 있었다.[204]

이러한 도시군주제적 도시가 13세기 이래로는 자치적이고, 동료적이거나 법인체적인 도시(autonome, genossenschaftliche oder körperliche Stadt)로 발전되어 갔다. 도시군주는 도시민의 대표들로 구성된 시참사회(Ausschuß der Bürgergemeinde)에 시장통제와 영업규제 등의 도시관리권을 넘기고, 시참사회가 자치적으로 이러한 도시관리를 맡았다. 이러한 자치적 도시에는, 도시민들의 만장일치의 결의로 시참사회의 대표를 선출되었다. 물론 이러한 시참사회에 의한 자치적 도시로의 변화에 대해 제후들이 제동을 걸었지만 성공하지는 못하였다.[205]

13세기 이래 도시는 점차 그 자체 독자적으로 활동하는 존재로 발전하여 소국가(civitas)가 되었다.[206] 이는 도시가 자체의 기관을 가진 법인(Körperschaft)으로 발전한 것이었다. 도시에서의 결의도 만장일치제에서 과반수제로 바뀌었다. 그리고 시참사회가 시장과 함께 도시조직(Stadtverfassung)의 최상위의 지위

---

200) Mitteis, Lieberich, a. a. O., S. 221.

201) A. a. O., S. 221.

202) 물론 이러한 원거리 상업의 지원 또는 관세징수의 도시의 기능은 로마제국의 도시와 주교의 도시도 이를 담당하였다. 그러나 로마제국의 도시는 독일도시와 같이 영토적 국가로 발전하지는 못하였다.

203) Mitteis, Lieberich, a. a. O., S. 222.

204) A. a. O., S. 222.

205) A. a. O., S. 225.

206) A. a. O., S. 227.

에 있었다.[207)]

이와 같은 독일에서의 도시의 형성과 발전과정은, 상인도시로부터 형성되기 시작하였다.[208)] 즉, 도시와 농촌간의 거래지로서 도시가 발달하기 시작하여, 점차 원거리 상거래도 병존적으로 도시에서 일어났다. 상인들이 도시군주로 부터 특허를 받아 상거래, 특히 원거리 상업으로 부를 축적함으로써 세력을 갖게 되어, 먼저 상인단체가 중심이 된 시참사회가 형성되어 자치제적 도시로 발전하고, 뒤이어 부를 축적한 수공업자가 시참사회에 동참하는 형식으로 발전하였다. 그리하여 도시군주제적 도시의 시대에는 상인과 수공업자의 도시 내의 지위의 구별이 없었으나, 13세기 이래 상인단체 중심의 자치적 도시관리에 대하여, 14세기에 이르러 수공업자단체가 투쟁(Zunftkämpfe)을 전개하여 그 결과로 수공업자가 시참사회에 참여하게 되었다.[209)][210)]

이러한 도시의 형성과 발전에 따라서 도시에는 다양한 사람들이 모이게 되었다. 기사들, 영지의 농민들, 수도원의 사람들, 상인, 유대인 등이 도시로 몰려들었다.[211)][212)] 그 중에서도 주된 도시의 사람들은 영지를 떠나온 농민들이었던 농노들로써 그들은 도시에서 수공업에 종사하도록 허락이 되었다. 그들 농노들은 도시거주를 통하여 농노의 지위 내지 비자유인의 신분을 떨쳐버릴 수가 있었다. 즉, 도시민은 그 출생신분에 관계없이 직업으로 그 신분이 결정되고, 도시민은 모두가 자유인으로 인정되어 갔다. 그리하여 농노로서 농촌의 영지에서 일하던 농민들이 영주의 허가를 받아서 또는 영주의 허가 없이 도시로 도망와서 도시에 거주하는 현상이 일어나게 되었다. 그리하여 "도시의 공기는 자유인을 만든다"(Stadtluft macht frei)는 법언이 형성되고 하나의 법제도로 발전하게 되었다.[213)] 이러한 법제도에 따라서 영지를 떠난 농민들은 영지를 떠나 1년 1일

207) A. a. O., S. 226.

208) A. a. O., S. 168.

209) A. a. O., S. 226.

210) 1396년 Köln과 Wien에서 동시에 수공업자의 대표가 시참사회에 참여하게 되는 변화가 일어났다(A. a. O., S. 226).

211) Mitteis, Lieberich, a, a, O., S. 169.

212) 도시인구의 규모는 상위 10%정도의 중세도시가 2,000명 이상이었으며, 가장 큰 도시였던 Köln은 14세기에 도시인구가 40,000명 정도였다(A. a. O., SS. 169-170).

213) 도시는 자유인을 만들었지만, 영주 지배하의 농민들은 부자유하였다. 그리하여 "농촌의 공기는 부자유를 만든다"(Landluft macht unfrei)라는 법언이 생겼다. 그러나 농노들은 도시로 도망오지 아니하고, 영지에서 벗어나 숲을 개간하여 그곳에서 생활하는 사람도 생김에 따라서 "숲의 공기는 자유를 만든다"(Waldluft macht frei)라는 법언도 형성되었다(Mitteis, Lieberich, a. a. O., S. 167).

(Jahr und Tag)이 지나면, 영주의 추적권(Verfolgungsrecht)이 소멸하게 되었다.[214)]

2. 도시법의 형성과정과 발전

(1) 도시법 형성의 과정

상인들은 도시와 농촌의 생활에 필요한 물자를 구하기 위하여 거래를 하였지만, 프랑크시대부터는 원거리 상거래(Fernhandel)가 일어나고, 그러한 원거리 상거래를 하던 상인들은 그들 스스로 상인단체(Gilde)를 조직하였다.[215)] 이 상인단체의 단체법이자 상인을 위한 법인 상법이 도시법의 기원이 되었다.[216)] 그리고 중세독일의 원거리 상업은 주로 사치품(Luxuswaren)을 구하기 위한 거래였다. 그러한 사치품들은 당시의 황제나 영주 등 귀족들의 기호와 교회의 수요를 충족키 위한 물건들이었다. 따라서 상인들은 황제를 위시한 영주들의 보호, 후견하에서 원거리 상거래를 할 수 있었으며, 상인들은 그러한 보호와 후견에 대한 대가로 황제나 영주들에게 부담금(Abgabe)을 납부하였다.[217)] 구체적으로 상인들을 보호하고, 후견하였던 관리는 황제가 파견한 도시대리인(Wikgraf)이었다.

그러므로 상인들은 황제의 도시대리인의 보호를 받았다. 그리고 상인들이 부를 축적하고, 상인단체가 강화됨으로써, 상인단체인 상인조합(Gilde)은 도시대리인의 정치적 기반이 되었다. 상인은 도시군주의 농노(Hörige)와는 달리, 그들 상인 스스로가 원거리 상거래에서 서로 상호지원을 하고, 원거리 상거래 중에 사망한 상인을 위한 제사와 부조, 그리고 원거리 상거래 과정에서의 외부로부터의 침해에 대한 상인들의 보호를 위하여 상인조합(Gilde)을 만들었다. 이와 같이 상인조합은 순수하게 상인들의 경제적 이익의 보호만을 목적으로 하여 결성된 단체가 아니었다. 상인조합은 게르만사회의 씨족(Sippe)의 대체형으로서의 기능을 수행하였다.[218)]

14세기부터는 일상생필품 거래의 시장이 형성되었다. 그리하여 장원의 농업생산물과 도시의 영업적 제품(Gewerbeprodukt)이 도시에서 서로 거래가 되었다.[219)] 그리하여 점차 자유시장 및 자유거래가 일어났다.

---

214) Mitteis, Lieberich, a. a. O., S. 169.
215) 그리고 도시관리인은 도시민의 출신부족을 고려함이 없이 형평에 따라서 법을 적용하였다.
216) Mitteis, Lieberich, a. a. O., S. 222.
217) A. a. O., S. 222.
218) A. a. O., S. 222.

이러한 시대의 변화에 따라서, 상인단체인 길드가 중심이 되어, 도시대리인, 주교 등의 도시군주의 지배적이고 폭력적 행위에 대하여 신의 평화(Gottesfriede)를 서약하였다.[220] 이와 같이 길드가 도시군주에 저항할 수 있었던 것은, 상인들이 상거래로 부를 축적하였고, 길드를 통한 그들의 세력이 강화되었기 때문이었다. 이러한 변화의 내용으로 상인들을 중심한 그들의 대표들로 시참사회가 조직되어 도시군주제적 도시에서 자치제적 도시로 변천하게 되었다. 그러나 모든 도시가 동일하게 시참사회에 의한 자치적 도시로 발전한 것은 아니었다. 제국도시는 왕이 직접 통치하는 도시로 발전하고, 주교도시는 자유시(freie Stadt)로 발전하였다.[221] 그리하여 도시법은 주로 자치도시인 자유시를 중심으로 하여 독자적 법권을 이루어 발전하게 되었다.

14세기에는 수공법자들이 부와 자본을 축적하고, 시행정의 주된 부담을 지고, 도시방어를 담당하였으며, 이러한 일들로 인하여 수공업자들이 명성을 얻게 되었다.[222] 그러나 수공업자들은 시참사회로부터 배제되어 있었다. 수송업자들의 이러한 시참사회로부터의 배제는 참기 어려웠다. 그리하여 14세기에 수공업자단체의 투쟁(Zunftkämpfe)이 일어난 것이었다. 이 투쟁의 결과로 수공업자들의 대표가 시참사회에 참가하게 되었다.

이러한 역사적 과정을 거쳐서 독일의 중세도시는 도시군주가 지배하던 도시군주제적 도시에서, 도시빈들의 대표, 다시 말하면 상인조합인 길드와 수공업자조합인 쭌프트의 대표로 구성된 시참사회가 자치적으로 도시를 관리하는 자치도시로 발전하게 되었다.

도시가 시참사회에 의하여 자치적으로 관리됨으로써, 도시행정에 필요한 도시의 안전을 위한 도시경찰, 도시의 영업활동에 대한 규제, 도시방어, 도시재정 분야의 도시행정과 도시행정법이 발달하게 되었다. 그리하여 도시법에서부터 오늘날의 행정법이 발달하게 되었다.[223] 도시경찰 분야는 건축, 소방, 위생경찰로 발전하고 그 분야의 도시경찰법이 생성되었으며, 빈자보호, 학교제도, 후견제도, 양로제도, 도시교회의 행정 분야도 발전하고 그 분야의 경찰법이 생성, 발전하게 되었다. 그리고 영업규제 내지 영업경찰분야는 가격규제, 상품통제,

219) A. a. O., S. 222.
220) 이러한 움직임의 정점은 Köln에서 일어났다(A. a. O., S. 225).
221) Mitteis, Lieberich, a. a. O., S. 229.
222) A. a. O., S. 226.
223) A. a. O., S. 227.

특히 수공업분야의 장인(匠人: Meister), 도제(徒弟: Gesellen; Lehrlingen)에 대한 법정주의를 규정하고 실시하였으며, 영업의 상속에 대한 법정주의를 실시하였다. 그리고 재정분야에서는 직접세, 관세, 화폐주조 등의 행정이 발전되고, 이에 관한 법이 생성, 발전하게 되었다.[224)]

그리고 상거래에 관한 거래법이 발전하게 되었다. 중세독일의 분방법, 봉건법, 장원법, 근무법 등은 단체주의적인 농경생활을 바탕으로 한 법인데 반하여, 도시법에서는 거래법이 발전하였다. 그리하여 독일중세의 도시는 독일에 로마법이 계수되기 전까지 새로운 법의 기수(Bannerträger)가 되었다.[225)]

이와 같이 중세에 도시가 발달하였을 때에는 도시를 뒷받침하고 있는 4가지의 기초(Eckpfeiler)가 있었다. 즉, 도시의 자유(städtische Freiheit), 도시의 평화(städtische Friede), 도시법(Stadtrecht), 그리고 자치제적인 도시조직(gemeindliche Stadtverfassung)이 도시의 존립과 발전의 기초가 되었다.[226)]

(2) 도시법의 법원

중세의 도시, 그 중에서도 자유시는 국가 내의 국가로서 자치행정과 자치입법을 하고 자치재판권을 행사하였다. 이러한 중세도시에는 도시만에 적용되는 도시법이 생성, 발전되었으며, 도시법이 독립된 법권을 이루었으며, 도시법은 제국법과 분방법에 대해서는 특별법이었다. 이러한 도시법도 거래법이 발전하기는 하였지만, 역시 상인단체, 수공업단체의 이익보호를 중심으로 발전하였기 때문에 단체주의적 성격을 가졌으며, 도시마다 달랐다.[227)]

도시법의 법원은, 상인조합 및 수공업조합의 내부규약인 자치조례(Willküren), 자치법규(Satzungen), 도시법서(Stadtrechtsbücher), 도시장부(Stadtbücher), 도시에서의 상거래에 사용된 증서(Urkunden), 도시법원의 판결집(Urteilssammlungen) 등으로 존재하였다. 자치법규는 자치제정법으로서 시참사회가 제정한 성문의 도시법규이었다.[228)] 그리고 도시법서는 사찬의 법서로서, 1200년경에 기록된 최고의 Mühlhausen 제국도시법서(Mühlhäuser Reichsrechtsbuch), Sachsenspiegel을 도시법으로 개작한 법서로서 Magdeburg, Lübeck의 도시법을 기록한 도시법서

224) A. a. O., S. 227.
225) A. a. O., S. 234.
226) Ebel, Thielmann, a. a. O., Rn. 166.
227) Mitteis, Lieberich, a. a. O., S. 234.
228) 그 이외에도 상인이나 수공업자들에게 그들의 특권을 부여한 특허장(Privilegien)도 도시법의 법원을 이루었다.

가 있다.

도시장부는 도시의 각종의 문서를 기록한 장부로서 행정장부(Verwaltungsbücher), 특허장부(Privilegienbücher), 법령장부(Statutenbücher), 사법장부(Justizbücher), Schreinkarte와 Schreinbücher가 있었다.[229] 이러한 도시장부 중에서 Schreinkarte와 Schreinbücher는 오늘날 부동산등기부의 전신이었다.

이러한 도시에서의 도시법의 형성은 중세의 자치적 법창조의 원칙에 기하여 이루어졌으며, 법적용의 순서에 있어서는 좁은 법원이 넓은 법원에 앞선다는 원칙에 따라서 자치조례(Willküren)가 가장 우선적이었으며, 그 다음으로 자치법규 등의 도시법, 분방법, 제국법 순으로(Willkür bricht Stadtrecht, Stadtrecht bricht Landrecht, Landrecht bricht Reichsrecht) 적용되었다.[230]

(3) 도시법에서의 새로운 법제도의 형성과 발전

다양한 법원의 도시법에서는, 매점매석을 금지하고, 가격, 양 및 무게를 규율하였으며, 도시중개인이 중개를 하고, 계약의 이행, 해제, 하자의 담보에 관한 법을 확보해 주었으며, 시장거래의 청산을 보장하였다. 그러므로 이러한 도시법의 규율내용은 바로 상법의 규정이었다. 그리고 도시법에서는 화물의 집결에 따른 물건의 보관과 창고에 관한 법(Stapelrecht)을 규율하였으며, 화물의 수송에 관련된 도로통과에 관하여도 규율하였으며, 도시법의 효력이 미치는 구역(Bannmeile)을 규율하고, 원료의 구입을 확보해 둘 수 있는 선매권(Einstandsrecht) 등 도시의 상거래정책에 필요한 수단을 규율하였다.[231] 이와 함께 도시경제를 영위에 필요한 토지이용의 새로운 형태도 규율하였다.

이러한 도시법으로부터 새로운 법제도들이 형성되어 발전되었다. 도시관리를 위한 각종의 경찰제도, 회사법, 어음법, 화물수송 및 보관법, 파산법 등의 상법, 부동산등기부의 전신이었던 도시장부, 부동산저당제도, 부동산이용권으로서의 부동산임대차제도, 물건의 하자에 대한 담보책임기간의 단축, 부동산소유권의 개인주의화로서의 정기금매매(Rentenkauf), 부부재산제도로서의 부부재산공유제(Gütergemeinschaft), 증거법상의 반증의 허용, 형식적 증거주의의 배제 등이 바로 도시법으로부터 발전된 제도들이었다.[232] 그리고 도시법에서는 부인을 남편의 후견(Vormundschaft)으로부터 해방시켰다.[233]

229) Ebel, Thielmann, a. a. O., Rn. 176.
230) 최종고, 전게 서양법제사, 112면.
231) Mitteis, Lieberich, a. a. O., S. 168.
232) A. a. O., S. 234.

3. 도시동맹의 결성과 쇠퇴

중세의 도시들은 각각 독자적인 국가 내의 국가이었다. 그러나 도시들은 공동의 정치적 목적을 위해 결합을 하였다. 도시들은 상거래를 위한 통상로(Handelsstraßen)의 확보, 상업과 영업의 이익확보를 위한 평화유지, 부당한 관세의 폐지, 세금폐지, 화폐통합 등의 목적으로 도시동맹(Städtebund)을 결성하였다. 그러나 이러한 도시동맹의 목적중에서도 주된 목적은, 도시의 경제적 이익을 확보하기 위한 평화유지였다.[234]

이러한 도시동맹은 독일제국에서 일종의 연방제적 질서로의 이행이었다.[235] 실제로 도시동맹이 발전하여 스위스의 선서공동체(Eidgenossenschaft)로 발전하고, 그 선서공동체가 오늘날의 스위스 연방의 모태가 되었다.

구체적인 도시동맹은 1254년에 Mainz의 Land평화령을 관철하기 위하여 라인 도시동맹(Rheinischer Städtebund)이 결성되었으며, 라인슈바벤 도시동맹(Rheinisch-Schwäbischer Städtebund)은 1356년 금인헌장에서의 도시동맹 금지에 대한 저항으로서 결성되었으나, 결국 1376에서 1388년간의 짧은 기간 동안만 존속하였다. 그리고 1354년에는 알사스 10개 도시동맹(Elsässischer Zehnstädtebund)이 결성되었다.[236] 가장 규모가 크고 100년 이상 오래 지속된 도시동맹이 바로 한자동맹(Die Hanse)이었다. 한자동맹은 대체로 1350년경부터 결성되기 시작하였다.[237]

이와 같은 도시동맹은 독일제국의 이익도 역시 보호하였다. 그러나 도시동맹은 지배적인 주교나 영주에 대항하는 방향으로 이루어졌다. 그리하여 1231년에는 Worms의 제국의회에서는 동시동맹을 금지하는 결정을 하였다. 그리고 1356년의 금인헌장(Goldene Bulle) 제15조에서도 역시 도시동맹을 금지하였다.[238]

이러한 도시동맹은 대내적으로는 평화를 유지할 의무를 부담하고, 대외적으로는 공동으로 복수를 할 의무를 부담하였다.[239]

도시동맹중에서 가장 강력하였고 오래 지속된 도시동맹이 한자동맹이었다.

233) Ebel, Thielmann, a. a. O., Rn. 180.
234) HRG, 32. Lieferung(1990), SS. 1851-1853.
235) A. a. O., S. 1856.
236) Mitteis, Lieberich, a. a. O., S. 230.
237) A. a. O., S. 231.
238) HRG, 32. Lieferung, S. 1854.
239) A. a. O., S. 1855.

한자동맹은 외국과의 상거래를 하러 나갈 때에 맺은 독일상인들의 형제맹약(Schwurbrüderschaft)에서 출발하였다.[240] 이러한 한자동맹은 대체로 1350년경부터 독일의 도시들로 결성되기 시작하여, 점차 확대되어, 영국, 이태리, 핀란드, 노르웨이, 스웨덴, 러시아의 도시들도 참가하여, 약 90개의 도시가 한자동맹을 이루었다.[241] 그 중에서도 Lübeck이 한자동맹의 중심도시였다.

한자동맹은 독일제국의 대리인으로서 활동하였으며, 제국은 한자동맹을 통하여 외국을 개척하였다. 한자동맹은 특권과 자치를 향유하였으며, 생산을 조직화하였다. 고기잡이, 광산개발, 목재조달을 담당하였다.[242] 한자동맹은 상인장부를 유지하였으며, 한자동맹으로부터 제재를 받은 도시, 즉 한자제재(Hansebann)를 받은 도시는 황폐화되었다.[243] 한자동맹은 전쟁법(Kriegsrecht)과 동맹법(Bündnisrecht)에 있어서는 거의 주권국가였다. 동해함대(Ostseeflotte)를 조직하여 운영하였으며, 동맹요세(Bundesfestungen)를 구축하였으며, 동맹세(Bundessteuer)를 부과하였다.[244]

이와 같이 강력하였던 한자동맹도 1400년 이후에는 쇠퇴하기 시작하였다. 한자동맹에 대해서는 당시 부상하기 시작한 영국, 스칸디나비아, 폴란드, 러시아, 독일 내의 Mecklenburg 등이 한자동맹의 독자성에 침해를 가하였다. 한자동맹이 수출한 목재로 만든 영국, 화란, 포르투갈 함대가 동해를 침략하였다. 그리하여 한자동맹은 연안해상로를 따라서만 유지되었으며, 결국 한자동맹은 Hamburg, Lübeck, Bremen의 동맹으로 축소되었다. 1492년 콜롬부스에 의한 신대륙의 발견으로 한자동맹은 그 역할을 다하게 되었다.[245]

4. 도시법의 역사적 가치와 도시법에 대한 법정책적 평가

독일중세의 도시는 상인도시로부터 출발하여 점차 수공업자가 참가하는 방법으로 발전된 국가 내의 국가였다. 도시가 독자적인 소국가의 지위를 가질 수 있었던 것은, 독일제국의 권력이 미약하여 제국내의 소국가의 형성을 통제할 수 없었던 독일제국의 분방으로의 분열의 한 모습으로 이해되며, 경제적으로는

240) Mitteis, Lieberich, a. a. O., S. 230.
241) A. a. O., SS. 230-231.
242) A. a. O., S. 230.
243) A. a. O., S. 231.
244) A. a. O., S. 231.
245) A. a. O., S. 231.

영지의 농업생산물과 도시의 수공업제품의 거래, 사치품을 구하기 위한 원거리 상거래의 필요성에 기하여 생성되었다. 그러나 대도시의 상업과 영업적 생산은 원거리의 원료와 시장거래 상황을 고려하여 이루어졌다. 그리하여 도시경제는 정치적 상황에 의존하게 되었고, 위기에 민감하였다.[246]

그리고 독일중세의 도시의 형성과 발전은 전통적인 출생신분에 의한 신분구속적 사회체제에 변화를 초래하였다. 도시의 발달로 직업신분이 출현하였으며, 출생신분이 낮은 농노라 하더라도 상인이나 수공업자로서 부와 자본을 축적하면서 자유인으로의 신분의 변화가 일어났다. 그리하여 독일중세의 도시는 중세독일에서의 사회신분변화의 중요한 계기를 제공하였다. 도시는 농노의 도시로의 유입을 촉진하여 장원경제의 변화에도 한 원인을 제공하였다.

그리고 도시의 발달과 도시동맹의 결성으로 도시가 강화되는 것은 영국, 화란 등의 신흥 국민국가들에게는 위협적인 존재가 되었으며, 농노들의 도시이주현상으로 분방의 약화를 초래할 수 있었으므로, 독일제국내에서도 분방으로부터 견제를 받지 않을 수 없었다. 그리고 신대륙의 발견에 의한 보다 원거리 무역로가 개척되어 도시들의 북해와 동해(즉, 발틱해)를 중심으로 하는 무역은 쇠퇴할 수밖에 없었다.

이러한 중세독일의 도시에서 발달한 도시법은 농업경제중심의 분방법과는 다른 상업법으로 발전하였다. 그리하여 독일에서 거래법이 발전할 수 있는 계기가 마련되었다. 그러나 그 상업법, 거래법도 독일전역으로 확산될 수 없었다. 도시의 성장을 견제하는 분방으로서는 상업법인 도시법의 분방에로의 확산을 원치 않았으며, 제국은 제국의 통일을 위하여 로마법을 적용하고자 하였기 때문이었다. 그리고 상업법인 도시법을 유지, 확산시키기 위해서는 도시의 발전과 함께 도시법을 체계적으로 정리하고 발전시킬 수 있는 법학의 발전이 있어야 했으나, 학문적으로 도시법에 대한 연구와 체계화가 이루어지지 못하였다. 중세독일에서는 창조적인 독일법학이 형성되지 못하였기 때문에, 전통법인 게르만 관습법도 새로운 법으로 생성된 도시법도 시대변화에 따라서 더 이상의 발전을 할 수가 없었다. 독일 고유법 및 도시법에 대한 학문적 연구와 체계화의 부재가 근세독일에서의 로마법계수의 가장 중요한 원인이라 평가된다. 이에 반해 로마법은 시대의 변화와 함께 지속적으로 법학자에 의한 연구와 체계화가

246) A. a. O., S. 169.

이루어져 발전되었기 때문에 독일에서의 계수가 가능할 수 있었다.

그러나 도시법에서 생성된 법제도는 오늘날 법제도의 기원이 된 것들이 많다. 부동산등기부제도, 부동산임대차제도, 부동산저당제도, 부부재산공유제 등은 바로 도시법에서 생성된 제도들이었으며, 오늘날의 상법, 행정법, 창고보관에 관한 법, 해상운송법, 파산법 등에서의 많은 법제도가 도시법에 그 기원을 두고 있다.

이와 같이 독일중세의 도시법에서 발달된 법제도들이 그 당시에 학문적, 체계적으로 연구되어 정리되었더라면, 독일이 근세에 로마법의 계수를 극복할 수 있었을 지도 모른다. 그러나 독일에서는 고유법과 도시법에 대한 학문적 연구가 로마법의 연구에 비하면 너무 뒤졌다. 독일은 독일에서 로마법의 계수가 있고서야 비로소 독일 고유법의 연구를 시작하였다. 그러나 독일에서는 비록 늦게 고유법의 연구가 시작되었지만, 철저히 연구하고 체계화하여 오늘날도 독일 고유법의 입법에로의 반영을 계속하고 있다.

제 2 절 중세 후기(Spätes Mittelalter): 1273년부터 1500년경까지

중세 후기는 대공위시대가 끝난 해로부터 로마법을 계수하기로 세국법으로 확인한 신성로마제국의 제실법원령(Reichskammergerichtsordnung: 1495)이 제정되고 시행된 시기까지의 기간을 가르킨다. 그리하여 중세 후기는 1273년부터 1500년경까지의 기간이다. 이 기간은 정치적으로는 귀족들인 제후들이 지역을 중심으로 세력을 더욱 강화하여 지역국가로 분열되고, 동시에 각 지역은 게르만의 각 부족 내지 민족을 중심으로 하는 국민국가 내지 민족국가로 발전하였다.[247] 따라서 제국은 지역적, 민족적으로 나누어진 제후들의 민족국가의 연합체로 발전하였다. 다른 한편으로는 사회는 각 신분계층으로 나누어져 있었다. 그리하여 제국은 각 신분층으로 구성된 등족국가(Ständestaat)로 발전하였다. 제후들의 권력강화는 1356년 금인헌장(Goldene Bulle)의 발포에 의하여 이를 제

247) 국민국가 내지 민족국가는 민족을 전제로 하고 이를 기반으로 하여 성립된 국가이었다. 이러한 국민국가는 중세 말기에 혈연적 근친의식에 기초를 두고, 공동의 사회, 경제생활을 영위하면서, 동일한 언어를 사용하고, 동일한 문화와 전통을 바탕으로 하여 형성된 공동체 내지 부분국가이었다. 신성로마제국은 중앙집권적인 통일국가로 발전하지 못하고, 이러한 부분적인 국민국가들로 구성된 연합체이었다.

국법으로 확인하고 확정하였다.[248]

이러한 국민국가는 제후들이 특정의 지역을 지배하고 통치하는 분방국가들이었으며, 분방은 국가 내의 국가(Staaten im Staate)이었다. 이러한 분방국가는 역사적으로 프랑크시대의 면세지제도에서부터 시작되었다. 그리고 이러한 지방분권의 통치를 담당한 제후들은 태공[249](Herzogtümer), 변방백[250](Markgrafschaften) 그리고 많은 지방백[251](Grafschaften)들이었다.[252] 이러한 분방국가로의 분열은 제국의 권력이 약하였기 때문에 일어난 현상이었다. 이와 같은 제후들에 의한 분방지배로 인하여 법적용 원칙에 있어서도 속인주의에서 속지주의로 확실하게 전환되었다.[253]

이와 같은 지역국가, 국민국가를 중심으로 하는 분방국가로의 제국의 분열현상은 법에 있어서도 법의 분열현상으로 심화되었다. 그리하여 이 중세 후기를 법사에서는 법분열시대라 한다. 이 시기에는 도시법이 크게 발전하여 중세 성기에 형성된 법의 분열이 더욱 심화되었고, 법은 거의 전적으로 관습법으로 존재하였다. 그리고 법원의 재판관할에 있어서도 제국법원이 있긴 하였으나, 분방법원의 소송불이송특권과 불상소특권에 의하여 제국의 모든 법률사건을 관장하지 못하였다.

그리고 중세 후기의 후반기에는 문예부흥과 인문주의 사조의 태동, 로마법의 계수등 중세사회를 붕괴시키는 여러 가지 사건들이 일어난 격동의 시기였다.

중세 후기의 헌법에 해당되는 법으로서는 금인헌장이 있다. 금인헌장(즉, 금인칙서)는 그 동안 관행적으로 지켜져 왔던 7인의 대주교와 선제후에 의한 제국황제의 선거방식에 관하여 규정한 제국법이었다. 선제후들은 1338년에 선제후들이 선출한 국왕은 교황의 인가를 받을 필요가 없이 신성로마제국의 진정한 황제(verus et legitimus imperator)가 된다고 결의하였다.[254] 그 후 1356년에는 국

248) 금인헌장에서는 제국국왕의 선거방법이외에도, 복수(Fehde)의 금지, 봉토보유자간의 동맹금지, 도시의 확산과 도시동맹의 금지를 규정하였다.

249) 태공은 전쟁의 수행을 위한 군사지도자들이 그의 세력을 확대, 강화하여 성장한 제후였다.

250) 변방을 수비하던 관리가 그 변방을 중심으로 그 변방지역을 통치하게 된 제후였다.

251) 지방백은 지방을 다스리도록 제국국왕이 파견한 관리가 세습적으로 그 지방을 통치하게 됨으로써 성장한 제후였다.

252) Mitteis, Lieberich, a. a. o., S. 210.

253) A. a. O., S. 180.

254) 이러한 선제후에 의한 결의가 있기 이전에는, 제국의 황제가 되기 위해서는 선제후에 의해 선출된 왕위계승자(즉, 국왕)는 제국의 수도인 Aachen에 가서 대관식을 거쳐야 하였다. 이와 같이

왕 칼 4세와 선제후들간의 타협에 의하여 금인헌장이 발포되었다. 이 금인칙서는 제국의회(Reichstag)에서 발포한 라틴어로 된 그 간의 관행을 성문화한 제국법(Reichsgesetz)으로서 제국황제의 선거절차와 선제후의 권리를 확정하고, 복수(Fehde)의 금지, 봉토보유자간의 동맹금지, 도시의 확장금지를 규정한 법률이었다. 특히 교황의 국왕에 대한 인가권을 박탈하고, 황제의 칭호도 "선거된 로마황제"(erwählter römischer Kaiser)라 칭하였다. 이 시기에는 교황도 십자군 전쟁의 실패와 Avignon의 유수를 겪으면서 그 권력이 많이 약화된 상태였다. 그러므로 이 중세 후기의 시기에는 형식적으로는 독일제국이었지만, 실질적으로는 제후들이 지역을 중심으로 하여 그들이 지배하고 있던 기간이었다.

그리고 이 기간 중에 교회법은 세속법과는 다른 법원(法源)으로서 더욱 발전되어 갔으며, 교회재판소가 독립한 법원(法院)으로서 당사자가 합의하는 경우에는 세속사건도 관장하였다. 특히 교회재판소의 소송절차는 세속재판소에서의 소송절차보다 인도적이고 발전적이었기 때문에 속인인 당사자들이 교회재판을 받기로 합의하는 일이 많았던 것으로 알려져 있다.[255]

이 중세 후기에는 법서와 도시법 그리고 Weistümer가 3대 법원을 이루고 있었다.[256] 그러나 황제는 제국의 지배를 원하였기 때문에 제국에는 로마법을 적용하려고 하였다.

제국의 국왕이 되기 위해서는 선제후에 의한 국왕선거와 Aachen에서의 대관식을 거쳐야만 하였다.

255) 이태재, 전게 서양법제사 개설, 294면.

256) Mitteis, Lieberich, a. a. O., S. 236.

제 5 장
근세 로마법계수의 시대: 1500년경부터 1806년까지

Ⅰ. 개설: 시대상황

근대에 들어서면서 유럽대륙에서는 1492년 신대륙의 발견으로 상거래가 대륙내의 중심에서 원거리 무역으로 바뀌게 되고,[1] 문예부흥운동(Renaissance)에 의하여 신중심의 중세사회를 극복하고 인간중심의 인문주의 사회가 열렸으며, 사변적인 스콜라철학 대신에 실험을 중요시하는 자연과학과 경험주의가 대두하였다. 그리고 1517년 루터에 의한 종교개혁(Reformation)으로 개인의 인격적 독자성과 자율성을 고취하는 인문주의 사상의 이론적 기초가 마련되었다.[2][3]

이와 같은 중세와는 다른 근본적인 근세의 사회변화에 대하여, 독일제국에서는 이에 대처할 만한 체제를 갖추고 있지 못하였다. 제국권력의 미약으로 인하여 독일제국의 법제는 극도로 분열되어 있었으며, 독일제국에 공통적으로 적용된 통일적인 보통법을 갖추지 못하였다. 그러나 근세에 일어난 자본주의 경제, 화폐경제, 상업의 발달 등은 독일제국내의 법의 통일의 필요성을 느끼게 하였다. 그 결과 세계보편적 내지 인류보편적인 색체가 농후하고, 자본주의 정신에 합치되고, 법학자들에 의하여 정밀하게 발전된 로마법을 독일제국에서 계수하게 된 것이었다.[4]

신성로마제국에서의 로마법의 계수는 독일제국이 로마법을 받아들여, 독일

---

1) 이러한 원거리 무역의 생성과 성장으로 도시의 상거래는 침체하게 되었다.

2) 현승종, 조규창 공저, 전게 게르만법, 76면.

3) 종교개혁에 의하여 생성된 개신교는 1555년 Augsburg 종교회의에서 공식적으로 인정되었다. 이 Augusburg 종교회의의 결의에 따라서 신성로마제국 황제 Karl 5세는, 제후와 도시에 신교신앙의 자유를 인정하였다. 또한 Augsburg 종교회의에서는, "통치자의 종교는 그곳의 종교를 결정한다"(Cuius regio, eius religio)는 원칙을 인정하여, 분방을 신앙의 통일체로 만드는 결과를 초래하였다(최종고, 전게 서양법제사, 154면).

4) 독일에서의 로마법의 계수에 관한 상세한 내용에 관해서는, 김상용, 전게 법사와 법정책: 로마민법학 중심, 169-193면 참조.

자국의 법으로 변용한 것이었다. 본래 법의 계수(Rezeption des Rechts)란 한 나라 또는 한 민족이 다른 나라, 다른 민족의 법을 주체적으로 받아들여서 자국법(Eigenesrecht)으로 변용하는 것이다. 그러므로 법의 계수는 타국의 법을 타율적으로 그대로 가져다 쓰는 법의 의용(依用)과는 구별되는 것이다. 독일은 로마법을 받아들여, 그 로마법을 독일 고유법에 대해서 독일의 보통법(ius commune: gemeines Recht)로 사용하고, 계수된 로마법을 학문적으로 체계화하고, 기본적으로 계수된 로마법에 기초하여 독일민법전이 편찬되었다.[5]

Ⅱ. 계수의 원인

근세독일제국에서의 로마법의 계수원인에 관하여는 견해가 분분하다. 독일 고유법인 게르만법의 빈약성 때문이라는 빈약성긍정설, 이에 반대하면서 로마법의 계수는 독일중세 및 근세의 정치적 지배자였던 제국황제와 분방영주에 의하여 일방적으로 받아들이고, 로마법을 공부한 사람들이 자국법인 게르만법을 버리고 재판과정에서 로마법을 적용한 때문이라는 빈약성부인설, 역시 독일 고유법의 빈약성을 부인하면서 중세독일법학의 부재와 통일적인 재판제도의 흠결이 원인이었다는 재판제도흠결설 등이 주장되고 있다.[6]

근대독일에서의 로마법의 계수에 관한 이러한 여러 견해에도 불구하고, 일반적으로 계수의 원인으로, 첫째로는 독일의 신성로마제국의 황제가 이태리왕을 겸하고 있었으며, 신성로마제국은 로마제국의 후계국가이며, 신성로마제국의 황제는 로마제국 황제의 계승자라는 제국이양사상(translatio impcrii)으로, 로마법이 타국법이 아니라 자국법으로 이해한 이념을 들 수 있다. 그리고 제국의 국왕은 통일적인 제국의 건설을 위하여 통일적인 로마법을 적용하고자 하였다. 둘째로는 독일제국이 통일적인 중앙권력이 미약하여 분방으로 분열되어 있었고, 이에 따라서 법도 분열되어 있었기 때문에, 통일적인 국가의 형성을 위해서는 제국에 통일적인 로마법을 계수하여 로마법에 의한 법의 통일을 도모할 필

5) 독일민법전이 계수된 로마법을 기초로 하여 편찬되었지만, 편찬과정에 게르만법적 요소도 부분적으로 고려되었으며, 독일민법전의 제정, 시행 후에 계속적으로 독일 고유법인 게르만법의 정신과 요소를 추가하는 민법전 관리를 해오고 있다. 지금도 독일민법전에서 로마법과 게르만법의 교착과 충돌은 계속되고 있으며, 양법의 소화를 위한 학문석, 입법적 노력이 계속되고 있다. 특히 2002년 독일채권법의 개정시에는 채권법의 내용을 약자보호 내지 소비자보호의 방향으로 전환하여, 독일 고유법의 채권법에서의 인간적, 사회적 요소를 개정 채권법에 크게 반영하였다.

6) 이에 관하여는, 현승종, 조규창 공저, 전게 게르만법, 80-87면 참조.

요성이 있었다. 셋째로는 근세에는 개인의 가치가 인정되고, 개인의 이성이 존중되며, 이성의 발현이 요청되는 자본주의 경제시대가 시작되었다. 그러나 독일제국은 중세의 장원을 중심으로 하는 농업위주의 봉건적인 농업경제를 유지하여 왔고, 중세독일은 그러한 농업경제에 맞는 법을 갖고 있었다. 이에 반해 로마법은 거래법(즉, 채권법)이 일찍부터 발달하여 왔기 때문에 근대의 자본주의 경제생활에 맞는 법이었다. 물론 독일중세의 도시법에서 상법, 해상법을 중심한 거래법이 발전하기는 하였지만, 그 도시상법을 학문적으로 체계화하지 못하였을 뿐만 아니라 중세독일 및 독일법의 지역적, 법권적 분열로 인하여 독일제국 전역에 효력이 있는 보통상법으로는 발전할 수가 없었다. 그리고 로마법은 역사와 더불어 법학자들에 의하여 계속적으로 연구되고 체계화되어 발전되어 왔다. 또한 로마법의 내용이 인류보편적인 가치를 구현하는 방향으로 발전되어 왔다. 그러나 게르만 고유법은 관습법이었으므로, 학문적 인식의 대상이 될 수가 없었다.[7] 넷째로는 중세에 이태리에 유학하여 로마법을 교육받은 귀족의 자제들이 독일로 돌아와 행정의 고위 관료직과 사법의 재판관으로 진출하고, 그들이 구체적으로 법을 적용하고 집행함에 있어서는 독일 고유법보다는 그들이 알고 있고 익숙한 로마법을 적용하였던 것이었다. 다섯째로는 중세의 대학에서 법을 가르침에 있어서는 독일 고유법을 교육하지 아니하고, 로마법과 교회법의 양법을 가르쳤다. 그리고 중세 대학은 관료의 양성을 주된 기능으로 하였으며, 당시의 재판절차에서는 법원의 소송사건을 법과대학으로 이송하여 법학자들이었던 법과대학 교수의 의견을 구하는 소송기록이송제도(Aktenversendung)가 행하여졌고, 대학에서는 그곳에서 가르치고 있던 로마법에 따라서 의견에 제시되고, 법원은 대학의 의견에 따라서 재판을 하였던 것이었다. 여섯째로는 교회법은 로마법을 기초로 하고, 독일 고유법을 기초로 하지 않았다. 로마법은 교회법을 통하여 계수되었다고 표현될 정도로 교회법이 로마법의 독일에의 계수가 크게 기여하였다. 일곱째로는 독일제국의 법원조직과 소송절차법의 낙후성(Rückständigkeit der Gerichtsverfassung und des Prozesses)이었다.[8] 독일제국에는 법의 분열과 함께 관할법원도 각각 나누어져 있었으며, 분방법원은 제국법원에로의 소송을 이송하지 아니할 특권과 제국법원에 대한 상소하지 아니할 특권을 가지고 있었으며, 소송절차는 민중소송절차에 의존하고 있었다. 그리하여

---

7) 현승종, 조규창 공저, 전게 게르만법, 91면.

8) Mitteis, Lieberich, a. a. O., S. 257.

이미 제실법원(Reichskammergericht)의 절차법(Kameralprozeß[9])은 직접적으로 로마법으로부터 가져온 것은 아니며, 주로 13세기 이태리에서 형성된 로마법적 교회소송법(römisch-kanonisches Prozeßrecht)이었다. 14세기에 이르러 이러한 로마법적 교회소송법이 독일의 세속법원에 밀고 들어온 것이었다.[10]

이와 같은 독일에서의 로마법계수의 여러 가지 원인중에서, 가장 중요한 원인은 중앙권력인 신성로마제국이 미약하여 통일법의 형성이 이루어지지 못한 것과, 로마법의 발전과는 달리 독일의 중세에 독일 고유법에 대한 학문적 연구와 체계화가 이루어지지 못한 점이라 판단된다. 독일 고유법에 대한 학문적 연구와 체계화는 로마법의 계수에 대한 반계수로서 일어난 게르만법학자들에 의한 게르만법의 연구에서 비로소 이루어졌다. 게르만법의 학문적 연구가 일어난 후부터는 게르만법의 입법에의 영향이 점점 증대되고 그와 같은 현상은 오늘날까지도 이어지고 있다. 독일중세에 법서에 의해서 게르만 고유법을 모으고 정리하여 책으로 편찬되었지만, 단순히 법자료를 모은 것이지 그것을 학문적으로 연구하여 발전시킨 것은 아니었다.[11] 그리고 게르만인들의 법관념이 고유법을 객관적인 자연적 진리라고 이해하였기 때문에 법을 만들어지는 것이 아니라 발견되는 것이라고 관념하였으며, 고유법은 그것 자체로서 충분하여, 그것은 학문적 가공의 대상이 될 수 없고, 따라서 고유법에 학문적 가공을 하여야 한다는 생각을 할 여지가 없었다. 이로 인하여 게르만 고유법은 학문적으로 발전되지 못하였다. 그리고 독일의 고유법은 관습법으로 구성되어 있었기 때문에, 예측가능성과 계산가능성을 필요로 하고 그 예측가능성과 계산가능성을 성문법으로 명확히 규정할 것을 요구하는 근세의 자본주의 경제사회의 요청에 부응할 수가 없었다.

9) Kameralprozeß의 특징은, 서면주의, 일정한 기일에 소송절차의 진행, 당사자주도의 소송, 재판절차의 공개, 판결에서의 재판장의 배제, 2심제의 실시 등이었다(Mitteis, Lieberich, a. a. O., S. 302).

10) Mitteis, Lieberich, a. a. O., S. 301.

11) 독일에서 로마법에 계수될 수 있었던 원인 중의 하나가 독일제국이 분열되어 있었고, 게르만 고유법의 학문적 연구가 이루어지지 아니하여 시대변화에 고유법이 탄력적으로 적응할 수 있도록 뒷받침하지 못하였으며, 또한 로마법은 학자법으로서 자연적이고 객관적인 질서 그 자체이었던 게르만 고유법 보다는 앞선 법이었던 것에서도 찾을 수 있다. 고유법을 학문적으로 연구하고 체계화하여 시대변화에 대응할 수 있도록 발전시키지 않으면, 결국 발전된 법문화에 의해 지배당하고 만다는 역사적 진리를 독일의 로마법계수의 과정에서부터 도출할 수 있을 것이다. 게르만법을 학문적으로 체계화한 역사법학이래로 게르만 고유법이 본래의 위치를 회복하고 있는 것은 바로 독일법사에 있어서 독일의 자기발견이고 자기정립이라 평가해 볼 수 있을 것이다.

이러한 정치적, 사회적, 경제적, 역사적 원인에 의하여 로마법이 독일에 전면적으로 계수가 이루어졌다. 그것도 사법적(司法的)으로 이루어졌다.

Ⅲ. 계수의 과정

근세독일에서의 로마법의 계수는 사법적으로 이루어졌다. 이는 프랑크시대의 입법적 계수와는 다른 방식이었다. 신성로마제국에서는 제국의 권력의 약화로 입법적으로는 로마법을 계수할 수가 없었던 상황이었다. 개별사건에 대한 재판과정을 통하여 로마법이 계수될 수밖에 없었다. 그러나 고유법이 강하게, 그리고 법서로써 정리되어 있던 작센지방에서는 로마법의 계수가 다른 지역에 비하여 강하지 못하였다.

독일에서의 재판과정을 통하여 로마법을 계수한 것을 판덱텐의 현대적 관용(usus modernus Pandectarum)이라 하였다.[12] 그리하여 계수된 로마법은 일반법, 즉 게르만 고유법에 대하여 보통법으로서의 효력이 인정되었다. 그러므로 재판과정에서 당해 소송사건에 적용될 고유법이 발견되고 입증이 된 경우에는 고유법이 우선적으로 적용되고, 고유법이 없거나 발견하지 못하였을 때에 비로소 로마법을 적용하여 판결을 하였다.

그리고 독일의 로마법의 계수는 한정된 분야만의 로마법이 아니라 모든 분야에 걸쳐 전면적으로 계수하였다.[13] 그리하여 독일의 로마법계수를 사법적, 전면적 계수라 한다. 이와 같은 독일에서의 로마법의 사법적, 전면적 계수는 15, 16세기에 일어났다.

독일에 계수된 로마법은 로마고전시대의 학설법으로 존재하였던 로마법도 아니고, 유스티니아누스 대제의 입법에 의한 성문법으로서의 로마법대전 그 자체도 아니며, 중세 이태리에서 주석학파(Glossatoren)와 주해학파(Kommentatoren)에 의하여 학문적으로 연구되고 정리된 주석된 로마법이었다. 독일에서는 그러한 주석된 로마법을 쓰여진 이성(ration scripta)으로 받아들였다. 주석학파와 주해학파가 주석을 단 로마법은 로마법대전 중에서도 학설휘찬(Diegseta: Pandectae)이었다. 그리하여 학설휘찬을 중심으로 학문적으로 연구되고, 발전하여, 로마법

12) 이에 관하여는, 김상용, 전게 법사와 법정책: 로마민법학사 중심, 191면 참조.

13) 프랑스에서는 부분적, 제한적으로 로마법을 계수하였다. 그리하여 주로 거래법, 즉 채권법 분야에서만 로마법을 계수하였다.

이 세계법으로 되었다.

이와 같이 사법적, 전면적으로 로마법이 독일제국에 계수될 수 있도록 확실한 계기를 마련한 독일법사에서의 사건은 Friedrich 3세 때인 1495년 제실법원령에서 계수된 로마법을 독일에서 일반법으로 적용할 것을 규정한 입법적 조치였다. 동령 제3조에서는 재판을 함에 있어서 1차적으로는 독일 고유법을 적용하고, 독일 고유법이 없거나 불분명할 때에는 2차적, 보충적으로 로마법을 적용할 것을 규정하였다. 그러나 독일 고유법의 주장과 입증은 당사자의 책임사항이었으며, 고유법의 증명은 엄격한 증명을 요하였다. 그로 인하여 실제로 고유법을 주장하여 적용하기가 쉽지 아니하였으며, 당사자가 주장하고 완전히 증명하였다 하더라도 그것이 쓰여진 이성인 로마법에 반한다는 이유로 빈번히 채용되지 아니하였다.[14] 이와 같이 규정형식상으로는 로마법이 보충법이었으나 실제로는 고유법에 우선하여 적용될 수밖에 없었다.

이와 같이 계수된 로마법이 독일에서 보통법이 되고, 다시 보통법인 계수된 로마법을 역사법학파 중 로마니스텐(Romanisten)에 의하여 학문적으로 연구되고 체계화되어 판덱텐법학[15](Pandektenwissenschaft)을 이루고, 이 판덱텐법학에 기초하여 독일민법전이 제정되었다.

Ⅳ. 계수의 결과 및 반계수

독일에서의 로마법의 전면적, 사법적 계수에 의하여 계수된 로마법이 독일의 보통법으로 적용되어 독일에서의 법의 통일이 이루어져 갔다. 그러나 법의 통일이라 하더라도, 완전한 통일의 목표에는 도달하지 못하였으며, 몇몇 지역에서만 로마법에 의한 완전한 법의 통일이 이루어졌을 뿐이었다. 구체적으로는 Hessen주와 같은 몇몇 주에서는 로마법이 무제한으로 지배하게 되었으며, 작센법 지역은 로마법에 대하여 게르만 고유법이 강하게 작용되었으며, Bayern, Tirol, Wüttenberg 지역에서는 로마법과 고유법이 뒤섞여 있었다.[16]

그리고 근세에 일어난 자연법론(Naturrechtslehre)에서는 로마법보다는 오히려 게르만 고유법을 자연법으로 받아들이고, 그 결과로 자연법론과 게르만 고

14) 황적인, 전게 로마법·서양법제사, 68면.
15) 판덱텐법학에 관하여는, 김상용, 전게 법사와 법사상: 로마민법학사 중심, 252-258면 참조.
16) Mitteis, Lieberich, a. a. O., S. 259.

유법에 기초한 법전이 편찬되었다. 그것이 바로 30년전쟁(1618-1648) 후에 독일제국내에서 정치세력의 중심으로 진출한 프로이센에 의한 1794년의 프로이센일반주법[17](ALR: Allgemeines Landrecht für die Preußischen Staaten)이었다. 또한 로마법이 독일에서 보통법이 되었지만, 독일은 계수된 로마법이 적용되는 보통법지역, 프로이센일반주법이 적용되는 프로이센 지역, Sachsenspiegel에 의하여 정리된 게르만 고유법이 강하게 지배하고 1763년에 편찬이 시작되어 1863년에 제정되고 1865년에 시행된 작센왕국민법전[18](Bürgerliches Gesetzbuch für das Königsreich Sachsen)이 적용되는 작센지방, 이렇게 3개의 큰 법권으로 구별되었다.

그러나 계수되어 보통법으로 적용된 로마법은 그것이 재판과정에 일반법으로 적용되었을 뿐만 아니라, 점차 이에 대하여 학문적으로 연구되고 체계화가 심화되었다. 그와 같이 계수된 로마법을 학문적 체계화한 법학이 바로 19세기 독일에서의 보통법학(Gemeinrechtswissenschaft), 즉 판텍텐 법학이었다. 이러한 판덱텐법학에 의하여 계수된 로마법이 체계화되었기 때문에 비로소 독일민법전의 제정이 가능할 수 있었다.

한편으로 로마법의 계수에 대하여 개인주의적인 로마법이 독일의 보통법이

---

17) 프로이센일반주법에 관하여는, 김상용, 전게 법사와 법정책: 로마민법학사 중심, 216-220면 참조.

18) 작센왕국민법전은 1763년에 그 편찬이 시작되어 아주 지루하게(langwierig) 진행되었다. 1763년에 시작된 편찬작업은 1846에서 1852년에 걸쳐서 그 초안이 만들어지고, 1860년에 수정을 거친 후, 1863년에 제정, 공포되고, 1865년에서야 비로소 시행이 되었다. 동 작센왕국민법전은 작센지방에서는 1900년 독일민법전이 시행되기 전까지 그 효력을 가졌으며, 독일민법이 시행된 후에는 독일민법시행법(EGBGB) 제3조에 따라서 분방에만 적용되는 분방법은 독일민법전의 시행에도 불구하고 그 분방에 계속적인 적용을 인정하는 분방법 유보조항에 의하여 작센지방에는 그대로 그 효력이 지속되고 있다. 그리하여 작센지방이 제2차 세계대전 후 구동독의 영토가 되고 1976년에 구동독에서 구동독민법전(ZGB-DDR: Zivilgesetzbuch der Deutschen Demokratischen Republik)이 제정, 시행될까지 작센지방에는 작센왕국민법전이 효력을 가졌다. 동 작센왕국민법전은 독일에서 최초로 판덱텐시스템에 따라서 편찬된 민법전이었으며, 총칙, 물권법, 채권법, 친족법, 상속법의 순서의 5편, 총 2,620조로 구성된 민법전이었다(HRG, 29. Lieferung(1982), SS. 1242, 1246: 김상용, 민법총칙(전정판 증보, 2004), 43면).

작센왕국민법전의 기초는 독일의 보통법학(Gemeinrechtswissenschaft)과 작센의 분방법학(sächsische partikulare Jurisprudenz)이었다. 보통법학으로부터의 기초는 체제, 총칙, 채권법과 물권법이었으며, 분방법학으로부터의 기초는 가족법, 후견법, 상속법 및 물권법의 일부, 즉 상린관계, 부동산담보법, 역권(Diensbarkeiten)이었다(HRG, a. a. O., S. 1246).

작센왕국민법전 편찬의 자료는 당시에 사용되던 증서(Urkunde)와 Sachsenspiegel이었다(HRG, a. a. O., S. 1249).

그리고 작센왕국민법전은 1866년 채권법에 관한 Dresdner 초안을 만들 때에 이용되었으며, 독일민법을 제정하기 위한 준비위원회(Vorkommission)는 작센왕국민법전을 모범으로 하여 독일민법전을 제정하도록 권고하였으나 점차 약화되고 말았다. 독일민법전(BGB) 중에서 총칙, 물권법, 가족법, 언어(Sprache), 양식(Stil)과 체제 부분은 작센왕국민법전으로부터 영향을 받았다(HRG. a. a. O., S. 1247).

되자, 민족적 의식이 강하였던 독일 고유법의 측면에서는 고유법의 재생과 현대화를 위한 자각이 일어나게 되었다. 이러한 로마법의 계수과정에서 게르만법학자들이 민족적 자각을 하고 민족적인 고유법인 게르만법을 연구하여 체계화한 과정이 바로 반계수(Gegenrezption)이었다. 반계수에 의한 게르만법학자들에 의한 게르만법의 학문적 연구에 의하여 비로소 독일에서는 역사상 처음으로 게르만법 고유법의 학문적 연구와 체계화가 시작되었다.[19] 로마법의 학문적 연구와 체계화의 시작에 비하면 시간적으로 굉장히 늦었다.

게르만법을 최초로 학문적으로 연구한 게르만법학자는 Hermann Conring (1606-1681)으로서, 그는 1643년에 "게르만법의 기원"(Die Origuni iuris Germanici)를 출간하였다. Jacob Grimm이 독일 고유법의 사료를 수집하여 "독일법골동품"(Deutsche Rechtsaltertümer)으로 출판하고, Georg Beseler(1809-1888)는 민족정치가로서 로마법과의 투쟁적인 논쟁에서 게르만법학자들의 대변가가 되었다. 그리하여 그는 독일에서의 로마법의 계수는 민족의 불행(Nationalunglück)이라고 하였다.[20] 그리고 길케(Otto von Gierke: 1841-1921)는 게르만법 연구를 집대성하였다.[21] 그는 로마법에 기초하여 마련된 독일민법전 제1초안에 대하여 독일 고유법의 입장에서 강하게 비판하여, 독일민법전 제2초안에서는 게르만법을 크게 고려하도록 하였다. 그 외에도 수많은 게르만법학자들이 게르만 고유법을 연구하여 이를 학문적으로 체계화를 하였다.

그리고 게르만법 연구의 법사학잡지를 편집 발간하였으며, 게르만법학들의 대회(Germanistenversammlung)도 열었다.[22]

이러한 게르만법에 의한 연구와 체계화 및 현대화에 의하여 독일민법전의 제정에 기여하였으며, 그 후 Heinrich Mitteis(1889-1952)와 같은 위대한 게르만법학자들이 계속적으로 게르만 고유법을 연구 발전시켜, 독일민법의 개정을 통하여 독일민법이 게르만 고유법을 받아들이도록 하였다. 그러나 양법이 완전히

---

19) 반계수는 17세기에 이미 자연법론에서 로마법보다는 게르만 고유법을 오히려 자연법으로 본 것으로부터 시작되었다고 보기도 한다(Mitteis, Lieberich, a. a. O., S. 259).

20) Hans Schlosser, Grundzüge der Neueren Privatrechtsgeschichte, 4. Aufl. (Heidelberg, C.F.Müller Juristischer Verlag, 1982), S. 96; Karl Kroeschell, Deutsche Rechtsgeschichte 3 (seit 1650) (Opladen, Westdeutscher Verlag, 1989), S. 131.

21) 길케의 게르만법연구의 지작과 결과에 대해서는, 김상용, 전게 법사와 법정책: 로마민법학 중심, 238-239면 참조.

22) 이에 관한 보다 자세한 내용에 관하여는, 김상용, 전게 법사와 법정책: 로마민법학 중심, 237면 참조.

조화를 이룬 상태에 도달한 것은 아니며, 독일에서는 계수된 로마법과 독일 고유법이 서로 충돌을 일으키면서 또한 조화를 위한 노력이 계속되고 있다.[23] 그리하여 계수된 로마법과 고유법인 게르만법이 완전한 조화를 이루는 것이 독일 법학의 계속적인 과제라고도 한다.[24]

23) 독일민법전은 로마법과 게르만법간의 충돌을 완전히 극복하지 못하였다. 이는 게르만민족과 법간의 간극을 완전히 극복하지 못한 것이었다(Mitteis, Lieberich, a. a. O., S. 260).

24) Mitteis, Lieberich, a. a. O., S. 260.

제 6 장

근대민법의 제정시대: 1806년 이후 1900년까지

독일제국을 구성하고 있던 분방들 중에서 1806년 나폴레옹(Bonaparte Napoleon: 1769-1821)의 영향으로 라인강변의 16개 분방이 제2차 라인동맹(Rheinbund)을 결성함으로써 신성로마제국은 멸망하게 되었다. 이 라인동맹은 나폴레옹이 당시의 유럽의 세력국가였던 프로이센과 오스트리아를 견제하기 위하여 라인지방 16개 분방을 신성로마제국으로부터 탈퇴케 하여 결성되었다. 이와 같은 라인동맹은 두 번째이었으며, 1658년에 이미 제1차 라인동맹이 결성된 바가 있었다. 라인동맹의 결성으로 독일은 중앙의 권력이 없는 완전히 분방으로 나누어진 국가가 되고, 독일은 프로이센을 중심한 지역, 오스트리아, 그리고 나폴레옹의 영향하에 있는 지역으로 나뉘게 되었다.

그러나 라인동맹도 1814년 나폴레옹이 러시아원정의 실패로 몰락하여 그 세력이 약화됨으로써, 1815년에는 독일제방의 군주들은 신성로마제국에 대신하는 독일동맹(Deutcher Bund)을 조직하였다 이러한 독일통합운동의 전개과정에는 프로이센과 오스트리아가 패권다툼을 벌림으로써 대독일주의로의 독일통일은 어렵게 되고, 1830년에 오스트리아에서 7월혁명이 일어나고, 이로 인하여 오스트리아의 세력이 약화되자 프로이센과 오스트리아간의 보오(普墺)전쟁이 일어나 1866년에는 프로이센이 오스트리아를 격파하였다. 그리하여 1868년에 프러시아를 중심으로 하는 북독일동맹이 결성되어 소독일주의로 독일통일의 방향이 진행하게 되었다. 그러나 라인지방은 여전히 프랑스의 영향력하에 있었다. 그리하여 프로이센은 프랑스와의 보불(普佛)전쟁을 치르고, 1871년에 프로이센이 프랑스에 이김으로써 1871년에야 비로소 독일은 프로이센을 중심으로 하는 통일국가인 독일의 제2제국이 건설되었다.

이와 같은 정치상황의 진행과정 중에 법에 있어서도 중대한 변화가 일어났다. 먼저 프랑스는 1789년 프랑스혁명을 거치고, 나폴레옹에 의하여 강력한 중앙집권적인 국가를 건설함과 함께 1804년에는 자연법론에 기초한 프랑스민법전을 제정하였다. 프로이센은 1794년에 방대한 프로이센일반주법(ALR)을 제정, 시행하고 있었다. 그리고 합스부르크가의 왕조인 오스트리아는 1811년 오스트리아민법전(ABGB: Allgemeines Bürgerliches Gestzbuch für die gesamten Deutschen Erbländer der Österreichischen Monarchie)을 제정하였다. 이러한 민법전의 제정을 법정책적인 견지에서 평가해 보면, 결국 국가가 강력하였을 때에 입법이 가능하며, 독일 내에서도 강력한 분방이 자기의 분방민법전을 갖고, 그렇지 못한 약한 분방은 자기법전을 갖지 못하고 결국 큰 분방에로 흡수되었음을 알 수 있다.

그러나 독일은 로마법의 계수에 의하여 계수된 로마법이 독일의 보통법으로 적용되고 있었지만, 독일의 전지역에 걸쳐서 통일적인 법전을 갖지 못한 상태에 있었다. 이러한 정치상황의 진행과 법상태에서 1814년 프랑스민법전에 대하여 동경심을 갖고 있었던 티보(Anton Friedrich Justus Thibaut: 1722-1840)는 그의 논문, "독일 통일민법전의 필요성에 관하여"(Über die Notwendigkeit eines allgemeinen bürgerlichen Rechts für Deutschland)에서 독일에서도 통일민법전의 제정의 필요성을 주장하였다. 그러나 완전히 분방으로 나누어져 있었고 통일적인 중앙권력이 부재한 상태의 독일에서는 티보의 주장이 실현될 수가 없었다. 티보의 독일 통일민법전 제정의 필요성 주장에 대하여, 프로이센의 정치중심지였던 베를린에 있던 사비니(Friedrich Carl von Savigny: 1779-1861)는 1814년 그의 논문, "입법과 법학에 대한 우리 시대의 사명"(Von Beruf unserer Zeit für Gesetzgebung und Rechtswissenschaft)에서 이를 반박하였다. 사비니는, 법은 민족정신(Volksgeist)의 발현으로서 인위적으로 당시 독일법학의 미성숙, 법률용어 흠결등을 이유로 통일민법전을 제정할 시기가 아님을 주장하였다. 사실 당시의 정치상황과 그때까지의 독일민족의 민족정신의 발현인 게르만 고유법에 대한 학문적인 연구가 거의 이루어져있지 않는 상황에서는 독일민법전을 제정할 수가 없었다. 무엇보다도 독일은 완전히 분방으로 나누어져, 통일민법전을 제정할 만한 중앙의 통일국가가 존재하지 못하였다. 또 한편으로 티보의 주장과 같이 프랑스민법전을 모방하여 독일민법전을 만든다면, 독일고유의 법문화를 유지, 전승할 수 없으며, 그것은 결국 독자적인 독일 법문화를 이루지 못하고, 결국 프랑스 법문화로 편입이 될 수밖에 없는 것이었다. 독일에서의 통일민법전의 제정은 반계수의 내용으로 진행된 게르만 고유법에 대한 학문적 연구와 서양법사와 법정책의 저서를 정성으로 편집하여 아담하고 아름답게 출판하여 주신 피앤씨미디어의 박노일 사장님의 정성과 후의에 감사하고 감사한다. 법학전문서적의 출판이 쉽지 않은 사정임에도 불구하고 이러한 법학전문서적을 출판하여 주신 박노일 사장님께 더 한번 감사를 드리며, 피앤씨미디어의 발전과 번창을 기도하고 기원한다.

2014. 3. 15.

著者 識

차　　례

제 1 편　로마민법학사

서양법사와 법정책

金 相 容

머 리 말

한국법제연구원에서 출판을 하였던 로마법과 게르만법을 중심으로 한 두 권의 법사와 법정책의 저작권 양도기간이 종료하여, 이 두 권의 법사와 법정책의 내용을 수정하고 편집을 새롭게 하고 한 권으로 합본하여 서양법사와 법정책의 이름으로 피앤씨미디어(PNC Media)에서 출판하게 되어 기쁘기 그지없다.

그 동안 민법을 연구함에 있어서 민법은 어떠한 가치와 사상을 담아야 하며, 앞으로는 어떠한 방향으로 민법이 발전되어야 할 것인가에 관하여 항상 관심을 가져왔다. 그리고 긴 역사를 통하여 민법은 누가 발전시켜 왔으며, 어떠한 조건이 갖추어졌을 때에 민법이 발전하였는 지를 알고자 하였다. 또한 민법사에 나타난 여러 법학파는 어떠한 緣由에서 생성되었으며 그 법학파의 주장내용은 무엇이었으며, 그 법학파들이 민법발전에 어떠한 기여를 하였는지를 자세히 이해하고자 하였다. 그리고 현행민법의 이해를 넘어 민법의 역사를 통하여 이상적인 장래의 민법의 모습을 정립해 보고자 하였다.

이러한 민법에 대한 문제의식을 가지고서 먼저 민법의 긴 역사를 거슬러 살펴봄으로써 민법의 변화의 모습과 민법발전의 조건들을 파악하고자 하였다. 그러한 민법의 변화의 모습과 민법발전의 조건에 관한 연구결과로서 이 서양법사와 법정책을 집필하였다.

우리 민법의 역사적 뿌리는 로마법, 게르만법, 교회법, 그리고 우리의 고유의 전통법이다. 그리하여 우리 민법의 뿌리인 로마법, 게르만법, 교회법의 역사적 발전에 관하여 서양법사와 법정책으로 엮고, 우리 고유의 전통법의 역사적 발전에 관하여는 한국법사와 법정책으로 엮었다. 그리고 민법의 바탕이 된 법사상과 앞으로 민법에서 이루어야할 법의 가치에 관하여는 자연법론과 법정책으로 엮어 출판할 계획이다. 그 동안 민법을 연구함에 있어서 현행 민법의 내용을 정확히 이해하는 것은 물론 민법발전의 과정과 민법에서 실천하고자 하였던 사상과 가치 그리고 장래에도 민법에서 이루어야 가야할 사상과 가치를 탐구하여 지금까지의 민법의 발전과정을 깊이 이해하고 장래의 민법의 발전방향을 정립하고자 하였다.

민법의 역사적 뿌리인 로마법, 게르만법 그리고 교회법이 발전하여 현재의 모습을 갖게 된 과정을 살펴봄으로써, 민법발전의 조건들을 이해할 수 있으며 장래의 민법발전의 방향을 가늠해 볼 수 있다고 판단된다. 서양법사의 연구를 통하여 도출한 민법발전의 조건은 대체로 다음과 같다고 이해하였다. 민법에서 실천하고자 하는 사상과 가치가 인류보편적인 사상과 가치이어야 하며, 법학자들의 법창조 활동이 왕성하여야 하며, 재판제도가 완비되고 재판절차에 법학자들의 참여가 폭넓게 인정되어야 하며, 법의 집행에 있어서 법의 강제력을 충실히 발휘할 수 있는 국가권력이 확립되어야 한다는 점을 도출하였다. 그 중에서 법발전의 가장 중요한 조건은 법에서 추구하는 가치가 인류보편의 가치이어야 한다는 점과 법학자들의 법창조 활동이 왕성하여야 한다는 점이다. 법이 추구하는 가치는 인류보편의 가치, 즉 자연법적 가치이어야 한다. 법에서 추구하는 가치가 인류보편의 가치에 반하는 특수한 이데올로기였을 때에는 법을 통하여 不法이 행하여지고 법에 의한 불행과 고통의 시대를 지나게 되었음은 역사가 이를 증명해 주고 있다. 그리고 법이 발전하기 위해서는 법학자들이 시대사정을 적절히 반영하고 해결할 수 있는 인류보편의 가치를 실현할 수 있는 법학을 정립해 나가야 함을 알 수 있다. 오늘날의 법학 내지 민법학은 법학자들이 인류보편의 가치와 사상을 담은 법학 내지 민법학을 전개하고 발전시켜 온 결과이다. 재판제도의 완비와 국가권력의 확립은 이러한 법학자들이 발전시킨 인류보편의 가치와 사상을 담은 법 내지 민법을 현실의 생활속에서 실천할 수 있도록 하는 제도적 뒷받침이다. 앞으로의 법과 민법의 발전도 역시 이러한 법 내지 민법발전의 조건을 유지하면서 승화시켜 나가는 것이라 생각한다.

本書에는 서양법사에서 이러한 법 내지 민법발전의 조건들을 도출하고 앞으로 민법에서 이를 더욱 승화시킬 수 있는 법정책을 전개해 나가야 함을 제시하고자 하였다. 저자는 법을 단순히 주어진 사실이 아니라 가치의 규범으로 이해한다. 이러한 자연법적 법사고와 법정책의 전개가 저자의 민법학연구의 기본적인 가치이고 사상이고 바탕이다. 이러한 가치와 사상과 법에 대한 이해의 기초위에서 우리 민법의 바탕이 되어 있는 서양의 로마법, 게르만법 그리고 교회법의 발전사를 살피어 정리하고 민법발전을 위한 법정책을 제시하고자 하였다.

오늘날은 법에서 가치와 사상을 고려하지 아니하는 법실증주의적인 법에 대한 이해가 일반적인 법이해의 모습으로 보이며, 법이란 가치와 사상을 담아 이를 실현하려는 가치법학적 법학보다는 강제력에 의한 문제해결만을 도모하는 실용주의적인 법학으로 흘러가고 있음을 보이고 있다. 이러한 오늘날의 시대에 창조적인 법학자들에 의하여 인류보편의 가치를 담아 이를 실천하고자 한 민법의 과거를 되돌아보고 앞으로의 발전방향을 모색해 보는 것은 법이해를 위한 바른 법탐구의 모습이라 생각된다.

제 3 편 교회법발전사

제 4 편 독일민법학발전사

제 2 편 게르만민법발전사

이와 같이 교회법사의 시대구분은 논자에 따라서 다양하게 분류되고 있으나, 본편에서는 가장 일반적인 시대구분의 체제에 따라서 교회법사의 변천을 살펴보기로 한다.

Ⅳ. 교회법의 특징

교회법은 성서의 가르침을 기초로 하여 발전된 법이다. 물론 교회법의 형성에는 로마법의 영향을 많이 받았지만, 교회법 독자의 몇 가지 특징이 있다. 그 첫째로 교회법은 성문법 위주의 법체계이다. 신법인 구약성서의 십계명이 이미 성문법이다. 그리고 교회법의 태동과정에서 많은 종교회의의 결의가 교회법 형성에 크게 기여하였다. 그 종교회의의 결의도 모두가 성문법이었다. 그리고 교회법전 준비시대의 위서(僞書)들도 성문법이었으며, 중세의 교회법전은 모두가 성문법전이었다. 그리고 정교협약도 성문의 법전이며, 교회법대전(Corpus Iuris Canonici), 교회법전(Codex Iuris Canonici)도 역시 모두가 성문법전이다. 이와 같이 교회법은 성문의 교회법전 중심으로 발전하여, 성문법 체계를 유지하고 있다. 또한 가톨릭의 교회조직은 교황이 절대적인 최고지위자로서 교황의 칙령인 교령(decretalis) 역시 성문법으로 구성되어 있다.

둘째로 교회법은 전통을 중시한다. 그리하여 교회법에서는 법률의 소급효를 인정하지 아니한다. 새로운 교회법전이 제정되었다 하더라도, 그 전의 교회법전의 효력을 부인하는 것이 아니다.[35] 다만 신법에 반하는 내용의 구법은 그 효력이 상실될 뿐이다.

셋째로 교회법의 법원으로서의 관습법은 보충적 효력만이 인정된다. 교회법에서도 관습법의 유효성은 강하게 인정된다. 그러나 그 관습법은 신법, 교회법전, 이성에 반할 수 없다.[36] 이와 같이 교회법에서 관습법은 보충적인 효력을 갖지만, 관습법은 교회법의 해석에 중요한 기능을 한다.[37]

넷째로 교회법전의 편별은 Institutionensystem에 따르고 있다. 대표적으로 1917년에 제정된 교회법전(Codex Iuris Canonici)은 바로 인스티투찌오넨 시스템으로 편별되어 있었다. 1983년의 교회법전도 역시 Institutionensystem으로 구

35) Erler, a. a. O., S. 127.
36) A. a. O., S. 126.
37) A. a. O., S. 126.

성되어 있다.

다섯째로 교회법은 교회 내부에서만 적용된 것이 아니라, 세속법에도 영향을 크게 미쳤으며, 정교협약(Konkordat)에 의하여 교회법이 세속법으로 전환되기도 하였다. 그 대표적인 사례가 교회혼인법은 정교협약에 의하여 세속의 국가법으로 그대로 시행이 되기도 하였다.

여섯째로 교회법은 성서에 기초하고 있기 때문에 종교적, 도덕적, 윤리적 요소가 강하게 작용하는 법이다. 그리고 교회법은 신학, 그 중에서도 도덕신학(Moraltheologie)의 영향을 가장 많이 받는 법이기 때문에, 교회법은 박애와 자비 등의 사랑의 최고의 윤리적 가치를 법제도로 전환하고자 하였다. 그리하여 교회법은 인류보편적인 가치를 가장 풍부하게 담고 있다. 그렇게 때문에 이러한 인류보편적 가치를 담은 교회법은 중세에 서구대륙에 있어서 보통법(ius commune)으로서의 효력이 인정되었다.

일곱째로 교회법은 로마법의 영향을 많이 받았으며, 또한 대륙에서의 로마법의 계수에 기여하였다. 특히 학설휘찬에서의 법의 일반원칙적인 규정이 중세 교회법전에서의 법의 일반원칙의 규정에 영향을 주었다. 그리고 중세의 대학에서는 로마법과 교회법이 함께 가르쳐졌다. 이러한 대학에서의 교육과정을 통해서도 로마법과 교회법은 상호 영향을 주고 받으면서 발전할 수 있었다. 그리고 로마법은 교회법원에서 보충적 법원으로서의 효력이 인정되었다.

그러나 교회법은 게르만법과의 상호 영향이 극히 미약하다. 그러나 상호영향이 전혀 없었던 것은 아니었다. 특히 법인이론과 법인제도에 관해서는 교회법이 게르만법으로부터 영향을 받았으며, 다시 교회법이 세속법에 영향을 주었다.

제 2 장
고대의 교회법의 태동

Ⅰ. 박해시대의 사랑의 질서로서의 교회에서 법질서로서의 교회로의 발전

교회법사에 있어서 고대법 시대는 초기 기독교 교회로부터 시작되었다. 초기교회는 법으로 조직된 공동체가 아니라 사랑의 공동체였다. 다시 말하면 교회는 법의 질서(Rechtsordnung)가 아니라 사랑의 질서(Liebesordnung)이었다. 그리하여 초기 기독교인들의 생활은 법이 아니라 사랑이 그 삶의 기초이고 삶의 질서이었다.[1] 그러므로 초기 기독교인들의 계명(誡命)은 사랑이었다. 따라서 법에 의한 질서는 초기 기독교인들의 사고영역의 밖에 있었다.[2]

그러나 예수의 사망 후 반세기가 지난 후부터는 점차 성령의 불이 약해지기 시작하였다. 그리고 예수의 재림이 기대난으로 바뀌고 은혜를 베푸는 것이 점차 약해지기 시작하였다. 기독교인의 수는 증대하였으나 내적인 열정은 약해졌다. 따라서 기독교 신앙을 유지하기 위해서는 교회를 조직화하고 교리를 정립할 필요가 생겼다. 이러한 변화에 따라서 기독교인들의 생활과 교회는 사랑의 질서에서 법질서로 바뀌게 되었다.[3] 그리하여 기독교의 진리와 전통을 철학적으로 전환하는 지식화 작업이 일어나고, 신앙고백을 만들고, 교리(Dogma)의 정립과 확인이 전개되었다. 이러한 변화가 바로 교회의 사랑의 질서에서 법질서로의 전환이었다.[4] 그리고 예수 그리스도가 이 땅에 계시지 않기 때문에 기독교인들에게 권위를 가지고 지도하고 인도해 줄 수 있는 사람이 필요하게 되었다. 그 결과로 사도적 후계자 사상이 일어났다. 이렇게 하여 주교(Bischof)사상

1) Adalbert Erler, Kirchenrecht, 5. Aufl.(C.H.Beck, 1983), S. 9.
2) A. a. O., S. 10.
3) A. a. O., S. 10.
4) A. a. O., S. 11.

이 대두된 것이었다.[5] 그리고 주교의 권위는 사도(Apostel)로 거슬러 올라가게 되었다. 또한 박해시대에는 박해를 피하고 박해를 이기기 위해서 교회의 조직화가 가속화되었다. 이렇게 하여 교회는 사랑의 질서에서 교회법의 질서로 전환하게 되었다.

이렇게 초기의 만인공동체의 원시기독교는 주교중심의 주교교회(Bischofkirche)로 바뀌고, 다시 주교교회 중에서도 로마주교교회의 수위권[6](Primat)이 인정되는 방향으로 발전하게 되고, 로마교회의 주교가 교황으로 승격, 발전하게 되었다. 그리고 로마교회의 장로회는 추기경회로, 로마교회의 공동체집회는 공의회로 발전하게 되었다.[7]

이러한 교회의 조직화와 교회법의 형성을 위한 중요한 사건들은, 1세기 중엽에 사도 베드로와 바울에 의하여 기독교가 로마에 전해지고, 그로부터 기독교가 심한 박해를 받기 시작한 때로부터 일어났다. 당시의 로마제국에서는 제국의 종교를 원로원이 결정하고 보호하였다.[8] 그러므로 기독교 신앙을 갖는 것은 로마제국의 국법위반이었다.[9] Nero(AD 54-68), Decius(AD 249-251), Diocletianus(AD 284-305)는 기독교를 극히 탄압하였다. 그리고 AD 304년에는 기독

5) A. a. O., S. 11.

6) 일찍부터 로마교회의 주교는 그 스스로 다른 주교들보다 우위에 있다고 주장하여, 권한의 주장에 있어서나 전체 기독교인들인들에 대한 책임에 있어서 우위에 있다고 주장하였다. 이는, 로마교회의 주교는 사도들 중에서 으뜸이었던 베드로의 무덤이 로마에 있었기 때문에 다른 교회의 주교보다 중요성이 더 크게 되고, 예수의 대리인(Vicarius Christi)인 교황으로 발전하게 되었다(Vgl., Erler, a. a. O., S. 13).

기독교의 공인과 국교로의 인정 후에 국가과 교회와의 관계가 문제되었다. 동로마제국에서는 황제가 주교를 겸하는 황제교황주의(Caesaropapismus)로 나아가 국가와 교회의 일원화로 나아간데 반하여, 서로마지역에서는 서로마제국이 쇠퇴하고 멸망하게 됨으로써 황제의 권력이 교회에 미치지 아니하였기 때문에, 황제가 교황을 겸하는 일이 있을 수 없게 되었다. 그러한 상황으로, 교회의 국가로부터의 독자성과 자치가 이루어지고, 때로는 국가위의 교회의 모습에 도달하게 되었다(Vgl., Erler, a. a. O., S. 18). 그리고 로마교회의 우위가 주장되고 인정되어 갔으며, 로마교회의 주교가 교황으로 승격, 발전할 수 있었다.

로마교회를 중심한 서방교회에서의 교황의 지위의 점진적인 승격, 발전은 교황과 교회의 동일성의 인정으로 발전하였다. 교황과 교회의 동일성은 마태복음 16장 18절(Matthew 16.18: And I will tell you that you are Peter, and on this rock I will build my church, and the gates of Hades will not overcome it)에 근거하여, 1870년의 제1차 바티칸 공의회에서는 교황의 무흠결성(Unfehlbarkeit)을 인정하였다. 그리고 공의회와 교황과의 관계에 관해서도 1431년 바젤공의회에서는 "공의회가 교황에 우선한다"(Concilium seperat papam)고 결의하였으나, 1439년 Eugens 4세 교황은 공의회가 교황에 우선한다는 원칙의 무효를 선언하였다(Vgl., Erler, a. a. O., S. 34). 오늘날은 교황만이 공의회의 소집권을 가지고 있으며, 공의회의 의장이며, 교황은 공의회에 의해 제약을 받지 아니한다(Vgl., Erler, a. a. O., S. 128). 그리하여 교황이 공의회에 대하여 우위에 있다.

7) Erler, a. a. O., S. 14.

8) 당시의 로마제국의 종교는 Dea Roma였다.

9) Erler, a. a. O., S. 15.

교에 대한 대규모의 박해의 고시가 있었다. 그것이 Diocletianus의 박해였다. 그러나 그 당시에 고위직과 군사지도자의 위치에 기독교인들이 많았다. 그리하여 Constantinus 대제(AD 306-337)는 기독교인들의 도움이 없이는 세계지배를 유지할 수 없음을 인식하고, AD 313년 밀라노 칙령에 의하여 기독교를 공인하게 되었다.[10] 그리고 기독교는 서기 380년 Theodosius 대제에 의해[11][12] 로마제국의 국교가 되었다. 그리고 그는 종래의 다신교를 이교화하였다. Constantinus 대제의 아들이었던 로마황제 Constantius 2세(AD 337-361)는 서기 355년 밀라노 종교회의(Mailänder Synode[13])에서 교회의 최고권을 박탈하여, "나의 말이 곧 신의 말이며, 그것이 교회법이다"(Mein Wille soll Kanon, soll Kirchenrecht sein)라고 하였다.[14] 이와 같이 기독교가 공인을 받고 국교로 되는 때로부터, 교회는 신앙의 자유를 보호받는 대가로 교회의 자주권이 위태롭게 되었다. 이로부터 교회와 국가와의 긴장관계가 시작되었다.

그리고 Theodosius제(AD 379-395)는 이교도 신앙을 금지하였다.[15] 그리하여 교회가 힘을 얻게 되고 주교는 국가에 영향력을 가지게 되었다. Constantinus 대제이후 교회는 국가로부터 재정적으로 국가의 지원을 받게 되고, 교회의 상속능력이 인정되었으며, AD 399년부터는 교회의 비호권(Asylrecht)이 인정되었다.[16]

Ⅱ. 게르만인들의 기독교로의 개종과 사유(私有)교회(Eigenkirche)의 출현

로마제국에서 국교로 인정된 기독교는 점차 게르만들에게 전해지고 게르만

10) A. a. O., S. 17.

11) 황적인, 로마법·서양법제사(박영사, 1981), 41면.

12) 서기 380년 테오도시우스대제의 고시에 의해 기독교는 로마제국의 국교로 인정되었다(Vgl., Kurt Aland, Kirschengeschichte in Zeittafeln und Überblicken, 2. Aufl.(Gütersloh, Gütersloh Verlaus Gerhard Mohn, 1991), S. 21).

13) 서방교회의 주교들로 구성된 공의회를 concilium 이라 하는 데 반하여, 동방교회의 주교들의 모임을 Synode라 한다.

14) Erler, a. a. O., S. 18.

15) 이교도 신앙를 금지시킨 대표적인 사례들로는, AD 393년에 고대 올림픽 경기가 마지막 열리고 이후 이를 금지하였으며, AD 394년에는 Alexandria의 Serapis 신전을 파괴하고, AD 395년에는 Delphi의 신전을 파괴하였다(Vgl., Erler, a. a. O., S. 18).

16) Erler, a. a. O., S. 18.

인들의 기독교로의 개종이 일어났다. 먼저 서기 481년에 프랑크왕국의 메로빙거왕조를 건설한 Chlodovech(AD 481-511년 재위)이 기독교인이 되고, 카로링거왕조의 칼 대제(Karl der Große: 742-814 생존; 768-814 재위)는 영토를 확장하고 게르만인들로 하여금 기독교로 개종을 시켰다. 그리고 서기 800년에는 칼 대제가 로마의 성베드로 대성당에서 레오 3세(Leo Ⅲ)의 교황으로부터 대관(戴冠)되어, 서양의 황제(Empereur d´Occident)라는 칭호를 받았다.

이와 같이 게르만인들의 기독교로의 대규모 개종이 일어날 수 있었던 가장 중요한 이유는, 게르만사회의 공동체사상이 "네 이웃을 사랑하라"라는 기독교 사회윤리사상과 일치하였기 때문이었다.[17] 그리고 게르만인의 기독교화와 함께 로마법도 게르만사회에 들어왔다. 기독교는 본래 로마인의 종교였으며, 교회는 본래 로마인의 제도이었다. 그러나 기독교가 당시의 지배자였던 게르만인들에 의해 자기들의 것으로 받아들여지고 법적으로도 승인되었다. 그리하여 630년경 리부아리아법은 "로마법은 수도사의 속인법이다"(Römisches Recht ist das Personalstatut der Kleriker)라고 하여 성직자들을 로마법에 따라서 판결하게 되었다. 그리하여 교회를 통하여 로마법이 게르만사회에 들어올 수 있는 길이 열리게 되었다.[18]

이렇게 초대교회의 사랑의 질서와 영감과 성령의 시대가 지나고 교회법과 제도화의 시대가 도래하자, 이러한 교회의 변화에 대하여 초대교회에서와 같이 영감과 성령을 받을 수 있는 방법의 마련을 소망하게 되었다. 그 결과로 수도원(Kloster)이 생기게 되었다. 수도원에서는 은둔의 생활을 하였다. 그러한 은둔의 생활은 영감과 성령을 받기 위한 방법이었다. 그리고 수도사들이 영감과 성령을 받기 위하여 수도원의 엄격한 규율과 경건하고 금욕적인 삶을 실천하였다. 그러한 엄격하고 경건하며 금욕적인 수도사들의 생활은 수도자들의 스스로의 자유의사에 의한 순종(freiwillige Gehorsam)으로 이루어졌다. 그리하여 순종은 교회의 모습이 되었으며, 국가의 모습에도 영향을 주었다.[19]

다른 한편으로는 게르만사회가 기독교화되어 감에 따라서 게르만사회, 즉 프랑크제국에서는 국가가 교회에 교회령을 주고 교회를 보호하는 관계가 성립되었으며 이 당시에 프랑크제국에서 이미 발전된 Lehen제도가 국왕과 교회간

17) 현승종, 조규창 공저, 게르만법(제3판, 박영사, 2001), 72면.
18) Erler, a. a. O., S. 21.
19) A. a. O., SS. 19-20.

에도 적용되게 되었다. 그리고 프랑크제국의 국왕이나 영주는 자기의 지배지역 내에 교회를 건축하고, 그 교회를 매매하고 처분할 수 있었으며, 또한 성직을 국왕이나 영주가 임명하였다. 그리하여 프랑크제국에는 소위 사유(私有)교회(Eigen-kirche)가 생성, 발전하게 되고, 프랑크제국의 국왕이 성직자를 임명하였다. 이는 로마교황의 보편주의에 반하는 현상이었다. 이로부터 제국과 교회가 갈등을 빚게 된 서임(敍任)논쟁(Investiturstreit)이 배태되었다.

이러한 사유교회는 영주의 땅에 건축된 교회로서 로마법에 의한 성물(聖物: res sacra)이 아니라 영주의 소유물이었다. 그러므로 영주는 교회를 양도, 임대할 수 있었고, 교회수입은 영주의 것으로 되었다. 교회의 설교자는 영주의 고용원이었고 부자유하였다. 영주에게 부담금(Abgabe)의 의무도 부담하였다. 그리고 영주에게 순종을 강요당하기도 하였다.[20] 그리하여 국왕은 사유교회의 주군(Senior)이 되었다. 이와 같이 카로링거왕조는 교회를 세속화하였을 뿐만 아니라, 교회를 개혁하였다. 그 교회개혁은 사유교회의 제거가 아니라 교회질서에의 개입이었다. 그리하여 평신도(Laie)를 주교(Laienbischof)로 임명하기도 하였다.

Ⅲ. 교회개혁운동과 그것의 서임논쟁(Investiturstreit)으로의 발전

프랑크시대에는 독일국왕의 보호와 지배속에서 교회가 성장해 나갔다. 특히 오토 대제의 교회정책이후에는 더욱더 교회가 제국의 보호와 지배하에 있었다.

이러한 국가가 교회를 보호하고 지배하는 시대상황속에서 국가로부터의 교회의 자유(libertas ecclesiae)를 위한 교회측의 각성이 일어났다. 그러한 교회의 자유를 위한 각성은 먼저 교회의 개혁운동으로 나타났다. 그리고 그러한 교회개혁운동은 수도원으로부터 시작이 되었다. 당시의 지도적 수도원은 부르군드에 있던 Cluny 수도원으로서, 그 Cluny 수도원으로부터 교회개혁운동이 일어났다.

교회개혁운동의 강령은, 첫째로 수도원 경제의 개혁으로서 수도원의 재산을 확대하고 세속주군의 토지침탈에 대하여 안전을 확보하며, 둘째로 수도원의 관구(Episkopat) 지배로부터의 해방과 교황직속으로의 이관, 셋째로 수도사의 베

20) A. a. O., S. 22.

네딕트(Benedikt) 규율의 관철, 그리고 넷째로 수도사의 규율준수와 예배의식의 거행 등 예배의 로마교회방식의 종교성의 유지와 실행이었다.[21] 이와 같이 10세기 Cluny 수도원의 교회개혁운동은 그 시초에는 순순하게 종교적이었다. 그러나 11세기에는 교회의 정책으로 변질되어, 세속적인 교회인 사유교회 제도에 대항하는 방향으로 발전되었다. 그리하여 예배에 있어서 과거의 예전(禮典)의 부활, 수도원의 엄격한 교육을 부활하고, 사유교회에서 행해지고 있던 비교회적인 평신도에 의한 교회간섭으로부터의 해방, 그리고 성직매매와 성직자들의 결혼에 대한 반대[22] 등으로 발전되었다.[23]

이와 같은 Cluny 수도원으로부터 출발한 교회개혁운동은 수도사 출신인 Gregorius 7세 교황(1073-1085)에 의해 강하게 추진되었다. 그레고리우스 7세 교황은 사유교회에서의 국왕의 주교임명은 성직매매라고 비판하고 성직매매에 대한 강력한 투쟁을 전개하였다. 이것이 바로 서임논쟁이었다. 그리고 예배의식에 있어서도 로마화를 이루었으며, 성직자의 독신주의[24](Priesterzölibat)를 관철하였다.[25] 이와 같이 그레고리우스 7세 교황은 그가 성직매매라고 비판한 평신도사제서임(Laieninvestitur)에 반대하였을 뿐만 아니라, 사유교회(Eigenkirche) 제도를 반대하고, 성직자의 혼인을 반대하였다.[26]

이러한 교회개혁에 대하여 Henrich 3세(1017-1056)는 상당히 협조적이었다. 1059년 라테란 종교회의에서는 국왕 및 영주에 의한 사제임명을 반대하는 결의를 하였다. 그러나 1075년에 Heinrich 4세가 밀라노의 대주교를 임명하였다. 그리고 Heinrich 4세는 서임을 계속하고, 그레고리우스 7세 교황의 선출을 불법으로 선언하고(1076), 그의 퇴임을 요구하였다. 이러한 일들을 계기로 하여 서임

---

21) Ebel, Thielmann, a. a. O., Rn. 209.

22) 11세기에는 성직자들의 결혼, 축첩이 성행하였다. 특히 이태리에서 이러한 현상이 성행하였다(Vgl., a. a. O., Rn. 209).

23) A. a. O., S. Rn. 210.

24) 성직자의 독신주의는 신학이론적으로는 그 이전부터 이미 존재하고 있었으나, 현실적으로는 교회재산의 감소 때문에 실행이 되었다. 즉, 성직자들은 교회로부터 교회록(教會祿: Pfründe)을 수여받았다. 이는 세속의 Lehen제하의 Lehen과 그 성질이 같았다. 중세에는 급여라는 것을 알지 못하고, 성직자에게는 녹봉이 주어졌다. 그 녹봉은 Lehen과 마찬가지로 상속이 인정되었다. 녹봉의 상속으로 인하여 교회재산이 감소하게 되었다. 그 결과 교회재산의 감소에 대항하여 교회재산을 방어하기 위하여 성직자의 독신을 강화하고, 성직자의 아들에게 성직을 서임을 하는 것을 거절하였다. 그리하여 성직자의 아들을 혼인외의 아들로 다루었다. 그로 인하여 성직자의 녹봉(Pfründe)의 상속이 인정될 수 없게 되었다(Vgl., Erler, a. a. O., SS. 23-24).

25) Ebel, Thielmann, a. a. O., Rn. 211.

26) Stephan Meder, Rechtsgeschichte (Köln, Weimar, Wien, Böhlau Verlag, 2002), S. 122.

논쟁은 교황과 국왕간의 투쟁으로 발전하여, 1077년에 교황 그레고리우스 7세는 국왕 Heinrich 4세(1056-1106)를 파문(Exkommunikation)하고 폐위(Absetzung)하였다. 그리하여 Heinrich 4세 국왕은 동년 1077년에 교황 그레고리우스 7세에게 파문과 폐위를 철회하여 줄 것을 간청하는 카놋사(Canossa)의 굴욕을 겪게 되었다.[27][28] 그 결과로 왕권에 큰 손상을 입었다. 그러나 Heinrich 5세(1086-1125)는 성직서임을 계속하였다. 이러한 서임논쟁은 1122년에 이르러 Heinrich 5세 국왕과 Calixtus 2세 교황간의 보름스화약(Wormser Konkordat)에 의하여 종결되게 되었다. 그리고 1123년 라테란 공의회는 보름스화약(和約)을 확인하였다.[29]

Ⅳ. 교권(敎權)의 강화를 위한 위서의 편찬

교회개혁과 그것이 서임논쟁으로 이어지면서, 교회가 세속권력으로부터 독립할 수 있도록 하고 교황의 지위를 강화시킨 것은 무엇보다도 교회법의 정립에 의한 법적인 지원이 있었기 때문에 가능하였다. 그것이 바로 위서(Pseudoepigraphe)의 편찬이었다. 위서는 당시의 일반적인 현상이었던 사유교회제도에 대하여 교황을 중심으로 하는 교회체제를 옹호하는 교회법질서를 세우고자 하는 교회법서들이었다. 위서란 그 편찬자가 위명(僞名)으로 된 법서로서, 대표적인 위서인 이시도르법령집(Pseudo-Isidore Dekretalen)은 AD 850년경에 편찬된 교회법서이나, 이시도르는 스페인의 대주교로서 이 위서가 편찬되기 이전인 AD 560년부터 AD 636년까지 생존한 자이었다. 위서의 내용은 주로 교황의 교령(decretalis)과 종교회의 결의(canons)로 구성되어 있었다.[30] 그 외에도 디오니시우스 위서, 클레망스 위서 등이 있다.

위서로 교회법령집을 편찬하게 된 것은, 사유교회가 강하여 주교나 교황권력이 미약한 당시의 상황에서, 위서의 내용이 주교의 지위와 교황권력을 격상시키기 위한 내용으로 구성되어 있었기 때문이었다.[31] 위서에서는, 세속법원은

27) Ebel, Thielmann, a. a. O., Rn. 211.

28) Heinrich 4세의 부왕인 Heinrich 3세는 39세의 나이로 사망하였다. 그리하여 그 후계자인 Heinrich 4세는 6살의 나이에 왕위에 올랐다. 그 결과로 왕모와 몇몇의 주교가 섭정을 하였다. 이러한 정치상황에서 Gregorius 7세 교황이 교회개혁을 완성적으로 추진하였던 것이었다(Vgl., Ebel, Thielmann, a. a. O., Rn. 211).

29) HRG, Band 2(1978), S. 410.

30) 이태재, 전게 서양법제사, 118면.

31) Erler, a. a. O., S. 28.

성직자를 재판할 수 없으며, 평신도는 사제를 상대로 소를 제기할 수 없으며, 주교에 대한 최종판결은 교황이 하며, 어떠한 주교도 사전에 조사를 받지 아니하고서는 폐위되지 않음 등을 규정하고 있었다.[32]

이와 같은 위서 이외에도 9세기 말의 안젤무스교회법전(Collectio Anselmo Dei-cata), 900년의 레지노(Regino)의 종교회의결의집, 1012년 부르카두스(Burchardus)의 교령집(Collectarium Décrét de Burchard de Worms), 이브(Yves: -1117)의 교령집, 1140년의 Algerus의 교령집(Liber de misericordia et justitia) 등 종교회의 결의집 및 교령집의 편찬이 있었다. 9세기 말부터는 이러한 교회법령집의 편찬방법에 있어서 단순히 연대순으로 편찬하는 방법을 벗어나 많은 자료를 내용을 따라서 분류하여 체계적으로 정리하였다. 이러한 위서와 기타의 교회법령집의 편찬이 있었기 때문에 1140년에 그라티아누스 교령집을 시작으로 교회법대전을 구성하는 중요한 교회법전이 편찬될 수 있었으며, 또한 교회법학이 일어날 수 있게 되었다. 따라서 위서와 기타의 교회법령집이 교회법대전의 편찬을 위한 준비가 되었다.

이러한 위서를 통해서 배태된 교회법의 법원칙으로서 세속법에 영향을 미친 중요한 법제도가 바로 일사부재리(一事不再理)의 원칙(ne bis in idem: nicht zweimal gegen dasselbe)이다.[33]

---

32) A. a. O., S. 28.
33) Landau, a. a. O., S. 30.

제 3 장
중세의 교회법의 융성: 교회법전의 편찬과 교회법학의 발전

제 1 절 개　　설

서임논쟁으로 교황권과 교회권력이 강화되기 시작하여 보름스화약에 의하여 교황권과 교회권력의 강화가 정교협약으로 확인되고, 세속법에서는 로마법이 주석학파에 의하여 학문적으로 연구되기 시작한 때에, 교회법전이 편찬되고 교회법학이 형성 발전하기 시작하였다. 또한 보름스화약을 시작으로 교회가 국가의 보호와 지배를 받던 교회와 국가의 일원화에서 교회가 국가로부터 분리독립하는 교회와 국가의 2원화로 발전하게 되었다.[1] 따라서 교회법도, 세속법과 마찬가지로, 교황권과 교회권력이 강력한 때에 발전하였음을 알 수 있다. 그리고 교회법학을 발전시킨 주체는 교회법학자들(Kanonisten)들이었으며, 교회재판소를 통하여 구체적으로 이를 집행하고, 세속법에 영향을 주게 되었다. 이렇게 교회법이 융성한 시기에는 교황도 교회법에 정통한 법률가교황들(Juristenpäpst)이 배출되기도 하였다.[2]

---

1) Meder, a. a. O., S. 122.

2) Alexander 3세 교황(1159-1181 재위: 교황에 취임하기 전인 1150년경에 그라티아누스 교령집의 해설서를 저술), 인노센티우스 3세 교황(1198-1216 재위), 인노센티우스 4세 교황(1243-1254 재위. 역시 교황에 취임하기 전인 1240년경에 교령집해설서를 저술), 보니파티우스 8세 교황(1294-1303 재위) 등이 법률가교황이었다(Erler, a. a. O., S. 27).

제 2 절 교회법전의 편찬

Ⅰ. 그라티아누스의 교령집(Decretum Gratiani)

구체적으로 이 시기는 1140년 그라티아누스가 사찬의 그라티니아누스 교령집(Decretum Gratiani)을 편찬한 때부터 루터에 의한 종교개혁이 일어난 1517년까지의 기간으로서 이 기간 중에 교회법이 가장 발전하였으며, 이 기간 중에 형성된 교회법 원리와 교회법제도가 세속법에 크게 영향을 주었다.

1140년 성 펠릭스(St. Felix) 수도원의 수도사이면서, Bologna의 수도원학교에서 교회법을 가르쳤던 그라티아누스가 사찬의 교령집을 편찬하였다.[3] 이것이 그라티아누스 교령집이었다. 이 그라티아누스 교령집은 성서와 종교회의의 의결, 교황의 교령등의 고대로부터의 교회법에 관한 소재의 집대성이었으며, 순수한 법규범과 위서들의 소재들의 집대성이었다.[4] 그라티아누스 교령집은 그라티아누스 자신이 모은 교회법규범의 단순한 재생이 아니고, 당시에 법소재(法素材)간에 존재하였던 모순을 제거하고자 하였다. 그리하여 그라티아누스는 그가 편찬한 교령집을 교회법의 모순 법규의 조화를 의미하는 교회모순법규조화집(Concordia Discordantium Canonum: Harmonisierung der nichtübereinstimmenden Vorschriften)이란 명칭을 붙였다.[5] 그러나 그라티아누스 교령집은 전자료를 스콜라 철학적 해석의 방법으로 분석되어 있으며 전체를 관망할 수 있도록 되어 있었다.[6]

이 그라티아누스 교령집은 Bologna 대학에서 교회법 강의를 위한 교재로 사용되었다. 그리고 그라티아누스 교령집은 처음에는 법적인 효력을 가진 법전이 아니었으나, 그 후 교회법원의 판례에 의하여 법적 효력을 갖게 되었다.[7] 그리고 1582년에는 교회법대전으로 포함되어 편찬이 되었다. 또한 그라티아누스

---

3) 그라티아누스는 1160년에 사망한 것으로 추정되고 있다(Vgl., Ebel, Thielmann, a. a. O., Rn. 213).

4) 그라티아누스는 위서에 대해서 그것이 위서라는 것을 모르고 있었던 것으로 파악되고 있다(Vgl., Erler, a. a. O., S. 28).

5) Erler, a. a. O., S. 28.

6) Ebel, Thielmann, a. a. O., Rn. 213.

7) 이태재, 전게 서양법제사, 121면.

교령집은 교회법사에 있어서 새로운 시대의 시작이면서 동시에 거의 1000여년 동안 지켜져 왔던 옛시대의 종결이자 완성이었다.[8)]

또한 그라티아누스 교령집의 편찬은 교회법학(Kanonistik)의 시작을 이루었다. 그리하여 Gratianus는 신학으로부터 교회법을 특별 학문영역으로 분리한 첫 번째의 사람이 되었다.[9)] 그러나 다른 견해는 그라티아누스 전에도 교회법학이 있었지만 교회법학은 신학의 한 내용으로 파악되고 다루어졌을 뿐이었다고 피악한다.[10)] 그리하여 그라티아누스가 천 번째의 교회법학자인지, 마지막 법학자적 신학자(juristische Theologie)인지는 다투어지고 있다.[11)] 그러나 일반적으로는 그라티아누스 교령집의 편찬으로 교회법학이 시작이 되었고, 따라서 그라티아누스는 첫번째의 교회법학자(Kanonist)로 이해되고 있다. 그리하여 그라티아누스는 당시까지의 교회법자료를 모으고 불충분한 방법이지만 교회법의 질서를 세우려고한 과거 시대의 완성자(Vollender)이었으며, 동시에 그는 교회법학의 기초자(Gründer)이었다.[12)]

그라티아누스 교령집은 3편으로 구성되어 있다. 제1편은 교회법의 기원, 성직, 성직에 관한 규제로서 절(distinctiones)과 조(canones)로 구성되어 있으며, 총 101개의 절로 구성되어 있다.[13)] 제2편은 36개의 법률사례(causae: Rechtsfälle)를 제시하고, 그 각각의 법률사례마다 문답식의 설문(qaestiones: Rechtsfragen)을 들이서 각각의 법률시례에 대한 헤답하는 방법으로 구성되어 있다. 제3편은 전례(典禮)와 성사(聖事: sacramentum)에 관한 규정으로서 5절과 각조로 구성되어 있다. 또한 각 조문에는 그라티아누스 자신이 적절한 주석(dicta Gratiani)을 첨가하였다.[14)]

그라티아누스는 교회법과 관련하여 중요한 법원칙을 제시하였다. 그는 성서상의 신법을 자연법과 동일시하였다. 그리고 그는 자연법이 실정법에 우선한다고 하였다.[15)] 그리하여 그는 실정법은 그것이 교회법이든 세속법이든 자연법에 반하면 그 유효성을 인정할 수 없다고 주장하였다. 그리고 그라티아누스는 자

8) Meder, a. a. O., S. 126.
9) Erler, a. a. O., S. 28.
10) Meder, a. a. O., S. 124.
11) A. a. O., S. 124.
12) Ebel, Thielmann, a. a. O., Rn. 213.
13) A. a. O., Rn. 213.
14) 이태재, 전게 서양법제사, 120면.
15) Landau, a. a. O., S. 32.

연법과 실정법과의 관계에 관한 그의 사상을 자연법과 관습법간의 관계에도 그대로 적용하였다.[16] 그러나 그는 실정법의 주요부분은 자연법에 기초하고 있지 않지만, 자연법에 모순된다고 할 수는 없다고 하였다.[17] 그리하여 그는 소유권에 있어서, 자연법적으로는 공동소유(Gemeineigentum)가 원칙이만, 실정법에서는 사유권(Privateigentum)을 제도로서 제한적으로 도입할 수 있다고 하였다.[18]

그리고 그라티아누스는 실정법이 관습법에 앞선다고 하였다. 여기에서부터 교회법은 형식적 규범우선으로 나아갔으며, 그 후의 교회법학은 실정법 위주로 전개되었다.[19] 그리하여 교회법은 점차 오늘날의 법개념의 기초가 된 추상적, 일반적인 법규범의 형식화로 발전하였다.[20] 이러한 교회법에서의 실정법우선의 입장은 교회법이 실정법위주로 발전하는 역사적 기초가 되었으며, 추상적, 일반적 규범으로의 법의 형식화는 근대 자연법론에서의 입법운동의 기초가 되었다.

또한 그라티아누스 교령집은 법률문제만이 아니라 도덕신학의 문제도 다루고 있고, 신학과 교회법학을 결합시키는 역할을 하였다. 그리고 그라티아누스 교령집은 사찬의 교회법서이지만 법적으로는 대륙에서 보통법(ius commune)으로서의 효력이 인정되었다.[21]

Ⅱ. 그레고리우스 9세의 교령집(Liber Extra)

그라티아누스 교령집이 사찬인 데 반하여, 그라티아누스 교령집 이후에는 공찬의 교령집들이 편찬되었다. 1234년에는 그레고리우스 9세 교령집(Liber Extra: Liber canonum extra Decretum vagantium)이 편찬되었다. 이는 그레고리우스 9세 교황(1227-1241 재위)의 요청에 의하여 도미니크 수도사였던 Pennaforte의 Raimund(Raimund von Pennaforte)가 편찬하였다.

그라티아누스 교령집이 편찬된 후에 교회에서는 중요한 공의회가 여러 번 개최되었으며, 새로운 교령들이 발포되었다. 즉, 1179년에는 제3차 라테란 공의회가 열였고, 1215년에는 제4차 라테란 공의회가 열렸으며, Alexander 3세 교

16) A. a. O., S. 32.
17) A. a. O., S. 32.
18) A. a. O., S. 32.
19) A. a. O., S. 32.
20) Ulrich Eisenhardt, Deutsche Rechtsgeschichte, 2. Aufl.(Beck, 1995), Rn. 148.
21) Ebel, Thielmann, a. a. O., Rn. 213.

황(1159-1181 재위), Innocentius 3세 교황(1198-1216 재위)등의 훌륭한 교황들이 교회의 중요문제를 많이 해결하였다. 그리고 그레고리우스 9세 교령집의 편찬 이전에 이미 12, 13세기에 그라티아누스 교령집에 대한 추록(additiones)이 만들어졌으며, 1179년에는 여기에 제3차 라테란 공의회의 의결이 추가(appendix)되었으며, 그리고 그 동안 교황들의 신교령을 추가한 추가 신교령집(extravagantes)이 편찬되었다. 특히 추가 신교령집은 5서로 구성되어 있었다. 즉, 제1서는 Alexander 3세 교황(1159-1181 재위)에서부터 Clemens 3세 교황(1187-1191)까지의 교령의 집성으로서, 이를 추가교령초록(Breviarium extravagantium decretalium)이라 한다. 제2서는 Coelestinus 3세 교황(1191-1198 재위)의 교령을 집성한 것이며, 제3서는 Innocentius 3세 교황(1198-1216 재위)의 처음 2년간의 교령을 모은 것이며, 제4서는 Innocentius 3세 교황의 재위 말년에 공포한 교령과 Lateran 공의회의 의결을 집성한 부분이고, 제5서는 Honorius 3세 교황(1216-1227 재위)의 교령으로 구성되어 있었다.

그레고리우스 9세 교령집은 교령, 공의회의 의결을 집성하여, 그라티아누스 교령집 편찬이후에 편찬된 추록, 공의회 의결의 추가집, 추가 신교령집의 내용을 재정리하고, 보충하여, 공적으로 편찬하여, 1234년에 그레고리우스 9세 교황이 공포한 교령집이다. 이 교령집에서는 교황령의 모순을 Interpolatio를 통하여 제거하고, Bologna 대학과 Paris 대학으로 보내어졌다.[22][23]

이 그레고리우스 9세 교령집은 5부로 구성되어 있었다. 심판(judex), 선서(judicium), 성직(clerus), 약속(sponsalia), 그리고 범죄(crimen)의 5부로서, 제1서 judex에서는 교황의 통치에 관하여 규정하고 있었으며, 제2서 judicium에서는 민사소송법을 규정하고, 제3서 clerus에서는 교회의 특권과 재산법에 관하여 규정하고, 제4서 sponsalia에서는 혼인법에 관하여, 그리고 제5서 crimen에서는 형법과 형사소송법을 규정하였다.[24]

특히 Liber Extra로부터의 발전된 가장 중요한 제도는 이자금지이었다.[25] Liber Extra에서는 기독교인은 이자수령을 금지하였다. 그 이유는 이자수령을 인정한다면 대주가 차주에 대하여 반대급부를 하여야 하는데, 대주는 차주의 이자지급에 대한 반대급부가 없기 때문이라는 것이었다. 왜냐하면 대주는 차주

22) Erler, a. a. O., S. 29.
23) 중세의 교회법전의 공포는 제정 편찬된 법전을 대학으로 보내는 방법으로 이루어졌다.
24) Erler, a. a. O., S. 29.
25) Ebel, Thielmann, a. a. O., Rn. 168.

에게 단지 일정기간 동안(in der Zeit) 금전의 이용을 줄 뿐인데, 시간은 인간의 것이 아니라 신의 것이기 때문이라는 것이었다.[26] 그러나 유태인에게는 이자수령을 인정하였다. 중세에 금전대차는 악(Übel)이었다. 실제로는 교회법의 이자금지를 위반하는 시도가 종종 일어났다. 그리하여 계산적인 상인들은 교회법의 이자금지 규정을 지키지 아니하고, 약정에 의하여 이자지급에 관한 사안에 대해서는 교회법원의 관할을 피하기도 하였다.[27]

그리고 이자수령의 금지와 함께 폭리행위 금지의 법리도 교회법에 그 근원을 두고 있다. 교회법에서는 과도한 불이익(laesio emormis)의 금지를 인정하였으며, 그것이 정당한 값(iustum pretium: gerechter Preis)의 이론으로 발전하였다. 교회법에서는 일반가격의 2배 이상이면 과도한 불이익(laesio emormis)이 되는 것으로 인정하였다. 이러한 폭리행위금지의 법리는 도덕신학에 기초한 이론이었으나 법적의무로 전환되어 일반적인 법원칙으로 발전되었다.[28]

그리고 Liber Extra로부터 발전된 또 하나의 중요한 법제도는 낙성계약의 유효성을 인정한 것이었다.[29] 즉 교회법학자들은 모든 합의는 방식을 고려함이 없이 구속력이 있는 것으로 파악하였다. 그리하여 "계약은 지켜져야 한다"(Pacta sunt servanda)는 일반법원칙이 교회법에서 생성되었다. 이러한 계약은 지켜져야 한다는 계약법의 대원칙은 바로 그레고리우스 9세 교령집에 그 근원을 두고 있다. 로마법에서는 계약은 문답계약(stipulatio), 법정양여(in iure cessio)등의 엄격한 방식을 갖추어야 성립하고 그 유효성이 인정되었다. 이와 같이 로마법에서의 엄격한 방식의 계약을 극복하고 무방식의 계약을 보호한 것은 그 시초에는 법이 아니라 기독교신학이 계기가 되었다. 즉, 도덕신학(Moraltheologie) 및 속죄시복(贖罪諡福: Bußsakrament)에서는 모든 약속은 그 방식에 구애됨이 없이 유효하였다.[30] 또한 약속을 지키지 않은 것은 거짓(Lüge)이며 죄로 다루었다. 물론 성서도, 교부들의 말씀도, 교회철학자들도 이와 같이 모든 약속은 그 방식에 구애됨이 없이 그 유효성을 인정하였다.[31] 교회법학자들은 이러한 성서의 말씀을 기초로 하여 pacta sunt servanda라는 계약윤리를 법의 원칙으로 바꾸

26) A. a. O., Rn. 168.
27) A. a. O., Rn. 168.
28) Meder, a. a. O., S. 136.
29) A. a. O., S. 132.
30) A. a. O., S. 131.
31) A. a. O., S. 131.

고자 하였다. 이와 같이 무방식의 약속도 위반하면 도덕적으로 비난받는 것으로 시작하여, 끝내는 계약을 구속시키겠다는 의사만으로 유효한 의무를 발생시키기에 충분하다는 것으로 발전하고, 계약충실의 원칙이 모든 합의에 인정되게 되었다. 그리하여 pacta sunt servanda에서부터 계약의 방식자유로 발전하게 되었다.[32]

Ⅲ. 보니파티우스 8세 교령집(Liber Sextus)

보니파티우스(Bonifatius) 8세 교황(1294-1303 재위)은 1298년에 Gregorius 9세 교령집의 편찬 이후에 발포된 역대 교황의 교령을 집성하여, 그레고리우스 9세의 교령집 제5편에 계속된다는 의미에서 제6서(Liber Sextus)라는 이름을 붙여 편찬하고 이를 대학으로 보냄으로써 공포를 하였다. 이 보니파티우스 8세의 교령집도 역시 5부로 구성되어 있었으며, 그 내용은 그레고리우스 9세의 교령집 이후에 발포된 교령과 제1차(1245년), 제2차 Lyon 공의회(1274년)의 의결을 담고 있다. 그러나 교령집의 3분의 2가 보니파티우스 8세 교황 자신의 교령으로 구성되어 있다. 그리고 마지막 편에는 88개항에 걸친 법의 일반원칙(Regulae iuris)을 규정하고 있었다. 이 88개 항의 법의 일반원칙이 특별히 교회법 및 세속법에 있어서 중요한 의미를 갖고 있다. 그리고 Liber Sextus의 법의 일반규정은 유럽의 보통법(ius commune)로 발전하게 되었다.[33]

Regulae iuris는 격언류로 정리된 법의 일반원칙으로서, 학설휘찬(Digesta)에서는 그 제50권 17장에서 211개항에 걸쳐 규정되어 있다. 보니파티우스 8세의 교령집에서는 88개항에 걸쳐서 법의 일반원칙을 규정하고 있다. 그 88개항의 법의 일반원칙은 전반적으로는 학설휘찬을 모방한 것으로서 부분적으로 단어를 고치는 등의 변화가 있기는 하지만 학설휘찬 제50권 제17장에서의 법의 일반원칙을 반복하고 있다.[34] 그러나 88개항의 일반원칙 중 24개항은 로마법의 학설휘찬에서의 법의 일반규정과는 다른 순수히 교회법의 일반원칙이다.[35][36]

32) A. a. O., S. 133.

33) Landau, a. a. O., S. 38.

34) A. a. O., S. 37.

35) A. a. O., S. 37.

36) 그리하여 보니파티우스 8세의 교령집은 로마법을 잘 아는 법률가가 편찬한 것으로 파악되며, 이 교령집에 대해서는 주석이 이루어졌다(Vgl., Landau, a. a. O., S. 37).

법의 일반원칙(Regulae iuris)은 법적 문제의 해결을 위하여 일반적으로 사용되고 있는 일반적인 논거(Arugumente)로서 포괄적인 내용의 법규정이었다. 이는 과거의 여러 법소재로부터 일반적인 법원칙으로 도출된 것이었다. 중세 주석법학파의 법률가들은 이러한 법의 일반원칙을 brocarda라고 하였으며, 교회법학자이었던 Pavia의 Bernhard는 1188년에 그의 교과서에서 이를 경구(警句: Aphorismi)라고 하였다.[37] 이와 같은 법의 일반원칙은 법학에서의 지도규정(Lehrsätze)이었다. 특히 brocarda는 12세기 법률가들에 의하여 판례법을 기초로 하여 법의 일반원칙으로 형성한 것이었다.[38]

이러한 법의 일반원칙 내지 일반규정은 이미 학설휘찬에 규정되어 있었으며, 중세의 주석학파 시대에도 강의를 위하여 이미 이러한 법의 일반원칙적인 규정들을 모은 모음집이 있었다. 보니파티우스 8세의 교령집 제5편의 법의 일반원칙의 규정은 이 교령집 이전에 교회법서에서 이러한 법의 일반원칙 규정이 정리되어 있었기 때문에 가능하였다. 보니파티우스 8세의 교령집 이전에 법의 일반원칙을 담고 있었던 교회법서로서는 1188년 Pavia의 Bernhard에 의한 추가교령초록(Breviarium extravagantium decretalium)이었다. 이 추가교령초록을 그 후의 저작들과 구별하여 Compilatio I이라 한다.[39] 이 Compilatio I에서는 14개의 법의 일반원칙(Regulae iuris)를 규정하고 있었다.[40] Compilatio I에서의 법의 일반규정은 도덕적 견해에 기초한 법원칙을 많이 담고 있었다. Compilatio I에서의 14항목의 법의 일반원칙은 Gregorius 9세 교황의 교령집에 받아들여지고, 1582년의 교회법대전(Corpus Iuris Canonici)의 구성부분으로 되었다.[41]

Compilatio I에서의 법의 일반규정과 그것들에 대한 주석으로부터 발전되어 오늘날의 세속법에 미친 것이 적지 아니하다. 구체적인 예로서, 첫째로는 세속법의 긴급피난의 법리로서, 교회법서에서는 "병자는 단식계명을 지킬 필요가 없다"(Kranke brauchten sich nicht, an Fastengebote zu halten)는 법의 일반원칙을 규정하였다. 이 규정이 게르만법에서는 "위난은 법을 모른다"(Not kennt kein Gebot)로 발전하게 되어[42] 세속법의 일반원칙이 되었다. 이와 같이 긴급피난에

37) Landau, a. a. O., S. 34.
38) A. a. O., S. 34.
39) A. a. O., S. 34.
40) A. a. O., S. 34.
41) A. a. O., S. 37.
42) A. a. O., S. 36.

관한 법원칙을 처음으로 형성한 것은 교회법이었으며, 교회법은 도덕원칙을 법의 원칙으로 전환하였다.

그리고 Compilatio I 에서는 법률행위의 일부무효의 경우에 법률행위 전부를 무효로 하지 아니하고 잔부는 유효한 잔부유효의 원칙을 취하였다.[43] 법률행위의 일부무효의 경우에 전부무효가 아니라 잔부유효의 법원칙을 인정한 것은 학설휘찬도 마찬가지이었으며,[44] Bonifatius 8세 교령집의 일반규정(Regula XXXVII)에서도, ius commune에서도 잔부유효로 인정하였다. 이러한 일부무효의 경우의 잔부유효의 법원칙은 1900년 전까지는 일반적으로 인정되었다.[45] 그러나 19세기 판덱텐법학이 이와 반대로 일부무효는 전부무효로 규율하여 독일민법전(§139 BGB)에서도 판덱텐법학에서의 규율을 따라 전부무효로 규정하였다. 그러나 실무상으로는 독일민법전 제139조와는 다르게 행하여지는 사례가 적지 아니하였다고 한다.[46]

또한 형법소송법상의 일반 법원칙인 "의심스러울 때에는 피고인의 이익으로"(in dubio pro reo)의 법리도 교회법에 그 기초를 두고 있다.[47] 그리고 세속법에서의 기득권 보호의 원칙도 역시 교회법에 그 근원을 두고 있다. Gregorius 9세 교황은 그의 교령에서 법률은 장래에 향하여 효력이 있으며, 과거에 대해 불이익하게 되지 않는다고 하였다. 이러한 법률의 소급효 금지에 의한 기득권 보호의 원칙은 그레고리우스 9세의 교령집에 삽입이 되었으며, 로마법에서보다 더 강하게 교회법에서 관철되었다. 그리고 이 법원칙은 보통법에 받아들여졌다.[48]

그리고 보니파티우스 8세의 교령집에 기초한 법의 일반원치으로서 세속법에 미친 원칙들을 살펴보면, 첫째로 손해배상의 방법으로서의 원상회복(Naturalrestitution)은 바로 Liber Sextus로부터 배태되었다. Liber Sextus의 Regula Ⅳ에서는 도덕신학에서의 원상회복의 이론을 법적인 원리로 인정하였다.[49] 그리고 원상회복은 물질적 손해의 배상에 있어서 뿐만 아니라 비물질적인 손해에도 확대 인정되었다. 독일민법 제249조의 손해배상의 방법으로서의 원상회복 원칙

43) A. a. O., S. 35.
44) D. 45. 1. 1. 5.
45) Landau, a. a. O., SS. 39-40.
46) A. a. O., S. 40.
47) A. a. O., S. 37.
48) A. a. O., S. 33.
49) A. a. O., S. 39.

의 규정은 교회법에서부터 배태되어 발전된 제도이다.[50]

둘째로는 도의관념 또는 선량한 풍속에 반하는 약속의 효력불발생의 법리는 Liber Sextus의 Regula LXIX에서 유래한다. 물론 학설휘찬에서도 선량한 풍속에 반하는 개별적인 계약의 유효성을 부인하기는 하였으나,[51] Liber Sextus에서와 같이 일반적인 원칙으로 규정하지는 않았다.[52] 도의관념 또는 선량한 풍속에 반하는 계약의 유효성을 부인하는 독일민법 제138조, 제812조, 제817조 1문은 교회법의 원칙과 관계를 갖고 있다.[53]

그리고 셋째로는 직접대리제도와 제3자를 위한 계약법리는 바로 Liber Sextus에 연원을 두고 발전하였다. 로마법에서는 직접대리제도가 발전하지 못하였다. 왜냐하면 로마법에서의 계약은 엄격한 방식을 요하여야 하므로, 방식을 갖추기 위해서는 계약당사자가 계약체결 현장에 있어야 하였다. 특히 문답계약의 경우에는 당사자가 직접 문답을 하여야만 하였으므로. 제3자를 위한 문답(stipulatio)을 할 수가 없는 것이었다.[54][55] 그러므로 로마법에서는 대리에 의한 계약의 체결을 알지 못하였으며, 제3자를 위한 계약도 알지 못하였다. 그러나 Liber Sextus로부터 시작하여 13세기이래로 교회법에서는 혼인계약의 체결에 대리를 허용하였다.[56] 이와 같이 고도의 인격적 영역에서 대리가 허용되는 데도 불구하고, 비인격적인 법영역에 대리가 허용되지 않는 이유를 찾을 수가 없었다. 그러나 대리제도가 세속법에 정착하는 데는 오랜 시간이 결렸다. 그렇지만 대리제도는 계약은 지켜야 한다(pacta sunt servanda)는 원칙과 결합하여 오늘날의 대리제도와 제3자를 위한 계약의 법리 형성에 영향을 주었다. 무권대리에 있어서 본인의 추인의 소급효 인정(§184 BGB)과 무권한 행위의 추인의 소급효 인정(§185 BGB)도 역시 교회법에 그 근원을 두고 있다.[57]

넷째로는 Liber Sextus의 Regula LXXXIV 에서는 탈법행위를 금지하였다.

---

50) A. a. O., S. 39.

51) D. 50. 17. 23.

52) Landau, a. a. O., S. 39.

53) A. a. O., S. 39.

54) 문답계약에 관하여는 김상용, 법사와 법정책: 로마민법학사 중심, 한국법제연구원, 2004), 90면 참조.

55) 로마법에서는 "어느 누구도 다른 사람을 위하여 약속을 할 수 없다"(Alteri stipulari nemo potest: Niemand kann sich zugunsten eines anderen etwas versprechen lassen)는 법원칙이 인정되었다.

56) 오스트리아 민법 제76조는 혼인계약의 체결에 대리를 허용하고 있다. 그러나 프로이센일반주법(§167 II. 1, ALR)에서는 혼인계약에서의 대리를 인정치 않았다.

57) Landau, a. a. O., S. 41.

이 규정과 이 규정에 대한 교회법학자들의 주석에 의하여 탈법행위의 금지가 법의 일반원칙으로 발전하게 되었다.[58]

다섯째로는 다수결의 원리(Mehrheitsprinzip)로서, Regula XXIX에서는 "다수결로 결정한 것은 합의로 본다"고 규정하였다. 이 규정으로부터 교회법학자들은 다수결 원리를 정립하여 공법상의 문제해결에 이를 적용하였다. 이와 같이 교회법에서부터 다수결의 원칙이 발전되고, 이 다수결의 원칙이 오늘날 민주주의 발전의 기초가 되었다.

여섯째로는 공무원의 행위에 대한 국가책임을 인정함에 있어서 직무관련성이 있어서야 한다는 법리도 교회법에 그 근원을 두고 있다. 공무원의 행위에 대한 국가책임은 후기 주석학파의 법학자였던 Baldus가 발전시킨 이론으로서, 그는 공무원의 행위에 대하여 국가가 책임을 지기 위해서는 원칙적으로 공무원의 직무와 관련이 있을 때에만 인정된다고 하였다.[59] 이러한 직무관련의 이론은, 주교의 행위가 교회의 직무와 관련이 없을 때에는 주교의 행위에 대해 교회가 책임을 거절한 데서부터 유래한다[60] 이와 같은 교회의 책임거절은 Liber Sextus의 Regula LXXVI에 기초하고 있었다. 이와 같은 교회직무와 관련이 없는 주교의 행위에 대해 교회가 책임을 거절하는 이론의 정립은, 교회가 세속권력의 침해로부터 교회재산을 유지하기 위함에 있었다.[61] 그리고 교회법에서는 식책(Amt)과 그 직책담당사(Amtstrager)를 구별하였다.[62]

그리고 교회법에서는 권리의 순위결정에 있어서 시간에 앞서면 권리에 있어서도 강하다는 일반원칙을 인정하였다(Regula LIV). 그러나 로마법에서는 질권(Pfandrechte)에서만 이 원칙을 인정하였다.[63]

Ⅳ. 클레멘스 5세의 교령집(Clementines)

클레멘스 5세의 교령집은 1314년 클레멘스 5세 교황(1305-1314 재위)에 의하여 편찬되기 시작하여 1317년 요한(Joannes) 22세에 의하여 발표되었다. 그 내

58) A. a. O., S. 41.
59) A. a. O., S. 43.
60) A. a. O., S. 43.
61) A. a. O., S. 43.
62) Helmut Coing, Kanonisches Recht und Ius Commune(Biblioteca Apostolica Vaticano, 1985), S. 509.
63) Cod. 8. 17. 3.

용은 클레멘스 5세 교황의 교령과 1311년의 비엔나 공의회의 의결을 집성한 것이었다. 그 편별은 전통적인 5편으로 구성되어 있었다.

이 클레멘스 5세 교령집은 특히 소송법에 관한 중요한 규정을 담고 있었으며, 이 교령집의 교회소송법으로부터 세속의 소송법이 큰 영향을 받았다. 클레멘스 5세 교령집에서의 소송법 규정은 민사소송에서는 소송의 신속을, 형사소송에서는 진실의 발견을 도모하고자 하였다. 그리하여 민사소송에서는 형식적인 쟁정정리(litis contestatio)을 없애버리고, 구두로도 소제기를 할 수 있도록 하였으며, 증거판단을 단순화하였으며, 소송상의 기일과 기간을 단축하였다.[64] 그리고 결정적인 증거수단은 당사자의 선서이었다.[65] 그리고 교회재판소의 합리적인 증거방법은 세속재판소의 결투, 신판 등의 폐지 등 증거수단의 합리화에 공헌을 하였다.[66]

그리고 교회소송절차에서 중요한 제도는 재판을 진행하는 재판장(Richter)과 법을 발견하고 적용하는 판결 내지 법발견인[67](Urteiler)을 일원화하여,[68] 법관이 소송을 진행하면서 동시에 법을 발견하여 적용하는 일을 모두 담당하도록 하였다. 이러한 일원적인 소송절차의 진행에 관해서는 Liber Sextus의 Regula XII에서 이미, "법관은 그 인품에 관계없이 판결을 한다"는 원칙으로 규정하였다.[69] 그리하여 교회법에서는 소송절차의 진행과 법발견과 판결이 모두 판사에 의해 이루어졌다. 이러한 교회소송제도는 로마법상의 소송제도인 특별심리소송(Kognitionsprozeß)에서 발달된 소송제도로 판단된다. 로마법에서는 본래는 방식서소송으로서 재판절차의 진행과 판결자가 구분되는 소송절차이었으나, 특별심리소송절차에서는 재판절차의 분화 없이 법관이 소송의 개시에서 사실확정과 법의 적용 및 판결과 판결의 집행에 이르기까지 모든 재판업무를 관장하는 소송제도이었다.[70]

---

64) Landau, a. a. O., S. 44.

65) Ebel, Thielmann, a. a. O., Rn.

66) 이태재, 전게 서양법제사, 109면.

67) 판결 내지 법발견의 직무는 원시게르만사회에서는 재판에 참석한 민중, 중세에는 참심원, 도시법원에서는 도시참사회가 이를 담당하였다(Vgl., Ebel, Thielmann, a. a. O., Rn. 273).

68) 게르만법상의 민사소송에서는 국왕이나 영주가 재판장으로서 소송을 진행하고, 법에 정통한 자인 법발견인이 법을 발견하고 적용하는 일을 담당하여, 민사소송절차가 2원적으로 진행되었다. 오늘날의 앵글로삭슨 국가의 소송제도가 이러한 게르만법상의 소송제도와 유사하다(Vgl., Ebel, Thielmann, a. a. O., Rn. 272).

69) Ebel, Thielmann, a. a. O., S. 41.

70) 김상용, 전게 법사와 법정책: 로마민법학사 중심, 97면.

후기주석학파의 Baldus는 "소송은 3자에 의하여 진행되는데, 원고, 피고 그리고 그 사이에 판사로서 구성된다"고 하였다. 이러한 기본적인 소송형태에서는 법을 발견하는 참심원이 없고, 법을 발표하는 법관도 없다. 유일한 판결자인 법관만이 있다. 이러한 교회소송제도가 오늘날의 대륙의 민사소송제도의 뿌리가 되었다.[71)]

그리고 교회재판소의 형사소송절차에 있어서는 규문절차(Inquisitionsprozeß)로 진행되었다. 세속법원에서의 증거의 확보와 확정은 형식적 증거에 의하여 비합리적이었다. 규문절차는 형식적인 증서수단을 제거하고 진실한 증거의 확보를 위한 소송절차이었다. 지금은 규문절차가 배척되지만, 교회법원에서는 소송절차에서 규문절차가 진실(Wahrheit)을 찾아 발견해 내는 중요한 소송제도이었다.[72)73)] 이 규문절차에서는, 진실발견은 법관이 부담하였으며, 교회재판소에 의한 신정(神政)주의 사법제도(theokratische Justiz)에서는 당사자에게 진실발견을 떠넘길 수 없었다.[74)]

V. 사찬의 요한 22세 교령추록(Extravagantes Joannis XXII)과 보통 교령추록(Extravagantes Communes)

그라티아누스의 교령집은 사찬이었다. 그러나 법적 효력이 인정되었다. 그리고 그레고리우스 9세의 교령집, 보니파티우스 8세의 교령집, 클레멘스 5세의 교령집은 공찬이었다. 그러므로 당연히 법적인 효력을 가졌다.

공찬교령집의 편찬은 클레멘스 5세의 교령집을 끝으로 더 이상 편찬되지 않았다. 클레멘스 5세의 교령집이후의 교령집은 사찬이었으며 법적 효력이 인정되지 않았다. 그러나 1582년 교회법대전(Corpus Iuris Canonici)을 편찬할 때에 그 부록으로 2가지의 사찬의 교령집을 첨가하였다. 그 사찬의 2권의 교령집이 바로 요한 22세 교령추록(Extravagantes Joannis XXII)과 보통교령추록(Extravagantes Communes)이었다. 전자의 요한 22세 교령추록은 요한 22세 교황(1316-1334)의 교령 10가지를 집성한 교령집이며, 후자의 보통교령추록은 보티파티우스 8세

71) Ebel, Thielmann, a. a. O., Rn. 214.
72) Meder, a. a. O., S. 136.
73) 근세의 마녀재판에서는 이 규문절차에 의하여 수많은 기독교인들을 처벌하였다.
74) Meder, a. a. O., S. 136.

교황부터 Sixtus 4세 교황(1294-1484)까지의 역대 교황의 교령 70개를 모아 엮은 교령집이다.

Ⅵ. 교회법대전(Corpus Iuris Canonici)의 편찬

교회법대전은 사찬의 그라티아누스 교령집과 그 이후 공찬의 그레고리우스 9세의 교령집, 보니파티우스 8세의 교령집, 클레멘스 5세의 교령집으로 구성되어 있으며, 그 부록으로 사찬의 요한 22세 교령추록(Extravagantes Joannis XXII)과 보통교령추록(Extravagantes Communes)이 첨가된 교회법전이다.

이 교회법대전의 성립연대에 관해서는 견해가 대립되고 있다. 즉, 1431년 바젤(Basel)종교회의에서 성립되었다는 주장도 있고, 16세기 초에 성립되었다는 주장도 있고, 1582년 그레고리우스 13세 교황에 의하여 공포되었다는 견해도 있다.[75]

교회법대전에서 견지하고자 한 성직자들에 대한 규율은, 먼저 성직자에게 부인과의 동거를 금지하였다. 성직자의 혼인에 관해서는 1139년 제2차 라테란 종교회의에서 사제(司祭)의 혼인을 무효로 규정하였다. 그리고 교회법대전에서는 사제는 위엄이 없는 영업(Gewerbe), 기예(技藝: Künste), 유흥(Vergnügungen)을 하여서는 아니되며, 의사가 되는 것도 금지하였다.[76] 또한 사제에게는 로마법의 연구도 금지되었다. 왜냐하면 로마법의 연구로 인하여 신학연구가 방해받지 않기 위해서였다.[77]

그리고 성직자는 교회법원의 전속관할하에 있었으며, 또한 성직자에게는 세금의 부담이 면제되었다.[78]

75) 이태재, 전게 서양법제사, 123면.
76) Ebel, Thielmann, a. a. O., Rn. 231.
77) A. a. O., Rn. 231.
78) A. a. O., S. 231.

제 3 절 교회법학

교회법학은 그라티아누스의 교령집이 편찬되어 그것에 대한 강의와 주석이 이루어진 때로부터 시작되었다. 그리하여 교회법학은 중세의 대학에서 교회법을 강의한 교회법학자들의 활동에 의하여 발전되었다. 중세에는 법전이 편찬되면, 그 법전을 볼로냐 대학 등 대학으로 보내고, 대학에서 그 법전을 교재로 사용하였다. 또한 중세에는 법전을 대학으로 보내는 것이 그 법전의 유권성을 인정하는 하나의 방법으로 이해되었다.[79] 법학자들은 법문에 주석을 다는 방법으로 연구하고 강의를 하였다. 교회법전도 마찬가지 방법으로 연구되고 강의되었다. 그리고 중세의 대학에서는 로마법과 함께 교회법을 가르쳤다.

교회법학은 로마법의 주석학파와 함께 법학연구의 방법론은 스콜라 철학에 기초하고 있었다. 스콜라 철학은 기독교의 교의를 학문적으로 체계화하려는 철학으로서 본래 신학과 철학에서 출발하여 법학에 도입되어 중세의 법학발전에 기여하였다. 또한 중세의 신학자들은 법학에서의 많은 법적 문제들을 신학에로 받아들여서 도덕신학으로 발전시켰다.[80] 그리하여 중세의 교회법은 도덕신학에서 발전되고, 도덕신학의 영향을 받은 법제도가 적지 아니하다.

이러한 스콜라적 방법론에 입각하여, 그라티아누스의 교령집에 대한 주석(glossa)은 그라티아누스의 제자였던 Paucapalea, Rufinus(1165년경), Faventinus(Joannes: 1170년경), Teutonicus(Joannes: 1210년경) 등이 있었으며, 그들은 그라티아누스 교령집에 대한 해설서를 썼다. 그리고 그라티아누스 교령집에 대한 주해(Commentarii)는 Vincent(1355-1419), Bernardus(-1263) 등에 의하여 이루어졌다. 그리고 1216년에 Johannes Teutonicus는 그라티아누스 교령집에 대한 여러 주석들을 모아 표준주석(Glossa Ordinaria)을 저술하였다.[81] 그리고 그라티아누스 교령집의 요약서(summa)도 저술이 되었다.

보니파티우스 8세의 교령집인 제6서(Liber Sextus)에 대한 주해자로서는 저명한 교회법학자인 Andrea(Joannes: 1275-1348)가 있다. 그리고 Zabarella 추기

79) 이태재, 전게 서양법제사, 124면.
80) HRG, 30. Lieferung(1988), S. 1480.
81) Ebel, Thielmann, a. a. O., Rn. 216.

경은 클레멘스 5세 교령집에 대한 해설서인 Apparatus를 집필하여 출판하였다. 또한 Hostinientis 추기경, Andrea, William Durantis, Nicholas 등이 교령집해설서를 저술하였다.

중세 교회법학자로서 가장 중요한 인물로는 Gratianus, Raimund von Pennaforte,[82] Paucapalea 등이 열거되고 있으며, 교황 중에서도 교회법학에 정통한 교황이 있었다. Alexander 3세 교황(1159-1181 재위)은 교황에 취임하기 전인 1150년경에 그라티아누스 교령집의 해설서를 저술하였으며, 인노센티우스 3세 교황, 인노센티우스 4세 교황, Bonifatius 8세 교황 등이 교회법학자들이었다. 인노센티우스 4세 교황은 역시 교황에 취임하기 전인 1240년경에 교령집해설서를 저술하였다.[83][84] 그리고 보니파티우스 8세 교황은 1302년에 양검이론(兩劍理論) 중, 하나님이 먼저 교황에게 2개의 검을 주고, 교황이 그 중에 하나의 검을 국왕에게 다시 주었다는 주장을 하였다.[85]

교회법학은 12세기 말 인노센티우스 3세 교황 때로부터 14세기까지 융성을 한 후, 14세기 말부터는 침체되었으나, 1534년 수도회인 예수회(Jesuit)가 창립되어 각지에 대학을 설립하자 16세기 중엽부터 다시 융성하였다.[86] 이러한 교회법학에 의하여 교회법의 중요한 법원(法源)이 정립되었으며, 교회법대전(Coprpus Iuris Canonici)으로 종합되었다.[87]

제 4 절 교회재판

중세의 교회법원에서의 소송제도가 세속법원의 소송제도의 발전에 크게 영향을 주었을 뿐만 아니라, 오늘날의 세속법원의 관장사항을 중세에는 교회법원이 관장을 하였다. 특히 혼인사건은 교회법원이 관장을 하였다.

82) Raimund는 그레고리우스 9세의 교령집을 편찬하였다.

83) Erler, a. a. O., S. 27.

84) 교회사에 있어서 기독교 극성의 시대로서, Gregorius 7세 교황, Innocentius 3세 교황은 위대한 교회정치의 시대를 이루었으며, Thomas von Aquin은 위대한 교리의 시대를 이루었다. 그리고 Gratianus, Raimund von Pennaforte, Paucapalea는 위대한 교회법률가의 시대를 이루었다(Vgl., Erler, a. a. O., S. 27).

85) Erler, a. a. O., S. 31.

86) 이태재, 전게 서양법제사, 125면.

87) Erler, a. a. O., S. 28.

교회법원의 관할에 속하는 사건은, 소송당사자의 일방이 성직자인 경우의 모든 민사사건, 당사자가 평신도인 경우에는 혼인 등 비재산적인 사건(causae mere spirituals)과 그것과 관련된 약혼, 혼자(婚資), 10분의 1세, 비호권, 선서한 계약, 유증 등의 사건(causae spiritualibus annexae), 빈민, 고아, 과부, 십자군전쟁에 나간 사람들(Kreuzfahrer) 등과 같은 세속법의 보호를 받지 못하는 비참한 사람들(miserabiles personae)을 위한 사건들을 관장하였다.[88] 이러한 교회재판권에 속하는 사건들을 다시 정리해 보면, 혼인사건이 주된 부분을 차지하였으며, 후원(後援)사건, 교회봉록사건, 십일조사건, 약혼사건, 혼인지참금사건, 신분사건, 유언사건, 선서를 하고 체결된 계약사건 등이 교회법원에 제기되었다.[89]

교회전성기에는 교회법원은 교회재판 관할사건뿐만 아니라 세속적인 일반사건도 당사자의 요청으로 재판권을 행사하였으며, 또한 각국의 원수(元首)는 교회법원에 국제분규, 기타 사건의 판결을 의뢰하기도 하였다.[90] 그러나 세속권력은 교회법원의 관할확장에 반대를 하였다.[91]

이와 같이 중세에 교회권력이 강력하였을 때에는 교회법원의 관할사건이 광범위하였으나, 근세에 들어와 16세기부터 세속의 권력이 절대주의에 힘입어 강력해 지면서 점차 교회재판사건이 세속법원사건으로 옮겨가게 되었다. 그로 인하여 중세의 교회재판의 광범위한 관할권은 근세에 들어와 성직특권의 축소와 디불이 점차 축소되게 되었다. 프랑스에서는 프랑스혁명에 의해 1789년에는 교회재산이 몰수되고, 1790년에는 교회가 국유화되고, 1793에는 기독교 숭배가 폐지되었다.[92] 그리고 독일에서도 역시 1848년 프랑크푸르트에서의 민족회의[93] (Frankfurter Nationalversammlung)에서는 국가와 교회의 분리를 선언하였다.[94] 이러한 사건들을 계기로 교회재판권이 세속법원으로 옮겨가게 되었다.

교회법원은 혼인사건에 대해서는 오랫동안 재판권을 행사하였다. 혼인에 관하여, 교회법상의 혼인장애사유는 세속법에 그대로 받아들여졌으며, 혼인의 방식으로서의 성직자 앞에서의 선서는 세속의 공무원 앞에서의 선서로 발전되었다. 교회법상의 혼인법은 정교협약(Konkordat)에 의하여 근대에는 시민법적으

88) 이태재, 전게 서양법제사, 126면.
89) Ebel, Thielmann, a. a. O., Rn. 234.
90) 이태재, 전게 서양법제사, 125면.
91) Ebel, Thielmann, a. a. O., Rn. 234.
92) A. a. O., S. 53.
93) 이 프랑크푸르트 민족회의가 독일에서의 의회의 시작이었다.
94) A. a. O., S. 57.

로 그대로 효력이 인정되었다.[95] 독일에서는 교회혼에서 민사혼으로의 전환이 1875년에 와서야 이루어졌다.[96]

독일에서의 교회혼에서 민사혼으로의 전환의 과정을 살펴보면, 교회와 세속권력간의 소위 문화투쟁(Kultukampf)의 결과로 이루어졌다. 1794년의 프로이센 일반주법은 종교가 다른 배우자간의 혼인에 있어서 그 아들은 언제나 부의 종교로, 딸은 모의 종교로 양육하도록 규정하였다(§76ff. Ⅱ. 2, ALR). 그리고 1803년의 내각령(Kabinettordre)에서는 배우자 각자의 신앙이 다른 혼인에서는 아들과 딸의 종교적 양육은 아버지의 종교를 따라서 하도록 하였다. 그러나 Rheinland와 Westfalen에서는 ALR의 규정을 따랐다. 이러한 ALR의 규정은 가톨릭의 혼합혼인법(Mischehenrecht)과 부합하지 않았다. 가톨릭의 실무에서는 비가톨릭 당사자에 대하여 모든 아이를 가톨릭으로 교육하겠다는 약속을 요구하고, 이를 받아들이기를 거절하면 혼인허락을 거절하였다.[97] 프로이센은 교황에게 가톨릭의 이러한 혼합혼인에 대한 실무관행의 시정을 요구하였다. 그러나 Pius 8세 교황은 1830년에 가톨릭의 관행을 지킬 것을 명하였다. 이러한 문화투쟁과정에서 1875년 교황은 가톨릭의 교회법에 반하는 프로이센의 법률을 무효로 선언하였다. 이에 대해 국왕은 동년에 모든 종교단체를 해산하고,[98] 해체된 교회재단의 재산을 몰수하였다. 이러한 문화투쟁의 결과로 1875년에서야 독일에서는 교회혼에서 민사혼으로 전환할 수 있었다.

교회재판은 법 앞에서의 만민의 평등, 빈자의 보호, 국민의 복지를 위한 국민의 수임자로서의 국가의 의무 등을 강조하였다. 이러한 교회법원에서의 강조는 세속법과 세속법원에 대한 계몽적인 역할을 하였다.[99]

제 5 절 교회법이 세속법에 미친 영향

교회법이 세속법에 미친 영향을 적잖이 많다. 이미 여러 세속법제도의 각각의 역사적 뿌리가 된 교회법제도에 관해서는 그 근원이 된 교회법전을 설명하

95) Erler, a. a. O., S. 156.
96) A. a. O., S. 62.
97) A. a. O., S. 59.
98) 그러나 병원을 운영하는 종교재단은 해체하지 않았다.
99) 이태재, 전개 서양법제사, 125면.

면서 논하였다. 기득권 보호, 다수결의 원리, 의심스러울 때에는 피고인의 이익으로, 이자와 폭리의 금지, 계약충실의 원칙, 직접대리제도와 제3자를 위한 계약, 입법사상의 배태, 손해배상의 방법으로서의 원상회복, 탈법행위의 금지, 공무원의 행위에 대한 국가책임 인정을 위한 직무관련성, 긴급피난, 일부무효의 경우의 잔부유효로의 인정 등 수없이 많다. 이러한 교회법상의 법원칙들은 도덕신학에 기초한 것이 대부분이다. 그리고 무엇보다도 교회법이 세속법에 미친 영향은 정의를 박애와 자비와 결합한 점이다. 그리고 교회소송법이 세속소송법에 크게 영향을 주었다.

그리고 교회법에서 제3자를 위한 계약(Vertrag zugunsten Dritter)에 관한 법리정립을 하여 이를 인정하였으며, 해제제도도 역시 교회법에 그 역사적 뿌리를 두고 있다.[100] 교회법이 세속법에 미친 영향 중에서 가장 중요한 제도중의 하나가 바로 당사자간의 합의만에 의한 계약(pactum nudum)성립의 인정이다. 로마법에서는 방식강제가 일반적으로 인정되었다. 16세기의 복고주의(Humanisten)하에서도 역시 방식강제가 유지되었다.[101] 그러나 교회법에서는 단순한 합의만에 의해서 계약이 성립되고 효력이 발생할 수 있다는 법원칙을 확립하였다. 근세의 계약법의 원칙이었던 계약은 지켜져야 한다(pacta sunt servanda)는 법원칙은 교회법에서 확립된 법원칙이다.

이러한 이미 설명한 교회법이 세속법에 미친 영향 이외에도 교회법학의 발전과정에서 생성되어 세속법에 미친 법제도들이 수없이 많다. 그러한 교회법제도로서 사법의 영역에서는, 첫째로 점유보호의 확대이다. 로마법에서는 점유권이 인정되기 위해서는 물건에 대한 사실상의 지배인 점유에 점유자의 소유의 의사(animus dominandi)를 요하였다. 그러나 교회법에서는 점유에 자기의 이익을 위한 소지의사(animus possidendi)만 있으면 점유권으로 인정하였다.[102]

그리고 둘째로 교회법상의 선의자보호의 법리는 선의취득에 의한 소유권취득에 있어서 전점유기간 동안 점유자가 선의일 것을 요구하였다. 그러나 로마법에서는 점유개시시에 선의이면 족하였다. 그리고 교회법상의 선의자 보호

100) Helmut Coing, Kanonisches Recht und Ius Commune(Biblioteca Apostolica Vaticano, 1985), S. 510.

101) Peter Landau, "Pacta sunt servanda: Zu den kanonistischen Grundlagen der Privatautonomie", in: Ins Wasser geworfen und Ozeane durchquert: Festschrift für Knut Wolfgang Nörr, hrsg. von Mario Ascheri et. al.(Köln, Weimar, Wien, Böhlau Verlag, 2003), S. 474.

102) 상게서, 110면.

제도는 각종의 선의의 제3자 보호를 위한 제도로 발전하였다. 또한 교회법에서는 악의자에 대해서는 소멸시효가 진행되지 않았다.[103]

또한 물권법상의 영소작권(Emphyteuse), 은혜적 토지대여[104](Precaria)도 교회법에 그 역사적 연원을 두고 있는 제도들이다.[105]

셋째로 근대법에서의 과실책임의 원칙도 교회법으로부터 크게 영향을 받았다. 교회법학에서는 과책(Verschulden)에 기한 개인책임의 이념을 정립하였다.[106] 로마법에서는 행위가 금지되어 있는 경우에는 그 행위로 인한 결과가 우연히 발생하였다고 하여도 책임을 지게 하였으며, 행위가 허용되는 경우에는 과실로 그 행위의 결과가 발생하였을 때에 책임을 지도록 하였다.[107] 그러나 교회법학에서는 금지된 행위로 인하여 결과가 우연히 발생하였다고 하더라도, 부주의로 인하여 결과가 발생하였을 때에 책임을 진다는 이론을 발전시켰다.[108]

넷째로 교회법과 교회재판은 채권양도제도의 인정에 기여를 하였다. 로마법에서와 보통법(ius commune)에서는 채권양도를 인정하지 아니하였다.[109] 교회재판은 국경을 넘어서도 제기할 수 있었으며 그 교회법원의 판결은 국경을 넘어서도 효력이 있었다. 그러나 세속의 분방법원의 판결은 관할 경계를 넘어서는 효력이 없었다. 교회법원의 판결의 이행은 그 불이행에 대해서는 교회의 파문(Exkommunikation)을 통하여 국경을 넘어서도 집행할 수 있었다. 그리하여 채권자가 채무자의 채무이행을 확보하기 위해 교회재단에 채권을 양도하고, 교회재단이 교회법원에 소송을 제기하는 일이 일어났다. 그리하여 교회법원에의 소제기를 위한 채권양도가 즐겨 행하여졌다.[110]

다섯째로 교회법은 혼인법과 유언법에 크게 영향을 주었다. 혼인의 조건, 의식, 효과에 있어서 근대의 혼인법은 교회법으로부터 절대적인 영향을 받았다. 혼인장애, 일부일처제, 비밀혼의 금지, 근친혼의 금지, 촌수계산법,[111] 남녀동등

---

103) 상게서, 110면.

104) 은혜적 토지대여는 토지의 소유자가 타인에게 은혜적으로 토지이용을 설정해 주고, 그는 언제나 그 토지의 반환을 청구할 수 있는 토지이용제도이다. 이러한 은혜적 토지대여는 교회법에서 생성되어 보통법에 계수되었다. 근대민법 중에서 오스트리아 민법 제974조는 이러한 은혜적 토지대여에 관하여 규정하고 있다.

105) Coing, a. a. O., S. 510.

106) Ebel, Thielmann, a. a. O., Rn. 429.

107) A. a. O., Rn. 429.

108) A. a. O., Rn. 429.

109) 로마법과 보통법에서의 채권양도의 금지는, 채권이 힘이 센 자에게 양도되면 채무자를 위험스럽게 하기 때문이었다고 한다(Vgl., Ebel, Thielmann, a. a. O., Rn. 215).

110) Ebel, Thielmann, a. a. O., Rn. 215.

권 내지 부부평등사상, 이혼의 금지 및 제한, 별거생활 등은 모두 교회법의 영향을 받은 제도들이다.[112] 그리고 선의의 무효혼의 보호이다. 즉 선의의 배우자를 위해서는 무효혼에 있어서도 이미 발생한 혼인효과의 적법성을 인정하였다. 그리고 교회법에서는 준정(準正)제도를 인정하였다. 그러나 교회에서는 혼인외의 성적결합을 죄악시한 결과로 교회법에서는 혼인외의 출생 자녀를 천대하였다. 그리하여 교회법에서는 혼인외 출생자에 대해서는 실부와 실모에 대한 말(末)순위의 상속권마저 부인하였으며, 생존 중 부양받을 권리만을 인정하였다.[113]

그리고 유언제도에 있어서도 유언의 종류, 유언의 방식에 관하여 교회법이 세속법에 많은 영향을 주었으며, 특히 유언집행인제도에 있어서 영향을 주었다.[114]

교회법은 공법에도 크게 영향을 미쳤다. 첫째로 기독교에서의 신 앞의 평등은 만인의 법 앞의 평등사상으로 발전되었다. 그리고 이러한 신 앞의 평등사상은 노예제도의 철폐에 영향을 주었다.[115] 둘째로 교회가 범죄자의 치료를 위한 처벌을 강화한 데서부터 이것이 근대형법에서의 목적형, 교육형으로 발전하였다. 그리고 범죄결과 이외에도 그 범죄행위의 동기와 범의(犯意)를 중히 다루어 결과책임에서 과실책임에로의 전환에 기여하였다.[116] 셋째로 교회법은 전시국제법의 생성에 영향을 주었으며, 교회재판은 국제재판소의 기원이 되었다. 즉, 1139년 Innocentius 2세 교황은 전쟁에 사용할 수 있는 무기의 종류를 열거하는 교령을 발표하여, 그것이 전시국제법의 효시를 이루었다.[117] 그리고 교회소송은 소송당사자의 국적이나 신분에 구애됨이 없었다. 그 결과 교회재판은 국제재판

111) 촌수의 계산방법은, 로마법에서는 쌍방이 공동의 시조에 이르는 대수를 계산하여 이를 합산한 숫자로 친등(親等)을 표시하였으나, 게르만법에서는 쌍방이 가장 가까운 공동조상까지의 세대수를 계산하여 그 중 많은 숫자로서 그 친등을 표시하였다. 교회법전에서는 오랫동안 게르만법의 계산방법을 따랐으나, 1983년의 개정 교회법전에서는 로마식 촌수계산방법으로 전환하였다(최종고, 전게 서양법제사, 417면 참조).

112) 이태재, 전게 서양법제사, 109면.

113) 상게서, 109면.

114) 상게서, 111면.

115) 노예제도에 관해서 Socrates, Platon, Aristoteles는 이를 인정하였다. 로마법의 만민법도 역시 노예제도를 인정하였다. 로마법에서는 출생노예제도를 당연시 하였다. 즉, "어느 누구도 자기가 가지는 이상을 타인에게 줄 수 없다"(nemo plus iuris transferre potest quam ipso haberet: D. 50.17.54)는 법규정으로부터 노예제도는 당연시 되었다. 이러한 노예제도에 대한 비판은 스토아학파의 평등론과 기독교에서의 인간의 존엄, 평등, 박애사상에 기초하여 제기되었다. 그리하여 로마에서는 2세기 말에서 3세기초에 걸쳐서 노예제도가 반자연법적인 제도로 이해되고, 노예에 대한 처우가 개선되고, 노예해방이 촉구되었다(이태재, 전게 서양법제사, 108면 참조).

116) 이태재, 전게 서양법제사, 108면.

117) 상게서, 108면.

의 기원을 이루게 되고 국제재판소의 설립에 영향을 주었다.[118]

그리고 넷째로 비호권(Asylrecht)의 발전이다. 교회의 비호권은 성서의 모세 5경(Penctaeuch)에서 이미 인정되고 있었다.[119] 이 교회의 비호권은 프랑크시대에는 교회와 교회령의 면세지(Immunität)로서의 인정과 면세지재판권(Immunitätsgerichtbarkeit)이 인정되어 교회가 제국 내에서 국가적 기능을 가진 독립한 소국가로 발전하였다.[120] 성서에서부터 출발하여 인정된 비호권은, 도망자보호를 위해 특별한 기능을 담당하였으며, 교회의 비호권이 오늘날의 망명권으로 발전하게 되었다.

그리고 교회법은 근대 민사소송법의 발전에 큰 영향을 미쳤다. 로마법에서는 소송법이 실체법과 구별되지 아니하고 사법내에 민사소송법이 포함되어 있었다. 교회법은 로마법대전 중 칙법휘찬(Codex)에 산재되어 있던 소송절차에 관한 규정을 더욱 세련되게 발전시켰다. 교회법에서는, 로마법에서 소송의 준비절차와 재판절차를 구분하였던 당사자소송을 극복하고 진실발견에 보다 유익한 재판관이 준비절차와 재판절차를 모두 맡아 진행하는 규문(糾問)절차에 의한 소송제도를 발전시키고, 특히 약식소송절차를 발전시켰다. 약식소송절차는 소장의 제출을 배제할 수 있게 하고, 휴정을 하지 아니하고, 기일을 짧게 하였으며, 이의신청 및 항소를 제한하고, 과도한 증인신청을 제한하였다. 이러한 약식소송절차는 교황의 교서(教書: päpstlicher Erlaß)에 의하여 발전되었다.[121]

이러한 교회법 및 교회법학이 세속법제도에 미친 영향은 교회법이 근본적으로 도덕신학에 기초하고 있었으며, 그 도덕신학은 인류의 보편가치를 담고 있는 성서의 가르침을 조직화, 체계화한 것이었으며, 교회법은 바로 그러한 도덕신학의 내용을 법제도로 전환, 발전시켰기 때문이었다. 따라서 교회법은 인류보편적인 가치를 법제도의 기초로 하고 있으며, 그러한 인류보편적 가치의 법제도화에 기여하였다. 그리하여 교회법은 법의 도덕화(Moralisierung des Rechts)에 기여하였다.[122]

---

118) 상게서, 109면.

119) 구체적으로는 민수기(Numbers) 35장 11절이하에서 비호권에 관하여 규정하고 있다.

120) Mitteis, Lieberich, a. a. O., S. 72; 이태재, 전게 서양법제사 개설, 266면.

121) Knut Wolfgang Nörr, "Kanonisches Recht und modernes Gerichtsverfahren aus der Distanz eines ausgehenden Jahrtausends", in: Festschrift für Martin Heckel zum siebzigsten Geburtstag, hrsg. von Karl-Hermann Kästner et. al. (Mohr Siebeck, 1999), S. 203.

122) Peter Landau, "Pacta sunt servanda: Zu den kanonistischen Grundlagen der Privatautonomie", in: Ins Wasser geworfen und Ozeane durchquert: Festschrift für Knut Wolfgang

이와 같이 교회법이 세속법에 미친 영향이 다대함에도 불구하고, 근세이래 교회법에 대한 연구가 부진하고 세속법에서 교회법의 중요성에 대하여 별 관심을 갖지 아니하였던 것은, 근세에 형성된 좁은 시야의 민족주의에 기초한 절대국가의 형성에 기인하였다.[123] 절대국가에서의 법학은 자국법의 연구에만 집중하고, 보편적이고 세계적인 법인 교회법에 대해서는 별 관심을 갖지 않았던 것이었다. 그리고 교회법은 보편적인 세계와 인류보편적인 가치를 추구한데 반하여, 근대국가에서는 개인주의와 자유주의를 추구하였기 때문에, 근세 이래 세속법에서 교회법의 중요성에 대한 이해가 저조하였다.[124]

Nörr, hrsg. von Mario Ascheri et. al., (Köln, Weimar, Wien, Böhlau Verlag, 2003), S. 463.

123) Hans-Jürgen Becker, "Spuren des kanonischen Rechts im Bürgerlichen Gesetzbuch", in: Rechtsgeschichte und Privatrechtdogma, hrsg. von Reinhard Zimmermann(Heidelberg, C.F.Müller Verlag, 1999), S. 162.

124) A. a. O., S. 162.

제 4 장
근세의 교회법의 쇠퇴

루터에 의한 종교개혁이 이루어진 16세기 초에서부터 교회법전(Codex Iuris Canonici)이 시행되기 이전인 1917년까지의 기간으로서 이 기간은 교회법의 쇠퇴기이었다. 루터에 의한 종교개혁이 있기 이전에 서임논쟁을 통한 교회권력과 세속권력의 다툼에서 교회권력이 승리하게 되자, 교회권력은 내부적인 부패의 징조가 나타나기 시작하였다. 교황선거와 관련하여 십여년간의 교황공위시대(Sedisvakanz)도 겪게 되고,[1] 십자군전쟁(Kreuzzug)이 실패로 끝나자, 1309년부터는 신성로마제국과의 협력과 갈등을 빚어온 교황은 프랑스의 아비뇽에 머물면서 프랑스왕에게 의존하기 시작하였다. 그리하여 그 후 7사람의 프랑스 출신 교황이 선출되었다. 1378년부터는 2명의 교황, 때로는 3명의 교황이 선출되어 서로 간에 파문을 하는 일이 일어났다. 이러한 교황이 권위의 실추는 교황 우위권의 사고도 힘을 잃어가게 되어, 공의회가 교황권력의 보충자이자 교황에 대항하는 세력으로 발전하게 되었다.[2] 그리하여 교황에 대하여 공의회 우위로 발전하기도 하였다.

그리고 교회재판권의 확장은 교회법상의 각종의 법적수단[3]이 세속적인 경제적 목적을 위하여 이용되었다. 교회법원은 금전채무불이행자에 대하여 파문하고, 차용증서에는 파문조항(Exkammunikationsklausel)을 삽입하는 것이 관행이 되었다.[4] 이러한 관행은 신자들을 격노케 하였다. 그러한 교회재판권의 남용은 자연히 교회개혁을 부르짖게 하였다. 그러나 교황으로부터는 그러한 교회개혁을 기대할 수 없었다.[5]

---

1) 교황선거방식에 관해서는 1274년 Gregorius 10세 교황이 교황선거령을 제정하였으나, 1621년에 와서야 비로소 현재와 같은 교황비밀선거제가 확립되었다(Vgl., Ebel, Thielmann, a. a. O., Rn. 224).

2) Erler, a. a. O., S. 33.

3) Bindegewalt, Lösegewalt, 교화형벌 등이 여기에 속한다.

4) Erler, a. a. O., S. 33.

5) A. a. O., S. 33.

이러한 교회의 부패에 대하여 교회개혁의 운동이 일어났다. 이러한 교회개혁의 운동은 14세기 말에 이미 독일에서는 신의 친구(Gottesfeunde)들로부터, 네덜란드에서는 공동체 삶의 형제들(Brüder vom gemeinsamen Leben)로부터 일어나기 시작하였다.[6] 교회 내부에서는 공의회가 중심이 되어 교회개혁을 하고자 하였다.[7]

그러나 교회개혁을 위한 교회 내부의 시도가 있었지만 중세의 교회법에 기초한 교회개혁에는 한계가 있었다. 교회는 더욱더 부패하여 갔다. 그것이 바로 면죄부(Ablaß)의 판매였다. Luther가 종교개혁을 일으킨 직접적인 계기가 바로 면죄부 판매였다. 면죄금은 본래 교회벌(Kirchenstrafe)의 하나였다. 그러나 교황은 면죄부제도를 교회의 재원조달의 목적으로 이용하였다.[8] 1517년 Leo 10세 교황[9](1513-1521 재위)은 베드로 대성당의 완공을 위한 재원조달을 위하여 면죄부를 발행하였다.[10]

Luther는 이러한 면죄부 판매가 계기가 되어, Wittenberg 교회에 95개조의 반박문[11]을 게시하였다. 이것이 Luther에 의한 종교개혁의 시작이었다. 종교개혁은 당시에 기대되었던 것과는 다른 방법으로 일어났다. 중세의 교회법 질서의 개혁으로 종교개혁이 일어난 것이 아니라, 사랑의 질서(Liebesordnung)로서의 초기기독교의 순수한 신앙을 간직하고 실천하였던 수도원의 수도사에 의하여 일어났다. Luther는 교회정치가가 아니었으며, 그에게는 교회정책의 추구도 낯설었다. 그는 새로운 교회(즉, 교단)을 설립하는 것도 낯설었다. 그는 오로지 초대교회로 돌아가 순수한 사랑의 열정과 성령으로 비성서석인 교회의 부패에 맞섰던 것이었다. 그는 성서의 진리에 대한 믿음과 성령의 확신과 사랑의 열정으로써, 순수한 사랑의 질서였던 초대교회의 모습의 회복을 이상으로 하여 교회개

6) A. a. O., S. 32.

7) 1409년에 Benedikt 13세 교황과 Gregorius 12세 교황에 대항하는 추기경들이 Pisa에서 교회개혁회의를 소집하였다(Vgl., Erler, a. a. O., S. 33).

8) Erler, a. a. O., S. 36.

9) Leo 10세 교황은 교황이라기보다는 예술애호가(Kunstfreund)였다.

10) Leo 10세가 면죄부를 판매하고 그 대금을 징수한 독일에서의 사례를 살펴보면, 독일의 Brandenburg 변방백이자 Mainz의 대주교였던 Albrecht는 그의 관구에서 30,000 Golddulden의 면죄부를 판매하여야만 하였다. 그 면죄부 금액을 우선 은행가인 Fugger가 Albrecht를 대신하여 교황에게 지급하였다. 그리고 나서 그 관구에서 사제와 은행원이 함께 교인들에게 면죄금을 징수하면서, 그 반은 Fugger은행의 직원이 가져갔다. 이러한 상황에 대하여 반대한 선제후도 있었다. Luther의 95개 반박문의 게시는 바로 이러한 면죄부 판매가 계기가 되었다(Vgl., Erler, a. a. O., S. 36).

11) 라틴어로 쓴 "disputatio pro declaratione virtutis indulgentium"이었다.

혁을 주장하고 추진하였던 것이었다. 그리하여 Luther는 자신이 새로운 종파를 조직화하려고도 하지 않았다.[12] 이처럼 그는 정치에 대해서 관심을 갖지 않았다. 또한 그는 교회법에 대해서도 관심을 갖지 않았다. 오히려 교회법률가를 혐오하였으며, 1520년에는 교황의 칙령과 교령집을 불태워버렸다. 그는 "교황은 신을 대신하여 모든 법의 원천이다"라고 규정한 Liber Sextus에 대하여, 모든 법전은 비기독교적이며 파문받아야 마땅하다고 비판하였다.[13][14] 그의 종교개혁은 교회법에 의한 개혁이 아니라, 오로지 성서가 가르쳐주는 진리에 대한 믿음과 성령에 대한 확신, 그리고 초대교회에서와 같은 사랑의 열정으로 이루어졌다.

이와 같이 Luther에 의한 종교개혁은 Luther의 순수한 진리에 대한 확신과 사랑의 열정으로 시작되었지만, 한편으로는 세속제후들의 정치적 비호가 있었기 때문에 성공할 수 있었다. 제후들은 종교개혁에 가담하여 경제적, 정치적, 왕조적인 지상의 소망을 관철하려 하였다. 당시에는 어떠한 사건이든 종교적 색체를 부여하려는 것이 일반적인 모습이었다.[15] 그리하여 Luther에 의하여 시작된 종교개혁은 성공을 거둘 수 있었다.

종교개혁의 결과로 1555년에는 신구교간에 Augsburg 종교화의(Augsburger Religionsfrieden)가 이루어지고, 이 Augsburg 종교화의에서 독일의 가톨릭과 루터파는 동등한 권리를 가지며 공존하게 되었다. 영주들도 그들의 영지의 종파를 자유로이 결정할 수 있다(cuius regio, eius religio: Wessen Land, dessen Glaube)고 합의하여 개신교의 신앙이 공식적으로 인정되었다. 그러나 Augsburg 종교화의는 개신교(Protestant)에게 유리해졌다.[16] 그리하여 그 Augsburg 종교화의의 결과는 신구교도간의 30년전쟁으로 발전하게 되었다.

그리고 또 한편으로 개혁교회의 교회법은 당시의 합리주의의 영향을 받아 이성존중에로의 강한 경향을 보였다.[17] 그러나 개신교회의 교회법은 교회 자체 내에서 형성된 법이 아니라, 당시의 지방제후들에 의한 국가교회법, 즉 지역적 교회법이었다. 왜냐하면 Luther의 교회에 대한 사상은 수순한 신앙에 기초하고

12) 이는 역시 당시의 종교개혁자이었던 John Calvin(1509-1564)의 개혁방향과 다른 것이었으며, Luther교는 세속의 제후들이 그들의 정치적 목적을 위한 작품이었다(Vgl., Erler, a. a. O., S. 37).

13) Erler, a. a. O., S. 38.

14) Luther가 법과 관계를 갖지 않았다고 하여, 그 후 새로 설립된 교회가 교회법없이 지낸 것은 아니었다. 개혁교회도 역시 개혁교회에 맞는 교회법이 필요하였다.

15) 최종고, 전게 서양법제사, 407면.

16) Erler, a. a. O., S. 41.

17) A. a. O., S. 38.

있었고, 당시에 개혁교회는 지방 제후들의 보호하에 있었기 때문이었다. 그로 인하여 개혁교회들도 독립적인 위치에 있지 못하고 국가교회(Staatskirche)로 존속할 수밖에 없었다. 이러한 국가교회의 역사적 뿌리는 중세의 사유교회(Eigenkirche)에 있었다.

이와 같은 종교개혁을 계기로 하여 가톨릭교회에서는 가톨릭교회 자체의 개혁이 추진되었다. 이를 가톨릭교회의 반개혁(Gegenreformation)이라 한다. 반개혁은 개신교회에 대항한 것이 아니라, 가톨릭교회 자체의 정화작업이었다. 가톨릭교회의 개혁의 두 힘은 바로 수도회인 예수회(Jesuitenorden)와 트리엔트 종교회의(Trienter Konzil)였다. 예수회는 1534년 Ignatius von Loyola가 설립한 수도회로서, 청빈(Armut), 순결(Keuschheit), 순종(Gehorsam)을 덕목으로 하였다. 특히 교황에 대한 완전한 순종을 덕목으로 하였다.[18]

예수회가 실천하고자 하였던 정신적인 덕목을 Trient공의회(1543-1563)는 이를 교회법에서 실천하고자 하였다. 그리하여 교황의 권위를 확실히 하였다. 혼인법도 개혁하였다.[19] 그리고 교황절대주의에 입각하여 종교회의의 결의는 교황의 재가를 받도록 하였다. 이러한 내용의 Trient 종교회의의 결의는 1564년 Pius 4세 교황(1559-1565)에 의하여 공포되었다. 그리고 Trient 종교회의에서는 중요하지만 미해결의 과제에 관해서는 교황이 스스로 규율하도록 교황에게 위임하였다. 이러한 위임에 따라서 금서목록(1564, Pius Ⅳ), 교리문답(1566; Pius Ⅴ), 성무일과서(聖務日課書: 1568; Pius Ⅴ), 미사전서(典書: 1570; Pius Ⅴ) 등이 교황에 의하여 만들어졌다.

이와 같이 종교개혁 이후의 교회법은 개신교에서는 합리주의에 의한 이성에 기초한 반면, 가톨릭교회의 교회법은 여전히 스콜라 철학에 기초하여 보다 강력한 교회국가(Kirchenstaat)의 방향으로 발전하였다.[20] 그 결과로 가톨릭교회에서는 그 후에도 중요한 교회법전이 제정되었다. 그러나 개신교회에서는 순수한 사랑의 신앙을 중시하였기 때문에 교회법사적으로 중요한 교회법전이 제정되지 않았다.

종교개혁 후 교회가 가톨릭과 개신교로 나누어지고, 세속권력은 절대주의의 영향을 받아 강화되어 교회의 권한에 속하던 사항들을 세속의 권력으로 편입되었다.[21] 그 대표적인 사례가 프랑스혁명 후의 교회재산의 몰수, 교회재판권의

18) Erler, a. a. O., S. 42.
19) A. a. O., S. 43.
20) Erler, a. a. O., S. 43.
21) 프랑스에서는 1475년에 이미 Ludwig 11세가 교황이 교령을 발포하기 위해서는 사전에 왕

박탈로 나타났다. 독일에서는 신구교도간의 갈등에 세속제후의 정치적 야망이 결합하여 30년전쟁(1618-1648)으로 발전하였다. 이러한 세속권력의 교회권력에 대한 침투와 간섭에 대하여, 가톨릭교회는 교회법을 통한 조치로 저항을 하였으나 실효성은 없었다. 가톨릭교회의 대표적인 저항은, 1521년 Luther에 대한 파문, 1535년 영국왕 Henry 8세에 대한 파문과 Elisabeth에 대한 폐위, 1648년 베스트팔렌 조약의 무효선언, 1701년 Preußen의 왕국으로의 격상 취소 등의 조치를 취하였다. 그러나 그러한 조치들은 아무런 실효성이 없었다.[22] 또 한편으로 유럽에서는 교황의 이단자 색출과 세속국왕의 정치적 반대자 처벌의 이해가 맞아, 소위 마녀재판[23](Hexenprozeß)이 이루어져 수많은 사람들이 죽어갔다.

이러한 혼란의 과정을 세속권력의 가톨릭교회에로의 침투에 대해서는 교회와 국가간의 정교협약[24](Konkordat)로 극복해 나갔다. 그 대표적인 정교협약이 1801년 나폴레옹과 Pius 7세 교황(1800-1823 재위)간의 정교협약이었다. 나치시대에는 1933년에 나치정권과도 정교협약을 맺었다. 그리고 30년전쟁은 1648년 베스트팔렌 조약으로 종결짓게 되었다. 그 베스트팔렌 조약에서는 Augsburg 종교화의에서 합의된, 영주들은 그들의 종교를 자유로이 결정한다는 원칙이 법적으로 확인되었다. 이 원칙이 개종(改宗)의 원인이 되었다.[25]

이와 같은 근대의 기독교의 발전과정에서 가톨릭교회는 교황을 중심으로 하여 교회법전(Codex Iuris Canonici)의 편찬과 정리로 나아갔다. 그러나 개신교회는 성서의 진리에 충실한 경건(敬虔)주의(Pietismus)와 성령에 의한 깨달음의 운동(Erweckungsbewegung)으로 나아감으로써 교회 내부에서의 교회법의 발전은 가톨릭교회에 비해서는 눈에 띄게 발전하지는 못하였다.[26] 그리고 마녀재판은 계몽주의에 의해 폐지되었다.[27]

에게 제출하도록 하였으며, 교령이 프랑스의 이익에 반하면 자연적으로 거절되었다. 더 나아가 종교회의를 개최하려면 국왕의 승인을 받도록 하였다. 그리고 16세기에는 교회법원의 관할사건이 세속법원으로 옮겨갔다(Vgl., Erler, a. a. O., S. 47).

그리고 Friedrich 시대의 프로이센에서는 황제가 교회의 설교시간까지 제한을 하였다. 또한 프리드리히 대왕은 황제를 위한 예배순서를 뺄 것을 명령하였다(Vgl., Erler, a. a. O., S. 50).

22) Erler, a. a. O., S. 45.

23) 이단의 색출과 처벌에는 규문절차가 적용되었으며, 마녀재판은 교회의 이단처벌과 세속권력의 정치적 반대자의 처단목적이 일치하여 일어난 일이었다.

24) Konkordat는 교회와 국가가 서로 상대방을 주권적인 법인격으로의 인정을 전제로 하여 국가와 교회 사이에 체결된 일종의 국제법적인 조약이다.

25) Erler, a. a. O., S. 48.

26) A. a. O., S. 63.

27) 최종고, 전게 서양법제사, 405면.

제 5 장
현대의 교회법전의 정비: 2차례의 교회법전 (Codex Iuris Canoni)의 제정

종교개혁 이후의 신구교로의 분리, 국가권력에 의한 교회권력의 약화, 정교협약의 체결 등, 교회사에서 중요한 사건들이 발생하고 교회법의 많은 변화가 있었다. 그리하여 19세기 후반에 가톨릭교회에서는 교회법 개정운동이 일어났다. 그 동안 중세 때부터의 교회법대전(Corpus Iuris Canonici)이 그 효력을 유지하여 왔으나, 보다 완벽하고, 조문이 간결하고, 상세하고, 보편적인 형식의 법전을 편찬하자는 움직임이 일어났다.

그리하여 1869년에 제1차 바티칸 공의회(1869-1870)가 Pius 9세 교황(1846-1878)에 의하여 소집되었다. 공의회가 소집되기 이전에 가톨릭교회에서는 1864년에 이미 범신론, 자연주의 이신론(Deismus), 사회주의, 공산주의, 자유주의, 진보주의를 배척하였다.[1] 그리고 바티칸 공의회에서는 교황의 수위권과 무흠결성의 교리를 통과시켰다. 그러나 1870년 보불전쟁의 발발로 바티칸 공의회가 더 이상 계속되지 못하여 교회법개정은 이루어지지 못하였다.

1904년에 와서 Pius 10세 교황(1903-1914)은 Gasparri추기경을 상으로 하는 교회법편찬 추기경위원회를 구성하고, 이 위원회에서 교회법전(Codex Iuris Canonici)을 편찬하였다. 이 교회법전은 1917년 Benedictus 15세 교황(1914-1922)에 의해 발포되고, 1918년부터 시행되었다. 교회법전은 로마법대전 중의 법학제요(Institutiones)를 본받아 총 5편 2,414조로 구성되었다.[2] 제1편 총칙(normae generales), 제2편 신분법(de personis), 제3편 물법(de rebus), 제4편 소송법(de processibus), 제5편 형법(de delictis et poenis)과 교황선거에 관한 부칙 8개항으로 구성되었다.

이 교회법전은 가톨릭교회의 유일한 법전은 아니며, 이 교회법전이 현존하

---

1) 최종고, 전게 서양법제사, 410면.
2) Erler, a. a. O., S. 127.

는 교회법의 효력을 상실시키는 것도 아니었다.[3] 그리고 교회법전은 관습법의 효력을 강하게 인정하였다. 그러나 관습법은 신법, 실정법인 교회법전에 반할 수 없으며, 이성(理性)에 반할 수 없었다. 이는 법학제요에서 관습법에 제정법과 동일한 효력을 인정하는 것과는 달랐다.[4] 그리고 관습법은 교회법전의 해석에 중요한 기능을 갖는다.[5]

1962년에는 요한 23세 교황이 제2차 바티칸 공의회를 소집하였다. 1965년에는 다시 교회법전의 제정에 착수하여, 1983년에는 바오로 2세 교황에 의하여 새로 제정된 교회법전이 공포되었다. 새로 제정된 교회법전은 그 명칭을 교회법전(Codex Iuris Canonici) 그대로 사용하고, 총 7편 1,752조로 구성되어 있다. 제1편 총칙, 제2편 하나님의 백성, 제3편 교회의 교도직무, 제4편 성화(聖化)의 임무, 제5편 재산법, 제6편 형법, 제7편 재판법으로 편별되어 있다.

1917년의 교회법전이 윤리규범을 많이 담고 있는 데 반하여, 1983년의 교회법전은 순수한 법전으로서, 국가의 발전된 법체제를 받아들이고, 교회법도 하나의 성문법 체제임을 명확히 하였다. 그리하여 교회법도 제정된 법(Lex)이 우선하며, 관습법은 성문법에 대한 보충적 효력을 가질 뿐이다.[6][7]

---

3) A. a. O., S. 127.

4) Inst. 1. 2. 9: Ungeschrieben kommt Recht zustande, wenn es durch Übung gebilligt worden ist. Denn langwährende Gewohnheit, die von denen, die sie üben, übereinstimmend gebilligt wird, kommt einem Gestz gleich.

5) Erler, a. a. O., S. 126.

6) 최종고, 전게 서양법제사, 417면.

7) 1983년 교회법전에서는 성년연령을 20세에서 18세로 낮추고, 혈족계산법을 게르만식 계산법에서 로마식 계산법으로 바꾸었다(상게서, 417면 참조).

제 6 장
국가와 교회와의 관계의 역사적 발전

제 1 절 개　　설

교회와 국가와의 관계의 역사적 발전의 이해는 교회법과 세속법과의 관계의 발전과 앞으로의 관계정립을 위하여 필요하다. 그리고 교회법과 세속법과의 관계의 정립은 바로 성서와 교회법과 세속법과의 관계의 정립이이기도 하다. 그리고 교회와 국가와의 관계의 발전은 법과 기독교와의 관계의 발전이지만, 이를 확대하면 법과 종교와의 관계의 발전이기도 하다.

교회법사에 있어서 교회와 국가와의 관계의 발전은 교회가 국가로부터 박해를 받던 시대로 시작하여, 박해를 이기고 국가가 교회의 보호자 내지 후원자가 되는 시대를 거쳐 국가가 교회를 지배하는 시대를 맞이하게 된다. 중세의 사유교회(Eigenkirche) 시대가 바로 국가가 교회를 지배하는 시대이었다. 그리고 서임논쟁(Investiturstreit)을 시작으로 그 후의 교회정치시대에는 교회가 국가 위에 있게 되는 관계로 발전하고, 이는 다시 절대국가 시대에는 국가가 교회를 억압하고, 교회재산을 몰수하고 교회재판권을 세속재판권으로 옮기는 과정을 겪게 되었다. 이 과정을 겪고 나서는 정교분리의 원칙으로 나아가 오늘에 이르고 있다. 이러한 교회와 국가와의 관계의 역사적 발전에 비추어 앞으로의 교회와 국가간의 관계의 발전, 특히 성서의 가르침과 세속법과의 관계의 발전의 정립이 필요하다.

제 2 절　국가의 교회에 대한 박해와 그 후의 공인

역사상 처음으로 국가와 교회의 관계문제가 발생한 것이 바로 로마제국의 기독교에 대한 박해였다.[1] 교회가 성립되고 기독교가 로마제국에 전파되었을 초기에는 로마제국이 기독교를 극심하게 박해하였다. 로마제국의 기독교에 대한 박해는 법률가들이 박해의 정치적, 국가법적, 형법적 이론을 제공하였다.[2] 당시 로마제국에 전파된 기독교의 신앙은 종교를 위반한 것이 아니라 국가범죄 행위이었다. 왜냐하면 당시의 로마제국에서는 원로원이 승인하지 않은 종교는 용인될 수가 없었기 때문이었다. 그리하여 로마제국에 전파된 기독교 신앙은 로마국법을 위반한 범죄행위로 다루어졌다. 구체적인 범죄의 이유는, 첫째로 기독교는 원로원이 인정치 않았으며, 둘째로 당시에 유태교는 인정되었으나, 유태교로의 개종은 금지되었다. 그럼에도 불구하고 기독교인들이 박해를 피하기 위하여 형식적으로 유태교로 개종하는 일이 있었다. 이러한 기독교인들의 유태교로의 형식적 개종은 개종금지의 국법을 위반한 것이었다. 셋째로는 기독교인들은 승인받지 않은 집회를 열었다는 것이었다.[3]

이러한 기독교에 대한 박해는 국가가 직권으로 기독교인들을 색출하여 처벌한 것이 아니라, 고발(Anzeige)에 의하여 이루어졌다.[4][5] 그러나 황제 중에는 기독교에 대하여 관대한 황제도 있었다. 특히 Marc Aurel 황제(AD 161-180 재위)는 AD 176 혹은 AD 177에 칙서로 기독교인의 신앙행위가 사회불안의 계기가 되지 않으면 추적하지 말 것을 명령하였다.[6]

기독교에 대한 박해는 기독교인의 로마국법 위반의 범죄행위이었으므로, 기독교인들은 국가에 희생물을 바치면 형벌을 면할 수 있었다. 그리하여 기독교인으로서 희생물을 바칠 수 있는 재력이 있는 사람은 희생물을 바치고, 때로는 배교의 방법으로 박해를 피하였다. 그러나 희생물을 바칠 수 없거나 바치기를 거절한 신실한 하층민들은 박해를 받아, 투우장(鬪牛場)에 끌려가거나 십자가에 메달려 순교를 하였다.[7]

AD 304년에는 대규모 박해의 고시(Edikt)가 있었다. Diocletianus는 기독교에 대하여 극심한 박해를 하였다. 그러나 이때에 이미 기독교인들이 고위의 관

---

1) Erler, a. a. O., S. 15.
2) A. a. O., S. 14.
3) A. a. O., S. 15.
4) A. a. O., S. 15.
5) 근세의 이교도 색출(Ketzervefolgung)을 위한 마녀재판시에는 규문(Inquisition)이 적용되었다(Vgl., a. a. O., S. 15).
6) Erler, a. a. O., S. 15.
7) A. a. O., S. 16.

직에 있었고, 군사적인 지휘자의 위치에 있었다. 박해를 가한 황제는 스스로 위협을 느꼈다.[8] 그리하여 Constantinus 대제는 기독교인들의 도움이 없이는 황제의 세계지배를 유지할 수 없다는 것을 인식하고, AD 313년 밀라노 칙령으로 기독교를 공인하였다.

기독교에 대한 박해과정에서, 로마제국은 순교하는 하층의 기독교인들은 기독교를 신앙하는 것 이외에는 로마국법에 충실한 시민이라는 것을 알게 되었다. 하층의 신실한 기독교인들의 순교가 기독교 공인의 기초가 되었다. 즉, 순교자의 피가 교회의 씨가 되었다.[9] 순교를 당한 기독교인들의 순수함은 기독교 윤리가 되었고, 이 순수함이 교회를 키웠다. 당시 로마제국에 소수의 교육받은 로마인들의 사상은 스토아철학이었다. 그러나 대부분의 로마사람들은 야생적인 본능에 따라서 살고 있었다. 바로 순교자들의 순수함이 로마사람들을 이러한 본능적인 야생적인 삶에서 구출하고, 끝내는 순수함의 기독교 윤리가 서구사상의 일반재(Allgemeingut)가 되었다.[10]

제 3 절 국가의 교회에 대한 보호와 지배 및 국가와 교회의 갈등

공인된 기독교는 곧 로마제국의 국교로 되었다. 이와 함께 국가는 교회의 보호자가 되었으며, 한편으로는 황제가 교회를 지배하게 되었다. 그리하여 기독교를 로마제국의 국교로 인정하사 발사, 로마황제 Constantius 2세(AD 337-361)는 서기 355년 밀라노 종교회의(Mailänder Synode)에서 교회의 최고권을 박탈하여, "나의 말이 곧 신의 말이며, 그것이 교회법이다"(Mein Wille soll Kanon, soll Kirchenrecht sein)라고 하였다.[11] 이와 같이 기독교가 공인을 받고 국교로 되는 때로부터, 교회는 신앙의 자유를 보호받는 대가로 교회의 자주권이 위태롭게 되었다. 이로부터 교회와 국가와의 긴장관계가 시작되었다. 그리고 황제가 로마제국 전(全)교회의 주교의 지위를 겸하는 황제교황시대를 이루게 되었다.

또한 한편으로 기독교의 국교화는 이교도에 대한 탄압으로 이어졌다. 그리

8) A. a. O., S. 17.
9) A. a. O., S. 16.
10) A. a. O., S. 17.
11) A. a. O., S. 18.

고 기독교는 게르만인들에게 전파되었다. 프랑크제국의 성립으로부터 메로빙거 왕조의 창건자인 Chlodovech이 기독교로 개종하고, 다시 카로링거왕조를 세운 피핀 2세는 AD 751년에 왕위에 오른 후 당시 스테파누스 2세 교황에게 교황령을 양여하고, 칼 대왕시대에는 게르만인들의 기독교로의 개종을 명령하고, 그 스스로는 레오 3세 교황(795-816 재위)으로부터 서양의 황제라는 칭호와 함께 대관(戴冠)되었다. 그리고 신성로마제국의 오토 대제는 교회정책을 통하여 교회의 힘을 자신의 왕권의 강화를 위하여 이용하고자 하였다.

이렇게 국가가 교회를 보호하고 지원하는 역사의 발전과정에서, 게르만사회에서는 국가의 교회에 대한 지배적 관계 속에서 소위 사유교회제도가 생겨나게 되었다. 사유교회는 교회가 국왕이나 영주의 사유물로서 교회가 완전히 국가의 지배하에 있었던 교회의 모습이었다. 이러한 사유교회제도는 이미 게르만 원시사회에서부터 형성되었던 제도로서 중세의 봉건제도(Lehnwesen)와 결합하여 심화되었으며, 이것이 결국 서임논쟁(Investiturstreit)으로 발전하여, 교회와 국가가 다투게 되었다. 이러한 사유교회의 관념은 근대에 와서도 여전히 계속되어 세속의 제후가 교회를 보호하고 지원하는 관계로 계속되었다.

이러한 국가의 교회지배에 대하여 교회가 저항할 수 있었던 것은 무엇보다도 Cluny 수도원에서 시작된 교회개혁운동이 그 뿌리가 되었다. Cluny 수도원에서의 교회개혁운동은 역시 초대교회의 순수한 신앙의 모습으로의 회복을 위한 교회 내부에서의 노력이었다.

제 4 절 교회의 국가지도와 교회의 부패, 그리고 종교개혁

서임논쟁을 계기로 하여 힘을 얻은 교회는 보름스화약을 거쳐서는 점차 교회가 국가를 지도하는 관계로 발전하게 되었다. 이 시기에는 교회정치가 이루어지고, 교회법학이 형성, 발달하고, 세속사건에 대해서도 교회재판이 이루어지고, 교회법이 가장 발달하였다. 그리하여 교회권력이 가장 강력하였으며, 초대교회의 순수한 신앙열정보다는 교회정치, 교회법이 더 강하게 지배한 시대였다. 그리하여 중세의 교회는 교회법에 의하여 치리되는 법교회(法敎會)였다.[12] 이와

12) Ebel, Thielmann, a. a. O., Rn. 207.

같이 중세의 교회법은 성서에 기초하여 인류보편적인 가치를 법으로 실현하고자 하였으나, 교회의 부패를 법으로 막지는 못하였다.

그리하여 교황권과 황제권, 즉 교회권력과 세속권력이 결탁하여 십자군전쟁을 수행하였다. 그러나 십자군전쟁은 실패하고 말았다. 교회권력의 강화는 교회의 부패로 이어질 수밖에 없는 것이었다.

그리고 교회의 부패는 종교개혁으로 이어졌다. 종교개혁은 교회정치에 의하여 이루어진 것도 아니며, 교회법에 의하여 이루어진 것도 아니며, 초대교회와 마찬가지의 성서의 진리에 대한 확신과 순수한 신앙의 열정에 기초하여 이루어졌다. 바로 초대교회에서와 같은 사랑의 질서로서의 교회의 본래의 모습의 회복을 위한 순수한 신앙에 기초하여 종교개혁이 이루어지고 또한 성공하였다.

종교개혁 후에 신구교로의 교회의 분열이 일어나고, 개신교는 제후(諸侯)들의 보호 속으로 들어가게 되었다. 제후의 개신교의 보호는 중세의 사유교회의 전통에 기초하고 있었다. 그리하여 중세의 사유교회는 근세에는 지방제후의 지방교회로 발전하였다. 가톨릭교회는 역시 자정(自淨)의 노력을 기우렸으나, 절대주의에 힙입어 강성해진 세속국가로부터 교회재산을 몰수당하고, 교회재판권이 세속재판권으로 옮겨가게 됨으로써 약화되었다.

제 5 절 교회와 국가의 분리

근세의 교회권력의 약화는 정교협약[13]에 의하여 교회의 독립성을 유지할 수 있도록 하였다. 정교협약은 국가와 교회의 합의로서 양자는 모두 이러한 협약을 통하여 각자의 재건을 바랐던 것이었다. 국가는 교회에 대하여 국가가 우위를 가지는 국가교회의 부흥을 바랐으며, 교회는 중세의 국가에 대한 교회우위의 부흥을 추구하였던 것이었다.[14] 정교협약에 의하여 교회와 국가의 독립성이 확인된 후 점차 교회와 국가는 분리되는 정교분리의 방향으로 발전하여 오늘에 이르고 있다.

독일에서의 정교분리는 1848년 프랑크푸르트 민족회의에서 처음으로 확인

13) 가톨릭교회와 국가와의 정교계약을 Konkordat, 개신교회와 국가 또는 제후와의 정교협약을 Kirchenvertrag라 한다.

14) Erler, a. a. O., S. 57.

되고, 1849년 제국헌법에서 이를 법적으로 확인하였다. 1873년 제국헌법에서는 개신교와 가톨릭교회는 자기의 문제들을 독자적으로 해결하고, 교회는 국가법에 따라야 하고 법률에 따른 국가의 감독에 복종하여야 한다고 하였다. 교회가 이에 저항하자, 1875년에 국가는 종교단체를 해산하고, 해산된 종교단체의 재산을 몰수해 버렸다. 1919년 바이마르 헌법에서는 국가교회제도를 완전히 없애고, 정교분리의 원칙을 명확히 하였다. 1949년의 독일기본법에서는 바이마르 공화국 헌법에서의 종교에 관한 조항을 그대로 그 유효성을 인정하였다(Art. 140 GG). 프랑스에서는 1904년에 와서야 교회와 국가의 분리가 인정되었다.[15]

그리고 정교분리가 이루어진 후, 다른 한편으로는 교회 내부적으로는 종교개혁에 의하여 신교와 구교로 나누어졌던 교회가 서로를 이해하고 다시 하나가 되고자 하는 교회일치운동(Die ökumenische Bewegung: Ökumenismus: Ecumenism)이 일어나, 세계적 규모로 진행되고 있다.[16] 가톨릭교회에서는 1962년 제2차 바티칸 공의회에서 교회일치운동을 결의하였다.[17][18]

제 6 절 교회와 국가와의 관계에 관한 방향정립

교회와 국가와의 바람직한 관계는 어떠하여야 하며, 교회법과 세속법과의 관계, 더 나아가 성서와 세속법과의 관계는 어떠한 관계를 유지하는 것이 바람직한가? 왜냐하면 국가도 국민을 그 통치의 대상으로 하며, 교회도 역시 그 교회가 속하고 있는 그 국가의 국민을 대상으로 하기 때문이다. 따라서 국가와 교회의 치리의 대상인 사람은 동일하기 때문이다. 그리고 서구에서는 교회가 전통적으로 국가사회질서의 한 부분을 담당할 것을 주장하여 왔고, 그 한 부분에 대하여 책임을 맡아왔기 때문이다.[19]

---

15) A. a. O., S. 53.

16) 에큐메니칼 운동은 성서적으로는 마태복음 28장 19절과 요한복음 17장 11절에 기초하고 있다. Matthew 28. 19: Therefore go and make disciples of all nations, baptizing them in the name of the Father and of the Son and of the Holy Spirit. John 17. 11: I will remain in the world no longer, but they are still in the world, and I am coming to you. Holy Father, protect them by the power of your name - the name you gave me - so that they may be one as we are one.

17) Erler, a. a. O., S. 131.

18) 제2차 바티칸 공의회의 결의에 의하여 비로소 가톨릭교회에서는 다른 신앙집단에 대해서도 교회라는 명칭을 인정하였다(Vgl., Erler, a. a. O., S. 131).

19) Erler, a. a. O., S. 84.

이와 같이 교회와 국가는 비록 정교분리의 원칙에 의하여 분리되었다고는 하지만, 동일한 국민과 관계하고, 따라서 정교분리는 관할기관의 분리이지 국민의 분리가 아니다.[20] 유럽역사에 있어서 교회와 국가는 둘이 아니라 하나였다. 교회도 외부적인 세속에 관여하여 왔다. 그러므로 국가와 교회의 영역이 서로 얽혀있다.[21] 따라서 서구에서는 교회와 국가가 서로 협력자의 관계에 있는 것이다.

이러한 국가와 교회와의 관계정립에 관하여는 견해가 나누어져 있다. 즉, 법신학자였던 Rudolph Sohm은 법[22]과 교회는 모순상태에 있다고 하였다. 그리하여 그는 교회는 순수한 정신적인 것만을 대상으로 하며, 법은 순수히 세속적인 것만을 대상으로 하여야 한다고 하였다. 그리하여 그는 법과 교회는 서로 대립적인 관계에 있다고 하였다.[23] 그러나 Liermann은 보수적인 교회개념에 입각하여 1933년 그의 교과서에서 국가와 교회의 엄격한 분리를 반대하고, 법이란 인간의 작품으로서 인간의 법은 성서속에 담겨진 계명(Gebote)으로부터 그 정당성을 갖는다고 하였다. 그리하여 그는 종교규범(Religionsnormen)은 법규범의 방향규범(Richtungsnormen)이라고 하였다.[24]

신학자인 칼 발트(Karl Barth)는, 이 세상에는 두 개의 제국(帝國)이 있는 것이 아니라, 하나의 제국, 즉 그리스도의 제국이 있을 뿐이며, 그 중심에는 예수 그리스도가 있다고 하였다. 즉, 예수 그리스도를 중심으로 하여 그 주위의 내부영역은 교회이고, 외부세계는 시민들의 공동체인 국가라고 하였다.[25] 그러므로 예수 그리스도는 외부세계의 중심이기도 하다고 하였다. 이러한 칼 발트의 견해는 Thomas von Aquin의 견해와 일치한다.[26] 이러한 칼 발트의 견해를 성서와 법과의 관계에 적용해 보면, 성서를 중심으로 하여, 그 내부영역은 교회법이, 그리고 외부영역은 국가법이 규율하는 관계에 있다고 할 수 있다. 따라서 세속의 국가법은 성서의 말씀의 조명을 받아야함을 알 수 있다.

그리고 국가와 교회의 관계의 발전과정을 살펴보면, 법보다는 초대교회에서와 같은 성서의 가르침의 진리에 대한 확신과 사랑으로 충만된 신앙의 열정으

20) A. a. O., S.102.
21) A. a. O., S. 102.
22) 여기서의 법은 국가의 의미로도 쓰일 수 있다
23) Erler, a. a. O., S. 164.
24) A. a. O., S. 165.
25) A. a. O., S. 165.
26) A. a. O., S. 165.

로 양자의 관계의 근원적인 변화가 일어났음을 알 수 있다. 특히 교회와 국가의 관계가 악화되었을 때에는 초대교회의 순수한 신앙으로 돌아가 그 위기를 극복하고 새 시대를 열었음을 알 수 있다.

제 7 장
교회법과 로마법 및 게르만법과의 관계

제 1 절 교회법과 로마법과의 관계

로마법은 교회법에 많은 영향을 주었다. 그리하여 로마법은 교회법의 보충법으로서 적용되었다.[1] AD 630년경 프랑크제국에서의 리부아리아법전(Lex Ribuaria)에서는 교회는 로마법에 따라서 산다고 규정하여, 로마법이 교회법의 법원(法源)이었음을 밝히 보여주고 있다. 그리고 중세의 교회법전 중의 하나인 보니파티우스 8세의 교령집(Liber Sextus)에서의 법의 원칙규정(Regulae iuris)의 88개항목은 학설휘찬 제50권 17장의 211개의 법의 일반원칙적인 규정을 모범으로 하여 만들어졌다. 88개의 항목중 24개는 학설휘찬과는 관련이 없는 것으로 밝혀졌지만, 나머지는 학설휘찬의 규정을 모범으로 하고 있는 것으로 파악된다. 그리고 볼로냐 대학을 시작으로 하여 중세의 대학에서는 로마법과 나란히 교회법이 가르쳐졌다.

교회법이 근본적으로는 성서와 계시, 공의회의 결의, 교황의 교령, 교회의 오랜 전통 등에 기초하고 있지만, 로마법이 교회법의 형성에 큰 영향을 주었음은 분명하다. 교회법이 성문법위주로 구성되어 있는 것도 유스티니아누스 대제 후의 로마법대전의 입법의 영향을 받은 것으로 추론되며, 교회법에 대한 연구방법에 있어서도 중세의 교회법전에 대한 주석, 주해, 요약서등의 연구방법은 주석학파, 주해학파의 로마법대전의 연구방법으로부터 영향받았음을 미루어 짐작할 수 있다.

반대로 교회법도 로마법의 확산에 기여하였다. 즉, 로마법의 대륙에의 계수에 교회법이 크게 기여하였다. 그리고 교회법은 로마법에 기초한 교회소송법을 발전시켜 그 로마법적 교회소송법(römisch-kanonisches Prozeßrecht)이 근대 대륙

1) 이태재, 전게 서양법제사, 111면.

제국의 민사소송제도의 기초가 되었다. 이와 같이 로마법은 교회법 발전의 기초가 되었으며, 교회법은 근대 대륙의 세속법 발전에 중요한 사상적 기초를 제공하였으며, 중요한 법제도의 정립에 기여하였다.

로마법이 교회법 발전에 기여한 이유는, 로마법의 정신과 사상이 인도주의적이고 신의를 존중하는 자연법을 기반으로 하고 있었으며, 로마법대전, 특히 그 중에서도 학설휘찬에서의 법의 일반규정은 자연법적 규정이었기 때문이었다. 로마법에서의 자연법적 기초는 로마법학자들에 의하여 형성되었다. 로마법에서의 자연법사상은 그리스의 스토아철학과 아리스토텔레스 철학의 영향을 받아 형성되었지만, 로마 고전시대 법학자들의 자연법사상은, 당시에 기독교인에 대해서는 박해가 가해지고 있었으나, 이미 로마에 전래되어 있던 성서의 가르침으로부터 더욱 영향을 받았을 것으로 추론된다. 또한 학설휘찬 등 로마법대전을 구성하고 있는 유스티니아누스 대제의 법전이 기독교가 로마국교로서 왕성하였을 때에 편찬되었기 때문에, 학설휘찬의 편찬과정에는 고전시대의 법학자들의 학설 중에서 성서의 말씀에 부합하는 자연법적인 성격을 강하게 띠고 있는 법학자들의 학설을 더욱 많이 발췌, 수록하였을 것으로 추론되기도 한다. 그리고 중세의 스콜라철학[2](Scholastik)에서는 성서의 가르침이 그리스 철학, 특히 아리스토텔레스 철학과 모순되지 않는다는 것을 입증하고자 하였다. 이러한 그리스 철학, 로마법의 자연법사상, 그리고 교회법의 역사적 발전에 비추어보면, 로마법이 교회법에 영향을 주고, 다시 교회법은 로마법의 대륙에의 계수에 영향을 주었으며, 교회법은 중세 이래의 세속법의 기본사상과 법제도의 발전에 크게 기여하였을 알 수 있다.

로마 공화정 말기의 법학자였던 Cicero(Marcus Tullius: BC 106-BC 43)는 "진정한 법은 자연과 조화되어 있는 바른 이법(理法)을 말한다. 그 법은 보편적으로 통용되고 항구불변적이다. 신만이 법의 창조자요, 공포자이며, 또한 그 법을 적용하는 재판관이다"라고 하였다. 그리고 Paulus(Iulius: 175-230 활동)는, "실정법에 앞서 존재하는 도덕적 불변율(不變律)이 있다. 그 불변율은 인간에 의해 정립된 것이 아니라, 사물의 본질과 그 질서에서 분리될 수 없는 이성(理性)의

2) 스콜라적 방법론은 성서나 학설휘찬 또는 교회법전 등의 쓰여진 이성인 원전(原典: lectio)으로부터 질문을 제기하고 그 질문을 명확히 하여(quaestio), 의문을 밝히고 차이점을 분명히 하고(distinctio), 근거와 반대근거를 설명하고, 여러 의견과의 논쟁을 통해(disputatio), 마지막에 비로소 해결책(Lösung)을 찾는 방법이었다(Vgl., HRG, 30. Lieferung(1988), S. 1479). 이러한 스콜라적 방법론이 중세의 신학, 철학, 법학에 이용되었다.

모사(模寫)이다"라고 하였다. 또한 Celsus(Iventius: 100-130 활동)은 법을 선과 형평의 기술이라고 하였다.[3] Ulpianus(Domitius: AD 190-223 활동)는 "타인을 해하지 말 것과 각자에 각자의 몫을 나누어 줄 것 및 도덕적으로 바르게 생활할 것을 법의 근본명령이라고 하였다.[4] 또한 그는 "법학은 신(神)의 일과 인간의 일을 분별하는 인식이며 옳은 것과 옳지 못한 것을 아는 지식이라고 하였다.[5] 그리고 Gaius(AD 150-180 활동)는 자연이성에 의하여 지각되는 공통의 법이 있다고 하였다. 이와 같이 로마법학자들의 학설과 로마의 로마법대전은 교회법전에 많은 영향을 주었다. 그 반대로 구약시대의 신의 계시와 예언자들의 가르침 및 신약시대의 기독교 사상이 로마법의 형성과 발전에 많은 영향을 끼쳤다는 점도 간과해서는 아니 된다.[6] 로마법과 교회법의 상호영향과 중세 대학에서의 양법의 교육에 의하여 로마법이 인류보편의 가치를 담은 세계법으로 발전하여 세계 각국법의 뿌리가 될 수 있었으며, 교회법은 로마법속에서 성서의 가르침과 기독교의 사랑의 윤리가 법적으로 실현될 수 있도록 하였다.

그리고 교회법은 로마법을 기초로 하여 중세 및 근세 유럽에서의 보통법(ius commune)을 발전시켜 유럽에서의 법의 통일화에 기여하였다. 유럽 대륙에서의 보통법은 초국가적인 법(übernationales Recht)으로서 중세법학의 산물이며, 법학의 권위에 기초하여 법실무를 통하여 유럽에서 일반적인 효력을 가진 법이었다. 그러한 보통법은 로마법대전을 바탕으로 하여 교회법에 의하여 보다 더 보편적인 내용으로 발전된 유럽의 중세 및 근세의 보편적, 일반적인 법이었다.[7]

제 2 절 교회법과 게르만법과의 관계

로마법은 교회를 통하여 먼저 게르만사회에 들어가게 되었다. 즉, 게르만인들이 기독교로 개종하고, 교회가 건립됨으로써 로마법이 게르만사회에 침투에

---

3) D. 1. 1. 1. pr.
4) D. 1. 1. 10. 1.
5) D. 1. 1. 10. 2.
6) 이태재, 전게 서양법제사, 112-113면.
7) Helmut Coing, Kanonisches Recht und Ius Commune(Biblioteca Apostolica Vaticano, 1985), S. 508.

들어가게 되었다. 교회를 통한 로마법의 게르만사회에의 침투는 주석학파, 주해학파에 의한 로마법의 대륙에의 전파보다 훨씬 앞선 시기이었다. 게르만사회에 침투한 로마법은 게르만화하여 야만법으로 발전하였다. 서기 630년경의 프랑크제국에서의 리부아리아법이 규정한 바와 같이, 교회는 로마법에 따라서 산다고 한 것은 바로 교회를 통하여 로마법이 게르만사회에 들어와 당시의 법적용에 있어서 속인법주의의 원칙에 의하여 게르만사회에 로마법이 적용되었던 것이었다. 그리하여 게르만사회는 기독교로의 개종, 교회의 설립을 통하여 게르만사회의 로마화가 진행되었다.

이러한 게르만사회의 로마화와 함께 로마의 게르만화도 진행되었다. 교회와 교회법도 역시 게르만화가 진행되었다. 교회의 게르만화의 대표적인 내용은 사유교회(Eigenkirche)의 출현이었다.[8] 사유교회는 게르만사회의 전통에 기초하고 있던 교회의 모습이었다. 기독교가 게르만사회에 전해지기 이전에 이미 게르만사회에서는, 주군(Grundherr)은 자기의 땅에 신성한 집(Heiligtum)을 건축하고 그것에 대해서는 주군이 개인적인 지배와 처분권을 행사하는 것이 관행이었다.[9] 이러한 게르만사회의 관행이 기독교의 전래이후에는 사유교회제도로 발전한 것이었다.

게르만법은 관습법으로 존재하였기 때문에 게르만법이 교회법에 미친 영향은 그렇게 크지 못하다. 그러나 게르만사회에서는 다양한 단체가 형성, 발달하여, 게르만법에서는 단체에 관한 단체법이 발달하였다. 교회도 그 발전과정에 수도원, 수도회, 각종의 자선단체 등의 교회단체 또는 교회재단이 많이 생성되어, 단체 내지 법인에 관한 이론 및 법의 정립이 필요하였다. 그리하여 게르만법의 단체에 관한 법이 교회의 단체에 관한 법에 영향을 주어, 교회법이 법인제도에 관한 법이론과 법제도를 발전시켰다. 이와 같이 교회법은 게르만법에서의 단체에 관한 법의 영향을 받아 단체에 관한 법을 발전시키고, 다시 교회법상의 단체에 관한 법은 근대법에서의 법인이론의 정립에 영향을 미치게 되었다.[10]

로마법과 교회법의 상호영향은 아주 강하였던 반면에 게르만법과 교회법의 상호영향은 법인제도와 법인이론 외에는 그렇게 강하지 못하였던 것으로 파악된다.

---

8) Erler, a. a. O., S. 21.
9) A. a. O., S. 21.
10) 이태재, 전게 서양법제사, 111면.

제 8 장
교회법과 교회법사에 대한 법정책적 평가

교회법은, 성서에서는 교회의 조직이전부터 신법(神法), 즉 계명으로 존재하였으나, 세속법과 관련한 교회법은 초대교회의 사랑의 질서가 식어가면서, 교회의 조직을 통하여 신앙을 이어가고자 한 때로부터 태동하기 시작하였다. 교회권력이 강력하였던 중세에는 교회법전의 편찬, 교회법학의 발전, 그리고 교회재판권의 확대 등으로 교회법이 크게 융성하였다. 그리고 종교개혁이후 개신교는 오로지 성서의 진리에 대한 확신과 순수한 신앙에 충실하는 방향으로 발전함에 따라서 개신교회의 교회법은 크게 발전하지 못하였다. 그리고 종교개혁이후 가톨릭교회에서도 예수회를 중심으로 한 순수한 신앙중심으로 나아가고자 하였으나, 가톨릭교회는 교황을 중심으로 하는 통일적인 조직을 강화하는 방향으로 교회조직이 발전함에 따라서 교회법의 발전이 있었다. 특히 교회법대전(Corpus Iuris Canonoci)의 편찬, 두 차례의 교회법전(Codex Iuris Canonici)의 편찬을 통하여 가톨릭교회에서는 교회법을 정비하여 오늘에 이르고 있다.

교회법의 역사적 발전을 평가해 보면, 교회권력이 강력하였을 때에 교회법도 발전하였음을 알 수 있다. 그것은 로마법의 역사에서나 게르만법의 역사에서나 마차간지이다. 로마법은 로마제국이 가장 강성하였을 때에 가장 발전하였다. 그리고 게르만법도 역시 제국권력은 아니었지만 권력이 강하였던 분방에서 게르만법이 정리되고 발전하였다. 이는 결국 법의 발전은 국가권력이 강하였을 때에 이루어짐을 역사가 보여주고 있다. 또한 이는 법이란 국가의 강제력이 수반되는 사회규범이므로 국가의 강제력이 강하게 작용할 수 있을 때에 비로소 법이 발전할 수 있음은 자명(自明)하다고 할 수 있다. 그리고 또 한편으로는 법이란 그 시대 그 국가사회의 지도계층(leading group)의 사상과 이익을 표현하고 보호하게 됨으로, 국가권력이 강성하였을 때에 법이 발전하게 된다는 것은 그 시대, 그 국가사회의 지도계층의 이익을 보호하는 방향으로 전개될 수밖에 없음도 보여주는 것이다. 그러나 국가권력이 강성하였을 때에 법이 발전한다는 것은 또다른 한편에서는 재판제도가 정비되어 법을 실효적으로 집행할 수 있게 되는 것이다.

법발전에는 4가지의 요건을 갖추어함을 로마법사, 게르만법사를 통하여 이미 그러한 결론을 도출하였다. 법발전의 4가지의 요건은, 법학자들의 창조적인 법활동, 재판제도의 정비, 전통법의 연구와 체계화 및 현대화, 인류보편적 가치의 지향이다. 로마법도, 게르만법, 교회법도 이 4가지의 요건을 갖추었을 때에 그 각각의 법이 가장 발달하였다.

법발전의 4가지 요소와 관련하여, 교회법이 가장 융성하였던 중세의 교회법 발전의 모습을 분석해 보면, 첫째로 중세에는 교회법학자들의 법창조적 활동이 왕성하였다. 교회법전을 편찬하고, 그 교회법전에 대한 주석, 주해, 해설, 요약을 하는 등의 법창조적 활동에 의하여 교회법이 융성할 수 있었다. 교회법에 정통한 교회법학자가 교황으로 선출되는 등, 교회법 발전을 위한 교회법학자들의 활동이 왕성하였다. 그리고 로마법의 주석학파, 주해학파의 법학연구방법의 도움을 받아 교회법 연구도 활발히 일어날 수 있었으며, 대학에서의 로마법과 교회법의 강의가 행하여짐으로써 더욱더 교회법 연구가 법학자들에 의하여 일어날 수가 있었다. 법이란 아무리 그 소재가 충분히 있다고 하더라도 법학자들의 법창조적 활동이 없으면 그 법은 발전할 수 없는 것이다. 로마법은 법학자들의 법창조적 활동에 의하여 계속 발전하여 세계법으로 될 수 있었다. 게르만법도 그 생성은 민중의 일상의 삶 속에서 자연적으로 이루어졌지만, 오랫동안 그것을 학문적으로 연구하고 체계화하지 않았기 때문에, 독일은 자기들의 고유법인 게르만법을 더 발전시키지 못하고, 근세에는 로마법의 계수에 의하여 로마법에 지배당하는 결과를 초래하였다. 그러나 반계수의 활동으로 일어난 게르만 고유법의 연구와 체계화 및 현대화를 위한 게르만법학자들의 법창조적 활동에 의하여 독일민법이 제정된 후에 꾸준히 게르만 고유법이 독일민법의 내용으로 입법되고 있는 것이다.

이와 같이 법을 발전시키는 주체는 궁극적으로는 법학자들이다. 로마법도 게르만법도 교회법도 마찬가지이다. 법학자들의 법창조적 활동이 왕성하여야 하고, 그러한 법학자들의 법창조적 활동이 현실의 재판제도에 작용할 수 있을 때에 법이 더욱 발전할 수 있는 것이다.

둘째의 법발전의 요건은 재판제도의 정비이다. 법은 구체적으로 국가의 강제력으로 실현되어야 한다. 법의 강제력의 실현은 재판을 통하여 이루어진다. 법학자들의 법창조적 활동의 결과가 구체적인 제도로 실효성 있게 실천될 수 있어야 법이 발전할 수 있는 것이다. 로마법은 재판제도, 즉 소송절차에 법학자들이 관여하여 발전시킨 법이다. 게르만법은 민중법이긴 하지만, 중세의 법분열 상태에서 재판기관이 분열되어 있었지만, 그러한 분열될 재판기관에서 구체적으로 적용되어 강제력이 발휘되었기 때문에 발전할 수 있었다. 교회법도 역시 중세의 교회법원의 관할권이 확장되어 세속사건까지도 교회법원에서 재판할 수 있었기 때문에 더욱 발전할 수 있었다. 재판제도의 정비, 법학자들의 법창조적 활동과 재판절차와의 연계가 이루어졌을 때에 법은 더욱 발전할 수 있는 것이다.

셋째의 법발전의 조건은 전통의 중시와 전통법의 연구와 체계화 및 현대화이다. 교회는 전통을 매우 중시한다. 그러므로 교회법은 교회의 전통에 기초하고 있다. 로마법도 전통을 중시한 법이다. 게르만법도 역시 관습법으로서 전통을 중시한 법이다. 전통의 중시, 전통법의 존중과 현대화는 그 법이 규율하고 있는 국가, 사회의 고유성과 독자성 및 정체성을 확립해 주는 것이다. 법은 문화현상의 일부이기 때문에 법에 있어서의 전통의 존중 및 현대화의 노력은 그 나라, 그 사회의 독자성을 유지할 수 있게 하는 것이다. 교회법은 교회법전의 소급효 제한에 의하여 전통적 교회법을 유지하고 계승해 나가고 있는 것이다. 전통법의 현대화는 법에 있어서의 자국법의 정체성의 확립이며 자국법의 독자성의 유지이다.

그러나 다른 한편으로 자국의 전통법의 존중과 계승이 너무 강조되어 국수주의로나 폐쇄주의로 발전하여서는 아니 된다. 자국의 전통법을 이어가면서 동시에 그 자국의 전통법이 인류보편적인 가치를 담아 실현하는 방향으로 발전되어 나아가야 한다.

넷째의 법발전의 조건은 법의 기초와 이상이 인류의 보편적인 가치를 지향하여야 하고, 법의 내용이 인류보편적인 가치를 실현하는 규정으로 구성되어야 한다. 로마법은 인도주의적이고 신의를 존중하는 보편적인 가치를 지니고 또한 지향하고 있었기 때문에 세계법이 될 수 있었다. 교회법은 그 기초가 성서의 가르침이었기 때문에 인류보편적인 가치를 풍부히 담고 있었고, 그것이 세속법의 법원칙으로 전환될 수 있었다. 신 앞의 평등으로부터의 인간의 평등, 정의와 박애 및 자비의 결합, 도덕신학의 법제도에로의 전환, 폭리행위의 금지, 일사부재리의 원칙, 인권중심의 법제도, 법률의 소급효의 금지, 내면의 선의를 중시하는 법사상과 법제도, 다수결의 원리, 진실발견을 위한 소송절차 등 시대와 장소를 초월할 보편적인 가치를 교회법이 형성하여 그것들이 세속법의 법원칙과 법제도로 전환이 되었다.

이러한 인류보편의 가치는 성서의 가르침으로부터 발전된 사상들이자 제도들이지만, 기독교 신앙의 이상상태는 초대교회의 순수한 사랑의 질서이기 때문에 교회법은 인간의 가장 순수한 모습의 회복을 위한 법으로 나아가고자 하였다. 이처럼 교회법의 기본사상과 기본원리 및 법제도들은 인간본연의 가장 순수함에 그 뿌리를 두고 있기 때문에 보편성을 띠는 것이다.

오늘날은 정교분리의 원칙에 의하여 교회와 국가가 서로 분리되어 그 각각의 영역이 다르지만, 교회나 국가 모두는 그 나라의 동일한 국민을 상대로 하며, 국가법과 교회법은 모두가 국민들간의 조화와 평화를 위하여 기여하고자 한다. 그러므로 교회법의 기초인 성서의 가르침은 여전히 세속국가법의 사상적 기초이며, 세속법을 통하여 이루어야할 인류보편적인 가치들이다. 반대로 이는, 세속의 국가법은 성서의 가르침의 조명을 받아야 함을 의미하는 것이다. 성서의 조명을 받아 성서의 가르침을 실현하고자 하는 세속의 법이 좋은 법(gutes Recht)인 것이다. 이를 좀 더 넓게 확대하면, 종교의 가르침을 세속의 국가법이 실현할 수 있도록 하여야 한다는 것이다. 중세에서와 같이 교회가 국가를 지도하는 시대는 아니지만, 세속의 국가법은 그 이상과 내용을 인류보편적인 성서의 가르침을 실현하고자할 때에 좋은 법이 될 수 있는 것이다. 성서의 가르침의 세속법에서의 실현방법은 성서가 가르쳐주고 있는 사랑을 세속법에서 이를 법제도화하는 것이다. 즉, 사랑의 법제도화는 세속법이 실현하여야 할 이상이면서 동시에 과제라 생각된다. 이러한 방법으로 성서의 가르침을 법제도화하는 것은 바로 종교규범과 법규범이 서로 결합되어 있는 제3의 규범으로서의 발전이다. 앞으로의 법발전의 모습은 제3의 규범으로의 발전이라 생각된다. 그러한 법이 좋은 법이 될 수 있는 것이다.

이와 같이 교회법은 세속법 질서의 모범이다. 앞으로 교회법이 이루어 나가야할 과제들은, 사람과 사람간, 사회, 국가 및 국제간의 조화와 평화와 협동, 사회적 약자에 대한 배려와 보호의 강화, 인간의 품위보존을 위한 사회윤리, 생명윤리 등을 법제도로 더욱 심화시켜 나가는 일들이다. 그리고 교회법이 가르쳐주는 역사적 교훈은 법보다는 순수한 사랑이 우선한다는 것이다. 이는 초대교회이래로 교회의 위기시마다 그 위기를 극복하여 새로운 시대를 개척한 것은 기존의 현상유지적인 법이 아니라, 신앙과 사랑의 인간의 가장 순수함 그것이었다. 기독교 박해의 극복, Cluny 수도원의 교회개혁, Luther에 의한 종교개혁, 그리고 예수회가 중심이 되어 부패하였던 가톨릭을 재건한 교회개혁은 그 모두가 초대교회의 순수함의 회복으로 이루어진 사건들이었다. 그리므로 교회법은 물론 세속법도 역시 법을 통하여 사랑과 인간의 가장 순수함을 실현할 수 있는 방향으로 발전시켜 나가야 한다. 그것이 바로 법에서 하나님의 형상대로 창조된 인간 본래의 모습의 회복의 길이며, 하나님 나라의 이 땅에서의 건설이다.

제 4 편

독일민법학발전사

제 1 장 개 설

Ⅰ. 독일민법전 제정과정과 독일민법제정의 기초를 제공한 판덱텐법학과 개념법학

1. 독일민법전의 제정과정과 독일민법전의 특징

독일민법전은 1874년부터 편찬에 착수되고, 1896년에 제정되어, 1900년 1월 1일부터 시행이 되었다. 독일민법전은 기본적으로 당시의 독일의 보통법(gemeines Recht)이었던 계수된 로마법을 기초로 하여 제정되어 지극히 로마법적인 민법전이었다. 이와 같이 독일민법전이 계수된 로마법을 기초로 하여 편찬될 수 있었던 것은 사비니(Friedrich Carl von Savigny: 1779-1861)에 의하여 시작된 독일의 역사법학파(historische Rechtsschule)에 의하여 독일에 계수된 로마법이 학문적, 체계적으로 연구되었기 때문이었다. 물론 역사법학파에는 로마법을 연구한 로마법학자들(Romanisten)과 게르만법을 연구한 게르만법학자들(Germanisten)로 나누어져 있었지만, 독일민법전은 게르만법학자들에 의하여 연구가 이루어진 게르만법보다는 로마법학자들에 의하여 연구된 로마법을 중심으로 하여 편찬이 되었다. 그것은 1874년에 독일민법전의 제정방향을 정하기 위하여 구성된 독일민법전 제정을 위한 준비위원회(Vorkommission)가 동년에 보고서를 제출하면서, 독일민법전은 독일에 계수된 로마법인 보통법(gemeines Recht)을 따라서 제정할 것을 결정하였기 때문이었다.

그리하여 독일민법전의 초안 작성을 위하여 구성된 1874년의 제1차 위원회는 보통법에 기초하여 1888년에 독일민법전 제1초안을 작성하여 이를 발표하였다. 그런데 발표된 그 제1초안은 매우 체계적(systematisch)이었다. 본래 로마법은 체계적이지 못하고 구체적인 문제에 개별적으로 답하는 방식의 카주이스틱(kasuistisch)하였다. 독일민법 제1초안은 이러한 카주이스틱한 자료를 가지고서 일반원칙을 구성하여 독일민법전 제1초안을 극히 체계적으로 만들어내었던 것이었다. 그리하여 독일민법전의 제1초안은, 최종적으로 제정된 독일민법전도 그러하지만, 일반원칙 규정에서 개별적인 규정의 순서로 구성되고, 그 내용은 매우 추상적이고, 로마법적이고, 실제의 생활과는 거리가 있는 법안이었다. 따라서 독일민법전 제1초안은, 최종적인 독일민법전도 마찬가지이지만, 교의적이고(doktrinär), 이해하기 어렵고(schwer verständlich), 민족과 가까이 있지 못하였다(keineswegs volksnah).

이러한 독일민법전 제1초안은 게르만법학자들에 의하여 크게 비판을 받았다. 제1초안에 대한 게르만법학자들의 비판의 중점은, 제1초안이 너무 로마법적이고, 개인주의적이고, 추상적이고, 원자론적 구성을 하여 법현실과는 맞지 않는다는 데에 있었다. 그러나 게르만법학자들의 비판은 독일민법전의 제정과정에서, 길케(Otto von Gierke: 1841-1921)가 주장한 "매매는 임대차를 깨뜨리지 않는다"(Kauf bricht nicht Miete)는 것만을 받아들이고, 나머지는 거의 받아들여지지 않았다. 제1초안에 대한 게르만법학자들의 비판이 있은 후, 1890년에 구성된 제2차 위원회에서는 제1초안에 대한 본질적인 변경은 하지 아니하고, 초안의 법조문의 표현과 용어를 고치고 의미를 명확히 하며, 제1초안에 대한 비판적 의견을 극히 선별적으로 수용하여 제2초안을 작성하고 1895년에 이를 발표하였다.

1896년에 최종적으로 제3초안이 작성되고, 이것이 의회에 제출되어 동년에 독일민법전으로 제정, 공포되었다. 그리하여 독일에서는 민법전 제정이 시작된 지 23년만에 독일민법전(Bürgerliches Gesetzbuch)이 완성되었다. 이렇게 1896년에 제정된 독일민법전은 1900년 1월 1일부터 효력을 발생하여 빈번한 개정을 거치면서 지금에 이르고 있다. 이와 같은 과정을 거쳐서 제정된 독일민법전의 특징은 구성의 체계화, 개념의 정치(精緻)화 및 추상화, 그리고 교의적 내용에 있었다. 그리고 민법전은 판덱텐시스템(Pandektensystem)을 따라서 편별되었다.

2. 독일민법전 제정을 가능케 하였던 민법학과 법학방법론: 판덱텐법학과 개념법학

독일민법전은 그 내용에 있어서는 기본적으로 계수된 로마법을 따라서 로마법적으로 편찬되고, 그리고 그 형식에 있어서는 극히 체계적이고, 매우 추상적으로 구성되어 있으며, 일반규정에서부터 개별규정을 두는 순서로 구성되어 있다. 그리고 다른 한편으로 독일민법전은 당시 19세기의 자유기업과 보수적인 가족질서를 지도상(指導相: Leitbild)으로 하여 제정되었다. 그리하여 당시의 사회적 약자들이었던 수공업자, 농민들의 생활상을 충분히 반영하지 못하였다. 그리고 당시의 산업혁명으로 인하여 발생한 사회적 문제들에 대하여는 별 관심을 갖지 않고 제정되었다. 그리하여 독일민법전은 당시의 사회상을 충분이 반영하지 못한 채, 극히 체계화되고 추상적이고 교의적인 민법전으로 제정되었다.

이와 같이 독일민법전이 당시의 사회상을 충분히 고려하지 아니하고, 로마법을 기초로 하여 극히 체계적이고 추상적인 형식의 민법전으로 제정된 것은 여러 가지의 이유가 있었지만, 무엇보다도 독일민법전 제정에 학문적 기초를 제공하였던 당시의 독일의 지배적인 법학이었던 판덱텐법학(Pandektenwissenschaft: Pandektistik)이 바로 로마법을 학문적으로 연구하고, 카주이스틱한 로마법을 판덱텐시스템에 따라서 이를 학문적으로 체계화하였던 것에 기인하고 있다. 그리고 당시에 독일은 프로이센일반주법(ALR)이 적용되는 지역, 프랑스민법의 영향을 받고 있던 지역, 그리고 계수된 로마법이 보통법으로 적용되는 지역으로 법이 분열되어 있었기 때문에, 이를 통합하여 하나의 통일적인 독일민법전을 제정하기 위해서는 독일 고유법인 분열되어 서로 내용이 달았던 게르만법 대신에 통일적인 로마법으로 입법하는 것이 법의 통일화에 적절하였으며, 그리고 법의 형식면에서는 자연히 추상적이고 일반적인 규정으로 입법할 수밖에 없었다.

이와 같이 독일민법전은 교의와 논리와 체계화를 중시하는 방법론에 기초하여 제정이 되었으며, 독일민법전이 제정된 직후에도 역시 논리와 체계를 중시하고 실제의 생활을 별로 고려하지 아니하는 방법론에 치중하여 연구되었다. 생활현실을 고려하지 아니하고, 법을 추상적으로 개념화, 추상화, 체계화에 중점을 두는 법학방법론이 바로 개념법학(Begriffsjurisprudenz)이었다.[1] 바로 독일민법전은 판덱텐법학에 의하여 로마법을 중심으로 하여 제정되었으며, 개념법학에 의하여 추상적, 개념적, 체계적으로 구성되었다. 그리고 판텍텐법학의 방법학방법론이 바로 개념법학이었다. 그리하여 독일민법전은 판덱텐법학과 개념법학의 결합으로 제정된 민법전이며, 독일민법전이 제정된 직후에도 개념법학에 의하여 운용, 관리되어 왔다. 그러나 사회현실을 고려하지 아니하고 개념의

1) Hendrik Jan Hommes, "Zum Begriff der Juristischen Konstruktion: Eine Analyse der Auffassungen bei von Jhering, Gény, Scholten und Meijers", in: Theorie und Technik der Begriffsjurisprudenz, hrsg. von Werner Krawietz(Dartmstdt, Wissenschaftliche Buchgesellschaft, 1976), S. 363.

논리적 조작(logische Operation)만에 의하여 법을 창조해 나가고자 하였던 개념법학은 독일민법전이 제정되어 시행된 후에 변화하는 독일의 사회현실에 독일민법전을 적응할 수 있도록 할 수 없었기 때문에 곧 퇴조하게 되었다.

판덱텐법학은 독일에서 계수된 로마법을 판덱텐시스템에 따라서 학문적으로 체계화한 법학으로서, 역사법학파의 로마법학자들이 이룩한 사법학(私法學)이다. 역사법학은 사비니에 의하여 시작되었으며, 사비니는 법이란 민족정신(Volksgeist)의 발현으로서, 법은 개별적인 사람에 의하여 만들어지는 것이 아니라, 초개인적인 민족의 이성적 질서, 즉 민족정신으로 살아있다고 하였다.[2] 그리하여 그는 법이란 역사적으로 필수불가결하게 형성되며, 민족의 문화적, 경제적 삶의 조건들과 같이 사람의 의사와는 상관없이 법 그 자체의 독자적인 필요성에 의해 형성된다고 보았다. 그리고 법학과 입법의 과제는 민족의 깊은 곳에 기초하고 있는 질서(즉, 법)를 찾아, 형식화하고, 이를 생활관계에 올바르게 적용할 수 있도록 끌어내는 데 있다고 하였다.[3] 이와 같이 사비니가 법학의 과제(Aufgabe der Rechtswissenschaft)를 민족정신의 깊은 곳에 자리잡고 있는 법질서를 찾아내어 이를 형식화(Formulierung)하는 것에 있다고 한 그것은 바로 민족정신으로 존재하는 법질서를 논리적이고 체계적인 법의 형식적인 구성(formalistische Konstruktion)으로의 방향을 제시한 것이 되었다.[4] 그리하여 사비니 스스로가 나중에 개념법학으로 발전된 구성법학(konstruktive Jurisprudenz)을 향한 법학방법론의 길을 제시한 결과가 되었던 것이었다. 판덱텐법학은 계수된 로마법을 이러한 구성법학의 법학방법론에 따라서 연구하고, 카주이스틱한 로마법을 체계화(Systematisierung)하여, 로마법의 개별적인 법제도와 내용을 일반화하여 개념화하고 추상화하였다. 그리하여 판덱텐법학은 계수된 로마법을 하나의 완결된 체계화(geschlossenes System)를 이룩하고자 하였다.

로마법은 본래 카주이스틱한 방법으로 형성되어 체계적이지 못하였다. 고전시대의 로마법이 카주이스틱하였을 뿐만 아니라, 주로 고전시대의 법학자들의 학설로 편찬된 로마법대전 중의 학설휘찬(Digesta; Pandektae)도 역시 체계적이지 못하였다. 그러나 독일에서 역사법학의 로마법학자들에 의하여 로마법을 연

---

2) Arthur Homberger, "Begriffsjurisprudenz und Interessenjurisprudenz", in: Theorie und Technik der Begriffsjurisprudenz hrsg. von Werner Krawietz(Dartmstdt, Wissenschaftliche Buchgesellschaft, 1976), S. 253.

3) A. a. O., S. 253.

4) A. a. O., SS. 253-254.

구한 판덱텍법학에서는 로마법을 체계화하는 방법으로 연구하였다. 판덱텍법학이 로마법을 체계적으로 연구하게 된 것은 근대 서양에서 형성된 자연법론, 자연과학, 수학의 발달의 영향을 받았기 때문이었다. 그리하여 19세기 독일에서는 법학은 자연과학과 유사하게 합리적이고 학문적으로 계산하는 절차로 추진할 수 있다고 이해되었다.[5] 그리하여 법학은 정확하고, 예견가능하고, 적용에 있어서는 확실한 학문이어야 한다고 이해되었다. 이러한 법학에 대한 관념은 법적 문제의 해결에 있어서 순수하게 형식적이고, 논리적이고, 기계적인 절차로 이루어져야 한다는 방법론과 결합되었던 것이었다.[6] 그러므로 수학에서와 같이 가치평가, 윤리적인 고려, 기타 법규정이외의 요소는 법적 문제의 해결에 적절하지 못하다고 이해하였다.[7]

이와 같이 법적 문제를 순수하게 형식적인 논리적 조작을 통하여 해결할 수 있다는 사고는, 법질서를 법규정(Rechtssätze), 법제도(Rechtsinstitutionen) 및 법개념(Rechtsbegriffe)으로 구성된 완결적인 체계로 파악하는 법에 대한 이해를 전제로 하고 있었다.[8] 이러한 완결적인 체계의 법을 구축하고자 한 법학이 바로 판덱텐법학이었다. 그리고 법을 그러한 완결적인 체계로 만들어나가는 방법론이 바로 개념법학이었다.

판덱텐법학의 로마법 연구의 중심은 로마법대전, 그 중에서도 카주이스틱한 학설휘잔의 내용의 체계화였다. 그리하여 판덱텍법학에서는 로마법대전(Coprus Iuris Civilis)의 개별규정들로부터 본질적인 기본사상을 도출하고, 그 기본사상으로부터 추상화의 방법으로 새로운 상위질서의 일반 법개념과 법규정을 형성, 즉 구성하였다 그리고 다시 일반 법개념 내지 일반 법규정으로부터 논리적 조작을 통하여 다시 개별적인 특별 법규정을 도출하여 개별 법률문제의 해결에 적용하였다.[9] 이러한 개별규정으로부터 일반 규정으로의 추상화와 추상적인 일반 규정으로부터의 개별적인 특별규정을 도출하는 방법론의 중심에 있는 것이 법개념(Rechtsbegriff)이었다. 그리하여 판덱텍법학은 법개념의 논리적 조작에 의하여 계수된 로마법을 체계화하고, 또한 개념의 논리적 조작을 통하여 구체

5) Thomas Henkel, Begriffsjurisprudenz und Billigkeit: Zum Rechtsformalismus der Pandektistik nach G. F. Puchta(Köln, Weimar, Wien, Böhlau Verlag, 2004), S. 2.
6) A. a. O., S. 2.
7) A. a. O., S. 2.
8) A. a. O., S. 2.
9) A. a. O., S. 13.

적 법률사건에 적용될 수 있는 개별적 특별규정을 도출하였던 것이었다. 그러므로 판덱텍법학에 의하여 카주이스틱한 로마법대전의 법소재를 고도로 추상적이고 체계적인 법질서로 형식화하였던 것이었다.[10]

이와 같이 판덱텍법학은 로마법대전의 법규정들을 보다 높은 추상화의 단계로 고양(高揚)하고 일반개념으로 발전하게 하며, 하나의 완결된 체계, 즉 개념의 피라미드(Begriffspyramide)를 형성하였다. 그리고 다시 그 완결된 체계로부터 순수한 논리적 조작에 의하여 개별 법규정을 도출을 하였다.[11] 그리고 이렇게 계수된 로마법을 체계화함에 있어서 당시의 독일 사회의 현실은 고려의 대상에서 제외하고, 오로지 개념에 의한 논리조작을 통해서만 로마법을 체계화하였다. 그리하여 판덱텍법학자이면서 개념법학의 창시자인 푸흐타(G. F. Puchta: 1798-1846)는 법규정의 정당성은 오로지 체계적인 정당성에 있으며, 논리적 진실과 이성에 기초하고 있다고 하였다.[12] 따라서 판덱텐법학은 생활과는 멀리 있고, 전적으로 그리고 형식적으로 법질서의 논리적 정당성에만 치중하였다. 그 결과 판덱텐법학은 오로지 논리와 체계화에 기초한 형식주의적 방법으로 발전하게 되었다.[13]

이처럼 독일민법전 제정을 가능케 하였던 독일의 민법학의 발전과정은, 먼저 역사법학파의 형성에 의하여 그 중에서 로마법학자들에 의하여 계수된 로마법을 판덱텐 시스템에 따라서 학문적, 체계적으로 연구되었다. 그러한 독일에서의 로마법연구의 민법학은 판덱텐법학으로 발전하고, 그 판덱텐법학은 로마법대전의 카주이스틱한 법규정으로부터 교의(Dogama)를 만들어내고, 개별적인 법규정으로부터 이를 논리적으로 추상화, 일반화, 개념화하는 방법으로 법원칙 및 일반규정을 만들어내었다. 그러므로 판덱텐법학에 의하여 만들어낸 일반규정은 매우 추상적일 수밖에 없었고, 따라서 실생활과는 거리가 있는(lebensfremd) 교의적인 민법이 될 수밖에 없었다. 그리고 이렇게 창조된 일반규정으로부터 오로지 논리적인 조작에 의하여 구체적인 법률문제를 해결함에 적용될 수 있는 개별 법규정을 도출하고자 하였다.

이와 같이 역사법학파 중에서 로마법학자들이 로마법을 학문적으로 연구하여 체계화하여 판덱텐법학으로 발전하고, 그 판덱텐법학이 로마법을 연구, 체

10) A. a. O., S. 13.
11) A. a. O., SS. 34-35.
12) A. a. O., S. 28.
13) A. a. O., S. 25.

계화함에 활용한 법학방법론이 바로 개념법학이었다. 판덱텐법학과 개념법학의 결합에 의하여 매우 추상적이고 논리적이고 체계적인 민법전인 독일민법전이 편찬될 수 있었다.

개념법학은 법개념의 논리적 조작을 통하여 로마법대전의 카주이스틱한 법규정들로부터 일반규정을 도출해 내고, 다시 일반규정으로부터 논리적인 조작과정을 거쳐 구체적 법률사건에 적용될 개별적인 법규정을 창조해내는 법학방법론으로서, 판덱텐법학자이었으나 개념법학에 대해서는 비판적인 입장에 있었던 예링(Rudolf von Jhering: 1818-1892)에 의하여 이름붙여진 19세기의 독일민법학의 방법론이었다.[14] 예링은 처음에는 개념법학을 구성적 법학(konstruktive Jurisprudenz)이라고 하였으나, 1884년 그의 논문, "법학에서의 농담과 진담"(Scherz und Ernst in der Jurisprudenz)에서 개념법학(Begriffsjurisprudenz)이란 이름을 처음으로 붙였다.[15] 그가 이름붙인 개념법학이란 명칭은 개념법학에 대하여 좋은 평가를 담은 것이 아니라, 조소(嘲笑)하는 뜻에서 붙였다.

이러한 개념법학은, 그 자세한 내용에 관하여는 독일민법전 시행 후의 독일민법학의 발전에서 설명할 것이지만, 논리적 귀납(logische Induktion)을 통하여 새로운 일반 법규정을 찾고자 하는 법학방법론으로서 로마법대전의 카주이스틱한 법규정들을 19세기 독일의 사회현실에 적응시키기 위한 시도로 개척되었다.[16] 개념법학은 법학을 연구 체계화함에 있어서 논리만을 추구하고, 역사적, 실제적, 윤리적 정당성을 고려하지 않는 것이 그 특징이었다.

그리고 개념법학은 로마법대전의 카주이스틱한 법규정들로부터 법의 일반원칙인 교의(Dogma)를 만들어내었다. 그러나 도그마를 최상위의 법원칙으로 만들어 낸 다음에, 그 법의 일반원칙으로부터 논리적 연역(logische Deduktion)에 의하여 구체적 사건에 적용될 개별규정을 도출하였다. 이와 같이 개념법학은 19세기에 독일에서 교의적인 법학(dogmatische Jurisprudenz)과 체계적인 법학(systematische Jurisprudenz)을 구축하는 데 기여하였다.[17] 이러한 판덱텐법학

14) Werner Krawietz, "Begriffsjurisprudenz", in: Theorie und Technik der Begriffsjurisprudenz hrsg. von Werner Krawietz(Dartmstdt, Wissenschaftliche Buchgesellschaft, 1976), S. 432.

15) A. a. O., S. 432; Johann Edelmann, Dei Entwicklung der Interessenjurisprudenz: Eine historisch-kritische Studie über die deutsche Rechtsmethologie vom 18. Jahrhundert bis zur Gegenwart(Berlin, Zürich, Verlag Gehlen, 1967), S. 27.

16) Werner Krawietz, "Begriffsjurisprudenz", in: Theorie und Technik der Begriffsjurisprudenz, hrsg. von Werner Krawietz(Dartmstdt, Wissenschaftliche Buchgesellschaft, 1976), S. 432.

17) A. a. O., S. 432.

과 개념법학의 학문적 결과로 인하여 독일민법전이 제정될 수 있었다. 이와 같은 독일민법전의 제정배경에 의하여 독일민법전은 교의적이고 체계적인 법률(dogmatisch-systematisches Gesetz)의 특징적인 모습을 띠게 되었다.

판텍텐법학자이면서 개념법학자로는 개념법학의 창시자인 Puchta와 Windscheid (Bernhard: 1817-1892)가 대표적인 법학자이다. 그 외에도 von Vangerow(Karl Adolf: 1808-1870), Brinz(A.: 1820-1887), Regelsberger(F.: 1831-1911), Bekker (E. J.: 1827-1916), Dernburg(Heinrich: 1829-1907) 등이 판덱텐법학자이면서 동시에 개념법학자들이었다.

3. 개념법학에 대한 비판: 목적법학

논리에만 치중하고 사회의 실생활을 고려하지 아니하는 법학방법론에 입각한 개념법학에 대하여 처음으로 비판을 제기한 법학자는 바로 역시 판덴법학자였던 예링이었다. 개념법학을 비판한 예링도 그 자신 스스로 개념법학자로서 개념법학의 존경자이었으며 완성자이었다. 그는 그의 저서 "로마법의 정신"(Geist des römischen Rechts auf den verschiednen Stufen seiner Entwicklung: 1852-1865)에서 "개념은 생산자이다. 개념이 결합되어 새로운 법을 생산한다"라고 하였다.[18]

그러나 그는 개념법학에서 코페라니쿠스적 전환을 하여 법의 목적구속성 및 이익구속성의 사상을 전개하였다.[19] 예링은 당시의 지배적인 법학방법론이었던 개념법학의 방법론상의 정당성에 대하여 의문을 제기하였다. 그는 확신하기를 법규정은 논리에 의하여 도출되는 것이 아니라, 오히려 실제적인 목적으로부터 결정된다고 하였다.[20] 그리하여 그는 "목적이 모든 법의 창조자이다"(Der Zweck ist der Schöpfer des ganzen Rechts)라고 하였다. 그리고 목적은 역사적이고, 사회적이고, 정치적으로 조건지워지며, 변화하는 것이라고 하였다. 이러한 그의 목적법론은 그의 저서, "법에서의 목적"(Der Zweck im Recht: 1877-1884)에서 자세히 밝히고 있다. 예링이 개념법학에 반대하면서, 목적법론을 주장은 하였으나, 그 스스로는 더 이상 목적법론을 주장만 하고 상세하게 체계적으로 발전시키지는 못하였다.[21] 예링의 목적법론과 이익설은 후세대인 Philipp Heck(1858-1943)와 Rudolf Müller-Erzbach(1874-1959)에 의하여 완성되

18) Bernd Rüthers, Rechtstheorie (Beck, 1999), Rn. 519.
19) A. a. O., Rn 519.
20) Staudingers Kommentar: Erster Band, 12. Aufl. (1980), Rn. 181 zur Einleitung.
21) Staudingers Kommentar, a. a. O., Rn 181 zur Einleitung; Rüthers, a. a. O., Rn. 523.

었다. 그러나 예링은 오늘날 지배적인 법발견(Rechtsfindung)의 방법론인 목적론적 법발견 방법론의 준비자가 되었다.[22]

예링은 목적법론과 함께 권리의 본질에 관하여 당시 의사의 힘(Willensmacht)으로 이해하던 의사설(Willenstheorie)을 벗어나 보호받는 이익(geschützes Interesse)이라고 이해하는 이익설(Interessentheorie)을 주장하였다. 그의 이러한 권리의 본질에 관한 이익설은 그의 저작, "권리를 위한 투쟁"(Der Kampf ums Recht: 1872)에서 이를 밝혔으며, 그는 "투쟁을 통해 당신의 권리를 찾아야 한다"(Im Kampf sollst Du Dein Recht finden)고 하여, 그 후의 이익법학(Interessenjurisprudenz)의 기초를 놓았다. 권리의 본질에 관한 이익설도 역시 예링은 더 이상 세부적, 체계적으로 발전시키지는 못하였다.[23] 그의 이익설은 독일민법전 시행 후의 이익법학, 자유법론(Freie Rechtslehre)의 기초를 제공하였다.

예링이 그의 저작인 "권리를 위한 투쟁"을 발표하자 예링의 사고는 당시의 전 법학계를 뒤흔들어 놓았다. 그것은, 예링은 법을 권력행사(Machtsübung)와 이익보호(Interessenschutz)의 수단으로 이해하였기 때문이었다.[24] 이와 같은 예링의 법이론은 예링과 같은 해에 출생한 칼 맑스(Karl Marx: 1818-1883)의 사회주의법이론에도 영향을 주었다. 예링의 법에 대한 권력행사와 이익보호의 수단으로의 이해가 맑스의 사회와 법에 대한 이해에 영향을 주었다. 즉, 맑스는 사회를 계층간의 이익대립의 관계로 이해하고, 법은 사회의 지배계급이 자기들의 이익을 확대하고 보호하기 위하여 피지배계급을 착취하기 위한 수단으로 이해하었나. 이러한 맑스의 사회와 법에 대한 이해는 예링의 법에 대한 이해와 관계를 갖고 있으며, 예링도 자기의 법에 대한 이해가 맑스에 의한 사회주의법학에서의 법에 대한 이해에 관련이 있음을 잘 알고 있었다. 그러나 예링은 이와 같은 맑스주의를 저주하였다. 왜냐하면 예링은 맑스와는 달리 생산수단에 대한 사소유권(Privateigentum)의 부인을 거절하였기 때문이었다.[25]

이와 같이 예링은 세상의 현실과 멀리있던 법적 개념의 천국 속의 법을 지상으로 끌어내릴 필요성과 법을 사회생활의 현상과 기능적으로 관련을 갖게 할

---

22) Gustav Boehmer, Grundlagen der Bürgerlichen Rechtsordnung: Zweites Buch, Erste Abteilung: Dogemengeschichtliche Grundlagen des bürgerlichen Rechtes(Tübingen, J.C.B. Mohr (Paul Siebeck, 1951), S. 136.

23) Rüthers, a. a. O., Rn. 523.

24) A. a. O., Rn. 520.

25) A. a. O., Rn. 520.

필요성을 처음으로 인식하였다. 다시 말하면 예링은 법학을 세상의 현실과 멀리있던 개념법학에서 생활과 관련이 있는 법학으로의 전환을 인식하고 이를 주장하였다.[26] 예링의 이러한 법에 대한 이해의 전환은, "로마법의 정신"에서는 개념법학을 찬양하고, "권리를 위한 투쟁", "법에 있어서의 목적" 및 "법학에서의 농담과 진담"에서는 법학에서 생활문제(Lebensfrage)에 관심을 가질 것을 촉구하여 개념법학에서 멀어져 갔다.[27]

그리하여 예링은 법학을 개념법학으로부터 해방시켰으며, 목적과 이익을 법발전 과정의 살아있는 도구(lebendige Vehikel des Entwicklungsprozesses)로 제시하였으며, 법구축에 있어서 사회학적 탐구의 길을 제시하였다.[28] 그리고 예링은 이익법학의 조상(祖上: Ahnherr)이 되었으며, 법해석에 있어서 목적론적 해석(teleologische Interpretation)을 주장하여 법의 흠결을 보충함에 있어서 자유법론의 기초를 제공하였다.[29]

Ⅱ. 독일민법의 시행 후의 독일민법학의 발전 개관

독일민법전은 판덱텐법학과 개념법학에 의하여 로마법에 따라서 논리적으로 완결적인 체제로 제정되었다. 그리고 완결적인 체제로 편찬되었기 때문에 흠결이 없는 완벽한 민법전으로 받아들여졌다. 당시의 법률가들도 구체적인 법률문제에 관하여는 완결적인 체제인 독일민법전의 교의와 법규정의 논리적인 연역에 의하여 그 법률문제들을 해결할 수 있는 개별법규정을 도출할 수 있다고 확신하였다.

그리하여 독일민법전의 제정 시행 후에는 독일민법전의 제정에 기초가 된 법학방법론, 즉 개념법학이 독일민법전의 운용을 지배하였다. 교의에 기초하여 추상화, 일반화, 개념화의 특징을 지닌 독일민법전은 교의와 법개념으로부터 논리적인 조작을 통하여 새로운 법규정을 창조해 낼 수 있다고 확신을 하였던 것이었다. 그러므로 사회의 변화에 민법전상의 개념의 단순한 논리적 조작을 통하여 독일민법전을 적응시켜 나갈 수 있다고 확신하고 그러한 방향으로 민법

26) Boehmer, a. a. O., S. 133.
27) A. a. O., S. 133.
28) A. a. O., S. 138.
29) A. a. O., S. 138.

전을 운용하였다.

그러나 독일민법전이 시행되자 곧 독일민법전은 변화하는 사회의 모든 현상을 충분히 규율할 수 없다는 것이 발견되었다. 완결적인 체계라고 확신되었던 독일민법전에 흠결(Lücke)이 있다는 것이 발견되기 시작하였다. 개념법학자들은 그러한 독일민법전의 흠결을 독일민법전의 교의와 법규정의 논리적인 조작을 통하여 보충하고자 하였다. 그러나 개념법학은 사회현실을 고려하지 아니하고 법개념의 논리만을 강조하는 법학방법론이었기 때문에, 독일민법전의 시행 후에 변화하는 사회현실에 논리만에 의한 대응에는 한계가 있을 수밖에 없었다. 그리하여 독일민법전이 시행된 후 얼마 지나지 않아서 개념법학에 대한 비판이 강하게 일어나고, 변화하는 생활을 고려하여 독일민법전을 해석하고, 법관에 의하여 독일민법전의 흠결을 보충하여야 한다는 새로운 법학방법론이 제기되었다.

사실, 개념법학은 법적으로 분열되어 있던 독일에서 통일적인 민법전을 제정하는 데는 크게 기여하였다. 분열된 상태에서 통일적인 민법전을 제정하는 과정에서는 분열되어 있던 독일 고유법에 기초하여 독일민법전을 제정할 수 없었음으로, 자연히 통일적인 계수된 로마법에 따라서 독일민법전을 제정할 수밖에는 없었으며, 분열된 법적상태를 통일적으로 규율하기 위해서는 교의를 만들어내고 추상적이고 일반적인 개념으로써 민법전을 제정하지 아니할 수 없었다. 그리하여 이러한 분열되어있던 19세기 독일의 상황에서 통일적인 독일민법전의 제정과정에서는 개념법학적 법학방법론이 크게 기여할 수 있었다. 이러한 시대상황하에서 제정된 독일민법전은 실생활과는 거리가 있는 교의와 추상적 개념으로 구성된 민법전이 되었다. 그리고 그 체계도 완결적이라 믿었다.

완결적인 체계라고 생각되었던 독일민법전도 독일민법전의 시행 후의 변화하는 사회현실을 적절히 규율할 수는 없었다. 그러므로 자연히 개념법학을 극복할 수 있는 법학방법론이 주장되었다. 바로 개념법학을 대체할 새로운 법학이 자유법론과 이익법학이었다.

이러한 독일민법전의 흠결을 보충하는 길을 민법전의 해석을 통하여 이루어나 갈 수밖에 없었다. 법률의 해석과 법률의 흠결의 보충은 궁극적으로는 법학자에 의하여 이루어지만, 법실무에서는 법관에 의하여 이루어진다. 그러나 독일민법전에 시행된 직후에는 그 전시대인 19세기의 입헌군주제하에서 일반적으로 인정되었던 법관의 법률에의 충실의 원칙에 따라서 법관은 법률에 충실하여야 하고, 법률이 규정하지 않은 내용을 판례를 통하여 새롭게 법을 만들어 나가는 것에 대해서는 극히 소극적인 상태에 있었다. 그러나 독일민법전이 제정 시행되고 있던 상태하에서는 법률의 흠결을 보충하여 변화하는 새로운 생활에 법률을 적응(Anpassung)시키기 위해서는 법관에 의한 법발견 내지 법취득(richterliche Rechtsfindung und Rechtsgewinnung)의 법학이론이 정립될 것이 요청되었다. 이러한 법관에 의한 법정립 내지 법취득의 법이론을 제공한 법학이 바로 자유법론(freie Rechtslehre) 내지 자유법운동(Freirechtsbewegung)이었다. 이러한 자유법운동은 1903년 Eugen Ehrlich의 "자유로운 법발견과 자유로운 법학"(Freie Rechtsfindung und Freie Rechtswissenschaft)에서 시작되었다.

그리고 다른 한편으로는 개념의 피라미드가 법이라는 개념법학에 반대하는 법학이 탄생을 하였다. 개념법학에서는 법률은 교의와 개념의 집적으로서 그러한 교의와 법개념으로부터 논리적 조작에 의해서 구체적인 법률문제에 적용될 개별법규정을 도출할 수 있다고 본 데 반하여, 법규범을 사회의 대립하는 이익충돌에 대한 결정(Jede Rechtsnorm ist eine Entscheidung von Interessenkonflikt der Gesellschaft)으로 파악하는 새로운 법학이 생성되었다. 그 법학이 바로 이익법학이었다. 이익법학은 사회현실 속에서 대립하는 이익을 조정하여 그 대립하는 이익충돌에 대한 판단이 법률이라고 이해하였다. 이러한 이익법학의 법에 대한 이해는, 법은 사회현실을 고려한 결정이어야 하지, 개념법학에서와 같이 단순히 추상적인 교의와 개념으로부터 법규범이 도출 될 수는 없다는 견해이었다. 그리하여 법을 이해함에 있어서 교의와 일반 법개념으로부터 개별 법규정을 논리만에 의하여 도출할 수 있다는 시각에서 현실을 고려한 새로운 법규정의 창조를 촉구하는 방향으로의 법에 대한 이해로 전환이 되어갔다. 이러한 법에 대한 근본적인 변화는 독일민법전 시행 후의 변화된 사실, 사회현실을 고려하여 독일민법전의 흠결을 보충하자는 주장이었다. 이러한 자유법론과 이익법학에 힘입어 세계 제1차 대전의 결과로 발생한 사회변화에 학설과 판례를 통하여 독일민법전의 흠결을 보충하고, 그 결과로 학설과 판례에 의하여 독일민법전에서 규정되지 아니한 새로운 법제도들이 많이 정립되게 되었다.

이러한 자유법론과 이익법학의 형성과 발전으로 독일민법전 시행 후에 곧 개념법학을 극복하고, 독일민법전 시행 후의 변화된 사회현실에 독일민법전이 적응할 수 있도록 하였다. 그리하여 독일에서는 개념법학에 의한 독일민법전의 경화(硬化)와 고착화의 시간이 비교적 짧은 기간 내에 지나가게 되었다.[30] 이와 같이 개념법학은 독일민법전의 제정과정에는 크게 기여하였지만, 독일민법전이 제정, 시행된 후에는 변화되는 사회에 독일민법전을 적응시킬 수 없었기 때문에 독일민법전의 시행 후에 곧 그 영향력이 약화될 수밖에 없었다.

자유법론과 이익법학에 의하여 독일민법전이 독일의 변화하는 사회현실을 적절히 규율하도록 하여 독일민법전의 생명력을 부여하여 왔으나, 나치의 등장으로 독일사회는 합법화된 불법을 용인하는 시대로 접어들었다. 이러한 불법의 합법화를 가능케 하였던 법학이 바로 나치법학이었다. 나치법학은 인종주의에 입각한 법이론으로서 개인의 이익보다는 민족공동체의 이익을 강조하고,[31] 소위 구체적 질서[32](konkrete Ordnung)의 관념을 주장하여 각각의 공동체는 그 고유, 독자의 세계관과 법을 갖고 있는 것이라고 하여, 나치 특유의 인종주의적 법이념을 구축하였다. 그리하여 나치는 인종과 민족, 지도자, 그리고 당강령이 법원(法源)이라고 하여, 모든 법원의 해석의 기초는 민족사회주의의 세계관이며, 그 민족사회주의 세계관은 당강령과 지도자의 표현에서 찾을 수 있다고 하였다.[33] 이와 같은 나치의 국가사회주의 법학은 당시 민법분야에서 강한 지배를 하고 있던 이익법학을 거부하였다. 나치추종의 법이론가들은 이익법학을 개인주의적이고, 자유주의적이라고 탄핵하였다.[34] 나치시대에는 이러한 나치법을 독일민법을 정지시키지 아니하고,[35] 독일민법전상의 일반조항의 해석을 통하여 이를 실현해 나갔다.

나치법의 이러한 합법화된 불법을 체험한 독일에서는 불법을 극복하기 위하여 제2차 세계대전이 끝나고서는, 새로운 자연법론이 대누하였다. 교회법학자들을 중심으로 한 신학적 자연법론과 세속법학자들을 중심으로 한 자연법론이 대두되었다. 이 당시의 자연법론은 근대의 항구불변의 자연법이 아니라 변화하는 자연법, 실정법속에 내재하는 자연법론이 주장되었다. 그리고 법학에서 가치를 고려하는 가치법학(Werungsjurisprudenz)이 등장하였다. 이러한 시대의 변화에 따라서 Rudolf Stammler(1856-1938), M. E. Mayer 등의 서남독일학파

30) Staudingers Kommentar, a. a. O., Rn 105 zur Einleitung.

31) 나치는 인종주의에 입각하여 개인은 아무런 가치가 없으며, 민족이 모든 것이다(Du bist nichts, deines Volk ist alles)라고 하였다.

32) 구체적 질서의 관념은 나치법이론을 만든 Carl Schmitt가 주장하였다.

33) Rüthors, a. a. O., Rn. 556.

34) A. a. O., Rn 552.

35) 물론 나치 말기에 나치법사고에 입각한 독일민법전, 즉 소위 인민법전의 편찬작업을 시작하였으나, 나치의 패전으로 성사되지 못하였다.

(südwestdeutsche Richtung des Neukantianismus)에 의한 정법론(政法論: Lehre des richtigen Rechts)이 주장되었다. 그리하여 독일에서는 민법의 해석과 운용 및 관리에 있어서 가치구속적인 민법학이 지배하게 되었다.

이와 같이 독일에서는 독일민법전의 제정 시행 후에 개념법학을 자유법론과 이익법학이 극복하여 법관에 의한 법발견으로 변화하는 사회현실에 독일민법전을 적응시켰으며, 나치에 의한 불법의 시대를 지나서는 자연법론에 입각한 가치구속적 법학으로 발전되어 민법학에서 가치를 중시하는 방향으로 발전되어 왔다. 그리고 이익법학은 사회학적 법학(soziologische Rechtswissenschaft)으로 발전하여 오늘에 이르고 있다.

그리고 제2차 세계대전의 종전과 동시에 성립된 구동독지역에서 사회주의국가의 성립으로 독일은 사회주의법학과 사회주의법의 시대를 겪게 되었다. 사회주의법학은 법을 정치의 수단 내지 도구로 이해하며, 모든 법은 그때 그때의 지배계층을 위한 당파적인 법이라고 주장하였다.[36] 그리고 자본주의법은 사회적 강자인 자본가가 사회적 약자인 노동자, 농민들을 지배하고 착취하기 위한 수단으로 파악하였다. 그리고 사회주의법이론가들은 사회주의법은 두 가지의 과제를 수행하여야 한다고 하였다. 그 첫째의 과제는 맑스레닌주의당의 지도하에 내부적으로는 노동자계급을 착취계급으로부터 보호하고, 외부적으로는 제국주의와 자본주의의 적대적 공격으로부터 사회주의를 보호하여야 한다고 하였다. 그리고 둘째는 법에 의하여 능력에 따라서 일하고 필요에 따라서 취하는 공산사회를 건설하여야 하며, 사회구성원들의 생산과 분배를 규율하며, 사회구성원들이 사회주의인격을 형성하도록 도와야 한다고 하였다.[37]

이러한 사회주의법의 이념에 따라서 구동독에서는 1976년에 구동독민법전이 제정되었다. 그리하여 독일은 비록 제한된 지역에서지만 사회주의민법과 사회주의민법학의 시대를 거쳤다.

제1차 세계대전의 전후문제의 처리와 나치에 의한 유태인의 학살과 추방으로 독일의 유태인법학자들이 미국으로 망명하게 됨에 따라서 대륙법과 영미법의 비교연구가 일어나게 되고, 제2차 세계대전 후에는 영미법의 영향이 독일에도 미치게 됨으로써, 독일이 독자적으로 영미법을 받아들이기 위한 법학방법론적 장치로서 비교법학(Rechtsvergleichung)이 왕성하게 일어나게 되었다. 그리고

36) Rüthers, a. a. O., Rn. 497.
37) A. a. O., Rn. 497.

유럽 내에서는 유럽석탄철강공동체(European Coal and Steel Community: ECSC), 유럽경제공동체(European Economic Community: EEC), 유럽공동체(European Community: EC), 유럽연합(European Union: EU)으로의 유럽통합의 흐름에 따라서 유럽내의 법의 통일의 필요성이 대두하여 그러한 유럽연합 내의 법의 통일을 위한 방법론으로서 비교법학이 크게 발전하였다. 그리하여 독일의 민법학에서도 비교법학의 방법론이 지배적인 방법론으로 활용되고 있다.

이와 같이 오늘날의 독일민법학은 비교법학이 강하게 지배하고 있으며, 법적용 및 법생산에 있어서 사회현실을 강하게 고려하는 법사회학도 미국의 법현실주의(legal realism) 내지 법실용주의(legal Pragmatism)의 영향을 받으면서 독일민법학의 연구방법론으로 영향을 주고 있다. 그리고 법에서 가치를 중시하는 가치법학의 경향도 역시 견지되고 있다. 또한 법관에 의한 법발견 및 법발전(richterliche Rechtsgewinnung und Rechtfortbildung)도 강한 흐름을 이루고 있다.

제 2 장 독일민법 제정 후의 독일민법학의 발전

제 1 절 개념법학의 생성과 발전 및 평가

Ⅰ. 개념법학 생성의 원인

개념법학은 법개념의 논리적 조작을 통하여 법을 생산해 낼 수 있다는 19세기 독일에서의 법학방법론이었다. 이러한 개념법학의 생성은, 전장(前章)에서 이미 설명하였듯이, 독일에 계수된 카주이스틱한 로마법을 학문적, 체계적으로 연구한 판덱텍법학에서의 법학방법론이었다. 로마법은 본래가 카주이스틱하였다. 특히 독일에서 역사법학파 중의 로마법학자들에 의하여 연구된 로마법의 대상은 로마법대전이었으며, 로마법대전 중에서도 학설휘찬을 중심으로 로마법이 연구되었다. 이러한 로마법대전의 카주이스틱한 로마법 규정들로부터 교의[1](Dogma)와 법의 일반원칙을 만들어 체계화하고, 이렇게 완결된 체계로 만들어진 교의와 법의 일반원칙으로부터 논리적 조작에 의하여 구체적 법률사건에 적용할 수 있는 개별 법규정을 도출하는 방법으로 계수된 로마법을 연구하였다. 이러한 논리적 조작은 법개념의 논리적 조작으로 이루어졌다. 그 결과로 개념법학이란 명칭이 부여된 것이며, 이러한 로마법의 연구방법론이 바로 개념법학

---

1) 교의(敎義: Dogma)는 반박할 수 없는 진리로서 주로 신학에서 사용되었으나, 판덱텐법학 및 개념법학에서도 자주 사용된 용어이다. 신학에서는 교의를 절대적인 종교적인 진리로 본다. 이러한 교의를 체계화하는 학문을 교의론(Dogmatik)이라 한다. 다시 말하면 교의론은 교의의 구체적인 의미내용을 체계적으로 설명하는 것이다(Dogmatik ist die systematische Explikation konkreter Sinngehalte). 이때에 교의론의 특징은 확정된 기본원칙(Grundprinzipien)으로부터 연역적(deduktiv)으로 설명하는 데에 있다.

법학에 있어서의 교의는 법체계의 기초가 되어 있는 반론을 불허하는 주장(Lehrmeinungen)으로서, 이러한 법에서의 교의를 체계적으로 다루는 것 내지 그러한 방법론을 법적교의론(Rechtsdogmatik)이라한다. 이와 같은 법적교의론은 실재로는 법체계의 구축, 법의 해석 및 법의 적용을 위한 작업(Handhabung)이다(Vgl., Staudingers Kommentar, a. a. O., Rn 175 zur Einleitung).

이었다. 이러한 개념법학을 창시한 법학자는 역시 판덱텐법학자였던 Puchta(Georg Friedrich: 1798-1846)였다.[2] 이와 같은 법학방법론을 개념법학이라고 이름붙인 법학자는 개념법학에 대하여 비판하고 목적법론을 주장한 예링이었다. 예링은 Puchta의 법학방법론에 대하여 처음에는 구성법학(Konstruktionsjurisprudenz)라 칭찬하였으나, 나중에는 개념법학(Begriffsjurisprudenz)이라고 조소하였다.[3]

이러한 개념법학이 19세기 독일에서 생성될 수 있었던 역사적 배경은 당시의 발달한 자연과학이었다. 당시의 자연과학은 정확한 개념장치와 그 개념장치를 통하여 일반적 효력이 있는 자연법칙을 정립하였다. Puchta는 수학과 정확한 자연과학이 모든 세계를 성공적으로 지배하던 시대에 살았다.[4] 그러므로 Puchta는 당시의 수학과 자연과학의 영향을 크게 받았다. 그리고 당시의 시대상황은 이러한 자연과학의 영향을 받아 법에 있어서도 변화하는 사회 및 정치적 내용을 고려함이 없이 자연과학과 같이 정밀하고 체계적으로 발전시킬 것이 요청되었다. 그리하여 개념법학은 정확한 법개념과 그 개념을 통하여 일반적 효력이 있는 교의와 법원칙을 정립하고, 다시 그 교의와 법원칙으로부터 개별적인 법규정을 개념의 논리적 조작을 통하여 도출하는 방법론을 제시하였다. 그리고 자연과학의 영향을 받은 개념법학은 그 법이론에 있어서 가치평가적인 법발견을 근본적으로 거절하였다.[5] 이와 같이 개념법학은 법의 형성과 발전(Bildung und Fortbildung des Rechts)과 관련하여 형성된 법학방법론이나.[6]

그리고 개념법학의 형성에는 실증주의(Positivismus)가 영향을 미쳤다. 실증주의는 중세의 스콜라직 철학에 대한 반대운동으로 일어난 철학으로서,[7] 신학이나 형이상학적인 것을 학뮤에서 추방하고, 실증적인 것, 즉 확인할 수 있는 것 및 설명할 수 있는 것만을 학문의 대상으로 하는 철학이다. 다시 말하면 실증주의는 과학에 의하여 얻어지는 지식이외에 참된 지식이 없다는 철학으로서, 일상생활에서 형이상학이나 종교를 그다지 중요시하지 아니하고, 오로지 검증

2) Puchta는 관습법(Gewohnheitsrecht: 1827-1837), 판덱텍 교과서(Lehrbuch der Pandekten: 1838) 및 법학제요(Cursus der Institutionen: 1841-1842)를 저술하였다.

3) Stephan Meder, Rechtsgeschichte(Köln, Weimar, Wien, Böhlau Verlag, 2002), S. 255.

4) Rüthers, a. a. O., Rn. 464.

5) Johann Edelmann, Die Entwicklung der Interessenjurisprudenz: Eine historisch-kritische Studie über die deutsche Rechtsmethologie vom 18. Jahrhundert bis zur Gegenwart(Berlin, Zürich, Verlag Gehlen, 1967), S. 35.

6) Wolfgang Fikentscher, Methoden des Rechts in Vergleichender Darstellung, Band III: Mitteleuropäischer Rechtskreis(Tübingen, J.C.B. Mohr(Paul Seibeck), 1976), S. 96.

7) Rüthers, a. a. O., Rn. 467.

이 가능한 증거에 의해 문제를 풀려고 하는 방법론이다.

이러한 철학에서의 실증주의는, 법학에서는 법실증주의(Rechtspositivismus)로 나타났다. 독일민법이 제정되기 이전에는 법학에 의하여 법이 체계적으로 완벽하게 정립될 수 있고, 정립되어야 한다고 하였다. 이러한 법학에 의한 법실증주의를 법학적 법실증주의(rechtswissenschaftlicher Positivismus)라 한다. 그리고 독일민법전이 제정된 후에는 제정법만이 법이며, 그 제정법은 무흠결의 완벽한 법이라고 받아들이고, 제정법만이 법이라고 이해하였다. 이와 같이 제정법만을 법으로 이해하는 법실증주의를 법률실증주의(Gesetzespositivismus)라 한다.[8] 개념법학은 법학적 실증주의를 실천하고, 법률실증주의를 준비하게 하였다.[9] 그리하여 개념법학에서는, 법학이 법을 생산할 수 있다고 이해하였으며, 법학에 의하여 법을 완벽하게 체계화할 수 있다고 파악하였다.

그리고 개념법학은 근세의 자연법론에서의 체계적인 법학연구방법론의 영향을 받았다. 역사법학은 자연법론에 대항하여 일어난 법학이었으나, 역사법학의 전개과정에서는 자연법론에서의 체계적 연구방법론을 도입하여 계수된 로마법과 게르만법의 체계화의 방향으로 발전하였다.[10] 자연법론에서는 법질서는 조화로운 법규정으로 구성되어 있는 완전한 체계로서, 흠결이 없는 건축물과 다르지 않다고 보았다.[11] 그리고 입법은 포괄적이고 완결적인 체계의 실정적인 규율이라고 관념하였다.

개념법학에 형성에 가장 중요한 영향을 미쳤던 것은 독일의 법분열의 상황을 극복하여야 할 필요성이었다. 독일은 역사적으로 법이 분열되어 있었고, 강력한 통일국가를 이룩하지 못하였다. 이러한 법분열의 상태를 극복하고 통일국가를 형성하기 위해서는 분열되어 있는 법을 모두 통합하고 포섭할 수 있는 교의와 일반 법원칙을 만들고, 이러한 교의와 법원칙을 법개념으로 완벽한 체계를 구축할 필요가 있었다. 그리하여 분열되어 있는 법을 하나로 통합할 수 있

---

8) 법실증주의는, 법이란 국가에 의해서만 규정된 실증적인 법규정으로 파악하며, 규범설정적 국가의 의사가 유일한 법원으로 본다. 그리고 법실증주의에서는 모든 합헌적 법률은 모두 구속력 있는 법으로 본다. 또한 법실증주의하에서는 입법자는 법률을 제정할 때에 실체적인 법원칙에도, 도덕적 가치에도, 윤리적 원칙에도 구속되지 않으며, 실체적인 정의의 입장에서 국가법에 대한 내용통제도 이를 제외한다(Siehe, Rüthers, a. a. O., Rn. 471).

9) Rüthers, a. a. O., Rn. 465.

10) 김상용, 법사와 법정책: 로마민법학사 중심(한국법제연구원, 2004), 233면.

11) Eugen Bucher, "Was ist Begriffsjurisprudenz?", in: Theorie und Technik der Begriffsjurisprudenz, hrsg. von Werner Krawietz(Dartmstdt, Wissenschaftliche Buchgesellschaft, 1976), S. 365.

는 법의 소재는 이미 독일에 계수되어 보통법으로서의 효력을 가졌던 로마법이었다. 그러나 로마법은 카주이스틱한 법규정으로 구성되어 있었기 때문에 로마법대전의 카주이스틱한 법규정들으로부터 교의와 일반 법규정을 만들어낼 필요가 있었던 것이었다.

이와 같은 개념법학은 판덱텐법학의 방법론이었다. 그리하여 개념법학을 판덱텐법학방법론(Pandektologie)라고도 한다.[12] 이러한 개념법학의 대표자로는 Puchta와 Windscheid를 들 수 있다. Puchta는 교의주의자(Dogmatiker)이었으며, 생활에 멀리 있고 전적으로 형식적인 법질서의 논리적 정당성에만 치중하였다. 그리하여 Puchta는 개념법학의 건설자로서 법학에 있어서 논리와 체계화에 기초한 형식주의적 방법으로의 길을 제시하였다.[13] 이와 같은 Puchta의 법에 대한 이해는 사비니의 그것과는 달랐다. 사비니는 법, 특히 민법은 유기체적으로 살아있는 체계, 즉 계속 발전하는 완결적이지 못한(offener) 법질서로 이해하였으나, Puchta는 민법을 독자적이고 형식적으로 완결적인 체제로 이해하였다.[14] 그리하여 Puchta에게 있어서 법규정의 정당성은 오로지 체계적 정당성에 있었으며, 논리적 진실과 이성에 기초하고 있었다.[15][16]

이러한 개념법학에서의 논리적, 체계적 정당성만을 중요시하고 추구한 것은, 개념법학의 법학방법론의 적용대상이 로마법대전이었고, 그 중에서도 학설휘찬이었으며, 학설휘찬은 이미 중세의 주석학파 시대부터 쓰여진 이성(ratio scripta)으로 받아들여져 있었으므로 다른 요소를 고려해서는 아니 되었기 때문이었다.[17] 그러므로 학설휘찬의 체계화에는 다른 가치판단의 요소가 개입할 수가 없었다. 오로지 학설휘찬의 내용을 하나의 완결된 체계로 만드는 것이 판덱텐법학의 관심사이었고, 그 방법으로 개념법학이 활용되었던 것이었다. 19세기 독일에 있어서 로마법대전, 특히 학설휘찬은 유스티니아누스 대제시대의 로마제국의 사회적, 문화적, 경제적 생활관계의 산물이 아니라, 쓰여진 이성으로서

12) A. a. O., S. 363

13) Henkel, a. a. O., S. 25.

14) A. a. O., S. 25.

15) A. a. O., S. 28.

16) 이러한 Puchta의 법에 대한 이해에 대하여 Jhering은 논리의 우상숭배(Götzencultus des Logischen)라고 비판을 하였다(Vgl., Henkel, a. a. O., S. 28).

17) Johann Edelmann, Die Entwicklung der Interessenjurisprudenz: Eine historisch-kritische Studie über die deutsche Rechtsmethologie vom 18. Jahrhundert bis zur Gegenwart(Berlin, Zürich, Verlag Gehlen, 1967), S. 40.

일반적 효력이 있는 법사고의 규범(canon) 내지 법인식의 근원으로 받아들여졌다.[18]

Ⅱ. 개념법학의 발전

개념법학의 특징인 내용은, 법의 무흠결성의 교의(Lückenlosigkeitsdogma), 법의 개념에 의한 구성주의(Konstruktionismus) 그리고 법생산방법으로의 도치법(倒置法:Inversionsmethode)이었다.[19] 개념법학에서는 법은 완결된 체계로 구성되어 있기 때문에 흠결이 없다고 이해하였다. 그러므로 법은 흠결이 없기 때문에 모든 구체적인 법률문제는 체계 내에서 논리적 조작에 의하여 해결할 수 있다고 파악하였다. 그리고 개념법학은 법개념에 의하여 법이 체계적으로 구성되어 있고 구성할 수 있다고 하였다. 그러므로 개념법학에서는 법은 개념의 계보(系譜: Genealogie der Begriffe)로 구성되어 있으며, 개념으로 구성된 개념의 피라미드(Begriffspyramide)라고 하였다. Puchta에 의하면, 개념의 계보, 즉 개념의 피라미드는 최상위에 법의 이념(Rechtsidee)이 있고, 그 하위에 법의 일반원칙인 법원리(Axiome)가 있고, 그 하위에 법제도(Rechtsfiguren)가 있으며, 마지막 최하위에 법규정(Rechtssätze)이 위치하고 있다고 하였다.[20] 개념법학에서는 이러한 개념의 계보가 흠결이 전혀 없는 완결적인 체계로 구성되어 있다고 이해하였다.

개념의 계보는 두 가지의 의미를 담고 있었다. 그 하나는 질서적 의미(ordnende Bedeutung)이고, 다른 하나는 생산적 질서(produktive Ordnung)로서의 의미이다. 즉 개념의 피라미드로 구성된 개념의 계보는 하나의 법질서를 이루며, 독자적인 법인식의 가치를 갖고 있다. 그리고 논리적 조작에 의하여 그 개념의 계보로부터 새로운 법규정을 도출하는 법생산적 기능을 갖는다. Puchta는 이러한 개념의 계보를 오르락 내리락 추적하는 절차를 법을 생산하는 힘이라고 하였다.[21] 즉, 개념으로부터의 연역(Deduktion aus Begriffen)에 의하여 법규정과 법적 결정을 도출하는 것이 법을 생산하는 힘이라고 하였다.[22]

이와 같은 개념의 계보가 형성되고 다시 구체적인 법률문제에 관한 개별 법

18) Boehemer, a. a. O., S. 71.
19) Bucher, a. a. O., S. 361.
20) Rüthers, a. a. O., Rn. 459.
21) Henkel, a. a. O., S. 39.
22) A. a. O., S. 39.

규정의 도출은 도치법에 의하여 가능하다고 보았다. 계수된 카주이스틱한 로마법대전의 비체계적인 개별규정으로부터 논리적으로 도그마와 일반법원리를 구성하고, 다시 그러한 도그마와 일반 법원리로부터 논리적 조작만으로 개별 법규정을 도출, 생산해 내는 과정을 도치법이라 하였다. 즉, 법개념의 귀납과 연역에 의하여 법체계를 구축하고자 하였다. 이와 같이 개념법학은 이러한 도치법에 의하여 사회현실이나 법의 목적으로 고려함이 없이 체계 내에서 오로지 개념의 논리적 조작에 의해서만 개별 법규정을 생산해 낼 수 있다고 파악하였던 것이었다. 모든 법적분쟁의 해결에 있어서 관련법률의 사회적 기능 내지 목적의 견지에서가 아니라 관련법률의 형식논리적 구조(formellogische Struktur)에 의해 해결을 시도하였다. 그러므로 개념법학은 새롭게 발생하는 사회현상을 설명할 수 없었으며, 따라서 새롭게 제기되는 법적 문제를 해결하기가 곤란하였다. 그리고 이러한 개념법학의 법학방법론에 입각한 법의 생산은 순수하게 논리적이고 비정치적으로 활동한 법학자들에게 위임되었다.[23] 그리하여 개념법학은 법학자를 법의 주인으로 만들었다.[24]

이와 같이 개념법학에서는 법을 개념의 피라미드의 무흠결의 완벽한 체계로 만들고 논리형식주의에 의하여 법을 생산하고자 하여, 법을 사회와 정치의 현실로부터 분리하였다. 그리하여 법은 순수하게 개념논리의 산물로 나타났다.[25] 따라서 법학과 법실무는 현실과 멀어지고, 법이 교의화(Dogmatisierung), 추상화, 일반화, 개념화로 발전하였다. 그리고 개념의 피라미드는 법을 생산하는 능력을 갖게 되었으며, 법은 사회현상 내지 사회현실을 고려하지 아니하는 발현실화(Entwirklichung)로 나아갔다.[26] 그 결과로 법은 도덕, 정치 및 사회의 목적과 분리되었으며, 가치중립적인 투쟁질서(wertneutrale Kampfordnung)이었으며, 논리적 조작의 결과와 동일시되었다.[27] 법적 결과를 결정함에 있어서 사회적 규범도 목적도 일반적인 정의관념도 의미가 없었다. 생활의 필요성(Bedürfnisse des Lebens)은 개념의 정립(Bildung der Begriffe)에도 개념의 추론(Subsumtion des Begriffs)에도 고려되지 않았다.[28]

---

23) A. a. O., Rn. 465.
24) A. a. O., Rn. 465.
25) A. a. O., Rn. 462
26) A. a. O., Rn. 465.
27) Henkel, a. a. O., S. 3.
28) A. a. O., S. 4.

이러한 개념법학의 대상은 로마법이었다. 그러나 로마법은 실제로는 이미 지나간 과거의 법이었다. 그런데 지나간 과거의 로마법을 개념적으로 예리하게 당시의 법률제도로 구성하여 체계화한 것이 판덱텐법학이었으며, 그 방법론이 개념법학이었다.

이와 같이 개념법학은 역사법학파에 의하여 이해된 민족정신의 발현으로서의 역사적인 법을 추상화를 통하여 일반규정으로 옷을 입히는 학문적 작업으로서 판덱텐법학자들만이 활용한 것이 아니라, 게르만법학자들도 이 개념법학의 방법론에 입각하여 역사적인 법인 게르만법을 학문적으로 체계화하였다.[29]

개념법학에 있어서 개념은 특별한 의미를 갖고 있다. 즉, 모든 개별적 법개념은 법원칙과 구체적 사건에 대한 판결을 위하여 존재하며, 서로서로 연결되어 있는 법의 전체구조를 위하여 존재한다.[30] 따라서 개념법학에 있어서 개념체계는 법원칙의 체계이며, 법원칙은 완결적이고 포괄적인 체계를 구성하는 원칙을 말한다. 따라서 개념법학자들은 개별개념에서 원칙이 나올 수 있고, 원칙에서 개별개념을 도출할 수 있다고 이해하였다.[31]

이와 같은 개념법학은 민법학의 영역에서만 통용된 것이 아니라, 다른 법분야에서도 활용되었으며, 오늘날에도 역시 이러한 개념법학적 사고가 남아있다. 그리하여 제정법률이 없음에도 불구하고 개념과 논리로 흠결 없는 법률을 구성하고자 한다. 국제사법에서도 국제법에서도 그러하며, 헌법이나 행정법에 있어서도 실정법적인 기초가 없으면, 소위 판덱텐의 개념법학적 방법으로 그 흠결을 메꾸고자 하였다.

Puchta에 의하여 시작된 이러한 개념법학은 법이론은 물론 법실무도 지배하게 되었다. 그리하여 민법에서의 형식주의가 개념법학에서 그 뿌리를 내리게 되었으며, 이 개념법학의 영향으로 법학의 전분야에 걸쳐서 오늘날에도 여전히 개념적 형식주의가 남아있다.[32]

29) Boehmer, a. a. O., S. 71.
30) Bucher, a. a. O., S. 369.
31) Fikentscher, a. a. O., S. 91.
32) Rüthers, a. a. O., Rn. 462.

Ⅲ. 개념법학의 한계와 그 극복

개념법학은 법학을 논리중심의 형식주의로 발전시켰다. 이는 물론 법학을 도그마중심의 학문으로 만들고, 법학을 체계화하는 데에 기여를 하였다.[33] 그러나 사회현실을 고려하지 않고 개념에 의한 논리만을 추구한 관계로 법을 생활과 멀어지게 하는 문제점을 노정하였다. 그리하여 개념법학은 독일민법의 제정에는 크게 기여하였으나 독일민법이 제정, 시행된 후에는 곧 그 한계가 나타났다. 그리하여 독일민법전을 운용, 적용하는 과정에서는 자유법론 및 이익법학에 그 중심된 위치를 내어 주어야만 하였다.

법은 사회의 서로 대립하고 충돌하는 이해관계를 조절하고 조정하여 사회 전체가 조화와 균형을 유지케 하는 것이 가장 중요한 목적이다. 이러한 이해대립의 조절과 조정을 통하여 사회의 평화를 이룩하는 것이 법이 추구하여야 할 이상이다. 이러한 이해대립의 사회현실에 대한 고려 없이 법규정의 논리조작만에 의한 문제의 해결시도는 한계가 있는 것이며, 그렇게 논리에 의하여 해결을 하였다 하더라도 현실과 거리가 있는 문제해결에 도달할 수밖에 없는 것이다.

그리고 개념법학은 법을 흠결이 없는 완벽한 체계로 이해하였으나, 현실적으로 법은 흠결이 있게 마련이며, 특히 제정법은 그 규율의 대상이 되는 사회사정이 바뀌면 자연적으로 흠결이 발생할 수밖에 없다. 그럼에도 불구하고 개념법학은 변화하는 사회현실을 법학의 고려대상에서 제외함으로써, 개념법학에 의하여 구축하려고 했던 무흠결의 완결적인 체계도 흠결이 발생하지 않을 수 없었다. 제정법률의 무흠결성에 관하여는, 역사적으로 유스티니아누스 대제가 학설휘찬을 입법하고, 그 학설휘찬은 완전무결하므로 학설휘찬에 대한 해석이나 주석을 금지하였다. 그러나 학설휘찬이 제정되자 곧 주석서, 해설서가 나타났다. 유스티니아누스 대제의 생존시에 이미 학설휘찬에 대한 주석이 이루어졌다. 그리고 유스티니아누스 대제는 학설휘찬을 그 내재적으로도 모순이 없는 완벽한 법전으로 생각하였으나, 학설휘찬 내에서 이미 모순이 있었던 것이었다.[34]

---

33) Krawietz, a. a. O., 437

34) 이에 관하여는 김 상용, 법사와 법정책: 로마민법학사 중심(한국법제연구원, 2004), 111-112면 참조.

1794년에 제정된 프로이센일반주법도 역시 그 법전에서 동법의 해석과 주석을 금지하였다. 왜냐하면 동법은 발생할 수 있을 것으로 생각되는 모든 법률문제를 가능한 한 모두 카주이스틱하게 규율하여, 법관으로 하여금 오로지 동법을 적용하도록만 하고, 법관의 법률적용에 있어서 자유재량의 여지를 남겨두지 않기 위해서였다. 그러나 동법은 제정되어 시행된 지 불과 4년 후인 1798년에 주석금지가 해제되었다.

법은 현실과 관련해서만 그 가치가 있는 것이다. 현실을 떠난 법은 형식적인 논리의 유희에 불과하다. 법은 인류보편적인 가치를 지향하면서, 현실의 구체적인 법적 문제를 보편적 가치에 부합되게 해결하도록 하여야하는 과제를 안고 있는 것이다. 개념법학은 19세기 당시의 자유주의와 개인주의를 당연한 가치로 전제하면서 동시에 계수된 로마법은 쓰여진 이성으로서 당시의 시대가치였던 자유주의와 개인주의의 보편적 가치를 실현할 수 있는 법으로 인식하고, 오로지 개념을 통한 논리만에 의하여 완결적인 체계만을 구축하는데 법학연구의 힘을 다 쏟아부었다. 그러므로 인하여 카주이스틱한 로마법을 체계화한 공적은 인정되지만, 사회현실과는 거리가 있는 형식논리주의에 치우쳐서, 문제해결을 위한 법학이 아니라 법학을 위한 법학으로 법학의 연구방법이 전개된 문제점을 낳았다.

그리하여 법률의 무흠결성을 전제로 하고, 법관은 오로지 법을 적용하는 기관에 불과하다고 한 개념법학은 법률의 흠결을 인정하고, 그 흠결을 법관의 법창조에 의하여 보충하여야 한다는 자유법론으로 극복되었다. 그리고 사회현실을 법학의 고려의 대상에서 배재한 개념법학은 현실을 고려하여야 한다는 이익법학에 의하여 극복되었다.

독일민법 제정 전후의 독일민법학의 발전과정을 살펴보면, 개념법학에 의하여 독일민법전이 제정될 수 있었고, 자유법론과 이익법학에 의하여 제정된 독일민법전이 현실문제를 충실히 해결할 수 있는 법률로서 생명력을 갖고 발전할 수 있게 되었다.

Ⅳ. 개념법학에 대한 법정책적 평가

개념법학은 사회현실을 고려하지 아니하고 법을 논리적으로만 연구하고 개념에 의하여 완전무결한 체계로 구성하고자 하였다. 그리하여 독일민법전이 제정된 후에 개념법학은 그 생명력을 다하였으나, 체계적인 독일민법전을 제정할 수 있도록 하는 데는 결정적으로 영향을 미쳤다. 이 점이 바로 개념법학의 공적이라 평가된다.

개념법학은 판덱텐법학의 법학방법론이었다. 판덱텐법학은 독일에 계수되어 독일에서 보통법(gemeines Recht)로서의 효력이 인정되고 있던 카주이스틱한 로마법을 연구대상으로 한 법학으로서, 개념법학이 판덱텐법학으로 하여금 체제적이지 못한 카주이스틱한 로마법대전, 그 중에서도 학설휘찬의 개별 법규정으로부터 도그마와 법의 일반원칙을 만들어내어 하나의 완결적인 체계로 구성할 수 있도록 하였다.

역사적으로 판덱텐법학 이전의 로마법 연구의 법학에서는 로마법을 체계화하지는 못하였다. 주석학파와 주해학파는 학설휘찬의 법문(法文)을 해석하는 일에 몰두하였으며, 그것을 체계화하지는 못하였다. 복고학파는 로마법대전을 고고학적으로 연구하고, interpolatio의 연구에 집중하여 학설휘찬을 통하여 그 학설휘찬 편찬의 근원이 되었던 로마제국의 고전시대의 법학자들의 학설탐구에 집중하였다. 오랜 역사를 통하여 로마법대전, 그 중에서도 학설휘찬이 연구되고 실제 법률문제에도 적용이 되었지만, 카주이스틱한 내용의 학설휘찬을 하나의 완결적인 체계로 재구성하지는 못하였다. 그러나 19세기 독일의 판덱텐법학과 개념법학에서는 학설휘찬의 산만한 개별 법규정들로부터 교의와 일반 법원리를 도출하여 이를 중심으로 하나의 완결적인 체제를 구축하였다.

그와 같은 완결적인 체계의 구축은, 긴 역사를 통하여 로마법의 연구가 이어져 왔기 때문에 학설휘찬에 대한 연구결과가 집적되어 있었으며, 근세의 수학과 자연과학의 발달로 인하여 모든 현상이 흠결이 없는 하나의 체계로 구성되어 있다는 인식이 확산되어, 법도 흠결이 없는 하나의 체계로 구성할 수 있다는 가능성의 인식이 19세기 당시의 독일법학계에 깊이 각인되어 있었다. 그리고 독일은 역사적으로 법이 분열되어 있었으며, 통일국가를 이루지 못한 상태를 유지하여 왔다. 그러나 다른 한편에서는 절대국가의 관념이 확산됨에 따라서 독일도 통일적인 국가를 이루어야 한다는 기운이 일게되고, 통일국가의 실현을 위하여서라도 통일적인 독일민법전의 제정이 필요하였다. 통일적인 독일민법전의 필요성에 대한 주장은 1814년에 이미 티보(Anton Friedrich Justus Thibaut: 1722-1840)에 의하여 제기되었다. 그러나 티보의 통일민법전의 제정주장에 대하여, 사비니가 법은 민족정신의 발현으로서 법은 만들어지는 것이 아니라 생성되는 것이라는 역사법학의 입장에서 통일민법전의 입법에 반대를 하여 통일민법전의 제정은 늦추어졌지만, 프러시아를 중심한 제2제국의 형성에 의하여 정치적인 독일통일이 이루어짐으로써 통일적인 독일민법전의 제정을 위한 길이 열리고, 통일민법전의 제정이 강하게 요청되었던 것이었다.

이렇게 분열되어 있던 독일에서 통일적인 민법전을 제정하기 위하여서는 지역적으로 분열되어 있던 게르만법 고유법을 모두 통합할 수 있는 법의 소재와 방법론이 필요하였던 것이었다. 이러한 독일에서의 통일민법전의 제정의 필요성에 대하여 입법을 위한 소재를 제공한 것은 판덱텐법학이 담당하였으며, 그 방법론을 제공한 것은 개념법학이었다. 그리하여 판덱텐법학은 계수된 로마법을 그 대상으로 하여 학문적으로 연구하고, 개념법학은 카주이스틱한 로마법을 개념에 의하여 하나의 완결적 체계로 만들 수 있는 방법을 제공하였다. 그러한 완결적인 체계로 민법을 구축함에 있어서 그 체제는 이미 판덱텐시스템(Pandektensystem)이 활용되고 있었던 것이었다. 가이우스에 의하여 시작된 민법의 편별방법이었던 인스티투오넨시스템(Institutionensysyem)이 오랫동안 활용되었지만, 그것보다는 판덱텐시스템이 발전된 민법의 체계구성의 방법이었다.

판덱텐시스템으로 계수된 로마법을 체계구성 함에 있어서 독일이 분열되어 있는 법상태를 극복할 수 있기 위해서는, 지역적으로 서로 다른 사회현실을 모두 고려할 수가 없었으며, 지역적으로 서로 다른 법도 그 모두를 고려할 수는 없었던 것이었다. 따라서 자연히 분열된 개별적인 법현상을 모두 포괄할 수 있는 추상화, 일반화, 개념화의 방법을 취하지 아니할 수 없었다. 그리하여 개념법학은 교의를 정립하고, 일반법원리를 수립하면서, 이러한 교의와 일반 법원리를 매우 추상적인 개념으로 표현하였던 것이었다.

이러한 역사적, 사회적 배경하에서 통일적인 독일민법전이 제정된 것이었다. 그리하여 독일민법전은 생활과는 거리가 있는 매우 교의적이고, 추상적이고, 정치하고, 체계적인 민법전으로 편찬된 것이었다. 따라서 도그마틱한 법학과 체계적 법학 구축에 개념법학이 기여하였으며,[35] 이러한 개념법학의 기여에 의하여 독일민법전이 제정되었다. 이와 같이 개념법학은 통일적인 독일민법전이 제정될 수 있도록 기여한 위대한 공적을 이루었다.

한편으로는 개념법학은 역사법학파의 또다른 일파인 게르만법학자들로 하

35) Krawietz, a. a. O., S. 437.

여금 독일의 고유법인 게르만법을 학문적으로 연구하고 그 결과를 체계화하는데 기여하였다. 이렇게 학문적으로 체계화된 게르만법은 독일민법전의 제정시에는 크게 반영되지 못하였지만, 독일민법전이 제정되어 시행해오는 과정에서 독일민법전의 개정을 통하여 입법적으로 반영되어 왔다.

개념법학에 의하여 이루어진 독일민법전은 교의적이고, 추상화, 개념화, 일반화와 체계완결적인 특징을 갖고 있다. 이러한 독일민법전의 추상적, 체계적인 특징으로 인하여 독일민법전이 다른 나라에 쉽게 계수될 수 있었다. 비록 사회현실이 다른 나라에서도 추상적이고 체계적인 독일민법전은 다른 어느 나라의 발전된 민법전보다도 쉽게 계수될 수 있었다. 그 결과로 일본민법전, 중국민법전, 우리 민법전의 제정에 독일민법이 용이하게 계수가 이루졌으며, 특히 사회주의국가들에서 사회주의민법을 제정함에 있어서 독일민법전이 크게 계수되었던 것이었다. 이와 같이 독일민법전을 세계의 다른 나라에 쉽게 계수될 수 있게 한 것은 바로 개념법학의 법학방법론에 기초하고 있는 것이다. 그리하여 개념법학은 독일내에서는 법의 분열을 극복하고 통일적인 독일민법전의 제정에 기여하였으며, 독일 밖에서는 독일민법전이 세계의 다른 나라에 계수될 수 있는 기초를 제공하였다. 그리고 로마법대전, 그 중에서도 비체계적인 학설휘찬의 법규정들을 체계화하여 로마법을 세계법으로 바꾸어 로마법을 인류의 공동재(共同材)로 전환한 중대한 공적을 이루었다. 개념법학에 의하여 카주이스틱한 전래의 로마법이 도그마틱한 체계적인 현대의 로마법으로 전환이 되었다.

그러나 개념법학에서는 사회현실을 법적판단의 고려에서 제외한 잘못이 있으며, 또한 개념법학에서는 당시의 자유주의와 개인주의를 당연한 가치로 받아들이고, 법적 사고에 있어서 가치판단을 제외한 것도 잘못이다. 그리고 개념법학이 다루었던 방법론상의 대상이 로마법대전, 그 중에서도 학설휘찬이었으며, 학설휘찬을 쓰여진 이성으로 받아드렸기 때문에, 제정된 법률에 가치판단을 배제한 잘못도 있다. 이처럼 개념법학은 너무 체계 완결을 추구한 나머지 법에서의 가치판단을 배제한 잘못이 있다. 그리하여 개념법학은 독일민법전의 제정과 독일민법전의 다른 나라에로의 계수, 그리고 학설휘찬을 세계법으로 발전시켜 이제는 로마법을 인류공동의 문화유산으로 만든 위대한 공적을 낳았다. 그러나 독일민법전의 시행에 있어서 법적용을 위한 법학방법론으로서는 한계를 지니고 있었다.

어떠한 법학도 체계적인 기초없이는 성립될 수 없다. 판례법(Richterrecht)과 관습법에서도 체계화는 필요하고, 법의 발전에 있어서 체계에 반하는 판례법과 관습법도 시간이 흐름에 따라서 다시 체계내로 편입이 된다.[36] 이와 같이 개념법학은 법학의 체계화를 위한 법학방법론으로서의 가치는 시대의 변화에도 불구하고 유지될 것이다.

제 2 절 자유법론과 이익법학의 대두와 발전 및 평가

Ⅰ. 자유법론 및 이익법학 대두의 원인

개념법학의 법학방법론에 힘입어 독일민법전이 제정되어, 그 독일민법전이 시행된 후부터, 독일민법학의 발전방향은 종래의 민법의 근본문제를 다루던 태도에서 제정된 독일민법전을 어떻게 운용하느냐는 법이론(Rechtstheorie)중심으로 전환이 되었다. 독일민법전이 제정되기 이전에는 법이란 무엇인가, 민법전을 어떻게 제정할 것인가, 민법전 제정에 있어서 어느 법을 소재로 삼을 것인가, 민법의 체계구성을 어떻게 할 것인가, 법은 무엇을 위하여 존재하는가 등의 법에서의 근본문제를 주로 다루었으나, 독일민법전이 제정되고, 시행된 후에는 제정된 방대한 민법전을 어떻게 운용하여 실생활에서 그 규범력을 충실히 발휘할 수 있게할 것인가, 민법전을 어떻게 해석할 것인가, 민법전의 흠결을 어떻게 보충할 것인가, 민법전의 운용에 있어서 법관은 어떠한 역할을 담당하여야하는가 등의 제정법의 운용에 관한 법이론을 중심으로 하여 민법학이 연구되고 발전되었다.

독일민법전이 제정되어 시행된 직후에는, 제정된 독일민법전의 해석, 적용 등의 민법전의 운용에 있어서도 역시 개념법학이 지배적인 방법론으로 기능하였다. 그리하여 개념법학에서는 그 방법론에 입각하여 제정된 독일민법전을 무흠결의 완벽한 민법전으로 관념하고, 독일민법전의 교의와 법원리, 그리고 민법전의 수많은 규정의 논리적 연역에 의하여 어떠한 법률문제도 해결할 수 있다고 이해하였다. 그리고 법관은 법을 적용하는 기관이지 법을 만들어 내는 기관은 아니라고 이해하고, 법관은 오로지 법을 적용하는 자동기계에 불과하다고

36) Staudingers Kommentar, a. a. O., Rn 174 zur Einleitung.

이해하였다. 그리하여 개념법학자들은 법관은 법률에 충실하고 법률에 순종하여야한다고 하였다. 그러므로 법관의 직무는 무조건, 그리고 예외 없이 법률에 충실하여야 한다는 것이 당시의 움직일 수 없는 관념이었다.[37] 이러한 법관의 법률에의 무조건적인 순종의 관념은 실정법질서의 무흠결성의 도그마에 의하여 정당화되었다.[38]

독일민법전이 제정, 시행된 후의 법률의 무흠결성과 법관은 오로지 법률에 순종하고 법관에 의한 법창조는 용납될 수 없다는 관념이 지배한 배경은, 3권분립의 원칙과 법률실증주의의 영향 때문이었다. 3권분립의 이론은 엄격히 삼권을 분리하여 입법권은 입법부만이 가지며, 사법권을 행사하는 법관은 입법자가 제정한 법률에 엄격히 구속되며, 법관에 의한 법창조는 허용될 수 없는 것으로 파악되었다. 이러한 3권분립이론에서는 인간의 자유를 보장하기 위한 이론으로서, 입법자만이 법창조의 행위를 할 수 있으며 법학자와 법관은 법을 창조할 수 있는 권한이 없다고 보았다. 그리고 개념법학에서는 법관의 유일할 일은 법규정의 순수한 논리적인 해석과 적용에 있었다.[39]

그리고 법률실증주의는 제정법률을 무흠결의 완벽한 체계로 이해하고, 따라서 법관의 제정법률에의 순종을 요구하고, 법관에 의한 법창조를 불허하였다. 법률실증주의는 제정법률이 완벽한 체계적인 법으로서, 관습법에 대해서도 판례법에 대해서도 제정법률이 우위에 있다고 보아, 제정법률의 우위성을 인정하였다. 이러한 제정법률은 법적 안정성(Rechtssicherheit), 법적 명확성(Rechtsklarheit) 및 법적 불변성(Rechtskonstanz)의 장점이 있으며, 사상적으로는 절대주의, 자유주의, 민주주의 및 사회주의에 이바지하는 법이론이었다.[40] 이와 같은 사회사상에서는 법관을 국가가 공언한 질서의사의 하위에 두었다.[41]

절대주의의 옹호자들은 절대군주의 권위를 신의 의사로 보았으며, 따라서 법관은 군주에 대항할 수 없고, 군주가 제정한 법률에 순종하여야만 한다고 하였다. 그리고 민주주의에서도 인민의 대표를 일반의사의 대표로 보았으며, 법관은 무조건 일반의사의 대표가 제정한 법률에 따라야 한다고 하였다. 또한 자유주의는 입법에 의하여 개인의 자유는 지켜지는 것으로 파악하여, 법률적용에

37) Boehmer, a. a. O., S. 160.
38) A. a. O., S. 160.
39) Edelmann, a. a. O., 41.
40) Boehmer, a. a. O., S. 128.
41) A. a. O., S. 127.

있어서 법관의 자의를 방지하고자 하여, 법관의 법창조의 역할을 허용하지 아니하였다. 특히 입헌군주제하에서는 엄격한 법률지배가 인정되고, 법관은 법률에 복종하여야 하였으며, 그리고 법관은 법률에 엄격히 구속되었다. 또한 법률의 해석에 있어서도 입법자의 의사에 구속되는 주관설을 따랐다.[42] 그리고 사회주의도 역시 법률실증주의로 나아가, 법은 약자의 친구로서, 사회적 강자의 수탈로부터 약자를 보호하기 위하여 유산자계급 출신의 법관에게 법률의 문자, 즉 법문과 다른 법을 창조할 수 있는 힘을 주면, 약자보호의 법관의 의무를 희생케 하는 것이 된다고 하였다.[43]

이와 같은 법률실증주의에서는 관습법에 대해서도 비판적인 입장을 견지하였다. 즉, 관습법은 사회적 강자 그룹에서 생성되며, 사회적 약자는 사회적 강자의 요구를 인용할 것을 강요받는다고 이해하였다. 그리고 법률실증주의는 역사법학파에 의하여 주장된 민족정신의 발현이 법이라는 법에 대한 이해도 실제로는 강요된 수동적 동의(gezwungene consensus passivus)에 불과하다고 이해하였다. 그리고 법률실증주의에서는 관습법은 강자의 법이며, 제정법률은 약자의 피난처라고 하였다[44](Das Gewohnheitsrecht ist das Recht des Starken, das Gesetzesrecht der Hort des Schwachen). 그리고 이러한 사실은 역사가 이를 증명해 주고 있다고 하였다. 제정법률이었던 12표법, 권리장전(Magna Carta), 프랑스 인권선언, 미국과 유럽 각국의 헌법, 소비자보호의 법률들, 사회보장의 법률들, 반칼텔법 등에 이르기까지 성문법률은 약자를 위한 재보(財寶)라고 하였다.[45] 이와 같은 법률실증주의가 지배하던 시대에는 제정법률의 완벽성과 무흠결성이 인정되고, 법관의 제정법률에의 순종만이 용인되었으며, 제정법률의 흠결성과 법관에 의한 법발견과 법취득 및 법창조는 허용될 수가 없었다.

그러나 독일민법전이 시행되고 나서 곧바로 성문의 독일민법전에 흠결이 있다는 것이 발견되고, 그 흠결을 보충할 수 있는 법학방법론이 주장되었다. 법률의 흠결을 보충하기 위해서는 먼저 법관의 법률에의 구속과 순종에서 벗어나 법관에 의한 법발견과 법창조의 권능과 권한이 인정되어야 하였다. 바로 제정법률의 무흠결성을 부인하고 법률에는 흠결이 있다는 것과 법관이 그러한 흠결을 보충할 수 있다는 것을 주장한 법이론이 생성되게 되었다.

42) Staudingers Kommentar, a. a. O., Rn 199.
43) A. a. O., S.S 127-128.
44) A. a. O., S.S. 129-130.
45) A. a. O., S.. 130.

그리고 제정법률은 사회의 서로 충돌하는 이익상태에 대한 입법자의 결정으로 파악하고, 개별 법규범은 규율이 요청되는 생활관계와 이익충돌(Interessens-konflikte)에 대하여 입법자에 의하여 규범적으로 공고히 되고, 구속력이 있게 된 이익의 평가(Interessenbewertungen)라고 이해하는 법이론이 주장되었다. 이러한 법이론에서는 법률을 개념법학에서와 같이 폐쇄인 체계로서 계층적으로 질서지워진 법개념으로 이해하는 하는 것이 아니라, 법률을 모든 법공동체 내에서 서로 대립하고, 승인을 위해 투쟁을 하는 물질적, 민족적, 종교적, 윤리적 이익의 충돌에 대한 평가와 판단이라고 이해하였다. 그리하여 법을 발견하고 법을 얻음에 있어서 개념법학에서와 같이 논리의 우월성에 기초할 것이 아니라, 생활탐구 및 생활가치의 우위성에 기초할 것을 주장하였다. 그 결과 생활사실로부터 법을 발견하고, 법률을 생활 속에서 일어나는 이익의 충돌에 대한 입법자의 결정으로 이해하고자 하였다. 그러므로 법률의 흠결부문에 대해서는 생활을 고려하여 서로 충돌하는 이익상태를 조정할 수 있는 법을 형성해 내고자 하였다.

이와 같이 법을 개념논리의 체계로 보는 개념법학에서, 서로 충돌하는 이익상태인 생활관계의 탐구를 통해 이익충돌을 사물의 이치에 맞게 판단하고 해결하는 규범으로 이해하는 방향으로의 법에 대한 이해가 전환되었다. 그리하여 모든 법규범을 사회의 이익충돌에 대한 결정 내지 판단(Jede Rechtsnorm ist eine Entscheidung von Interessenkonflikten der Gesellschaft)으로 이해하고,[46] 개념법학에서의 논리의 우월성(Primat der Logik)에서 생활탐구와 생활평가의 우월성(Primat der Lebensforschung und Lebenswertung)을 주장하는 방향으로 법탐구의 방향이 전환되었다.[47] 그러므로 생활사실로부터 귀납적 방법으로 법규범을 도출하고 법률의 흠결을 법관에 의하여 보충할 것을 주장하여, 현실을 고려한 법적 문제의 해결에로의 법취득 방향으로 나아갔다.

이와 같이 독일민법전이 제정, 시행되자 곧이어, 독일민법전의 흠결이 발견되고, 개념의 연역적 논리만에 의하여 독일민법전의 흠결을 보충하고자 한 개념법학적 사고로는 독일민법전의 흠결을 보충할 수가 없게 되었다. 이러한 개념법학의 한계를 극복하기 위한 대안으로서, 법관에 의한 법률의 흠결의 보충

46) Staudingers Kommentar, a. a. O., Rn 183 zur Einleitung.

47) Gregor Edlin, "Begriffs- und Interessenjurisprudenz", in: Theorie und Technik der Begriffs-jurisprudenz, hrsg. von Werner Krawietz(Dartmstdt, Wissenschaftliche Buchgesellschaft, 1976), S. 270.

과 생활현실을 고려하여 생활 속에서 서로 충돌하는 이익상태를 조정할 수 있는 규범을 도출할 것을 주장한 자유법론(freie Rechtslehre)과 이익법학(interessen-jurisprudenz)이 출현하였다. 자유법론은 법률의 흠결과 법관에 의한 법형성 내지 법창조를 특별히 강조하였으며, 이익법학은 생활현실로부터 생활 속에서 일어나는 서로 대립하는 이익의 충돌을 조정하고 해결하기 위한 규범을 창조할 것을 특히 강조하였다. 이와 같은 자유법론과 이익법학으로의 독일민법학의 발전방향의 전환은, 독일민법전의 제정이전에 이미 예링에 의하여 주장된 목적법론과 권리의 본질에 관한 이익설에서 주장되었다. 이러한 예링의 주장은 자유법론과 이익법학에 와서야 비로소 구체적, 실용적으로 발전하게 되었다. 이러한 자유법론과 이익법학에 의하여 독일민법전 시행초기의 개념법학에 의한 독일민법전의 경화현상을 극복하고, 독일민법전이 독일국민들의 생활 속에서 그 생명력을 강화할 수 있도록 하였다.

Ⅱ. 자유법론의 전개와 발전

독일민법전이 사회현실을 빠짐없이 해결할 수 있는 무흠결의 법전이 아니라 흠결이 있는 사실이 인식되자 그 흠결을 보충하기 위해서는 법관이 제정법률에 순종할 것만이 아니라, 법을 창조할 수 있는 권한이 주어야 한다는 주장이 먼저 제기 되었다. 법관은 법률의 흠결을 이유로 재판을 거부할 수 없다. 독일민법전의 입법자들은 법률의 흠결, 즉 독일민법전의 흠결을 예상치 못하였다. 그러나 프랑스민법전은 이미 법률의 흠결을 예상하고 그 흠결을 법관이 보충할 수 있도록 규정하고 있었다. 즉, 프랑스민법 제4조에서는 "법률의 흠결, 불명 또는 불충분을 이유로 재판을 거부하는 법관은 재판거부죄로 소추될 수 있다"고 규정하여 법관으로 하여금 법률의 흠결을 보충할 수 있도록 예정하고 있었다. 이러한 법관에 의한 법률의 흠결보충을 허용함으로써 프랑스민법전이 제정된 후 사회변화에도 불구하고 그 규범력을 강력하게 유지할 수 있었다. 그리고 스위스 민법에서도 역시 법관이 법률의 흠결을 보충할 수 있도록 예정하고 있다. 스위스민법 제1조 제2항에서는, "이 법률에 규정이 없는 경우에 법관은 관습법에 따르며, 관습법도 없는 경우에는 그가 입법자라면 제정하였을 법칙에 의하여 재판하여야 한다"고 규정하고, 제3항에서는 "전항의 경우에 법관은 확증된 학설과 선례(bewährte Lehre und Überlieferung)에 따른다"라고 규정하여 법관에 의한 흠결의 보충을 허용하고 있다.

독일민법전에는 프랑스민법전이나 스위스민법전에서와 같은 법관에 의한 법의 흠결보충의 권한을 명시적으로 규정하지는 않았지만, 법이론에 의하여 법관에 의한 흠결을 보충이 주장되고, 법관의 법률에의 충실과 순종에 의한 독일민법전의 경화현상을 극복할 수 있게 되었다. 이러한 법관에 의한 법률의 흠결의 보충을 주장하고 그 이론을 정립한 법학이 바로 자유법론(freie Rechtslehre) 내지 자유법운동(Freirechtsbewegung)이었다.

이러한 역사적 배경하에서 생성된 자유법론은 1903년 Eugen Ehrlich가 Wien에서 열린 법조협회(Juristische Gesellschaft)에서 발표한 그의 논문, "자유로운 법발견과 자유법학"(Freie Rechtsfindung und freie Rechtswissenschaft)에서 시작이 되었다. Ehrlich는 독일의 법관에게도 영국에서의 법관과 같이 실정법률에 엄격히 순종할 것이 아니라 법을 창조해 낼 수 있어야 한다고 주장하였다. 그리고 역사적으로 로마법에서의 법무관(praetor)은 바로 사회현실속에서 필요한 법을 창조한 법률가들이었음을 강조하고, 법무관에 의한 로마법의 발전에 있어서는 법의 무흠결의 도그마는 생각될 수 없었다고 주장하였다. 또한 그는 법관에 의한 새로운 판단은 새로운 법원칙으로 승인되어야 한다고 주장하였다. 그리하여 독일민법전의 흠결성을 인식하고 그 흠결을 법관에 의하여 보충할 것을 주장하였다.

Ehrlich가 이러한 법관에 의한 법창조를 주장하기 이전에도 이미 법관에 의한 법창조의 필요성을 주장한 법학자들이 없지는 않았다. 1885년에 Oskar Bülow는 그의 저작, "법률과 법관직"(Gesetz und Richteramt)에서 "일반적인 규정이 법이 아니라 법관이 구체적으로 판결로서 판단한 것이 법이다"라고 하였다.[48] 그리고 프랑스에서도 이미 1899년에 François Gény가 자유법론(libre recherche)의 사고를 법의 발전을 위해 법학에 도입하고, 제정법하에서도 법학과 법발전에 관한 근대적인 견해의 기초를 제공하였다.[49] Gény는 프랑스민법전이 제정된 지가 1세기 가까이 지나게 되어, 프랑스민법전이 변화하는 사회현실을 적절히 규율하지 못함으로 이를 극복하기 위한 방법으로 법관에게 법을 창조할 수 있는 관할권이 있다고 Gény가 주장하고, 법관에게 관습법적인 법형성(Rechtsbildung)의 가능성을 승인하였다.[50] 독일에서는 Ehrlich 이후 Hermann Kantoro-

48) Meder, a. a. O., S. 299.
49) A. a. O., S. 299.

wicz가 1906년, "법학을 위한 투쟁"(Der Kampf um die Rechtswissenschaft)에서 더욱더 예리한 형태로 자유법론을 발전시켰다.[51]

이와 같이 독일에서의 자유법론의 법사고는 영국에서의 법관에 의한 자유로운 법창조의 실재와 프랑스에서의 프랑스민법전을 변화하는 사회현실에 부응시키기 위한 자유법적 사고의 영향을 받아 주장된 것이었다. 이러한 자유법론의 사고는 독일에서의 삼권분립의 사상과 개념법학에서 인정되었던 법관의 제정법률에 대한 순종으로부터 자유롭게 법을 창조할 수 있는 권한을 부여하여야 한다는 사법개혁의 요구로 발전되었다.[52]

이러한 역사적 과정을 거쳐서 발전된 자유법론에 의하여 법관에 의한 법발견의 방법은 먼저, 법률의 해석을 통하여 이루고자 하였다. 개념법학에서는 법규정의 객관적인 의미내용을 따라서만 해석하였으나, 자유법론에서는 목적론적 해석을 하여, 법률의 흠결을 보충하고, 그것에도 한계가 있을 때에는 유추해석을 통하여 보충하고, 그것에도 한계가 있을 때에는 일반규정(Generalklausel)을 통하여 법관이 규범을 창조할 수 있도록 하였다. 독일민법상의 일반규정으로는 제138조와 제826조의 선량한 풍속 조항, 그리고 제157조 및 제242조의 신의성실의 원칙조항을 들 수 있다. 특히 독일민법 제138조 및 제826조의에 의하여 형성된 판례법을 선량한 풍속의 칙법(Kodex der gutten Sitten)이라 한다.[53] 더 나아가 이러한 일반규정으로부터도 흠결을 보충할 수 없으면, 스위스민법 제1조 제2항 및 제3항의 규정을 모범으로 하여 법관에 의한 법형성이 가능하다고 하였다.

이와 같은 자유법론에 의한 법관에 의한 법의 흠결의 보충이론에 따라서 로마법상의 법이론 내지 법제도로서 독일민법전에서 규정하지 아니한 법제도들이 판례법에 의하여 많이 정립되게 되었다. 구체적으로는 사정변경(clausula rebus sic stantibus)의 원칙의 인정, 계약체결상의 과실책임(culpa in contrahendo)의 인정, 일반적 악의의 항변(exceptio doli)의 인정, 과도한 불이익(laesio enormis)에 의한 해제의 인정,[54] 착수된 행위가 묵시적 의사표시로서의 의미가 부여될

---

50) Edelmann, a. a. O., S. 85.

51) Meder, a. a. O., S. 299.

52) Edelmann, a. a. O., S. 86.

53) Boehmer, a. a. O., S. 174.

54) 독일보통법에서는 매매에 있어서 일방당사자에게 과도한 불이익이 되는 경우에, 그 일방당사자에게 계약을 해제할 수 있도록 허용하였다. 그러나 현재에는 폭리행위로서 그 매매계약을 무효로 다루고 있다.

수 없을 때의 무효의 항변(protestatio facto contraria)의 인정, 오표시 무해의 원칙(falsa demonstratio non nocet)의 인정, 일무무효의 경우의 잔부유효의 원칙[55] (utile per inutile non vitiatur)의 인정, 모욕에 대한 인격침해소권(actio iniuriarum)의 인정 등이 독일제국법원(Reichsgericht: RG)의 판례법으로 형성되었다.[56] 그 외에도 로마법에 규정되어 있는 법제도가 아닌 새로운 제도로서, 1904년에는 적극적 채권침해(positive Forderungsverletzung) 이론이 판례에 의하여 인정되었으며, 그 후에는 사실적 계약관계(faktisches Vertragsverhältnis) 이론이 인정되었다. 그 밖도 행위기초상실론(Lehre des Wegfalls der Geschäftsgrundlage), 주관적인 시카네의 금지에서 객관적인 권리남용 이론으로의 발전, 실효(Verwirkung) 제도 등이 판례에 의하여 인정되었다.[57]

독일민법전이 제정, 시행된 후의 독일민법학의 발전은 개념법학에 대항하여, 제정법률은 무흠결의 완벽한 체계가 아니라 흠결이 있다는 것을 주장하고, 그 흠결을 보충하기 위하여 법관의 자유로운 법발견과 법창조를 인정하고, 구체적인 법규범을 제정법규의 논리적 연역에 의하여 도출할 것이 아니라 사회현실의 대립하는 이익의 충돌상태를 해결할 수 있도록 현실로부터 법규범을 귀납적으로 형성하여야 한다는 방향으로 나아갔다. 자유법론이나 이익법학 모두가 이러한 새로운 민법학의 발전방향으로 이끌어 나갔으나, 자유법론은 특히 전2자의 방향에 중점을 두었으며, 이익법학은 현실을 고려한 법규범의 귀납적 형성을 중점적으로 다루었다.

Ⅲ. 이익법학의 전개와 발전

이익법학은 법에 대한 이해를 개념법학과는 전혀 다르게 파악하였다. 개념법학에서는 법을 개념에 의한 논리로 구성되어 있는 하나의 완결적인 체계로 판단한데 반하여, 이익법학에서는 법이란 사회의 이익충돌에 대한 결정 내지 판단으로 파악하였다. 그리하여 이익법학에서는 이익충돌에 대한 입법자의 판단의 결과가 제정법률이라고 하며, 제정법률의 흠결에 대해서 법관이 이를 보충함에 있어서는 대립 충돌하는 이익상태를 고려하여 그러한 충돌을 조정하고

---

55) 이는 학설휘찬 제45권 제1장 제1절 제5항(D. 45. 1. 1. 5)에 이미 규정되어 있었다.
56) Meder, a. a. O., S. 293.
57) A. a. O., S. 293.

해결할 수 있는 결정에 도달하여야 한다고 하였다. 그리고 법을 창조하고 발전시킴에 있어서, 개념법학은 논리적 조작에 의하여 법체제와 법규범으로부터 연역적으로 구체적인 법규범을 도출할 수 있다고 이해하는데 반하여, 이익법학에서는 사회의 서로 충돌하는 이익으로부터 귀납적으로 법을 창조하여야 한다고 하였다. 그리하여 이익법학은 사회현실로부터 법규범을 창조해 내는 법학방법론으로 목적법론에 그 뿌리를 두고 있으며, 훗날의 법사회학의 기초가 되었다.

이익법학에서의 이익은 인간사회에 존재하는 모든 갈망을 의미하며, 여기에서의 이익은 물질적인 이익만이 아니라 이념적인 갈망(ideelle Bestrebungen)도 포함된다. 이와 같이 이익법학에서 고려하는 이익은 경제적 이익만을 의미하는 것이 아니라, 모든 보호할 만한 가치 있는 이익 전부를 의미하며, 정신적, 윤리적, 종교적 이익도 고려한다. 더욱더 법관은 구체적으로 분쟁에 관련된 사람만의 이익을 고려하는 것이 아니라, 법률관계에서 관련이 되어 있는 자의 이익 및 공공의 이익도 고려한다.[58] 그러므로 결국 이익법학은 모든 이익의 조화(Harmonie der aller Interessen)를 목표로 한다.[59]

그리하여 이익법학에서는 법규범은 생활이익에 기초하고 있는 것으로, 그리고 법규범은 사회현실 속에서 일어나고 있는 이익충돌에 대하여 결정하는 기능을 담당하는 것으로 파악하였다.[60] 그리하여 이익법학에서는, 사회에는 항상 이익이 대립하고 있기 때문에 입법자는 현존하는 이익의 충돌에 대하여 결정할 것을 강요받으며, 결국 사회에서 보다 강하고 결과가 풍성한 이익이 법규범으로 관철된다고 한다.[61] 이와 같이 이익법학에서는 법규범은 생활이익에 기초하며, 이익충돌(interessenkonflikte)을 조정하고 판단하고 결정하는 기능을 담당한다고 하였다.[62] 그리하여 이익법학에서는 법규범을 사회현실 속에서 일어나고 있는 이익충돌에 대하여 이를 해결할 수 있는 잣대(Diagonale)로 이해한다. 그리하여 이익법학에서는 인간의 행동은 이익추구에 있으며, 법은 이익충돌에 대한 결정이라고 하였다. 이익법학의 대표자인 Philipp Heck는 이익충돌에 대한

58) Arthur Homberger, "Begriffsjurisprudenz und Interessenjurisprudenz", in: Theorie und Technik der Begriffsjurisprudenz, hrsg. von Werner Krawietz(Dartmstdt, Wissenschaftliche Buchgesellschaft, 1976), S. 259.

59) A. a. O., S. 285.

60) Friedrich Ebel, Georg Thielmann, Rechtsgeschichte von der Römischen Antike bis zur Neuzeit, 3. Aufl.(Heidelberg, C.F.B. Müller Verlag, 2003), S. 677.

61) Staudingers Kommentar, a. a. O., Rn 183 zur Einleitung.

62) Ebel, Thielmann, a. a. O., S. 675.

결정은 보다 강한 이익이 완전히 실현되도록 이루어지기도 하고, 서로 다른 이익사이에 조정이 이루어지기도 한다고 한다. 그리하여 이익법학에서는 법은 이익충돌에 대한 결정인 질서이자 규범으로 이해한다. 이와 같이 이익법학의 법에 대한 이해는 법을 개념에 의한 완결적인 체계로 이해하는 개념법학과는 전혀 다르다.

이러한 이익법학에서는 구체적인 법적분쟁사건에 있어서 구체적인 판단과 결정을 함에 있어서, 법관은 당해 사건에서 어떠한 이익이 충돌하고 있는가를 분명히 하고, 그 다음에는 그러한 이익충돌에 대해 제정법률에서는 어떠한 결정을 하였는지를 심사하여야 한다고 하였다. 그 제정법률의 결정에 따라서 당해 사건에 관하여 적용 법규정을 결정한다고 한다. 그러나 입법자가 결정을 하지 않았으면, 입법의 흠결이 있으며 그때에 법관은 법률에서 결정한 가장 가까운 이익충돌의 결정에 의존해서 당해 이익충돌을 결정하여야 한다고 하였다. 때로는 법관이 이익형량(Interessenabwägung)을 하여 결정하여야 한다고 한다.[63] Heck는 이러한 구체적인 분쟁사건에 있어서 제정법률에 충실하게 이익충돌의 결정을 찾아내는 법관의 활동을 법률에 대하여 생각하는 순종(denkender Gehorsam gegenüber dem Gesetz)이라고 표현하였다.[64] 그리하여 Heck는 법관이 이익충돌을 결정하기 위해서는 제정법률에서 결정을 찾도록 하여 사회의 이익상태를 고려하지만 제정법률에 충실할 것을 주장하였다. 그리하여 Heck는 입법자가 인식한 이익평가에 법관은 엄격히 구속된다는 입장을 유지하였다. 따라서 법관은 법률아래 있으며, 법률충실의 원칙에는 예외가 없다고 하였다.[65]

이와 같이 Heck에 의한 이익법학은, 이익충돌에 대한 입법자의 결정을 존중하고 법관은 입법자의 결정에 구속되지만, 이익충돌에 대한 입법자의 결정이 없거나, 입법자의 결정이 서로 모순되거나, 이익충돌에 대한 결정이 법관에게 위임되어 있는 경우에는, 법관이 입법자였더라면 결정하였을 그 결정에 따라서 결정을 하여야 한다고 하였다.[66] 그때에 스위스민법 제1조 제2항 및 제3항이 독일에서도 적용된다고 하였다. 그리고 Heck는 법관은 법을 완벽하게 적용할 뿐만 아니라 규범을 창설하기도 한다고 하였다. 그러한 의미에서 그는 법관은 법

63) Boehmer, a. a. O., S. 186.
64) A. a. O., S. 186.
65) Rüthers, a. a. O., Rn. 536.
66) Hans Hattenhauer, Arno Buschmann, Textbuch zur Privatrechtsgeschichte der Neuzeit mit Übersetzungen(Beck, 1967), S. 303.

창조적 활동을 한다고 하였다. 그렇지만 법관에 의한 규범은 법률에 의한 규범의 효력을 갖지는 못한다고 하였다. 그리하여 법관은 입법자보다는 법창설에 자유롭지 못하다고 하였다. 그러므로 법관은 법률의 가치판단을 따라야 하고, 따라서 법관의 가치판단은 입법자의 그것에 대해 2차적이고 보충적이라고 하였다.[67] 따라서 Heck의 이익법학은 가치중립적이고, 자유주의적이었으며, 개인주의적이었다.[68]

이와 같은 이익법학의 철학적 기초는 Jeremy Bentham(1748-1832)에 의하여 창안된 공리(功利)주의(Utilitarismus)에 기초하고 있다. Bentham은 윤리적 법이론의 기본원칙으로서 공리주의를 주장하였다. 그에 의하면 인간의 행동이나 법질서에서의 가치판단의 기준은 많은 사람들의 많은 행복을 실현하느냐 않느냐에 의해 결정된다고 이해하였으며, 서로 다른 개인적 이익 및 단체의 이익의 분류 및 형량의 방법을 스스로 완성하였다.[69]

독일에서 이익법학은 Tübingen 대학을 중심으로 하여 일어났다. 이익법학의 대표적인 법학자인 Philipp Heck는 1905는 독일법률신문(Deutsche Juristenzeitung)에 발표한 그의 논문, "이익법학과 법률충실"(Interessenjurisprudenz und Gesetzestreue)에서 처음으로 이익법학이란 이름을 사용하여 자신의 법학방법론을 이익법학이라 이름붙였다.[70] Heck는 그의 논문에서, 법규정은 법구조로부터 도출되는 것이 아니라, 이익충돌에 대한 결정으로부터 도출된다고 하였다.[71] 그리고 그는 법률에는 흠결이 있으며, 그 흠결은 법체계의 논리적 구성(Kontruktion)에 의해서가 아니라 이익심사(interessenprüfung)에 의해 보충되어야 한다고 하였다.[72] 그 후 그는 1914년에 그의 저서, "법률의 해석과 이익법학"(Gesetzesauslegung und Interessenjurisprudenz)에서 이익법학을 심화시키고 이를 강하게 주장하였다. Heck는 본래 수학과 자연과학을 공부하였으나, 예링의 개념법학에 대한 비판과 이익개념에 대한 강의를 듣고서 법학에로 이끌렸다.[73] Heck 이외에도 이익

67) A. a. O., S.S. 303-304.

68) 이러한 Heck의 이익법학에 대하여, 나치의 국가사회주의 추종자들은 이익법학이 민족적 사고의 인종적 내용에 대한 방법론상의 인식이 결여되어 있다고 비난받았다(Vgl., Rüthers, a. a. O., Rn. 534).

69) Staudingers Kommentar, a. a. O., Rn 181 zur Einleitung.

70) Edelmann, a. a. O., S. 13, S. 90.

71) A. a. O., SS. 13-14.

72) A. a. O., S. 13.

73) Rüthers, a. a. O., Rn. 524.

법학에 속하는 법학자들로서는, Oskar Bülow, Gustav Rümelin, Max Rümelin, Heinrich Stoll, Rudolf Müller-Erzbach, Hans Würstendörfer, Reichel, Hedemann 등이 있다.

Würstendörfer는 말하기를, 이익법학은 본질적으로 사회학적 법발견(soziologische Rechtsfindung)이고, 사회학적 법발견의 방법은 4단계로 나누어지며, 그 4단계는 첫째로 법규범이 없고, 둘째로 이익상태의 법현실은 존재하는 경우에, 셋째로 스위스민법 제1조 제2항 및 제3항이 규정하고 있는 자유법론적 방법(freirechtliche Methode)에 따라서, 넷째로 법관에 의한 법을 만들어 나아가게 된다고 하였다.[74]

이와 같은 이익법학의 법이론은 자연히 법률의 해석에 있어서 역사적, 목적론적 해석으로 발전하였다. 개념법학이 체계적 해석을 추구한데 반하여 이익법학은 법의 목적을 파악하기 위한 방법, 즉 입법목적으로 찾고자 하는 방법이며, 목적론적 해석방법을 추구하였다. 그리고 이익법학에서는 개별규범의 발생사(Entstehungsgeschichte)를 추적하여 규범이 발생하게 된 이익충돌을 파악한다. 그리하여 이익법학에서는 법률의 입법과정의 역사적 탐구를 법률이해의 기초로 삼는다.[75] 이러한 이익법학의 영향에 힘입어 1920년에는 이미 제국법원(RG)은 소송사건에 대한 법적 결론을 내리기 전에, 법관은 생활현실(Wirklichkeit des Lebens)과 사실의 힘(Macht der Tatsachen)을 고려하여야 한다고 하였다.[76] 이러한 이익형량(Interessenabwägung)과 목적론적 고찰(teleologische Betrachungsweise)의 이익법학의 방법론은 오늘날에도 역시 판례의 기초를 이루고 있다.

이러한 이익법학에서는 서로 충돌하는 이익에 대한 평가를 하므로 이익법학을 평가법학이라고도 하며, 사회현실 속에서 충돌하는 이익상태에 대하여 조장하고 판단하기 위한 법규범을 창조하고자 하므로 사회학적 법학(soziologische Jurisprudenz)라고도 하며, 법의 목적을 탐구하고 목적론적 해석론에 입각하고 있으므로 이익법학을 목적적 법학(teleologische Jurisprudenz)라고도 한다.[77] 이익법학은 초기의 이익개념(Interessenbegriffe)의 강조에서 점차 충돌하는 이익상태에 대한 이익의 평가(Wertung)에 중점을 두는 방향으로 발전하여 종래에는 이익법학을 평가법학이라고도 하였다.[78]

74) Edelmann, a. a. O., S. 96.
75) Staudingers Kommentar, a. a. O., Rn 184 zur Einleitung.
76) A. a. O., Rn 187.
77) Homberger, a. a. O., S. 253.

그러나 오늘날에는 이익법학과 평가법학에는 약간의 차이점이 있다. 이익법학은 법률의 가치판단에 충실한 법학방법론이다. 다시 말하면 이익법학은 이익에 대한 평가(Interessensbewertung)는 하였으나, 규범의 해석이나 규범의 법문화적 가치에 대해서는 결정적인 중요성을 고려하지 않았다고 후대의 평가법학자들이 비판을 가하였다. 특히 평가법학자에 속하는 Harry Westermann이 이익법학을 비판하였다.[79] 이익법학의 방법론은 생활탐구와 생활평가의 우위(Primat der Lebensforschung und Lebenswertung)에 두었으며, 제정법률의 규범이 정의에 합치되는냐 않느냐의 가치판단을 하지 않았다고 후대의 가치평가법학자들이 비판을 가하고 있다. 이와 같은 가치평가법학은 나치에 의한 입법에 의한 불법의 시대를 경험하고서, 제정법률의 내용이 정의와 인류보편의 가치에 합치하느냐 않느냐를 검토하여야 한다는 주장으로 생성된 법이론으로서, 이익법학이 너무 힘의 주장(Machtanspruch)에 대해서만 관심을 갖는다고 비판하였다.[80] 그리하여 오늘날에는 가치평가법학을 이익법학과는 구별하고 있다.[81]

이와 같은 후대의 가치평가법학에 의하여 제기된 이익법학에 대한 비판이외에도, 이익법학에 대하여 비판하는 또 다른 주장이 제기되었다. 그러한 이익법학에 대한 비판 중 가장 강력한 비판으로서는, 이익법학은 법공동체에서 서로 대립하고 승인을 위해 싸우는 물질적, 국가적, 민족적, 종교적, 윤리적 모든 이익의 충돌에 대한 결정으로 파악하므로, 법을 그때 그때의 힘의 상태와 이익상태의 표현으로 이해한다는 점이었다. 그리하여 이익법학은 물질주의적 및 개인주의적 법이론이라는 비판이 제기되었다.[82] 그리하여 이익법학은 모든 법생활을 이익투쟁의 장으로 격하시키고, 입법자를 이익투쟁의 법관으로 격하시키고 있다는 비난이 일어났다. 그리고 이익법학은 과도한 개인주의에 입각하고 있다는 비판도 함께 일어났다.[83] 이러한 이익법학에 대한 비판자들로서는, Paul

---

78) 평가법학이란 이름은 Harry Westermann, Reinicke, Hans Brox 등이 이익법학의 다른 이름으로 붙인 명칭이다(Vgl., Rüthers, a. a. O., Rn. 532).

79) Jens Petersen, Von der Interessenjurisprudenz zur Wertungsjurisprudenz(Mohr Siebeck, 2001), S. 7.

80) A. a. O., S. 8.

81) A. a. O., S. 1.

82) Boehmer, a. a. O., S. 193.

83) 이익법학이 과도한 개인주의적인 법학이라는 비난은 나치의 민족사회주의자들에 의하여 주로 제기되었다. 나치의 민족사회주의는, 공동체의 이익이 개인의 이익에 앞서며(Gemeinnutz geht vor Eigennutz), 개인은 무가치하며 민족이 유일하다(Du bist nichts, Dein Volk ist alles), 법은 민족에 필요로 하는 것(Recht ist, was dem Volks nützt)라고 하였다(Vgl., Boehmer, a. a. O., S. 203).

Oertmann(1865-1938), Rudolf Sohm(1841-1917), Hugo Preuß(1860-1925) 등을 들 수 있다.

그러나 사법(私法)이란 이익충돌의 관점에서 출발하여 그러한 이익충돌의 사회적 긴장을 해결하는 데 이바지 한다. 사법적 판단의 과제는 법소재인 이익을 형량하여 보호할 만한 이익을 측량하고, 보호할 만한 가치가 있는 소재에 우선순위를 부여하고, 서로 충돌하는 이익상태를 보호할 만한 이익상태로 조정할 수 있는 절충점을 찾는 것이다. 그러므로 이익법학의 법학방법론은 민법학의 과제와 방법론을 정확히 제시하였다고 할 수 있다. 그리고 이익법학의 법학방법론은 개인의 이익의 충돌의 조정만을 목적으로 하지 아니하고, 공동체 이익 상호간에도 또한 개인의 이익과 공동체의 이익간의 충돌의 조정의 경우에도 역시 적용되는 것이다. 독일민법학사에 있어서 개념법학에서 이익법학에로의 발전은 로마법에서의 시민법에서 명예법으로의 발전 및 영미법에서의 보통법(Common Law)에서 형평법(Equity)에로의 발전에 비교된다. 시민법과 보통법은 엄격법(ius strictum)으로서 시대의 변화의 탄력적으로 대응하지 못하자, 형평의 견지에서 형평법(ius aequum)으로 명예법과 형평법이 생성된 것이었다. 개념법학과 이익법학도 역시 개념법학이 체계구축을 너무 강조한 나머지 엄격법으로 경화되어 시대의 변화에 대응하지 못하자, 형평법으로서 이익법학이 태동한 것이었으며,[84] 독일민법전이 시대의 변화에도 불구하고 그 생명력을 더 강하게 유지할 수 있도록 하였다.

Ⅳ. 자유법론과 이익법학에 대한 법정책적 평가

자유법론과 이익법학은 개념법학에 의한 독일민법전의 경화현상을 극복하고 독일민법전이 변화하는 사회현실에 적응(Anpassung)할 수 있도록 한 법이론이다. 개념법학에서는 독일민법전은 흠결이 없는 완벽한 체계를 갖추고 있으므로 체계의 논리적 연역에 의하여 구체적인 법률문제에 적용할 법규범을 도출할 수 있다고 이해하였다. 그리고 법관은 법을 논리적으로 해석하는 일만을 할 권한을 가지고 있으며, 법을 창조하고 발전시킬 수 있는 권한은 없다고 보았다. 그러므로 개념법학에 의해서는 독일민법전이 변화하는 사회현실을 충분히 규

84) Bucher, a. a. O., S. 375.

율하여 생활에 가까이 있는 민법전으로 발전시킬 수가 없었다. 따라서 개념법학에 의해서는 독일민법전이 생활과는 거리가 있는 민법전으로 발전할 수밖에 없었다.

이러한 개념법학에 의한 독일민법전의 경화는 독일민법전이 시행된 후, 얼마 지나지 않아 극복되었다. 그것은 독일민법전은 완전무결한 법전이 아니라 흠결이 있는 법전이며, 그 흠결은 법관의 자유로운 법발견에 의하여 보충되어야 한다는 법이론이 주장되고, 사회현실은 대립하는 이익충돌의 상태이며, 법이란 체계 내에서 논리적으로 도출되는 것이 아니라 이익충돌에 대한 결정이므로, 현실로부터 법규범을 창조하여야 한다는 방향으로 법이론이 발전하였다. 이러한 개념법학에서와는 다른 법이해와 법발전의 법이론이 바로 자유법론과 이익법학이었다.

이와 같은 자유법론과 이익법학의 역사적 뿌리는 이미 독일민법전의 제정 이전에 예링의 목적법론에 있었다. 자유법론과 이익법학에 의하여 독일민법의 입법자들이 예상하지 못하고 규정하지 못한 법제도를 판례법으로 인정하였으며, 이러한 판례법에 의하여 독일민법전이 변화하는 사회현실을 적절히 규율할 수 있도록 하였다. 그리하여 독일민법전이 시행되고서 곧 닥친 제1차 세계대전으로 인한 급격한 사회변동으로 인하여 발생한 사회문제를 해결할 수 있도록 하였다.

법이란 사회현실의 문제를 해결하기 위한 규범이다. 그러므로 사회현실을 고려하지 아니하는 법학은 형식논리로 흐르기 쉽다. 사회현실을 고려한 법학이 바로 실효성 있고 설득력이 있으며, 제정법률에 생명력을 부여할 수 있다. 개념법학은 현실을 고려하지 아니하지 아니한 논리와 체계구성에 집중한 법학방법론이었다. 그리하여 독일민법전을 제정하게 할 수 있었다. 자유법론과 이익법학은 사회현실을 고려하여 제정법률을 실효성 있게 규율할 수 있도록 한 법이론이었다. 법은 논리적 체계이면서 동시에 현실의 사회문제를 해결하기 위한 규범이다. 따라서 법의 발전은 사회현실의 문제를 고려하여 판단하는 법실무와 관련하여서 발전할 수 있음을 알 수 있다. 그리고 자유법론과 이익법학의 법이론은 법관에 의한 법발견(richterliche Rechtsfindung)의 길을 열고, 생활 속에 살아있는 법(lebendiges Recht)을 발견하고 창조할 수 있도록 하였다.

이러한 자유법론과 이익법학은 영국의 공리주의로부터 영향을 받고, 프랑스 민법전의 발전사의 경험으로부터도 영향을 받아 독일에서 형성되어, 독일민법전의 실효성과 생명력을 더하여 독일민법전이 급격한 사회변화에도 적응할 수 있도록 하였으며, 독일의 민법학이 법사회학(Rechtssoziologie)으로 발전할 수 있는 기초를 제공하였으며, 법을 사회공학[85](social engineering)으로 이해하는 영미에서의 법현실주의(legal realism: Rechtsrealismus)의 발전에도 영향을 주었다.[86]

85) 법을 사회공학으로 이해하는 법현실주의에서는 법규범을 통하여 사회행태를 조정(Steuerung)하고자 한다.

86) Rüthers, a. a. O., Rn. 528.

제 3 장
민족사회주의하에서의 독일민법학

제 1 절 민족사회주의의 대두

독일법사에 있어서 인류보편적인 가치를 추구하는 정상적인 독일법사에 속하는 것으로 분류되는 것이 아니라, 이질적이고 변칙적이며 인류의 보편가치에 반하는 법학의 시대로 분류되는 법사가 바로 나치에 의한 민족사회주의[1]하의 법학의 시대와 구동독지역에서의 사회주의 법학의 시대이었다. 전자의 민족사회주의하의 법학은 독일전역에 걸쳐서 이루졌으며, 독일인 스스로가 선택한 불법의 합법화 시대였다. 그리고 후자의 사회주의법학은 독일인 스스로의 선택이 아닌 타율적인 결정에 의한 독일의 일부지역에서 이루어졌다. 전자의 법학은 나치의 인종주의에 입각한 인종주의 법학이었으며, 후자의 법학은 구동독지역에서의 계급주의에 입각한 법학이었다. 나치의 인종주의 법학이나, 구동독지역에서의 사회주의 법학은 모두가 개인의 이성과 자유를 부인하고, 개인은 전체를 위하여 그리고 단체의 구성원으로서의 존재가치만이 인정되는 인간의 인격을 철저히 부인하는 법학이었다. 그러므로 나치의 인종주의 법학이나 구동독지역에서의 사회주의 법학은 인간의 본성인 인간의 이성과 자유를 부인하는 기초위에 이루어진 법학이었기 때문에 인류보편적인 가치에 반할 수밖에 없었다. 따라서 나치의 인종주의 법학이나 구동독지역에서의 사회주의 법학은 독일법사에 있어서 극복되어야 할 법학이었으며, 이러한 불법을 합법화한 법학을 극복하는 새로운 법학이 독일에서 태동할 수 있었다.[2] 이러한 독일법사의 불법의 경험은 영원히 각국의 역사에서 배제되어야 할 과제이면서 동시에 독일법사가 남긴 역사적 교훈이기도 하다.

1) 민족사회주의를 국가사회주의라고도 한다.
2) 그 법학이 나치몰락 이후의 가치법학(Wertungsjurisprudenz)이다.

나치법학, 즉 민족사회주의(Nationalsozialismus)의 법학은 독일민족의 우월성에 기초하면서 독일인의 피의 순수성을 지킨다는 이념에 기초하고 있는 인종주의에 입각한 법학이다. 개인은 무가치하고 민족은 모든 것(Du bist nichts. Dein Volk ist alles)이라는 이념에 기초한 법학이 바로 나치법학이다. 이 말이 바로 민족사회주의 법이론의 핵심이었다.[3] 이는 독일민법이 이루어놓은 개인의 자유의 원칙에 대한 반대투쟁의 선언이었다.[4] 이와 같이 나치법학은 개인의 인간으로서의 존재가치를 부인하고 민족, 그 민족 중에서도 독일민족만이 유일하고 모든 것이라는 이념에 기초하고 있는 편협한 민족주의 법학이면서 동시에 국수주의적 법학이었다. 그러므로 독일의 민족사회주의 시대의 법학을 법학이라고 할 수도 없다. 민족사회주의는 실제로는 하나의 사상이라고 할 수 없는 불법적 정신(Ungeist)이었으며, 민족사회주의를 추종한 법률가들은 법(Recht)을 만든 것이 아니라, 불법(Unrecht)을 만든 것이었다.[5] 민족사회주의하에서는 불법을 합법화하고, 법(즉, 불법)에 의하여 법(즉, 합법)을 유린한 시대이었다. 다시 말하면 민족사회주의 시대의 법은 합법화된 불법(legalisiertes Unrecht)이었다.[6]

이와 같은 불법적 독일법사의 한 시대를 이루었던 민족사회주의는 어떠한 시대적 배경하에서 그 형성이 가능하였는가, 그리고 독일인들은 어떻게 불법을 스스로 용납하였던 것인가가 문제이다. 무엇보다도 나치의 등장이 가능하였던 것은 제1차 세계대전의 패전으로 인한 독일인들의 과도한 전쟁배상금의 부담으로 인한 경제적 곤경과 패전으로 인한 독일민의 민족적 열등감을 이용한 나치세력들의 독일인들의 자존심을 살리기 위한 인종주의의 호소였다고 판단된다. 그리고 나치의 인종주의 실현의 원천은 농민층이었다. 나치는 이들 독일의 농민을 자본주의와의 관련으로부터 구출해야할 독일민족으로 보았다.[7]

그리고 이러한 나치의 극단적인 인종주의에의 호소를 제지(制止)할 수 있는 정신적 세력으로서 교회가 본래의 소명을 다할 수 없었던 것도 민족사회주의의

3) Meder, a. a. O., S. 314.

4) A. a. O., S. 314.

5) Peter Raisch, Juristische Methoden: Von Antiken bis zur Gegenwart(Heidelberg, C. F. Müller, 1995), S. 120.

6) Gustav Boehmer, Grundlagen der Bürgerlichen Rechtsordnung: Zweites Buch Erste Abteilung: Dogemengeschichtliche Grundlagen des bürgerlichen Rechtes(J. C. B. Mohr(Paul Siebock), 1951), S. 216.

7) Hans Hattenhauer, Arno Buschmann, Textbuch zur Privatrechtsgeschichte der Neuzeit mit Übersetzungen(Beck, 1967), S. 316.

세력확장에 소극적으로 기여하였다고 판단된다. 정교협약에 따라서 교회가 정치에 관여할 수 없게 됨에 따라서 불법적이고 비정상적인 정치세력의 확장에 대하여 교회의 양심이 작용할 수 없었던 것이 나치의 민족사회주의를 확장케 한 중요한 원인 중의 하나라 생각된다.

또한 나치에 의한 인종주의법학이 가능할 수 있었던 것은 단체주의에 입각한 게르만법사의 전통이 큰 몫을 차지하였다. 인민법인 게르만법은 독일에서 중세를 거치면서 로마법에 계속 뒤지는 현상을 유지하여 왔으며, 독일에서 로마법의 계수에 의하여 독일 고유의 게르만법이 독일법으로 자리잡지 못하였으며, 독일민법의 제정과정에서도 로마법 중심으로 독일민법이 제정되고, 게르만법학자들에 의하여 게르만법의 연구와 체계화가 왕성히 일어나긴 하였지만, 독일민법전에 게르만법의 요소가 그렇게 많이 입법으로 반영되지는 못하였다. 이러한 게르만법이 항상 로마법에 뒤져있던 상황에서 독일인의 인종적 우수성에 기초한 인종주의 법학의 형성에 단체법적인 게르만법이 유효하게 이용될 수가 있었다. 결국 인류보편적 가치로 순화되지 못한 게르만법은 나치의 인종주의 법학의 형성과 발전에 크게 기여하게 되었다. 따라서 전통에 깊이 뿌리내리고 있던 게르만법도 역시 편협한 인종주의적인 민족사회주의 법학의 형성에 크게 기여하였던 것이었다.[8]

이러한 민족사회주의는 독일법사에 있어서, 1933년에 나치가 권력을 장악함으로써 시작되어, 1945년 제2차 세계대전의 결과로 독일이 패망할 때까지 지속되었다. 1933년 1월 30일 당시 Hindenburg 대통령은 Hitler를 수상으로 임명하였다. 그리하여 히틀러는 합법적 절차로 수상이 되었다.[9] 그러나 1933년 2월 28일 독일제국의회건물(Reichstagsgebäude)에 화재가 일어났다.[10] 이 화재를 계기로 하여 화재당일 제국의회방화령(Reichstagsbrandverordnung)을 제정하여 헌법상의 중요한 기본권을 제한하고, 일정한 범죄행위에 대해 사형을 처할 수 있도록 조치를 하였다. 그리고 동명령에 의하여 공산주의 국회의원과 공무원을 체

8) 나치는 그들의 인종주의 법학의 실천을 위하여 게르만법을 이용하였으며, 반대로 게르만법의 입장에서는 게르만법이 로마법에 비해 그 가치를 충분히 인정받지 못하였던 역사상의 푸대접을 나치시대에는 게르만법을 적용할 수 있는 절호의 기회로 삼았다. 그리하여 나치에 의한 게르만법의 적용을 게르만법의 입장에서는 로마법에 대한 게르만법의 쿠데타로 표현해 볼 수도 있을 것으로 생각된다.

9) 1942년에 이르러서는 제국의회가 결의로써 Hitler를 민족의 지도자, 최고군사령관, 행정수반, 최고법관 및 당의 지도자로 승인을 하였다(Vgl., Meder, a. a. O., S. 314).

10) 누가 화재를 일으켰는지에 관하여는 아직도 다투어지고 있다(Vgl., Weder, a. a. O., S. 312).

포하였다.[11]

그 후 1933년 3월 24일에는 소위 수권법(授權法: Ermächtigungsgesetz)이라고 말하는 "민족과 제국의 긴급상황의 제거를 위한 법률"(Das Gesetz zur Behebung der Not von Volk und Reich)을 제정하여 제국의회는 그의 권한을 전부 제국행정부에 이관하였다.[12][13] 그리하여 이 수권법이 헌법의 핵심을 이루게 되었다.[14] 동수권법 제1조에서는 헌법에 규정된 절차 이외에도 제국행정부에 의해서도 법률을 제정할 수 있도록 하였으며, 제2조에서는 제국행정부에 의해 제정된 법률은 연방의회의 관장사항이 아닌 것은 헌법과 달리 규정할 수 있다고 규정하였다.

제 2 절 민족사회주의하에서의 인종주의법학의 기초관념

민족사회주의하의 인종주의 법학에서는 개인의 존재가치, 특히 개인의 자유를 부인하고 민족, 그 중에서도 독일민족의 우월성만을 강조하였다. 이러한 인종주의법학의 강령은 나치정당인 민족사회주의독일노동자당(NSDAP: Nationalsozialistische Deutsche Arbeiterpartei)의 강령이었다. 독일의 민족사회주의노동자당의 강령은, 첫째로 공동체의 이익은 개인의 이익에 앞선다(Gemeinnutz geht vor Eigennutz), 둘째로 개인은 무가치하며 민족이 전부이다(Du bist nichts, Dein Volk ist alles), 셋째로 법이란 민족에 유용한 것이다(Recht ist, was dem Volke nützt)라는 것으로 표방되었다.[15] 이와 같이 민족사회주의노동당의 강령은 철저히 독일민족의 이익을 보호하는 내용으로 구성되어 있었고, 개인의 존재가치를 부인하였다. 그리하여 민족사회주의의 인종주의 법학은, 독일민족의 공동체의

---

11) Meder, a. a. O., S. 312.

12) 동수권법은 4년 후인 1937년 4월 1일에 그 효력이 상실되는 한시법으로 제정되었으나, 1937년과 1939년에 동수권법의 연장을 위한 개정이 있었으며, 1943년에는 효력기간의 제한규정을 완전히 없애버렸다.

13) 동수권법의 제정에 국회의원 3분의 2이상이 찬성하고, 독일사회민주당(SPD: Sozialdemokratische Partei Deutschlands)은 반대하였다. 동수권법 제정의 표면적인 이유는 공산주의 활동의 제거였으며, 이에 따라 제국의회에서 공산주의 의원의 의원직을 정지시켰다(Vgl., Meder, a. a. O., S. 313).

14) Meder, a. a. O., S. 313.

15) Gustav Boehmer, Grundlagen der Bürgerlichen Rechtsordnung: Zweites Buch Erste Abteilung: Dogemengeschichtliche Grundlagen des bürgerlichen Rechtes(J. C. B. Mohr(Paul Siebeck), 1951), S. 203.

관점에서, 민족공동체는 개인이익의 단순한 집합체가 아니며, 공동체 그 자체를 통일체(Einheit)로 파악하고, 그 민족동체만이 존재의의를 갖는 것으로 관념하였다. 그리고 인종주의 법학은 독일의 민족공동체는 민족사회주의노동자당에 의하여 인도되며, 다시 그 민족사회주의노동자당은 그 지도자인 Hitler에 의하여 지도되어야 하는 것으로 체계화하였다.

Hitler는 1920년 2월에 밝힌 19개의 강령에서, 물질주의적 세계관에 봉사하는 로마법을 독일의 보통법(deutsches Gemeinrecht)으로 대체하여야 한다고 하였다. 이러한 지도자의 요구를 실현하기 위해서 민족사회주의는, 법은 그 스스로의 목적(Selbstzweck)을 갖는다고 하는 그 당시까지의 관념을 근본적으로 파괴하였다. 그리하여 민족사회주의는 언제나 유일한 하나의 관념을 고수하였다. 그 관념은 인종적, 민족적 공동체의 유지, 확립 및 신장을 도모(Erhaltung, Sicherstellung und Förderung der rassisch-völkischen Gemeinschaft)하는 것이었다. 그러므로 개인의 가치는 민족공동체를 위한 가치의 입장에서 평가되어야 한다는 관념과 노선을 고수하였다.[16] 그리하여 민족사회주의 체제의 중심은 독일인의 민족공동체의 유지, 즉 독일인의 인종의 유지에 있었다.[17]

이러한 독일 민족공동체의 유지와 우월사상은 개인의 존재가치를 어느 정도 철저히 부인하였는냐에 관하여는, 1936년에 게르마니스트(Germanist)였던 Karl August Eckhardt(1900-1979)가 발표한 그의 논문, "권리 혹은 의무" (Recht oder Pflicht)에서 잘 표현되고 있다. 즉 그는 그의 논문에서, 권리는 새로운 시대(즉, 민족사회주의 시대)에는 그 존재의 정당성을 상실하였다. 민족법(즉, 독일민족의 고유법인 게르만법)은 먼저 민족(Volkgenosse)의 의무를 알 뿐이며, 권리 즉 시민이 민족에 대하여 주장할 수 있는 권리는 존재하지 않는다고 하였다.[18] 이와 같이 민족사회주의에서는 개인의 존재가치를 철저히 부인하였다.

이러한 체계에 기초하여, 인종주의 법학에서는, 인종과 민족이 법원(法源)이 되며(Rasse und Volkstum als Rechtsquelle), 지도자가 법원(法源)이며(Führertum als Rechtsquelle), 민족사회주의노동자당의 당강령이 구속력 있는 법원(法源)이라고(Parteiprogramm als Rechtsquelle) 하였다.[19] 그리하여 결국 모든 법의 해석의 기초는 민족사회주의의 세계관이었으며, 그 세계관은 당강령과 지도자의 언

16) Hattenahuer, Buschmann, a. a. O., S. 316.
17) A. a. O., S. 316.
18) Meder, a. a. O., S. 314.
19) Rüthers, a. a. O., Rn 555.

명에서 표현되고 있는 것으로 체계화하였다. 이와 같이 민족사회주의하에서는 법은 민족사회주의 세계관의 실천에 봉사하여야 한다고 하는 법의식이 지배하였다.[20]

이와 같은 나치강령은 법학과 민법에서 보다 구체적으로 표현되었다. 즉, 그것이 바로 Carl Schmitt에 의한 구체적 질서사고(konkrtes Ordnungsgedanken)와 Karl Larenz(1903-1993)에 의한 구체적 일반개념(konkret-allgemeiner Begriff)이었다. Carl Schmitt에 의한 구체적 질서사고는, 당시에 로마법 중심으로 이루어져 있던 규범질서에 대해서 현실적으로는 독일민족의 구체적인 생활질서가 있으며, 그 구체적이고 현실적으로 존재하는 생활질서가 법규범에 우선하며, 생활질서가 법창조적인 힘을 갖고 있다는 사고이었다. 이는, 민족사회주의 당시의 규범체계였던 로마법 중심의 법을 배제하고 당시에 현존하고 있던 민족사회주의의 세계관에 기초한 독일인들의 구체적인 생활질서를 존중하고 이를 실현하고자 한 사고개념이었다. 그리하여 구체적 질서사고에서는, 규범보다는 구체적인 생활을 중시하였다.[21] 이는 나치 시대의 구체적인 생활질서를 존중하고자 하고, 당시의 규범체계를 배제하고자 하는 사고였다. Carl Schmitt가 이러한 구체적 질서사고를 하게 된 역사적 배경은, 독일중세에 당시의 규범은 계수된 로마법이었지만 구체적인 게르만인들의 삶 속에는 로마법에 의한 규범질서와는 다른 구체적인 생활질서가 존재하였으며, 그 구체적인 생활질서가 중세 독일인들의 삶을 규율하였다는 것이었다.[22] 그런데 15세기 이래 이러한 구체적인 생활질서의 사고를 독일의 법률가들이 배제하고 계수된 로마법에 의한 추상적인 규범주의를 촉진하였다는 것이었다.[23] 이와 같은 사고와 논리의 전개는 바로 민족사회주의의 시대에 법규범은 전래의 로마법 체계이지만, 당시의 독일인들의 삶은 이와는 다른 구체적인 독일인의 생활질서가 존재하고 그 생활질서가 규범력을 갖고 있다는 의미이었다. 그리고 그는 이러한 구체적 질서사고의 관념을 당시의 현행법을 바꾸지 아니하고서도 일반조항의 해석과 적용을 통하여 실현해 나갈 수 있다는 생각을 하였다.

이와 같이 Schmitt에 의한 구체적 질서사고의 관념은, 생활질서가 법규범에

---

20) A. a. O., Rn 549.

21) Wolfgang Fikentscher, Methoden des Rechts in Vergleichender Darstellung, Band Ⅲ: Mitteleuropäischer Rechtskreis(Tübingen, J.C.B. Mohr(Paul Seibeck), 1976), S. 313.

22) Raisch, a. a. O., S. 120.

23) A. a. O., S. 120.

앞서며, 규범과 규율이 생활의 질서를 창조하는 것이 아니라, 그 반대로 구체적인 생활질서가 내재적으로 법을 창조한다고 파악하였다. 그리하여 구체적 질서사고는 법변경적 기능을 가지며, 따라서 구체적 질서가 현행법에 앞선다고 하였다.[24] 이와 같은 구체적 질서사고는 당시의 현행법과 결별하기 위한 수단이었다.[25] 결국 이러한 구체적 질서사고는 입법자 없이도 당시의 현행법 질서의 내용변경을 위한 수단이었다. 이러한 구체적 질서사고는, 궁극적으로는 당시의 현행법의 규범에는 반하지만 현실적 구체적으로 존재하고 힘을 가진 지도자의 언명, 민주사회주의노동자당의 당강령을 최고의 법원으로 만들고 지지를 받도록 하기 위한 수단이었을 뿐이었다.[26] 이와 같은 Schmitt의 구체적 질서사고의 개념은 기존의 성문법 조문에 구속되지 아니하고, 지도자(즉, 총통)의 의사와 계획을 법창조적으로 개발하고 이를 법적으로 실천하고자 한 이론이었다.[27] 결국 Schmitt의 구체적 질서사고는 당시의 현행법과 결별하기 위한 수단이었으며, 입법자 없이도 당시의 현행법의 내용을 독일고유의 전통법질서로의 변경을 위한 수단이었다.[28]

그리고 Karl Larenz는 Carl Schmitt가 설정한 구체적 질서사고를 일반적인 법원칙 내지 법개념으로 발전시켰다. 그것이 바로 Larenz의 구체적 일반적 법개념의 사고이었다. Larenz는 구체적 일반개념은 그 자체가 살아서 활동하는 본질로서, 실재속에 존재하면서 그 스스로 나타난다고 하였다. 다시 말하면 구체적인 일반개념은 생각하는 사람에 의하여 형성되는 것이 아니라, 그 자체가 살아서 활동하는 존재라는 것이었다.[29] Larenz는 개념이 현실과 법을 생산한다고 보았다.[30] 바로 이러한 구체적인 일반개념이 현실과 법을 생산하는 것이라고 보았다. 그리하여 개념법학이 Larenz에서 다시 새로운 생명을 얻게 되었다.[31] 그러나 결국 Larenz의 구체적 일반개념도 개념으로 법(당시의 현행법)을 변경하기 위한 수단이었을 뿐이었다.[32]

---

24) Rüthers, a. a. O., Rn 559-560.
25) A. a. O., Rn 562.
26) A. a. O., Rn 562.
27) Boehmer, a. a. O., S. 214.
28) Rüthers, a. a. O., Rn 562.
29) A. a. O., Rn 563.
30) 이는 헤겔(Georg Wilhelm Friedrich Hegel: 1770-1831)의 철학이기도 하다. 헤겔은 개념이 현실과 법창조적 기능을 갖는다고 파악하였다.
31) Rüthers, a. a. O., Rn 567.
32) A. a. O., Rn 567.

이러한 구체적 일반개념을 수단으로 하여, Larenz는 모든 사람에게 일반적으로 권리능력을 인정하고 있던 독일민법 제1조의 규정(Die Rechtsfähigkeit des Menschen beginnt mit der Vollendung der Geburt)을 "법적인 사람은 민족성원인 사람만이며, 민족성원은 독일피를 가진 사람만이다"(Rechtsgenosse ist nur, wer Vloksgenosse ist. Volksgenosse ist, wer deutschen Blutes ist)라고 하여, 독일피를 가진 독일인만이 권리능력을 가질 수 있다고 해석하여, 인종주의 법학을 이론적으로 뒷받침하였다. 이와 같이 Larenz는 개인은 그 자체로서는 권리능력을 가질 수 없지만, 민족성원으로서는 권리능력을 가질 수 있다고 하여, 권리능력을 민족성원의 지위(volksgenössische Rechtsstellung)로 대체할 것을 주장하였다.[33]

제 3 절 민족사회주의하에서의 인종주의 법학의 구체적 전개

Ⅰ. 일반조항에 의한 민족사회주의 세계관의 실천

민족사회주의 정치체제가 정권을 장악하자 민족을 중시하고 개인의 존재가치를 부인하는 그들의 민족사회주의 세계관은 먼저 당시의 현행법을 개정하지 아니하고 당시의 현행법속에 존재하였던 불확정 개념이었던 일반조항(Generalklausel)의 해석을 통하여 실현해 나갔다. 선량한 풍속(gute Sitten), 신의성실(Treu und Glauben), 기대가능성(Zumutbarkeit), 기대불가능성(Nichtzumutbarkeit), 중대한 사유(wichtiger Grund) 등의 개념을 통하여 당시의 현행법과는 다른 법률외적인 기준과 관념을 실현할 수 있었다. 즉, 민족사회주의의 세계관을 당시의 현행법의 개정없이도 이러한 일반조항을 통하여 실현해 나갔다. 민족사회주의 시대의 법관들은 일반조항을 통하여 당시의 현행법을 민족사회주의의 세계관과 민족감정에 부합되게 적용하고, 때로는 수정하고, 더욱더 변경할 수 있었다. 이러한 일반조항의 확대적용을 민족사회주의에서는 성문화되어 있는 문자법학(Buchstabenjurisprudenz)에 반대하는 것이며, 이러한 성문의 엄격법(jus strictum)에 대해 형평법(jus aequum)을 보장해 주는 것이라고 하였다.[34] 이러한 일반조항에 의한

---

33) Meder, a. a. O., S. 315.

34) Gustav Boehmer, Grundlagen der Bürgerlichen Rechtsordnung: Zweites Buch Erste Abteilung: Dogemengeschichtliche Grundlagen des bürgerlichen Rechtes(J. C. B. Mohr(Paul Siebeck,

민족사회주의 세계관의 관철은 나치가 제정법의 기초를 포기하는 것이었으며, 제정법에 의한 판결도 포기하는 것이었다.[35]

이와 같이 일반조항의 과도한 확대적용은 법적 안정성(Rechtssicherheit)과 계산가능성(Berechenbarkeit)에 대한 위협이 되었다. 이러한 일반조항의 위험에 대하여 Julius Wilhelm Hedemann은 1933년 그의 논문, "일반조항에로의 도피"(Die Flucht in die Generalklausel)에서 이를 경고하였다. 그러나 Carl Schmitt는 이와 반대로 일반조항을 통하여 새로운 질서를 형성할 수 있는 기회라고 일반조항의 확대적용을 옹호하였다. Schmitt는 신의성실, 선량한 풍속 등의 개념은 시민에 의한 개인주의적 거래사회에 관련된 것이 아니라, 민족 전체의 이익에 관련되어 있기 때문에, 실정법의 개정 없이 전체의 법을 바꿀 수 있다고 하였다.[36] 그러므로 일반조항에서 새로운 법적 사고를 관철할 수 있다고 하였다. 다시 말하면 일반조항을 통하여 그가 정립한 소위 구체적 질서사고의 관념을 실현할 수 있고, 따라서 일반조항을 통하여 민족사회주의의 새로운 구체적 질서를 형성할 수 있다고 하였던 것이었다. 그리하여 민족사회주의 체제의 시작 전에 제정된 법률규정은 그것의 적용이 당시의 민족감정에 모순되는 때에는 적용되어서는 아니 되었다.[37] 그리고 법률이나 명령의 형태로 표명된 지도자의 결단은 법관에 의해 검토될 수 없었다.[38]

이와 같이 민족사회주의 체제의 초기에는 일반조항을 통하여 민족우선 내지 민족우월의 세계관을 실현하고, 점차 입법적으로도 이를 실천해 나갔다. 그러나 입법적 조치를 함에 있어서도, 민법분야에 있어서는 개별적 단행법의 입법으로 나아가고 근본적인 독일민법전의 폐지에는 이르지 못하였다. 다만 민족사회주의 체제의 말기에 독일민법전을 대체하고자 민족법전을 제정을 시작하였으나, 완성하지를 못하였다.

1951), S. 214.

35) Meder, a. a. O., S. 322.

36) A. a. O., S. 323.

37) A. a. O., S. 323.

38) A. a. O., S. 323

Ⅱ. 이익법학에 대한 비판

이익법학의 대표자인 Heck는 입법자가 인식한 이익평가에 법관은 구속된다고 하였다. 그리하여 그는 법관은 법률아래에 있으며, 법률충실의 원칙에는 예외가 없다고 하였다.[39] 그는, 헌법에서 규정한 절차에 따라서 법률을 제정할 권력을 가진 사람, 즉 입법자는 법의 내용에 관해서도 무제한의 주인이라고 하였다. 그리하여 이익법학에서는 입법과정을 통한 이익에 대한 평가는 구속적이라고 이해하였다.

그러나 민족사회주의의 인종주의 법학에서는 법률에의 충실이 아니라 민족사회주의 세계관에의 충실로 나아갔다. 그리하여 민족사회주의하에서의 인종주의 법학자들은 이익법학을 비판하고 공격하였다. 이는 나치이전에 제정되어 시행되고 있던 법률에의 순종을 거부하고, 기존의 법률을 개정하지 않고서도 나치의 이념을 실천할 수 있기 위한 당시의 지배적인 법학방법론에 대한 이론적 공격이었다.

인종주의 법학에서는, 이익법학은 민족적 법사고의 인종적 내용에 대한 방법론상의 인식이 결여되어 있다고 비판하였다.[40] 보다 더 구체적으로는, 이익법학은 민족생활에 관한 실효성 있는 전체적인 조감이 없으며, 가치중립적이고, 자유주의적이며, 개인주의적이라 하고 비판하였다.[41] 그리고 이익법학은 개인의 특별이익과 공동체의 공동이익간의 내적통일을 파악하는데 적절하지 못하다고 비판하였다.[42] 이러한 이익법학에 대한 비판에는 Binder, Carl Schmitt, Karl Larenz, Siebert, Forstoff 등이 가담하였다.[43]

사실 민족사회주의 정권이 들어서기 이전의 바이마르 공화국의 법률은 제1차 세계대전의 재앙을 겪고서 독일이 인류보편의 가치를 추구하고자 하는 입장에서 제정된 인류보편적인 내용의 법률들이었다. 그러므로 이익법학에서는 법률을 사회현실에서의 이익대립 내지 이익충돌에 대한 입법자의 평가 및 결정으로 이해하였으며, 바이마르 공화국의 법률은 입법자들이 인류보편의 가치를 실

39) Rüthers, a. a. O., Rn 536.
40) A. a. O., Rn 534.
41) A. a. O., Rn 534.
42) A. a. O., Rn 552.
43) A. a. O., Rn 534.

현하고자 하는 입장에서 내린 가치결정이었기 때문에, 이익법학에서는 법학방법론에서 가치의 문제를 크게 다룰 필요가 없었다. 그러나 민족사회주의하의 인종주의 법학에서는 기존의 인류보편의 가치와는 다른 특수한 인종주의 세계관을 실현하고자 하였으므로, 당시의 지배적인 법학방법이었으며, 가치중립적이었던 이익법학에 대하여 공격함으로써, 이익법학의 법학방법론을 무력화할 필요성이 있었다. 그리하여 민족사회주의는 인종주의적 가치를 강조하게 되고, 그 인종주의가치를 실현할 수 있는 법학방법론을 찾았던 것이었다. 그러한 방향으로의 민족사회주의의 인종주의 법학은 당시의 기존 법률로부터 자유로와야 하였음으로, 법률에의 충실과 순종을 강조한 이익법학을 비판하지 아니할 수 없었다.[44]

이와 같이 민족사회주의의 인종주의 법학은 법률에의 충실 내지 순종을 배제하고, 인종주의 세계관을 실천하기 위하여, 법률에의 충실과 순종을 강조한 이익법학을 비판하고 공격하였던 것이었다. 그러한 법률에의 충실을 강조한 이익법학에 대한 인종주의법학의 비판의 결과는, 이익법학에서 주장하였던 일반조항에 의한 법의 흠결보충을 넘어 일반조항을 통한 독일민족의 구체적인 법질서의 창조와 형성으로 나아갔다.

Ⅲ. 입법에 의한 민족사회주의 세계관의 실천

입법에 의한 민족사회주의 체제의 법이론의 전개는 개인의 자유의 부인과 인간평등의 원칙의 희생이었다. 이는, 민족공동체가 전부이며 개인은 무가치하며, 인간은 천부적으로 평등한 것이 아니라 독일인의 민족공동체의 구성원이기 때문에 법적으로 보호받을 수 있다는 원칙으로 전개되었다. 이와 같은 법이

44) 이익법학은 자유법론과 함께 독일에서의 법사회학의 시작이었다. 법사회학은 법률의 가치존중과 법률에의 충실보다는 사회현실을 중시하고 현실로부터 규범을 찾으려는 법학방법론으로서, 국가 전체적으로 사회사상 내지 철학이 확실히 정립되어 있는 국가에서는 적절이 기능하지만, 나치시대와 같이 그렇지 아니한 사회에서는 법에서의 특수질서, 전통질서만을 강조하고, 인류보편적 가치를 소홀히 할 가능성이 있다. 사회질서 내지 사회철학이 확실한 나라에서나 법사회학이 제대로 기능할 수 있음을 나치시대의 이익법학의 역사적 경험을 통하여 알 수 있다. 법 이외에서 이미 사회사상 내지 사회철학이 확실하게 정립되어 실천되고 있는 사회에서는 법사회학에서와 같이 법에서의 가치문제를 제외하여도 상관이 없을 것이지만, 그렇지 아니한 국가 내지 사회에서는 법에서 가치문제를 소홀히 다룰 수가 없다. 따라서 법사회학은 사회사상 내지 사회철학이 확립되어 있는 안정적인 사회에서는 타당할 수 있는 법학이지만, 그렇지 않은 사회에서는 인류보편적 가치에 배치되는 특수가치 내지 특수질서의 옹호를 위한 법학방법론으로 활용될 위험성을 내재하고 있다고 판단된다.

론은 유태인, 공산주의자 등의 법적 권리를 박탈하기 위한 목적에 악용되었다. 유태인들은 독일국적의 독일국민이었지만 독일민족이 아니었기 때문에 제2계급의 독일시민이었으며, 고대의 노예에 비교될 수 있을 정도로 제한된 권리능력만이 인정되었다.[45] 특히 민족사회주의 시대에는 유태인을 독일인의 적으로 인식하였다.[46] 이와 같은 제한된 법적 지위는 유태인만이 아니라, 공산주의자, 프리마손(Freemason)비밀결사단원, 동성애자, 신체적, 정신적 장애자, 폴란드인, 러시아인, 민족사회주의와 의견을 달리 하는 사람들에게도 적용되었다.[47][48] 이와 같은 제한된 권리능력만이 인정된 자들은, 공무담임권도 부인되었으며, 국방의 의무가 면제되고, 기업활동이 부인되었으며, 농민, 작가로서의 활동이 거부되었으며, 혼인이 제한되었으며, 유언의 자유가 부인되었으며, 부동산 취득이 부인되었다. 그러나 제한적으로 동산매매, 소비대차 등의 재산법상의 거래에는 참여의 권능이 인정되었다.[49]

이와 같이 유태인과 공산주의자들의 권리능력 제한의 입법적 조치가 가능할 수 있었던 것은 법이론이 이를 뒷받침하였기 때문이었다. 게르만법학자였던 Eckhardt는 개인의 자유와 권리를 부인하였다. Larenz는 자유와 권리를 개인으로서는 가질 수 없지만, 독일민족의 공동체 구성원의 지위에서는 가질 수 있다고 하였다. 부인의 대상이 된 개인의 자유와 주된 권리는 인격권과 소유권이었다. 개인의 소유권은 민족공동체의 이익을 위하여 언제든지 박탈될 수 있었으며, 유태인의 재산은 몰수되었다.[50] 이러한 민족사회주의 법이론에 의한 개인의 자유와 권리의 부인, 박탈에 대하여 Otto von Gierke의 아들인 Julius von Gierke(1875-1960)는 그러한 법이론에 반대하였다. 그는 독일민족의 구성원이 아닌 사람도 인격권을 가지며, 소유권을 취득하고 보호받을 수 있다고 하였다.

이러한 민족공동체 사고의 구체적인 법적 표현은, 먼저 1933년 4월 7일에 "직업공무원제의 회복을 위한 법률"(Gesetz zur Wiederherstellung des Berufsbeamtentum)을 제정하여 아리안인종이 아니면 공무원직을 떠나도록 하고, 민족사회주의에 동조하지 않으면 퇴직을 강요하고, 유태인의 법조인 진출을 봉쇄하였

45) Meder, a. a. O., S. 316.
46) Rüthers, a. a. O., Rn 549.
47) Meder, a. a. O., S. 316.
48) 이와 같이 독일민족이 아닌 사람들에게는 제한된 권리능력을 인정함으로써 민족사회주의 국가는 새로운 종류의 등족국가(Ständestaat)를 이루었다(Vgl., Meder, a. a. O., S. 316).
49) Meder, a. a. O., S. 317.
50) A. a. O., S. 315.

다.[51] 그리고 1935년에는 소위 혈통보호법(Blutschutzgesetz)라고 하는 "독일인의 혈통과 독일인의 명예를 보호하기 위한 법률"(Gesetz zum Schutze des deutschen Blutes und der deutschen Ehre)에서 독일인의 혈통보존을 위하여 독일인과 유태인간의 혼인을 금지하였으며, 독일인과 유태인인간의 혼인은 무효라고 규정하였다. 그리고 1938년의 혼인법(Ehegestz)에서는 독일인과 타민족관의 혼인을 금지하였다. 1938년 동년에 유언법(Testamentsgesetz)을 제정하여 유언의 자유를 금지하였다. 그리고 1939년에 마련된 민법전(BGB)을 대체하기 위한 민족법전[52](Volksgesetzbuch)의 초안 제55조에서는, 형사재판을 담당하는 법관은 판결에 의해 민족성원(Volksgenosse)이 민족공동체 내에서의 법적 생활의 완전한 참여가 합당하지 아니할 때에는 그 민족성원에 대하여 민족공동체 내에서의 법적 지위를 부인할 수 있도록 허용하였다.[53]

그리고 민족사회주의 시대에는 독일민법의 강의에서 민법총칙의 강의가 없어지고, 가족법과 상속법이 재산법에 우선하였다.[54] 1939년의 민족법전은 경제법으로 구성되어 있었으며, 인법과 가족법, 상속법을 제외하고 상법을 민법전속에 편입하였다.[55] 그리고 민법총칙은 민족법전에서는 불필요하다고 하였다. 그리하여 민족법전 초안은 3편으로 구성되었으며, 그 제1편은 계약질서와 책임질서(Vertrags- und Haftungsordnung)를 규정하고, 제2편은 소유질서(Eigentumsordnung)로서, 그 제1절은 부동산법(Rechts des Grundstücks), 제2절은 동산법(Recht der Fahrnis), 제3절은 기업법(Recht des Unternehmens)으로 구성하였으며, 제3편은 단체질서, 즉 사적 단체에 관한 법(Vereinigungsordnung; Recht der privaten Verbände)으로 구성되어 있었다.[56]

Ⅳ. 게르만법의 민족사회주의 세계관의 실천에의 기여

민족사회주의의 시대에 게르만법이 법원리가 강하게 작용하였으며, 물질주의적, 자본주의적인 로마법에 기초한 당시의 현행법을 배척하는데 기여하였다.

51) Raisch, a. a. O., S. 120.

52) 민족법전은 그 초안이 마련되었으나 제2차 세계대전에서의 패전으로 입법으로 성사되지는 못하였다.

53) Meder, a. a. O., S. 316.

54) A. a. O., S. 324.

55) A. a. O., S. 326.

56) Hattenhauer, Buschmann, a. a. O., S. 317.

로마법은 개인의 자유를 인정하였다. 그러나 게르만법은 개인의 자유와 권리의 인정보다는 공동체의 이익을 존중하는 단체주의적이었다. 이와 같은 로마법과 게르만법의 장단점에 대한 비교논쟁은 민족사회주의 이전에도 일어났지만 민족사회주의 시대에 다시 격렬하게 일어났다.

로마법과 게르만법의 장단점의 논쟁은 19세기에 시작되어, 1853년 Carl Adolf Schmitt는 그의 저작, "로마법과 게르만법의 원칙적인 차이"(Der prinzipielle Unterschied zwischen dem römischen und germanischen Rechte)의 출판으로 절정에 이르렀다. Schmidt는 그 저작에서 로마법은 개인의 자유를 인정하였으나, 게르만법은 사회법(soziales Recht)으로서 권리는 실체적 법원칙(materielle Rechts-prinzipien)과 객관적 윤리(objektives Sittengesetz)에 의해 결정된다고 하였다.[57] 그리고 이러한 객관적인 윤리는 개인의 주관적인 의사보다 위에 있었다. 윤리는 사람들간의 윤리동포적 관계의 성질을 결정하며, 사람들로 하여금 모든 법적 및 윤리적인 일에 서로서로 조력할 의무를 부과한다고 하였다.[58] 그리고 법은 윤리의 산물이며, 윤리는 법의 원천이자 기초이다라고 하였다.[59] 그리하여 Schmidt는 결국 로마법은 개인에게 자유와 권리를 인정하는 데 반하여, 게르만법은 사람의 의무를 강조하는 법으로서, 민족사회주의에서의 의무강조의 인종주의법의 법제사적 기초를 제공하였던 것이었다.

그리고 Otto von Gierke도 역시 게르만법에서의 의무성의 강조를 주장하고, 개인주의적인 로마법에 대해서 게르만법의 요소의 입법을 주장하였다. 그는 1889년의 "사법의 사회적 과제"(Die soziale Aufgabe des Privatrechts)와 동년의 "독일민법전 초안"(Der Entwurf eines bürgerlichen Gesetzbuches)에서 추상적이고, 비민족적이고, 개인주의적이며, 독창적이지 못한 독일민법전 초안을 극복하고 게르만법의 요소로써 입법할 것을 강하게 주장하였다. 그러나 길케의 이러한 주장은 그의 노력에 상응하는 성공을 거두지 못하였다.[60][61]

민족사회주의의 법정책은 지난 세기 동안에 일어났던 로마법과 게르만법간의 논쟁을 재연시켰다. 그리하여 게르만법학자들은 지체 없이 게르만법으로 로

57) Meder, a. a. O., S. 317.
58) A. a. O., S. 317.
59) A. a. O., S. 318.
60) A. a. O., S. 318.
61) 독일민법전 제1초안에 대한 길케의 비판 중에서, 오로지 "매매는 임대차를 깨뜨리지 못한다"(Kauf bricht nicht Miete, §§566 Abs BGB)는 주장만이 채택되어 입법이 되었다.

마법에 기초한 당시의 독일민법전을 대체할 것을 주장하고, 이러한 그들의 목적을 달성하고자 시도하였다. 그리고 독일민법전이 시행되고 나서 20년이 지난 후에 민족사회주의노동자당의 강령은 물질주의 세계관에 이바지하는 로마법을 독일보통법으로 대체할 것을 요구하였다.

민족사회주의에 의한 로마법의 게르만법으로의 대체방침은, 독일인의 법감정으로 성장, 발전하고, 이는 다시 민족적 법이념(völkische Rechtsidee)으로 향한 작은 진보를 이루게 되었다. 그리하여 법은 민족의 피의 공동체의 직접적인 표현(unmittelbarer Ausdruck der Blutgemeinschaft eines Volkes)이라는 민족사회주의 법사상이 형성되게 되었다.[62] 그 결과 민족적 동질성이 법공동체의 소속을 위한 전제조건이 되었다. 이에 관하여, Larenz는 피와 정신은 인간존재의 폿대(Pole)라고 하였다.[63]

그리고 Carl Schmitt의 구체적 질서사고도 역시 독일 고유법인 게르만법에 의하여 지배되고 있는 구체적인 생활질서를 구체적 질서로 관념하고 있으며, 그러한 구체적 질서사고의 주장은 인류보편적인 가치의 조명을 받을 것을 거부하고 극단적인 독일민족 고유의 전통법 질서만을 강조한 것이었다.

이와 같이 독일 고유법인 게르만법이 민족사회의주하에서 공동체의 이익을 개인의 이익에 앞세우고, 개인의 자유와 권리의 인정보다는 의무를 강조하고, 끝내는 인종주의 법학에서의 피의 공동체의 법이론으로 악용되게 되었다. 이는, 전통법을 유지 계승하여야 하지만, 항상 인류보편의 가치의 조명을 받아 전통의 고유법이 보편성을 가질 수 있도록 하여야 한다는 좋은 법의 조건을 갖추기 위한 노력을 하지 않은 중대한 잘못이었다고 평가된다.

민족사회주의에서는 지도자에 대한 독일인의 충성을 강요하였다. 이러한 지도자에 대한 독일인들에게의 충성의 강요도 역시 게르만법의 전통인 중세 게르만법에서 발달하였던 레엔제도(Lehnwesen)로부터 도출하였으며, 이를 각종의 법률관계에 적용하였다. 게르만법학자들은 레엔관계에 기초하여, 아름다운 몸짓(Gebärde)으로 밑에 있는 자(Untergebene)는 자기의 주군(Herr)를 섬기고, 종사(Gefolgsmann)는 지도자(Führer)를 섬기고, 그들은 주군, 지도자의 지도와 보호에 위탁하여야 한다고 하였다. 그리하여 독일인들이 지도자를 둘러싸고 있는 것과 같다고 하였다.[64] 이러한 독일전통의 게르만법에서의 레엔관계로부터 민

62) Meder, a. a. O., S. 320.
63) A. a. O., S. 320.

족사회주의하에서는 독일인들과 지도자간의 충성(Treue)과 지도, 보호의 현대적인 법률관계를 형성해 나갔다. 이러한 충성과 지도, 보호의 현대적 법률관계는 근로관계, 공무원의 근무관계, 군복무관계 등으로 확대되었다.

특히 이러한 레엔관계에 역사적 기초를 둔 충성과 지도, 보호의 관계는 노동법에서 잘 나타났다. 즉, 1934년 1월 20일에 제정된 "민족노동질서에 관한 법률"(Gestz zur Ordnung der nationalen Areit(AOG)) 제1조에서는, "기업경영에 있어서 기업가는 그 기업의 지도자로서, 종업원과 근로자는 복종자로서, 공동으로 기업목적과 민족과 국가의 공동의 이익의 신장을 위하여 일한다"라고 규정하고, 그 제2조에서는 "기업의 지도자는 이 법률에서 규율하고 있는 한 경영에 관련된 모든 사안에 대하여 복종자에 대하여 결정한다. 지도자는 종업원의 복지를 돌보아야 한다. 종업원은 지도자에 대하여 경영공동체에 기초한 충성을 다하여야 한다"라고 규정하였다.[65]

이와 같은 레엔관계에 기초한 충성과 지도 및 보호는 가치중립적인 도로교통법에서까지 적용되었다.[66] 이러한 지배와 복종의 관계이론에 기초하여 민족사회주의 시대에는 주의 수상, 시장, 대학의 학장도 전부 임명제로 바뀌었다. 사법분야에서는 일반조항을 통하여 지도자의 사상을 법관으로 하여금 실천하도록 강요하였다. 그리고 법관에 대해서는 일반조항의 적용을 통하여 지도자에 대한 충성을 하도록 하였다.

이와 같이 게르만법이 민족사회주의의 형성과 체제유지를 위한 법이론의 밑바탕이 되었다. 이러한 시대상황은 로마법학자들에 비하여 항상 소외된 상태에 있었던 게르만법학자들의 이해와도 부합하였던 것이었다. 그러나 민족고유의 전통법은 언제나 인류보편적인 가치의 조명을 받아서 보편성을 가지도록 하여야 역사의 불행을 막을 수 있다는 교훈을 우리는 민족사회주의 시대의 게르만법의 역할을 통하여 얻을 수 있다.

64) A. a. O., S. 320.
65) A. a. O., S. 321.
66) A. a. O., S. 321.

제 4 절 민족사회주의의 인종주의 법학에 대한 법정책적 평가

독일은 1900년 1월 1일부터 개인주의와 자유주의에 기초하여 제정된 가장 잘 된 근대적인 독일민법전이 시행되고, 그 후 자유법론 및 이익법학의 형성으로 경직된 개념법학을 극복하여 독일민법전이 시대의 변화에 탄력적으로 대응할 수 있도록 하고, 제1차 세계대전 후에는 역사상 가장 훌륭한 헌법전인 바이마르헌법이 제정, 시행되어, 독일이 인류의 보편적 가치를 실현해 나가고 있었다. 그런데 그러한 인류보편적인 가치를 지향하던 독일에서 곧이어 인류의 보편가치에 가장 반하는 인종주의적 민족사회주의가 대두하여 가장 편협한 민족주의와 가장 경계하여야 할 국수주의의 정치체제가 등장하였다는 것은 역사의 아이러니의 하나라 아니할 수 없다.

그러한 민족사회주의가 형성되어 독일역사의 오점으로 남은 것에는 그만한 역사적 이유가 있었다. 무엇보다도 독일이 제1차 세계대전의 패배로 민족적 열등감에 사로 잡혀 있었을 때에 그러한 민족적 열등감을 자극한 정치세력이 등장하였고, 독일의 전통 고유법인 게르만법이 그러한 인종주의 사고를 뒷받침할 수 있는 법이론과 법사상을 갖고 있었고, 역사적으로 게르만법은 독일의 고유법이었음에도 불구하고 항상 계수된 로마법에 비하여서는 소외된 상태에 있었기 때문에, 민족감정에 호소한 정치운동에 게르만법학자들이 동참하고 그러한 정치운동을 뒷받침할 수 있었던 이론을 제공하였던 것이었다.

이와 같은 시대상황과 독일 고유법의 법이론과 법사상이 결합하여 독일역사뿐만 아니라 인류역사에서도 다시는 일어나서는 아니 될 인종주의 법학이 등장하였으며, 그러한 인종주의 법학은 인류보편적인 인간의 본성 및 사물의 이치에 반하는 법학으로서 결국 독일의 패망을 초래하였다. 결국 무비판적인 고유법, 전통법만의 주장과 관철은 편협한 민족주의 내지 국수주의로 발전할 수 있음을 독일의 민족사회주의 시대의 인종주의법학이 이를 입증해 보여주고 있다. 한 나라의 좋은 법의 형성과 발전을 위해서는 자국의 고유법, 전통법의 특징을 살려나가야 하지만, 동시에 그것은 인류보편적 가치의 조명을 받아 보편성을 띌 수 있도록 하여야 함을 알 수 있다. 자기 나라의 독자성과 정체성만을 너무 강조하면 결국 편협한 민족주의 내지 인종주의로 발전할 수 있는 것이다.

이와 같은 독일의 민족사회주의의 불법을 체험하고서 독일에서는 다시 신자연법론이 법학계에서는 물론 교회를 중심한 신학에서 주장되어, 독일의 인종주의 법학을 청산하고 인류보편의 가치를 추구하게 되었다. 그 결과로 1949년에 역시 인류보편의 가치에 기초한 본(Bonn)기본법이 제정된 것이었다.

민족사회주의하의 인종주의 법학의 시대는 법을 통한 법의 유린 시대였다. 이러한 불법의 독일의 민족사회주의를 겪으면서 법학자의 자세와 법이론의 악용에 관하여 다시 한번 더 생각케 하였다. 법학자들이 시대에 지배세력에 편승하여 보편적 가치를 담지 못하는 법이론을 제공하여, 법학자 자신은 살아남았지만 무수한 많은 국민들과 인류에 고통과 재앙을 초래한 역사적 과오를 반성케 하고 있다. 법학자는 사해동포주의자이어야 하며, 법이론은 인류의 평화와 복지에 이바지할 수 있어야 함을 독일의 민족사회주의의 인종주의 법학이 반면교사로서 후세대에 교훈을 주고 있다. 그리고 법학자와 법이론은 인간의 감정에 호소해서 편협한 민족감정을 자극하여서는 아니 되며, 이성에 기초하여 인류의 보편가치를 실현하도록 하여야 함을 알 수 있다.

이러한 인류의 보편가치에 반하는 불법에 대해서는 양심의 소리로 저항할 수 있는 세력은 역시 교회이다. 그러나 독일의 민족사회주의 시대에는 정교분리의 원칙에 의하여 교회가 세속의 불법에 대해 침묵한 크나큰 잘못을 범하였다. 그리하여 인류의 역사는, 최종적이고 궁극적인 인류보편의 질서의 회복은 교회의 신앙양심이 이를 담당하여야 함을 독일의 민족사회주의를 통하여 그 교훈을 주고 있다.

그리고 독일에서의 나치법학과 나치농소 법학자들에 대한 역사적 평가와 역사적 청산작업은 아직도 학문적으로 계속 진행되고 있다. 막스 프랑크 유럽법사연구소(Max-Planck-Institut für Europäische Rechtgeschichte)에서는 법학분야에서의 나치시대에 대한 연구를 하여 그 결과를 책으로 엮어 출판을 하고 있다. 예를 들면 동연구소는, 1989년에 "민족사회주의 시대의 법역사"(Rechtsgeschichte im Nationalsozialismus)를 출판하고, 2005년에는 "나치독재시대의 경제통제와 법"(Wirtschaftskontrolle und Recht in der nationalsozialistischen Diktatur)를 출판하였다. 지금은 나치시대의 국제법학 연구를 동연구소의 연구과제로 하여 연구가 진행중에 있다.[67] 그리고 나치의 불법을 법이론적으로 뒷받침하였던 법학자들에 대한 연구논문들이 계속 발표되고 있다.

---

67) 구체적으로는 "Völkerrechtswissenschaft zwischen Kaiserreich und Nationalsozialismus"의 연구과제명으로 연구가 진행되고 있다.

제 4 장
제2차 세계대전 후의 독일민법학의 발전

제 1 절 신자연법론의 대두

Ⅰ. 신자연법론 대두의 역사적 배경

인류의 보편가치에 반하는 인종주의를 실천한 나치가 제2차 세계대전에서 패망함으로써, 불법을 합법화하였던 인종주의법학을 극복하고 인류보편의 가치를 추구하고 실천할 수 있는 새로운 법사상 및 법이론이 대두하게 되었다. 그러한 새로운 법사상이 바로 새로운 자연법론의 전개이었다. 민족사회주의의 불법을 철저히 반성하고 인류의 보편적인 가치에 입각하여, 인간의 인격이 존중되고, 평화로운 사회를 건설하여야 할 필요성과 과제가 절실히 필요하였던 것이었다. 그리하여 독일이 불법의 역사를 청산하고, 인간의 인격이 존중되고, 사회의 평화를 이룩할 수 있는 보편질서의 회복을 위한 법사상과 법이론이 다시 시작된 것이었다. 즉, 나치의 편협한 민족주의에 입각한 독일고유의 전통법만을 극단적으로 강조하고 실천한 나머지 결국 나치는 국가의 패망으로 종말을 고하게 되었다. 그리하여 그 결과로 일어난 현상이 바로 신자연법론의 대두이었으며, 그것은 가치법학(Wertungsjurisprudenz)으로 나타나게 되었다.

이와 같이 나치의 합법화된 불법을 경험하고서 독일에서는 다시 자연법에로의 회귀(Zurück zum Naturrecht)가 일어났다.[1] 이러한 자연법에로의 회귀가 신자연법론이었다. 근대의 자연법론은 실정법에 위에 존재하고, 항구불변의 법이었다. 그러나 신자연법론에서의 자연법은 실정법위에 존재하는 자연법이 아니라 실정법에 내재하고 있는 자연법으로 관념되었으며, 항구불변의 자연법이

1) Gustav Boehmer, Grundlagen der Bürgerlichen Rechtsordnung: Zweites Buch, Erste Abteilung: Dogemengeschichtliche Grundlagen des bürgerlichen Rechtes(Tübingen, J. C. B. Mohr (Paul Siebeck, 1951), S. 216.

아니라 시대의 변천에 따라서 변화하는 자연법(bewegliches Naturrecht)으로 이해되었다.[2)]

그리고 이러한 신자연법론은 먼저 교회에서부터 주장되었다. 이를 신학적 자연법론이라 한다. 나치의 불법에 대해 조직적으로 저항하지 못하였던 독일교회는 나치시대의 교회의 굴종을 반성하고, 신학적 측면에서 하나님 나라의 재건을 위하여 성서의 말씀에 입각한 신학적 자연법을 주장하였던 것이었다. 그리고 다른 또 하나의 신자연법론의 방향은 순수한 법학의 측면에서 실질적 정의론(materiale Gerechtigkeit)으로 주장되었다. 나치시대에 법관은 법률에 구속된 것이 아니라 민족사회주의 세계관에 구속되어 불법의 내용도 그것이 형식적으로 법률에 합치되면 적법한 것으로 인정하였다. 그러나 이러한 형식적 합법 내지 적법을 극복하고 법률의 내용 그 자체가 정의에 합치되어야 하며, 법관도 법률의 내용이 실질적으로 정의에 합치되는지를 심사할 수 있어야 한다는 주장이 제기되었다. 이러한 법학에서의 새로운 방향이 실질적 정의론이었다.

그리고 나치시대에 법관은 민족사회주의 세계관에는 구속되었지만 이를 일반조항의 적용을 통하여 실현함으로써 법률로부터는 자유로왔다. 이와 같은 법관의 법률로부터의 자유가 불법을 합법화하였던 것을 반성하고, 법관의 법률에의 구속을 강하게 인정하게 되었다. 그리고 나치시대에 제정된 법률은 인종주의에 입각하여 그 내용이 불법적이고 정의에 반하였으며, 나치몰락이후에는 판결과 법률의 적법성과 합법성(Legalität und Legimität)의 원칙이 강조되어, 법관은 법률에 구속되며, 그 법률은 헌법의 근본규범, 국제적인 세계질서의 근본규범 및 서양문화와 서양의 윤리규범에 부합하여야 함을 강조하게 되었다. 이러한 합법성과 적법성에 합치되는 법률만이 법이며, 법관은 그러한 법률에만 구속된다는 사상이 제기되었다.

이와 같이 나치의 불법의 시대를 지나고서는 법률의 내용이 인류보편의 가치를 담고 있어야 한다는 가치법학(Wertungsjurisprudenz)이 강하게 주장되었다. 이러한 가치법학에서는 법은 가치중립적인 것이 아니라 가치관계적인 것이라는 사상이 그 기초를 이루고 있었다. 그리하여 가치로부터 자유로운 법은 무가치한 법이다(Wertfreies Recht wird wertlos)라고 주장되었다.[3)] 가치법학에서 법

---

2) 이와 같이 변화하는 자연법을 주장한 것은 1956년에 Hermann Klenner와 Karl-Heinz Schöneburg가 그들의 공동논문인 "영원한 자연법에서 움직이는 자연법으로"(Vom ewigen zum beweglichen Naturrecht, in: Staat und Recht 5(1956), SS. 485-497)를 발표함으로써 그러한 명칭이 쓰여지게 되었다(Vgl., Mohnhaupt, a. a. O., S. 127).

이 지향하여야 할 가치는 바로 인류보편적인 가치를 의미하였다. 이는 인간의 본성과 사물의 이치에 부합하는 원리와 원칙을 의미하였다.

그리고 나치 이후의 신자연법론은 법사학자들에 의하여서도 주장되었다. Heinrich Mitteis는 그의 논문, "법사학의 존재가치"(Vom Lebenswert der Rechtsgeschichte (1947))와 "자연법론"(Über das Naturrecht(1948))에서, 자연법은 무시간의 영원한 이념으로서, 현실적으로 효력이 있는 실정법을 자연법적 이념의 전환으로 파악하고자 하였다. 그리하여 영원한 이념인 자연법은 실정법에 대한 비판적 기준이라고 하였다.[4] 더 나아가 Mitteis는 자연법은 그 본래 고유한 현행법이다(Das Naturrecht ist das eigentlich geltende Recht)라고 하였다.[5] 그리하여 그는 나치의 인종주의법의 반자연법성을 강조하고, 이를 극복하기 위한 이론으로서 실정법은 자연법 이념의 구체화이어야 한다는 이론정립을 한 것이었다.

이와 같은 나치이후의 독일에서의 신자연법론의 대두는 독일의 역사에서 나치의 불법을 철저히 청산하겠다는 의지와 독일이 자기고유의 전통법만을 주장하고 관철하고자 하는 것이 아니라 세계의 평화를 위해 인류보편적 가치를 실천하고자 하는 의지의 표현이기도 하였다. 이러한 신자연법론의 사상과 내용은 제2차 세계대전 후 제정된 본(Bonn) 기본법에 그 대원칙이 규정되고, 그 구체적인 실천내용은 법률과 제도로 제정되고 규정되어 실천되었다.

Ⅱ. 2가지 방향으로의 신자연법론의 전개

민족사회주의가 패망하고 보편질서의 회복을 위한 새로운 자연법론의 전개는 먼저 교회를 중심을 하여 신학적으로 일어났다. 나치의 불법시대는 신의 섭리에 의한 역사가 아니었으며, 신의 질서에 배치되는 민족사회주의를 극복하는 일을 교회가 담당하여야 한다는 확신이 신학적으로 정립되고 교회가 이를 담당하여 실천하고자 하였다. 신학에서는, 자연법은 신법을 닮은 법이며, 신법과 동일한 기초위에 있다는 사고에 입각해 있었다. 그리하여 신학에서는 자연법이란

---

3) Rüthers, a. a. O., Rn 492.

4) Boehmer, a. a. O., S. 225.

5) Heinz Mohnhaupt, "Zur Neugründung des Naturrechts nach 1945: Helmut Coings "Die oberste Grundsätze des Rechts"(1947)", in: Rechtsgeschichtswissenschaft in Deutschland 1945-1952(hrsg. von Horst Schröder und Dieter Simon, Frankfurt am Main, Vittorio Klostermann, 2001), S. 114.

사랑의 법(Liebesrecht)이며, 양심의 법(Gewissenrecht)이며, 정법(richtiges Recht)으로 표현되고 발전된다고 하였다.[6]

교회법학자였던 Erik Wolf는 신의 계시의 진리로부터만 자연법은 절대적, 일반적 구속력을 갖게 된다고 하였다. 그리고 이러한 진리는 성서의 가르침으로부터 풍부히 얻을 수 있다고 하였다.[7] 이와 같이 신학자, 교회법학자들은 자연적 윤리법(natürliches Sittengesetz)으로서의 영원한 원초규범인 자연법의 확실한 보고는 신의 계시와 성서상의 신의 말씀으로부터 유출되고 도출될 수 있다고 이해하고 그렇게 주장하였다. 그리하여 교회는 이러한 신의 계시와 성서의 말씀에 비추어 민족사회주의 시대의 불법을 청산하고, 자연법 질서를 회복할 것을 주장하였다.

다른 한편으로, 교회에 의한 초세속적인 자연법에 동의를 하지 못하는 법학자들은 세속적인 기초(säkularisiertes Fundament)에서 자연법을 찾았다. 다시 말하면 자연법의 세속적인 근거를 찾았다. 즉, 신의 계시에서 자연법을 찾지 아니하고 이념(Idee)과 가치(Wert)로부터 자연법을 찾았다. 이러한 방향의 자연법론은, 실정법의 법규정 속에 있으면서 인간행위의 초질서적 힘으로 작용하는 이념과 가치의 초월적 세계를 추구하는 방법이었다. 이러한 이념과 가치에서 자연법의 기초를 마련한 대표적인 법학자가 바로 Helmut Coing(1912-2000)이었다. 그는 절대적 성격을 갖고 있는 윤리적 이념과 가치의 근원을 인간본성의 강력한 정신적, 영혼의 힘에서 구하였다. 즉, 그는 인간본성은 평화의지, 질서의지에 대한 노력과 법감정과 법의식이며, 이러한 인간본성에 부합하는 법이 자연법이며, 이러한 자연법 질서를 회복하여야 한다고 주장하였다.[8] 그리하여 그는 자연법을 법에서의 최고의 원칙이라고 하고, 이러한 자연법을 법에서의 최고의 원칙으로 재설정(Neugründung)하는 것은 민족사회주의의 법률의 형식을 빌은 불법에 대한 반동(Reaktion)이라고 하였다.[9] 그리고 그는 자연법은 사회질서의 원칙이라고 하였다.[10] 더 나아가 그는 저항권, 자연법에 반하는 법률을 적용한 법관에 대한 형사처벌의 가능성까지 제기하였다.[11]

6) Boehmer, a. a. O., S. 221.
7) A. a. O., S. 222.
8) A. a. O., S. 223.
9) Mohnhaupt, a. a. O., S. 105.
10) A. a. O., S. 120.
11) A. a. O., S. 104.

이러한 인간본성에 기초한 자연법론에서의 자연법은 실정법에 반대되는 것이 아니라 실정법의 규준(Rechtsschnur)이 되며, 원천(Quelle)이며, 실정법의 형성에 실제적인 힘으로서 작용한다고 하였다. 그리고 이러한 자연법은 영원히 변하지 아니하며, 모든 시대와 모든 민족에 유효한 이상법(Idealrecht)이며, 초실정법적인 효력을 갖지만 실정법적인 형성을 통하여 실정법화되고, 그 실정법화는 헌법상의 기본권 조항으로 현실화된다고 하였다.[12]

이와 같이 민족사회주의 이후의 자연법론은 그 기초를 신의 계시에서 구하기도 하고, 인간의 본성에서 구하기도 하였다. 그리고 자연법은 시간의 제약이 없는 영원한 이념이며, 인간행위의 영원한 가치척도이며, 현실적으로 효력이 있는 실정법은 이러한 자연법적 이념의 구체적인 전환이며 구체적인 모습으로 파악하고자 하였다.

이러한 자연법론은 구체적 실정법적으로는, 헌법에서의 기본권 보장,[13] 국제적인 인권의 보장, 형법에서의 죄형법정주의의 부활로 구체화되었다. 그리고 민법에서도 이러한 자연법의 사고가 확산되어, 법은 공권력에 의한 실정법적인 입법행위만에 의하여 완성되는 것이 아니라 실정규범과 함께 그리고 그것과 나란히 초실정적 근원의 법이 있으며, 그 초실정적인 법은 제정법의 흠결을 보충해 주고, 악법과 불량한 법을 추방하는 법으로서 기능하게 되었다. 그리고 헌법의 근본적인 가치결정 규범인 기본권 규정의 사법에서의 효력에 관하여 논의가 강하게 일어나고, 독일 기본법상의 인간의 존엄권(Art 1 GG(Grundgesetz)), 인격의 자유전개권(Art 2 GG), 평등권(Art 3 GG), 표현의 자유(Art 5 GG), 소유권(Art 14 GG)에 관한 조항은 사법관계에도 직접적으로 적용된다고 주장되었으며, 간접효과설에서도 개인의 사법적 행위의 파괴의 경우에는 기본권 조항이 무차별적으로 적용된다고 주장되었다.[14] 그러나 독일연방대법원(BGH: Bundesgerichtshof)은 기본권에 관한 독일 기본법 조항의 사법에의 효력에 관하여 직접적 효과설을 취하는지 간접적 효과설을 취하는지에 관하여 결론을 내리지는 않고 있다. 그러나 독일연방헌법재판소(Bundesverfassungsgericht)는 간접효과설에 입각하여, 기본권 조항의 사법에서의 방사(放射)(즉, 비침)의 효력(Ausstrahlungswirkung)을 고려할 것을 판시하였다.[15] 따라서 기본권은 인간의 기본적인 가치

---

12) Boehmer, a. a. O., S. 221.

13) 1921년 제국법원(RG: Reichsgericht)은 기본권을 독일민족의 성스로운 것(Heiligstum des deutschen Volkes)이라고 하였다(Vgl., Staudingers Kommentar, a. a. O., Rn 190 zur Einleitung).

14) Staudingers Kommentar, a. a. O., Rn. 191.

로서 법률해석에 고려되어야만 한다. 특히 독일민법 제138조와 제826조의 선량한 풍속의 개념결정에는 당연히 적용된다.[16)]

이와 같은 자연법론의 경향은 법률의 해석에 있어서도 적용되었다. 민족사회주의 시대에는 법관이 법률에 구속된 것인 아니라 민족사회주의의 인종주의적 세계관에 구속되었던 것이었다. 그리하여 민족사회주의의 소멸 후에는, 법관은 철저히 법률에 구속되어야 하며, 법률이 아닌 사실에의 구속이나 법률에서 규정되지 아니한 다른 가치에 구속되지 아니할 것이 강조되었다.

이처럼 민족사회주의가 소멸한 후에는, 신자연법론에 따라서 법률 그 자체는 인류보편의 가치를 추구하고, 실질적인 정의(materiale Gerechtigkeit)에 합치될 것이 강조되고 실천되어 왔으며, 법률의 해석적용에 있어서도 법관은 법률에서 규정된 가치에 철저히 구속될 것이 강조되었다.

이와 같은 법관의 법률에의 구속원칙에 관하여, 본(Bonn)기본법 제20조 제3항에서는 "사법권은 법률과 법(Gesetz und Recht)에 구속된다"고 규정하고, 기본법 제97조 제1항에서는 "법관은 법률에 복종하여야 한다"고 규정하게 되었다. 이는, 법률의 입법과 적용은 실질적 정의의 이념에 부합하여야 한다는 의미이며, 바로 제3제국에서의 불법을 경험한 반성에 기초하고 있다.[17)] 또한 이는, 실질적 정의는 법률의 입법 및 법률의 적용에 있어서 실현되어야 한다는 대원칙을 규정하고 있는 것이다.[18)] 그리고 법관은 실정법에 복종하여야 하고, 개별사건에 대하여 법을 적용하여 판결함에 있어서 실질적 정의를 실현하도록 하여야 한다는 것이다. 이는, 법관은 구속이 없는 자유의 위치에 있는 것이 아니라, 법률에 구속되고,[19)] 정의에 구속되며, 법관은 법률을 통해서 정의를 찾아야 한다는 것이다. 바로 이러한 법률 및 법률적용에서의 실질적 정의의 실천은, 바로 나치의 불법을 경험하고 난 후의 철저한 반성에서 우러나온 법원칙이며 법이론으로서, 법관은 법률에 구속되어야 하며 특정한 세계관에 구속되어서는 아니됨을 표명하고 있는 것이다. 그리고 이와 같은 법관의 법률에의 구속은 인간에 의한 인간의 지배를 억제하고 인간의 자유를 보장하기 위함에 있는 것이다.[20)]

---

15) A. a. O., Rn. 192.

16) Staudingers Kommentar, a. a. O., Rn 191 zur Einleitung.

17) A. a. O., Rn 205 zur Einleitung.

18) A. a. O., Rn 205 zur Einleitung.

19) 스위스민법 제1조 제2항에서는 법률의 흠결의 경우에 법관이 그 흠결을 보충함에 있어서 당해 법관이 입법자의 입장에서 가치판단을 하도록 규정하고 있다. 이와 같은 규정은 바로 법관의 법률에의 구속을 표명하고 있는 것이다. 이처럼 법관은 헌법과 법률에 의한 가치판단에 구속된다.

이러한 입법과 법적용에서의 실질적 정의의 자연법론적 사고는 지금도 계속 관철되고 있는 것이다.

이러한 신자연법론에 입각한 인류보편의 가치추구를 내용으로 하는 법학을 가치법학(Wertungsjurisprudenz)이라 한다. 가치법학이라는 명칭은 이익법학을 지칭하는 법학으로 사용되기도 하였으나, 민족사회주의 이후에 법은 사회현실에 대한 관심보다는 법이 인류보편의 가치를 추구하고 이를 실천하고자 하는 방향으로 발전되어야 한다는 시대의 흐름을 담은 법학을 가치법학이라 한다. 따라서 가치법학은 법은 가치를 담은 규범이어야 하며, 그 가치는 인류가 추구하는 보편적인 가치일 것과 그러한 인류보편의 가치를 실현하는 방향으로의 법의 발전을 추구하는 법학이며. 이러한 가치법학이 오늘날 독일법학의 주된 흐름을 이루고 있다. 그러므로 오늘날의 가치법학은 신자연법론적 경향의 법학이라 할 수 있다. 오늘날 독일에서는 비교법학(Rechtsvergleichung)이 발달하여 있지만, 그 비교법학은 각국의 고유한 법질서를 존중하면서 각국의 법질서로부터 인류보편적인 법의 일반원칙을 도출하여 자국의 법발전에 이바지하고자 하는 법학이다. 그러므로 비교법학도 역시 가치법학의 사상과 기초위에서 각국법의 비교를 통하여 인류보편의 가치를 실현할 수 있는 법을 찾아내고, 그러한 인류보편의 가치를 실천하는 자국법의 발전을 추구하는 법학이다.

Ⅲ. 신자연법론의 구체적인 제도화

1. 입법과 판례에서의 자연법론의 재생

신자연법론의 대두와 전개는 입법, 사법은 물론 법학에 있어서 구체적인 법이론의 모습으로 나타났다. 먼저 입법적으로는 기본적인 인권을 자연권으로 인정하고 이를 헌법에 규정하게 되었다. 나치시대에 인권이 무시된 불법의 시대를 겪고서, 그러한 불법을 극복하기 위하여 1949년 독일 기본법에서는 인권을 침해할 수 없고 양도할 수 없는 자연권으로 규정하였다. 구체적으로는 독일기본법 제1조 제1항에서는 인간의 존엄권, 즉 인권은 침해할 수 없는 것으로서, 그러한 인권을 지키고 보호하는 것을 국가권력의 의무로 규정하였다. 그리고 동기본법 제1조 제2항에서는 독일민족은 침해할 수 없고 양도할 수 없는 인권

20) A. a. O., Rn 213 zur Einleitung.

을 세계의 모든 인간공동체, 평화 그리고 정의의 기초로 고백한다(bekennen)고 규정하였다. 그리고 동기본법 제1조 제3항에서는, 독일기본법이 규정하는 기본권은 현행법으로서 입법, 사법, 행정을 직접적으로 구속한다고 규정하여, 나치시대의 불법을 철저히 반성하고, 인권을 철저히 보호하고 지킬 것을 헌법의 첫 머리에서 규정하였다. 또한 독일기본법 제20조 제3항에서는, 입법은 헌법에 구속되며, 행정과 사법은 법률과 법(Gesetz und Recht)에 구속된다고 규정하였다. 그리하여 독일기본법은 기본적 인권을 독일의 모든 국가권력을 지배하는 자연권으로 인정하고 이를 헌법규정으로 확인하였다. 이와 같은 독일기본법상의 일련의 인권보호와 인권의 국가권력의 구속규정은 바로 초실정법적인 자연법 원칙의 승인으로 이해되고 있다.[21] 그리하여 기본적인 인권은 법률에 의하여 비로소 인정된 권리가 아니라, 국가기관과 모든 단체 앞에 이미 주어져 있는 권리로 이해되고 파악되었다.[22]

그리고 이러한 인권을 자연권으로 인정함과 동시에 이를 보장할 제도적 기관으로 연방헌법재판소(Bundesvefassungsgericht)를 설치하였다. 독일연방헌법재판소는 독일의 헌법인 기본법을 보장하는 기관으로서 1951년에 설립되었다. 이러한 인권보호기관으로서의 연방헌법재판소의 설치도 역시 국가권력이 나치시대와 같은 불법을 절대로 행하지 못하도록 하기 위하여 이루어진 것이었다.[23]

그리고 자연권으로서의 인권존중의 중요한 사건 내지 사례들은 독일연방대법원(Bundesgerichtshof)의 판례에 의하여 이루어졌다. 독일연방대법원은, 독일연방공화국(舊, 구서독)이 수립되고 독일연방대법원장이 된 Hermann Weinkoff 대법원장 아래에서, 자연법론에 입각하여 초실정법의 원칙들(Grundsätze des überpositiven Rechts)을 공식화하고 법률적용에 있어서 이를 실천하였다.[24] 그는 1952년에 많은 수는 아니지만 기본적이고, 명확하고, 절대적으로 구속력이 있는 법원칙들을 찾을 수 있다고 하였다. 그러한 절대적인 구속력이 있는 법원칙들은 인간의 인격으로부터도 찾을 수 있고, 기본적인 사회질서로부터도 찾을 수 있다고 하였다.[25]

---

21) Karl Kroeschell, Rechtsgeschichte Deutschlands im 20. Jahrhundert(Göttingen, Vandenhoeck & Rupert, 1992), S. 240.

22) Thomas Raiser, Rechtssoziologie(Frankfurt am Main, Alfred Metzner Verlag, 1987), S. 337.

23) A. a. O., S. 337.

24) 이는 독일연방대법원의 Hermann Weinkoff 소장 시절에 진행이 되었다(Vgl., Kroeschell, a. a. O., S. 240).

이러한 초실정법인 원칙들, 즉 자연법의 구체화로서 1953년에는, 가정질서는 신에 의해 창설되었으며, 따라서 가정질서는 인간의 법에 의해서 깨뜨릴 수 없다고 하였다.[26] 그리고 1954년에는, 윤리원칙(Sittengesetz)은 인간에게 일부일처제와 가정을 구속적인 생활형태로 관철하도록 하고 있다고 판결하였다.[27] 이와 같이 독일연방대법원은 가정윤리의 원칙을 자연법으로 용인하고 받아들였다.[28]

그리고 1954에는 독일기본법 제2조 제1항의 인격의 자유전개권(Recht auf freie Entfaltung der Persönlichkeit)에 기초하여 일반적 인격권(allgemeines Persönlichkeitsrecht)을 인정하고,[29] 1958년에는 일반적 인격권의 침해의 경우에도 위자료 배상을 인정하는 판결을 하였다.[30] 이는 법관에 의한 법발전[31](richterliche Rechtsfortbildung)이면서 동시에 자연법론에 기초한 인권과 인격권의 폭넓은 인정이었다.

이와 같이 헌법에서 인권을 자연권으로 인정하고, 독일연방대법원은 자연법적인 윤리질서에 입각한 판결을 하고, 특히 인권 내지 인격권을 확대 인정하여, 자연법론의 재생이 구체적으로 입법 및 사법을 통하여 실천되었다.

2. 법학에서의 자연법론의 재생: 가치법학(Wertungjurisprudenz)의 생성과 발전

입법 및 사법에서의 자연법의 재생은 법학에서도 나타났다. 법학에서의 자연법론의 재생은 가치법학(Wertungjurisprudenz)으로 나타났다. 가치법학은 법을 가치의 체계로 파악하고, 개별 법규정을 가치의 구체화로 이해하는 법학이다. 이러한 가치법학은 법을 개념의 체계로 이해하고, 개별 법규정을 개념의 구체화로 파악하는 개념법학과 구별되며, 가치평가를 제외하고 법을 가치로부터 자유로운 이익충돌에 대한 결정으로 파악하는 이익법학과도 구별되며, 살아있는 법(lebendes recht)을 찾아서 법의 흠결을 보충하자는 자유법론과도 구별된다.

---

25) Kroeschell, a. a. O., S. 240.

26) BGHZ 11, Anhang 65.

27) BGHSt, 6. 47, 53f.

28) 그리고 1954년에 독일연방대법원은, 남녀간의 성교는 기본적으로 부부간에만 인정된다는 것이 윤리질서라는 전제하에서 약혼자간의 성교를 간음으로 인정하였다(Vgl., Kroeschell, a. a. O., S. 241).

29) BGHZ 13, 334.

30) BGHZ 26, 349.

31) 이러한 법관에 의한 법발전을 통한 판례의 법창조적 기능을 중세독일의 Weistümer에 비교될 수 있다고도 한다(Vgl., Kroeschell, a. a. O., S. 209).

가치법학에서는 가치의 구체화가 개별 법규정이며, 이러한 가치는 법질서 전체를 지배하는 가치를 의미하며, 그러한 법질서 전체의 가치는 헌법상의 가치를 전제로 한다고 이해한다. 이를 역으로 설명하면, 법질서 전체의 가치는 헌법에 규정되어 있으며, 헌법에 규정되어 있는 가치는 모든 법질서에 실현되어야 할 가치라고 파악한다. 그리하여 법학은 가치를 떠나서 존재할 수 없으며, 법학은 가치실현을 목적으로 존재하는 학문이며, 가치를 떠나서 법을 단순한 도구 내지 기능으로 파악하는 법사회학과도 그 방향이 다르다.

이러한 가치법학은 나치시대에 법을 민족사회주의 세계관의 실천수단으로만 이해하고 파악하였던 나치법학의 극복의 대안으로 형성된 법학이다. 가치법학에서는 먼저 법은 수단이나 도구가 될 수 없으며, 그 자체 독자성을 갖는다고 한다. 그리고 법은 옳은 행동과 바른 결정을 문제로 삼는다. 그리하여 법에서는 정의를 문제로 다룬다고 한다. 공동의 생활을 바르게 규율하기 위하여는 법은 옳아야(richtig) 하며, 정의를 실현하도록 하여야 한다고 한다.[32] 그러므로 법률가가 결국 직면하게 될 과제는 이익, 가치, 가치평가등과 관계하여야 한다.

그러나 때로는 법의 흠결이 있거나, 기존의 법률에 대해 이와 다른 새로운 법률이 제정되면 법에서 있어서 가치의 변화(Wertewandel)가 일어나, 법에 규정된 대로 적용하는 것이 적절치 못한 때가 있다. 이와 같이 법의 흠결이나 가치의 변화가 있을 때에는 흠결을 보충하고, 기존 법규정을 수정하는 것이 필요하다. 이러한 흠결보충과 법규정의 수정을 위해서도 가치판단이 개재하게 된다. 이러한 가치판단에 개입하여 해결해 수는 법학이 바로 가치법학이다. 이때에 가치법학은 옳은 것(Richtigkeit)과 정의로운 것(Gerechtigkeit)으로의 가치판단을 따라서 해결하도록 한다.[33]

그런데 가치법학에 있어서 가치판단 내지 가치결정을 할 때에 기준이 되는 옳고 정의로운 가치를 어디에서 도출할 수 있을 것인가, 그리고 어떠한 경우에 가치판단을 것인가에 관하여는 여러 가지의 견해들이 주장되고 있다. 형식적 가치법학(formale Wertungsjurispridenz)에 의하면, 법에 있어서 가치판단은 일반적으로 하는 것이 아니라 특별히 법규범이 허락하거나, 금지하거나, 합법으로 인정하거나, 위법이라고 표명하는 경우에 한해서만 가치판단을 하여야 한다고

32) Hans-Martin Pawlowski, Einführung in die Juristische Methodenlehre: Ein Studienbuch zu Grundlagenfächern Rechtsphilosophie und Rechtssoziologie, 2. Aufl. (Müller, 2000), Rn. 27.

33) A. a. O., Rn 173.

한다. 그러므로 형식적 가치법학에서는 법률규정 중에서 가치관련 규정에 한해서만 가치판단을 하여야 한다고 한다.[34]

그리고 법을 절대적 가치의 표명으로 보는 가치법학을 실질적 가치법학(materiale Wertungsjurisprudenz)이라 한다. 실질적 가치법학에서는 실제로 절대가치가 존재하고 법은 그 절대가치의 표명으로서 그 절대가치를 실현하고자 하는 규범으로 이해한다. 그러나 오늘날에 있어서는 근세에서와 같이 사회나 공동체를 초월하는 절대적 가치를 인정하는 법학은 더 이상 주장되지 않고 있다. 그리고 법률을 일반적인 가치의 구체화로 이해하고, 법규범속에서 가치를 찾아야 한다는 방향으로의 가치법학이 전개되고 있다. 이와 같이 법규범 속에서 가치를 찾고자하는 가치법학을 규범적 가치법학(normative Wertungsjurisprudenz)라 한다. 가치를 실현하는 법규범에는 헌법규범, 법률규범이 있으며, 전체 법규범 체계를 하나의 가치질서로 이해한다. 그리고 이러한 가치질서로서의 법체계에서 최고의 가치는 헌법규범에서 표명되고 실현되며, 법을 해석하고 적용함에 있어서는 헌법에서 표명하고 있는 가치에 부합하여야 하고, 과거의 법률은 새로운 법률의 가치에 부합하여야 한다고 한다. 또한 헌법의 가치질서의 도움을 받아 법률에서의 일반규정의 구체화를 하게 된다고 한다. 규범적 가치법학은 가치변화(Wertewandel)시 그 해결에 도움을 주며, 가치의 모순을 해소하는 데도 기여하고 있다.

그리고 법의 이념을 정의, 법적 안정성, 합목적성으로 파악하고, 법규범은 이를 구체화한 것으로 파악하는 가치법학을 객관적 가치법학(objektive Wertungsjurisprudenz)이라 한다. 그리고 법에 규정된 구체화된 가치 이외에 사회적으로 승인된 가치를 따라서 보충, 보완하려고 하는 가치법학을 사회적 가치법학(soziale Wertungsjurisprudenz)이라 한다. 이와 같이 사회적 가치법학은 법률의 흠결을 사회학적 인식으로 보충하고 수정하고자 하는 법학이다.

이와 같이 가치법학에도 여러 가지의 방향으로 전개되고 있다. 그러나 가치법학의 공통점은, 법을 가치의 체계로 파악하고 개별 법규정을 가치의 표명으로 파악하고자 한다. 그런데 이러한 가치법학에서의 가치는 절대적인 가치에서 법률에 내재된 가치 및 사회현실 속에 일반적으로 승인된 가치까지 그 가치의 모습은 극히 다양하다. 그러나 가치법학에서는 근본적으로 헌법적 가치를 최고

34) A. a. O., Rn 177a.

의 가치로 인정하고, 전체 법질서는 헌법적 가치를 최고가치로 하여 그 헌법적 가치의 구체적인 표명으로 보고자 하는 것이다. 그리하여 모든 법해석과 법적용은 헌법적 가치에 부합할 것이 요구되고 있다. 그런데 헌법적 가치는 바로 자연권으로서의 인권 내지 기본권의 인정과 보장이 그 중심가치이다.

오늘날의 사회는 다원주의 사회이다. 그러므로 개인은 평등하며, 가치의 우열에 있어서는 가치상대주의(Wertrelativismus)가 일반적으로 인정된다. 헌법적 가치에 부합하는 한 모든 가치는 상대적인 것으로 인정된다. 그리고 종교에서의 다원주의는 바로 종교간의 관용(Toleranz)이다. 그리하여 국교는 인정되지 아니하며, 특정종교에 대한 특권은 용납되지 아니한다.[35]

이와 같이 가치법학은 법을 가치의 체계로 법규정을 가치의 구체화로 보며, 법질서는 헌법상의 가치를 최고가치로 하는 질서로 파악한다. 그리하여 가치법학에서는 법을 결코 특정의 목적을 위한 수단으로나 도구로 파악하지 않는다. 이러한 가치법학이 나치의 불법의 시대에 법을 민족사회주의 세계관 실천의 수단으로만 기능하였던 불행한 과거를 청산하고자 하는 의지의 표현으로 형성되었으며, 이 가치법학이 오늘날의 독일법의 근저를 흐르는 법학에서의 기본철학이자 방법론이기도 하다. 이러한 가치법학은 가치의 판단을 배제하는 법사회학과는 전혀 다른 방향의 법학이며, 따라서 독일에서는 이 가치법학으로 인하여 미국에서와 같이 법사회학이 발달하지 못하고 있다.

Ⅳ. 신자연법론 발전에 대한 법정책적 평가

역사의 발전은 인과(因果)의 법칙을 따라서 이루어진다. 법학도 역시 인과의 법칙을 따라서 전시대의 법학의 문제점을 극복하기 위하여 새로운 법학이 생성된다. 독일에서의 자연법론의 재생도 역시 역사의 인과의 법칙을 따라서 나치의 불법의 시대를 청산하고 극복하기 위하여 주장되고 전개되어 왔으며, 자연법사상은 가치법학을 통하여 독일민법학의 기초를 이루고 있다. 법사회학에서와 같이 법을 목적을 위한 수단이나 도구로 파악하지 아니하고 법질서를 하나의 가치질서로 이해하고 개별 법규정을 구체적인 가치의 구체화로 파악한다. 그 가치는 인류 보편적인 자연법적인 가치를 의미하며, 그러한 보편적인 가치

35) A. a. O., Rn 14.

는 헌법에서 구체적으로 표명되어 있다고 본다. 그리하여 가치법학에서는 헌법 가치를 최고가치로 하여 전체 법질서가 가치의 질서로 구성되어 있다고 파악한다.

자연법의 재생과 그것의 구체적인 실천법학으로서의 가치법학은 독일이 혹독한 불법의 시대를 지나고서 다시는 인간존재를 부인하는 불법의 시대를 반복하지 않으려는 각성에서 생성되고 오늘날도 실천되고 있는 것이다. 법은 가치의 질서인 것은 분명하다. 그 가치는 인류보편의 자연법적인 가치이다. 그러한 인류보편의 자연법적인 가치를 실천하려고 나아갈 때에 법은 발전할 수 있는 것이고, 사회는 평화를 유지할 수 있는 것이다.

이러한 인류보편적인 가치의 실현으로의 법발전의 추구는 결국 이를 가장 잘 실현할 수 있는 법학방법론을 찾게 마련이다. 가치법학이 이를 실현하고자 하고 있으며, 오늘날은 비교법학을 통하여 가장 보편적인 가치를 찾고 이를 활용하고자 하고 있다. 법사회학에서는 가치의 실현을 문제로 삼지 아니한다. 법사회학은 사회현실을 중시하고 가치를 문제삼지 않는다. 그렇기 때문에 독일에서는 비교법학이 발전하고, 법사회학은 그렇게 발전하지 못하고 있다.

가치법학에서는 법이 추구하여야 할 가치를 인류보편의 가치로 파악하며, 헌법에서 그 가치가 표명되어 있다고 이해한다. 그리하여 헌법의 가치가 모든 법률에 실현되어야 하는 것으로 이해하며, 반대로 모든 법률은 헌법적 가치에 부합되어야 한다고 한다.

그러나 궁극적으로 법이 추구하여할 가치는 인류보편의 가치를 가장 잘 표명하고 있는 성서상의 가치에 있다고 생각된다. 성서상의 가치, 그 중에서도 가장 핵심적인 가치는 이웃과 사랑의 가치라 생각된다. 그 이웃과 사랑의 가치를 모든 법규범이 구체화하여야 한다. 성서상의 이웃과 사랑의 가치를 법적으로 실천하는 것이 법이 가야 할 길이라 생각된다. 그러할 때에 그러한 법이 가장 좋은 법이 될 수 있고, 가장 발전된 법이 될 수 있는 것이다. 성서가 가장 자연법적인 가치, 즉 인류보편적인 가치를 가장 풍부히 담고 있는 것이다.

제 2 절 사회주의하에서의 계급주의 법학

Ⅰ. 사회주의 생성의 배경

독일은 제2차 세계대전에서 패망함으로써 구동독지역에 독일인의 의사와는 관계없이 1945년에 타의에 의해 사회주의 체제가 수립되고 1949년에는 사회주의 정권이 들어서고 그 사회주의 정권은 1990년 구동독이 구서독에 편입될 때까지 존속하였다. 구동독 지역에 사회주의 정권이 들어서기 전에 이미 구소련에서는 1917년 사회주의 혁명인 볼쉐비키 혁명에 의하여 사회주의 정권이 들어서게 되었다.

이러한 사회주의 정권의 사상적 기초이었던 사회주의는 자본주의의 모순을 해결하기 위한 대안으로 주장된 사회사상이었다. 근대의 산업자본주의는 자본가에게 생산수단의 사소유권을 인정하는 경제사상으로서, 사회 전체의 생산의 증대는 가져왔으나, 생산수단을 가진 자와 생산수단을 갖지 못한 자간의 빈부의 격차가 심화되어, 결국 생산수단을 가진 자가 생산수단을 갖지 못한 자를 지배하는 모순현상을 낳았다. 그러한 빈부의 격차는 산업혁명 후에 더욱 심화되고, 자본주의에 바탕을 두고 발전한 근대민법은 사소유권 절대의 원칙과 계약자유의 원칙에 의하여 생산수단을 가진 자가 생산수단을 갖지 못한 자를 합법적으로 지배하는 것을 인정하는 결과를 초래하였다. 즉, 자본가와 지주(地主)가 노동자와 농민은 합법적으로 지배하는 모순 현상이 초래되었다. 이는 노동자와 농민이 자본가와 지주에 합법적으로 예속되는 현상이 발생하고, 노동자, 농민의 해방이라는 사회적 과제를 낳았다. 그러나 이러한 산업혁명에 의한 변화가 주는 사회적 영향에 관하여 역사법학도 개념법학도 인식하지 못하고 침묵으로 개념의 논리만을 추구하였다.[36]

이러한 자본주의의 고도화에 따라서 나타난 빈부격차, 자본가 계급과 노동자 계급간의 사회적 갈등의 문제를 해결하는 방안으로서는 두 가지의 사상이 제시되었다. 그 하나는 생산수단에 대한 사소유권의 인정에 의하여 발생한 자본주의의 모순을 생산수단에 대한 사소유권을 그대로 인정하면서 점진적 개량

36) Rüthers, a. a. O., Rn 494.

적으로 시정해 나가고자 하는 수정자본주의 사상이었으며, 다른 하나는 노동자, 농민의 해방을 위해서는 자본주의의 핵심내용인 생산수단에 대한 사소유권을 일시에 혁명적 방법으로 제거하여 생산수단에 대하여는 국가소유로 옮겨야 한다는 사회주의사상이었다.[37)]

이와 같은 사회주의사상은 인류의 역사를 계급투쟁의 역사(Geschichte von Klassenkämpfen)로 이해하고, 모든 법은 그 시대의 지배계급의 지배를 위한 수단이라고 파악하였다.[38)] 이러한 계급투쟁은 법, 즉 입법과 판결을 수단으로 하여 그때 그때의 지배계급에 의하여 수행되어 왔으며, 법을 그때 그때의 지배계급의 산물이며, 권력(즉, 힘)의 도구로 이해하였다.[39)]

칼 맑스(Karl Marx: 1818-1883)의 이론에 의하면, 국가와 법은 그 시대의 경제적, 사회적 조건하에서의 계급지배의 현상으로 이해되었다. 그러므로 근대 자본주의사회 및 자본주의 국가는 자본가가 지배하는 사회 내지 국가이었으며, 근대시민법은 자본가의 이익확보를 위한 수단으로 이해되었다. 그리하여 사회주의자들은 법을 지배계급이 자기계급의 이익의 확보와 유지를 위한 수단으로 파악하여, 사회주의법은 계급주의의 법이었으며, 이러한 사회주의하에서의 법학을 계급주의 법학으로 분류된다.

사회주의자들은, 이러한 자본주의가 낳은 가진 자가 갖지 못한 자를 합법적으로 지배하는 모순현상을 시정하기 위해서는, 이러한 시민적, 자본주의적 국가의 계급법을 개혁적인 입법에 의해서가 아니라, 전면적인 사회의 프롤레타리아 혁명에 의해 제거하여야 한다고 하였다. 그리고 프롤레타리아 혁명은 자본주의하에서의 소유관계, 생산관계의 기초를 전복하고, 자본주의 생산관계에 기초한 상부구조로서의 근대 시민법 질서를 완전히 제거하여야 한다고 주장하였다. 이것이 노동자들의 유일하고도 실질적인 해방의 길이라고 하였다.[40)]

이와 같이 사회주의는 자본주의의 인간지배의 사회적 모순을 시정하기 위한 혁명이론 내지 혁명사상이었으며, 인간의 역사를 계급투쟁의 역사로 파악하고, 법은 지배계급의 이익을 확보하고 유지하는 계급이익을 위한 수단으로 이해하였다. 다시 말하면 사회주의사상은 노동자, 농민에 의한 국가전복, 자본주

37) 사회주의사상의 역사적 발전에 관하여는, 김상용, 토지소유권 법사상: 대우학술총서, 인문사회과학 87(민음사, 1995), 125면 이하 참조.

38) Rüthers, a. a. O., Rn 496-497.

39) A. a. O., Rn 496.

40) A. a. O., Rn 501.

의 질서의 제거를 위한 사회주의 혁명이론이었다.

Ⅱ. 사회주의의 이념과 사회주의 계급법의 특징

사회주의법은 자본주의사회에서 이상사회인 공산주의사회로 이행하는 과도기간 동안의 맑스 레닌주의 정당의 지도하에서 국가권력으로 성장한 노동자계급의 이익을 위한 수단으로서의 법이다.[41] 사회주의자들은 사회는 자본주의에서 사회주의를 거쳐 능력에 따라서 일하고 필요에 따라서 취하며(Jeder nach seinen Fähigkeiten, jedem nach seinen Bedürfnissen), 국가도 계급도 없는 공산주의사회로 이행하게 되며, 공산사회가 되면 국가와 법은 자연히 소멸하게 된다고 하였다. 그리고 자본주의사회는 자본가가 지배하는 사회이고, 법은 자본가의 이익을 위한 수단이므로 그러한 자본주의와 자본주의 시민법은 제거되어야 한다고 하였다. 사회주의법은 자본주의에서 공산주의 사회로 넘어가는 과도기간 동안 효력이 있는 법으로서 노동자의 해방을 이루고, 착취적인 생산수단에 대한 사소유권을 전면적, 혁명적으로 부인하고 인간적인 사회주의적 소유권(sozialistisches Eigentum)인 공동소유권, 즉 국가소유권과 협동단체소유권으로 이전하여야 한다고 하였다. 이러한 사회주의하에서는 노동자, 농민의 결사체인 맑스 레닌의 사상에 터잡은 정당에 의하여 지도되어야 한다고 하였다. 그러므로 사회주의법은 당의 결의(Parteibeschlüße)로 공식화되며, 사회주의와 공산사회로의 발전과 자본주의사회의 개조에 이바지하게 된다고 한다.[42] 그리하여 사회주의에서는 법을 정치의 수단(Recht ist ein Instrument der Politik)으로 이해한다.[43]

이와 같이 사회주의에서는 법을 계급이익의 옹호수단으로 이해하였다. 그러므로 사회주의법은 노동자 농민의 계급이익을 옹호하는 법이다. 그리고 근대시민법은 자본주의적 사소유권을 보호하며, 자본가로 하여금 노동자계급을 억압하고, 착취하는 법으로 이해하였다.[44] 그러므로 노동자의 해방은 결국 자본주의와 자본주의법의 부인과 제거에 있다고 보았다.

사회주의는 맑스 레닌주의 정당의 지도하에 자본주의를 부인, 극복하고, 공

41) A. a. O., Rn 499.
42) A. a. O., Rn 499.
43) A. a. O., Rn 508.
44) A. a. O., Rn 498.

산주의사회를 건설하는 사회사상이다. 이러한 과제를 수행함에 있어서 내부적으로는 붕괴된 착취계급인 자본가계급의 반혁명 세력의 적대적 공격과, 때로는 잘못 지도된 사회주의 노동자 농민계급의 반혁명에 의한 적대적 공격으로부터 사회주의를 보호하여야 하며, 외부적으로는 자본주의 국가의 제국주의로부터 역시 사회주의가 보호되어야 한다고 하였다. 사회주의하에서는 법은 바로 이러한 과제의 수행에 기여하여야 한다고 하였다.[45] 이러한 과제를 수행하여야 하는 사회주의법은 자본주의법을 분쇄하고, 궁극적으로는 공산주의 사회건설에 이바지하는 수단이다. 그러므로 사회주의법은 생산, 분배, 노동을 모두 규율하고, 인민들로 하여금 사회주의적 인격의 형성을 위해 기여하여야 한다고 한다.[46] 이와 같이 사회주의가 당, 그것도 일당에 의한 사회주의 사회에서의 지배계급인 노동자 농민의 지도를 그 내용으로 하는 것은, 노동자 농민이 결속하여 내부적으로는 자본가 계급인 착취계급으로부터의 반혁명 세력과 외부로부터의 자본주의에 기초한 제국주의로부터의 적대적 공격에 대해서 사회주의를 보호하기 위한 것이다.

그리고 맑스의 이론에 따르면, 법은 그때 그때 사회의 물질적 구조, 즉 생산관계에 기초하고 있으며, 그 반대는 아니라고 하였다. 맑스는 생산관계의 전체는 사회의 경제구조를 형성하며, 그러한 하부구조인 생산관계의 기초위에서 법과 정치의 상부구조가 형성된다고 하였다.[47] 그리하여 법적인 당위는 생산관계의 경제적, 사회적 조건으로부터 생성된다고 하였다.[48] 다시 말하면 국가와 법은 그때 그때의 계급상태의 반영이며, 그때 그때의 경제적 생산관계에 기초하여 법의 내용이 결정된다고 하였다. 따라서 사회주의에서는 법은 정치의 수단이며, 법은 국가 및 사회목적에 이바지하면서 동시에 국가 및 사회목적을 실현한다고 하였다.[49]

그리고 착취적인 생산수단에 대한 사소유권의 폐지를 주장하고, 자본주의적 생산은 과잉생산을 유발하여 경제공황으로 발전되고, 그 과잉생산된 제품의 판매를 위하여 자본주의는 제국주의로 발전하므로, 경제는 계획에 의하여 수행하여야 하며, 따라서 계약은 경제계획의 실천수단으로 파악하였다. 또한 사회주

45) A. a. O., Rn 499.
46) A. a. O., Rn 499.
47) A. a. O., Rn 500.
48) A. a. O., Rn 502.
49) A. a. O., Rn 508.

의는 노동자 농민이 사회의 지배계급이 되는 사회이며, 그러한 사회주의 사회는 맑스 레닌주의 정당에 의하여 지도되므로, 사회주의는 자연히 군중노선 내지 대중노선에 의하여 집단주의 내지 단체주의를 표방하게 되고, 맑스 레닌주의 정당에 의하여 지도되므로 실질적으로는 사회주의노동당 내지 공산당이 지배하게 된다. 이는 결국 정당의 최고지위자가 사회를 이끌어 가는 사회로 된다.

이와 같이 자본자 계급의 착취로부터 노동자 농민을 해방시키기 위한 사회주의사상과 사회주의법은 결과에 있어서는 맑스 레닌주의 정당의 지도자에 의하여 노동자 농민이 지배되는 모순을 낳게 되었다. 그리고 사회주의는 집단주의에 의하여 개인의 존재가치가 부인되고, 개인의 이성과 자유가 부인되는 결과를 낳게 되었다. 생산수단에 대한 사소유권의 부인에 의해 국가소유 및 사회협동단체소유의 공동소유는 개인의 창의와 이기심을 억제하여 사회전체의 생산의 증대를 가져오지 못하는 문제점을 노정(露呈)하고 말았다.

이와 같이 사회주의에서는 법을 당시의 지배계급의 지배수단으로 파악하는 계급법으로 파악하고 있으며, 사회주의 법학에서는 사회주의법은 자본주의 시민법을 부인하고 국가도 계급도 없는 공산주의사회로 이행할 때까지의 과도기간 동안의 노동자 농민이 사회의 지배계급인 그 사회의 계급법으로서, 생산수단에 대한 사소유권을 부인하고, 경제는 계획에 의하여 운영되며, 맑스 레닌주의 정당에 의하여 지도되는 집단주의 내지 단체주의를 취한다. 보이지 않는 손에 의하여 자원와 생산물의 분배가 이루어지는 자본주의사회에서의 법적수단인 계약은 사회주의에서는 경제계획의 실천을 위한 수단에 불과하게 되었나.

이러한 사회주의사상과 사회주의 계급법에서는 계급과 계급, 즉 인간의 인간에 대한 항구적인 투쟁만을 주장하며, 법을 정치의 도구로 전락케 하였으며, 개인의 이성을 부인하고, 개인의 창의와 이기심의 발현을 억제하며, 맑스 레닌주의 일당의 지도를 옹호하여 결과적으로 법에 의한 법치보다는 사람에 의한 인치(人治)를 정당화하고 말았다. 이러한 사회주의사상과 사회주의 계급법은 인간의 본성 및 사물의 이치에 반하며, 인류보편의 가치에 반하는 사상이자 법이론임이 분명하다. 그러하였기 때문에 결국 사회주의는 몰락한 것이었다.

Ⅲ. 구동독지역에서의 사회주의법의 구체적 실천

구동독지역에서는 1945년에서부터 1949년 구동독정부가 수립될 때까지 구소련군이 지배하면서 사회주의국가의 수립을 위한 각종의 사회주의 조치를 취하였다. 구소련군정부가 실행한 가장 중요한 과업은 구동독지역에 사회주의 행정질서의 확립과 사회주의 경제체제로의 전환을 위한 경제질서와 소유질서의 개편이었다.[50] 그리하여 구동독정부가 수립되기 전에 이미 구소련점령군법에 의하여 구소련이 점령한 구동독지역의 토지를 몰수하여 사회주의적 소유제도로 전환하였다. 이러한 구동독지역에서의 구소련점령군법에 의한 사회주의 체제로의 전환은 1949년 구동독정부의 수립과 함께 제정, 시행된 구동독헌법에 의하여 추인이 되었다. 그리고 1968년에는 사회주의 헌법을 제정하고, 구동독의 독일사회주의통일당(SED: Sozialistische Einheitspartei Deutschland)의 지도독점의 공고화로 발전하였다.

1949년 구동독정부가 수립되고서, 곧이어 1952년에 구동독의 민법전의 제정작업을 시작하였다. 그러나 민법전의 제정에 이르기까지는 구동독정부가 수립되고 26년이 지난 다음인 1975년에 제정되어, 1976년 1월 1일부터 효력을 발생하였다. 처음 제정작업이 시작(1952년)되고, 그 후 2차(1958년, 1963년)에 걸쳐서 정치적인 변화 때문에 제정에 실패하고, 마지막 4차(1971년 시작)에 이르러서야 성공을 거두었다.

구동독지역에 구동독의 민법전이 제정되기까지는 독일민법전(BGB)의 효력이 계속 유지되었다. 그러나 사회주의사상에 반하는 자본주의적 내용의 법규정은 특별법에 의하여 그 효력이 인정되지 아니하였다. 그 대표적인 내용이 바로 사소유권이 인정되지 아니하였으며, 자본주의 시장경제의 법률제도인 동산의 선의취득(§932 BGB)이 부인되었다.[51] 이는 사회주의적 소유제도의 원칙에 합치시키기 위한 이론의 결과이었다. 이와 같이 구동독의 사회주의 정부는 시장과 생산수단에 대한 사소유권을 적으로 다루었다. 그러므로 이를 기초로 하고 있

---

50) 김상용, 토지소유권법사상: 대우학술총서, 인문사회과학 87(민음사, 1995), 170면.

51) Rainer Schröder, "Das ZGB der DDR von 1976, verglichen mit dem Entwurf des Volksgesetzbuchs der Nationalsozialismus von 1942", in: Zivilgesetzbuch der DDR vom 19. Juni 1975, (hrsg. von Jörn Eckert und Hans Hattenhauer, Deutschland, Goldbach, Keip Verlag, 1995), S. 35.

는 독일민법전은 구동독지역에서는 폐지되어야만 하는 법이었다.[52] 생산수단에 대한 사소유권의 인정은 착취적인 소유권을 인정하는 것으로서 폐지되어야 하였으며, 시장의 인정은 개인의 이기심의 작용을 인정하고 그 이기심을 통한 자원배분을 하도록 하는 것이므로 사회주의에서는 인간의 이기심을 배제함으로 시장도 봉쇄되어야 하며, 시장을 대신한 자원의 배분은 경제계획에 의하여 달성되어야만 하였다. 그리하여 구동독지역의 사회주의하에서는 나치시대와는 달리 독일민법전을 유지할 수가 없었으며, 폐지되어야만 하였다. 그리하여 구동독지역에서는 구동독의 사회주의민법전이 제정되었던 것이었다.

그리고 구동독에서는 사회주의 국가에서 일반적으로 인정되었던 사회주의적 합법성(sozialistische Gesetzlichkeit)의 원칙을 강조하고 그 원칙을 구동독민법전에서도 관철하고자 하였다. 이 사회주의적 합법성이란, 법은 오로지 정치적 목적만을 추구하고, 그것에 이바지하여야 한다는 원칙으로서, 법의 내용과 과제, 즉 목표는 정치적 목적에 의하여 결정된다는 원칙이다.[53] 또한 이는 법에 대한 정치의 우위 인정, 정치에 대한 법적통제의 부인, 법관의 독립의 부인으로 표명된다.[54] 그러므로 사회주의 구동독에서 민법의 법적 지위는, 사회주의 지도하의 인민의 소비생활에 관한 국가의 지도수단에 불과하였다.[55][56] 자본주의 국가의 민법에서의 같이 민법은 인간의 인격의 자유로운 발현을 보장하는 법이 아니있다. 따라서 구동독에서는, 사본주의 국가에서와는 날리, 공동체의 이익을 위한 인민 개인의 의무를 강조하였음으로 인민 개인이 이익과 공동체의 이익이 충돌할 여지가 없있다.[57]

또한 구동독의 사회주의하에서의 민법에서의 이념(Ideologie)은, 민주주의적 중앙집권주의(der demokrarische Zentralismus), 공동체 구성원으로서의 인민 개

52) 이는 나치시대와는 다르다. 나치는 자본주의를 유지하였다. 그러므로 독일민법전을 그대로 유지하였다. 다만 인종주의의 기초 때문에 사람에 관한 독일민법전의 규정을 개정할 필요가 있었다. 그리하여 구동독의 사회주의 정권과는 달리 나치는 그들의 권력강화를 위하여 독일민법전의 개정을 필요로 하지는 않았다(Vgl., a. a. O., S. 34).

53) Schröder, a. a. O., S. 40.

54) A. a. O., S. 41.

55) A. a. O., S. 50.

56) Das sozialistische Zivilrecht ist demnach ein wichtiges Leitungsinstrument des sozialistischen Staates zur Organisierung und Gestaltung gesellschaftlicher Beziehung im Bereich der individuellen Konsumtion, insbesondere zur Verteilung der Konsumgüter und anderer Leistungen entsprechend den individuellen Bedürfnissen der Bürger auf der Grundlage und unter Ausnutzung des sozialistischen Leistungsprinzip(Vgl., a. a. O., S. 50).

57) A. a. O., S. 52.

인의 지위(die Mitgestaltung der Bürger), 개인이익의 사회적 필요와의 일치(die Übereinstimmung der persönlichen Interessen mit den gesellschaftlichen Erfordernissen), 법과 도덕의 통일(die Einheit von Recht und Moral), 권리와 의무의 통일(die Einheit von Rechten und Pflichten), 사회주의 지도원칙(das Leitungsprinzip), 사회주의적 공동체 관계의 촉진(die Förderung sozialistischer Gemeinschaftsbeziehungen)에 있었다.[58] 그러므로 사회주의 구동독의 민법전은 그 이념 및 내용이 자본주의 독일민법전과는 다를 수밖에 없었으며, 독일민법전을 그대로 구동독 지역에 유지할 수가 없었다.

그리고 법이론적으로 구동독민법전은 도구주의적 법개념(instrumentalistische Rechtskonzept)과 규제주의적 법개념(regulatorische Rechtskonzept)에 기초하고 있었다.[59] 즉, 법은 정치적 목적의 도구 내지 수단이며, 개인의 이성에 의한 창의적인 개인생활의 형성이 아니라, 국가가 개인의 생활을 규제하고 형성하는 법이론에 기초하고 있는 것이었다. 그리하여 구동독의 사회주의에서는, 법이란 생산력과 사회주의적 생산관계를 계획적으로 전개하며, 모든 인민으로 하여금 사회주의 정신으로 교육하며, 사회주의 질서를 적의 공격으로부터 보호하는 일에 이바지하는데 있다고 이해되었다.[60]

이러한 역사적 과정과 사회주의 합법성의 원칙 및 사회주의 민법의 이념에 입각하여 구동독 정부는 1975년 사회주의에 입각한 그들의 민법전을 제정하여, 1976년 1월 1일부터 시행을 하였다. 사회주의 국가에서는, 민법전을 입법함에 있어서 민사법률관계를 자본주의 국가에서와 마찬가지로 순수한 사법적 관계로만 입법한 나라도 있고, 사법관계뿐만 아니라 국가기관간의 수평적인 공법적 재산관계도 포함하여 입법한 나라도 있다. 전자의 입법례로는 구체코슬로바키아 민법, 구동독민법전이 있으며, 후자의 입법례로는 구소련민법, 헝가리민법, 폴란드민법, 북한민법이 있다. 구동독에서는 1975년에 구동독의 민법전(Zivigesetzbuch)을 제정하면서, 총 7부 480조문으로 사법관계만을 규정하였다.

그리하여 구동독민법전은 오로지 인민개인의 소배생활에 관한 규정만을 담

58) A. a. O., SS. 53-54.

59) Karl A. Mollnau, "Rechtstheoretische Grundlagen des ZGB", in: Zivilgesetzbuch der DDR vom 19. Juni 1975(hrsg. von Jörn Eckert und Hans Hattenhauer, Deutschland, Goldbach, Keip Verlag, 1995), S. 25.

60) Hilde Benjamin, "Die Entwicklung des sozialistischen Rechts in der Periode des umfassenden Aufbaus des Sozialismus in der DDR", in: Staat-Recht-Wirtschaft(Halle-Wittenberg, Wissen-Schaftliche Zeitschrift der Marin-Luther-Universität, 1964), S. 12.

고 있는 것이었다. 따라서 구동독민법전은 인민과 인민상호간 및 인민과 국가경제계획에 있는 배급기관(Versorgungbetrieb)과의 관계만을 규율하고, 국가경제계획을 수행하는 기관 상호간의 관계는 경제법(Wirtschaftrecht)에 의하여 별도로 규율하였다. 특히 구동독에서는 경제법을 계약법전(Vertragsgesetz)의 이름으로 별도로 제정하여 운용하였다.[61] 그리하여 구동독에서는, 인민의 소배생활에 관하여는 민법전에서, 기업의 생산과 분배에 관하여는 계약법전에서 규율하였다.

구동독 정부의 구동독민법전 제정의 근본적인 정치적 목적은 자본주의 민법전인 독일민법전을 사회주의 구동독에서 제거하는 것이었으며, 이것은 형식적으로나마 남아있던 구서독과의 법의 통일을 제거하는 것이었다.[62] 이러한 목적을 달성하기 위하여 구동독민법전을 내용적으로 독일민법전과 다르게 규정하여야 하였으며, 용어도 다르게 규정하여야만 하였다. 그리고 형식에 있어서는, 독일민법전과는 달리, 민족적이고(volkstümlich), 생활에 가깝고(lebensnah), 개괄적으로(überschaubar) 규정하였으며, 원칙적인 규정만을 두고 예외적인 규정을 두지 아니하는 방법으로 단순화하였으며, 예외적인 사항에 대해서는 판례로 해결하도록 하였다.[63] 그리고 법규정이 추상적이지 아니하며, 중요한 생활관계만을 규율하였으며, 중요하지 않는 생활관계에 대해서는 유추에 의해 해결하도록 노력하였다.[64]

구동독민법의 편별은 판덱텐시스템에 따라서, 제1부: 사회주의 민법의 원칙(Grundsatze des sozialistischen Zivilrechts), 제2부: 사회주의적 소유권과 개인소유권(Das sozialistische Eigentum dao und persönliche Eigentum), 제3부: 물질생활과 문화생활의 형성을 위한 계약(Verträge zur Gestaltung des materiellen und kultuellen Lebens), 제4부: 주거 및 휴양을 위한 토지와 건물의 이용(Nutzung von Grundstücken und Gebäude zum Wohnen und zur Erholung), 제5부: 침해로부터 생명, 건강 및 소유권의 보호(Schutz des Lebens, der Gesundheit und des Eigentums

61) 구동독에서는 1957년에 1차 계약법전을 제정, 시행하였으며, 1965년에 2차 계약법전을 제정, 시행하였다. 계약법전은 기업관련 법률이었으며, 기업의 생산과 분배에 관하여 규율하였던 법률이었으며, 계약법전에서 규정된 계약은 모두 명령된 계약(diktierter Vertrag)이었다.

62) Klaus Heuer, "Politische Vorgaben für das ZGB", in: Zivilgesetzbuch der DDR vom 19. Juni 1975, (hrsg. von Jörn Eckert und Hans Hattenhauer, Deutschland, Goldbach, Kelp Verlag, 1995), S. 18.

63) A. a. O., S. 20.

64) A. a. O., S. 21.

vor Schadenszufügung), 제6부: 상속법(Erbrecht), 제7부: 개별적 민사법률관계에 관한 특별규정(Besondere Bestimmungen für einzelne Zivilrechtsverhältnisse)으로 나누어 구성되어 있었다.

사회주의 종주국이었던 구소련이 1990년에 붕괴되고 그 후의 구동구사회주의 국가의 사회주의 포기와 자본주의로의 이행으로 구동독정권도 역시 1990년에 붕괴되고, 1990년 10월 3일 통일조약(Einigungsvertrag: Vertrag zwischen der Bundesrepublik Deutschland und der Deutschen Demokratischen Republik über die Herstellung der Einheit Deutschlands)의 발효와 함께 구동독의 사회주의 민법은 폐기되고, 구동독지역에 독일민법전(BGB)이 시행이 되었다. 그러나 구동독지역에서의 독일민법전의 완전한 시행을 위해서는 사회주의 체제의 자본주의체제로의 전환을 위한 경과조치가 필요하였다. 무엇보다도 국유화되어 있던 생산수단의 사유화를 위한 법적 조치와 토지와 건물이 서로 다른 별개의 부동산으로 다루어졌던 구동독민법전에서의 법률제도에서 건물을 토지의 본질적 구성부분으로 전환하여 토지와 건물을 하나의 부동산으로 만드는 법적작업이 뒤따랐다. 그리하여 지금은 구동독지역의 사회주의 법률제도는 완전히 폐지되고, 구서독의 민법전에 따른 자본주의적 법률제도로 전환이 되었다. 그러나 구동독지역에서의 사회주의 민법전하에서의 특수한 법률제도는 독일민법시행법 제218조에 따라서 구동독지역에서의 분방법(Landesrecht)으로서의 효력이 인정될 수 있을 뿐이다.

Ⅳ. 사회주의하의 계급주의법에 대한 법정책적 평가

계급주의적인 사회주의 법사상도 역시 민족사회주의의 인종법학과 마찬가지로 인간의 본성 및 사물의 이치에 반하는 법사상이며 법학이다. 법이란 그 시대의 지도계층의 사상을 대변하고 그들의 이익을 보호하는 면이 전혀 없지는 아니하다. 그러나 사회구성원을 계급으로 구분하고, 인류의 역사를 계급간의 투쟁의 역사로 파악하는 사회주의자들의 사회와 역사이해는 인류의 보편적인 가치에 반하는 사고이다. 비록 계층간의 갈등이 있기는 하지만 역사는 그러한 계층간의 갈등을 한 계급이 다른 계급을 제압하는 방식에 의해서가 아니라, 서로간의 이해와 평화를 유지할 수 있도록 하는 방향으로 발전되어 왔다.

산업혁명이 일어나고 곧바로 생산수단을 소유한 자, 즉 부르죠아 계급이 생산수단을 소유하지 못한 프롤레타리아 계급을 지배한 시대가 있기는 하였지만, 후자의 계층이 전자의 계층을 부인할 것이 아니라 함께 더불어 공존할 수 있는 보편적인 가치를 찾아야 했던 것이 바람직한 해결방법이었다. 그러나 사회주의자들은 무산자 계급의 유산자 계급에 대한 투쟁을 선언한 것은 함께 더불어 살아가야 하고, 더불어 살 수밖에 없는 인간의 운명이자 신의 뜻에 어긋나는 사고라 아니할 수 없다.

사회주의자들 중에도 무산자 계급의 유산자 계급에 대한 극단적인 계급간의 투쟁을 강조하면, 결국 유산자 계급을 물리친 무산자 계급이 또 다른 지배계급으로 발전하기 때문에 계급투쟁을 지양(止揚)하고, 생산수단에 대한 사소유권도 폐지하지 말 것을 주장한 사회주의자들도 있었다. 이들은, 노동자들과 자본가들의 이익대립을 국가가 개입하여 양자의 이익대립을 공동의 이익관계로 발전시킬 사회적 자본주의(sozialer Kapitalismus)로 나아갈 것을 주장하였다.[65]

사회주의사상은 산업혁명이 일어나 자본주의의 모순이 극에 달하였을 때의 사회사정은 설명가능할 수 있었다고 하더라도, 인류의 전역사를 그와 같이 설명하는 것은 잘못이었다고 생각된다. 사회주의는 자본주의의 핵심인 인간의 이성에의 호소, 이기심에 의한 이익의 추구, 그것에 기초한 생산수단에 대한 사소유권의 인정을 전적으로 부인하는 것이 노동자, 농민들의 해방의 길이라고 주장하였지만, 그러한 주장은 인간의 본성에 반하는 사고이다. 인간은 이성에 기초한 이기심을 자극하여 개인의 삶을 스스로 형성해 나가도록 하여야 함이 인간의 본성에 부합하는 것이다. 그러나 인간이 이성에 기한 이기심이 극도로 발전하여 가진 자가 갖지 못한 자를 합법적으로 지배하는 모순현상이 발생할 때에는 인간의 이성과 이기심의 발동에 대한 규제가 필요하다. 그러므로 인간의 이성과 이기심을 전적으로 부인하고, 그것이 발현될 수 있는 법률제도를 전적으로 폐지하는 것은 인간의 본성에 반하는 것이다. 그것은 사회주의 역사가 증명해 주고 있다.

인간의 이성과 이기심은 무제한의 것이 아니라, 이웃과 조화와 평화를 이룩할 수 있는 범위 내에서 발현되어야 할 내재적인 한계가 있는 것이다. 그러나 사회주의는 이를 전적으로 부인하였다. 그 결과 집단주의에 기초하여 개인의

65) Rüthers, a. a. O., Rn 513.

인간존재의 가치를 부인하는 결과를 초래하여 사회주의 그 자체가 몰락하는 결과를 초래하였다. 인간은 이성을 가진 존재이고, 그 이성의 발현이 가능할 수 있도록 사회 및 법률제도가 마련되어야 한다. 그리고 법학과 법률제도는 항상 인간의 본성과 사물의 이치에 부합되도록 이론과 제도를 마련하도록 하여야 한다. 이러한 사고는 바로 법학과 법률제도는 인류의 보편적인 가치를 실현하도록 하여야 한다는 주장과 그 궤(軌)를 같이 한다.

그러므로 법학과 법률제도가 특정 계급 내지 특정 계층의 이익만을 대변하는 것으로 발전하게 하는 것은 인간의 본성에도 반하고, 인류의 보편가치에도 반한다. 그러므로 사회주의는 인간과 인간과의 관계를 적대적, 투쟁적인 관계로 파악하여 인간의 본성에 반하고, 인류의 보편가치에 반하는 사상이다. 그렇기 때문에 사회주의는 몰락의 길로 발전할 수밖에 없었다. 그리고 인류의 역사를 투쟁의 역사로 볼 것이 아니다. 인류의 역사는 사회구성원간의 조화와 평화를 위한 방향으로 발전해 왔고, 그렇게 발전할 수 있도록 이론과 제도를 정립하여야 한다. 인류는 서로 싸우는 대립적인 관계에 있는 것이 아니라, 서로 이웃이 되어 함께 더불어 살아야 한다. 그리고 서로 이웃으로 살 수 있도록 하는 이론과 제도의 마련을 추구하여야 한다.

사회주의 국가들은 오늘날 사회주의를 완전히 폐기하고 자본주의로 이행한 국가가 대부분이며, 사회주의에 시장경제의 원리를 도입하여 사회주의 시장경제로 발전해 나가는 국가도 있고, 아직도 정통적인 사회주의를 고수하고자 하는 국가도 있다. 전반적으로는 사회주의를 폐기되는 방향으로 발전하고 있다. 사회주의는 민족사회주의보다는 그 생명의 존속기간이 길기는 하였지만, 인간의 본성과 사물의 이치에 반하는 사상이기 때문에 민족사회주의와 마찬가지로 결국 최종적으로는 소멸될 수밖에 없었다.

사회주의 계급법을 통하여 역사가 주는 교훈은, 인간의 본성을 투쟁적인 존재로 파악하는 것은 인간에 대한 이해가 잘못된 것이며, 인간은 하나님의 형상을 따라서 창조되었다는 성서의 가르침에도 반하는 것이다. 그리고 인간은 서로가 서로에게 이웃이며, 인간공동체는 조화와 평화의 공동체이며, 그렇게 공동체가 조화와 평화를 이룩할 수 있는 방향으로 법학과 법제도가 마련되어야 한다.

그리고 독일에서는 구동독 시절의 법상황과 법관철에 관하여 학문적으로 연구되고 있다. 막스 플랑크 유럽법사연구소에서는 구동독시절의 법관철에 관하여 구동구권국가들의 사회주의시대의 법상황과 법관철과 함께 연구를 진행하고 있다. 그 결과로 동연구소는 2003년에 구동독의 사회주의하에서의 법관철(Normdurchsetzung)에 관한 연구결과를 책[66]으로 출판하였다.

제 3 절 법사회학의 생성과 그 후의 부진

Ⅰ. 법사회학의 생성

독일에서는 법사회학이 그 생성초기에는 발달을 하고 그것이 미국과 스칸디나비아의 여러나라에서의 법사회학의 생성과 발전에 기여하였으나, 무엇보다도 법사회학의 연구자들이 대부분 유태인들이었고, 나치시대에 유태인에 대한 학대로 그들이 외국으로 떠나게 됨에 따라서 독일에서는 법사회학이 발전을 하지 못하였다. 그리고 독일에서는 비교법학이 왕성하게 일어나 그 비교법학이 법사회학의 연구방법과 연구결과를 포섭함으로써, 법사회학은 미국에서와 같이 발달하지 못하고 부진한 생태를 보이고 있다.[67]

독일에서의 법사회학은 Eugen Ehrlich(1862-1922)의 자유법론(Freirechtslehre)으로부터 시작이 되었다. 즉, Ehrlich는 1903년에 "자유로운 법발견과 자유법학"(Freie Rechtsfindung und freie Rechtswissenschaft)에서 자유법론의 기초를 닦았고, 1913년에 발표된 그의 논문, "법의 사회학의 기초"(Grundlegung der Soziologie des Rechts)로서 독일 법사회학을 처음으로 개척하였다. 그리하여 Ehrlich의 논문, "법의 사회학의 기초"로써 독일에서 법사회학이 시작되었다. 유럽대륙에서 법사회학은 Ehrlich보다 100여년 전에 Montesquieu가 풍토가 법에 미치는 영향을 논함으로써 법과 사회와의 관계를 연구한 것이 그 시초이었다.[68][69]

---

66) 구체적으로 그 서명(書名)은, "2차 세계대전 후 동구유럽국가들에서의 법의 관철"(Normsdurchsetzung in Osteuropäischen Nachkriegsgesellschaften(1944-1989), Band 5: Deutsche Demokratische Republik (1958-1989)로 되어 있다.

67) Eugen Ehrlich의 자유법론은 미국에서 Roscoe Pound에게 영향을 주어 미국에서의 법사회학의 발전에 기여하였다(Vgl., Hubert Rottleuthner, "Drei Rechtssoziologien: Eugen Ehrlich, Hugo Sinzheimer, Max Weber", in: Historische Soziolgie der Rechtswissenschaft(hrsg. von Erk Volkmar Heyen, Fankfurt am Main, Vittorio Klostermann, 1986), S. 250.

68) Rottleuthner, a. a. O., S. 227.

69) 몽테스큐는 법이란 당해 국가의 국토, 기후 등의 자연조건, 생활상태, 인구, 상업 등의 경제적 조건, 종교, 관습, 전통 등의 정신적 조건의 상호작용에 의하여 형성되며, 제정법은 이러한 제조

그리고 독일에서는 Ehrlich 이전에 예링에 의한 목적법론 및 이익을 추구하는 인간행동의 법이론의 주장이 독일에서의 법사회학의 맹아이기는 하지만, 예링의 이러한 법이론은 자유법론보다는 Philipp Heck에 의한 이익법학에 더 큰 영향을 주었다.

독일에서 법사회학 생성의 기초가 된 자유법론은 법을 흠결이 없는 완전무결한 체계로 이해한 당시의 지배적인 법학방법론이었던 추상적이고 현실을 고려하지 않고 개념의 논리적 조작에 치중하였던 개념법학의 문제점을 지적하고, 이를 극복하기 위한 법이론으로 주장되었다. 자유법론은 법이란 완전무결한 체계가 아니라 흠결이 있으며, 그 법의 흠결은 개념의 논리적 조작에 의하여 보충할 수 있는 것이 아니라, 법률로 제정되지는 않았지만 사회현실 속에서 구체적으로 법적구속력을 갖고 있는 살아있는 법(das lebende Recht)을 찾아서 그것으로 흠결을 보충할 것을 주장하였다.[70] 이와 같이 자유법론이 독일에서의 법사회학의 시작이었다.

이와 같이 Ehrlich가 자유법론을 창시하고서 그와 같은 시기에 살았던 Hugo Sinzheimer가 1909년에 "사법학의 사회학적 방법론"(Die soziologische Methode der Privatrechtswissenschaft)을 발표하고, Max Weber가 1911년에서 1913년 사이에 법사회학(Rechtssoziologie)을 편찬하였다. 그리하여 1916년 전후에 독일에서는 법사회학에 관한 글이 많이 발표되었다.[71] 이 시기에 법사회학이 생성발전할 수 있었던 것은 무엇보다도 당시의 지배적인 법학이었던 개념법학과 판덱텐법학의 문제점 때문이었다.

Ehrlich는 입법화된 법질서에는 흠결이 없다는 개념법학을 비판하면서, 개별적인 판결은 일반규범으로부터 논리적 조작으로 도출할 수 없다고 주장하고, 법률에 규정이 없으면 사회적인 규범, 즉 사회 속에 살아있는 규범(gesellschaftliche Normen, die Normen des in der Gesellschaft lebenden Rechts)에로 향하여야 한다고 주장하였다.[72][73] Ehrlich의 자유법론에서는 사회(Gesellschaft)가 가장 중심에 있

건에 부합하여야 한다고 주장하여 법사회학의 선구자로 평가받고 있다(이영희, 법사회학(법문사, 2003), 36면).

70) Ehrlich가 살던 당시에는 법률로 입법은 되지 않았지만, 사회현실적으로 사실상 구속력이 있던 규범들이 적지 아니하였다. 구체적으로 근로자의 단체협약은 당시에는 법률로 규정되지 않았지만 현실적으로는 구속력 있는 규범으로서의 효력을 갖고 있었다.

71) Rottleuthner, a. a. O., SS. 227-230.

72) A. a. O., S. 231.

73) Ehrlich가 살던 곳인 지금 우크라이나공화국의 Czernowitz는 여러 종교가 산재해 있었던 곳

는 1차적인 관심사항이었으며, 입법, 법학, 판례는 2차적인 현상일 뿐이었다. 그리하여 그는, 진정한 법학은 법사회학이며, 법사회학은 사회 속에 살아있는 법을 찾는 것이라고 하였다.[74] 그가 이와 같이 살아있는 법을 찾는 자유법론을 개척한 것은, 개념법학적 법실무와 학문적 태도를 제거하여, 법적용을 생활에 가깝게(lebensnahe) 하려는 데에 있었다.[75] 그리하여 Ehrlich의 자유법론은 극히 실무적이었다.

그리고 Hugo Sinzheimer(1875-1945)는 노동법을 중심으로 사회적 노동규범이 독일민법의 고용계약의 규범과는 달리 존재함을 발견하고, 사회속에 실재로 존재하는 노동법이 바로 살아있는 법의 형상(Muster)이라고 주장하였다. 또한 그는, 집단적 근로계약(즉, 단체협약(Tarifvertrag))이 실재로 존재하고 있으나, 독일민법전에서는 고용계약(Dienstvertrag)만을 규정하고 있을 뿐이라고 하였다. 그는, 이러한 현상이 바로 당시의 현행법과는 다른 법현실(Rechtwirklichkeit)이라고 주장하고, 더 나아가 그는 이러한 노동법의 현실을 입법할 것을 주장하였다.[76]

이렇게 독일에서 법사회학이 시작이 되고 Max Weber(1864-1920)에 의하여 크게 발전을 이루었다. Max Weber는 근대서구에서의 자본주의의 성립과 법의 합리화 사이의 상호관련성을 해명하는 일을 주로 하였으며, 법과 자본주의는 계산가능성과 예측가능성이라는 개념에 의하여 서로 연결되어 있고, 자본주의에 적합한 법이 곧 합리적인 법이라고 이론정립을 하였다.[77] 이를 좀 더 상세히 설명하면, 근대적 합리적 자본주의는 계산가능한 법제도를 필요로 하며, 모든 교환은 당사자가 서루 책임을 이행할 것이라는 개연성에 기초하여 이루어지고 있으며, 법은 이러한 자본주의 경제활동을 보장하는 수단으로서 기능한다고 하였다.[78]

으로 서로가 서로를 용납하지 않을 수 없었던 곳이었다. Ehrlich는 이렇게 복잡함속에서 각 종교집단 내의 살아있는 법(lebendes Recht)를 발굴해 내었던 것이었다. 그리하여 그는 각 종교집단 내의 살아있는 법은 국가에서 제정한 법률이 아니었음에도 불구하고 그 집단 내에서 구속력을 갖고 있었던 것이었다. 그리하여 그는 법의 흠결이 있을 때에는 그와 같은 살아있는 법으로 보충할 것을 주장하였다(Vgl., Hans Kelsen, Eugen Ehrlich, Rechtssoziologie und Rechtswissenschaft: Eine Kontroverse(1915/17) (mit einer Einführung von Klaus Lüderssen, Baden-Baden, Nomos Verlagsgesellschaft, 2003), S. Ⅷ).

74) A. a. O., S. 231.

75) A. a. O., S. 232.

76) A. a. O., SS. 233-236.

77) 양건, 법사회학(제2판, 아르케, 2000), 77면.

78) 이영희, 법사회학(법문사, 2003), 49면.

Max Weber에 의하여 독일에서 법사회학이 발전하였으나, Max Weber 이후 제1차 세계대전의 발발과 더불어 상당한 기간 동안 독일에서는 법사회학이 부진한 상태를 면하지 못하였다. 그리고 1933년 Weimar 공화국의 소멸과 민족사회주의의 시작과 더불어 초기의 독일에서의 법사회학은 끝을 맺게 되었다. 그러한 독일에서의 법사회학의 부진은 오늘날에도 여전이 그러한 상태에 있다. 오늘날 독일에서 법사회학의 연구가 진행되고는 있으나,[79] 법사회학이 독일의 민법학의 흐름에 주도적인 역할을 담당하지 못하고, 오히려 법사학적 민법학, 비교민법학에 포섭되어 이들 민법학이 법사회학적 방법과 그 학문적 결실을 활용하고 있는 상태에 있어 보인다.

Ⅱ. 법사회학의 내용

1. 법과 사회의 상호관계의 탐구

법사회학은 법에 관한 현실학문(Wirklichlseitswissenschaft)으로서, 법과 사회생활간의 상호관계(wechselseitige Abhängigkeit(Interdependenz) vom Recht und Sozialleben)를 연구하는 법학의 한 분야이다.[80] 법철학이 법의 이념 내지 정의의 문제를 다루는 법학이고, 법해석학(Rechtsdogmatik)이 현행법의 규범성을 탐구하는 법학인 데 반하여, 법사회학은 법생활(Rechtsleben) 내지 법사실(Rechtstatsache)을 탐구하는 법학으로서 생활속에 살아있는 법을 그 연구의 대상으로 하고 있다. 살아있는 법(lebendes Recht)은 현행의 실정법속에서 구속력이 있는 법규범도 포함되며, 실정법으로 규정되어 있지는 않더라도 생활 속에서 구속력이 있으면 그것도 역시 살아있는 법이다. 그러나 법사회학의 연구대상인 살아있는 법은 실정법으로 규정되지 않았지만 생활 속에서 살아있는 법을 의미한다.[81] 따라서 법사회학에서는 현행 법규범의 전체를 탐구하는 것이 아니라, 생활 속

---

79) Manfred Rehbinder, Thomas Raiser, Nikolas Luhmann등이 법사회학을 발전시켜 나가고 있다. 그들은 각각 법사회학 교과서를 집필 출판하였다. 구체적으로는, Manfred Rehbinder의 법사회학(Rechtssoziologie, 5. Aufl., 2000), Thomas Raiser의 법사회학(Rechtssoziolgie, 1987), Nikolas Luhmann의 법사회학(Rechtssoziolgie, 3. Aufl., 1987)이 출판되어 법사회학의 발전에 이바지하고 있으나, 미국에 비해서는 약하기 그지없다.

80) Manfred Rehbinder, Rechtssoziologie, 4. Aufl. (1989), S. 2.

81) 이와 같이 법률로 규정되지는 않았지만 사회생활 속에서 생성되어, 실제로 생활속에 살아있는 법으로는 단체법(Vereinsrecht), 교회법(Kirchenrecht), 단체협약(Tarifvertrag), 보통거래약관(allgemeine Geschäftsbedingungen) 등을 중요한 예로 들 수 있다.

에 살아있는 법을 탐구하여 그것을 찾아내고 법의 흠결시에 이를 적용하도록 하고, 입법시에는 생활속에 살아있는 법으로 규정하도록 하고자 한다. 법사회학의 연구대상인 살아있는 법은 법실무에 통용될 수 있는 법규범이다[82](Lebende Rechte sind nur diejenigen Rechtsnormen, die in der Rechtspraxis durchgesetzt werden können). 따라서 법사회학에서는 살아있는 법만이 사회적 현실이며, 사회적 실재이며, 또한 사회적으로 유효성이 있는 것으로 인정한다.

2. 살아있는 법의 탐구

법사회학은 개념법학이 사회현실을 전혀 고려하지 아니하고 법을 규범체계로만 이해하고 개념으로부터 논리적인 조작을 통해서 법의 흠결을 보충하려는 태도에 대한 반동으로 생성된 법학으로서, 현실 생활 속에서 살아있는 법을 탐구하여, 이 살아있는 법으로 법의 흠결을 보충하고, 이를 입법하여야 한다고 주장하고, 또한 이를 입법화할 수 있도록 뒷받침하는 법학이다. 개념법학은 개념의 논리적 조작만을 법학의 과제로 이해하나, 법사회학에서는 살아있는 법을 찾아내어 이를 활용하고자 함으로 법사실의 탐구(Rechtstatsachenforschung)를 중시하는 법학분야이다. 이와 같은 법사실 탐구는 사회현실 속에 살아있는, 즉 실제로 효력이 있고, 사람들이 지키고 따르며, 적용되고, 관철되고, 관철될 수 있는 법을 인식하고 찾고 정리하는 법연구활동이다.[83]

이와 같은 법사회학은, 살아있는 법으로 일반개념의 구체화에 이바지하며, 법의 흠결시에 법관으로 하여금 살아있는 법으로 보충하도록 하며, 법해석에 있어서는 사회학적 해석[84]을 하게 한다. 그리하여 법사회학에서는 입법자에 의한 입법만이 아니라, 법관에 의한 법발견 및 법형성을 인정하여 법관에 의한 법발전를 지지하고 이를 가능토록 한다. 그리고 법사회학에서는 법현실, 법사실, 법감정, 법의식 등의 법실재를 중시하고 그것들은 연구의 대상으로 함으로써, 법가치에 대해서는 그것을 연구대상으로 하지 아니한다. 그리하여 법사회학은 가치법학에서와는 달리 가치로부터 자유로운(wertfrei) 입장을 취한다. 따

82) Rehbinder, a. a. O., S. 3.

83) Roland Girtler, Rechtssoziologie: Thesen und Möglichkeiten(München, Wilhelm Fink Verlag, 1976), S. 194.

84) 사회학적 해석은 법규정을 해석함에 있어서 법규정 그 자체의 의미, 내용의 탐구를 주로 하는 것이 아니라, 사회현실과 관련하여 그러한 법규정의 사회적인 원인탐구를 하여 당해 법규정의 의미 내용을 확실히 하는 해석방법이다. 그러므로 사회학적 해석을 통하여 법규정의 축소해석, 확대해석, 유추해석들이 결정될 수 있다고 한다.

라서 법사회학에서는 법을 가치의 질서로 보지 아니하고 법이외의 영역에서 제공되고 제시되는 목적, 예컨대 정치적, 또는 사회적 목적 내지 이념의 수행을 위한 수단 내지 도구로 이해하는 입장에 있다.

법사회학에서는 살아있는 법을 발견하고 이를 법의 흠결에 보충하고, 입법에 반영하는 연구작업을 하면서, 법과 사회현실의 관계에 관하여, 문화의 시차문제(kulturelle Verspätung: cultural lag), 사회적 유동의 문제(soziale Mobilität), 사회변화의 문제(sozialer Wandel: social change), 사회통제의 문제(soziale Kontrolle), 사회통합의 문제(soziale Integration)등을 다룬다. 이에 관하여 좀 더 상세히 살펴보면, 사회의 구성원간에도 문화의 차이가 있다. 그리하여 사회전체의 문화와 그 사회 구성원간 또는 지역간의 문화의 차이를 이해하고 이에 대해 법적으로 대처하는 문화의 시차(時差)의 문제를 다루고, 사회의 개별적 구성원 또는 단체의 지위 내지 위치의 변화와 그러한 변화를 위한 대안을 모색하는 사회유동(流動)의 문제를 다루고, 사회구조의 변화를 다루고, 사회 구성원으로 하여금 바람직한 사회적 행위 본보기를 따라서 행동하도록 하는 사회통제의 문제를 다룬다. 그리하여 궁극적으로는 사회구성원으로 하여금 하나의 통합된 질서 내지 문화속에서 더불어 평화롭게 살 수 있는 방안에 관한 사회통합의 문제를 다룬다.[85] 결국 법사회학은 사회통합을 위한 살아있는 법의 탐구에 주력하는 법학이다. 그리하여 법사회학에서는 법의 사회통제기능을 중시하고, 이로 인하여 법학을 사회공학(social engineering)이라 하고, 법학자를 사회공학자(social engineer)로 이해한다.

그리고 법사회학에서는 법을 규범으로 파악하는 것이 아니라 법도 하나의 사회현실 내지 사실로 파악한다. 이와 같이 법규범을 사실로 파악함으로써 법사회학에서는 법을 가치의 질서 내지 가치의 구체화로 파악할 수가 없고 일정한 목적을 위한 도구 내지 수단으로 파악하게 된다. 법규범을 사실로 파악하는 법사회학에서는 가치판단을 할 수가 없다.[86] 바로 법사회학의 문제점은 법을 가치의 체계로 파악하지 아니하고 수단 내지 도구로 파악함에 있다. 가치를 고려하지 아니하는 법이론은 동일한 사안에 대해서도 상황에 따라서 그 가치판단을 달리 할 수가 있으므로, 가치설정이 잘못된 목적 내지 이념하에서는 법사회

---

85) Rehbinder, a. a. O., SS. 55-57.

86) Ulrich Drobnig, "Rechtsvergleichung und Rechtssozoilogie", in: Rechtssoziologie und Rechtsvergleichung(hrsg. von Ulrich Drobnig und Manfred Rehbinder, Berlin, Duncker & Humboldt, 1977), S. 34.

학은 인간에게 해악을 초래할 수 있는 가능성을 내재하고 있으며, 법사회학이 상황윤리와 결합되기가 쉽고, 상황윤리와 결합하게 되면 인간에게 돌이킬 수 없는 불행을 초래할 수도 있다. 예컨대 민족사회주의나 사회주의와 법사회학이 결합하게 되면 인류에 심대한 불행을 초래할 수 있다. 미국에서 법사회학이 발전할 수 있는 이유는 무엇보다도 미국사회가 자연법에 기초한 미국헌법, 청교도 정신에 입각한 확고한 사회윤리가 자리잡고 있기 때문에 법을 이러한 이념 내지 목적을 위한 도구 내지 수단으로 파악하여도, 목적 설정이 바르기 때문에 법사회학이 사회의 해악을 초래하지는 않는다. 그러나 극단적인 이기주의, 찰나(刹那)주의가 지배하는 사회에서는 법사회학은 이기주의, 찰나주의를 정당화하는 법이론으로 발전될 가능성이 충분히 내재되어 있다.

법사회학에도 그 발전과정을 살펴보면, 법에서 사회적 사실을 고려하는 법을 중심으로 하고 사회학의 방법론을 활용하는 사회학적 법학(soziologische Jurisprudenz; sociological jurisprudence)에서 사회학을 중심으로 하고 법을 하나의 사실로서 사회학 탐구의 대상으로 삼는 법사회학으로 발전하였다. 사회학적 법학은 법학의 입장에서 사회현실 내지 사실을 탐구하여 가치판단을 하는 법사회학인데 반하여, 법사회학은 사회학의 입정에서 법현상을 탐구하여 이를 체계화하고 정리하는 학문이다. 그러므로 전자의 사회학적 법학에서는 법사실을 탐구하고 그 법사실에 대하여 가치판단을 한다. 그러나 후자의 법사회학에서는 가치판단이 완전히 배재되고, 오로지 법사실 탐구만을 하고 그 결과를 체계화할 뿐이다. 미국의 경우에는 먼저 사회학적 법학이 생성되어 발전되다가, 점자 사회학을 중심으로 하는 법현실주의(Rechtsrealismus; legal realism)로 발전하였다. 독일에서의 법사회학은 그 시작부터 오늘에 이르기까지 사회학적 법학 단계의 법사회학의 수준에 머물러 있다고 평가된다.

3. 법의 기능의 탐구

법사회학에서는 법의 기능을 대체로 다섯 가지로 나누어 설명하고 있다. 첫째로 법은 분쟁해결(Bereinigung von Konflikten)의 수단으로 기능한다. 법의 가장 중요한 기능은 분쟁의 해결에 있다. 이러한 분쟁의 해결수단이 법의 기능 중에서 가장 기본적인 기능이다. 이와 같이 법은 분쟁을 해결하는 기능을 수행하며, 법적인 변화는 분쟁 없이는 불가능하며, 법은 분쟁의 해결로 그 생명력을 갖는다.[87] 궁극적으로 법이 평화의 질서수단으로 기능하기 위해서는 분쟁이 법에 의하여 통제될 수 있을 때에만 가능하다.[88] 그리하여 법사회학에서는 분쟁해결의 기능을 상실한 법전 속의 법(law in book)을 탐구하는 것이 아니라, 분쟁해결의 수단으로서 충실히 기능하고 있는 살아있는 법을 탐구한다. 법의 이러한 기능을 반동(反動)기능(Reaktionsfunktion)이라고도 한다.

둘째로 법은 사회적인 행동조종(Verhaltenssteuerung)의 기능을 담당한다. 이는 법이 인간의 행동을 조종하는 기능을 담당하는 것으로서, 인간으로 하여금 사회전체의 행동모형에 부합(Konformität)되게 행동하도록 하는 기능으로서, 법을 사회 구성원들로 하여금 행동결정규범(Bestimmungsnormen)으로 기능하게 하는 것이다. 이를 법의 질서기능(Ordnungsfunktion)이라고도 한다.

이와 같은 법의 분쟁해결 기능과 사회조종 기능은 상위의 법의 사회통제기능의 하위 기능들이다. 따라서 법은 분쟁해결을 위해서는 판단 내지 결정을 위한 결정규범(Entscheidungsnormen)으로 기능하고, 구성원의 행위결정에 있어서는 행동규범(Handlungsnormen)으로 기능하게 된다.[89]

셋째로 법은 사회지배의 합법성과 조직화(Legitimierung und Organisation sozialer Herrschaft)에 이바지한다. 이는 법이 정치적 힘의 유지와 힘의 증대에 이바지하는 기능으로서, 국가기관과 사회기관의 권한의 분배와 규제로 나타난다. 이를 조직기능(Verfassungsfunktion)이라고도 표현한다.

넷째로 법은 공동체 생활의 조건들을 형성해 주는 기능(Gesaltung der Lebensbedingungen)을 담당한다. 즉, 법은 공동생활의 조건을 형성하고 제공해 줌으로써, 사회 내지 단체의 통합을 이루도록 지원한다. 이는 법이 개인이 생활할 수 있는 조건들을 제공해 줌으로써 사회와 단체를 통합하고 유지할 수 있도록 하는 기능을 담당한다. 이를 계획설계기능(Planungsfunktion)이라고도 한다.

다섯째로 법은 사법적 구제수단(Rechtspflege)을 제공함으로써 예방 내지 감시기능을 담당한다. 이는 법률전문가로 하여금 올바른 판단을 할 수 있는 기준을 제공해 주는 법의 기능으로서, 법의 독자적인 기능이라기보다는 법의 다른 기능을 지원하는 기능이다.[90] 이를 예방감시기능(Überwachungsfunktion)이라고도 한다.

이와 같이 법사회학에서는 법을 기능적으로 파악한다. 가치판단을 배제하고

87) Rehbinder, a. a. O., S. 139.
88) A. a. O., S. 140.
89) A. a. O., S. 134.
90) A. a. O., S. 153.

서 오로지 기능적 내지 수단적으로만 법을 파악하고자 하고 있다. 그러므로 목적의 설정이 올바르지 못하고 법의 통제 내지 지배의 기능에만 중점이 두어지게 되면, 법이 인간의 불행의 원인이 될 수도 있음을 알 수 있다. 그리고 법사회학에서는 법을 규범으로 파악하지 아니하고 사실로 파악하며, 법을 여러 기능을 수행하는 행동모형의 복합체(Komplex von Verhaltensmustern)로 파악한다.[91]

Ⅲ. 법사회학 발전의 부진

독일에서는 자유법론을 시작으로 하여 법사회학이 생성되고, 그 후 이익법론과 함께 제정된 독일민법전이 개념법학으로 인하여 경화되었을 때에, 이를 극복하고 독일민법전이 시대의 변화에 적응할 수 있도록 한 공적이 크다. 법사회학은, 개념법학이 법을 완전무결한 개념의 체계로 이해하고, 규범의 논리적 전개만으로 법을 적용하고 발전시키는 연구방법에 대해 비판하고, 법에는 흠결이 있음을 지적하고, 그 흠결을 개념의 논리조작에 의하여 해결할 것이 아니라 사회현실 속에 살아있는 법으로 보충할 것을 주장하였다. 그리하여 법사회학에서는 법규범보다는 현실속의 법사실의 탐구를 중시하는 법학이다. 그런데 이러한 법사실 탐구를 중심으로 하는 법사회학이 독일에서 출발은 하였으나, 정작 독일에서는 크게 발전하지 못하고, 자유법론과 이익법학의 영향을 받은 미국에서 법사회학이 크게 발전되었다.

독일에서 법사회학의 법학방법론이 부진한 이유에는 여러 가지가 있는 것으로 판단된다. 먼저 독일은 전통적으로 현행법의 도그마틱한 체계를 구성하고, 개별 법규정은 이와 같은 법질서의 전체 체계에 적응하도록 하는 것이 일반적인 경향이었으며, 그로 인하여 독일에서는 법자료에 있어서도 도그마틱한 논문과 방대하고 체계화된 교과서가 중심을 이루었다.[92] 그리하여 매우 추상적인 법률제도, 예컨대 법률행위, 물권과 기타 권리의 양도에 있어서의 추상성의 원칙, 일반적 행위기초론의 상실 등의 제도를 창안해 내었다. 이러한 규범의 도그마틱한 법학방법론을 중시하는 법전통의 독일에서 규범보다는 현실을 중시하고 법사실 탐구를 중심내용으로 하는 법사회학이 크게 발전하기에는 그 방법론에서 제약요인을 내재하고 있었다.

91) Thomas Raiser, Rechtssoziologie(Frankfurt am Main, Alfred Metzner Verlag, 1987), S. 7.
92) A. a. O., S. 328.

그리고 독일은 전통적으로 법에 있어서의 가치를 중시하는 경향이 있으며, 제정법주의를 취함으로, 가치중립적 태도를 취하고, 법관에 의한 자유로운 법발견과 법발전을 주장하는 법사회학이 크게 발전하기에는 역시 내재적 제약요인을 갖고 있는 것으로 판단된다. 법사회학의 가장 큰 단점은 법에 있어서 가치판단을 배제하고 법은 목적이나 이념의 실천을 위한 도구나 수단으로만 인정한다는 점이다. 거듭 논하지만, 목적 설정이 잘못되었을 때에는 법사회학은 인간에게 큰 불행을 초래할 수 있는 문제점을 내재하고 있는 것이다. 그리고 제정법 국가에서는 법적용에 있어서 제정법률에 충실하여야 함으로, 불문법 국가에서와 같이 법관이 자유롭게 법을 발견하고 법을 창조할 수는 없는 것이다. 일반조항의 구체화에서나 법관의 자유로운 법발견과 법창조가 가능할 수 있는 것이다.

법사회학이 법학방법론으로서 갖고 있는 내재적인 제약요인 이외에도 독일에서 법사회학이 부진한 이유로는, 먼저 초기의 법사회학자들은 대부분 유태인들이었다. 그런데 나치의 불법의 시대가 시작되자 대부분의 유태인 법사회학자들이 독일을 떠날 수밖에 없게 되어 미국으로, 스칸디나비아 제국으로 망명을 하게 되었다.[93][94] 그 결과로 미국과 스칸디나비아 여러 나라에서 법사회학이 크게 발전할 수가 있게 되었다.

그리고 Hans Kelsen의 Eugen Ehrlich의 법사회학에 대한 강한 비판도 독일에서 법사회학 부진의 하나의 원인으로 지적되고 있다. Kelsen의 순수법론(reine Rechtslehre)에서는, 법학은 당위를 문제로 삼는 순수한 규범학문(reine Normwissenschaft)이기 때문에 법사실을 중시하는 법사회학을 법학의 영역에서 추방을 하였다.[95] 그리하여 순수법학은 규범을 대상으로 하는 법이론으로서 Kelsen은 법의 사회학을 거절하였다.[96] 이와 같이 Kelsen에 의한 Ehrlich의 논

93) 외국으로 망명한 유태인 법사회학자들로서는, Hermann Ulrich Kantorowicz(1877-1940), Arthur Nußbaum(1877-1964), 우리나라의 미군정시절에 법률고문관으로 근무하였던 Ernst Fraenkel (1898-1975) 등은 미국으로, Hugo Sinzheimer(1875-1945)는 화란으로, Theodor Geiger(1891-1952)는 덴마크와 스웨덴으로 망명을 하였다.

94) 이와 같이 법사회학자들이 망명을 하게 됨에 따라서 독일에서는 법사회학을 망명법학(Exil-Wissenschaft)이라고도 하였다(Hubert Ruttleuthner, "Der Exodus der Rechtssoziolgie").

95) Girtler, a. a. O., S. 159.

96) Kelsen은 Ehrlich를 개인적으로는 물론 그의 법사회학을 아주 무시하고, 파괴적으로 공격하였다(Hans Kelsen, Eugen Ehrlich, Rechtssoziologie und Rechtswissenschaft: Eine Kontroverse (1915/17) (mit einer Einführung von Klaus Lüderssen, Baden-Baden, Nomos Verlagsgesellschaft, 2003), S. Ⅸ.

문, "법의 사회학의 기초"(Grundlegung der Soziologie des Rechts)에 대한 심한 비판으로 독일에서의 법사회학이 퇴보를 하였다고도 평가되고 있다.[97]

그리고 독일에서 법사회학의 발전이 부진한 이유로서는, 비교법학에 법사회학의 방법론과 그 연구결과가 포섭 내지 포용된 때문인 것으로 판단된다. 비교법학은 각국의 법규정을 단순히 비교하는 것만이 아니라, 각국의 법제도의 차이를 설명하고, 복잡한 법률문제에 관하여 그때 그때의 최선의 해결책을 찾으며, 각국의 법의 비교를 통하여 법의 일반원칙 등을 확인하고 정립한다. 이와 같은 비교법학에서의 법적과제의 수행에 있어서는 법사회학에 의하여 각국에서 발견된 법규정의 사회적 배경(sozialer Hintergrund der Rechtsvorschriften), 각국의 살아있는 법 등을 모두 활용하게 된다. 그러므로 법사회학은 비교법학에 포섭되고 포용되며, 법사회학은 비교법학의 내용의 일부를 이루게 된다. 그러므로 비교법학은 법사회학의 도움과 협력을 필요로 하면서 동시에 법사회학을 포섭하고 흡수한다.

비교법학은 각국의 법을 모두 존중하는 사해동포적 성격의 법학방법론이며, 법의 비교를 통하여 가장 좋은 법을 찾아 나감으로 법에서의 가치를 중요시하고 존중하며, 법사회학의 연구방법과 연구결과도 모두 비교법학의 자료로 활용하며, 유럽에서는 유럽의 통합을 위하여 각국법의 비교가 필수불가결하기 때문에, 독일에서 비교법학은 왕성하게 발전하는데 반하여 법사회학은 부진한 모습을 보이고 있는 것으로 이해된다. 법학은 규범을 대상으로 하여 연구하는 학문이다. 그리고 규범은 당위로서 가치가 중요시되며, 항상 가치판단을 수반한다. 그리고 비교법학은 인류보편의 가치를 추구하고, 법의 일반원칙을 찾아 이를 확인하고 정립해 나간다. 이에 반해, 법사회학은 사실을 대상으로 이를 탐구하며, 규범도 사실로 파악하며, 가치의 문제를 배제하고, 법을 도구 내지 수단으로 이해하고 받아들이는 데서 규범학문이면서 가치학문인 법학에서는 그 발전이 부진할 수밖에 없을 것으로 판단된다.

97) Hubert Ruttleuthner, "Drei Rechtssoziologien: Eugen Ehrlich, Hugo Sinzheimer, Max Weber", in: Historische Soziologie der Rechtswissenschaft(hrsg von Erk Volkmar Heyen, Frankfurt am Main, Vittorio Klostermann, 1986), S. 249.

Ⅳ. 독일에서의 법사회학과 미국에서의 사회학적 법학(sociolological jurisprudence) 및 법현실주의(legal realism)의 비교

1. 개 설

독일에서 시작된 법사회학이 미국에 영향을 주어 그 후 미국에서는 법사회학이 크게 발전을 하였다. 특히 Ehrlich의 자유법론은 Roscoe Pound에 의한 미국에서의 사회학적 법학의 생성에 바탕이 되었다.[98] 독일에서의 법사회학의 부진과 미국에서의 법사회학의 발전을 비교해 보는 것은, 법을 규범으로 파악하지 아니하고 사실로 파악하고, 법에서 가치의 문제를 배재하는 법사회학이 어떠한 사회조건하에서 발전할 수 있는 지를 판단할 수 있는 중요한 근거를 찾을 수 있기 때문이다. 결론부터 논하면, 법사회학은 사회가 안정되고, 법학이외의 영역에서 그 사회의 철학과 이념이 확고히 정립된 나라에서는 융성할 수 있으나, 사회윤리, 사회철학이 확실히 정립되어있지 않아 그 사회를 이끌어가는 철학 내지 사상이 부재한 사회에서는 특정 정치목적 내지 특정 세계관의 실천을 위한 수단으로만 기능할 수밖에 없다. 특히 법사회학에서는 법을 수단 내지 도구로 이해하기 때문에, 설정된 사회목적이 올바르지 못할 경우에는 인류에게 불행을 초래할 수 있는 문제점이 있는 것이다. 역사적으로 나치, 사회주의 국가에서 법을 단순한 특정의 정치목적을 위한 수단으로 인식하고 활용한 나머지, 그릇된 국가목적을 위하여 법이 악용된 역사적 불행을 겪은 바 있다. 법은 결코 도구나 수단이 아니다. 법은 가치의 질서로서 가치판단을 배제한 법이론은 사회철학이 확실히 정립된 국가에서나 용인되고 적절히 기능할 수 있음을 알 수 있다. 미국은 사회철학 내지 사회사상으로 헌법이 근대의 자연법사상에 기초하여 제정되었고, 청교도 정신에 의한 사회윤리가 확고하고, 자유주의에 대한 신념이 확실한 기조를 이루고 있다. 그리하여 미국은 국가와 사회의 목적설정이 올바르고 보편성을 갖고 있기 때문에, 비록 법을 이러한 목적수행을 위한 도구나 수단으로 파악한다 하더라도, 법이 악용될 소지가 없다. 그러나 국가 내지 사회의 목적이 민족적 인종주의를 추구하거나, 계급적 투쟁을 목적으로 하거나, 극단적 이기주의 내지 찰나주의가 용인되어 사회윤리가 확고하지 못할

98) Rottleuthner, a. a. O., S. 250.

경우에는, 가치를 배제한 법사회학은 그러한 정당하지 못한 국가 내지 사회목적을 위하여 법의 악용이 정당화되는 결과를 초래할 수 있는 것이다. 법에서는 결코 가치의 문제를 배재할 수 없는 것이다. 가치의 문제를 배재한 법이론은 결국 법의 악용도 용납하는 이론으로 이용될 수 있음을 간과해서는 아니 된다.

2. 미국에서의 법사회학 생성의 배경: 분석법학(analytical jurisprudence)의 극복

미국에서의 법사회학의 형성도 독일에서와 마찬가지로 법의 적용과 운용에 있어서 사회현실을 고려하지 아니하고 법의 개념적 분석에만 치중한 독일에서의 개념법학에 비교되는 영미에서의 분석법학에 대한 반동으로 생성되었다. 미국은 그 헌법이 자연법론에 기초하여 입법이 되어 자연법론의 사고가 헌법의 운용은 물론 보통법(Common Law)의 운용에서도 지배하고 있었다.[99] 그리하여 법의 운용에 있어서 법관의 의사보다는 법의 의사가 존중되고, 따라서 법관의 법형성적 기능보다는 법선언적 기능을 수행할 뿐이었다. 이러한 자연법론적 사고는 결국 법관의 창조적 활동을 불가능하게 만들었다. 이러한 자연법론적 사고는 그 방법론에 있어서는 논리적 법추론(logische Rechtssubsumtion)에 의한 논리적 법적용(logische Rechtsanwendung)으로 나타났다. 그리고 법창조, 법발전보다는 법원칙의 적용과 해석에 메여 있었으며, 선례에 구속되고 논리적 선별(logische Distinktion)의 기술에 치중하였다. 이러한 논리적 사고의 전개는 보통법만에서 만이 아니라 형평법(Equity)에서도 마찬가지로 정태(靜態)적이었고 폐쇄적이있다. 이와 같이 법을 형식적, 논리적으로만 전개하는 법학방법론이 영미에서의 분석법학이었다. 그리고 이러한 분석법학의 결과루 미국의 판례법은 경화(Erstarrung des amerikanischen Richterrechts)되었다. 이러한 상황은 독일의 개념법학이 지배하던 시대의 상황과 마찬가지였다.

이와 같은 분석법학은, 자본주의 법의 특징인 예견가능성(Voraussehbarkeit)과 계산가능성(Berechenbarkeit)에 치중하여, 법의 논리적 전개를 법적용의 방법으로 활용하고, 변화하는 사회현실을 고려하지 아니하며, 법의 체계화를 목표로 하였다. 그리하여 분석법학은 판례법을 논리적으로 체계화하는 것을 중심과제로 하여, 판결에 의한 법보충을 고려하지 아니하였다. 분석법학은 오로지 주어진 법소재인 판례를 개념적으로 질서지우는 일에 열중하였다. 이렇게 논리적,

99) Nobert Reich, Soziological Jurisprudence und Legal Realism im Rechtsdenken Amerikas (Heidelberg, Carl Winter Universitätsverlag, 1967), S. 18.

개념적으로 판례를 체계화하는 것이 자본주의사회에 가장 요청되는 법적 안정성을 이루는 방법으로 파악하였다. 그리고 법관은 주권자의 수임인으로서 법을 창조할 수는 없고 법을 적용할 뿐이라고 하였다. 이와 같은 분석법학을 창시한 법학자는 바로 영국의 John Austin(1790-1859)이었다.

1900년대 미국에서는 분석법학이 지배하여, 법적 안정성이 강조되고, 법발전을 위한 자극이 없었으며, 법창조보다는 법원칙의 해석과 적용에 메여있었다. 그리하여 선례에 구속되고 논리적 선별의 기술이 앞섰다.[100] 따라서 자연히 사회현실은 법의 고려에서 제외되어 있었다.[101]

이러한 분석법학으로서는 산업혁명이후의 사회변화, 제1차 세계대전과 대공황을 거치면서 현실적으로 나타나는 중대한 사회문제에 법적으로 대처할 수 없는 상황이 대두된 것이었다. 이로 인하여 법학(즉, 분석법학)과 사회현실간에는 큰 문화적 시차(cultural lag)가 발생하였다. 그리하여 분석법학에 대한 반동으로서, 법관의 활동은 이미 발견된 판례 및 이미 주어진 판례를 확인하고 공표하는 것이 아니라, 입법자와 나란히 법창조 과정에 동참하는 것이며, 판결은 논리와 개념에 따른 법관의 판단이 아니라 목적과 결과로부터 합법적인 법관에 의한 법발견이라는 주장이 제기되었다.[102] 그리하여 법관에 의한 법창조를 주장되고, 논리적, 개념적으로 판결을 할 것이 아니라, 변화하는 사회현실을 고려한 판결을 할 것이 주장되었다. 이는 법관에 의한 법발견과 법창조의 요청으로 발전하게 되었다. 이와 같이 분석법학을 극복하고, 사회현실에 부합하는 판결을 할 수 있도록 법관에게 법발견과 법창조의 권능을 부여하여야 한다는 주장이 바로 미국에서의 법사회학의 시작이었다. 미국에서의 법사회학은 먼저 사회학적 법학으로 출발하여 점차 법현실주의로 발전하였다.

이러한 미국에서의 법사회학의 시작과 함께 Roscoe Pound(1870-1964)는 분석법학을 기계적 법학(mechanical jurisprudence), 형식적 양식(formal style)이라고 비판하였다.[103] 이와 같은 미국에서의 사회학적 법학의 시작은 Roscoe Pound에 의하여 시작되어, Benjamin Cardozo 대법관, Oliver Wendell Holmes 대법관, Brandeis 대법관으로 이어져 재판실무에 반영되었다.

100) A. a. O., S. 26.

101) 이러한 자연법론, 분석법학에 입각하여 미국에서는 뉴딜 정책에 대한 초기 입법에 대해서 위헌이 선언되었다(Vgl., a. a. O., S. 25).

102) A. a. O., S. 13.

103) A. a. O., S. 21.

이와 같은 미국에서의 법사회학인 사회학적 법학과 법현실주의의 사상적 배경은, 근원적으로는 Jeremy Bentham의 공리(功利)주의(utilitarianism)에 기초하고 있었다. 최대다수의 최대행복을 내용을 하는 공리주의는 논리나 체계보다는 보다 많은 사람들에게 행복을 가져다 줄 수 있으면 그것이 진리라는 사회사상으로서, 그것이 미국에 와서는 실용주의(pramatism) 철학과 결합하여 이념 내지 가치보다는 실제의 효용성 내지 실용성을 중시하는 방향으로 발전을 하였다. 실제를 중시하는 것은 자연히 이념 내지 가치보다는 수단 내지 도구로서의 기능을 중시하는 방향으로 발전하게 되었다. 그리하여 미국의 법사회학은 그 사상적 뿌리를 공리주의에 두고서 미국의 실용주의, 도구주의(insrumentalism), 기능주의(funtionalism)와 결합하여 발전할 수 있게 되었다. 미국에서는 사회철학 내지 사회사상이 자연법사상, 청교도 정신, 자유주의로의 보편적인 가치를 추구함으로서, 비록 법사회학에서는 법에서의 가치판단의 문제를 배제하고, 법을 사회철학 및 사회사상의 실천 수단으로 파악하였다고 하더라도, 법이 이상적인 방향으로 발전할 수 있었던 것이라 판단된다.

미국에서 분석법학에 대한 법사회학자들의 비판이 제기되었지만, 사회학적 법학이 주장되었던 시기에는 실무상의 영향력이 그렇게 강하지는 못하였다. 법이론적으로 법관에게 법창조의 권한이 주어져야 한다는 주장은 제기되었지만, 법사회학에서의 주상이 판례에 의하여 받아들여지기는 사회학적 법학이 법현실주의로 발전된 다음에 와서야 이루어졌다. 법학계에서는 여전히 분석법학의 영향이 계속되고, 분석법학에 의한 결과들이 형성되어 왔다.

분석법학 형성의 역사적 배경을 살펴보면, 영미는 판례법 국가이기 때문에 판례가 집적됨으로서 통일적인 법의 흐름 내지 법이론이 형성되고, 판결과 법학교육에 있어서 수많은 판례들을 쉽게 찾아낼 수 있게 하고, 수많은 개별 판례의 구체적인 이해를 넘어서 통일적이고 체계적인 판례법을 교육할 필요성이 제기된 것이었다. 이와 같이 산재한 판례들은 체계화하고 통일적으로 이해하고 교육하기 위한 필요성으로 인하여 생성된 법학이 바로 분석법학이었다. 그리하여 분석법학에서는 이렇게 체계화된 판례법으로부터 논리적 추론에 의하여 새로운 법률문제를 해결할 수 있는 판결을 할 수 있도록 하고자 하였다. 그러나 판례법의 체계화와 논리적 추론에 의한 법적용의 계속은 사회변화를 수용하지 못하는 문제점을 낳게 되고, 법과 사회현실간의 문화적 시차를 초래하여, 이는 결국 법이 사회의 현실문제를 적절히 해결하지 못하여 분석법학이 비판을 받게 된 것이었다.

그러나 미국에서는 분석법학에 입각한 법체계의 형성은 계속되었다. 그 대표적 사례가 법학교육에 있어서 판례를 통한 사례연구방법(case method)의 실시와 미국법연구소(American Law Institute)에 의한 리스테이트먼트(Restatement)의 편찬이었다. Langdell에 의하여 시작된 사례연구 방법의 법학교육방법은 개별적인 판결의 내용을 알기 위한 방법이 아니라 판례를 통하여 일반 법원칙을 도출하려는 법학교육방법이었다.[104] 이와 같이 판결자료로부터 귀납적 방법으로 법원칙과 개념을 도출하려는 것이 판례연구의 목적이었다. 그리하여 Langdell은 수많은 판례를 조직화, 체계화하고자 하여 판례연구방법을 법학교육의 방법으로 시도하였던 것이었다. 그러므로 Langdell에게 있어서는 법에 있어서의 안정성의 이익(Stabilitätsinteresse), 즉 법적 안정성이 법학의 과제이었으며, 법관에 의한 법발전(Rechtsfortbildung)과 법의 사회현실에의 적응(Rechtsanpassung)의 과제는 법학영역에서 제외하였다.[105]

그리고 분석법학의 정신에서 미국보통법(즉, 미국판례)의 불안정성과 분열(Unsicherheit und Zersplitterung des amerikanischen Common Law)을 해결하기 위하여 편집된 것이 바로 Restatement이다. Restatement는 1923년에 미국법연구소에서 시작되어 그 첫 결실이 계약법 리스테이트먼트(Restatement of Contracts)였다. 리스테이트먼트는 미국판례를 분류하고 체계화한 것이다.[106] 그리하여 리스테이트먼트는 논리적 추상적 개념규정의 위대한 가치를 지니고 있다.[107] 리스트에트먼트는 분석법학의 실용적 업적으로서, 야생적으로 성장한 법소재(즉, 판례)를 추상적 개념구성에 의하여 질서정연하게 체계화한 의미를 지니고 있다. 그러나 리스테이트먼트를 편찬함에 있어서 새로운 시대에 맞는 새로운 법원칙의 문제를 제외하고 수많은 판례들을 정리, 체계화하는데 그쳤기 때문에, 리스테이먼트의 편찬이 미국법 및 미국법학의 새로운 출발점은 될 수가 없었다.[108]

그리고 1952년의 통일상법전(UCC: Uniform Commercial Code)의 편찬도 역시 법현실을 기초하여 분석법학의 법학방법론의 입장에서 이루어진 것이었다.[109]

---

104) A. a. O., S. 32.
105) A. a. O., S. 34.
106) A. a. O., S. 36.
107) A. a. O., S. 36.
108) A. a. O., S. 37.
109) UCC편찬의 책임자는 법사회학자였던 Llewellyn이었다.

그리하여 통일상법전은 사회학적 법학과 분석법학의 결합에 의하여 이루어진 작품으로 평가되고 있다.[110)]

이와 같이 미국에서 법사회학의 시작이었던 사회학적 법학이 주장되었을 때에도 역시 법학의 주류는 분석법학적 입장에 있었던 것으로 판단된다. 특히 Marshall 대법관과 Story 대법관은 이러한 고전적인 자연법적 사고와 분석법학적 입장을 유지하였다.[111)]

3. 사회학적 법학의 형성과 발전

사회학적 법학(sociological jurisprudence)은 미국에서 1900년에서 1930년사이에 융성하였던 초기단계의 법사회학을 말한다. 이러한 사회학적 법학에서는 분석법학의 논리, 개념 중심의 법의 이해와 법발전 추구 및 자연법론적 사고에서 벗어나 사회현실을 고려하여 사회현실의 문제를 적절히 해결할 수 있는 방법을 모색하고자한 법사회학이었다. 그러므로 자연히 법관에 의한 법발견과 법창조의 기능을 강조하였다. 다시 말하면 사회학적 법학은 법규범의 논리적 추론에 의하여 법률문제를 해결하고자 할 것이 아니라, 실용주의적 입장에서 법관이 사회현실을 고려하려 창조적으로 가장 적절한 해결책을 강구할 것을 주장한 법학방법론이었다. 그러므로 규범의 논리적 전개에 의하여 현실적인 법률문제를 해결하고자 하는 분석법학적 사고를 벗어나, 법관으로 하여금 사회현실을 고려하고 창의적으로 문제해결을 하도록 할 것을 주장한 법학방법론이었다.

이와 같은 사회학법적 법학의 태동은 산업혁명으로 인한 공업의 발달에 의하여 사회적 위험이 증대되고, 제1차 세계대전의 발생과 대공황의 발생으로 인한 뉴딜정책의 추진 등 사회가 종래와는 다른 근본적인 변화가 일어났으나, 이러한 사회변화에 의한 법률문제에 대해서 규범의 논리적 추론의 방법에 의한 종래의 분석법학적 방법으로써는 적절히 해결할 수가 없었다. 이러한 사회의 변화로 인하여 발생한 법률문제를 적절히 해결하기 위해서는 분석법학적 방법을 극복하고, 법관이 사회현실을 고려하여 창의적으로 해결하도록 할 필요성이 절실하였던 것이었다. 이러한 시대의 변화에 따라서 생성된 초기의 미국사회학이 바로 사회학적 법학이었다.

이러한 사고의 사회학적 법학의 사상적 기초는 공리주의에 입각한 미국의

110) Reich, a. a. O., S. 134.
111) A. a. O., S. 21.

실용주의에 있었다. 실용주의는 형이상학적인 이상주의 철학에 대하여 현실적인 유용성을 중시하는 철학으로서, 현실적으로 유용성이 있으면 진리라고 파악하는 것이다. 그러므로 실용주의에서는 원칙, 진리, 영원, 안전 등의 추상적 논리를 배격하고, 현실적인 결과, 결실, 사실로 향하여 실제적인 유용성에 관심을 가졌다. 그러한 실제적인 유용성이 있으면 그것을 진리라고 파악한 것이었다. 이와 같은 실용주의는 공리주의에 그 사상적 뿌리를 두고 있다.

이와 같은 실용주의에서는 결과가 풍성하면 진리(Was fruchtbar ist, ist wahr)라고 보았다.[112] 그러므로 자연히 실용주의에서는 가치는 문제를 삼지 아니하게 되었다. 더욱이 미국 실용주의의 대변자이었던 John Dewey는 절대진리를 부인하고 사회 여건에 따라서 진리를 상대적이라고 보았다.[113] 그리하여 실용주의에서는 가치상대주의를 취하였다.[114] 그리고 이러한 실용주의가 미국의 사회학적 법학과 법현실주의 형성의 계기를 마련해 주어, 분석법학의 문제점을 인식하게 되었으며, 사회현실의 문제는 법논리에 의해서보다는 법관의 의한 창조적인 해결을 강조하는 방향으로의 사회학적 법학의 방법론을 개척하게 하였다.[115]

사회학적 법률가들로서, 먼저 사회학적 법학의 선구자는 Oliver Wendell Holmes 대법관(1841-1935)이었다. 그는 법관으로 하여금 법논리를 벗어나 실제의 법감정 및 사회현실에 부합하는 판결을 할 것을 주장하였다. 그는 미국헌법의 기초사상인 자연법적 사고를 배격하고, 자연법이란 인간이 알 수 없는 것이라고 주장하였다. 그리하여 그는 객관적 진리는 없으며, 오로지 경쟁하는 진리 및 가치가 있을 뿐이라고 하였다.[116] Holmes 대법관은 불법행위 책임의 근거에 관해서 불법행위자의 과실(Verschulden) 때문에 책임을 지는 것이 아니라, 그 행위의 위험 때문에 책임을 진다고 하였다. 그리고 그는 계약을 지키는 것은 "계약은 지켜야 한다(pacta sund servanda)는 원칙 때문이 아니라, 계약을 지키지 않으면 손해배상을 하여야 하기 때문에 지키는 것이라고 이론정립을 하였다.[117] 이와 같이 홈즈 대법관은 법관이 판결을 함에 있어서는 법원칙이나 법논리보다는 구체적 현실을 직시하고 그 스스로 창의적으로 해결할 것을 지적하고

112) A. a. O., S. 41.
113) A. a. O., S. 41.
114) A. a. O., S. 41.
115) A. a. O., S. 37.
116) A. a. O., S. 54.
117) A. a. O., S. 49.

주장하였던 것이었다.

그리고 미국의 사회학적 법학의 건설자는 Roscoe Pound였다. 그는 분석법학적 법실증주의 및 자연법론에서 벗어나 실용주의적 법학으로 나아간 법학자로서, 법의 연구는 법원칙과 법제도의 사회에서의 실제효과를 연구하는 것이며, 법규범을 효율적으로(effective)으로 만드는 것이라고 하였다. 그리고 그는 법이란 목적 달성을 위한 수단이라고 하였다.[118] 그리하여 그는 법을 사회통제를 위하여 고도로 전문화된 수단(hochspezialisierter Mittel der social control)이라고 하였다. 그리고 여기에서의 사회통제란 인간행동의 규율, 조종을 의미한다.

Pound는 법의 목적을 사회통제로 이해하였으며, 법은 사회통제를 위한 수단이라고 하였다. 그리하여 그는 법학을 사회공학(social engineering)으로 이해하고 법관을 사회공학자(social engineer)로 보았다. 그는, 법의 목적은 사회통제에 있으므로 법관은 법규정에 구속될 것이 아니라, 사회목적에 구속된다고 하였다.[119] 이와 같이 Pound는 법에 있어서 원칙, 논리보다는 사회현실속에서의 법의 기능, 즉 사회통제의 기능을 중시하였던 것이었다.

사회학적 법학의 실무상의 적용자는 Brandeis 대법관과 Cardozo 대법관이었다. Brandeis 대법관은 법과 현실간의 괴리를 문화적 시차(cultural lag)라 하고, 그 문화적 시차를 사회학적 방법으로 극복하고자 하였다. 즉, 그는 법개념으로부터 문제를 해결할 것이 아니라, 사례조사, 통계, 감정, 외국의 관련법의 비교 등을 통해서 해결하고자 하였다. 그는 특히 실험주의를 강조하여, 지속적인 진보를 촉구하였으며, 실험이 실패로 끝나면 그것은 폐기하여야 하여야 한다고 하였다. 그리하여 그는, 법규범도 진화하는 것이기 때문에, 법관은 법규범과 선례의 구속에서 벗어나 법관 자신의 경험과 사회현실에 부합하는 판결을 하도록 촉구하였다. 그는 사회학적 법학에 의한 해결책도 임시적인 것이며, 변화와 수정은 성장을 의미하며, 법에서의 그것을 법의 생명이라고 하였다.[120]

Brandeis는 기계와 기술의 발전으로 인격권이 침해될 가능성이 높아진 사회변화를 반영하여 일반적 인격권을 인정하였다. 이 사례가 법관에 의한 법발견을 내용으로 하는 사회학적 법학방법론 발전에 괄목할 만한 영향을 주었다.[121]

Cardozo 대법관은 법의 목적을 사회복지(Wohlfahrt der Gesellschaft)로 파악

118) A. a. O., S. 56.
119) A. a. O., S. 66.
120) A. a. O., S. 72.
121) A. a. O., S. 70.

하였으며, 법은 복지를 실현하는 수단 내지 도구로 이해하였다. 특히 그는 제조자는 흠이 없는 물건을 제조할 책임을 인정하여 제조자에게 제조물책임을 처음으로 부과하는 판결을 이끌어내었다.[122)]

4. 법현실주의의 형성과 발전

법현실주의(legal realism)는 사회학적 법학에서 더 발전하여, 법사실탐구(Rechtstatsachenforschung)를 강조하고, 다른 사회과학의 측면에서 법제도와 법규정을 분석하여 법관에 의한 법창조를 강화하고, 특히 법관의 인격과 세계관이 판결에 미치는 영향을 중시하여 이를 분석하여 판례의 이해를 돈구는 법사회학이다. 더욱 보충하여 설명하면, 법학의 연구에 사회현실, 법사실, 통계학, 경제학 이론의 지원을 받아 법제도를 분석하여 그 효용성을 밝히고, 법관의 행태를 탐구하여 판례를 보다 정확하게 이해하고자 하는 법학방법론이 바로 법현실주의이다. 사회학적 법학이 분석법학에서 사회현실로 법학연구의 관심을 돌리자고 주장하는 법사회학인데 반하여, 법현실주의는 구체적으로 사회현실 속에 존재하는 법사실을 탐구하여 그 사실에 부합하는 법을 창조해 나가며, 그러한 법창조를 위해서 통계학, 경제학 등의 다른 사회과학의 이론을 법학연구에 널리 적용하여 법의 유효성을 높이고자 하는 법사회학이다.

법현실주의라는 명칭은 1930년 Karl Nickelson Llewellyn(1893-1962)에 의하여 처음으로 사용되었다.[123)] 그는 법현실주의의 특징을, 형식적 법개념의 거부, 19세기의 분석적, 역사적, 철학적 법학자들의 법학연구에 대한 투쟁, 입법과 법집행의 절차에 참여하는 법전문가들의 행태연구의 강조, 법은 특정한 목적을 위한 수단으로 정리하였다.[124)] 그리고 법현실주의는 이에 더 나아가 법적 문제에 있어서 그 해결의 결과를 중시하여 법적 해결의 효과에 기초하여 그 해결의 기준이 된 법을 평가하였다.[125)] 즉 결과를 예상해서 법이론을 정립하였다.

특히 법현실주의에서 법관의 행동 내지 행태연구를 강조한 것은, 사법적 결정인 판결은 법관의 감정, 직관적 육감, 편견, 기질, 기타 비합리적 요소들에 의해 조건지워진다는 데 있었다.[126)] 따라서 법관은 법규범에 따라서 판결하는 것

122) A. a. O., S. 74.
123) A. a. O., S. 82.
124) A. a. O., S. 82.
125) A. a. O., S. 84: 최봉철, "법현실주의의 이해를 위하여", 현대법철학의 흐름(한국법철학회 편, 법문사, 1996), 226면.

이 아니라 법관의 개인성향에 따른 직관(hunch)에 의해서 판결함을 인정하고, 법관행동의 심리적 분석을 통해서 법관으로 하여금 보다 나은 판결을 하게 하고, 당해 판결의 결과를 정확하게 예측할 수 있게 할 목적에 있었다.[127] 법현실주의에서는 법은 법관과 법률공무원의 행동으로 구현된다고 파악하고,[128] 전통적인 사례연구(case method) 대신에 판결의 인격구속적인 분석을 시도한 것으로서, 법만의 이해를 넘어 판결에 미친 법관의 인격에 대한 이해를 함으로써, 판결을 보다 잘 이해할 수 있게 하고, 장래의 결과를 예측할 수 있다는 법연구의 방향을 제시한 것이었다.

또한 법현실주의에서는 제대로 이루어진 법사실 조사가 구체적인 사건에 있어서 옳은 판결을 위한 전제조건이라고 하여, 법규정의 분석이나 판례분석보다는 법사실 조사에 치중할 것을 주장하였다. 그리하여 법현실주의는 사실조사의 결과에 부합하는 법을 창조적으로 발견하고 발전시켜 나갈 것을 주장하였다.

그리고 법현실주의는 법학연구에 통계학적 방법, 경제학적 방법 등의 지원을 받아 법제도를 분석하고, 경험적 사실자료를 풍부히 집적하여 법률문제를 해결해 나갈 것을 주장하였다. 구체적으로는 교통법규위반에 대한 사실조사를 풍부히 한 결과에 의하면, 도로교통의 안전은 도로교통법에서 금지규정이 입법이 되어 있기 때문에 이루어지는 것이 아니라, 실제로 경찰이 정기적으로 도로교통을 통제함으로써 이루어진다고 하였다.[129]

그리고 법현실주의도 역시 법은 법밖에 있는 목적을 위한 수단이라고 하였다.[130] 그리하여 법현실주의도 법을 기능적, 도구적으로 파악하였다. 그리고 법현실주의에서는 궁극적인 선은 없으며, 정의라는 것도 시간적, 장소적으로 제한된 범위 내에서만 존재하며, 그 전에는 정의이었으나 그 후에는 부정의로 다루어 질 수 있다고 함으로써, 법현실주의는 상황윤리와 결합할 수 있게 되었다. 그리하여 법현실주의는 사회적 진화론(social Darwinism)에 입각해 있었다. 따라서 법현실주의에서는 인간의 신념과 사고의 궁극적인 정당성(ultimate justification for human beliefs and ideas)은 그 신념이나 사고의 효율성 및 실제적인 결과, 즉

126) 이영희, 전게서, 79면.

127) A. a. O., S. 90.

128) Charles Covell, "American Legal Realism and Instrumentalism in Recent Legal Theory in the United States", in: Jurisprudentia: 국제비교법제연구 Ⅳ(현대법이론학회 편, 경도, ミネルヴァ서방, 1995), S. 4.

129) A. a. O., S. 109.

130) A. a. O., S. 113.

유효성에 있다고 하였다.[131] 그리하여 법현실주의자들은 판결을 중시하고 또한 결과를 중시하였다.[132]

이와 같은 미국에서 법이론으로서의 법현실주의는 정치적으로는 미국의 진보적 개혁운동의 한 내용이었다. 이는 뉴딜정책과 미국의 케인즈식의 복지정책을 지향하는 법학이론으로서, 미국법 체제를 실용적, 실무적 방향으로 개혁하려고 하였으며, 법을 바람직한 사회 및 경제목적 실현을 위한 도구로 만들고자 하였다.[133]

이러한 법현실주의를 이끈 법률가로는 LLwellyn 이외에도 Jerome New Frank(1889-1957)을 들 수 있다.

법현실주의의 한 부류인 법경제학(law and economics, legal economics, economic analysis of law)은 부(富)의 극대화를 정의로 파악하고, 부의 극대화를 위한 수단이 법이며, 따라서 경제학에서 그 원리로 제시하고 있는 부의 극대화를 도모할 수 있도록 법제도를 분석하고 발전시키고자 하는 법학방법론이다. 이러한 법경제학은 Richard A. Posner가 1981년 그의 저서인 정의의 경제학(The Economics of Justice)에서 주장한 법학방법론으로서, 법경제학도 역시 공리주의, 실용주의 도구주의, 기능주의에 입각해 있다. 이와 같이 미국의 법현실주의자들은 모두가 법의 규범적 정당성을 공리주의적 가치에서 찾았다.[134]

5. 자연법론과 법에서의 가치존중에로의 복귀

미국에서의 법사회학으로서 사회학적 법학과 법현실주의는 추상적인 자연법적인 사고, 개념논리적인 분석법학이 1900년대부터 발생한 미국사회의 변화를 적절히 해결하지 못하고 법과 사회현실의 괴리, 즉 문화적 시차가 발생하자, 이러한 괴리 내지 시차를 해결하기 위한 이론 내지 법학방법론으로서, 사회현실을 고려하여 그러한 사회현실의 문제를 적절히 해결할 수 있도록 법관으로 하여금 창조적으로 법을 발견하고 발전시켜 나갈 것을 주장함으로서 생성되고 발전되었다. 그리하여 미국의 법사회학도 역시 독일에서의 자유법론과 이익법학의 생성과 마찬가지로 개념논리에 의한 법발전을 추구한 분석법학, 개념법학에 대한 반동으로 일어났으며, 법관으로 하여금 사회현실을 고려하여 그 사회

131) Covell, a. a. O., S. 2.
132) A. a. O., S. 5.
133) A. a. O., S. 3.
134) A. a. O., S. 4.

현실에 부합하는 적절한 법을 창조할 것을 주장함으로써 시작되었다. 그러므로 법사회학은 규범보다는 사회현실의 탐구로 법관과 법률가의 관심영역의 변화를 촉구하였으며, 사회현실 속에서 살아있는 법을 발견하고, 사회현실에 가장 적절히 부합하는 법을 창조적으로 발전시키고자하는 법이론 내지 법학방법론이었다. 따라서 법사회학에서는 법규범의 탐구보다는 법사실의 탐구를 중시하고, 그 사실탐구에 기초하여 현실에 부합하는 법을 창조해 나갈 것을 주장하였다.

그리고 미국의 법사회학에서는 법사실 탐구를 중시하고, 그 법사실 탐구의 결과에 기초하여 가장 현실성 있고, 현실의 법률문제를 가장 적절히 해결할 수 있는 법을 발견 내지 창조하고자 하였음으로, 가치중립적인 입장에서 법에서는 가치문제를 배재하고, 법을 단순히 목적을 위한 도구 내지 수단으로 파악하였다. 그리고 법의 목적은 공리주의에 입각한 최대다수의 최대행복이었다. 그리고 실용주의에 입각하여 법을 그러한 목적을 수행하는 수단으로 이해하였다. 그러나 미국에서는 법을 수단 내지 도구로 파악하였지만, 가치의 문제에 있어서는 법의 영역 밖에서 자연법적인 사고, 청교도 정신, 자유주의의 인정과 존중이 이루어져 있었기 때문에 법은 이러한 가치의 실현을 위한 도구로서의 기능을 충실히 수행할 수 있었다.

새로운 법이론 내지 법학방법론은 사회의 변화가 심하여 기존의 법이론 내지 법학방법론으로써는 그러한 변화를 적절히 규율할 수 없을 때에 생성되었다가 사회가 안정이 되면 다시 보편성 있는 본래의 모습으로 되돌아간다. 미국의 법사회학도 역시 1차 세계대전의 발발, 대공항의 발생, 뉴딜정책의 추진 등의 급격한 사회변화에 기존의 분석법학의 한계가 노정되었을 때에 그 반동으로 생성되었다.

미국의 법사회학은 이러한 사회변화가 극심한 분야에 강하게 나타나고 적용되었다. 즉 사회변화가 강하게 작용하는 불법행위법 분야이었으며, 이 불법행위법 분야에서 법사회학적 법학방법론이 적용된 사례가 많았다.[135] 그리고 미국에서 사회학적 법학과 법현실주의의 법사회학이 발전되었지만, 법실무의 전체를 포괄하는 포괄적인 방법론으로는 발전하지 못하였으며, 법사회학자들도 역시 포괄적인 방법론으로 발전시키려고도 하지 않았다.[136] 다시 말하면 사회학

135) Reich, a. a. O., S. 124.
136) A. a. O., S. 121.

적 법학이나 법현실주의는 분석법학, 자연법론에 대한 비판은 하였지만, 판례를 위한 체계적인 방법론으로 발전하지는 못하였다.[137] 그러므로 미국에서의 법사회학은 독일에서의 법사회학보다는 기존의 법학에 대하여 강한 영향을 미치긴 하였지만, 미국법학의 주류를 형성하였다고는 평가할 수 없으며, 1930년 전후의 미국사회의 급격한 변화에 대처하기 위한 법이론 내지 법학방법론으로 주장되었을 뿐이었던 것으로 판단된다.

그리하여 1954년 이래 Warren 대법법장이 들어서고부터는 사회학적 법학 및 법현실주의의 법이론이 퇴조를 보이고 있다.[138] 법사회학에서의 가치허무주의, 가치상대주의를 극복하려는 경향이 뚜렷하며, 자연법론적인 사고의 재생(Renaissance des Naturrechtsgedankens)도 나타나고 있으며, 법사실의 중시에서 법의 우위(supremacy of law)로의 방향전환이 일어나고 있다.[139] 그리고 법현실주의에 대한 반대의 입장도 나타나고 있다. Lon L. Fuller(1902-1978)는 법은 인간의 활동 및 질서의 목적형태(a purpose form of human activity and human ordering)라고 하였다.[140] 그리고 Ronald Dworkin도 역시 법현실주의에 반대하였다.

미국의 사회학적 법학과 법현실주의의 발전을 미루어 보면, 법에서 가치를 배제한 도구주의, 기능주의의 법사고와 법이론은 법의 영역 밖에서의 국가 내지 사회목적이 인류보편성을 가질 때에는 사회현실을 적절히 규율할 수 있는 긍적적이고 적극적인 결과를 낳지만, 국가 내지 사회목적이 보편성을 상실한 경우에는 그것이 부정적이고 해악적인 인류의 불행을 초래함을 알 수 있다. 민족사회주의와 사회주의에서도 법을 도구로 파악하였다. 그러나 민족사회주의 및 사회주의에서는 추구하는 가치가 인류보편적이지 못하였기 때문에 결국 법이 인간불행의 도구 내지 수단으로 활용되었음을 법의 역사를 통하여 알 수가 있다. 가치를 배제한 법이론 내지 법학방법론은 사회사상, 사회철학이 확실하게 정립되어있지 아니한 나라에서는 사회현실을 이상적인 방향으로 적절하게 규율하지 못함을 알 수 있다. 특히 법사회학이 상황윤리와 결합을 하게 되면, 법은 개인이나 단체의 이기심의 실현을 위한 수단으로 기능하게 된다.

137) A. a. O., S. 122.
138) A. a. O., S. 135.
139) A. a. O., S. 135.
140) Covell., a. a. O., S. 24.

V. 법사회학에 대한 법정책적 평가

법사회학은 사회의 변화가 심하여 그때의 법규범이 변화된 현실을 적절히 규율하지 못하는 법과 현실의 괴리, 즉 문화의 시차가 발생하였을 때에, 법규범의 해석과 논리를 통해서 변화된 현실의 법률문제를 해결하고자 할 것이 아니라, 변화된 현실에 부합되게 법관이 법을 발견하고 법을 창조하여 현실적으로 발생한 법률문제를 적절히 규율할 수 있도록 하고자 하는 법이론 내지 법학방법론이다. 이러한 법사회학은 중대한 사회변화가 있은 때에 생성된 법이론이었다. 법사회학은 사회변화가 현저할 때에 제정법국가에서도 유용한 법이론이지만, 특히 판례법 국가에서 그 유용성이 있는 법이론이자 법학방법론이다.

이와 같이 법사회학은 사회현실을 중시함으로 사회현실속의 법사실의 탐구를 강조하며, 법사실 탐구를 통하여 확인된 법률문제를 기성의 법규범의 논리적 추론에 의해서 해결하기 보다는 법관의 적극적인 개입에 의하여 현실의 법률문제를 해결할 수 있는 새로운 법을 발견하고 창조할 것을 촉구한다. 그러므로 법사회학에서는 법을 규범으로보다는 사실로 파악하며, 법에서의 가치문제 내지 가치판단을 배제하고, 법을 목적을 위한 수단 내지 도구로 이해한다.

이러한 법사회학은 사회변화가 심하였을 때에 일어났으며, 제정법, 선례가 변화된 현실을 적절히 규율하지 못하였을 때에 그러한 제정법의 한계상황을 극복할 수 있는 유용한 법이론이자 법학방법론이었다. 그리하여 제정법, 선례의 경화현상을 극복한 법이론이었다.

그리고 법사회학은 자연과학의 연구방법을 사회현상에 대한 학문적 연구의 방법으로 적용한 법학의 학문분야이다.[141] 그러므로 법을 사회현상으로서 하나의 사실로 파악하고 규범으로 파악하지 아니하였다. 그리하여 법사회학에서는 법에서의 가치문제를 배제하였다.

이러한 법사회학은 미국을 제외하고는 크게 융성하지 못하였으며,[142] 미국에서도 역시 전통적인 가치법학이 주된 흐름을 유지하고 있는 것으로 판단된다. 독일에서는 자연법의 재생에 의하여 법을 가치체계로 파악하는 가치법학이 주된 흐름을 유지하고 있다. 법은 규범이며, 가치를 담고 있고 가치를 실현하여야

141) Raiser, a. a. O., S. 4.
142) 이영희, 전게서, 63면.

할 과제를 안고 있다. 법에서 가치를 제외하면, 법은 수단 내지 도구로만 기능하게 된다. 특히 잘못된 가치 내지 목적이 설정되었을 되었을 때에는 도구로서의 법은 인류에게 불행을 가져다 줄 수 있다. 그것은, 법을 단순한 도구, 수단으로 파악한 민족사회주의의 인종주의 법학과 사회주의의 계급법학에서의 역사적 경험을 통하여 입증되고 있다. 가치를 배제한 법이론, 법학방법론은 사회사상 내지 사회철학이 확실히 정립되지 아니한 국가나 사회에서는 그 유용성보다는 해악이 더 클 수 있음을 잊어서는 아니 된다. 법은 결코 사실이 아니다.

이와 같은 법사회학에서의 방법과 그 적용결과는, 독일에서는 비교법학에 흡수되어 비교법학의 한 내용으로 포섭되었다. 이는, 반대로 비교법학은 법사회학의 협력과 지원을 필요로 한다는 것이다.[143] 독일에서는 비교법학이 왕성하게 발전하여, 비교법학에서 법규범의 비교는 물론 법사회학을 통하여 발견된 사회속에 살아있는 법도 비교할 수 있게 되었다. 미국에서는 법사회학에서도 전통적인 자연법적인 사고와 분석법학의 방법이 주된 흐름을 회복하였다고 평가된다. 법에서는 법규범과 사회현실간의 괴리에 관심을 가지고, 그 괴리를 사회현실을 고려하여 창조적으로 적절히 해결하여야 하지만, 근본적으로 법은 가치와 체계와 개념과 논리를 떠나서 존재할 수 없다. 따라서 법사회학적 법학방법론도 그 유용성이 인정되지만, 법에서의 가치의 문제를 배제한 것은 문제점이 있다고 판단된다.

제 4 절 비교법학의 생성과 발전

Ⅰ. 개설: 법학의 한 분야 및 법학방법론으로서의 비교법학

오늘날 독일에서는 비교법학이 크게 발전하여 비교법학의 시대를 이루고 있다. 비교법학(Rechtsvergleichung)은 각국의 살아있는 법(lebendiges Recht)을 서로 비교하여 보다 나은(besser), 그리고 보다 더 옳은(richtiger) 법을 발견하고자 하는 법학의 한 분야이며 동시에 법학방법론의 하나이다. 이러한 비교법

143) Konrad Zweigert, "Die soziologische Dimension der Rechtsvergleichung", in: Rechtssoziologie und Rechtsvergleichung(hrsg. von Ulrich Drobnig und Manfred Rehbinder, Berlin, Duncker & Humblot, 1977), S. 160.

학은, 각 국가에서 구체적으로 그 국가의 법적 문제를 해결하고 있는 그 국가의 살아있는 법을 비교하여 보다 더 옳고 나은 법을 찾아내어 자국법의 발전에 이바지하게 하고자 하는 법학방법론이면서 동시에 법학의 한 분야이다.[144]

비교법학에서는 각국에서 제정되어 있는 추상적인 문자상으로 존재하는 법(law in books)을 비교하는 것이 아니라, 실제 법생활에서 적용되고 실천되는 살아있는 법, 즉 구체적으로 살아 움직이는 법(law in action)을 비교하는 것이다. 그러므로 살아있는 법에는, 각국에서 법적 문제의 해결에 이바지하고 있는 제정법, 법원의 판결이나 행정관청의 결정, 법의식 내지 법관념, 법학적 사고방식, 관습법, 거래관행, 보통거래약관, 법적이념 등 현실적으로 효력이 있는 모든 유형의 법규범을 포괄한다.[145]

법은 고정되어 있지 못하고 변화를 계속하고 있다. 법은 생성되었다가 개정, 수정되는 변화를 거처 어느 때에는 종국적으로 소멸하게 된다. 그리고 때로는 소멸되었던 법이 다시 재생하기도 한다. 또한 법은 그것이 생성된 나라를 넘어 다른 나라에 계수(Rezeption des Rechts)되기도 하고, 다른 나라에 이식(Verpflanzung des Rechts)되기도 하고, 강제적으로 다른 나라에 시행되기도 하며(Oktroyierung), 특정 국가의 법이 다른 나라의 법에 동화(Rechtsangleichung)되기도 하고, 지역적으로 또는 세계적으로 통일(Rechtsvereinheitlichung)되기도 한다. 이와 같은 변화는 자연적으로 이루어지기도 하고, 강제적으로 이루어지기도 하며, 자주적으로 이루어지기도 하고, 타의적으로 이루어지기도 한다.

이와 같은 법의 변화를 가능게 하는 법학방법론이 바로 비교법학이다. 그러므로 비교법학에서는 법을 고정된 불변의 것으로 파악하는 것이 아니라, 항상 변화를 계속하는 동적인 것으로 파악한다. 또한 비교법학은 이러한 법의 변화를 가능케 하는 법학방법론일 뿐만 아니라, 이러한 법의 변화를 추적하여 보다 나은 법을 찾고 만들어 나가는 법학의 한 분야이다. 다시 말하면 비교법학은 법의 다양한 변화를 탐구할 뿐만 아니라, 법이 보다 나은, 보다 더 좋은 방법과 내용으로 변화가 이루어지도록 하는 법학의 한 분야이며, 동시에 법학방법론의 하나이다. 그리고 이러한 법의 비교는 법문화의 상호교류이며, 또한 서로 다른 법문화권에 사는 사람들의 만남이기도 하다.[146]

---

144) Imre Zajtay, "Über die Ziele und Methoden der Rechtsvergleichung," Beiträge zur Rechtsvergleichung: Ausgewählte Schriften(J.C.B. Mohr(Paul Siebeck), 1976), S.55.

145) Kurt Hans Ebert, Rechtsvergleichung: Einführung in die Grundlagen(Bern, Verlag Stämpfli & CIE AG, 1978), S. 22.

이러한 비교법학이 독일에서는 크게 융성하였다. 그것은 유럽통합의 사회, 경제 및 정치의 변화와 함께 일어난 현상으로서, 비교법학이 이러한 유럽통합을 법적으로 지원하며, 반대로 유럽통합은 비교법학의 발전에 결정적인 기여를 하고 있다.

Ⅱ. 비교법학에서의 법에 대한 이해와 태도

근대의 민족주의적 절대주의 국가에서는 자국법을 주된 연구대상으로 하고, 법학방법과 내용도 주로 자국법의 해석에 한정하였으나, 기계문명의 발달과 그로 인한 국제간의 거래관계가 왕성하게 일어난 시대에는 자국법의 폐쇄성에서 벗어나 국제적인 법적 교류가 필요하였다. 이와 같이 자국법의 해석에 치우진 시대의 법학을 국가법학(Landesjurisprudenz)이라 한다. 이와 같은 국가법학을 예링(Rudorf von Jhering)은 지방법학(lokale Jurisprudenz)이라고도 하였다.[147] 국가법학은 정치적으로 절대주의 내지 민족주의의 산물이며, 법학이 극히 폐쇄적이었다. 그러나 비교법학에서는 법의 해석을 중심내용으로 하는 법의 연구는 법학이 될 수 없다고 비판하고, 법학이 개방적이고 국제적일 것을 요구한다. 다시 말하면 비교법학에서는, 법이란 특정국가의 국경 내에서만 존재하고 기능할 수만은 없다고 이해한다. 그리하여 비교법학에서는 법학이 국가법학에서 세계법학(Universaljurisprudenz)으로 확대 발전할 것을 요구한다. 따라서 비교법에서는 법학의 영역을 자국의 국경을 넘어 세계로 확대하고 있다. 그리고 비교법학에서는 외국법을 인류의 공동재(Gemeingut)로 파악한다.[148]

비교법학에서는 자국법만을 최고, 최선의 법으로 파악하지 아니하며, 개방적인 자세로 외국법과 자국법의 비교를 통하여 자국법의 개선과 향상 및 발전을 도모한다. 자국법을 최고의 법으로 파악하면, 법학은 법해석론에 머물 수밖에 없다. 그리하여 비교법학은 자국법의 과대평가와 결별하게 하고, 법규범의 해석론적 공고화를 지양한다.[149] 이는 결국 자국법만을 고집하고 자랑하면 비교법학은 발전할 수 없다는 것이다.

---

146) Zajtay, a. a. O., S. XX.
147) A. a. O., S. 57.
148) A. a. O., S. XVI.
149) Konrad Zweigert, Hein Kötz, Einführung in die Rechtsvergleichung, 3. Aufl.(1996), S. 3.

그리고 비교법학에서는 단순한 법의 해석을 법학으로 파악하지 아니하며, 외국법의 단순한 연구만도 비교법학으로 인정하지 아니한다. 각국에서 살아있는 법이 구체적인 법적 문제를 어떻게 해결하고 있는 가를 연구하고 비교하여, 자국법의 정체성(正體性)을 알게 하고, 자국법의 발전에 이바지하고자 하는 것이 바로 비교법학이다.

그리고 비교법학에서는 각국의 살아있는 법을 비교의 대상으로 하며, 초자연적인 법을 비교하는 것이 아니다. 각국은 그 나라의 사정에 맞는 규범을 갖고 있으며, 그로 인한 규범을 통하여 각국은 사회질서를 유지하는 것이다. 그리하여 비교법학에서는 법을 고정적인 규범의 체계로 파악하지 아니하고, 사회속에서 사회와 함께 상호영향을 주고 받으면서 발전하고 살아있는 동적인 것으로 파악한다. 그리고 비교법학에서는 법을 사회형성의 수단이자 사회의 법적 문제의 해결을 위한 도구로 이해하며, 영원한 가치의 표현으로 이해하지 아니한다.[150] 비교법학에서는 법외적인 법형성의 요소들인 사회생활의 실제, 문화적 전통, 역사적인 전제들, 국민성 등에 대한 이해를 법의 이해, 법의 취득, 법의 개선과 향상을 위한 필수불가별한 것으로 파악한다.

그리고 비교법학에서는 각국의 법규범을 각각 그 나라에서 사회질서를 유지하는 유용한 기능을 담당하는 규범으로 파악하여, 각국 간에 서로 다른 법의 자이에도 불구하고 광범위한 공통점을 보게 하고, 그러한 공통적인 점으로 부터 보편적인 법원칙들을 도출해 내고, 보다 좋은 법을 찾아낼 수 있도록 한다.[151] 따라서 비교법학에서는 자국법뿐만 아니라 외국법에 대해서 그 유용성과 가치를 충분히 인정하는 개방적인 국제주의적 태도를 취한다. 그러므로 비교법학은 법의 국제화를 지향한다.[152]

또한 비교법학에서는 각국의 법을 존중하며 법의 다양성을 인정하는 다원주의(Pluralismus)에 입각해 있다.[153] 그리고 비교법학에서는 법의 완결성을 부인하고, 서로 다른 나라의 법의 비교를 통하여 얻은 공통적인 보편적 법원칙으로 자국법의 흠결과 불완전성을 보충하여야 하는 것으로 파악한다.

그리고 비교법학에서는 법은 그 자체가 목적이 아니라, 보다 좋은 사회를 만드는 것을 법의 목적으로 이해한다. 그리고 법은 정지된 영원한 가치가 아니

150) Max Rheinstein, Einführung in die Rechtsvergleichung, 2. Aufl.(1987), S. 4.
151) Ebert, a. a. O., SS. 21-22.
152) Rheinstein, a. a. O., S. 8.
153) A. a. O., S. 131.

라, 사람의 생활 속에 구체적으로 살아있는 규범으로 파악한다. 또한 비교법학에서는 법학(Rechtswissenschaft)에 대해서도 법학이야말로 최고의 법이며, 법관위의 법관(Richter über den Richtern)이 법학이라고 평가한다.[154]

이와 같이 비교법학에서는 법에 대한 이해가 극히 개방적이다. 비교법학에서는 각국의 자국법의 고유성과 정체성을 존중하고, 자국법과 다른 나라의 법과의 비교를 통하여 자국법의 발전을 도모하며, 또한 각국의 법에 공통적인 내용을 법의 일반원칙으로 받아들여, 자국법이 보편적 가치를 지향하고 이를 실현할 수 있도록 한다. 따라서 오늘날 다원주의 사회에서는 비교법학이 법이 지향하여야 할 가치를 모두 실현할 수 있는 가장 훌륭한 방법론을 담고 있는 것이다. 법의 고유성과 보편성을 동시에 추구하고 실현할 수 있는 법학이 바로 비교법학이며, 이러한 법에 대한 이해와 탐구방법은 유럽통합이라는 시대적 사명을 수행하는데 가장 적절한 법학의 한 분야로서, 그리고 법학방법론으로서 기능하고 있는 것이다. 그리고 세계적으로는 국제화, 세계화의 시대적 흐름을 법적으로 가장 적절하게 뒷받침할 수 있는 법학으로 발전하게 되었다.

Ⅲ. 비교법학 발전의 역사

1. 비교법학 생성의 장애시대

독일과 유럽대륙에서 비교법론이 생성되어 비교법학이 법학의 한 분야로서 정립된 것은 1870년대에 와서야 비로소 본격적으로 시작되었다. 그 이전의 법학의 발전과정을 살펴보면, 로마시대에는 법학자들이 로마법에 대한 연구에 치중하여 다른 나라의 법의 가치를 거의 인정하지 않았다. 중세에 들어와서는 로마법과 교회법이 지배하고 있어서 역시 다른 나라의 법에 대한 연구는 흥미가 없었다.[155] 그러므로 로마 시대는 물론이고 중세에도 비교법학이 발달할 여지가 없었다. 그리고 중세에는 분방법(Landesrecht)이 존재하였으나 로마법과 교회법이 유럽대륙을 거의 지배하고 있었고, 특히 로마법은 쓰여진 이성(ratio scripta)으로서 보편적인 진리로 받아들여지고 있었고, 학문적으로는 로마법과 교회법의 연구에 집중되어 있었기 때문에, 분방법의 비교연구는 일어날 수 없었다.

154) A. a. O., S. 7.
155) Zweigert, Kötz, a. a. O., S. 48.

근대의 자연법 시대에도 역시 비교법은 생성되지 못하였다. 자연법론에서는 영구불변의 자연법 질서의 탐구가 당시 자연법론의 주된 과제였기 때문에, 서로 다른 나라의 법의 탐구는 그들의 관심의 대상이 될 수 없었다.

자연법론의 항구불변의 법에 대한 이해에 대항에서 생성된 역사법학에서 비로소 비교법학이 생성될 수 있는 기초가 제공되었으나, 그 역사법학에서도 비교법학은 인정되지 않았다. 역사법학에서는 법은 각 국가의 민족정신(Volksgeist)의 발현으로 이해함으로써, 각국의 법이 서로 다르게 존재할 수 있다는 것을 인정하였다. 이러한 법에 대한 이해는 각국의 법의 차이를 인정하는 것으로서 비교법학의 생성에 기초가 될 수 있었다.[156] 그러나 역사법학에서의 연구의 대상이 된 법은 로마법과 게르만법이었으며 외국법에 대한 이해에도 비교에도 노력하지 않았다. 그리고 역사법학에서는 각국의 법은 그 민족의 민족정신에 구속된 특수한 것이기 때문에 다른 민족에게는 맞지 않는다고 이해하였다.[157] 그리하여 역사법학은 비교법학의 발전에 오히려 장애가 되었다.

그리고 근대 유럽대륙에서는 정치적으로 민족주의에 입각한 절대국가가 출현하여, 각 지방마다 독립된 주권국가가 건설되고, 각 국가는 독립된 법률을 제정하여 각 국가마다의 법의 분열현상이 일어났다. 그러나 절대국가 시대의 법학은 당해 국가의 제정법을 해석하는 것을 주된 연구의 내용으로 하였다. 그리하여 개념법학[158](Begriffjurisprudenz), 법률실증주의(Gesetzespositivismus)는 자국의 법을 최고로 받아들이고 자국법의 해석이 법학의 중심내용을 이루고 있었다. 따라서 자연히 이 시대에노 역시 비교법학에는 관심이 없었나.[159] 독일에서도 개념법학이 지배하던 시대에는 비교법학이 발전할 수가 없었다 당시에 법이라 하면 당연히 국내법을 의미하였지 외국법을 포함한 개념이 아니었다. 이러한 근대의 민족주의적 절대국가는 법적 민족주의에 입각해 있었다. 비교법학은 이러한 법적 민족주의(juristisches Nationalismus)로 부터의 해방을 의미한다.[160]

156) Léontin-Jean Constantinesco, Rechtsvergleichung, Band I: Einführung in die Rechtsvergleichung(Köln, Berlin, Bonn, München, Carl Heymanns Verlag KG, 1971), S. 96.

157) A. a. O., S. 97.

158) 개념법학은 근대자본주의의 요청에 부합한 법학이었다. 근대자본주의는 예측가능성을 보장하고, 국가의 간섭이 없는 자유가 보장된 법체계를 요청하였다(Siehe, Rheinstein, a. a. O., S. 169).

159) Zweigert, Kötz, a. a. O., S. 52; Ebert, a. a. O., S. 35.

160) Zweigert, Kötz, a. a. O., S. V.

2. 비교법학의 생성

근대의 절대국가가 국가로서는 민족국가에 머물러 있어도 기술과 문명이 발전하여 발달된 기술은 국경을 넘어 다른 나라에로 전파되므로, 자연스럽게 국제적인 법적거래관계가 이루어지게 되었다. 이러한 시대적, 사회적 변화는 법과 법학에 있어서도 변화를 가져왔다.

근대의 절대국가에서는 이러한 시대적 사회적 변화에 자국법을 적응시키고 자국법을 새롭게 하여야 할 필요성이 증대하였다. 이를 위해서 외국법을 연구할 필요성을 인식하고 외국법을 연구하기 시작하였다. 이때의 외국법 연구의 주된 목적은 자국법의 입법에 있었다. 물론 연구된 외국법은 당해 외국의 제정법(Gesetzesrecht)이었지 그 나라 사람들의 생활속에 살아있는 법은 아니었다. 그리고 이때의 비교법학은 자국법과 외국법의 대비(Gegenüberstellung)의 수준이었다. 이와 같은 비교법학은 프랑스와 영국에서 먼저 일어났다. 프랑스에서는 1846년에 파리대학에 비교형법강의가 이루어졌고, 1892년에 Saleilles에 의해 비교민법강좌가 개설되었다.[161]

독일에서는 1829년에 민법학자인 Zachariae(Karl Salomo: 1769-1843)와 형법학자인 Mittermaier(Karl Joseph Anton: 1787-1867)에 의하여 "외국의 법학과 입법에 관한 비판적 잡지"(Kritische Zeitschrift für Rechtswissenschaft und Gesetzgebung des Auslandes)가 창간되었다.[162] 그러나 동 비교법잡지는 1853년에 정간되고 말았다. 영국에서는 1839년에 Burge에 의하여 "식민지법 및 외국법에 대한 주석서"(Commentaries on Colonial and Foreign Laws)가 출판이 되었다.

그러나 이러한 비교법학의 생성은 더 이상 발전하지 못하였다. 그것은 당시의 지배적인 법학이 개념법학의 방향으로 발전하고 있었기 때문이었다.[163] 그러한 개념법학으로의 법학의 발전은 독일뿐만 아니라 프랑스, 영국에 있어서도 마찬가지였다.[164] 그리하여 비교법학이 태동한 후 얼마 되지 않아 1850년대에는 비교법학이 더 이상 발전을 하지 못하고 침체하게 되었다.[165]

---

161) Constantinesco, a. a. O., S. 118.
162) A. a. O., S. 113.
163) A. a. O., S. 121.
164) A. a. O., S. 121.
165) A. a. O., S. 122.

3. 비교법학의 발전

비교법학의 발전은 19세기 말, 즉 대체로 1870년대부터 시작되었다. 그것은 대학에서 비교법 강좌의 개설, 비교법 잡지의 발간, 비교법 연구소의 설립으로 나타났다. 프랑스에서는 1869년에 Pollock에 의해 비교법이 법학의 새로운 분야로 인정되고, 동년에 비교입법협회(Société de législation comparée)가 설립되었다. 그리고 대학에서 비교법강좌가 개설되었다. 그리고 1900년에는 Saleilles의 주도와 조직에 의하여 파리에서 비교법국제회의(Congrès international de Droit comparé)가 개최되었다.[166] 이 비교법국제회의에서는 각국의 법을 보고하는 국가보고서(national report)를 제출하도록 하였다.[167] 그리하여 프랑스에서는 비교법학이 학문적으로 연구되기 시작하였으며, 주로 국제적 통일입법을 위한 비교법학이 발전되었다. 당시에 프랑스는 해외에 식민지를 많이 두고 있었고, 국제사회의 영향력을 가진 국가로서 국제적인 저작권 및 상표권 보호협약, 어음, 수표, 해상법 분야, 국제우편 분야 등의 국제적인 통일법을 만들어 국제간의 거래를 보다 편리하게 할 것을 목적으로 입법을 위한 비교법학을 발전시켰으며, 파리에서의 비교법국제회의가 크게 기여하였다.[168] 이를 계기로 하여 각국의 서로 다른 법이 서로 접근(Annährung)할 수 있게 되었다.

독일에서는 독일민법의 제정과정에서 비교법학이 활용되었다. 즉, 비교법학은 독일내의 법의 통일(innerdeutsche Rechtsvereinheitlichung)을 위한 노력과 결합되어 있었다. 즉 독일민법은 계수된 로마법이었던 독일의 보통법을 기초로 하고, 프로이센일반주법, 오스트리아 민법, 스위스채무법을 참고하고, 독일내의 분방법을 분석하여 통일법으로 제정되었다. 이와 같이 독일민법의 제정과정에는 독일내의 분방법을 비교하는 방법을 활용하였다. 그러나 독일민법 제정과정에서의 독일분방법들의 비교는 한 국가 내에서의 법의 비교에 그쳤으며, 외국법과의 비교가 아니었다. 그리하여 이러한 한 국내의 분열된 분방법의 비교를 내적비교(interne Rechtsvegleichung)라 한다. 진정한 의미에서의 비교법학은 자국법과 외국법과의 비교인 외적인 비교(externe Rechtsvergleichung)을 의미한다.

이와 같은 독일민법전의 제정을 위한 분방법의 비교연구가 이루어지긴 하였

166) 이 비교법국제대회는 계속 이어져 지금도 개최되고 있다.
167) 이러한 국가보고서는 대회주제에 맞추어 지금도 대회시마다 제출되고 있다.
168) Zweigert, Kötz, a. a. O., SS. 57-58.

으나, 당시의 독일에서의 지배적인 법학은 개념법학이었다. 그리하여 비교법학이 본격적으로 발전할 수 없었다. 그러나 프랑스와 영국에서의 비교법학의 생성에 따라서 독일에서도 1878년에 Bernhöft와 Cohn이 "비교법학 잡지"(Zeitschrift für vergleichende Rechtswissenschaft)를 창간하였다. 그리고 1893년에는 "비교법학 및 비교국가학 학회"(Gesellschaft für vergleichende Rechts- und Staatswissenschaft)가 조직되었다. 또한 1894년에는 Felix Mayer에 의하여 "비교법학 및 민족경제론을 위한 국제단체[169]"(Internationale Vereinigung für Vergleichende Rechtswissenschaft und Volkswirtschaftslehre)가 창설되고, 1895년부터는 동 단체에서 동단체의 연보(Jahrbuch der Internationalen Vereinigung für Vergleichende Rechtswissenschaft und Volkswirtschaftslehre)가 발간되었다.[170] 그리고 1896년에는 "비교법학 및 비교국가학 계간지"(Vierteljahrschrift für Vergleichende Rechts- und Staatswissenschaft)가 출판되었다.[171]

이와 같이 비교법학이 독일에서 발전하기 시작은 하였으나, 독일민법전이 시행된 후에도 여전히 개념법학이 지배하고 있었기 때문에 비교법학이 발전할 수가 없었다. 그리하여 세계 제1차 대전 전까지는 비교법학이 대학에서 법학의 한 분야로 완전히 인정되지 못하였다. 독일에서 근본적으로 비교법학의 발전의 계기를 가져다 준 것은 제1차 세계대전에서의 패배였다. 파괴적인 전쟁의 결과가 독일법학자들로 하여금 외국법과 비교법에 관심을 갖게 한 것은 역사적인 아니러니(historische Paradox)가 아닐 수 없다.[172] 제1차 세계대전을 종결하는 베르사이유조약 제10부(Teil X des Versailler Vertrages)에서는 전쟁을 수행한 국가와 국민들간에 존재하였던 전쟁 이전의 사법적 법률관계는 전부 소멸(Auflösung)하도록 규정하고 있었다. 그런데 베르사이조약은 프랑스어로 작성되어 있었기 때문에, 독일어 번역본은 규범력이 없었다. 그러므로 동조약의 작성방법, 법률개념, 법적양식, 해석방법은 모두가 전승국가의 법원리와 법전통에 따라야만 하였다. 독일의 법률가들은 독일법학에서의 개념과 방법으로써는 전후처리를 맡은 국제중재재판소에서 독일인의 이익을 방어할 수가 없었다.[173] 그 결과

169) 동 단체는 1926년에 역시 Felix Mayer가 설립한 "외국법 및 국제사법 연구소"(Institut für ausländisches und Internationales Privatrecht)에 합병이 되었다(Vgl., Constantonesco, a. a. O., S. 135).

170) Constantinesco, a. a. O., S. 135.

171) 동 계간지는 1897년에 Zeitschrift für Vergleichende Rechts- und Staatswissenschaft mit besonderer Berücksichtigung der Rechte der Natur- und Halbkulturvölker로 바뀌었다.

172) Constantinesco, a. a. O., S. 181.

로 독일법률가들은 외국법을 접하고 이해하여야 하는 상황에 놓이게 되었다. 법학자들이 이를 뒷받침하였다. 이와 같이 제1차 세계대전의 패배로 인하여 비로소 독일에서는 외국법의 이해의 필요성이 대두되었고, 그로 인하여 비교법학이 발전하게 되었다. 그리하여 비교법연구소가 설립되고, 비교법 잡지가 출간되고, 외국법 전집이 출판되어, 독일에서 비교법학의 발전을 이루게 되었다. 또한 대공황으로 인하여 미국과의 금융에 관련된 법적 문제의 해결을 위해서도 비교법의 필요성이 크게 인식되었다. 이러한 법적상황으로부터 독일에서 오늘날의 비교법학이 발전하기 시작하였다.

이와 같은 외국법 이해의 시대적 요청에 따라서 1924년에는 Ernst Rabel[174] (1874-1955)이 München 대학에 비교법 연구소(Institut für Rechtsvergleichung)를 설립하여 비교법을 체계적으로 연구하기 시작함으로써 비교법학이 학문적으로 시작되었다. Rabel은 당시의 세계의 법을 연구대상으로 확대하여, 오스트리아, 스위스, 프랑스, 영국의 법은 물론 기타의 나라의 법들도 연구의 대상으로 하였으며, 각 국가의 제정법은 물론 판결, 학설까지도 연구하였다.[175]

그리고 1926년에는 Felix Mayer가 외국법연구소(Insititut für Ausländisches Recht)를 설립하고, 그에 의하여 1894년에 설립된 "비교법학 및 민족경제론을 위한 국제단체"(Internationale Vereinigung für Vergleichende Rechtswissenschaft und Volks- wirtschaftslehre)를 흡수합병하여 동외국법연구소를 확대하였다.

그리고 독일에서는 1926년 베를린에서 왕립 비교법연구소인 "빌헬름 외국사법 및 국제사법연구소"(Kaiser-Wilhelm-Institut für Ausländisches und Internationales Privatrecht)를 설립하여 비교법 연구를 국가적으로 지원하게 되었다. 동 연구소의 초대 소장은 바로 Ernst Rabel이었으며, 지금은 그 명칭을 "막스 플랑크 외국사법 및 국제사법연구소"(Max-Planck-Institut für Ausländisches und Internationales Privatrecht)로 변경하여 튀빙겐을 거쳐 함부르크로 옮겨 사법분야의 비교법연구의 중심적인 역할을 담당하고 있다. 그리고 1927년에는 동 연구소가 비교법 잡지인 "외국사법 및 국제사법 잡지"(Zeitschrift für Ausländisches und Internatio-

---

173) A. a. O., S. 181.

174) Rabel은 이익법학(Interessenjurisprudenz)의 법학방법론을 활용하였으며, 자신을 개념법학으로부터 멀리 하였다. 독일에서의 이익법학은 사회학적 법학(soziologische Jurisprudenz)에 속한다. 따라서 비교법학에서는 법을 사회형성과 사회조정 내지 사회개혁의 수단으로 이해하며, 법과 사회의 상호작용을 중시하는 법사회학에 속한다(Rheinstein, a. a. O., SS. 60, 63-64).

175) Rheinstein, a. a. O., S. 52.

nales Privatrecht)를 발행하기 시작하였으며, 지금은 "라벨 외국사법 및 국제사법 잡지"(Rabels Zeitschrift für Ausländisches und Internationales Privatrecht)로 그 명칭을 변경하여 계속 출판되고 있다. 그리고 막스 플랑크 외국사법 및 국제사법연구소에서는 비교법 백과사전(International Encyclopedia of Comparative Law)을 편찬하고 있다.

독일에서 이렇게 발전하던 비교법학도 나치의 민족사회주의 시대에는 나치의 인종법학이 그 시대를 지배하고, 중요한 독일의 법학자들이 나치의 학정을 피해 독일을 떠남으로써 비교법학은 다시 침체 속으로 빠져들게 되었다.[176] 그리하여 나치시대에는 비교법학에 대한 학문적 연구가 거의 행하여지지 아니하였다.

그러나 나치의 학정을 피해 독일의 많은 법학자들이 미국으로 망명함으로써 자연히 대륙법과 영미법의 접촉이 일어나게 되어 비교법학이 다시 발전할 수 있게 되었다. 그리고 제2차 세계대전 후에는 세계평화의 추구와 국제연합을 통한 세계 각국의 법의 접촉이 왕성히 일어나고, 상호간의 법적 차이의 극복이 세계경제 및 세계평화에 유익하다는 자각이 일게 되어, 비교법학이 중요한 법학방법론으로서 인식되고 활용되기 시작하였다.

이와 같이 전쟁이 끝나면 보다 나은 상호이해의 희망이 살아나며, 그것은 승전국과 패전국 국민들간의 상호연대의 조건을 이루며, 전쟁의 결과인 황폐에 대한 가책(Gewissensbiß)과 황폐로부터 이성에 대한 호소(Appel)의 조건이 조성되는 것이다.[177] 이러한 비교법학 발전의 조건의 형성에 따라서, 독일에서는 제1차 세계대전의 패배로 비교법학이 발전할 수 있는 계기를 갖게 되었고, 나치시대를 거쳐 제2차 세계대전의 패배로 비교법학이 더욱 발전할 수 있게 되었다. 그리고 제2차 세계대전 이후에는 영미법이 세계적으로 영향을 주고 있고, 특히 국제연합, 기타 국제기구를 통하여 영미법이 세계 각국으로 침투해 들어올 수 있는 계기가 마련되었다.

4. 비교법학의 융성

제2차 세계대전이 끝난 후 영미법과 대륙법의 비교는 대륙에서의 유럽의 통합과 미국주도의 세계화, 국제화의 시대적 발전과 함께 크게 융성하였다. 유럽

176) Constantinesco., a. a. O., S. 183.
177) A. a. O., SS. 191-192.

대륙에서는 유럽의 통합을 위하여 비교법학이 크게 기여하고 반대로 유럽의 통합에 힙입어 비교법학이 크게 발전할 수 있게 되었다. 세계적으로는, 국제연합을 통하여 또는 지역적 경제블록의 형성에 의하여 세계적 또는 지역적 법의 통일을 이루는데 비교법학이 기여하였다.

비교법학은 그것이 융성함으로써 자국의 입법, 법의 해석, 법학교육, 법의 계수, 법의 통일 등 다방면에 걸쳐서 기여하였다. 그 중에서도 법의 통일(Rechtsvereinheitlichung)에 기여한 바가 크며, 국제연합을 통하여 또는 지역적 경제블록의 형성에 의하여 세계적 또는 지역적 법의 통일의 성과를 이루는데 크게 기여하였다. 특히 비교법학을 통한 세계적인 법의 통일분야는 국제거래법분야이었다. 물론 법의 통일방식도 매우 다양해 졌다. 입법에 의한 조약의 형식으로 통일되기도 하고, 비입법적인 Restatement의 형식으로 통일되기도 하였다. 오늘날은 비입법적인 Restatement의 형식에 의한 법의 국제적, 지역적 통일이 크게 이용되고 있다.

구체적으로는 1980년에 "국제연합 국제거래법 위원회"(United Nations Commission on International Trade Law (UNCITRAL))에 의하여 성안되어 체결된 "국제연합 국제물품매매계약에 관한 협약"(United Nations Convention on Contracts for International Sale of Goods (CISG))이다. 이 협약은 조약의 형식으로 만들어진 세계적인 법의 통일화의 예이다. 이 협약은 바로 비교법학에 의하여 이룩한 성과물이다. 그리고 동 협약은 국제상사계약에만 적용되며, 물품매매계약에만 적용된다.

동 협약은 1980년에 제정되었지만, 그 역사적 뿌리는 독일에서 비교법학의 창시자인 Ernst Rabel의 국제적인 통일매매법의 제정 주장과 그의 비교법 연구의 공로에 기초하고 있다. Rabel은 비교법학을 창시하면서, 동시에 국제간의 통일적인 물품매매법을 제정할 것을 주장하고, 그 스스로 물품매매법의 통일을 위한 상품매매법(Recht des Warenkaufs)의 저서[178]를 집필하였다. Rabel은 1926년에 정부간 기구로 설립된 "사법통일국제연구소"(Institut International pour l'Unification du Droit Privé (UNIDROIT): International Institute for the Unification of Private Law)의 설립에 참여하였으며, 그 저서인 상품매매법은 사법통일국제연구소가 성안하고 1964년 헤이그 외교회의에서 채택된 "국제동산통일매매법"

178) 동 저서는 그 제1권은 1936년에, 제2권은 1957년에 출판되었다.

(Uniform Law of International Sale of Goods (ULIS))과 "국제동산매매계약의 성립에 관한 통일법"(Uniform Law on the Formation of Contracts for the International Sale of Goods (ULF))과 국제연합 국제거래법위원회가 성안한 1980년의 국제연합 국제물품매매계약에 관한 협약의 기초를 제공하였다.

그리고 1994년에 "사법통일국제연구소"(Unidroit: (Institut International pour l'Unification du Droit Privé: International Institute for the Unification of Private Law))의 주관으로 작성된 "Unidroit 국제상사계약법 원칙"(Unidroit Principles of International Commercial Contracts)은 비교법학이 이룩한 세계적인 법의 통일의 사례이다. 이는 Restatement의 형식으로 만들어진 법의 통일의 예에 속하며, 국제상사계약에만 적용된다.

그리고 1994년 만들어지고 1998년에 수정된 후 2000년에 최종보고서가 발표된 유럽의 법학자들로 구성된 사적인 위원회에서 성안한 "유럽계약법 원칙(Principles of European Contract Law)도 역시 비교법학이 이룩한 법의 통일의 예이다. 동 원칙은 Restatement 형식의 법의 통일이며, 국제상사계약에는 물론 국제소비자계약에도 적용된다. 그리고 동 총칙은 유럽연합(European Union)내에서만 적용되는 지역적인 법의 통일의 대표적인 예이다.

또한 유럽연합 내에서는 계약법의 통일뿐만 아니라, 불법행위법의 통일화를 위한 학자들의 모임(Tilburg/Wien Group)이 구성되어 유럽 불법행위법 총칙을 성안 중에 있다. 그리고 2011년에는 유럽연합에서 명령(Verordnung)으로 제정할 계획인 공통유럽매매법(Gemeinsames Europäisches Kaufrecht)의 제안(Vorschlag)이 성안되어 발표되었다.

이제 법은 자국의 폐쇄적인 범주에 머무르지 아니하고, 점차 지역적으로 또는 세계적으로 통일화의 방향으로 발전되고 있으며, 이러한 법의 통일화로의 변화는 돌이킬 수 없는 역사의 진행으로 받아들여지고 있다.

그리고 1990년대에 들어와서 구소련의 해체 및 동구 사회주의의 몰락 후, 그 국가들에서 새로운 법질서를 형성함에 있어서 비교법학은 새로운 입법을 함에 중요한 기능을 수행하고 있다.[179]

179) Zweigert, Kötz, a. a. O., S. 15.

V. 비교법학의 유용성과 그것에 비추어본 비교법학의 발전원인

비교법학은 여러 가지의 유용성을 갖고 있으며, 그러한 유용성 때문에 비교법학이 독일에서 크게 발전하고 융성한 것이다. 비교법학은 법의 비교를 통하여 자국법의 발전에 기여하며, 또한 각국의 법에 공통적인 법의 일반원칙을 도출하여 그것을 인류보편적인 가치로 발전, 승화시켜 나간다. 그러므로 비교법학은 각국의 법의 고유성과 독자성 및 정체성의 자각 및 확립에 기여하면서, 동시에 법의 일반원칙(allgemeine Grundsätze des Rechts)의 도출을 통하여 각국의 법이 인류보편적 가치를 담아 그것을 실천할 수 있도록 한다. 그로 인하여 비교법학은 법발전의 가장 중요한 두 가지 요건, 즉 자국 전통법의 발견과 체계화 및 현대화, 그리고 자국법의 인류보편적인 가치의 지향과 실천을 모두 충족시켜 주는 법학이다.

비교법학은 자국법의 입법, 자국법의 해석, 법의 흠결의 보충, 법의 계수, 법의 일반원칙의 발견, 법의 통일, 법학교육 등에 그 유용성(Nützlichkeit)이 인정되고 있다. 이러한 비교법의 일반적인 유용성 이외에도 비교법은 국제적인 대화를 통한 법적 문제의 해결의 시도를 가능케 하며, 서로 다른 사회적, 문화적 제도를 이해하게 하고, 개발도상국의 법개혁을 지원하며, 보다 나은, 보다 정의로운 법적 문제해결을 가능케 하고, 궁극적으로는 자국법의 발전에 이바지 한다.

그리고 무엇보다도 각국의 서로 다른 법질서 속에서도 공통적인 법의 일반원칙이 있으므로 비교법학은 그러한 법의 일반원칙을 발견할 수 있도록 한다. 이러한 법의 일반원칙의 발견은 문명국가가 지향하여야 할 인류보편적인 질서를 수립하게 할 수 있는 것이다. 따라서 비교법학은 이러한 인류보편적인 법질서의 발견에 이바지한다. 이러한 법의 일반원칙의 발견과 도출에 의하여 각국은 보다 좋은 법을 가질 수 있게 되는 것이다.

이와 같은 비교법학의 유용성을 좀 더 상세히 살펴보면, 첫째로 비교법학은 자국의 입법을 위한 보조기능(Hilfsfunktion)을 담당한다. 그러므로 비교법학의 중요한 역할은 입법(Gesetzgebung)과 법창조(Rechtsschöpfung)에 있음은 다툼의 여지가 없다. 그리고 입법은 좋은 법, 즉 정법(richtiges Recht)을 만드는 것이다.

비교법학이 추구하는 좋은 법은, 완전한 법을 말하는 것도 아니며, 이상적인 법을 말하는 것도 아니다. 정법은 그 시대, 그 사회에서 사회생활에 의하여 한계지워지고, 구체화되고, 완전의 이상을 향해 접근해 가는 법이다. 그러므로 비교법학에서의 정법은 상대적일 수밖에 없다. 즉, 정법이란 그 사회의 사정과 그 시대에 타당한 법(sach- und zeitgerechtes Recht)이다.[180]

이러한 입법 내지 법창조를 위한 비교법의 중요성은 입법자들의 법제정을 위해서만이 아니라, 판례를 통한 법관에 의한 법발견 및 법창조(richterliche Rechtsfindung und -schöpfung)에도 크게 기여하고 있다.

둘째로 비교법학은 자국법의 해석은 물론 국제적인 통일법의 해석에 있어서 그 유용성이 매우 크다. 이러한 비교법을 통한 법의 해석을 비교법적 해석이라 하고, 이는 비교적 새로운 법해석 방법이다.[181] 독일에서는 독일판례에 의하여 인정되고 있는 일반적 인격권(allgemeines Persönlichkeitsrecht)이 침해된 된 경우에, 위자료 배상에 관하여 명문의 규정이 없음에도 불구하고 역시 판례는 위자료의 배상을 인정하였다. 이러한 판례의 형성은 비교법을 통한 법해석의 결과이었다. 왜냐하면 비교법을 통하여 탐구한 바에 의하면, 위자료에 제재적 기능이 있다는 것을 각국의 공통적인 일반적인 법질서가 확인하고 있었기 때문이었다.[182]

그리고 비교법학은 법의 흠결을 보충(Lückenfüllung des Rechts)하는데 있어서 크게 중요하다. 예컨대 스위스 민법 제1조 제2항에서는 법률의 규정이 없을 때에는 관습법에 따라서, 관습법도 없는 경우에는 법관으로 하여금 그가 입법자의 입장에 있었다면 규정하였을 규율(Regel)에 따라서 재판하도록 하고 있다. 이러한 법의 흠결의 경우에는 비교법학에 의하여 이를 유용하게 보충할 수 있는 것이다.

셋째로 비교법학은 그러한 법의 일반원칙 또는 법의 일반이론의 발견을 목적으로 한다.[183] 특정 국가 내에서만의 법의 일반원칙 내지 법의 일반이론이라는 것은 생각할 수 없다. 그것은 언제나 외국법과 비교를 통한 비교법에 의해서 가능하다.[184] 오늘날 비교법학의 흥미 있는 과제는 법의 일반원칙의 도출에

---

180) Ebert, a. a. O., S. 166-167.
181) 현 승종, 비교법입문(1974), 26면.
182) Zweigert, Kötz, a. a. O., S. 17.
183) 현승종, 전게서, 38면.
184) Ebert, a. a. O., S. 180.

있다.[185)]

각국의 법은 그 형식에 있어서는 서로 다르지만, 그 실질인 내용에 있어서는 공통적인 것이 적지 아니하다. 즉, 각국의 법제도, 법사상, 법문화가 서로 다르지만 각국에 공통적이고 보편적인 내용이 있는 것이다. 그러한 공통적인 법의 내용 내지 일반적인 법원칙을 법의 일반원칙(allgemeine Grundsätze des Rechts) 또는 법의 일반이론(allgemeine Rechtslehre)이라 한다. 이와 같은 법의 일반원칙은 다수 국가의 법질서에서 인정되고 있는 정의로운 행동의 준칙이 되는 법에 있어서의 공통적인 핵심(common core)인 것이다.[186)]

비교법학에 의하여 발견되고 정립된 법의 일반원칙 내지 법의 일반이론은 자국법의 입법, 해석 및 법의 흠결의 보충에 활용되며, 법의 계수와 법의 통일에도 기여한다. 이러한 비교법학을 통한 법의 일반원칙의 도출과 정립은 궁극적으로는 비교법학을 통하여 법적 문제에 대한 보다 나은 해결방안을 찾기 위한 방법의 하나이며, 좋은 법을 만들기 위한 방법이기도 하다.

국제사법재판소(International Court of Justice) 규정 제38조 제1항 c호에 의하면, 문명국가에서 일반적으로 승인된 법의 일반원칙(general principles of law recognized by civilized nations)에 대하여 법원성을 인정하고 있다. 이러한 문명국가에서 일반적으로 승인된 법의 일반원칙도 역시 비교법을 통하여 발견할 수 있고 도출할 수 있는 것이다. 이러한 법의 일반원칙은 자국의 고유법 전통이 강한 친족법이나 상속법의 영역에서도 대체법(Ersatzrecht)으로 적용될 수 있다.[187)]

그리고 국제중재실무에서는 국제적인 분쟁사건에 있어서 적용할 국내법도 없고 법정지(法廷地)법도 없을 때에 법의 일반원칙을 준거법, 즉 대체법으로 적용하는 것이 일반적인 경향이다.[188)] 이러한 법의 일반원칙 내지 법의 일반이론은 초국가적 규범(übernationale Rechtsnormen)으로 발전되고 있다.

넷째로 비교법학은 법의 계수의 가장 중요한 계기를 제공하며, 법의 계수에 기여한다. 법의 계수(Rezeption des Rechts)란 특정국가 또는 특정민족이 다른 나라 또는 다른 민족의 법을 받아들여 그것을 주체적, 자주적으로 자국의 법으로 변용하는 법의 수용 내지 법의 변화의 하나이다. 법의 계수는 법의 변화의

185) Rheinstein, a. a. O., S. 115.
186) Ebert, a. a. O., S. 182.
187) A. a. O., S. 183.
188) A. a. O., S. 184.

하나의 현상으로서, 특정국가 또는 특정 민족이 주체적, 자주적으로 외국의 법을 받아들여 자국의 법으로 만들어 사용하는 현상으로서, 이는 타율적으로 타국의 법을 자국의 법으로 사용하는 법의 의용(依用)과 구별된다.

다섯째로 비교법학의 가장 중요한, 그리고 궁극적인 목적은 법, 그 중에서도 사법을 국제적으로 통일(Rechtsvereinheitlichung)하는데 있다. 따라서 법의 통일이 비교법학자들의 이상이며, 최종적인 목표이기도 하다.[189] 이러한 법의 통일은 초국가적인 법의 통일을 의미한다. 그리고 이와 같은 법의 통일은 소망스럽고 실행가능한 영역의 범위 내에서 초국가적 법의 일반원칙(übernationale Grundsätze des Rechts)에 의하여 다양한 개별국가의 서로 다른 법의 상위(相違: Verschiedenheiten)를 동일 또는 유사하게 조정(Applanierung)하거나 서로 다른 것들을 제거(Beseitigung)하는 법정책적 계획의 실천이다.[190] 그리고 법의 통일은 국제간의 거래를 용이하게 할 뿐만 아니라 보다 확실한 예측가능성을 제공하며 또한 법적안전성을 확보할 수 있게 한다.

국제적인 법의 통일은, 세계적으로 법의 통일을 이룬 분야도 있고, 지역적으로 법의 통일을 이룬 사례도 있다. 국제항공, 국제우편, 국제해상 등의 분야에서는 세계적으로 법의 통일을 이루고 있으며, 베네룩스 3국, 스칸디나비아 제국, 유럽연합 등에서는 지역적으로 법의 통일을 이루고 있다. 그리고 오늘날은 경제의 블록화 현상에 의하여 지역적으로 법의 통일이 일어날 가능성이 점점 더 높아지고 있다.

이러한 국제적인 법의 통일의 방법으로는, 고전적으로는 실체법에 관한 국제조약을 체결하거나 저촉법(Kollisionsrecht: law of conflict)에 관하여 조약을 체결하는 방법을 활용하였으나, 오늘날은 비입법적인 Restatement의 방식에 의한 법의 통일방식이 활발히 이용되고 있다. 그리고 국제적으로 통일적인 공통의 보통거래약관(allgemeine Geschäftsbedingungen)을 사용하거나, 국제적인 공통의 관행(usance)에 의하여 법이 국제적으로 통일되기도 한다.

유럽연합 내의 법의 통일의 방식을 살펴보면, 유럽연합 구성국가에 직접적으로 효력이 있는 유럽연합의 명령(Verordnungen)의 방식도 활용되고 있고, 입법의 방향만을 정하고 구체적인 입법내용은 구성국가의 국내법에 위임하는 형식의 입법지침(Richtlinie)의 방식도 활용된다.

---

189) 현승종, 전게서, 35면.
190) Zweigert, Kötz, a. a. O., S. 23.

또한 법의 통일을 주관하는 기관도 다양하다. 국제연합이 주관이 되어 국제적인 법의 통일을 이루기도 하고, 국제적인 법의 통일기구를 통하여 법의 통일을 이루기도 하고, 국제적으로 법학자들의 노력에 의하여 법의 통일을 이루기도 한다. 국제연맹과 국제연합이 주관하여 이룩한 법의 통일은 국제유가증권법, 국제중재에 관한 법을 그 예로 들 수 있으며, 법의 통일을 위한 국제기구로는 1926년에 로마에서 국가간 기구로 설립된 국제연맹 산하의 사법의 통일을 위한 사법통일국제연구소(UNIDROIT)와 1966년에 국제연합의 산하기구로 설립된 "국제연합 국제거래법 위원회"(United Nations Commission on International Trade Law(UNCITRAL)) 등을 들 수 있다. 전자의 Unidroit에서는 1994년에 세계적인 통일법인 Restatement 형식의 Unidroit 국제상사계약법 원칙을 성안하였으며, 국제무역법위원회에서는 1980년에 역시 세계적인 통일법인 국제연합물품매매법을 성안하였다.

법학자들의 모임에 의하여 법이 통일되어가는 현상도 법통일의 새로운 방법의 하나이다. 1994년에 성안되고 1998년에 수정된 유럽계약법 원칙은 유럽연합의 재정적 지원을 받기는 하였지만 유럽연합 내의 법학자들의 노력[191]에 의하여 성안된 Restatement 형식의 통일법이다.

이러한 모든 국제적, 지역적 법의 통일은 비교법학에 의하여 이루어진 산물들이다. 그리고 Restatement의 형식에 의한 법의 통일이 새로운 세계적, 지역적 보통법(ius commune)의 형성을 위한 방법으로 활용되고 있다. 그리고 한번 이룩한 법의 통일을 유지하기 위하여서는 통일법원의 설치가 필요하다. 유럽연합은 유럽법원(EuGH: Europäischer Gerichtshof)을 설치하여 지역 내의 법의 통일을 유지할 수 있도록 하였다.

이와 같은 법의 통일은 비교법학에 의하여 가능하며, 비교법학의 이상은 이러한 법의 통일을 궁극적인 목표로 한다. 그리고 법의 통일은 이상적인 법을 제정하는 방법으로 현실화되는 것이 아니라, 법의 비교를 통하여 서로 다른 법질서에 있어서 동일한 것을 가려내고, 가장 좋은 법을 채택하고, 보다 좋고 실용적인 내용을 받아들임으로써 가능해 진다.[192] 특히 이러한 법의 통일은 비교법학을 통하여 법의 일반원칙을 발견하고 도출하여 그것들을 통일법의 내용으

---

191) 덴마크의 법학자인 Ole Lando를 위원장으로 하는 유럽계약법위원회(The Commission of European Contract Law(이 위원회를 Lando 위원회라고도 한다)에 의하여 동 원칙이 마련되었다.

192) Zweigert, Kötz, a. a. O., S. 23.

로 편입함으로써 더욱더 가능해 진다.

특히 유럽연합에서는 법의 통일방식을, 사법분야에 있어서는, 주로 입법지침의 방법을 취한다. 그것은 구성국가의 법의 독자성과 고유성 및 정체성을 인정하고 존중하는 태도이다.

여섯째로 비교법학은 법학교육(juristische Ausbildung)을 위한 유용한 방법이며, 풍부한 법학교육자료를 제공한다. 특히 비교법학은 자국법을 설명하고 평가하는 보조수단으로서의 기능이 중요하다. 우리와 같이 법을 계수한 나라에 있어서는 모법의 정확한 이해가 우리 법의 이해와 적용의 전제가 되므로 비교법학에 의한 모법의 이해가 필수적이다.

이와 같이 비교법학은 그 유용성이 대단히 넓으며, 특히 자국 전통법의 독자성을 인정하면서, 동시에 자국법이 법의 일반원칙에 충실하도록 하여 인류보편적인 가치를 실천하도록 하는 법학이다. 그러므로 비교법학은, 법발전 요건 중의 2가지 요건, 즉 자국 전통법의 존중과 발견 및 자국 전통법의 체계화와 현대화에 이바지하며, 동시에 자국법이 인류보편적인 가치를 담아 이를 실천할 수 있도록 한다. 이러한 이유로 인하여 독일은 물론 세계의 여러 나라에서 오늘날 비교법학이 크게 융성하고 있는 것으로 평가된다.

Ⅵ. 비교법학에 대한 법정책적 평가

비교법학은 자연법론, 역사법학, 그리고 개념법학의 약화로 비로소 생성되었다. 자연법론은 초자연적인 영구불변의 법을 탐구하고 그것을 입법할 것을 주창한 법학으로서 자연법론이 강하게 지배하고 있던 시대에는 생활속에 구체적으로 살아있는 법을 탐구하고 비교할 것을 내용으로 하는 비교법학이 생성, 발전할 수가 없었다.

그리고 역사법학에서는 법은 특정국가의 민족정신의 발현으로 이해하였으므로, 역사법학 역시 타국법에 대한 비교연구에 장애가 되었다. 그리고 법해석 및 법의 체계화를 기본으로 하는 개념법학도 비교법학의 발전에는 큰 도움을 주지 못하였다. 비교법학은 이러한 비교법학에 장애가 된 법학들이 시대의 변화에 적절히 적응하지 못하고 퇴조함으로써 비로소 생성될 수 있었다.

이러한 비교법학의 생성에 장애가 된 법학들이 제거되고, 또한 제1차 세계대전의 패전으로 인한 전후의 법적처리 과정에서 독일에서 외국법의 이해가 필요하여 비교법학이 생성되고, 2차 세계대전 후의 유럽에서의 유럽의 통합과 세계적으로 일어난 세계화, 국제화 및 지역주의에 의한 지역경제의 통합의 흐름에 따라서 크게 융성하였다. 이와 같이 비교법학이 독일은 물론 세계적으로 크게 발전할 수 있었던 원인에는 내적 요인과 외적요인이 있었다.

먼저 외적요인으로는 유럽의 통합, 세계화 및 국제화, 지역주의에 의한 지역경제의 통합을 들 수 있다. 유럽의 통합은 유럽에서의 법의 통일이 필수적으로 요청되고, 법의 통일은 비교법학이 이를 담당하였다. 그리고 세계화, 국제화의 영향으로 인하여 세계적인 국제거래법 분야의 통일이 있게 되고, 그러한 국제거래법 분야의 통일도 역시 비교법학이 이를 이루었다. 지역주의에 의한 지역경제의 통합도 역시 법적 통일의 뒷받침을 요하므로, 이러한 과업을 역시 비교법학이 담당하여 이루고 있다.

비교법학의 발전은 이러한 외적요인도 중요하지만, 내적요인이 더 중요하다. 비교법학은 무엇보다도 자국법의 발전을 위하여 외국법의 이해를 위한 자료와 방법을 제공해 주며, 법의 일반원칙의 발견과 도출을 비교법학의 중요한 과제로 삼기 때문에, 자국법으로 하여금 그 고유성과 독자성만을 고수하게 하는 것이 아니라 자국법이 인류보편적인 가치를 실현할 수 있도록 지원한다. 이 2가지의 내적 요인이 비교법학의 발전과 융성의 가장 중요한 원인으로 평가된다. 따라서 비교법학은 사해동포적인 법사고에 입각해 있으며, 자국법의 독자성과 고유성을 인정하고 존중하며, 또한 자국법이 인류보편적인 가치를 지향하도록 함으로써, 오늘날의 시대에 가장 적절한 법학방법론이면서 동시에 법학의 한 분야로 평가된다. 그렇기 때문에 비교법학이 오늘날 크게 발전하는 것으로 평가된다.

비교법학에 입각한 유럽연합의 법의 통일방식을 살펴보아도, 주로 입법지침의 방식에 의한 유럽연합내의 사법의 통일방식은, 구성국가중의 소국(小國)의 법도 존중하는 방식이며, 구성국가에 공통적으로 타당한 입법지침을 내려줌으로써 법의 일반원칙을 정립해 나가는 방식이다. 따라서 비교법학은 법발전에 있어서 서로 대립적인 2요소를 적절히 조화시켜 주는 법학이다.

이와 같이 비교법학은 법의 비교를 통하여 법의 일반원칙을 도출하며, 그것이 자국법의 발전에 기여하도록 하고 있다. 그리고 비교법학은 법사회학의 방법론과 그 연구결과를 흡수한 것도 비교법학 발전의 또 하나의 원인이 되고 있다. 이러한 비교법학은 유럽통합, 지역경제의 통합, 세계화와 국제화에 기여하였으며 지금도 기여하고 있다. 이와 같이 오늘날은 비교법이 요구되는 시대이다.

그리고 비교법학은 법을 거시적으로 법계별로도 관찰하게 하고, 미시적으로 개별국가의 개별법의 내용을 알 수 있도록 하는 법학방법론이기도 하다. 이러한 여러 가지의 요인으로 인하여 오늘날 비교법학이 독일은 물론 세계 각국에서 발전하고 있고, 널리 활용되고 있다.

제 5 장
독일민법전 시행 후의 독일민법학의 발전에 대한 법정책적 평가

독일민법이 제정 시행된 후 초기에는 독일민법의 해석을 통하여 독일민법의 내용을 명확히 하는 일에 독일민법학이 집중되었다. 그리하여 독일민법전 제정이전부터 발전한 개념법학이 독일민법전의 시행 후에도 계속 지배적인 독일민법학을 이루고 있었다. 이와 같이 개념법학이 독일민법학의 중심을 차지하고 있었던 것은 방대한 독일민법전의 내용을 보다 구체화하고 명확히 할 필요에 있었으며, 독일사회가 급격한 변화가 없었기 때문에 독일민법전으로 적절히 규율될 수 있었기 때문이었다.

그러나 독일민법전이 시행된 후에 얼마 되지 않아 제1차 세계대전을 겪게 되고, 대공황이 일어나는 등의 사회, 경제적인 급격한 변화가 일어나게 되었다. 이러한 급격한 사회변화에 대하여 독일민법전은 이를 적절히 규율할 수 없게 되어, 독일민법전의 흠결이 발생하게 되었다. 이러한 독일민법전의 흠결을 보충할 필요성이 제기되고, 이러한 필요성에 자유법론과 이익법학이 대응을 하였다. 독일민법전의 흠결을 법관이 적극적으로 보충할 수 있는 법이론을 개발하여, 독일민법전이 시대의 급격한 변화에 적응할 수 있도록 하였다. 다시 말하면 법관에 의한 법발견 내지 법창조에 의하여 독일민법전이 시대의 변화에도 살아있는 민법전으로 기능할 수 있도록 하였다.

그러나 독일민법전을 나치에 의한 민족사회주의의 이념아래에서는 더 이상 살아있는 민법으로서 기능할 수가 없었다. 자유주의와 개인주의에 터잡고 있던 독일민법전이 민족사회주의에 의한 인종법학에 의하여 독일민족만의 민법전으로 전락할 위기에 처하였으나, 2차 세계대전의 패전으로 다시 그 생명을 찾아이어갈 수 있게 되었다. 인간의 존재가치가 부정되고, 인간의 이성과 자유의지가 부인되었던 극히 반인륜적인 나치시대를 끝내고서는 다시 자연법론에 입각한 인류의 보편가치를 추구하는 가치법학이 독일에서 재생하게 되었다. 독일에서 자연법론에 입각한 독일의 헌법이 제정 시행되자, 독일민법도 헌법이 제시하는 근본적인 인류의 보편가치를 실현할 수 있는 방향으로 발전을 하게 되었다. 그리하여 가치법학이 독일민법전을 인류보편적인 가치를 실현할 수 있는 방향으로 발전하게 하였다.

그리고 제2차 세계대전 후에 구동독지역에서는 사회주의 계급법학에 의하여 사회주의 민법전이 제정 시행되었으나, 결국 사회주의의 몰락과 함께 사회주의 계급법학도 종말을 고하고, 사회주의 민법전도 그 효력을 상실하게 되었다. 결국 민법이 인류보편적인 가치를 담아 이를 실현하려고 하지 아니할 때에는 그 스스로의 모순에 의하여 소멸하게 됨을 법의 역사를 통하여 알 수 있다.

나치의 인종주의 법학, 구동독에서의 사회주의 계급법학이 일어나긴 하였으나, 그러한 법이 보편성을 갖지 못함으로써 결국 종말을 고하고 말았다. 그러나 독일민법전이 시대의 변화에 따라서 위축된 시대가 있긴 하였지만, 그럼에도 불구하고, 계속 그 생명력을 유지하고, 오히려 내용이 더 풍부한 민법전으로 발전하여 왔다. 그것은 독일에서의 민법학이 독일법의 독자성과 고유성을 살려나가면서 또한 인류보편적인 가치의 실현과 그러한 내용으로 보충하고 발전시켜 왔기 때문이다. 특히 2차 세계대전 후에 일어난 가치법학과 오늘날 융성하고 있는 비교법학이 이를 담당하여 뒷받침해 온 것이었다.

독일민법전의 역사적 뿌리는 로마법, 교회법, 그리고 게르만법이었다. 로마법은 쓰여진 이성으로서 신의에 기초하고 있었으며, 교회법은 인류보편적인 가치를 구현하고자 한 법이었으며, 게르만법은 성실에 바탕을 둔 독일민족의 고유법이었다. 독일민법전은 이러한 역사적 바탕을 기초로 하여 자유주의와 개인주의의 근대의 시대정신을 사상적 기초로 하여 제정되었다. 이러한 독일민법전은 오늘날 더욱더 인류보편적인 가치를 실천하려는 민법학의 도움으로 발전하고 있으며, 비교법학을 통하여 영미법의 요소도 수용하여 그 내용이 더욱더 인류보편성을 갖추어 나가고 있다. 그러한 방향으로의 독일민법전의 발전은 2002년 독일민법전의 개정으로 잘 나타나고 있다.

이와 같이 독일민법전의 제정 시행 후의 독일민법전의 발전모습은 좋은 민법의 발전의 본보기가 되고 있다. 이러한 좋은 민법전으로의 발전은 궁극적으로는 법학자들의 창조적 노력과 인류보편적 가치를 추구하는 법학의 형성과 재판실무에서의 법관에 의한 법발견의 법이론에 의하여 구체적인 판결을 통한 인류보편적인 가치의 구체적 실현으로 나타나고 있다.

독일민법전의 발전과정에 비추어 볼 때에, 한 나라의 민법이 좋은 민법으로 발전하기 위하여서는, 민법이 인류보편적인 가치를 구현하고자 하여야 하며, 자국의 고유한 법전통을 항상 새롭게 현대화하고 체계화하는 노력이 경주되어야 하며, 이러한 일을 담당하는 법학자들이 왕성하게 학문적 활동을 하여야 하며, 이러한 좋은 법이 판결을 통하여 구체화되고 실현될 수 있는 재판제도가 정비되어야 함을 알 수 있다. 그러므로 좋은 민법으로의 발전을 위하여서는, 민법의 내용이 인류 보편적 가치와 자국의 전통적 가치를 함께 지니고 있어야 하며, 민법이 이러한 가치를 함유(含有)할 수 있도록 하는 법학자들에 의한 창조적인 법학의 형성과 재판실무에서 판결을 통한 보편가치와 전통가치의 조화로운 실현이 이루어져야 한다.

사항색인

인명색인

[A]

[B]

[C]

[저자 약력]

김 상 용(金相容)

서울대학교 법과대학 법학과 졸업(법학사)
서울대학교 대학원 법학과 졸업(법학박사)
독일, 훔볼트 학술상(Humboldt Forschungspreis) 수상(2006), 한국토지법학회 학술상 수상(2013)
독일, Max-Planck-Institut für Ausländisches und Internationales Privatrecht에서 비교사법 연구
독일, Max-Planck-Institut für Europäische Rechtsgeschichte에서 법사학 연구
독일, Trier대학교에서 토지법 비교연구
독일, Köln대학교에서 주택법 연구
독일, München대학교 가톨릭신학대학에서 교회법 연구
미국, School of Law(Boalt Hall), University of California, Berkeley에서 영미사법 연구
중화민국, 토지개혁훈련소에서 토지사상 연구
Hong Kong, 중문대학교에서 아시아문화와 기독교와의 관계 연구
일본 早稻田대학에서 담보법 연구
한양대학교 법과대학 교수 역임
한국민사법학회 회장, 한국토지법학회 회장 역임, 현재 한독법률학회 회장
민법개정 위원, 신탁법개정 위원장, 남북주민 사이의 가족관계와 상속 등에 관한 특례법 제정 위원장 역임
현재: 연세대학교 법학전문대학원 교수
대한민국 학술원 회원

주요저서

한국법사와 법정책, 초판, 피앤씨미디어, 2014
민법총칙, 제3판, 화산미디어, 2014
물권법, 제2판, 화산미디어, 2013
채권총론, 화산미디어, 2010
채권각론, 화산미디어, 2011
비교계약법, 법영사, 2002
비교동산담보법, 법원사, 2011.
근저당권비교연구, 화산미디어, 2013
불법행위법, 법문사, 1997
법사와 법정책: 로마민법학사 중심, 한국법제연구원, 2004
법사와 법정책: 게르만법사, 교회법사, 독일민법학사 중심, 한국법제연구원, 2005
법사와 법정책: 한국법사 중심, 한국법제연구원, 2006
민사판례평석(1), 법원사, 1995
민사법연구(2), 법원사, 1997; (3), 2000; (4), 2000; (5), 2004; (6), 2007; (7), 2010; (8), 2013.
토지소유권 법사상(대우학술총서: 인문사회과학 87), 민음사, 1995
미국부동산법론, 삼지원, 1986
부동산담보법(개정판), 법원사, 1996
토지법, 증보판, 법원사, 2004
부동산거래의 공증과 부동산등기의 공신력 연구, 법원사, 2008
물권법, 서울대학교 출판부, 1991
주석민법(Ⅱ): 물권법, 개정판, 법원사, 1992(공저)
민법주해[V]: 물권(2), 박영사, 1992(공저)
물권법해설(圖解,판례중심), 청림출판, 1994(공저)
민법총칙, 법원사, 2004(공저)
주석민법 제3판: 채권각칙(2), 한국사법행정학회, 1999(공저)
바다와의 대화(여행기), 법원사, 2001

서양법사와 법정책

초판인쇄 2014년 4월 1일
초판발행 2014년 4월 5일

지은이 김상용
펴낸이 박노일

총괄기획 김중용
편 집 심성보 · 김인숙

펴낸곳 

경기도 고양시 일산동구 강송로 153 310-1501
등록 제396-2012-000203호
전 화 070)7550-3758 팩 스 02)718-8554
홈페이지 www.pncmedia.co.kr 이메일 pnc@pncmedia.co.kr
ISBN 978-89-98786-98-4 93360

정 가 35,000원